北京大学中国古代史研究中心
新疆师范大学西域文史研究中心

（第十四辑）

朱玉麒 主编

科学出版社
北 京

内 容 简 介

《西域文史》是由北京大学中国古代史研究中心与新疆师范大学西域文史研究中心合出的学术论集，本辑发表与西域相关的学术论文16篇，内容涉及考古、语言、历史、文学、民族、学术史等方面。

本书适合于从事西域考古、语言、历史、文学、民族等相关学科的专家学者及大专院校相关专业师生参考阅读。

图书在版编目(CIP)数据

西域文史.第十四辑 / 朱玉麒主编.—北京：科学出版社，2020.6
ISBN 978-7-03-050340-4

Ⅰ.①西…　Ⅱ.①朱…　Ⅲ.①文史资料—西域　Ⅳ.①K294.5②K36

中国版本图书馆CIP数据核字（2020）第102501号

责任编辑：郝莎莎 / 责任校对：邹慧卿
责任印制：肖　兴 / 封面设计：邱　炯　陈　敬
封面题签：冯其庸

科　学　出　版　社 出版
北京东黄城根北街16号
邮政编码：100717
http://www.sciencep.com
中国科学院印刷厂 印刷
科学出版社发行　各地新华书店经销
*
2020年6月第 一 版　　开本：787×1092　1/16
2020年6月第一次印刷　　印张：23 1/4　插页：2
字数：530 000

定价：198.00元
（如有印装质量问题，我社负责调换）

Center for Research on Ancient Chinese History
Peking University
Center for Studies of Literature & History on the Western Regions
Xinjiang Normal University

Literature & History of the Western Regions

Vol. XIV

Zhu Yuqi   Editor-in-Chief

Science Press
Beijing

《西域文史》编委会

目　录

Contents

袁复礼新疆出土文书未刊稿研究[*]

刘卫东　刘子凡

　　袁复礼先生（1893—1987）是我国著名的地学家，早年曾留学美国，从事生物学、考古学、地质学的学习。1921年回国后，他参与了河南渑池仰韶遗址和山西夏县西阴村遗址的发掘工作，并曾赴甘肃等地进行地质调查。1927年，袁复礼加入中瑞西北科学考查团，在新疆、内蒙古等地发现大量爬行动物化石，为地层学和古生物学研究做出了巨大贡献。他在西北考察过程中也十分重视文物考古，曾于1928年主持了唐代北庭故城遗址的发掘工作，这是中国学者首次在北庭进行科学的考古发掘。值得注意的是，袁复礼还特别注重出土文书的收集，据黄文弼《吐鲁番考古记》所载，该书中刊布的文书有3件是鲍（今作包）尔汉赠送给袁复礼的[①]。国家图书馆收藏的242页回鹘文《大唐大慈恩寺三藏法师传》，也是袁复礼于1930年在迪化（今乌鲁木齐）购得，后赠予北京图书馆（今中国国家图书馆）。

　　2018年以来，袁复礼先生的子女以天下公器的理念，将袁家收藏的有关中国西北科学考查团的相关资料，无偿捐赠给黄文弼中心及筹建中的"中国西北科学考查团纪念馆"展览、利用。受黄文弼中心的委托，我们整理了袁复礼关于出土文书的两篇未刊稿。其中，《新疆出土之"唐"经（未完稿）》（以下简称《唐经》）介绍了包尔汉赠送的4件写本残片，其中有3件写经，1件社邑文书。《"唐"人写经十五种志略》（以下简称《志略》）则略述了袁复礼在迪化购买的13件写经以及在兰州购买的1件写经。这些文书除了黄文弼先生刊布过3件之外，其他则未见著录。本文即拟对袁复礼的这两篇文章进行录文整理，略述其收集文书的经过，并对其中介绍的文书做简单的题解，以便学界研究利用。

一、两种未刊稿原文

　　袁复礼的两份未刊稿（图版1、图版2），均以毛笔小楷竖排抄写在印有25行深蓝色纵栏的书写纸上，纸张每叶高宽27×38厘米，对折后每面抄写12行。其中《唐经》凡3叶（图1），《志略》凡7叶（图2）。二者行书小楷，并加标点，后者间有铅笔改正，其叙述

*　本文系2019年度国家社会科学基金重大项目"中国西北科学考查团文献史料整理与研究"（批准号：19ZDA215）阶段性成果之一。

①　黄文弼《吐鲁番考古记》，北京：中国科学院，1954年。

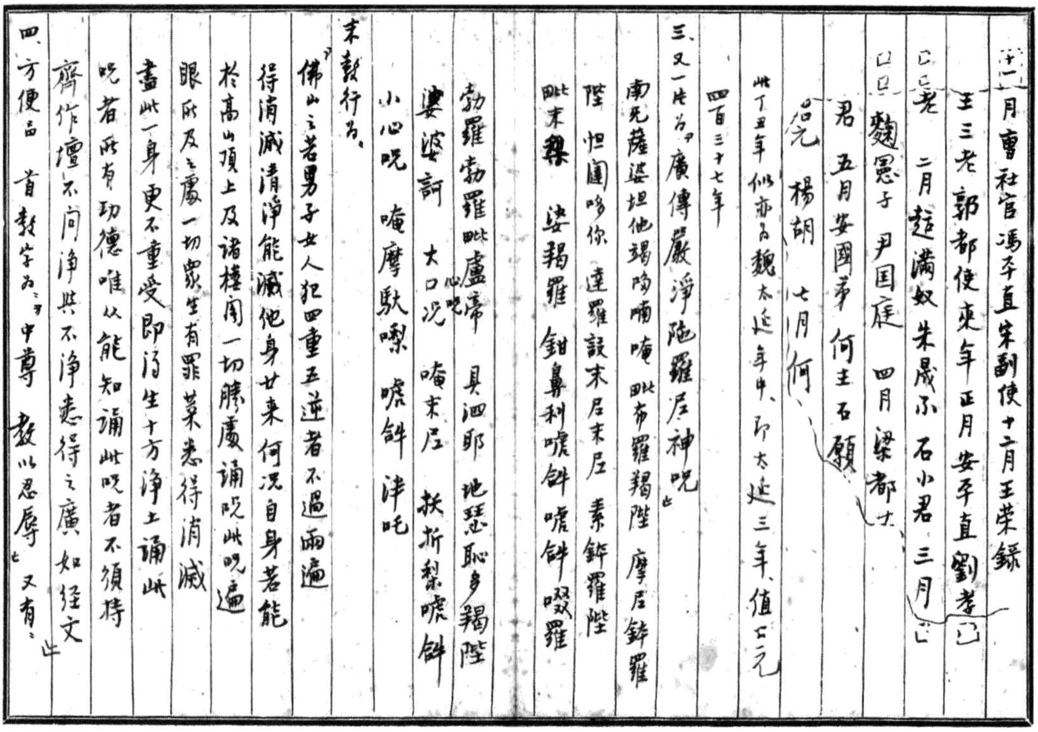

图1　《唐经》第二叶

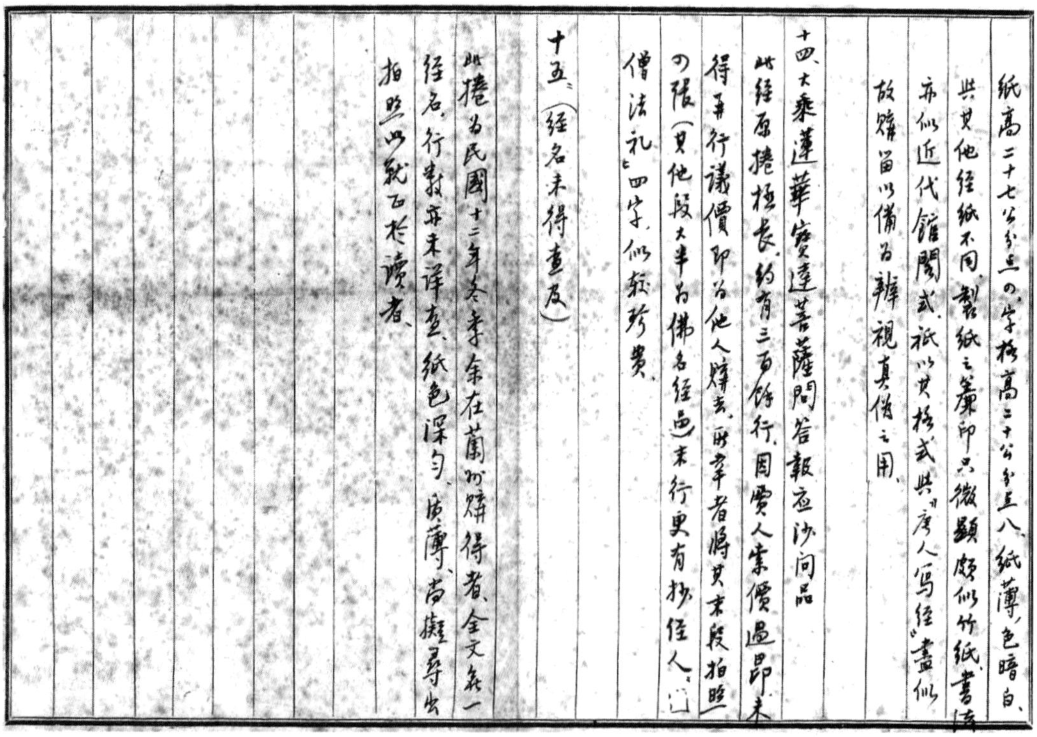

图2　《志略》末叶

洗练而著录精确，体现了袁复礼先生受到传统国学和西方学术训练的良好功力。

以下先按照原稿抄录未刊稿文字，标点则根据现行规范略作调整，若有字句需要校正者，则单独加注。

新疆出土之"唐"经 未完稿

袁复礼

一九二八年二月二十六日，笔者与黄文弼、刘衍淮二君自连木沁乘马西行，由一汉回引路，绕道至土峪沟访视佛洞。在洞内土堆中得佛经残片若干片，深喜西域佛洞有发现唐人写经之可能。当日日暮抵胜金口，又有本地汉回售与贝兹克利克佛洞汉字佛经一页，背有古维吾尔文。一九三〇年春，新疆鲍尔汉君赠送吐鲁番出土唐经又若干片，皆确为新疆出土无可置疑者，故略为一并述之。

鲍君所赠经片中，有四片较为新颖，故先述之。

一、《佛说首楞严三昧经》下[②]。

存末十七行外，又有"清信士史良奴所供养经"一行及叙文三行："维太缘二年岁在丙子四月中旬，令狐广嗣于酒泉劝助为优婆塞史君奴写此/经，愿以此福，所往生处，常遇诣佛贤塁[③]，深入法藏，辩才无碍，与诣菩荫而为善友[④]。游获是/十方，舍身先生弥勒菩萨前，示闻说法[⑤]，悟无□[⑥]。要值贤劫千佛，心经不退于无上菩提/[⑦]"。（按，魏太延二年为丙子，即公历纪元四百三十六年。）

二、农民社章而非经文[⑧]，尤为珍贵，可见当日农村互助之组织：

一去丁丑年九月四日石俫卫芬倍社，周

而复始，时敬教罗[⑨]，再立槃章，三人作社

正向今社足同丽不得卷果□[　　]□者，罚

好布壹段，社家任用。　　　　　　[

正] 社官　胡段耶　宋社官三十月倍　　　[

十一] 月曹社官　冯平直　宋副使　十二月　王荣录

] 王三老　郭都使　来年正月安平直　刘孝[□

□□] 老　二月赵满奴　朱晟子　石小君　三月[□

□□] 鞠宪子　尹国庭　四月梁都□[

---

② 此件文书，又见《吐鲁番考古记》，26—27页；图版六—七、图9。

③ "塁"，《吐鲁番考古记》图版作"圣"。

④ "荫"，《吐鲁番考古记》图版作"萨"。

⑤ "示"，《吐鲁番考古记》图版作"亦"。

⑥ "□"，《吐鲁番考古记》图版作"生忍"。

⑦ "经"，《吐鲁番考古记》图版作"终"。

⑧ 此件文书，又见《吐鲁番考古记》，47—48页；图版五〇、图53。

⑨ "罗"，《吐鲁番考古记》图版作"难"。

　　　　　　]君　五月安国弟　何主　石愿[
　　　　　　]□元　杨胡　七月何[⑩

　　此丁丑年似亦为魏太延年中，即太延三年，值公元四百三十七年。

三、又一片为《广传严净陀罗尼神咒》：

　　　　南无萨婆坦他竭喳喃　唵　毗布罗羯陛　摩尼钵罗
　　　陛　怛阇哆你　达罗设末尼末尼　素钵罗陛
　　　毗末梨　婆羯罗　钳鼻利唬舒　唬舒　啜罗
　　　勃罗勃罗毗卢帝　具泗耶　地瑟耻多羯陛
　　　婆婆诃　大心咒　唵末尼　抚折梨唬舒
　　　小心咒　唵摩駄喋　唬舒　泮吒

末数行为：

　　　佛山之若男子女人犯四重五逆者，不过两遍，
　　　得消灭清净能灭，他身廿来，何况自身。若能
　　　于高山顶上及诸楼阁一切胜处诵咒此咒，遍
　　　眼所及之处，一切众生有罪业，悉得消灭，
　　　尽此一身，更不重受，即得生十方净土。诵此
　　　咒者，所有功德，唯从能知诵此咒者，不须持
　　　齐（斋）作坛，不问净与不净，悉得之广如经文。

四、《方便品》⑪。首数字为"中尊　教以忍辱"。又有：

　　　若在婆罗门……若在大臣……若在王子……
　　　若在内官……若在庶人……若在梵天……
　　　若在帝释……若在护也……长者维摩
　　　诘以如是等无量方便……

　　每段中皆有注文，其中一注文为"释僧肇曰"，余为"罗什曰"。末行为"是身无常无疆无力"。背面有古维吾尔文。

　　上述之第三项与余在迪化购得之十二项应属一经，此处之第四项（《方便品》），又与余购得之第五、第六二项应属一经，皆以商人整掘零集所致，写经分散固不只此数项，甚为可惜。

"唐"人写经十五种志略

袁复礼

　　自燉煌千佛洞手缮佛经发现后，一班嗜古者多竞购藏，于是私家所有及历

---

⑩　此处录文周边画有文书轮廓。
⑪　此件文书，又见《吐鲁番考古记》，27—28页；图版八—九、图10。

经转售者，亦不在少数。余在迪化时，曾由团中余款购得十三种。此外一种以索价过昂未能购到，然以其文字眷好，经文奇特，且有抄经人之名款，故为拍照数片，与余早年在兰州购得之一卷，一并附诸于此。

佛教东渐后，汉释西去者并不乏人，除有记载者外，无名之释僧展转西徙，至西域辟佛寺、抄汉字佛经者，实繁有徒。宋王延德使《高昌行程》："又游佛寺，有应运大宁之寺，贞观十四年造。"又元初有邱处机弟子李守常之《西游记》（至唐北庭别失八里都护府时）称："坐者有僧道儒"，又云有（并称有）"龙兴西寺有二石刻"，~~"寺有佛书一藏"~~。又元中统四年之刘郁~~《西使记》~~载有：~~"泽田寺"~~，并称"高昌有佛寺五十余区，皆唐朝所赐额。寺中有《大藏经》《唐韵》《玉篇》《经音》等，居民又有敕书楼，藏唐太宗、明皇御札诏敕"，似皆可征信⑫。再就吾等在吐尔番土峪沟掘得者，及自别兹克利克购得者，尤证手抄佛经在西域曾有相当之数量，并不限于燉煌一隅。且年代更不限于唐朝，远溯可至北魏太延二年（公历四百三十六年）（惟该经片上误太延为太缘）。更有木板刻经，曾由徐森玉先生鉴定为五代时之木刻文字。迨后考古者如详记经文之出处，以及手抄文字与木刻文字之年代，则可达到更一进之研究。

兹分述各经文字如左：

一、《观世音秘密无障碍如意心轮陀罗尼藏经》一九二八年十二月八日购得

此卷不知是否缺首数，现有之第一行可能即是原第一行"说偈赞观世音菩萨摩诃萨言善哉々々汝善男子愍念众生说"

接经文二十一行又五字，下空四格，即经名"观世音菩萨秘密藏一切爱乐品第二"

后接经文二十行，另一行为"观世音陀罗尼和阿伽陀乐法令人爱乐品第三"。

后接经文九行，另一行"观世音为意轮合药法第四"。

后接经文十行又六字，同末行下为"观世音心轮眼药品第五"。

后接经文廿四行半，下接"观世音大唵陀罗尼药品第六"。

后接经文廿行，末行为总经名，即"观世音秘密无障碍如意心轮陀罗尼藏经"。此经上下高二十九公分半，每行宽约一公分点七，每行二十五字至三十字，书法苍老无力，间有二三字显示此老僧少年曾善书写。

二、《大乘无量寿经》一九二九年一月十八日购得

此经前二行空，经名在第三行，经文共十七行。首行为"如是我闻：一时薄伽梵在舍卫国祇树给孤独园，与大苾刍僧千二百五十人大菩萨摩诃"。末行为第二次颂言，末二句为"摩诃娜耶十四　波唎婆唎莎诃十五"。

此经上下高三十公分，每行宽一公分点四，每行三十四字至三十八字。书

---

⑫　栏外铅笔原注："是皆为中国僧侣至西域建寺之证。"

法与第一卷相似，字体较整，墨亦深润。

三、灵修寺《大般波罗清净经》卷第一百二十四品

经名在卷外，现只存二十八行（即初抄时之一开张），首行为"净故一切智智清洁何以故若虚空界清净"。末行为"智清洁何以故若不思议界清净若眼处清"。

经纸上下高二十六公分点一，每行宽一公分点五至一公分点八，每行十七字。

四、《大般若波罗密多经》卷三百三十二

经文共存廿五行，经名在卷外，墨色甚浅，与经文用墨浓度大异，似后之编目者增写。经文首行为"舌身意界不了知色界不了知声香味触法"。

末行为"阿罗汉果不了知独觉菩提不了知一切皆"。

此经纸质地、高度、行宽及每行字数均与上（第三卷）同，故合置一卷中。

五、《方便品》第二

此经纸现存六十三行，首行为"切切德净是故宝积若菩萨欲得净土当"。

至三十行始见"方便品第二"，末行为"属无数人天皆往问疾，其往者，维摩结因"。

六、此经似应与上片（第五卷）相连，为商贾割断分二次出售者。首行经文为"以身疾广为说法诸仁者是身无常无疆无力"。

第廿六行后为"弟子品第三"。下一行为：

"尔时长者维摩诘自念寝疾于床，世尊"

此段共存八十六行，最后四行残缺，末二行存者为：

………………罗尼子汝行诣维摩诘问

…………………堪住诣彼问疾所以者

第五、第六二经片与第三、第四二经片高低尺寸相同，平均每行十七字，亦有十六字、十八字者，不如第三、第四二片之一致。

七、《妙法莲华经》

此经片为化城喻品第七之一段，共存七十一行，每行为十七字，纸高二十六公分点八，字格高二十公分点一，与第三、第四、第五、第六四片大致相同。（第三片字格高十九公分点九，第四片高二十公分点一五，第五片高十九公分点一七，第六片高十九公分点四。）惟此经片纸质稍异，灰白色，质粗，兼含草粒。

首行为偈言"我等诸宫殿　光明昔未有　此是何因缘　宜各共求之"。

末二行为："如优昙波罗　今日乃值遇　我等诸宫殿　蒙光故严饰
世尊大慈愍　唯愿垂纳受"

八、《妙法莲华经》卷三——九二九年四月购

此经全卷共三百六十余行，首行为"正法住世　二十小劫　像法亦住二十小劫"。

五十六行后，品名为"妙法莲华经化城喻品第七"，内有上片（第七片）经文全段，全经系十三段（开张）连成，粘连处有盖印：𝌆。更有长章"铜小印"四字，上二字残。末二行为：

"具三十二相　乃是真实法　诸佛之导师　为息说涅槃

既知是息已　引入于佛慧"

此卷经纸新鲜，墨色带松油光泽，顶部受水浸之处，墨光亦不受侵蚀。卷外数张似经烟熏日晒，纸色变深而不侵及水浸之处。自书法观之，则不易决定其为真为赝，惜俗贾加一行劣字"吕蒙正沐手"及吕蒙正一朱印，实为污点。

九、此卷共一百零三行，无经名，惟前面有收存人椭圆形之印章，末行外有商人押码，似原存即如此。首行为"萨上行意菩萨庄严王菩萨药上菩萨尔时"。

末行为"得菩萨得法华三昧"。

十、《大乘入楞伽经·集一切法品第二》

经名在卷中第二行，第一行空，又右边空纸宽十二公分，经文共三十一行，首行中段残，为"尔时大慧菩萨摩诃萨……言世尊唯愿"。

末二行为"菩萨如实修行大善知识尔时世尊重说

颂言"。

与此片应合成一片者，为一单片，八行，皆颂言，首行为"譬如巨海浪新由猛风起　洪波鼓填壑　无有绝断时"。

末行为"心能积集业　意能播采集　了别故名识　对现境说五"。

十一、《梵网经卢舍那佛说菩萨心地戒品》一卷

此卷存九十五行，首二行残，首行仅存三字，第二行只存半行，第三、四两行为：

"又打木唱云请诸佛子等众中谁小小者守

护三唱并供养收筹　又打木唱云诸佛子"

至第十六行颂下注有"出涅槃经"

第十八行末有"大乘布萨说戒法"

第十九行为此经名，即：梵网经卢舍那佛说菩萨心地戒品一卷

第二十九行空，无字。

第三十行为"菩萨羯磨戒文　初受三归　出大戒本品中说"

第七十行为"鸠摩罗什法师诵法　慧融集"

第七十二行为"四部弟子受菩萨戒原于长安城内大明寺"

第七十三行"鸠摩罗什法师与道俗百千人受菩萨戒时"

第七十四行"慧融道详八百余人次预彼未书持诵出戒"

末二行为："华为期梵网经卢舍那佛说菩萨十重四十

八轻戒"

十二、《……陀罗尼神咒》

此经现存六十六行，首行为"阿三磨三履（三十一）佛驮毗吉利裹帝

（三十二）达磨"。末行为"师说是陀罗尼品时六万八千人得无生法忍"。

十三、《摩诃般若波罗密经》

此经卷极长，共为十五段纸连成，每段二十八行，首段残破，只余十七行，末段只三行，又中空二行，共三百八十六行。第五行为"大品经卷二十五"，至第五段中之二十一行，始见全经名及经目"摩诃般若波罗密经灯炷品第五十七"。此经经纸高二十七公分点四，字格高二十公分点八，纸薄，色暗白，与其他经纸不同，制纸之帘印只微显，颇似竹纸，书法亦似近代馆阁式，只以其格式与"唐人写经"尽似，故购留以备辨视真伪之用。

十四、《大乘莲华宝达菩萨问答报应沙问品》⑬

此经原卷极长，约有三百余行，因贾人索价过昂，未得再行议价，即为他人购去，所幸者将其末段拍照四张（其他段大半为佛名经品），末行更有抄经人："□僧法礼"四字，似较珍贵。

十五、（经名未得查及）

此卷为民国十二年冬季余在兰州购得者，全文无一经名，行数亦未详查，纸色深匀，质薄，尚拟寻出拍照，以就正于读者。

二、袁复礼收集文书的经过

从这两篇文章来看，袁复礼先生获得的十余件文书主要有两个来源，一是在兰州、迪化等地陆续购买，二是在迪化时受赠于包尔汉。同时，袁复礼还参与了1928年黄文弼的第一次吐鲁番考察，他们在吐峪沟、胜金口等地获得了一批文书。《新疆出土之"唐"经（未完稿）》一文可能原计划一并介绍这些在吐鲁番获得的文书，但可惜并未完稿。以下按照时间顺序略述袁复礼收集出土文书的经过。

（1）1923年冬在兰州考察时购买。1923—1924年，袁复礼在甘肃进行地质调查，在平凉发现了含奥陶纪笔石的底层，又在武威发现了大长身贝、袁氏珊瑚等丰富的海相化石。这些发现首次确定了我国有早石炭世晚期地层的存在，为我国西北地区显生宙地层古生物的研究作了开拓性的奠基工作⑭。根据《志略》一文，袁复礼在兰州购买一卷文书应该就在这次考察期间。他在文中提到敦煌藏经洞发现后"嗜古者多竞购藏"，也正是与此呼应。可见，袁复礼在参加西北科学考查团之前，就已经开始留意敦煌文书。

（2）1928年经由吐鲁番前往迪化时，袁复礼与黄文弼、刘衍淮一同获得了一些文书。袁复礼在《唐经》一文中提到，1928年2月26日他与黄文弼、刘衍淮在吐鲁番吐峪沟石窟发现了一批文书，又在胜金口购买一页佛经。袁复礼、黄文弼和刘衍淮都在日记中记载了这一天的情形。袁复礼《蒙新五年行程记》卷一《十六年及十七年西行纪程》

---

⑬　沙问品，"问"似应作"门"。

⑭　杨遵仪、杨光荣《袁复礼教授对中国地质教育的贡献及主要学术成就》，《地球科学——中国地质大学学报》1993年第6期，674—675页。

中有：

> 二十六日同人随车路西行，至胜金口，余与黄仲良、刘春舫则雇用蒙兵之马匹及汉回引路，由土马寰谷至赛尔吉布图拉……午时至土峪沟……余等只就已发掘地点试掘，有随行缠头儿童多人帮助，掘得破碎经片数百张，其中字迹尚多良好。下午二时许即离去……至胜金口……晚间购得自该地出土之经一纸，背有畏兀尔文[⑮]。

《黄文弼蒙新考察日记（1927—1930）》则记载：

> 上午8时，车先行。余同袁、刘骑三匹马，带一引路者，及一蒙兵，向西南出发……至土峪沟……余等看洞时，有村中小孩数十竞拾碎经片，顷刻成握，交偿洋1钱、2钱不等。回至一毛拉家，煮茶食。又有一人拾一块经来，给洋1两。经纸反面有蒙文、畏吾儿文字……抵胜金口，住次……本地人掘出畏吾儿文字经纸2张来售，给银1两，亦云廉矣[⑯]。

刘衍淮《刘衍淮西北考察日记》也有详细记录：

> 廿六日。晨五时起，六时饭毕，雇马三，备游沟南之墩。……乃同袁、黄、一蒙兵、一引道之西宁回回顺河南行。……十二点，到土峪沟，计自赛里齐堡至此约三十里。……至村中山口内，下马询佛洞所在。乃同数人往，而小孩之随行者，亦数十计。稍北，见河两旁峭壁上，穿洞甚多，门甚整齐，然多空空如也，壁画也多没有也。……有小孩找到了碎经字，余乃收买之，拣一握者给红钱一文，分钱的时候很好看，把我困在了核心，一个个都伸着手要钱，嚷闹得厉害，费数钱银子。……到一缠头"毛拉"苏赖蛮家，茶点吃葡萄，买了一片有汉和蒙文的经，花了一两多。二点五十分行……到店中，时六点矣[⑰]！

可见，袁复礼、黄文弼、刘衍淮三人当天是在吐峪沟石窟的考察过程中，获得了较大数量的文书，袁复礼称有"破碎经片数百张"。袁复礼旧藏西北科学考查团摄影图片中，也留下了当时考察的珍贵镜头（图3）。之后他们又在胜金口购买了2件回鹘文文书。不过袁复礼只是在《唐经》中提到了这些文书，但未及整理。黄文弼在《吐鲁番考古记》中似乎也没有介绍这批文书的情况。德国探险队、日本大谷探险队都在吐峪沟获得了大量的写经残片，目前吐峪沟正在进行的考古发掘也出土了大量的文书。日后若能寻得袁复礼、黄文弼等人所获吐峪沟文书，与德、日探险队所获文书及新出土文书比较研究，必然具有重要的学术价值。

以上提及的刘衍淮日记，作为一个学生，记录的程度要比袁复礼、黄文弼两位老师辈更详细，虽然他没有记载到当晚在胜金口购买文书一幕，但在前天即1928年2月24日

---

⑮ 袁复礼《蒙新五年行程记》卷一《十六年及十七年西行纪程》，原载《地学集刊》第二卷3、4期合刊，1946年；此据王忱编《高尚者的墓志铭：首批中国科学家大西北考察实录（1927—1935）》，北京：中国文联出版社，2005年，276—277页。

⑯ 黄文弼遗著、黄烈整理《黄文弼蒙新考察日记（1927—1930）》，北京：文物出版社，1990年，167—168页。

⑰ 新疆师范大学黄文弼中心藏《刘衍淮西北考察日记》稿本第五册，22—23页。

图3　袁复礼旧藏西北科学考查团摄影图片中的吐峪沟考察情形

的日记中，记录了他们在鄯善购买文物的事：

> 廿四日。……夕，出去买点小东西，回来看见一个人拿发掘出来的经来卖，询之直天津人也，业商于此。经出连木沁附近——南约廿里之土峪沟（？）中，有一经卷，半残缺，外之已成碎片，大小不等。翻阅多时，多汉文的，间有蒙、藏及其他字的，还有少许破绢画、布画，皆成碎屑，不能得其要领。还有有字木牌一，共成一大包，要五百两。袁以百六十两购得之[18]。

可见，袁复礼先生等随处购到的文书等，远不止记录下来的这些内容，其中提及"有字木牌一"，可能就是《志略》中说的"更有木板刻经，曾由徐森玉先生鉴定为五代时之木刻文字"；而促使袁复礼、黄文弼、刘衍淮三人在前往迪化的仓促行程中特地拐到土峪沟作考察，无疑就有24日在鄯善购得土峪沟所出佛经的因素存在。

（3）1928—1929年在迪化陆续购买。袁复礼随西北科学考查团大部队于1928年3月8日抵达迪化，4月20日即出发赴北疆的吉木萨尔，先后在北庭故城遗址和三台南大龙口进行了发掘，至当年11月24日返抵省城。1928年12月，考查团中外方团长徐旭生与斯文赫定返京，袁复礼开始代理考查团团长。1929年4月，袁复礼又赴阜康、吉木萨尔等地调查[19]。根据《志略》一文所载，袁复礼第一次在迪化购买文书是在1928年12月8日，第二次购买是1929年1月18日，第三次是1929年4月，刚好都是在他从吉木萨尔返回之后、赴阜康考察之前。由此可见，在西北科学考查团到达迪化的20世纪二三十年代，迪化还是有较为活跃的文书买卖渠道，这或许也是与当时的上流社会对于收藏文书感兴趣有关。我们现在就可以看到清朝末年的新疆高级别官员如王树枏、梁玉书、段永恩等人收藏了相当数量的文书[20]。包尔汉赠送给袁复礼文书，说明他也曾有所收藏。这也使我们看到早期新疆出土文书流散的情况。

（4）"1930年春"包尔汉赠送。包尔汉是著名的维吾尔族社会活动家，省长杨增新1922年委任其为管理马厂的委员，又于1925年派其为汽车公司委员，监修公路，同时任司机学校校长。外国人来访时，包尔汉时常担任杨增新的翻译，与杨增新交往频繁[21]。当中瑞西北科学考查团到达迪化时，包尔汉便承担了主要的接待和协调工作。他在回忆录中写到，1928年2月27日曾奉杨增新之命接待考查团[22]。当时他接待的应该是率先到达的徐旭生和赫定等人。袁复礼也提到，考查团大部队于3月8日到达后，徐旭生

---

[18] 《刘衍淮西北考察日记》稿本第五册，20页。此购买经卷情况，黄文弼亦略及之，唯不如刘衍淮记录详细，参《黄文弼蒙新考察日记（1927—1930）》，166页。

[19] 袁复礼的行程，参见袁复礼《三十年中瑞合作的西北科学考查团》，《中国科技史料》1983年第3期至1984年第3期共5期连载。

[20] 参见朱玉麒《王树枏与敦煌文献的收藏和研究》，樊锦诗等主编《敦煌文献·考古·艺术综合研究：纪念向达先生诞辰110周年国际学术研讨会论文集》，北京：中华书局，2011年，574—590页；朱玉麒《王树枏与西域文书的收藏和研究》，《国学的传承与创新：冯其庸先生从事教学与科研六十周年庆贺学术文集》，上海：上海古籍出版社，2013年；1074—1098页；朱玉麒《段永恩与吐鲁番文献的收藏和研究》，王三庆、郑阿财合编《2013敦煌、吐鲁番国际学术研讨会论文集》，成功大学中国文学系，2014年，35—58页。

[21] 包尔汉《新疆五十年》，北京：中国文史出版社，1994年，69页。

[22] 包尔汉《新疆五十年》，105页。

给他们介绍了省政府招待员包尔汉和吴云龙[23]。根据黄文弼的日记，此后包尔汉还曾帮助协调德国飞机在新疆飞行照相，黄文弼虽然对此事不满，但也承认包尔汉"态度亦佳"[24]。可见，在考查团到达迪化之初，包尔汉作为杨增新指派的接待员，与考查团接触之间，活动颇多。袁复礼对包尔汉印象也不错，他写道：

> 包尔汉，字寿亭，旧俄时代喀山的鞑靼族，早年移入伊犁，为归化人士，精通汉语、俄语和维语及文字，多年为省中各长官接待外宾时的翻译，并兼管理汽车及司机。一次，徐旭生到他家拜访，见到案上有胡适著的《中国哲学史大纲》。他曾到我处，出示维文的古植物教科书，内有维文拼音及附图的栉羊齿属（Pecopteris）和翅羊齿属（Neuropteris），足见他用功之勤[25]。

袁复礼和包尔汉之间应该是建立了不错的关系，于是也就有了赠送文书之事。

不过《唐经》一文中提到的"一九三〇年春"赠送，可能时间有误。1928年7月杨增新遇刺，金树仁上台，包尔汉作为杨增新的亲信自然会受到排挤。他在1929年9月就被迫离开迪化赴德国考察，后考入柏林大学学习，直到1933年1月才返回迪化[26]。所以1930年的春天包尔汉本人实际上是在德国。1929年春袁复礼和包尔汉都在迪化，赠送文书或许是在此时，袁复礼记错了时间。当然也不能排除包尔汉委托他人赠送，这里只能暂且存疑。

总体来看，袁复礼在甘肃考察时就开始留意敦煌文书，在参与西北科学考查团时也更加留意收集出土文书。而且袁复礼获得的文书数量并不少，他在这两篇未刊稿中只介绍了篇幅较大的十余件，除此之外，其实还有在鄯善、吐峪沟获得的很多残破经片。我们在袁复礼先生旧藏西北科学考查团期间的相片中，还发现了收藏在甘肃博物馆的新疆财政厅长徐谦旧藏吐鲁番文书的照片[27]。毫无疑问，这是袁复礼逗留迪化、与当地政要交流期间，从他们的藏品中拍摄到的部分。他对于西北出土文献的处处留心，可见一斑。

这两篇未刊稿的写作时间未见记录。根据其书法风格和使用纸张的一致性，以及《唐经》提及与《志略》中文书相互关系的衔接[28]，二稿的时间应在同期。根据其未能参考黄文弼在1954年出版的《吐鲁番考古记》更准确的录文，而黄著反而提及袁复礼未刊稿中的记录（如"此残纸系1930年春袁复礼先生在迪化时新疆鲍尔汉先生所赠

[23] 袁复礼《三十年中瑞合作的西北科学考查团（续）》，《中国科技史料》1983年第4期，60页。

[24] 《黄文弼蒙新考察日记（1927—1930）》，177页。

[25] 袁复礼《三十年中瑞合作的西北科学考查团（续）》，56页。

[26] 包尔汉《新疆五十年》，122、126页。

[27] 袁复礼照片编号Ar1001—Ar1008+，计底片9帧，其《西北照片编号册》作"唐人写经零散断片"，备注："徐厅长保有。"以上资料由袁复礼后人捐赠，新疆师范大学黄文弼中心藏。根据秦明智、荣新江对甘藏吐鲁番文书的研究，袁复礼照片中的文书，即潘岳书札、天山县田亩帐、如意元年杂写。参秦明智《新疆出土的晋人写本潘岳书札残卷考述》，《敦煌学辑刊》1987年第2期，53—61页；荣新江《黄文弼先生与甘藏吐鲁番文献》，《西域文史》第十二辑，北京：科学出版社，2018年，51—58页。

[28] 如《唐经》言"上述之第三项与余在迪化购得之十二项应属一经，此处之第四项（《方便品》），又与余购得之第五、第六二项应属一经"，皆与《志略》记录各项顺序相合。

送者"，"袁复礼先生以太缘即太延之音误"）来看[29]，应该是在黄著出版之前；而在《志略》记录最后一片由"民国十二年冬季余在兰州购得"的文书"尚拟寻出拍照，以就正于读者"的语气，该文书就在手边，只是暂时未能寻出而已，因此作者此时应该已经回到内地。1932—1954年间，是我们根据目前所得资料，能够推算出来的一个比较宽泛的写作时间段。

三、文书内容题解

为方便研究，我们将两篇文章中提到的文书进行了重新定名和编号。文中写明佛经首尾内容的文书，我们根据目前通行的电子佛典CBETA给出了对应的位置，个别文书也参考了相关的敦煌文献。不过由于原文只对文书进行了简单的介绍，且尚未见文书原件或照片，这里只能进行一些初步的整理。具体情况如表1所示。

表1　袁复礼著录新疆出土文书一览表

编号	定名	行数	参考
1-1	北凉太缘二年（436）令狐广嗣写《佛说首楞严三昧经》并题记	22	《吐》26—27页，图9；CBETA 2019.Q3, T15, no. 642, p. 645b2-25
1-2	《丁丑年石俅卫芬倍社社条》	11	《吐》47—48页，图53
1-3	《广传（博？）严净陀罗尼神咒》	13	
1-4	《注维摩诘经》卷二《方便品》	35	《吐》27—28、63页，图10、88；CBETA 2019.Q3, T38, no. 1775, pp. 340b7-341a23
2-1	《观世音秘密无障碍如意心轮陀罗尼藏经》	111	P. 3835（1）
2-2	《大乘无量寿经》	18	CBETA 2019.Q3, T19, no. 936, p. 82a05-b16
2-3	灵修寺《大般若波罗蜜多经》卷二二二《初分难信解品之四十一》	28	CBETA 2019.Q3, T06, no. 220, p. 114b15-c14
2-4	《大般若波罗蜜多经》卷三三三《初分善学品之三》	25	CBETA 2019.Q3, T06, no. 220, pp. 705c10-706a6
2-5	《维摩诘所说经》卷上《佛国品》《方便品》	63	CBETA 2019.Q3, T14, no. 475, pp. 538c3-539b12
2-6	《维摩诘所说经》卷上《方便品》《弟子品》	94	CBETA 2019.Q3, T14, no. 475, pp. 539b12-540c24
2-7	《妙法莲华经》卷三《化城喻品》	71	CBETA 2019.Q3, T09, no. 262, pp. 23a24-24a29

---

[29] 黄文弼《吐鲁番考古记》，26页。

续表

编号	定名	行数	参考
2-8	《妙法莲华经》卷三《化城喻品》	360余	CBETA 2019.Q3，T09，no. 262，pp. 20c25-27b8
2-9	《妙法莲华经》卷七《妙音菩萨品》	103	CBETA 2019.Q3，T09，no. 262，pp. 55b7-56c1
2-10	《大乘入楞伽经》卷二《集一切法品之二》	39	CBETA 2019.Q3，T16，no. 672，p. 594b7-c26
2-11	唱道文并戒律杂抄 （唱道文+《涅槃经》《大乘布萨说戒法》《梵网经卢舍那佛说菩萨心地戒品》《菩萨羯磨戒文》《鸠摩罗什法师诵法》《梵网经卢舍那佛说菩萨十重四十八轻戒》）	95	P. 2680（16）
2-12	《妙法莲华经》卷七《陀罗尼品》	66	CBETA 2019.Q3，T09，no. 262，pp. 58b26-59b27
2-13	《摩诃般若波罗密经》卷二五（四十卷本）	384	
2-14	《大乘莲华宝达菩萨问答报应沙门品》	300余	S. 2291
2-15	不明	不明	

1 =《新疆出土之"唐"经（未完稿）》

2 =《"唐"人写经十五种志略》

《吐》= 黄文弼《吐鲁番考古记》，北京：中国科学院，1954年

1-1号文书（图4）。黄文弼先生《吐鲁番考古记》刊布之后，此文书因题记中出现了"太缘"年号而受到史家重视，已有不少专门研究㉚，此处不再赘述。根据现有成果我们可以知道，"太缘"实际上是北凉年号，文书中的太缘二年是公元436年。

1-2号文书（图5）。这是一件社邑文书，黄文弼指出其内容是轮流分任社务之规定，每月三人值月，郝春文先生进一步认为该社应该是每月造一次局席㉛。郭锋先生根据文书使用干支纪年以及出现"副使"等字样，提出这件文书可能是吐蕃占领时期的敦煌文书㉜。这件文书是包尔汉在迪化赠送给袁复礼的，实际出土地确实难以查证。黄文弼在《吐鲁番考古记》中记载"据云：'出吐鲁番吐峪沟'"，也非定论，只能暂且存

㉚ 参见柳洪亮《吐鲁番出土文书中缘禾纪年及有关史实》，《敦煌学辑刊》1984年第1期，51—54页；关尾史郎《"缘禾"と"延和"のあいだ——〈吐鲁番出土文书〉札记（五）》，《纪尾井史学》5，1985年，1—11页；池田温《中国古代写本识语集录》，东京：东京大学东洋文化研究所，1990年，85页；王素《沮渠氏北凉写〈佛说首楞严三昧经〉》，《吐鲁番出土佛教写经漫谈》之三，台北《南海菩萨》161，1996年，46—48页。

㉛ 黄文弼《吐鲁番考古记》，47—48页；郝春文《敦煌遗书中的"春秋座局席"考》，《北京师范学院学报》1989年第4期，34页。

㉜ 郭锋《吐鲁番文书〈唐众阿婆作斋社约〉与唐代西州的民间结社活动》，《西域研究》1991年第3期，74—75页。

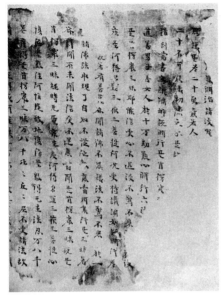

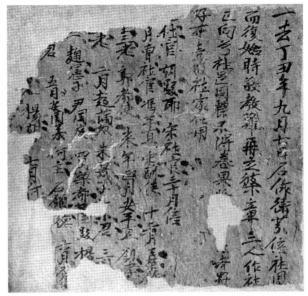

图4　《佛说首楞严三昧经》　　　　　　图5　《丁丑年石俅卫芬倍社社条》
（《吐》图版六、图9）　　　　　　　（《吐》图版五〇、图53）

疑。不过唐代西州文书一定会使用唐朝的年号纪年，1-2号文书即便出土于吐鲁番，也一定不是唐西州时代的文书，更可能是书写于短暂的吐蕃统治时期或西州回鹘时期。

1-3号文书。此经似未入藏，亦不同于目前已知的各种疑伪经。苏颋《唐河南龙门天竺寺碑》中有：

> 天竺寺者，天竺王子避位出家，三藏法师宝思惟之立也。……始憩西明寺，译《金光明楞伽文殊师利咒藏》《广博严净陀罗尼》《浴像功德》《大宝积》等经七部[33]。

这里记载唐代天竺僧人宝思惟曾在长安西明寺翻译过《广博严净陀罗尼》，或许与1-3号文书中的《广传严净陀罗尼神咒》有所关联。好在袁文抄录了陀罗尼及题记的内容，可以留待方家详考。

1-4号文书。此件文书正背面皆收于黄文弼《吐鲁番考古记》，其中正面为《注维摩诘经》卷二《方便品》（图6，1），有僧肇及鸠摩罗什的注文，写作"释僧肇曰"（或"释肇曰"）、"罗什曰"。背面为《回鹘文摩尼教徒历书》（图6，2），存50行，与德国柏林收藏品中的两件残片U 495（Ｔ Ｍ 299）和Ch/U 6932V（Ｔ I 601）为同类历书，是重要的回鹘文摩尼教文献[34]。

---

[33]　苏颋《唐河南龙门天竺寺碑》，董诰等编《全唐文》卷二五七，北京：中华书局，1983年，2600—2601页。

[34]　相关研究参见James R. Hamilton, *Manuscrits ouïgours du IXe-Xe siècle de Touen-houang. Textes établis, traduits et commentés.* I-II. Paris : Peeters france, 1986. James R. Hamilton, "Calendries manichées ouïgours de 988, 989 et 1003". J.-L. Bacqué-Grammont. et. R. Dor, *Mélanges offerts à Louis Bazin par ses disciples, collègues et amis*, Paris, 1992, pp. 7-23. 哈密屯著、吴春成译《公元988、989及1003年的回鹘文摩尼教历书》，荣新江编《黄文弼所获西域文献论集》，北京：科学出版社，2013年，182—206页。

 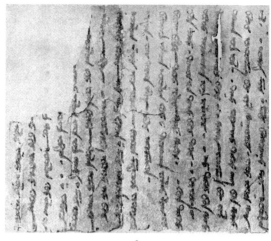

图6

1. 《注维摩诘经》卷二《方便品》（局部，《吐》图版九、图10）

2. 《回鹘文摩尼教徒历书》（局部，《吐》图版九七、图88）

2-1号文书。《志略》标注此经为1928年12月8日购得。根据品名及尾题的描述，此件文书所载佛经应当就是法藏敦煌文书P. 3835中所见的《观世音菩萨秘密藏无障碍如意心陀罗尼经》，两种文书的品名与尾题基本一致[35]。只不过2-1文书的佛经头部可能残缺，其第1行"说偈赞观世音菩萨摩诃萨"云云，只相当于P. 3835文书中佛经第一品正文的第36行。P. 3835的卷头还绘有十种手印的画像，2-1文书可能也有对应的部分，不过都已残去。

2-2号文书。《志略》标注此件经为1928年12月8日购得，书法与2-1号文书相似。但两件文书为不同佛经，或没有直接关系。

2-3号文书。该文书中有"灵修寺"，目前所见新疆出土文献中似未见有此寺名。敦煌文书中则是常见"灵修寺"，故颇疑此件文书与敦煌有关。

2-4号文书。《志略》指出"此经纸质地、高度、行宽及每行字数均与上同"，即与2-3号文书相同，故推测有可能是同一部写经的不同卷。

2-5与2-6号文书。两种佛经写本的内容可以首尾衔接，根据袁文的描述，应是同一写本被撕裂为两片。

2-7号文书。根据《志略》描述，这件《妙法莲华经》应是符合标准写经的行格，但纸质略差。

2-8号文书。《志略》标注此件经为1929年4月购得，纸缝处有钤印。就目前所见，敦煌吐鲁番出土佛经写本的纸缝处一般都不会有印记，反倒是唐代官府文书在连纸成卷时通常要在纸缝背面押字、钤印，如吐鲁番出土《唐龙朔二年（622）正月西州高昌县思恩寺僧籍》的背面纸缝处就有押缝文字，并钤有"高昌县之印"[36]。我们怀疑此佛经有可能是抄写在户籍或其他废弃的官府文书背面，若能寻得文书原件便可查证。

---

[35]　《法国国家图书馆藏敦煌西域文献》28，上海：上海古籍出版社，2004年，290—296页。

[36]　荣新江等主编《新获吐鲁番出土文献》，北京：文物出版社，2008年，61页。

2-9号文书。《志略》指出此经有收藏印及商人押码。

2-10号文书。根据《志略》描述，此《大乘入楞伽经》原为两件残片，可以拼合。

2-11号文书。《志略》拟题为"梵网经卢舍那佛说菩萨心地戒品一卷"，然而此文书应为多种佛教戒律的杂抄。文书第3、4行为"又打木唱云：'请诸佛子等众中谁小小者守护'，三唱。并供养收筹。又打木唱云：'诸佛子……'"。内容与敦煌所见《声闻唱道文》相似，P. 2680中有：

> 声闻唱道文　罗汉圣僧集，凡夫众和合，香汤沐净筹，布萨度众生。大德僧听，众中谁小小者收获，三说。大德僧听，外清净大沙门入，三说。大德僧听，众中小者已收获，外清净大沙门已入。内外寂静，无诸难事，堪可行筹，广作布萨[37]。

这是佛教寺院布萨行事的一个重要步骤，由维那主持仪式，并请说戒师上座[38]。下一步就是说戒师为众僧说戒并问答。2-11号文书刚好是在第一部分抄写了类似的维那唱道文，后面接续抄写各种佛教戒律，很可能就是用于这种布萨仪式的文本。根据袁复礼的描述，第1—16行为唱道文及出自《涅槃经》的某组颂文，第17—18行为《大乘布萨说戒法》，第19—28行为《梵网经卢舍那佛说菩萨心地戒品》，第30—69行为《菩萨羯磨戒文》，第70—94行"华为期"三字为《鸠摩罗什法师诵法》，第95行为《梵网经卢舍那佛说菩萨十重四十八轻戒》的题头。这种唱道文连写戒律的形式在敦煌文书中也并不多见，对于研究唐代布萨次第应是具有重要的意义。

2-12号文书。《唐经》提到1-3号文书与2-12号文书"应属一经"，然而根据录文判断，2-12号文书为《妙法莲华经》卷七《陀罗尼品》，而1-3号文书则可能是一种单行本的陀罗尼，两件残片只是恰巧都有陀罗尼的部分，并不是同一种佛经。

2-13号文书。第1段纸第5行有"大品经卷二十五"，第5段纸第21行又有"摩诃般若波罗密经灯烛品第五十七"。《大品经》即《摩诃般若波罗密经》。在目前较为常见的二十七卷本《摩诃般若波罗密经》中，第五十七品在卷十七，品名为"深奥品"，不过大正藏本在品名后注有"丹本灯烓品"[39]。由此看，2-13号文书中的"灯烛品第五十七"，应当就是二十七卷本中的"深奥品第五十七"，只不过分卷是在第二十五卷。据此可以推测，2-13号文书的《摩诃般若波罗密经》可能是四十卷本。可惜袁文中并未提及具体经文的内容，且袁复礼对这件写本的真伪有所质疑，这里也就只能暂且存疑，留待日后或能见到原件照片再做详考。

2-14号文书。袁文作"大乘莲华宝达菩萨问答报应沙门品"，应是文书中写有此名，大致是写在《佛名经》后。今日所见《佛说佛名经》卷一中就有"大乘莲华宝达问答报应沙门品第一"。然而，斯坦因所获敦煌S. 2291文书《佛名经》卷十二之末有《大乘莲华宝达菩萨问答报应沙门经》[40]，台北图书馆又藏有《大乘莲华宝达菩萨问答报应

---

[37]　《法国国家图书馆藏敦煌西域文献》17，上海：上海古籍出版社，2001年，226页。

[38]　关于布萨文及布萨次第，参见湛如《敦煌佛教律仪制度研究》，北京：中华书局，2003年，197—219页。

[39]　CBETA 2019.Q3, T08, no. 223, p. 343c16。

[40]　黄永武主编《敦煌宝藏》第18册，台北：新文丰出版公司，1981年，99—100页。

沙门品第二十八》一卷，内容各自不同，牧田谛亮对此已有研究[41]。不过同样因为袁复礼并未述及文书具体内容，此处也无法深究了。

　　总之，袁复礼这两篇未刊稿的公布，表明袁复礼除了购买回鹘文《玄奘传》及从包尔汉处获赠文书外，实际上还购买了不少文书。使我们认识到中国西北科学考查团的调查成果比我们想象得要更加丰富，由于种种原因还有很多尚未整理公布。虽然这两篇文稿只是对文书进行了简略的介绍，但其中蕴含的学术信息还是具有重要的意义。

2019年12月7日初稿

2020年2月7日定稿

Two Unpublished Works of P. L. YUAN on Manuscripts Excavated in Xinjiang

Liu Weidong & Liu Zifan

Professor Yuan Fuli(P. L. YUAN) collected a lot of ancient manuscripts from Dunhuang and Turpan during the Sino-Swedish scientific expedition to the North-Western provinces in the 1920s and 1930s. For some reasons, only a few of his collection were published, such as an Uighur manuscript *Datang Da Ci'en Si Sanzang Fashi Zhuan* (大唐大慈恩寺三藏法师传, *A Biography of the Tripitaka Master of great Ci'en Monastery of the great Tang Dynasty*) which was donated to the Chinese National Library. Since 2018, Yuan Fuli's collection about the Sino-Swedish scientific expedition has been donated to the Huang Wenbi Institute of Xinjiang Normal University by Yuan's family. And we were authorized to examine his two unpublished works: one is an unfinished research titled "Buddhist Manuscripts of the Tang Dynasty Excavated in Xinjiang" (新疆出土之"唐"经 (未完稿)), another is "Notes on 15 Buddhist Manuscripts of the Tang Dynasty" ("唐"人写经十五种志略). Yuan Fuli recorded 28 manuscripts and from where he got them. Most of the manuscripts are released for the first time except three ones from Burhan al-Shahidi which were already published in Huang Wenbi's *The Archaeological Report of Turpan* (吐鲁番考古记). We learn from Yuan's records that he got the manuscripts respectively in Lanzhou in 1923, on the way from Turpan to Urumqi in 1928, in Urumqi during 1928-1929, and from Burhan in the spring of 1930. As to these manuscripts, some are of great academic significance, such as a postscript of sutra *Foshuo Shou Lengyan Sanmei Jing* (佛说首楞严三昧经) by Linghu Guangsi in the 2nd year of Taiyuan Era of the Northern Liang (436 A.D.), a previously unknown Buddhist text *Guangbo Yanjing Tuoluoni Shenzhou* (广博严净陀罗尼神咒) and some texts concerning Buddhist Upāvasatha.

---

[41]　牧田谛亮撰、杨钟基译《台北中央图书馆之敦煌经》，《敦煌学》第2辑，香港：新亚研究所敦煌学会，1975年，76—77页。

黄文弼地图与欧洲探险队地图[*]

——兼及黄文弼所藏地图调查报告

西村阳子　北本朝展　撰；田卫卫　译

前　言

最近几年来，笔者选取约百年前欧洲丝绸之路探险队所留下的地图，尤其是收录于*Innermost Asia*中的英国M. A. Stein（以下简称斯坦因）地图（以下简称斯坦因图），以及德国A. Grünwedel（格伦威德尔）等人的记录、瑞典Sven Hedin（斯文·赫定，以下简称赫定）的*Central Asia Atlas*等为对象，推进地图数字化及其特性解析[①]，然后通过信息学技术的应用，对这些欧洲探险队调查过的遗迹进行比定[②]。本论文将进一步发展运用笔者迄今为止所积累的手法，采用中国著名考古学开拓者黄文弼先生的两种考察报告《吐鲁番考古记》和《塔里木盆地考古记》中所收录的地图（图1、图2。下文统称时简称为"黄文弼地图"；分论时称之为"吐鲁番考古记图""塔里木盆地考古记图"），力求究明其相应的特性。

众所周知，黄文弼以现代中国考古学先驱而驰名，他以中方考古队员的身份参加了1927年正式踏上考察之路的中国西北科学考查团（英文名称为Sino-Swedish Expedition。以后统称"西北科学考查团"，特别需要指称西方成员为中心时，作Sino-Swedish Expedition），取得了很多成果，作为他的考察报告而刊行的《罗布淖尔考古记》《吐鲁番考古记》《塔里木盆地考古记》，至今仍是经常被引用的中国考古学早期

[*] 本文属于以下两个项目的阶段性成果：日本学术振兴会科研项目基盘（B）"丝绸之路遗址之重新发现：基于数字史料批判的遗址核对与地理学术平台的建立"（批准号：19H01324）；中国2019年度国家社会科学基金重大项目"中国西北科学考查团文献史料整理与研究"（批准号：19ZDA215）。

[①] 关于这些地图的研究成果，可以使用网络资源"地图で探るシルクロード"，网址：http://dsr.nii.ac.jp/geography/

[②] 主要成果如下：西村陽子、北本朝展《スタイン地図と衛星画像を用いたタリム盆地の遺跡同定手法と探検隊考古調査地の解明》，《敦煌写本研究年报》第4号，2010年，209—245页；西村阳子、北本朝展《和田古代遗址的重新定位——斯坦因地图与卫星图像的勘定与解读》，荣新江主编《唐研究》第十六卷，北京：北京大学出版社，2010年，169—223页；西村阳子等撰、刘子凡译《古代城市遗址高昌的遗构比定：基于地图史料批判的丝绸之路探险队考察报告整合》，朱玉麒主编《西域文史》第九辑，北京：科学出版社，2014年，153—197页；西村阳子、北本朝展《丝绸之路遗址之重新定位与遗址数据库之建立》，《陕西师范大学学报》2016年第2期，76—86页；等等。

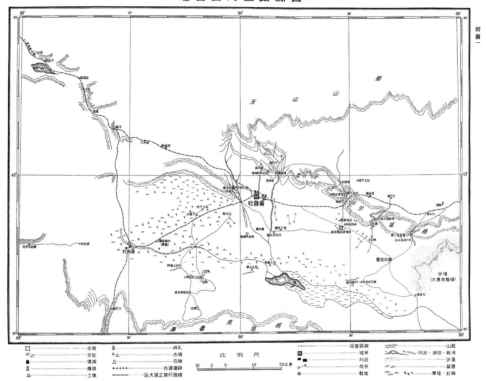

图1　《吐鲁番考察路线图》（《吐鲁番考古记》所载）

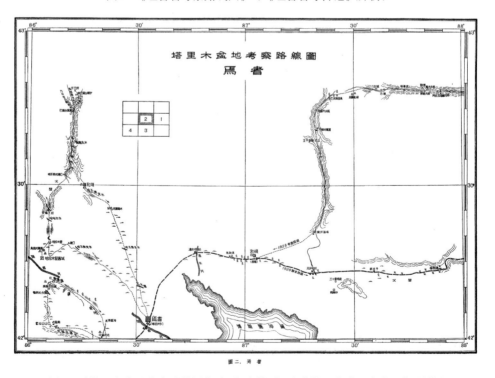

图2　《塔里木盆地考察路线图》全7幅中第2幅（《塔里木盆地考古记》所载）

名著。特别是收录在《吐鲁番考古记》《塔里木盆地考古记》中的黄文弼地图，今天仍是必须参照的内容，其中记载的地名很多都沿用至今。不过另一方面，由于该地图上的地名与欧洲探险队地图上记载的地名多有异同，而且也不清楚黄文弼地图的制作过程，所以很难将其与欧洲的报告进行相互参照。本论文旨在解决这个问题，并试图阐明黄文弼地图的特性。

在中国，有关西北科学考查团的重新评估和资料发掘及其研究正在急速前进中。2017年夏季，笔者在北京大学朱玉麒教授的帮助下，有幸在新疆师范大学黄文弼特藏馆调查了黄文弼的藏书及旧藏地图。本论文在进行概略考察报告的同时，通过使用黄文弼所藏地图类资料，包括黄文弼保留身边的西北科学考查团调查时的资料，对黄文弼地图是怎样制作的这一问题，作出粗略的预测。

本文结构如下：第一部分阐述阅览黄文弼考察报告时遇到的问题，阐明问题的所在，论述两个问题的起因（①地图的制作方法不明，②地名不清楚是哪个系统）；第二和第三部分介绍新疆师范大学获赠的黄文弼所藏地图的情况，特别是黄文弼自己制作的路线图手稿；第四部分利用这些资料和数字化的黄文弼地图，阐明它们和斯坦因地图以及在西北科学考查团调查的基础上绘制的赫定地图之间在数据方面的相关关系；第五部分在叙述黄文弼地图与欧洲探险队地图地名异同的同时，讨论其共同性和学术方面的价值。

一、西北科学考查团与黄文弼地图

黄文弼作为中国和瑞典联合调查的西北科学考查团的中方成员，在1927—1930年间进行了历时4年的蒙古、新疆考古学调查。其主要成果以1948年国立北平研究院史学研究所·中国西北科学考查团理事会出版《罗布淖尔考古记》为开端，1954年出版了《吐鲁番考古记》（中国科学院考古研究所编，中国科学院；1958年科学出版社再版）。1958年出版了《塔里木盆地考古记》（中国科学院考古研究所编，科学出版社）。1990年又出版了他参加西北科学考查团时的调查日记[③]。黄文弼经手的主要资料都有公刊文本。其中，在《罗布淖尔考古记》的封面上明确写有"中国西北科学考察团丛刊之一"，表示其性质原本都是西北科学考查团的报告。虽然《吐鲁番考古记》和《塔里木盆地考古记》出版于中华人民共和国成立之后，由于受到当时形势的影响，并未标明属于西北科学考查团的丛刊，但在《吐鲁番考古记》的内容提要中，开篇即言"本书材料，系根据前西北科学考查团在新疆吐鲁番所搜集的古代文物编辑而成"，在《塔里木盆地考古记》中，则除了最后12则附注是1957—1958年作者第四次新疆考察的记录外，在内容提要中也开宗明义提到"本书是根据1928—1929年在塔里木盆地所考察的记录及搜掘的各种遗物编纂而成"，可见以上两种"考古记"也都是西北科学考查团的考察报告。

《吐鲁番考古记》和《塔里木盆地考古记》中所收录的地图可与黄文弼的调查路线

③　黄文弼遗著、黄烈整理《黄文弼蒙新考察日记（1927—1930）》，北京：文物出版社，1990年。

对照，是理解考察报告所必须的重要内容。因为地图上画有纬度经度线，所以被认为是科学测量过的地图。但报告中并未写出这些地图的来源或绘制方法，所以并不清楚其是如何制作的。因为是西北科学考查团的成果报告，作为西北科学考查团调查的一环，原本应该利用由赫定制作的*Central Asia Atlas*地图为基础信息④，但正值20世纪三四十年代的动乱时期，而且1949年中华人民共和国成立后，与回到欧洲的赫定等西北科学考查团欧洲成员的联系也极为困难，黄文弼的报告中没有提及由赫定制作并出版于1966年的*Central Asia Atlas*，即所谓的赫定的100万分之一地图。另外，在西北科学考查团团长赫定的著作中，看不到黄文弼与地图制作有关的描述，作为Sino-Swedish Expedition Reports出版的西文报告中，明确指出黄文弼与地图制作无关⑤。为此，我们不由自主地将黄文弼地图和*Central Asia Atlas*切割区分开来进行考虑，再加上黄文弼的报告中也没有提及地图的制作，所以黄文弼的地图是怎样制作出来的这一问题，实际上并没有经过充分讨论，就这样遗留至今。

　　读黄文弼的考察报告时，如果参照黄文弼地图来进行的话，会发现黄文弼地图上有几处不可思议的地方。如上所述，由于地图制作方法不明，在西北科学考查团考察期间，测量图本身是极其有限的，而作为根据的地图来源不明，且并不清楚该地图是测量图还是用其他方法制作的。虽然在地图上标注了经纬度的地方可以推测为测量图，仅仅描绘了调查路线及其周边这一点却很奇怪。第二点是，无法把握其与赫定所作地图之间的关系。虽然因为该地图是西北科学考查团的报告，所以无论有什么关系都似乎很好，但其关系并不确定。与此相关，黄文弼地图上所写的地名与之前欧洲探险队制作的地图上所使用的地名大不相同，这一点也引起了人们的注意。特别是在预想与欧洲的丝绸之路探险队报告一致的情况下来读黄文弼考察报告时，这个疑问成为了阻碍前进的一大问题，也造成了不能充分利用黄文弼考察报告的主要原因。

二、新疆师范大学黄文弼特藏馆收藏的黄文弼所藏地图

1. 黄文弼特藏馆的见学和展示的考古调查用具

　　在2017年8月10—15日之间，笔者之一应朱玉麒教授之邀，得以拜访新疆师范大学

④　Sven Hedin, *Central Asia Atlas*, Reports from the Scientific Expedition to the North-Western Provinces of China under the leadership of Dr. Sven Hedin : the Sino-Swedish Expedition ; publication 47, I. Geography. 1, Statens Etnografiska Museum, Stockholm, 1966.

⑤　*Central Asia Atlas*所附*Memoir on Maps*认为，黄文弼的考察活动中很可能没有系统的绘制路线图："The third Chinese research party, that of the archaeologist HUANG WEN P'I, pursued a very extensive programme in the Turfan Basin, in Kara Shahr region and in the Tarim Basin. No systematic route-mapping seems to have been done.", "The Trans-Gobi expedition 1927-1929", p. 23. Ambolt, N. P. and Norin, E. *Memoir on Maps Vol. I, Records of Surveys*, Reports from the Scientific Expedition to the North-Western Provinces of China under leadership of Dr. Sven Hedin: The Sino-Swedish Expedition, Publication 48.I: Geography 2. Sven Hedin, *Central Asia Atlas*, Stockholm: The Sven Hedin Foundation Statens Etnograliska Museum Stockholm, 1967.

黄文弼特藏馆，有幸得到了同时阅览黄文弼在调查时所使用的器具以及他的藏书、地图等资料的机会。

在黄文弼特藏馆展示的黄文弼日用品、用具等遗物数量不多。除了眼镜、钢笔、皮包等日常用品以外，还有照相机、三脚架、卷尺、水平仪、圆规等，都是适合考古学家携带的物件。尽管如此，照片的收藏张数仅有88张，可能是因为经过整理再捐赠的数量较少，或者由于某种原因而没能保存至今。无论是哪张照片，都反映了黄文弼调查旅行的情形，但看不到其他与地图制作有关的东西。上述黄文弼的遗物中，不存在石英表和两套表（计时器）等器械，也没有黄文弼自己参与制作地图的遗物⑥。

2. 黄文弼所藏地图

为了得到黄文弼制作地图的线索，笔者特别重点调查了黄文弼的收藏地图。因为黄文弼所藏的地图中，很可能含有大量有关地图制作的资料。

捐赠给黄文弼特藏馆的黄文弼所藏地图数量相当多，遗物捐赠清单的地图类中⑦，地图257张，"路线图"29张⑧，包含考古遗物线画等在内的"考古工作图"86张。在地图中，既有背面印有"西北科学考查团理事会图书室"的地图复印件和照片等资料，也有斯坦因的*Innermost Asia*地图等。

因此，笔者决定将其所藏地图按种类分类，以掌握其个别地图的状况，并研究黄文弼制作地图的线索。重点调查的地图有：①斯坦因地图（*Innermost Asia*）和晒蓝图；②《路线图（手绘）》（以下称之为摹写图）；③《〈考古工作图〉档案袋所收纳的路线图》等有关黄文弼考古学调查的3种地图。

3. 斯坦因地图与晒蓝图

黄文弼特藏馆获捐的黄文弼所藏地图中，如上所述，包含了斯坦因的*Innermost Asia*地图。斯坦因地图的出版年份是1928年。黄文弼可能是在1927年5月开始参加西北科学考查团的调查之后，在某一个阶段得到了这一当时最新的地图。在总计47张地图当中，除了Sheet 47 Kungurche以外，共有46张图，从下文所介绍的黄文弼所藏地图的内容中，也可以看出他在各种考古学准备工作中使用斯坦因地图的情况，如后所述，这对黄文弼地图也产生了很大的影响。

黄文弼在西北科学考察途中使用了斯坦因的地图，也在其《黄文弼蒙新考察日记（1927—1930）》得到了反映。如1928年8月15日，在轮台："观英人斯坦因地图，在草湖之南、恰阳河之北，故河道甚多，皆为河水南徙之证。"10月13日，在库车，"上

⑥　据徐凤先的记载，独立制作地图的中方成员只有袁复礼、丁道衡、詹蕃勋、陈宗器四人，也有其他学生参与了路线图的制作。见张九辰等《中国西北科学考查团专论》第2章《中国西北科学考查团的地理考察》，北京：中国科学技术出版社，2009年，25—36页；尤见表2-1《考察团成员参加地图测绘状况》，30页。

⑦　黄文弼特藏馆有一份关于捐赠品的初步清单，其中有一份题为《美国国防部暨海军部绘制新疆地图》（63-92）的地图。该地图的比例尺为五十万分之一，标注有"A.M.S. 1405，Type A AMS-1"，类似于斯坦因之*Serindia*地图。

⑧　此为黄文弼手写的摹写图。

午校对地图，以参谋部地图为主，对照斯坦因地图，名称、方位差之甚远，盖外人治图，皆实地测验而得，我国人多抄写外图，又不确实考查，故多错误。……傍晚，……又校对地图多幅，直至喀什，以斯坦因地图观之，由阿克苏至阿枰、巴楚一带，古迹颇多，由巴楚至叶城及喀什均无多古迹。"12月23日，在哈拉玉尔滚，"据斯坦因地图，称阿尔巴特附近有一旧城，余未及往考查"⑨。据以上记载，可知黄文弼在前往南疆考察时，已经获得了斯坦因地图进行参考，他经过实地核对手边的几种地图，对于斯坦因绘制图有很高的评价，这些可能成为他后来制作自己的考古地图而选择斯坦因地图作为底图数据的基础。

此外，还有《罗布淖尔考古记》《吐鲁番考古记》《塔里木盆地考古记》等黄文弼报告中所刊载的图版的蓝印本（晒蓝图），据说是出版时的校正。在晒蓝图地图中，还有很多其他与斯坦因地图显著相似的地图，其地名都是用中文书写的。根据与晒蓝图中其他相重复的地图收集整理成的《斯坦因考古图重复图》装订本来看，这是对 *Innermost Asia* 地图的翻译。文字一个字一个字地很认真书写，推测是某种校对，不过，在黄文弼生前，并没有出版斯坦因地图的翻译版。

图3对比了晒蓝图和斯坦因地图的同一个地点，从描绘的地形来看，该地图是翻译。根据斯坦因地图的编号，总结存在翻译的地方如下。另外，只有（5）是由两个半张的图连接起来组成一张的地图。

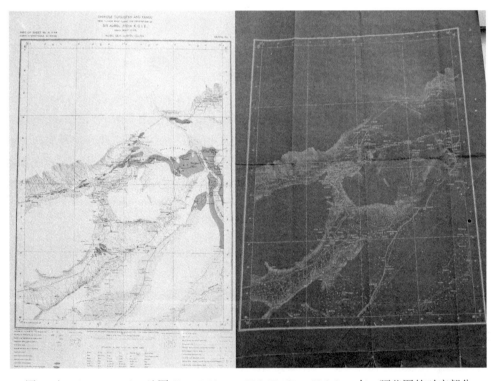

图3　左：*Innermost Asia* 地图 Sheet7 Ak-su, Uch-Turfān, Kelpin　右：晒蓝图的对应部分

⑨　《黄文弼蒙新考察日记（1927—1930）》，245、293、367页。

（1）Sheet 7 Ak-su·Uch-Turfān·Kelpin；

（2）Sheet 8 Marāl-bāshi；

（3）Sheet 17 Kuchā；

（4）Sheet 21 Bugur Korla的西半部分（Bugur部分）；

（5）Sheet 21 Bugur Korla的东半部分（Korla部分）与Sheet 25 Konche-daryā合起来的地图；

（6）Sheet 29 Singer Lou-lan部分。

4. 摹写图

黄文弼特藏馆所作的目录中被分类为"路线图（手绘）"的地图，是画在像摹写纸一样透明的宣纸上的地图，因而在本稿中称为"摹写图"，目录上写着"路线图88°E-90°E/40N-42°N（手绘）"提示事项。地名有时用中文和字母符号标记。仔细观察这个摹写图的话，也能看到这个地图与斯坦因图之间存在显著类似的情况。于是，笔者尝试把画的宣纸和斯坦因图重叠起来，发现正好可以重叠到一起。所以，这张地图也是斯坦因地图的复印件。

如果将这些有摹写图的地区，借助斯坦因地图的名称汇总到一览表中，如下所示。

（1）Sheet 9 Khotan，Sanju；

（2）Sheet 14 Sampula，Chīra，Keriya；

（3）Sheet 17 Kuchā；

（4）Sheet 18 Keriya River End；

（5）Sheet 19 Niya；

（6）Sheet 28 Turfān；

（7）Sheet 29 Singer，Lou-lan；

（8）Sheet 30 Lop-nōr；

（9）Sheet 32 Ancient Lop Lake Bed；

（10）Sheet 33 Lowaza，Bāsh-kurghān；

（11）Sheet 35 Su-lo-ho Delta；

（12）Sheet 38 Tun-huang，An-his；

（13）Sheet 40 Yü-mên-Hsien（部分）；

（14）Sheet 40 Yü-mên-Hsien，Sheet 41 Ch'ang-ma，Sheet 42 Chin-t'a，Sheet 43 Su-chou，Sheet 45 Estin-gol，Sheet 46 Kan-chou（统合了数张图的大地图）。

如果把它们按照主要的地域进行归结的话，就是①和田周边地区；②库车·阿克苏周边地区；③楼兰—敦煌周边地区；④敦煌—河西走廊；⑤吐鲁番附近。这与黄文弼作为1928—1929年西北科学考查团的考古调查的一环进行个人实地考察的地域一致。

从摹写图可以看出，大部分如图4所示，可以很好地与斯坦因地图重叠。图5是上文所提过的（14）地图。该地域包含河西走廊的主要部分从甘州到玉门县，是连接必要部分制作成的大地图，制作目的是为了方便阅览。

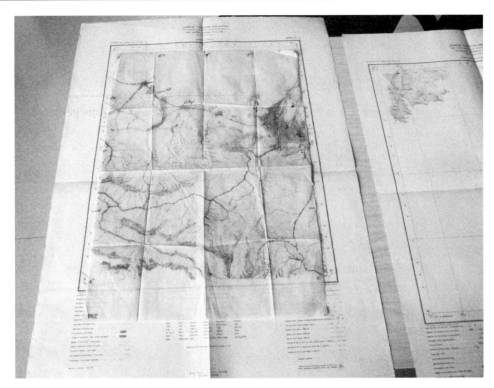

图4 与斯坦因地图Sheet9 Khotan，Sanju重合的黄文弼摹写图

图5 与Sheet40 Yü-mên-Hsien，Sheet41 Ch'ang-ma，Sheet42 Chin-t'a，Sheet43 Su-chou，Sheet45 Estin-gol，Sheet46 Kan-chou重合的摹画宣纸

再者，晒蓝图和摹写图重叠的地域很少，在《吐鲁番考古记》和《塔里木盆地考古记》所载的地图中，双方都存在的只有17 Kuchā。另外，黄文弼摹写并反复调查的斯坦因地图和报告所附地图，仅目测就有很有很强的类似性，可以推测这里也参照了斯坦因图（图13）。

三、黄文弼的考古工作和路线图

除了上述地图类之外，黄文弼所藏的地图中，作为"考古工作图"，还包含了在旧笔记本上用铅笔描绘的遗迹平面图等。因为考古工作图是用铅笔书写描绘而成，所以除了用浓线描画的平面图以外，其他都很模糊，难以读取。其记录内容与黄文弼的考古调查有关，比如考察报告中收录的以平面图为基础的初期素描，还有写有1929年日期的资料，都证实是考古调查时的记录。

然而，在与考古工作图一起保管的图面上，还有一组与平面图不同的记录。根据图上记载的地名和时间来看，其记录内容应该是黄文弼在西北科学考查团的考古调查期间制作的手写地图。

在画面中，记录了每日出发的日期、时间、方向和进行方向转换的时间、前进方向的方位角度，这些数值与黄文弼的调查日记《黄文弼蒙新考察日记（1927—1930）》中记录的数字一致。考虑到图纸的形状，这很可能是本稿中探讨的黄文弼地图的原图。因此，接下来准备从西北科学考查团的地图制作及其方法入手进行讨论。

1. 西北科学考查团的路线图和三角测量

1966年出版的赫定*Central Asia Atlas*中，瑞典地理学家安博尔（Nils Ambolt）和那林（Eric Norin）刊行了作为The Sino-Swedish Expedition-Publication 48，*Memoir on Maps* vol.1的*Records of Maps*，在记录*Central Asia Atlas*基础数据的同时，还叙述了Sino-Swedish Expedition地图的制作过程，以厘清它到底是如何作成的[⑩]。据此可知，*Central Asia Atlas*是贝格曼（Bergman，1930—1932）、贝克赛（Bexell，1930—1933）、包林（Bohlin，1930—1933）、何尔奈（Horöer）与陈宗器（1930—1933）、郝德（Haude，1931—1932）、那林（Norin，1929—1933）、安博尔（Ambolt，1929—1933）等的路线图（Route-Mapping）数据，加上那林进行的三角测量、天文观测，之后又加上美国AMS提供的详细的观测资料和照片资

⑩　Ambolt, N. P. and Norin, E. *Memoir on Maps Vol. I, Records of Surveys*, Reports from the Scientific Expedition to the North-Western Provinces of China under leadership of Dr. Sven Hedin: The Sino-Swedish Expedition, Publication 48.I: Geography 2. Sven Hedin, *Central Asia Atlas*, Stockholm: The Sven Hedin Foundation Statens Etnograliska Museum Stockholm:1967；刘衍淮《中国与瑞典合组之中国西北科学考查团》是Records of Surveys的中译版，载《地理学研究》第六期，台北：台湾师范大学地理学系，1982年，9—47页。

料，综合起来制作而成的[11]。也就是说，由很多参加者制作而成的路线图（Route-Mapping），是制作*Central Asia Atlas*时的基础资料，因此*Memoir on Maps*也记录着各队员进行了哪些范围的路线图。

赫定所著西北科学考查团的记录中，记载了路线图（原文：Route-Mapping）的制作方法[12]。说是赫定从包头出发之后，一直持续制作路线图，用于测量作业的器具就是像指南针、钟表、笔记本和铅笔这样简单的东西。线路图的制作，要先用磁铁掌握方向，方向变化的话就记入新的标识，而且是用每隔一段时间就记入标识的方法进行记录。为了测量距离，先定一个200米的基准长度，让骆驼在中间走几次，算出骆驼步数的平均值，再算出步行这段距离的平均时间，那么不管在什么情况下，根据骆驼在基准时间内前进的平均步数，就可以得到行进的速度，用这个方法，每天可以得到当天前进的距离。赫定说，这个方法在"曾经去中亚探险"的过程中使用过，虽然是极其简单的方法，但结果却十分令人满意。即，西北科学考查团大致作成了两种地图数据，一个是各人记录的路线图的记录，另一个是基于现代观测的三角测量。

另外，如前注所揭徐凤先先生介绍，在西北科学考查团中，作为中方团员独立制作地图的是袁复礼、丁道衡、詹蕃勋、陈宗器四人，其他学生队员也参加了线路图的制作。比如，据中方队长徐炳昶的《徐旭生西游日记》序文《（三）额济纳河前分队的工作》记载，西北科学考查团于民国十六年即1927年5月9日从北平出发，5月26日到达茂明安旗，滞留两个月左右筹措骆驼等。其间，那林、贝格曼、丁道衡等人在喀尔喀右旗白灵庙（Pai-ling Miao，Batu Khalaghan-U Süme）附近进行了地质调查和地图制作，黄文弼进行了考古调查，袁复礼进行了地质调查和作图还有考古调查。一行人于7月22日向西出发，9月28日到达额济纳河。这当中，在三德庙停留期间，对于气象学学生刘衍淮有关三德庙（Bayan Shanda Süme）到三道桥的调查中试制的路线图，记有"刘春舫所试作底线图，大得赫定博士的赞许，以后李三达、马益占等亦渐渐学会作路线图"，因为得到了赫定的赞许，后来，同样是气象学学生的李宪之和马叶谦等也慢慢学会了路线图的制作方法[13]。停留三德庙的时间始于8月20日，时长一周左右。即调查开始之后

---

⑪　在赫定的*Central Asia Atlas*中，栏外以及凡例一栏中，都记入了AMS1301 Second Edition-AMS，凡例栏中记录着1950年在华盛顿DC进行编辑的事情。自1939年以来，由赫定委托德国Gotha的Justus Perthes' Geographical Institute，作为与Prof. H. Haack的共同工作，*Central Asia Atla*已经准备了18枚图版。虽然一部分已经印刷完毕，但是因为1945年之后不能继续使用，所以1946年又在AMS之间签署了以缩小版的13枚进行编辑的合同。Ambolt, N. P. and Norin, E. *Memoir on Maps Vol. I, Records of Surveys*, Reports from the Scientific Expedition to the North-Western Provinces of China under leadership of Dr. Sven Hedin: The Sino-Swedish Expedition, Publication 48.I: Geography 2. Sven Hedin, *Central Asia Atlas*, Stockholm: The Sven Hedin Foundation Statens Etnograliska Museum Stockholm: 1967, pp.10-11.

⑫　"Route-Mapping", Sven Hedin, *History of the expedition in Asia, 1927-1935: Reports from the Scientific Expedition to the North-Western Provinces of China under the leadership of Dr. Sven Hedin: the Sino-Swedish Expedition*, Vol. 1, publication 23, Statens Etnografiska Museum, Stockholm: 1943, pp. 73-74.；斯文赫定著、徐十周等译《亚洲腹地探险八年1927—1935》，乌鲁木齐：新疆人民出版社，1992年，21页。

⑬　徐炳昶《徐旭生西游日记》序文，北平：中国学术团体协会西北科学考查团理事会，1930年，6页。

紧接着就是集中性地进行学习，如果只限于路线图来说，可以看到比较性速习的可能性。并且，书中写道："因为要向前赶路，南北分队所作详细地图，至三德庙后停止，以后止作线路图并考察地质及考古。"⑭似乎也包括快速移动时在内，是一直持续性作图的。

在黄文弼的《黄文弼蒙新考察日记（1927—1930）》里，从紧接着调查开始之后的1927年6月29日至7月2日的日记中，可以看到以下记录［下划线和括号（　）里的内容出自作者］。

　　6月29日　今日晴。袁·詹·丁等均往二十里地绘图。徐先生（炳昶）亦随去。余在棚拟画百灵庙至老弄苏木路线图。用五十万分一原尺、5公里地合1米达。后又画两条至百灵庙线，一由本站去线，一为归化去线。（以下略）

　　6月30日　上午拟重绘昨日所画之路线图，适赫定至徐先生处，约商希渊（袁复礼）及余出发事。（以下略）

　　7月2日　今日将百灵庙至老弄苏木路线图重绘就，系用五十万分之一经纬度。至下午而成。傍晚赫定索阅两图，颇为赞美。（以下略）

这是从北平出发后在茂明安旗停留期间对附近的百灵庙进行调查时的事情，黄文弼也表示在调查开始时学会了制作路线图。日记的日期比《徐旭生西游日记》序文所见刘衍淮习得路线图制作的时间早了约2个月，正好是西北科学考查团调查开始时的记录。在《黄文弼蒙新考察日记（1927—1930）》中，虽然没有记录是因为什么原因开始制作路线图，但徐炳昶和黄文弼的记录极为相似，可以看作是因为赫定确认了西北科学考查团成员制作的路线图一事。《黄文弼蒙新考察日记（1927—1930）》中，除了这个记述以外，有关路线图制作的明确记录确实很少，如1927年11月12日："初本拟画今日路线图，手僵不能握笔，乃只记方向、钟点、地形、土质，驻后补记也。"1928年12月25日："今日未明即起，及亮而行，已7时也。余表停，无以定时间，余铅笔又遗失，故今日路线图不能画。"⑮据以上因为不能画路线图却要记上一笔的习惯看，可能黄文弼先生在考察行路时伴以画图是一种日常行为，只有不作路线图的反常时候，才需要作出说明。而且，有关行路调查的前进方向和角度的记录贯穿日记全篇，该角度的记录与下节要介绍的黄文弼亲笔书写的路线图记录相一致，确实可以证明他制作路线图成为了工作的必然。

黄文弼考古工作图中包含的路线图，如果与黄文弼的记录对照着来看，可以认为是赫定及中方成员数人制作而成的路线图，是保存了实物。因此，下面列举几个例子，借以明示黄文弼亲笔路线图和《黄文弼蒙新考察日记（1927—1930）》以及黄文弼地图的关系。

---

⑭　徐炳昶《徐旭生西游日记》序文，6页。
⑮　《黄文弼蒙新考察日记（1927—1930）》，118、371页。

2. 黄文弼的"路线图"

"考古工作图"中包含的黄文弼亲自所画"路线图"[16]，附带年月日的路线图为55张85天，日期不详的路线图则有4张。作为记录，"路线图"中有1928年6月23日到1929年11月8日这一时间段，是黄文弼单独进行考古调查的时期。残存记录的包含地域是从焉耆周边、轮台、库车以及吐鲁番盆地的托克逊返回迪化的路上的记录。正如表1所见，这并非保留了黄文弼考察期间的所有天数，而是有集中残留的时期和只保留零散纸片的时期，因此该路线图的整体来讲只是部分残留而已。

在此摘取出最早几天的记录作为例子进行展示，通过与《黄文弼蒙新考查日记》进行比较，表示其作为黄文弼路线图的记录的性质。

图6是1928年6月25日和6月29日的路线图。与赫定的描述相同，使用方格纸张的便携板制成，图根据调查路径方向而写成随机的方向，在出发地点附近明确标记方位。图中的数字是写着出发时间和每隔30分钟的时间和方向，在方向转换了的地点和渡河地点等特征性的点上也写上时间和方向，在主要地点也记入地名。路线周边粗略地记载着地形，有河川的流向以及地形、植被等记载，路上调查的遗迹位置，经过的烽燧记录也用记号或文字记载在册。在图的显眼位置用大字写着日期，旁边则写上出发地和到达地，或者主要调查地，以之作为标题。

如表1所示，在1929年10月27—31日之间，由于日记的日期与路线图的日期不一致，所以推测日期是后面填写的。另外，路线图的标题也有记入不记入的情况，也有用铅笔、钢笔、毛笔所写的情况，这些也可能是后期再填写的。

不过，这个路线图最有趣的地方在于它与《黄文弼蒙新考查日记》的记录完全一致。将全部59张记录进行验证的工作有待另稿别论，在此仅例示图6所含内容与日记的对应。6月25日是从图的右下向左上方描绘的线。路线图的标题是"由四十里至霍拉山"，在出发地点标注了东（E）西（O）南（S）北（N）各方向。在日记中，有如下所示记载（〔　〕是图6路线图上的记录）：

> 1928年6月25日　　上午5点10分，发霍拉山支脉，向西北走〔5·10on四十里城市〕。沿途青草麦蒿丛生，间生榆树。6时过一干河〔6·干河〕，进戈壁，向西偏北20°行〔7·on20〕。傍山边全为戈壁滩。8点30又傍干沟，至此干沟甚多，顽石填之〔8·北西、·30干沟、乌拉斯台沟儿〕。石出霍拉山，被水冲下。傍沟东行，10点20分至察汗通格〔10·、·20查汗通格、（改行）on20查汗通格〕又转至沟西，至霍拉山驻焉〔11·20霍拉山〕。（以下略）

---

⑯　关于黄文弼的"考古工作图"中包含的路线图，由于1928年6月23日路线图的背面有黄文弼写给丁道衡的信，因此在论文中已经涉及草图的部分。参吴华峰、徐玉娟《万里流沙双仲良：黄文弼与丁道衡的西北考察交谊》，朱玉麒主编《西域文史》第十二辑，北京：科学出版社，2018年，357页；周珊、吴华峰《黄文弼画传》，上海：中西书局，2019年，78页。在本文中所利用的路线图图片是新疆师范大学文学院暨黄文弼中心的徐玉娟女士以清晰度很高的电子文件提供给笔者研究，在此也表示衷心的感谢。

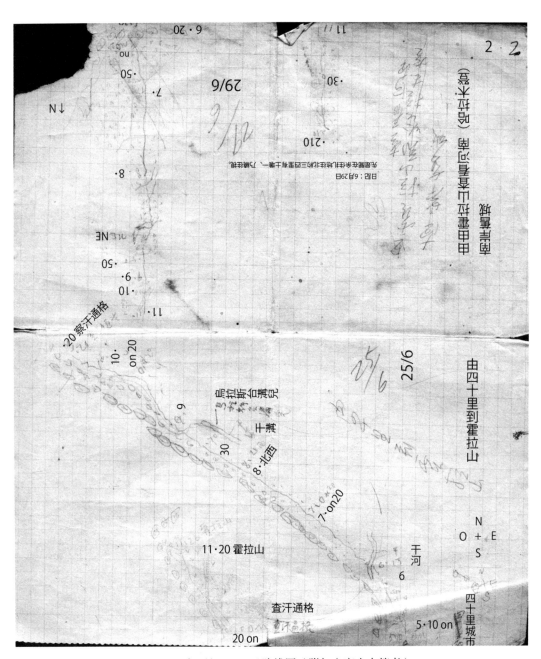

图6　1928年6月25—26日路线图（附加文字出自笔者）

黄文弼特藏馆所藏

由于6月25日上午到达目的地后在周边进行了调查，所以有关路线图的记录至此结束，日记中则继续写下了周边的记录。在路线图上，用植物的记号标记着日记中记载的"青草麦蒿丛生，间生榆树"的地点，在写着"进戈壁"的部分，路线图上也写有沙砾的标志。有"干河"则在对应出标记河的记号，有"干沟"则同样在表示干沟的位置记入了"乌拉斯台沟儿"的地名。这些可以被认为是日记来源的数据，在线路图上被简单易懂地记录了下来。偶尔有文字混乱之处，大概是因为写于路上的缘故。

6月26—28日，黄文弼在霍拉山麓逗留，调查周边及制作地图，进行了发掘工作，6月29日再次出发。其路线图与6月25日同在一纸，注明日期6月29日。出发地点标记在左上、北角，标题为"由霍拉山查看河南（哈拉木登）南岸旧城"。

6月29日　晨起，雇一蒙古人引导，于6点20分向北偏西出发［6·20on］。经行干河岔，7点上坡，坡高数丈。回首俯视，俨然一河床也，自霍拉山流出，向东南去。上坡后，经行戈壁，冈峦起伏，小石陵砾。8点10分下坡，逾干河沟，青草蔓蔓。迤逦而行，前望平原，青草葱翠，海都河岸树木连成一线。两座旧城、土墩、白墙败壁，历历在目。9点10分抵七个辛大渠［9·、·10、7渡渠？］，渠水深达马鞍，维民恐惧，欲往下。后蒙人探得一渡口，在上游少浅，乃从此渡河。先将骆驼卸下，一件件背负而过，再赶驴过去，尚平安。维民脱下衣服，浣衣水中以为乐。渡毕，于上午11时复北行［11·］，30分抵旧城下驻焉［·30］。（以下略）

6月29日路线图上的记述不多。虽然只记录数字的地方很多，但基本只是记载出发日期、途中每30分钟的位置、较大的地形之类。出发地点的稍北侧，描绘着流向东南方向的大河，与"回首俯视，然一河床也，自霍拉山流出，向东南去"的记述相对应。在"8点10分下坡，逾干河沟"的部分，8点过后的位置画上了干河；在9点10分的点上，虽然摩擦得很难看出来，但确实与"七渡渠"这样的文字一起画上了七个辛大渠渡河地点。11点出发，11点半到达旧城城下。黄文弼以旧城的到达地为据点前往周边调查，6月29日的部分基本至此结束，再往前一点的线路，是日记中记载的"往北三四里有土墩"的路线。

黄文弼制作的路线图，是与日记的记录一起，作为黄文弼考古调查的记录而做成的，鉴于路线图的写法和记录内容，可以认为这是黄文弼地图最大的依据资料。黄文弼特藏馆所藏黄文弼亲笔所画的路线图，归纳了各条记事板页面所记载的路线图的日期、标题、路线图中的地名，将其与《黄文弼蒙新考察日记》的对应部分进行汇总，成果如表1所示。

除了缺少吐鲁番—焉耆之间的一部分之外，本论文所涉及的黄文弼图全部区域的路线图都部分保存了下来。如果将线路图中描绘的内容和黄文弼图的内容进行比较可以发现，虽然线路图中包含了更细微的内容，但双方的基本内容是一致的，地图的写法也有很多的共同点。可以认为，黄文弼地图是根据自己制作的路线图内容为基础，在补充数据的同时，独自制作而成的。

表1 黄文弼特藏馆所藏路线图一览

序号	地图编号	行程日期	时间标记	标题	路线图中地名	日记时间
1	1	19280623	23/6	—	明屋/七个幸	19280623
2	2	19280625	25/6	由四十里到霍拉山	乌拉斯台沟儿/查汗通格/霍拉山	19280625
3		19280629	29/6	由霍拉山查看河南（哈拉木登）南岸旧城	—	19280629
4	3	19280630	30/6	由哈拉木登至四十里城市	河南岸旧城/四十里城市	19280630
5	4	19280708	8/7	哈拉木登	巴龙台/草□□/哈不齐垓	19280708
6	5	19280709	9/7	哈拉木登	哈拉木登	19280709
7	6	19280710	10/7			19280710
8	7	19280712	13 12/7	哈不齐垓至巴龙台	巴龙台/汗王府	19280712
9		19280715	15/7	沟内至察汗通格	大坂/塞拉土诺/查汗通格	19280713
10	8	19280715	15/7	查汗通格至何腾苏木	何腾苏木	19280715
11	9	19280716	16/7	由霍拉山至哈拉木登	哈不齐垓水/北大渠/焉耆	19280716
12	10	19280711	11/7	—	哈哈尔河/交任土拉克/哈不齐垓沟口	19280711
13	11	19280725	25/7	由哈满沟到库尔勒		19280725
14	12	19280730	30/7	狭尔乱但旧城	狭尔乱但旧城	19280730
15		19280801	1/8	由库尔勒至大墩子	上户地/大墩子/库尔勒	19280801
16	13	19280802	2/8	羊达胡杜克腰站子	大墩子/羊达胡杜克腰站子/库尔楚	19280802
17		19280803	3/8	小野云沟	小野云沟	19280803
18	14	19280806	6/8	羊沙尔	羊沙尔	19280806
19		19280807	7/8	—	五胡拉特/石碑	19280807
20	15	19280808	8/8	仑台县城	泥滩/河寿桥/仑台县城	19280808
21	16	19280811	11-12/8	由可可雀尔至仑台路线图	—	19280811
22	17	19280811	11/8（a）	由仑台县城至黑太西耳	仑台/那巴庄/土垠/旧城（黑太沁）	19280811
23		19280811	12/8（b）	由黑太西耳至可尤克西耳转至特果西耳	可尤克沁/着果特沁	19280811
24		19280814	14/8			19280814
25	18	19280816	16/8	第纳尔河 考察穷巴克	仑台/何吉庄/克仔尔河/第纳尔河/穷巴克/第纳尔河	19280816
26	19	19280818	18/8	乌斯托胡拉克	乌斯托胡拉克村	19280818
27		19280819	19/8	—	草湖/恰阳河/雅尔疏克	19280819

序号	地图编号	行程日期	时间标记	标题	路线图中地名	日记时间
28	20	19280820	20/8	五点至乌什托乎拉克	恰阳溢水/红柳滩/阿哈克尔湖/乌什托乎拉克	19280820
29	21	19280821	21/8	七时至小雅庄十一时至穷巴克	第纳尔河/于什博罗九/克拉巴喜/黑太克尔/哈拉墩/小雅庄/穷巴克	19280821
30	22	19280823	23/8	干线	土拉/拉依苏河/干河/尔巴台	19280823
31	23	19280824	24/8	—	红泥滩/阿哈巴/托和乃	19280824
32		19280825	25/8	干线	—	19280825
33	24	19280826	26/8	干线，由托和乃至库路图	—	19280826
34	25	19281001	1/10	大小羊达克、月勒克一带	托卜沁/塔什墩/羊达克沁	19281001
35		19281002	2/10	大小羊达克、月勒克一带	小羊达克沁/大羊达克沁/月勒克沁	19281002
36	26	19281003	3/10	—	月勒克/水磨/渭干西河溢水/胡乃玛庄	19281003
37	27	19281004	4/10	由胡乃玛庄至沙雅城	渭干河/海楼/以介奇/博朗	19281004
38	28	19281006	6/10	由沙雅城至特里木河	英尔巴/至齐满/哈札克/齐满	19281006
39		19281007	7/10	由沙雅城北至阿子八札	排士庄/亮果尔/阿子八札	19281007
40	29	19281008	8/10	由阿子八札至库车	阿子八札/查现比/牌楼庄/石登口/小气盖/其路洼	19281008
41	30	19281016	16/10	由库车至哈拉斯堂	库车沙依/格达坑/可可喜/鄂根河/哈拉斯堂	19281016
42		19281017	17/10	由哈拉斯堂至哈拉黑炭	博斯堂/博斯堂八札	19281017
43	31	19281017	—	—	哈拉黑炭	19281017
44	32	19281018	18/10	—	阿克沁/可洛沁	19281018
45	33	19281019	19/10	—	胡桐/托卜沁/英业	19281019
46	34	19281020	20/10	—	胡桐/穷沁/洋塔克沁/英业□□	19281020
47	35	19281021	21/10	—	羊克塔沁/阿克沁/黑太也拉克/满玛克（尚当）/渭干河/沙乌勒克/	19281021
48	36	19281023	22/10	—	黑太克尔/黑太克沁/三道城	19281023
49	37	19281023	23/10	—	于什甲提	19281023
50	38	19281024	24/10	—	鄂根河/梯母沁	19281024

续表

序号	地图编号	行程日期	时间标记	标题	路线图中地名	日记时间
51	39	19281026	26/10	由库车至克子尔庄	土尤包第巴札/城上河/特勒克当/色列当	19281026
52	40	19281027	27/10	—	干沟/干道/克内什	19281027
53		19281028	28/10	—		19281028
54	41	19290205	5/2	博斯堂托乎拉克　十八年一九二九年	爱满克尔	19290205
55		19290206	6/2	博斯堂托乎拉克　十八年一九二九年	羊达胡土克/阿拉克/博斯堂托乎拉克	19290206
56	42	19290913	13/9	阿音柯尔至阿克苏	孔尔对雅/伯什勒克腰店/图洛柯旦木/英尔对雅/汉城	19290913
57	43	19290924	24/9	由过岭山行至阿瓦特	喀拉克沁/阿克该鄂斯塘/阿克打喜	19290924
58		19290926	26/9	由过岭山行至阿瓦特	札木台/阿瓦提	19290926
59		19290927	27/9	由□岭山行至阿瓦特	克子尔布拉克/那格拉哈拉/铁干可洛克庄	19290927
60	44	19290928	28/9	由乎满克尔至鄂斯塘	可戈额梗/可戈洛克/麻札阿拉的/大坂（哈拉样）/克子尔布拉克	19290928
61		19290929	29/9	由乎满克尔至鄂斯塘	乎满克尔大坂/额斯塘不一/哈拉巴克/柯尔塘破地	19290929
62	45	19290930	30/9	由哈拉马克至拜城	哈拉巴克/可洗克阿打麻札/喀拉玛克沁/鄂力伯大麻札	19290930
63		19291001	1/10	由哈拉马克至拜城	阿子干布拉克/喀不沙浪河/强博洛克庄/拜	19291001
64	46	19291004	4/10	赛里木至库车	赛里木/赛里木腰站/克子尔河/侄托和拉旦	19291004
65		19291005	5/10	赛里木至库车	库车	19291005
66	47	19291013	13/10	由托和乃至布古尔	托和乃/徒格塘木/破垒乌什塘木/曲那阿瓦提（大老坝）/阿尔巴特	19291013
67		19291014	14/10	由托和乃至布古尔	拉一苏/梯木/穷巴克/第拉尔河/布古尔八札	19291014
68	48	19291017	17/10	由洋沙尔至野云沟访古	洋沙尔/喀拉卡洗庄/喀拉卡什麻札/杂拉格沁/阿克沁/黑太额梗/策特尔/野云沟	19291017

序号	地图编号	行程日期	时间标记	标题	路线图中地名	日记时间
69	48	19291018	18/10	由洋沙尔至野云沟访古	阿克墩/小野云沟	19291018
70		19291019	19/10	由洋沙尔至野云沟访古	碱滩/红柳滩	19291019
71	49	19291020	20/10	由上户地至明威一	—	19291020
72		19291021	21/10	由上户地至明威一	羊大胡土克/我瓦腰店/大墩子	19291021
73		19291022	22/10	由上户地至明威一	大墩子/上户地/哈满沟	19291022
74		19291023	23/10	由上户地至明威一	明屋	19291022
75	50	19291024	24/10	由明屋至焉耆	四十里	19291024
76		19291025	25/10	由明屋至焉耆	焉耆	19291025
77	51	19291027	27/10	由清水河至乌沙塔拉	六十里/清水河	19291028
78		19291028	28/10	由清水河至乌沙塔拉	塔加其/曲惠/乌沙他拉	19291029
79	52	19291029	29/10	由榆树沟前一站至库木什	大老巴庄/三十里格达/大坂/新井子/榆树沟	19291030
80		19291030	30/10	由榆树沟前一站至库木什	库木什	19291031
81	53	19291101	1/11	由阿乎不拉至托克逊路线图	阿乎不拉	19291101
82		19291102	2/11	由阿乎不拉至托克逊路线图	苏巴什腰站/坎井/托克逊	19291102
83		19291104	4/11	由阿乎不拉至托克逊路线图	托克逊/伟木不拉克（中名河弯）	19291104
84	54	19291105	5/11	由小草湖至大坂城	小草湖/后沟	19291105
85		19291106	6/11	由小草湖至大坂城	大坂城	19291106
86	55	19291107	7/11	由柴俄堡至迪化	石渠	19291107
87		19291108	8/11	由柴俄堡至迪化	柴俄堡/芨芨槽	19291108
88	56	不明	不明	不明	不明	不明
89	57	不明	不明	不明	西□哈□	不明
90	58	不明	不明	不明	不明	不明
91	59	不明	不明	不明	不明	不明

四、以黄文弼地图为对象的数据验证

1. 斯坦因图和吐鲁番考古记图：基于数据的验证①

黄文弼亲笔画的路线图，在探讨黄文弼地图的数据上具有极其重要的意义。但是，光靠路线图很难制作黄文弼地图。这是因为，路线图仅表示进行方向和调查的路线，不包含表示绝对位置的信息。因此，有必要研究绝对位置是依据了哪个数据。于是，笔者为了更详细地探讨黄文弼地图，在《吐鲁番考古记》和《塔里木盆地考古记》所载地图的基础上，制作了KML文件。

图7和图9是在Google Earth上显示《吐鲁番考古记》和《塔里木盆地考古记》的KML文件。KML文件使用了与斯坦因地图相同的经纬度交叉点进行定位（Georeference），以便能与以同样手法进行位置重合的斯坦因图和赫定图进行比较。使用这个《吐鲁番考古记》之KML文件，与斯坦因地图的文件重叠起来进行比较的结果就是，如果调节透明度进行观察的话，可以发现，《吐鲁番考古记》附图和斯坦因地图的 *Innermost Asia*，Sheet 28中，主要的路线、山脉、湖水、沙漠、乡镇、村落等的位置都一致，经纬度和地图的基本信息全部都是以*Innermost Asia*地图的Sheet 28为依据。图8的虚线部分是嵌入地图与黄文弼地图一致的部分，实线的部分是根据西北科学考查团的调查结果追加的部分。

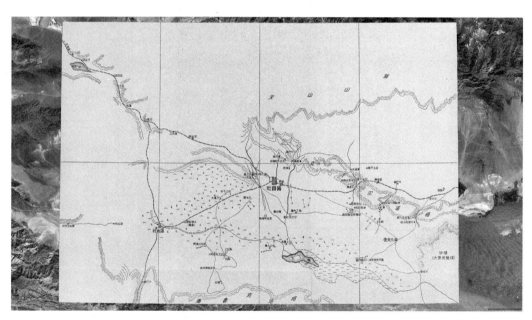

图7　《吐鲁番考古记》附图的KML文件

其背面内容是Google Earth的卫星照片。卫星图像Image Landsat/Copernics

黄文弼地图大多省略了斯坦因地图上所记录的地表上的地物，但沿袭了其经纬度的测量信息以及都市、山脉等数据，写入了黄文弼自己在此期间的踏查路线。在这种信息匹配的情况下，例如，如果斯坦因进行的是没有误差的严密测量，黄文弼也是进行严密测量而没有发生误差的话，那么理论上来说所有信息应该全部一致。但是，正如笔者等指出的，斯坦因地图由于技术上的测量困难而含有误差，在吐鲁番地区含有西南偏西方向存在5—7km的误差[⑰]。因此，与斯坦因地图一致、也继承了误差一事，就成为了说明

⑰　参前引西村阳子、北本朝展《スタイン地图と卫星画像を用いたタリム盆地の遗迹同定手法と探检队考古调查地の解明》。

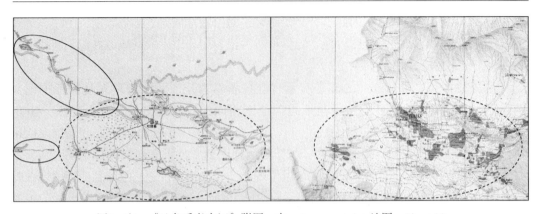

图8　左：《吐鲁番考古记》附图。右：*Innermost Asia*地图、Sheet 28

位置都是东经88°—90°、北纬42°30′—43°30′。虚线（----）部分是*Innermost Asia*地图和《吐鲁番考古记》附图中相
同的部分，实线（—）部分是黄文弼追加的部分

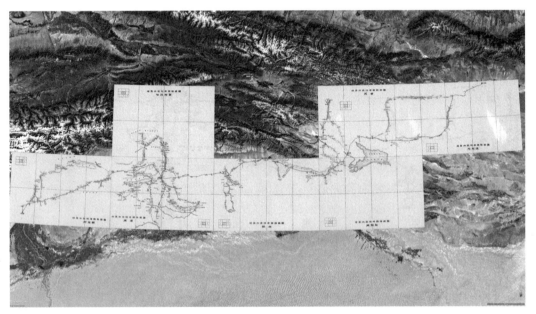

图9　《塔里木盆地考古记》附图的KML文件

背面是Google Earth的卫星照片。以经纬度交叉点进行定位。卫星图像US Dept of State Geographer，

Image Landsat/Copernics

黄文弼地图是依据斯坦因地图数据的有力根据。

2. 赫定图与《塔里木盆地考古记图》：基于数据的验证②

　　接下来，继续验证《塔里木盆地考古记》所载的地图。这个地图在山河的表现中虽然有与斯坦因图相似的部分，但是在纬度经度等与测量有关的信息方面与斯坦因图并不一致。其次，如果把在前一节中已经证明与斯坦因地图一致的《吐鲁番考古记》附图，再拿来和《塔里木盆地考古记》附图进行比较，则如图10所示，两个黄文弼图根本就不一致。即，这说明《塔里木盆地考古记》是以*Innermost Asia*地图之外的数据进行描绘的。

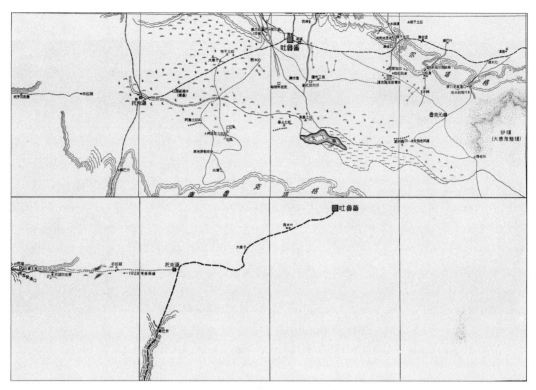

图10　《吐鲁番考古记》附图（上）和《塔里木盆地考古记》附图（下）的比较

东经88°—90°，北纬42°30′—43°。吐鲁番城的位置和吐鲁番、托克逊、焉耆之间的道路、经度不一致

因而，再次使用赫定制作的*Central Asia Atlas*地图的KML地图（图11）与黄文弼图进行比较，这时可以看到，经纬度和地表物的位置关系等方面存在很多的统一，特别是地图的东半部分，从焉耆地区到库尔勒地区基本一致，尤其是焉耆地区的博斯腾湖甚至包括湖形状的细微部分都是一致的（图12）。这表明黄文弼图和赫定图使用了共同的数据。如果《塔里木盆地考古记》所载的地图，是根据西北科学考查团制作的数据而描绘的地图，那就说明这是作为西北科学考查团报告最合适的信息来源依据了[18]。

另一方面，图12中用虚线表示的部分仅存在于黄文弼图中，与*Central Asia Atlas*描绘的地表物不同，地形的显示也不同。也就是说，黄文弼的调查内容不一定会反映在*Central Asia Atlas*上。另外，在一部分地图当中，特别是在库车地区周边，在地表物和山河的表现中也存在与斯坦因图有较强类似性的部分。由此可见，黄文弼在制作地图时

[18]　1939年出版的Bergman的报告中，也依据了后来在*Central Asia Atlas*中所使用的数据，执笔报告时有依据各自在西北科学考查团中做成数据的惯例。Bergman, Forke, *Archaeological Researches in Sinkiang*, Reports from the Scientific Expedition to the North-Western Provinces of China under leadership of Dr. Sven Hedin: The Sino-Swedish Expedition, Publication 7. VII: Archaeology 1, Bokförlags Aktiebolaget Thule, Stockholm: 1939, p. 163, fig. 36. 虽然不充分之处有依据其他成员所作成的数据进行补充的可能，但中方队员黄文弼报告执笔之时难以和欧洲方面的队员进行联络。赫定图因为是刊行于赫定死后的1966年，所以在《塔里木盆地考古记》出版时赫定图尚未出版。如上所述，因为在制作地图时中方队员也有很深的参与，所以也有可能使用了其他中方成员保存的西北科学考查团作成的数据。另外，以各成员报告中记载的数据作为地图的主要依据资料一事，在*Central Asia Atlas*的Pl. A中图示了其相应部分和出处。

图11　*Central Asia Atlas*地图的KML文件

背景是Google Earth。卫星图像Data SIO，NOAA，U.S. Navy，NGA，GEBCO，Image Landsat/Copernics

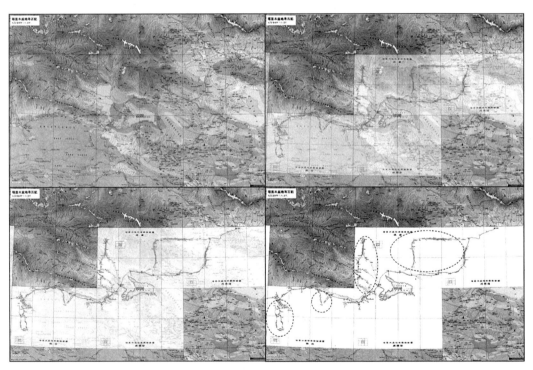

图12　黄文弼图与*Central Asia Atlas*数据相同的部分

背面是*Central Asia Atlas*，上图是黄文弼图。虚线（----）是仅黄文弼图中存在的部分。

调查路线和博斯腾湖的形状等与*Central Asia Atlas*一致

并非完全得到了西北科学考查团的地图数据。所以，接下来就大致说明一下哪个部分是西北科学考查团的数据，哪个部分是依据了斯坦因地图。

3. 斯坦因图与《塔里木盆地考古记图》：基于数据的验证③

如上所述，黄文弼图中有些地方使用了与*Central Asia Atlas*共同的数据，但也存在不一致之处。图12西端的轮台（Bugur）以西的库车（Kucha）和阿克苏（Aksu）地区全域几乎全不相同。另外，还有一部分存在使用斯坦因地图中地形表现的情况。图13是库车（Kucha）周边地区的地图。黄文弼和斯坦在调查的路径上有些不同，但在地图上表现河川和山的形状方面，黄文弼图比斯坦因图更紧凑一些。也就是说，因为黄文弼制作的基本数据是路线图，因此在需要表现周边地形时，也许有必要在斯坦因图上寻求依据。但是，他所使用的经纬度信息不是取自斯坦因图中，而且与*Central Asia Atlas*也不一致，可以认为是独立的数据。

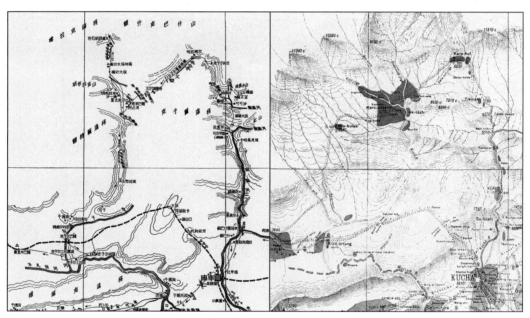

图13　黄文弼图（左）和斯坦因图（右）的类似部分
河流、山脉的形状与斯坦因图一致。但试着比较经纬度线的话，则可以看到，经度上有很大的不同

五、黄文弼地图的地名

1. 黄文弼地图与*Central Asia Atlas*地名索引的制作

下面探讨一下黄文弼地图的地名。黄文弼地图是在西北科学考查团时创建的，一般认为与*Central Asia Atlas*之间应当具有一致性。不过，实际上一眼就能发现黄文弼地图和*Central Asia Atlas*之间的许多地名都存在差异。所以，接下来对两张地图的地名进行比较，尝试厘清其相互关系。

为了将这些地名进行对照工作，笔者首先从《塔里木盆地考古记》和《吐鲁番考古记》所载的地图中提取地名，制作了由全452个地名构成的地名数据库（图14）[19]，收录了黄文弼地图上所有的地名，是由笔者对照着地图逐一录入整理而成的。之后再利用第四章制作的KML文件，附上黄文弼地图上的位置信息。此外，将比较对象*Central Asia Atlas*也作成了地名索引，并对网罗性地收录了*Central Asia Atlas*，*Memoir on Maps II*，*Index of Geographical Names*（以下，*Index of Geographical Names*）中的地名的数据进行了修正[20]。

图14　黄文弼地名数据库

2. 黄文弼图与《新疆图志》所载地名一致，与欧洲探险队地图所载地名不一致

接下来，利用这些整理好的数据，收集地图上肉眼可见的2个地图上的地名数据，把有对应关系的内容输入Excel表，以探究其差异的特征为目的，利用同时代的数种资料进行比较讨论。利用的资料以黄文弼地图和*Centural Asia Atlas*地名为中心，还有完成于清末宣统三年（1911）黄文弼在西北科学考查团调查时携带的地志《新疆图志》上刊载的清末新疆地名和*Innermost Asia*地图，共计四种。表2的表格展示出了这些比较讨论的一部分结果。

---

⑲　黄文弼地名数据库，http://dsr.nii.ac.jp/digital-maps/huang/place-names/。

⑳　赫定地名数据库，http://dsr.nii.ac.jp/digital-maps/hedin/place-names/。

其结果是：首先，在黄文弼地图和*Central Asia Atlas*之间，不仅半数以上的地名在双方地图上的存在与否不能确认[21]，而且即使能够确认对应的地名，两张地图之间也明显有很大的差异。《塔里木盆地考古记》所载的地图，与《新疆图志》（清末编纂，与西北科学考查团时代相近，西北科学考查团进行调查时曾随身携带）中所刊载的清末新疆地名，以及作为西北科学考查团成果之一予以出版的*Centural Asia Atlas*，还有*Innermost Asia*地图，共计四种地图进行比较，调查了地名的异同。结果是，在记述同一地点时，再进一步详细来看表2的话，可以看到，《塔里木盆地考古记》和《新疆图志》的地名相似性很高，*Central Asia Atlas*和*Innermost Asia*地图的地名相似性很高。也就是说，*Central Asia Atlas*中记载的地名和黄文弼地图中的地名显然属于不同的系统，*Central Asia Atlas*中记载的地名正如*Index of Geographical Names*的序文中所介绍的那样，是当地的蒙古语、维吾尔语的地名[22]，斯坦因地图的地名也是以维吾尔语为中心的地名。另一方面，黄文弼地图的地名很可能是《新疆图志》上所载的清代地名，或者是调查时使用的中文正式地名。考虑到黄文弼的立场，应该可以推测出这样的差异。

表2　黄文弼图中焉耆周边的地名，以及与之对应的《新疆图志》、*Central Asia Atlas*、*Innermost Asia*地图中地名

No.	volume	塔里木盆地考古记	新疆图志	*Central Asia Atlas*	*Innermost Asia*
TLM-2B2-1	V-5-C-89-3/V-1	北大渠	北大渠	—	—
TLM-2B2-2	V-5-C-89-3/V-1	焉耆（喀拉沙尔）	焉耆府	Yen-ch'i（Kara Shahr）	Kara-shahr
TLM-2B2-3	V-5-C-89-3/V-1	开都河	开都河	Kara-shahr River	Kara-shahr River
TLM-2B2-4	V-5-C-89-3/V-1	清水河腰站	清水河驿	Tawilgha	Tawilgha
TLM-2B2-5	V-5-C-89-3/V-1	清水河	清水河	—	—
TLM-2B2-6	V-5-C-89-3/V-1	他加其	—	Tagharche	Tagharche
TLM-2B2-7	V-5-C-89-3/V-1	博斯腾淖尔	博斯腾淖尔	Baghrash-köl	BAGHRASGH-KOL
TLM-2C2-1	V-5-C-89-3/V-1	和硕（曲惠）	曲惠庄	Chokkur	Chokkur
TLM-2C2-2	V-5-C-89-3/V-1	察汗通格	察汗通格山	—	—
TLM-2C2-3	V-5-C-89-3/V-1	乌沙他拉	乌沙克他拉驿	Ho-Shih（Ushak-tal）	Ushak-tal
TLM-2C2-4	V-5-C-89-3/V-1	三十里格达	—	—	Igherche
TLM-2C2-5	V-5-C-89-3/V-1	穷库尔	穷可立？	—	Chong-köl（Ta-lao-pa）

[21]　现在的情况是，在总计452个地名当中，双方地图中都存在的地名，约占35%。

[22]　Farquhar, D. M., Jarring, G. and Norin, E., *Memoir on Maps Vol. II, Index of Geographical Names*, Reports from the Scientific Expedition to the North-Western Provinces of China under leadership of Dr. Sven Hedin: The Sino-Swedish Expedition, Publication 49. I: Geography 3. Sven Hedin, *Central Asia Atlas*, Stockholm: The Sven Hedin Foundation Statens Etnograliska Museum, Stockholm: 1967, pp. 1-6.

续表

No.	volume	塔里木盆地考古记	新疆图志	*Central Asia Atlas*	*Innermost Asia*
TLM-2D2-1	V-5-C-89-3/V-1	新井子	新井子驿	Hsing-ching-tzu	Hsing-ching-tzu
TLM-2D2-2	V-5-C-89-3/V-1	戈壁	—	—	—
TLM-2D2-3	V-5-C-89-3/V-1	榆树沟	榆树沟	Kara-kizil	Kara-kizil
TLM-3A1-1	V-5-C-89-3/V-1	腰站子			Korla fort
TLM-3A1-2	V-5-C-89-3/V-1	库尔勒	库尔勒	K'u-erh-lo （Korla）	Korla
TLM-3A1-3	V-5-C-89-3/V-1	狭尔乱旦	—	Shinega（？）	
TLM-3A1-4	V-5-C-89-3/V-1	库鲁克达格	库鲁克达格	—	Kuruk-tāgh
TLM-3A1-5	V-5-C-89-3/V-1	孔雀河	孔雀河	Konche Darya	Konche-daryā
TLM-3A1-6	V-5-C-89-3/V-1	古铁门关	铁门	Bash-agin	Bash-akin
TLM-3A1-7	V-5-C-89-3/V-1	哈满沟	哈满沟	—	
TLM-3A1-8	V-5-C-89-3/V-1	霍拉山	—	—	Khōra
TLM-3A1-9	V-5-C-89-3/V-1	下级曹	—	—	Caves
TLM-3A1-10	V-5-C-89-3/V-1	明屋	—	Shorchuk?	Ming-oi （of Kara-shahr）
TLM-3A1-11	V-5-C-89-3/V-1	紫泥泉子	紫泥泉驿	Shorchuk	Shōrchuk
TLM-3A1-12	V-5-C-89-3/V-1	土子诺克古坟	—	—	—
TLM-3A1-13	V-5-C-89-3/V-1	四十里城市	四十里城	Danzil	Danzil
TLM-3A1-14	V-5-C-89-3/V-1	旧城	—	Bāghdad-shahri	Bāghdād-shahri
TLM-3A1-15	V-5-C-89-3/V-1	盐池			
TLM-3A2-1	V-5-C-89-3/V-1	博斯腾淖尔	博斯腾淖尔	Baghrash-köl	Baghrash-köl
TLM-4A1-1	V-5-C-89-3/V-1	梯木沁			
TLM-4A1-2	V-5-C-89-3/V-1	穷巴克巴杂	穷巴克庄	Chompak　Bazar	Chompak-bāzar
TLM-4A1-3	V-5-C-89-3/V-1	第纳尔河	第纳尔河	Dinar R.	Kizil-R.
TLM-4A1-4	V-5-C-89-3/V-1	第纳尔渠	第纳尔河	Dinar R.	Kizil-R.
TLM-4A1-5	V-5-C-89-3/V-1	克子尔河	第纳尔河	Kizil River	Kizil-R.
TLM-4A1-6	V-5-C-89-3/V-1	轮台	轮台	Lun-t'ai （Bugur Bazar）	BUGUR

　　然而，仔细观察表2的话，会发现有多个不对应的地方。虽然该表是极其有限的地域中的地名对应表，但这个地域是相对来看地名对应得最好的地区。除此以外的地区，在黄文弼图和*Central Asia Atlas*、*Innnermost Asia*地图之间，很多地方难以掌握是哪个地点处于对应关系。即使是在焉耆地区，也存在黄文弼图中有地名的地点却在*Central Asia Atlas*中没有地名的情况，可以认为，这主要是由于没能反映出黄文弼的调查。然而，即使在双方的地图中存在很多地名的情况下，也存在似乎各个语言中的居住地及村落的地名之所在地错开之类的差异情况（图15）。虽然或者只是采用的地名有偏差，差别可能

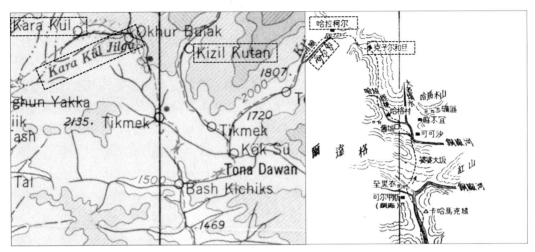

图15　黄文弼图与*Central Asia Atlas*中有地名但地点不一致的例子

库车北方的山中，只有用虚线包围标注出来的地点是一致的。没有围起来的地名双方是不一致的，
地形表现也有所不同

大到难以取得对应，但也有必要考虑一下维吾尔语、蒙古语地名和汉语地名存在地点有差异的可能性。

关于维吾尔语、蒙古语地名和汉语地名之间的问题，亚林（Jarring）在*Index of Geographical Names*的序文中，叙述了蒙古语地名、维吾尔语地名借助汉语发音时丢失原本含义的情况，还进一步指出了关于蒙古语地名、维吾尔语地名调查不够充分的问题。另一方面，正如黄文弼地图上显著存在明显不是音译而是汉语命名地名的问题却没有言及。近年来，出版了许多西域地名词典，也出现了能够知道与汉语地名对应的本地语地名的词典[23]，但对于这样难以对应的地名到底应该如何解释，看起来仍是个难题。

结　语

作为笔者等多年致力于丝绸之路探险队诸地图可利用性研究的一部分，本论文致力于黄文弼地图的数字化和数据库化工作。

另外，通过对新疆师范大学黄文弼特藏馆惠予黄文弼所藏地图的调查，考察了黄文弼所藏的地图，考证出46张斯坦因*Innermost Asia*地图齐全的情况，报告了存在根据斯坦因地图进行摹写和翻译的情况。另外，经过对黄文弼留下的考古工作图的细查，发现了黄文弼亲自制作的路线图，将其与《黄文弼蒙新考察日记（1927—1930）》对照后，得出明显一致的结论。路线图仅现存内容就高达87天以及日期不明的4天，日记中也记载着赫定确认黄文弼制作路线图一事。路线图的内容与黄文弼图一致，可以认为是其基础

---

[23]　例如，钟兴麒编著《西域地名考录》（北京：国家图书馆出版社，2008年）等，虽然是以汉语地名为中心，但也有收录当地语种的地名。

数据。换言之，与以往的观点不同，黄文弼是自己制作路线图，并在此基础上独自制作了地图。这与西北科学考查团其他队员的报告形式是一致的。但是，黄文弼的地图数据并没有反映到 *Central Asia Atlas* 之中。

其次，对黄文弼地图进行了个别探讨，黄文弼图中的《吐鲁番考古记》附图使用了斯坦因地图作为底图，在这里，黄文弼根据自己制作的 Route-Mapping（路线图）记录，追加了个人数据。另外一份《塔里木盆地考古记》附图也一样，也是基于黄文弼自己制作的 Route-Mapping 而制作的地图。但是，其与斯坦因地图的共同性较低，记测数据的使用方面有与 Sino-Swedish Expedition 做成的 *Central Asia Atlas* 数据共通的部分，斯坦因地图只被用作地形数据的补充资料。关于地名，与 *Central Asia Atlas* 和 *Innnermost Asia* 地图收录了当地的维吾尔语、蒙古语地名相对，黄文弼收录了当地的汉语地名。根据位置信息来看，这些之间既也有对应的部分，也有不对应的部分，与调查的不充分性互相结合，仍然是难以解决的问题。

尽管黄文弼地图是展示黄文弼调查情况的重要资料，但还是有很多不明白的地方，制作方法和价值等也长期处于不明的状态。本文结合黄文弼所藏地图的调查，尝试从黄文弼利用的地图入手探索黄文弼地图的特点，厘清了黄文弼自己制作路线图并据此做成考察报告的情况。考虑到本文中论述的 *Central Asia Atlas* 的制作顺序，黄文弼图只含有所谓路线图的地图绘制的基本数据的信息，为了使之成为更加正确的地图，可以认为，用天文测量、三角测量进行经纬度修正的过程是很有必要的。但在无法进行这种操作的情况下，作为西北科学考查团的调查报告，毫无疑问，基于最新的信息和自己的调查记录就是最实际的数据制作方法了。

（刘子凡　校）

Huang Wenbi's Maps and the European Expeditions' Maps: Report on the Survey at the Huang Wenbi Map Collection

Nishimura Yoko & Kitamoto Asanobu
(translated by Tian Weiwei)

This article presents the results of a survey at the Xinjiang Normal University's Huang Wenbi Special Collection, carried out by the authors during Summer 2017. After the survey the authors have been able to gather meaningful insights into methods used by Huang Wenbi to draw the maps for his publications.

In the Huang Wenbi Special Collection we found 46 folios of maps from Aurel Stein's *Innermost Asia* (1928), as well as maps that have been created tracing Stein's maps and adding annotations and translations. After analysing the archaeological drawings left by Huang Wenbi we discovered that the material included maps of routes. We compared this route map with the diary of Huang Wenbi's survey in the Tarim, and it showed remarkable correspondences. The route maps cover 89 days of Huang's survey and in the diary it is stated that its making was supervised by Sven Hedin. The content of both the route maps and the maps drawn by Huang Wenbi agree, therefore the information herein displayed represents the basic data as collected by Huang Wenbi himself. In other words, contrary to what has been believed up to now, Huang Wenbi actually created on his own both the route map and other maps, although his work is not reflected at all in the maps published by the Sino-Swedish Expedition in the *Central Asia Atlas* (1966).

As a following step of our survey, Huang Wenbi's maps have been digitized: the data herein used has been verified in order to determine absolute positions.

The map appended to *Tulufan Kaogu Ji* (吐鲁番考古记, *Archaeological Report on Turfan*, 1954) results from combining the data of *Innermost Asia's* maps with those of the Huang Wenbi's route map. Similarly, the appendix to *Talimu Pendi Kaogu Ji* (塔里木盆地考古记, *Archaeological Report on the Tarim Basin*, 1958) contains a map drawn by Huang Wenbi on the base of the data contained in the route map. Moreover, the map included to *Talimu Pendi Kaogu Ji*, having little in common with Stein's maps, appears to have partly used the measurement data produced by the Sino-Swedish expedition for the *Central Asia Atlas*, while Stein's maps have been used only to supplement the terrain data. It is worthy of note that, while place names in *Innermost Asia* maps and in the *Central Asia Atlas* are given in the local Uighur or Mongolian version, Huang Wenbi's place names are given in Chinese. Despite of corresponding data when comparing the maps, some parts remain still unclear. And it is due to these unclear parts that the value of this material was overlooked for a long time.

Ultimately, the paper aims at underlining the potential of Huang Wenbi's map collection, while highlighting the importance of Chinese materials for the Northwest Scientific Exploration Team.

黄文弼拓藏《甘泉志》考论*

许佩铃

引　言

在黄文弼（1893—1966）先生收藏的众多旧拓中，由易孔昭（1834—1895）光绪戊寅年（四年/1878）刻石于阿克苏的《甘泉志》拓片是一份孤本。此拓今为新疆师范大学黄文弼中心收藏，编号HT0771（图版3）①，墨拓部分宽高94×57厘米。其志文内容非常简略，试为录文如下：

1. 甘泉
2. 一泉日饮数千
3. 家不竭，饮者从
4. 无痼疾，诚甘泉
5. 也。考阿克苏，古
6. 温宿，译语水曰
7. 苏，宿、苏同音，或
8. 均因此得名。书以志之。
9. 　　光绪戊寅秋
10. 　　楚沅易孔昭
11. 　　并识

第1行"甘泉"二字隶书，其"泉"字最大字径宽高为17.5×17厘米；2—8行为志文，9—11行为题款，均为行草书，志文中的"泉"字最大字径宽高为5.6×6厘米。拓片背面粘贴有"甘泉志"的题名，应是黄文弼先生制作拓片后，为易于辨识而临时书写的背题。

碑石刻于晚近，内容只是记录了当地一处供百姓日常取汲的天然泉水和立碑者易孔昭对当地地名来源与水有关的猜测。碑石现已不存，目前所知，只有黄文弼先生1928年底到温宿考察时曾捶拓过，但又始终未曾公布。因其旁尚有同年所刻与同治三年

* 本文系2019年度国家社会科学基金重大项目"中国西北科学考查团文献史料整理与研究"（批准号：19ZDA215）阶段性成果之一。

① 最近"新疆师范大学黄文弼中心丛刊"推出由周珊、吴华峰编著的《黄文弼画传》，已经刊载了该拓片图录（上海：中西书局，2019年，104页）。

（1864）爱奚丁动乱史事相关的《福珠哩殉难碑》，才有学者在研究中顺带提及②。黄文弼先生在其考察日记中，也同《福珠哩殉难碑》一并叙之：

> 饭后至温泉游览，有池方广2丈许，围以木栏，泉水清澈，微暖，全城百姓取汲焉。旁有石碑2方，一为光绪四年温宿县长湖南易孔昭所立，书"甘泉"二字，又跋语谓以苏与宿音近，苏，维名为水，温苏者，温水也。以此即古温宿之证，未免牵强。温宿为汉代名，阿克苏为近代名，古今不同；且古温宿在阿克苏西乌什一带，《图志》辨之甚详。又有石刻一方，亦为易孔昭所立，其文云：（略）。此碑年代虽不久，然与此地掌故颇有关系，故亦锥揭数份，以资考查，为研究回疆者取资焉③。

亲临考察并拓回拓片收藏的黄文弼先生本人也只是就碑文中易孔昭对"温宿"地名来源于水的猜想提出质疑，就转述旁边的《殉难碑》了。两碑同样"年代不久"，按黄文弼先生的评价，《福珠哩殉难碑》"与此地掌故颇有关系"，可供研究回疆者取资，价值不可谓不大，后来黄文弼先生也作为特别的文献捐赠给河北第一博物院，其院刊还专予介绍考证④。相形之下，《甘泉志》这一与具体史事几无多少联结的拓片究竟有何意义呢？黄文弼先生只字未提，亦无专文。或许，它在其时所以被拓回，很大程度上是借了旁边殉难碑的光，并作为黄文弼先生的旧藏而流传至今。

但一张旧拓包含的历史意蕴或许并不仅限于其上直接写出的文字，亦并不仅止于"书以志之"这一最直接的事实现象。若尝试以此为基点，将之放回当时的历史情境，从其环境、与之对话的后人及关联绵延的人事中追寻、勾稽，其暗含的、发散的历史意蕴或许能在逐渐补充、丰富的历史图景中，穿过时间的尘埃、透过剥落的文字鲜活起来。这或许是今日研探旧拓的另一路径，本文即以此迄今未被讨论的《甘泉志》拓片为例作一番尝试。

按涉及的方面，可将这一拓片的志文内容分为两个板块：一是易孔昭关于"温宿"与"阿克苏"为一地之古今异称而皆因水得名的推测。二是拓片记述的此甘泉在温宿县惠泽民生的功绩。兹并牵引旁通，分节试述如下。

一、古今不同：阿克苏与温宿

易孔昭在志文中推测阿克苏和古温宿为一地，复以"宿""苏"音近证明皆得名于水，黄文弼先生在日记中则以"古今不同"反驳之。细绎之，可从两方面论之。

首先，考"阿克苏"之名，乾隆二十二年（1757）平定准噶尔叛乱后，当地始归入

---

② 孙文杰《〈福珠哩殉难碑〉相关人事考》，朱玉麒主编《西域文史》第十一辑，北京：科学出版社，2017年，327—338页。提及《甘泉志》的部分见328页。此后将标题改换为《易孔昭与"同治新疆民变"——以〈福珠哩殉难碑〉为中心》，作为前言，收入作者主持整理的易孔昭主撰《平定关陇纪略》，北京：人民日报出版社，2018年，1—14页。

③ 黄文弼遗著、黄烈整理《黄文弼蒙新考察日记（1927—1930）》，北京：文物出版社，1990年，375页。整理本"跋语谓"后引述原有引号，然与碑志原文相较，黄文弼先生乃述其意，故删去。

④ 参见《〈福珠哩殉难碑〉相关人事考》，329页。

清朝版图，被命名为"阿克苏"（初作"阿克素"）。据《钦定西域同文志》卷三《天山南路地名》：

> 阿克苏，回语。阿克，白色；苏，水也。相传其地昔有水患，高城深沟以避之，故名。汉为温宿国地，三国以后因之。唐为温府州，一名于祝，又名温宿州。元明为别失八里地⑤。

又同书卷六《天山南路水名》：

> 阿克苏，回语谓白水，犹言白水河也。《水经注》：北河之东南迳温宿国，其枝河右入北河，又河水暨于温宿之南，左合枝水。……按今阿克苏为古温宿，则阿克苏河应即《水经》所谓枝河右入、左入枝水者⑥。

今人校注云："突回语'阿克苏'为'白水'之解释，诸书一致，突回原字意义亦确是如此。……今于旧回城设温宿县，新城设阿克苏县。"⑦

又徐松《西域水道记》亦云：

> （阿克苏）其境东接库车，西接乌什，南接叶尔羌，北接伊犁。河水自西北达其东南，故以名之⑧。

因此，"阿克苏"在回语中意为白水，"苏"为水之音译，易氏言"译语水曰苏"不谬，此"译语"当谓维吾尔语。突厥语族现代语如今日的维吾尔语、哈萨克语均可为证⑨。清代的阿克苏城即因其旁白水得名，向无异议，而温宿是古已有之的地名，本为汉西域三十六国之一，属西域都护府。《汉书·西域传》载：

> 温宿国，王治温宿城，去长安八千三百五十里。户二千二百，口八千四百，胜兵千五百人。辅国侯、左右将、左右都尉、左右骑君、译长各二人。东至都护治所二千三百八十里，西至尉头三百里，北至乌孙赤谷六百一十里。土地物类所有与鄯善诸国同。东通姑墨二百七十里⑩。

因此，"温宿"是西汉时此处绿洲国家国名的汉语音译。据余太山先生考证，葱岭地区的塞种（Sakā）人在前177年、前176年以后，逐步东向渗入塔里木盆地及其周围地区，建立了不少塞种小国，从《汉书·西域传》所载国名和地名可见出关联，温宿 [uən-siəuk] 正可视为塞种四部之一Asii之对译⑪，而非与水有关⑫。塞种人系欧罗巴种，其语

⑤ 傅恒等奉敕撰《钦定西域同文志》卷三，呼和浩特：内蒙古人民出版社，2005年影印《四库全书》本，43页。

⑥ 《钦定西域同文志》卷六，116页。

⑦ 刘义棠《〈钦定西域同文志〉校注·新疆回语部分》，台北：台湾商务印书馆，1984年，36页。

⑧ 徐松《西域水道记》卷二，朱玉麒整理《西域水道记（外二种）》，北京：中华书局，2005年，73页。

⑨ "水"，维吾尔文为سو，国际音标可标示为 [su]，参新疆维吾尔自治区语言文字工作委员会编著《维汉大词典》，北京：民族出版社，2006年，580页，并附录《维吾尔文字母与国际音标对照》，1299—1300页；达肯编《汉哈常用词典》，汉义"水"，哈萨克文为suw，北京：民族出版社，1981年，169页。

⑩ 班固《汉书》卷九六《西域传·温宿国》，北京：中华书局，1962年，3910页。

⑪ 余太山《塞种史研究》附卷《〈汉书·西域传〉所见塞种》，北京：商务印书馆，2012年，271—272页；余太山《两汉魏晋南北朝正史西域传研究》卷二之一，北京：中华书局，2003年，111—112页。《两汉魏晋南北朝正史西域传要注》，北京：商务印书馆，2013年，179页。

⑫ 于维诚《新疆地名与建置沿革》认为今之乌什乃是由古温宿演变而来，但未言温宿之名起源为何，乌鲁木齐：新疆人民出版社，2005年，74—75页。

言属于印欧语系⑬。那时属于突厥语族的回语远未进入新疆。因此，"温宿"和"阿克苏"是相差将近两千年的不同语族地名的汉语音译，虽汉译偶然音近，却不可能彼此通约。易孔昭仅据两个地名汉译的部分音近就推测两地名皆取义于水，显然非是。

另一方面，值得注意的是，易孔昭以阿克苏和温宿为一地的古今异名，黄文弼先生则据"《图志》辨之甚详"否定之。两人共同直陈的论证方式又反映出两个不同时期对新疆地理主流知识的变化，而此中又包含了温宿由古地名回到现实地理之过程，是又一层之"古今不同"。

考温宿地区的地理沿革，现存的两种光绪年间修成的旧志所叙大略相同。光绪三十三年编成的《温宿府乡土志·历史》载⑭：

> 本境自乾隆二十四年平定准回，始隶版图，缠语名曰阿克苏。同治初，中原多事，边回复乱，光绪三年大军讨平。本境于九年经阿克苏道罗长祐禀请，修建新城。……置州，名为温宿直隶州。
>
> 考本境自光绪九年建州，原领县一，巡检一。二十八年改州为府，将巡检改为温宿县，并添设县丞。至是领县二：曰拜城，曰温宿⑮。

光绪三十四年，潘宗岳《温宿县乡土志·沿革》云：

> 我朝乾隆二十三年，勘定准回，始入版图，就其旧有回城，驻官兵镇守，设办事大臣一员。……同治三年，逆回爱奚丁谋叛，温宿城陷。至光绪三年，大军进剿白逆，南北两路肃清，设阿克苏善后总局领民事。十年，改新疆为行省，分置郡县，设温宿直隶州知州暨吏目、回城巡检各佐职，始于城东南三十里择地创建新城。十一年，乃将镇道以次各官移驻新城，而回城仅留巡检一员、守备一员。二十八年，经甘肃新疆巡抚饶应祺因温宿地广民稠，鞭长莫及，奏请将温宿州改升为府，裁回城巡检，改增温宿县，设知县一、典吏一，于柯尔坪地方，增设县丞一，仍隶温宿府辖县治⑯。

乾隆四十四年裁乌什领队大臣，移驻阿克苏，嘉庆二年（1797），改设办事大臣⑰。光绪三年，刘锦棠等平定阿古柏叛乱后，设阿克苏善后总局。可见，易孔昭光绪四年来此地时，此地尚称"阿克苏"。

乾隆二十一年奉旨承办、四十七年增纂告成并收入《四库全书》的《钦定西域图志》，始考证阿克苏即古温宿：

> 按：汉温宿国，在姑墨西二百七十里，今阿克苏，东距雅哈阿里克

⑬　余太山《塞种史研究》，14、210页。

⑭　关于此两种温宿乡土志稿本的成书、收藏、刊印情况，参马大正《新疆地方志与新疆乡土志稿》，中国社会科学院中国边疆史地研究中心编《新疆乡土志稿》，北京：全国图书馆文献缩微复制中心，1990年，770—778页。

⑮　《温宿府乡土志》，《新疆乡土志稿》，441—442页。

⑯　潘宗岳《温宿县乡土志》，《新疆乡土志稿》，453页。部分文字、标点有所改正。

⑰　王树枬等纂修、朱玉麒等整理《新疆图志》卷二四《职官三》，上海：上海古籍出版社，2015年，485页。

二百八十五里，道里相合，则今阿克苏城疑即温宿故城也[18]。

此后，官私著作多承之，若扩言之，则又包括古姑墨国。《嘉庆重修一统志》载阿克苏，"建置沿革"中言"汉为温宿、姑墨二国"，于"古迹"之"温宿国"下云：

> 《汉书》：温宿国，王治温宿城……按今阿克苏城东至滴水崖二百八十里，则温宿即今阿克苏无疑矣[19]。

更进一步坐实了《西域图志》中的"疑即"。

徐松《新疆南路赋》云："六曰阿苏，四达经衢。温宿、姑墨，二国遗墟。"自注："阿克苏，古温宿、姑墨国地。圣制诗'报来始自阿苏投'注：'回语阿克苏急呼则为阿苏'。"[20]

祁韵士嘉庆十二年戍伊犁时，撰《西域释地》亦云："（阿克苏）汉及北魏为温宿国，元明为巴什伯里地，今名阿克苏，阿克谓白，苏即水也。河水色白，故名。"[21]

可见，至易孔昭刻《甘泉志》的光绪四年，"阿克苏即古温宿"是清人由《钦定西域图志》考证以来普遍接受的常识，故易氏径援用之。而当其时，"阿克苏"与"温宿"的关系还只是地名的古今对应。光绪六年，左宗棠复疏请新疆及时开设行省，因拟建置大略：

> 按阿克苏即古温宿国，拟设温宿府知府一员，温宿县知县一员；附郭拟设尹河县知县一员，治尹河瓦提；拟设拜城县知县一员，治拜城，均隶温宿府知府管辖[22]。

光绪八年，刘锦棠任署理钦差大臣，督办新疆军务，上《遵旨拟设南路郡县折》再申左宗棠在任时于新疆设郡县之议：

> 伏念新疆当久乱积疲罢之后，今昔情形判若霄壤。所有边疆一切事宜，无论拘泥成法，于时势多不相宜。且承平年间旧制，乱后荡然无存，万难再图规复。欲为一劳永逸之计，固舍增设郡县，别无良策。种种缘由，经大学士、前任陕甘督臣左宗棠叠次奏明有案。……现在地利日辟，户口日增，各族向化诸事均有成效，郡县之设，时不可失[23]。

于左宗棠之前提出的方案略有调整：

> 阿克苏为古温宿国，拟设温宿直隶州知州一员，治阿克苏城，拜城县知县一员，治拜城，归温宿直隶州管辖[24]。

---

[18] 钟兴麒等《西域图志校注》卷一六《疆域九》，乌鲁木齐：新疆人民出版社，2014年，337页。书中所谓"阿克苏"，据《校注》："位于今新疆温宿县城区，不是今阿克苏市区"，336页。

[19] 《嘉庆重修一统志》卷五二四，北京：中华书局，1986年，33册，26200页。

[20] 徐松《新疆南路赋》，《西域水道记（外二种）》，527页。其《西域水道记》亦多次言："阿克苏近汉温宿国地"，"今阿克苏为古温宿"，分见《西域水道记》卷二，73页；卷四，219页。

[21] 祁韵士著、刘长海整理《西域释地》，太原：三晋出版社，2015年，52页。

[22] 左宗棠《复陈新疆宜开设行省请先简督抚臣以专责成折》，《左宗棠全集》"奏稿七·光绪六年"，473页。参罗正钧《左宗棠年谱》，长沙：岳麓书社，1983年，385页。

[23] 刘锦棠《遵旨拟设南路郡县折》，杨云辉校点《刘锦棠奏稿》，长沙：岳麓书社，2013年，86—87页。

[24] 《刘锦棠奏稿》卷三，87页。

故光绪九年，清廷采纳刘锦棠的奏议，在阿克苏设温宿直隶州，治阿克苏城，地名的古称则被重新启用，回到现实地理中。同时，在城东南营建新城，光绪十一年，主要军政机关迁驻新城，旧城（回城）则设巡检。光绪二十八年，升温宿直隶州升为府，治所在阿克苏城，而废回城巡检，增设温宿县，隶属温宿府。民国二年（1913），温宿府改为阿克苏县，温宿县和阿克苏县都隶属阿克苏道。建国后，温宿县曾一度并入阿克苏县，1962年恢复。阿克苏县则于1983年撤县改市㉕。

可见，在此后的历次建置沿革中，无论是升府、设县，"温宿"就成了在现实中沿用的地名资源，与这一地区的现实地理紧紧联结在一起了。

清末重修新疆地志，却对这一常识提出了质疑。光绪三十三年创修、宣统三年（1911）纂成之《新疆图志》详引法国伯希和等的实地考证㉖，对"阿克苏"与"温宿"的古今对等提出详细的反驳，认为"温宿府者，故阿克苏回城，汉为姑墨国"㉗。

因《新疆图志》修于光绪二十八年设府之后、民国二年改县之前，虽然已经否定了此地即古温宿的旧说，但仍称此地为"温宿府"。钟镛《（民国）新疆志稿》说得更明白：

> 今以阿克苏为古温宿国，故称温宿府，此误也。古温宿，当属乌什厅地，说详《建置志》㉘。

且大约同时㉙，刘锦藻纂成《续皇朝文献通考》亦详辨之：

> 臣谨案：阿克苏回语谓白水，未必是温宿之转音。<u>乾隆以来官私著述皆以阿克苏为汉之温宿国</u>，亦想当然耳。试就《汉书·西域传》所载形势覈之……近时新省抚藩纂修图志，用法国博士伯希和之说，亦以阿克苏为姑墨，乌什为温宿，证引甚详，与管见不谋而合矣㉚。

可见，随着新疆地理考察的发展，之前的公共知识受到质疑。至黄文弼先生来到温宿县时，新纂成的《新疆图志》成为证明"阿克苏非古温宿"的可靠依据㉛。此说在当代研究中也影响颇大，岑仲勉先生《汉书西域传地里考释》即同此说㉜。于维诚指出：

> 清朝在阿克苏置直隶州时，又冠以温宿二字，后温宿直隶州改为温宿府，并在府下设温宿县。这可能是由于具体的办事人弄错了地理方位而引起的结

㉕　以上沿革叙述，复参王用主编《温宿县志》第一编《建置》第三节《历史沿革》，乌鲁木齐：新疆大学出版社，1993年，49页；陆维立主编《新疆通志·地名志》第一篇《政区聚居地名》第八章《阿克苏地区政区名称》，乌鲁木齐：新疆人民出版社，2011年，71—72页；史办《温宿县建置沿革》，载《温宿县文史资料》第一辑（内部发行，未注出版年份），18—19页。个别时间点各书记述略有年份参差，因与正文论述关系不大，兹略去。

㉖　参朱玉麒《整理前言》，《新疆图志》，2页。

㉗　《新疆图志》卷三《建置三》，55—56页。

㉘　钟镛《新疆志稿》卷三《新疆邮传志总叙》，台北：成文出版社，1968年，143页。

㉙　陆润《皇朝续文献通考序》："始乾隆丙午，迄宣统辛亥。"刘锦藻《清朝续文献通考》，杭州：浙江古籍出版社，1988年，7491页。引文下划线为本文所加，下同。

㉚　《清朝续文献通考》卷三二一《舆地考》十七《新疆省》，10618页。

㉛　《黄文弼蒙新考察日记》记1928年4月15日，黄文弼先生得杨增新所赠《新疆图志》，179页。

㉜　岑仲勉《汉书西域传地里考释》，北京：中华书局，1981年，380—381、388页。

果。我国汉代的温宿是在今天的乌什而不是在今天的温宿[33]。
而"温宿"的地名所以古为今用，正与当时由《西域图志》确定的主流知识密切相关。

然亦有异议者，如钟兴麒认为"今阿克苏市辖地域的主要部分属汉代温宿国"，"今温宿县的主要部分亦属汉代温宿国，札木台附近以东地域，包括拜城、新和、沙雅三县西部则属姑墨国"[34]。今人新修《温宿县志》采纳钟氏说，认为"秦汉时期，县境是西域三十六国的温宿、姑墨城邦的部分地域"[35]，以为今日的阿克苏与古温宿乃部分重合。

综上，黄文弼先生所谓"古今不同"可从学理和学术史两层面看，易孔昭因汉译的音近而推论"温宿"亦得名于水，是因不明古今时代之别、不同语族音译之异致误。而从学术史观之，"温宿"这一地名在清代新疆行省建置中还有一个由古史旧名回到现实地理的过程，肇始于光绪九年温宿直隶州的设立，其背后是此前由《钦定西域图志》奠定的公共知识，此后的《新疆图志》则修订了这一公共知识，遂形成了易孔昭和黄文弼观点相左却同属直陈的论证方式。

此外，温宿县至光绪二十八年方设，且与温宿直隶州的治所新城阿克苏并非同地，黄文弼先生日记中称易孔昭为温宿县长，固有以其时度昔之失，今人批评其"实际上是以光绪二十八年温宿降格为县之后的官称来拟想"，亦未得之[36]。

二、流泽至今：《甘泉志》之后继

西北地区气候干旱，终年少雨，水源遂成为决定人烟分布的最重要因素，正如旧志所言"凡水到之地，皆可耕种，故无水即无田"[37]，左宗棠在收复南疆之后的善后工作部署中亦详言：

> 西北素缺雨泽荫溉，禾、稼、蔬、棉专赖渠水，渠之来源惟恃积雪所化及泉流而已。地亩价值高下，在水分之多少，水足则地价贵，水绌则地价贱，盖自凉、甘、安、肃以达新疆，大致相若。治西北者，宜先水利，兴水利者，宜先沟洫，不易之理[38]。

也因此，人文与水文之间的关联成为反映西域历史独特而重要的视角，一向受到西域历史和考古研究者的关注[39]。黄文弼先生在记录吐鲁番高昌古城的考察状况时，就对当地

---

[33] 于维诚《新疆地名与建制沿革》，60页。

[34] 钟兴麒《汉唐姑墨温宿地域考》，《新疆文物》1988年第4期，115—119页。

[35] 《温宿县志》第一编《建置》，68—69页。关于两种观点论辩的具体论据，又可参温史《关于温宿国、姑墨国地域的两种观点》，载《温宿县文史资料》第一辑，29—33页。

[36] 孙文杰《〈福珠哩殒难碑〉相关人事考》，337页。

[37] 钟镛《新疆志稿》卷二《新疆实业志·农业叙》，43页。

[38] 左宗棠《答刘毅斋太常》，《左宗棠全集》"书信三·光绪四年"，356页。

[39] 所见如黄盛璋《新疆历史上水利技术的传播和发展》，收入《新疆历史论文研究选编·通论卷》，乌鲁木齐：新疆人民出版社，2008年，102—129页。王炳华《唐代以前西域水利事业》，载作者著《西域考古历史论集》，北京：中国人民大学出版社，2008年，749—769页。

当时的引水之法甚为关注：

> 是古时河水甚大，后渐干涸，空存河床，近因泉水涌出，遂恢复古之河流。然当古时水流于甚深之河床围绕故城时，而城上居民吸引之方法如何？当为吾人有趣之研究也[40]。

或许，他将年代晚近而名声甚微的甘泉碑拓回，也是出于对当地民生所系的水利之关注。这一天赐甘泉在当地百姓的生活中确实至关重要。《新疆图志》称温宿府"居南疆之中，泉甘而气和"[41]，民国时期邓缵先《叶迪纪程》记阿克苏之风土亦云："气和而泉甘，稻米甲于南疆，而温宿稻田尤多。"[42]稻米之盛、生齿之繁都离不开当地"泉甘"的有利条件，此似乎自古已然。

在同治三年库车民变波及温宿，阿克苏被热西丁（即爱奚丁）占据之前，倭仁曾于咸丰元年（1851）六月十三日行经此处，记载：

> 古温宿地，旧属乌什，嘉庆二年分为专城，立岸如削，高出地数十丈，其上平衍。回城据其麓，镇城在其西北数十步，地势益下，同于釜底。山泉泛溢，陡若建瓴。镇城、回城间，筑堤泄水，注于城南。回语"阿克"谓"白"，"苏"谓"水"。地有白水，故名其城。办事一员，驻守汉兵一千六百名，城名"普安"[43]。

其时虽有山泉并于城内筑堤，却尚未有立碑表彰者。而至光绪四年，叛乱甫定，易孔昭初来此地，就特意为甘泉立碑。且继续追索，围绕这一泽及民生的甘泉，此后仍有土木修缮之功。距之最近且记载最详者，当属施补华作于光绪六年的《泉亭记》：

> 阿克苏城所属兼《汉书》姑墨、温宿两国之地。数百里间，有大郭勒四，分流合注，支条繁多，春夏之时，诸山之雪水又入焉。沟渠交通，引以灌溉。上腴之田数十万顷，宜稻宜麦，宜粱宜菽，木宜桑柳，器宜碾磑，盖水利溥矣。而平地出泉，清莹淳潆、可漱可濯、可汲以饮者，亦随处而有。回语谓白曰阿克，水曰苏，河曰郭勒，曰阿克苏城者，举地之水以名也。汉、回两城楼堞相倚。回城西北隅有泉地中出，味尤芳冽。光绪戊寅，黔阳易君孔昭从事其地，饮而甘之，刻石以纪。泉之上，地势高下相错，民屋而居，望若层楼。越岁己卯，节帅张公命部将提督衔总兵官刘君世俊，偿其民屋之直，斥而新之。购材于民，资工于军，为上下二亭，俯临于泉，窗牖洞达，阑楯回互，雕镂而朴在，丹漆而素存。亭成之日，宴宾以落，而纵汉回之民登览焉。今年，又辟其旁为养正书院，益阳潘君时策经营其事，延汉人为之师，选回之髦，诵读其中。
>
> 客私于施氏曰："孔子曰知者乐水。兹泉之芳冽，易君表以石，张公荫以

⑩　黄文弼《吐鲁番发现墓砖记》，作者著《高昌砖集》，北京：中国科学院，1951年，1页。《黄文弼蒙新考察日记》亦记载其1928年3月15日向杨增新建议在迪化"挖沟泄水出东门"，175页。此承吴华峰老师提示。

⑪　《新疆图志》卷三《建置三》，57页。

⑫　邓缵先《叶迪纪程》，上海：华东师范大学出版社，2012年，32页。

⑬　倭仁《莎车行记》，《西北史地丛书》第三辑，北京：中国国际广播出版社，2016年，68—69页。

亭,其意有同欤?"曰:"客乌知张公之意哉!夫形烦则神乱,境静则虑舒,观彼泉流,湛然无滓,非清心之资耶?《易》曰:'山下有泽,损,君子以惩忿窒欲。'公之意也。心清然后事理,由是历阶而升,凭高望远,村墟布列,田塍纵横,四郭勒之水,左萦右绕,所以养吾民,在于不扰矣。《诗》曰:'民亦劳止,汔可小康。''民亦劳止,汔可小休。'公之意也。近接书院,诵读洋洋,养吾民者继之以教,殊俗之先务、良吏之盛治也。孔子曰:'道之以德,齐之以礼,有耻且格。'游观之乐,政事寓焉。登斯亭者,庶几慨然有志乎?若夫娱意沧涟、寄情觞咏,达人逸士之事,何足以拟我公哉?公名曜,浙之钱唐人。庚辰十一月甲戌并书[44]。

张曜(1832—1891)[45],字亮臣,号朗斋,谥勤果,浙江钱塘人,光绪三年率领嵩武军与率领湘军的刘锦棠共同进赴南疆,平定阿古柏叛乱,并留疆帮办军事,处理善后。施补华(1835—1890),字均甫,浙江乌程人,在光绪五年至十年期间,应张曜幕府之召,进疆参与了平定阿古柏叛乱之后帮办军务的善后事宜[46]。光绪六年,施补华正在张曜幕府,驻于阿克苏城。

由此记可知,继易孔昭之后,张曜复派人在泉上修建亭榭,使这一天然泉源更为人文化。由末句"并书"推测,或许当时也曾为亭记立碑,唯今已不可见。在干旱的西北地区,在天然泉上营建水亭,形成独特的人文景观,似是当时地方官较为普遍的利民之举。光绪丙子(1876),施补华随军驻扎肃州,因得游酒泉而作诗,诗序中亦言"平利张云心方牧是州,尝谓予,思筑亭其上,并疏瀹泉脉"[47]。

而张曜不仅在泉上建亭榭,且于次年在其旁修建了书院,选回民之俊乂,教以汉文。此外,泉上建亭之后,这里自然成了当时从幕来疆的诗人文士"寄情觞咏"的佳处。施氏即有《泉上小集朗公节帅适至遂欢饮至暮时清明前二日也纪事怀乡憬然有作》云:

　　垂杨相倚曲阑回,阑外新泉似泼醅。高馆清晨邀客坐,元戎小队看春来。

一尊谈笑黄莺共,万里清明白发催。手种宅边桃李树,花时烂漫为谁开[48]。
他哭吊"归计皆同滞,兵谋许共闻"的同僚诗友姚庆恩(字春蘐)[49],也回忆两人"泉上看诗题满壁,花前邀酒醉盈卮"的交游之乐[50]。

---

[44] 施补华《泽雅堂文集》卷四,《清代诗文集汇编》第731册,上海:上海古籍出版社,2010年,619页。

[45] 生平可参张怀恭、张铭《清勤果公张曜年谱》,杭州:浙江古籍出版社,2009年。

[46] 生平可参杨岘《山东候补道施君墓志铭》,载缪荃孙辑《续碑传集》卷三九,周骏富《清代传记丛刊》,台北:明文书局,1985年,第117种,233—234页。

[47] 施补华《游酒泉诗(有序)》,《泽雅堂诗二集》卷四,《清代诗文集汇编》第731册,480页。

[48] 施补华《泉上小集朗公节帅适至遂欢饮至暮时清明前二日也纪事怀乡憬然有作》,《泽雅堂诗二集》卷八,513页。

[49] 施补华《即事》:"万里逢姚合,招邀意颇勤。感时聊病酒,爱我岂能文。归计嗟同滞,兵谋许共闻"。自注:"谓春蘐"。《泽雅堂诗二集》卷七,508页。承新疆师范大学吴华峰老师指点,姚庆恩(1840—1880),字春蘐,时亦从军张曜西域幕府,生平事迹见于张其昆《赠光禄寺卿姚君春蘐传》。施补华与其交游唱酬之详情,亦参吴华峰《姚庆恩西域事略》(未刊稿)。

[50] 施补华《哭春蘐》,《泽雅堂诗二集》卷八,513页。

此后，《温宿县乡土志》记载了另一次修缮：

温泉在城东北回城内，由上山下涌出，回、汉两城居民数千户，皆饮此水，谓其不生痼疾。去年，缠民集资修亭复其上，四面皆筑墙垣，两旁树木葱茏，浓荫消暑，其土山上旧有龙神祠，登高俯瞰，则全城景象皆在目前，自是温宿名胜之地。考阿克苏为古温宿，译语水曰苏，宿、苏同音，或即因此得名[51]。

此志虽全未提及易孔昭在甘泉边所立的刻碑和张曜所建泉亭，但末句显然承自易孔昭之跋，可知当时碑石尚存。由此也可见，光绪三十三年，泉亭又被重新修复，围以墙垣了。

在黄文弼先生到来前的民国六年，谢彬奉财政部命赴新疆、阿尔泰区调查财政，六月十三日过温宿县，也特记经此“温泉”之所见：

温宿城周约三十里，筑于道光十九年，商务皆在东关、北关一带，俗呼回城（即旧回城，已圮），极其繁盛，阿克苏统税大局实设于此，非在阿克苏县城也……绕途往观温泉，泉在高崖之麓，溢涌而出，水流颇大，清冷甘洌，并非温泉，特以县名名之耳。泉下甃方池，围以栏杆，上盖亭榭，景致清幽。城厢人民多饮此水，某观察沥有碑记。泉上崖腹，为龙王庙，架梯构屋。清同光间，广东提督张曜用兵南疆，特建此以供宴饮游观之乐。昔有三层，闻极壮丽，今存一层，且就颓圮。崖巅亦有屋宇二层，旧为营盘所在。俯瞰全城，控扼形势，观空无兵，幸在承平时也[52]。

尽管谢彬言此泉“清冷甘洌，并非温泉”，与黄文弼说“泉水清澈，微暖”少异，但从“碑记”和“亭榭”已可确定他记录的是同一处甘泉。而作为后来者，他就只言建亭是“供宴饮游观之乐”了，可以想见，当时泉旁的书院应早已不存，而修建之初的亭榭的壮丽非常则仍可由遗迹揣想之。随后，黄文弼先生来到此地考察时，就只看到“围以木栏”的景象了，那时亭榭遗迹似亦已无存。

今人修《温宿县志》，统合旧志和《泉亭记》，记载了这一被当地人称为“老龙泉”的地方：

县城北土崖下有一清澈甘甜的泉水，人们称它为“老龙泉”，自古以来，县城居民都饮用此水。《温宿县乡土志》载：“回、汉两城居民数千户皆饮此水，谓其不生痼疾”。清光绪四年（1878），湘军官员易孔昭曾刻石以记。清光绪五年（1879），嵩武军统领张曜命部将提督衔总兵官刘世俊为此泉筑上下二亭[53]。

根据温宿县的最新县志，今日的老龙泉仍是当地政府城镇规划建设中的重点。《温宿县志（1991—2010）》载城镇的绿化规划中即有计划“在仓前路以北规划老龙泉生态

---

[51] 《温宿县乡土志·山水》，《新疆乡土志稿》，476页。

[52] 谢彬著、杨镰等整理《新疆游记》，乌鲁木齐：新疆人民出版社，2010年，198—199页。

[53] 《温宿县志》卷一五《城乡建设·县城建设·水电设施》，473页。“痼”原作“瘤”，盖形讹而误。

公共绿地，占地面积约6.8公顷”(54)。而截至2010年已探明的13处旅游景点中，老龙泉就是初步开发的七处之一(55)。“老城龙泉故址”则被作为“文化遗址”列入县级文物保护单位(56)。

天赐甘泉，治民者以民生为本，护之，修之，遂使流泽至今。在今日，自不应忘记易孔昭等前贤的筚路蓝缕之功。

三、家国心事：易孔昭生平补考

立《甘泉志》的易孔昭，字仲潜，湖南黔阳人，咸丰辛酉（1861）拔贡，考取八旗官学汉教习，流寓江皖时，因向杨岳斌水师献水陆合攻之策，得到曾国荃赏识。同治十年（1871）受左宗棠聘，主治甘南粮台。同治十三年（1874），关陇平，丁父忧回乡，逢刘锦棠率领湘军出关收复新疆，遂墨绖随军出征。后以原官分赴原省，主修《平定关陇纪略》，奏署安肃道。后丁母忧还乡，补服之后再赴关陇，奏署巩秦阶道，协杨昌濬议订治陇新规，复署安肃道，因病乞归，卒于舟中(57)。

生平事迹见于所著《石芝精舍诗集》卷首所附雷飞鹏宣统三年撰家传（以下简称“雷传”）(58)、湖南黔阳易氏光绪丙午（三十二年）《易氏续修族谱》所收袁钦绪光绪三十一年撰《例授资政大夫仲潜公传》（以下简称“袁传”）(59)。两传撰成虽有先后，然皆为应易孔昭之子易佩岳之请，得闻其实而作(60)。故虽细节微有出入，然大体相同。

黔阳易氏光绪丙午所修《易氏续修族谱》不仅收录袁传，还收有易孔昭的高祖、曾祖、祖父、父母及兄长的多篇家传。此前学者研究《福珠哩殉难碑》，已略叙易孔昭生平概况(61)，虽大体已明，然因对袁传文意略有误读，且仅据此传，未见诗集所附雷传，亦未参考家谱中所收相关传记，故仍有疏漏舛误，本节综合以上文献，试略补论，兼更着重关注其生平中家国心事之一线，以期展现《甘泉志》背后的人与故事。

---

(54) 白芳萍主编《温宿县志（1991—2010）》第四编《城乡建设与管理》，北京：北京方志出版社，2016年，132页。

(55) 《温宿县志（1991—2010）》第十六编《旅游》，365页。

(56) 《温宿县志（1991—2010）》第三十二编《文化体育》第五章《文物》，860页。

(57) 雷传云：“道光十四年甲午四月二十二日生”、“乙未正月，舟次邑境，遂卒，年六十有二”，可确知易孔昭生卒年为1834—1895年。孙文杰文标为1835—1896年，有误。

(58) 易孔昭《石芝精舍诗集》五卷，北京慈祥工厂印，卷末有其子易佩岳丙辰（民国五年，1916）跋语，北京大学图书馆、国家图书馆、华东师范大学图书馆等均有藏本。

(59) 此家谱凡十二卷，版心刻“易氏续修族谱”“光绪丙午续修”“瑞芝堂”等字样。感谢美国威斯康星大学麦迪逊分校易富贤老师赐示所藏家谱，并承告知：黔阳易氏的第五、六、七、八次修谱分别是在光绪三十二年、民国二十二年、1993年、2018年，易孔昭属于黔阳易氏第一甲。

(60) 雷传末云：“飞鹏于梦兰有兄弟之盟，佩岳又同官于辽，府君志行闻之熟矣，乃撰次大略而为之传。”家传后又有易孔昭五子易佩岳按语：“未请恤典之前，承袁叔舆主政钦绪撰赠家传，已刻于家谱，兹并将其论附录于后。”袁传末云：“光绪乙巳，予奉盛京将军赵尚书奏调，与公子佩岳同事沈阳，示所为公事状，属撰次为家传。”

(61) 孙文杰《〈福珠哩殉难碑〉相关人事考》，335—337页。下文辨析中引其概述之语，皆出于此，不复注页码。

　　梳理族谱所收传记可知，易孔昭高祖名良梯，字步月，年未三十而卒，易孔昭据祖父口授撰传[62]。曾祖名绍焜，字永耀，以孔昭阶，赠中议大夫，晋荣禄大夫，曾国藩为撰传[63]。祖父名舜尚，字好仁，以孔昭阶，赠朝议大夫，晋荣禄大夫，由易孔昭同年并姻家张琳撰传[64]。其父名尧扬，字抑之，同治十三年十月卒，亦以孔昭阶，封朝议大夫，赠奉直大夫，晋荣禄大夫，由左宗棠撰传[65]。以上几篇易孔昭父祖的家传题下皆注："己卯原传，今易封衔嗣数。"当是光绪己卯（五年），易孔昭一并请人撰写，或正为修族谱用。续修族谱时，则据旧谱收录诸传，并据易孔昭卒后的新晋阶官改动了父祖诸传中原来的封衔。易孔昭长兄易鳌峰，派名孔彰，字焕卿，在平定太平天国战役中殉难武昌，入祀昭忠祠，授昭武都尉[66]。

　　易孔昭生平，孙文叙述大略已明，唯有几处误解。如概述太平天国平定之后，"易孔昭以'我生不作封侯想，阵斩仇寇愤已消'，寻假归省故里"。参袁传之记载：

　　　　同治三年甲子，金陵克，军中获伪章王林绍章，公伯兄昭武殉难武昌，实陷于此贼，因手刃之，归焉，口号云："我生不作封侯想，阵斩仇酋愤已消。"盖志不在功也。……金陵善后事宜，每有陈说，两曾公皆先后举行，寻假归省，或谓："君知遇方隆，由此可济方面，何急归？"公泫然曰："自先兄殉难，弟又以愤骸骨未得死，吾与贼有不俱生之势，然吾始就学，父即以词林期之，今幸贼歼仇得，若竟弃先志，非子也。"归数月，北上，依然书生，若不知曾列上将、指挥千军者也。……丁卯顺天乡试、庚午本省乡试，均荐而不售，用惘惘以不得亲志为憾。

辞归事，雷传记载亦同：

　　　　留事江南善后，乞归，或曰："富贵何遽自辍？"府君泫然曰："吾兄死难，吾弟觅兄骸骨，不得，亦死，吾矢不与贼俱生。今贼已歼，而吾父雅不欲弃科举，故归耳。"无何，游京师，广交都中才畯，连就贤书试不中。

可知，易孔昭在太平天国乱后叙功时选择归乡，本为顺承父志，冀能由科举入仕，故数月后即北上应举。惟因多次应试不中，才应左宗棠之辟，主治甘南粮台。袁传引易氏在手刃仇人之后诗，意在说其"志不在功"，乃在为亡兄报仇。孙文将两事相混，又删略归省之后北上应举之事，想当然叙之，遂误。

---

[62]　易孔昭《良梯公暨妣唐孺人述略》，《易氏续修族谱》卷五，73页（此页码为易富贤先生惠赐照片编号，下同）。

[63]　曾国藩《晋赠荣禄大夫绍焜公传》，《易氏续修族谱》卷五，83页。

[64]　张琳《晋荣禄大夫好仁公传赞》，《易氏续修族谱》卷五，129页。张琳还为易孔昭母杨夫人撰《例晋一品夫人杨夫人传》，传末云："夫人之子四人，其仲者于琳为拔萃同年，济世才也，既切磋以道义，复申之以婚姻，以长女妻其三子。"（188页）

[65]　左宗棠《晋荣禄大夫抑之公传赞》，《易氏续修族谱》卷五，136页。此文《左宗棠全集》（刘泱泱等点校，长沙：岳麓书社，2003年）未收入。传末左宗棠署衔为"钦差大臣东阁大学士陕甘总督督办新疆军务二等恪靖侯"（141页），光绪四年三月十二日，左宗棠因功由一等伯晋为二等侯，是此传当作于此后、光绪六年陕甘总督交杨昌濬接署之前。参《左宗棠全集》"附册"，498—499、502页。

[66]　龚承钧《昭武公鳌峰公传赞》，《易氏续修族谱》卷五，153—156页；并参卷一二《缙绅录》，叶一八背。袁传言"公伯兄昭武殉难武昌"，孙文杰文遂径以其兄名武昭，实误。

又如言太平天国乱时"易孔昭前往安徽拜谒曾国藩并呈上《平贼方略》",遂得任用和新疆平定后,易孔昭得荐,"清政府授易孔昭为阿克苏善后委员,署甘肃巩秦阶道,地位相当于民变之前的阿克苏办事大臣",则是误将袁传概述易孔昭生平功烈、政绩一段连读并叙:

> 朝考报罢,考取八旗官学汉教习,出都谒曾文正公国藩于皖,陈平贼方略。自是驱驰劳瘁四十年,其功烈在克金陵、平关陇、收复新疆,其政绩在办理阿克苏善后事、权巩秦阶道、两权安肃道,其至行大节在回里补服,不以干请营迁擢。

据袁传后文之详述,此处之"陈平贼方略"只是对此后易孔昭献计克贼事的概述,具体而言,易孔昭乃是得曾国荃而非曾国藩荐举,此雷传、袁传记载无异,易氏自作诗亦可为证[67]。

而"办理阿克苏善后事、权巩秦阶道"乃是列举易孔昭生平中两件不同的政绩,袁传下文即言"西域底平,奏办阿克苏善后"。孙文只见到"阿克苏"字样,遂将之连读,故误。

族谱中还收有易孔昭撰多篇家传,其署衔实职皆为"奏理新疆阿克苏大臣事务盐运使衔甘肃题奏道"[68],恰为易孔昭驻扎阿克苏时,可确知其在阿克苏立甘泉碑时是以盐运使衔奏理阿克苏事务的。他在当地主持善后,安顿民生,深受当地百姓爱戴。袁传和雷传都详述了易孔昭的善政。袁传云:

> 时文襄方进剿关外诸回,以刘襄勤公锦棠总统湘军为先锋,会公居服,乃援墨绖从戎义,请复奏调出关,且曰:西征筹饷已艰,行军绝域,粮糈尤士兵命脉,非公廉勤莫办。公乃飞刍转粟,益殚劳瘁,士饱马腾,戎师愈奋,于是天山南北数千里以次荡平,湘军声威,比高昆仑,以功保道员,留原省尽先题奏加盐运使衔。西域底平,奏办阿克苏善后。数月之间,阿民大说,呼为阿斯满安班,华语青天大人也。先是城中人相杀,委以道,公密侦诛首犯,兵民遂无私斗。各路难民死亡枕藉,公不俟文报,先假军粮便宜赈之。后主者限赈以文到之日启,用是赔累甚巨,诸统将相谓曰:"因活饥民累易君,我辈何颜?"皆乐为补偿。役竣入关,囊橐肖然,襄勤赠三千金冶装,阿民遮留,老幼填塞道路。豫军统帅张勤果公曜祖于郊,叹曰:"何得民至此!"为建亭以志之,命介记事勒石,凡诘奸暴、除烦苛、清户口、复流亡、疏沟渠、课农桑皆备述之,且比之陈恪勤云。

⑥⑦ 如《出嘉峪关》六首其五"弱冠曾投笔,居然长百夫"(《石芝精舍诗集》卷五,叶一〇)自注:"予以诸生为曾沅浦少保所赏,奏调统偏师,合攻金陵,事平凯旋。"又《洗兵歌》(卷四,叶四)诗序云:"粤逆窜踞金陵十二载,困我军者屡矣。是时东南蹂躏殆遍,朝廷以曾相国节制四省,得专东征,乃命其弟沅浦中丞帅万人东下长江,千里望风归顺。壬戌秋,直抵金陵。时余以明经廷试报罢,资罄出都,流寓江皖,中丞闻而征之,遂达宸听。甲子,挈偏师攻南城下,六月乙酉,金陵克复。"

⑥⑧ 见《易氏续修族谱》卷五收易孔昭《勅授儒林郎广文良本公暨妣蒋孺人丁孺人合传》(78页)、《邑庠生春晖公暨妣杨孺人合传》两传传末(99页)。

雷传略同：

> （甲戌）十月，奉父丧归，而文襄方谋分军出关，用刘襄勤锦棠领湘军前驱，府君与罗长祐佐之。自府君办甘饷，以廉能著，襄勤乃使兼任随营粮储，谓非府君莫属也。新疆平，叙道员尽先题奏加盐运使衔。方府君之任湘军粮台驻阿克苏也，兼事善后，阿民呼曰阿斯满安班，华语青天大人也。初，城中部民有杀毙者数人，不问，府君廉得犯者，质之，仇杀渐绝。安回窜扰，难民道殣相望，府君以便宜发军储振之，存活无算。张勤果曜统豫军屯境，嘉劳府君之绩，请于左文襄，欲如前忠襄之借材于勇悫也，而左右以粮台缺肥，遂为间于刘襄勤。戊寅冬，府君请假入关，阿民争投醪糈车中，老幼观者，填塞街衢，拥马首不能成列，有行丐四人泣而前，左右投以钱，则大呼曰：送青天大人来，不乞钱也。张勤果以府君比陈勤恪，赋诗郊饯，属幕僚蒋直刺语记其事焉。刘襄勤以府君既不能留，稍闻其不能治装具，赠三千金以行[69]。

雷传中言"戊寅冬，府君请假入关"，或即为修家谱欤？

值得注意的是，两传唯于记载易孔昭缘何离开阿克苏事微异。袁传是完全正面的讲法，虽提到易氏以军粮赈救饥民而后不得不赔偿事，但诸统将皆愿相助，遂"役竣入关"。而雷传则透露出统嵩武军屯境的张曜本欣赏易氏才能，想借材留用，但因有小人进谗言而中阻。《石芝精舍诗集》卷首有易孔昭五子易佩岳识语："忆张勤果公赠诗有'不染龙荒半点尘'之句。"可见继驻阿克苏的张曜确对易孔昭甚为赏识[70]。但终因小人间阻，易孔昭因"不能留"而被迫离去。当张曜为甘泉建亭时，立甘泉碑的易孔昭已赴京以原官分原省，到甘肃任职了。

就文献来源而论，袁传和雷传皆为受托于其子写成，雷传虽晚成，但细核之，此处情实当以雷传为是。一是除此细节微异外，袁传还提到了张曜"建亭""立石"事，"亭"当即指张曜所建泉亭，或当初写家状时尚未细考，遂以为与表彰易孔昭之政绩有关，后经考而删去"建亭""勒石"诸事。

二是袁传虽未言旁人有间言，然于其入关前，特叙其救赈灾民而赔累甚巨事，或可推想，当时虽有乐于相助补偿的统将，亦可能有藉机进谗中伤者。

三是易孔昭诗集中可寻绎其心境。集中有径以首句"蹉跎"二字为题的三首连章七律：

> 蹉跎岁月早成翁，捧檄西来气不雄。墨绖忽经三载役，红旃惭附九边功。
> 半生家国曾何补，两字平安久不通。遥忆重闱今日事，樱桃粒粒数离衷。

---

⑥⑨ 易孔昭《石芝精舍诗集》卷首。

⑦⓪ 易孔昭有《题张朗斋宫保贺兰小猎图》七古一首（《石芝精舍诗集》卷四，叶一四），即为张曜作。施补华光绪二年亦有《张朗斋军门曜贺兰小猎图》（《泽雅堂诗二集》卷四，479页），然张曜曾将《贺兰小猎图》分寄多人题诗，实有经中转得之者。如俞樾《春在堂随笔》卷八载："张朗斋军门曜，为茀士芟廉访贺苏妻昆弟之子，余与廉访同年旧好，而与军门未一谋面。光绪元年，军门曾以《贺兰小猎图》寄浙江，介廉访索余与彭雪琴侍郎题诗，余为题七言古诗一首，仍交廉访寄还之。"南京：江苏古籍出版社，2000年，114页。

少子曾期备黑衣[71]，廿年戎马愿多违。弓刀未释乡心促，衫履不矜世故
非。几辈工馋推老宿，都缘薄福致迟归。密缝屡负慈亲线，寸草春风怅晓晖。

不才亦自切民艰，敢貌孤高淡一官。板舆纵出褒斜道，异域难亲菽水欢。

翳翳桑榆斜日晚，毵毵鬓发晓霜寒。知音未报亲衰老，忍抱胡笳又别弹[72]。

三诗深切的悲愤应联系其出关时所作《出嘉峪关六首》体会。诗中"行军参司马，万
里载轻车"自注："予由甘肃奉先大夫讳回里，未期，刘京卿请于左伯，援例奏请出
关。"[73]又"捧檄悲亲命，挤家为国来"自注[74]："夫年奉檄西征，以重慈衰老未决，
家母述先大夫遗嘱数语，始就道。"[75]

而欲明这几句自注，又正不能忽略族谱中所收诸亲人家传。这些家传共同展现了易
氏忧国忘家的一门家风。易孔昭父亲易尧扬就是蒿目时艰、心忧天下的志士："及壮，
慨然有澄清天下之志。盖深思嘉、道以来，承平既久，物贱民逸，教苗既时灭而时炽，
海夷复违约而犯边，乱之作也其及身之事，遂益励志于当时之务。"[76]而易尧扬终因父
丧母老不能遂志从军，便将期望寄托于儿辈。"及长子殉难武昌，三四五子相继亡，公
忧不形于色，犹嘱次子孔昭努力军国事，其志锐且坚如此"。由此，更能理解易孔昭诗
自注中的母亲转述的"先大夫遗嘱"是如何坚定而悲壮的了。

母亲杨夫人对长子的殉难创痛更深，终生未能释怀。易孔昭《塞卜［上］早秋》诗
"几日故山香似海，倚闾人莫晚凉侵"自注云：

余家庭前双桂，系先兄手植，自殉难后，家母每日必倚立半晌，谓花时当
有忠魂来也，闻者哀之[77]。

张琳所撰传记中，记载杨夫人临终前一年：

壬午（1882），孔昭自安肃道改办陕甘驻鄂后路粮台，因得就近迎养，舟
至武昌，夫人曰："得见黄鹤楼，死亦瞑目矣。"盖武翼君殉难处也[78]。

长子的殉难地武昌成了母亲多年魂牵梦萦的所在，也许到了那里，便仿佛能再见长子的
英魂。而在母亲二十多年的深久怀念中一定常常忆起长子初欲从军出征、请命于己的那
一幕，龚承钧为鳌峰所撰传文记载：

及粤匪遍扰东南，父已仗剑行适衡、永、郴、桂等处，土匪峰起，邻邑有
奉大府檄召募者，公乃请从征于母，母曰：'男儿当立功万里，果能为国出
力，二三子均往可也。亲年未老，尚能作生活以事老亲，汝有志，勿以家人为

---

[71]　备：原文如此，疑或为"补"形近之讹。《战国策·赵策四》："左师公曰：'老臣贱息舒祺最少，不肖，
　　　而臣衰，窃爱怜之，愿令得补黑衣之数，以卫王宫。'""黑衣"谓戎服或侍卫之服，参诸祖耿《战国策集
　　　注汇考》卷二一，南京：凤凰出版社，2008年，1121、1126页。诗或用此。

[72]　《石芝精舍诗集》卷五，叶一五。

[73]　《石芝精舍诗集》卷二，叶九。

[74]　挤，原文如此，似当为"拚"之讹。

[75]　《石芝精舍诗集》卷二，叶九至一〇。此"重慈"指易孔昭的祖母。

[76]　俱见左宗棠《晋荣禄大夫抑之公传赞》，《易氏续修族谱》卷五。

[77]　《石芝精舍诗集》卷五，叶一七。

[78]　张琳《例晋一品夫人杨夫人传》，《易氏续修族谱》卷五，191页。

念。'公再拜赴慕。

孔彰在军中屡立奇功，"赏蓝翎，有偕计归者，应曰：'方今军事孔殷，不尽杀贼而归，贻吾亲羞也。'值粤逆再陷武昌，援求楚师，急奉南抚檄入鄂"，虽已立功得名，却仍坚持为国平贼，不肯就此归乡。其中正有得自父母的期待与劝勉。然而，入鄂后不幸殉难。"其三弟孔时闻耗单身赴鄂，觅骸骨未得，归未久，愤憾死。"[79]

因长子出征殉难连丧两子的杨夫人，在易孔昭又面临是否随军从征的抉择时，仍以报国为重鼓励、支持次子在守丧未期之时墨绖出关。其心中深厚的国家大义与难解的个人悲痛之间，原有怎样悲壮的意味，正要赖多篇家传中的叙事片断连缀出来。而这自是易孔昭耳濡目染并且刻骨铭心的，其此行心志之坚定与沉重自可想见。然而人事翻覆，壮心多违，舍家报国之志反为谗言所阻，故此三首律诗拈出首句首两字"蹉跎"为题，在制题中或已含深意，一方面壮志未酬的悲愤由此两字已见，另一方面，拈字为题相当于"咏怀"，而所咏之怀往往是幽渺委曲、难以明言者。其一慨家国两负，忧国思亲。其二叹老尽少年心，径斥谗言、世故，然却以"都缘薄福"自解，以空负亲恩自责，咎在人事而归怨运命，悲讽自在言外。其三以直书心事开篇，虽常怀不能奉养慈亲的愧疚，所以远赴边疆，正因为"亦自切民艰"（或即指赈民事），而如今却只能对着夕景寒霜空悲蹉跎。

易孔昭以墨绖从军入疆，背后是黔阳易氏一族父子兄弟相续相传的大义家风，是恋亲思家与报国情怀交合的悲歌。终因谗言间阻，只能自叹蹉跎，在无奈中离开阿克苏，其心绪自是十分悲愤而抑郁的。或许其子请袁钦绪撰行状时，对此尚有所顾忌，故避言之。而后在刊刻文集撰家传时，已不必讳言，遂径叙其实。

这一深藏的细节透露了当时官场中并不那么光明的暗色，自不及"因在阿克苏善后事宜的成功而调任"的叙述那样平顺，但作为独特个体的易孔昭，其具体而深情的悲壮心事与个中连带着的家人与家风，在后世的历史审视中或许同样不应忽略。这心事，关乎国，亦系乎家，明于"切民艰"之义，更深于"愧菽水"之情。因之，此《甘泉志》虽只记叙了当地自古就有的甘泉，却也联结着立碑者易孔昭深厚甚至沉重的家国心事。

四、共同关切：与武功并行的文治

雷传和袁传虽于易孔昭离开阿克苏一事的情节上叙述略异，但两传都着意详叙了易氏在阿克苏的善政，树于其时的《甘泉志》一碑连带着易孔昭初至民生凋敝的阿克苏时陆续推行的一系列深得民心的善政。而跳出其个人，老龙泉作为自古以来温宿地区居民的饮水之源，在光绪四年至六年期间，得到驻军此地、从事善后的易孔昭和张曜等的持续关注与修缮，虽是小事，却非仅是偶然的巧合，而恰是平定阿古柏叛乱之后南八城善后工作持续展开的具体实例。结合此时期的其他史料，更可见其中折射出其时治疆官员在久乱之后视民如伤的共同关怀。而正是民生善后工作的顺利展开和持续推进，为光绪

---

⑦⑨　俱见龚承钧《昭武公鳌峰公传赞》，《易氏续修族谱》卷五，154—155页。

十年新疆行省的建立奠定了坚实深厚的社会和经济基础。

同年，为张曜所建泉亭作记的施补华其时尚在肃州，闻新疆重定的喜讯，作四言长诗《重定新疆纪功诗》记述了西征军平定阿古柏叛乱、收复新疆的全过程[80]。值得注意的是，诗并没有结束于"捷书以闻""以爵酬功"的胜利，而是继而详述了"疆宇既复"之后的善后工作：

> 疆宇既复，宜善其后。乃命文史，旦暮招徕。逃崖窜谷，孑遗可哀。民孰无居，垒土庇之。民孰无食，掊廪饩之。为民度田，赐牛以耕。三年出赋，轻之又轻。为民都水，隄堰是列。视岁旱涝，以蓄以泄。课棉得絮，课桑得丝。织以为衣，御寒有资。群玉之山，五金之穴。苟利于岷，厉禁勿设。阿浑伯克，沿习不除。柔以礼义，活以诗书。乃建城郭，乃分郡县。化外为中，比回于汉。华离区脱，与俄画疆。先之归地，继以通商。新疆之民，天日再睹。民之永思，高宗圣祖。以屏关陇，以障蒙古。远夷心詟，浮议气沮[81]。

在叙述"善后"时，虽也提到了外交上的"归地""通商"，但更重在安抚养民的内政。

可见，对于易孔昭、施补华这些来到西域从军幕府的普通士人，尽管西域边塞的历史传统让他们无不有置身战场之感，但出关时都心怀对经年罹乱的新疆百姓的深切同情，不约而同地心系民生，最关注、最关切的实是武功之后的文德安边，是长年战乱之后的与民休息。对于他们来说，外交或许只是听闻，而百姓的疾苦却是在行途中随处感受到的。如易孔昭《远口道中》写边地被兵时之民生多艰：

> 落寞炊烟起，人家乱草中。断桥双水隔，兵火万山空。挑菜饥蛮女，牵萝泣老翁。时艰待谁补，搔首问天公[82]。

因此，尽管在今日对这段历史的宏观叙述中几乎看不到他们的身影[83]，但这样的关怀却从他们西域诗共同的感情倾向中反映出来。施补华出嘉峪关作诗即云："干戈惊吾民，相与事休息。"[84]易孔昭诗中更呼吁："开边不易安边难，武功奚如文德远。"[85]他们在叛乱初平后，都曾于库车的东乡属庄托和奈作诗[86]，易孔昭诗云：

> 落日渐黄昏，轻车入野村。密林低盖屋，流水曲当门。鸡黍人家足，弦歌

---

80 星汉《清代西域诗研究》第九章《幕府诗歌》第五节《歌颂收复新疆后民族关系的诗作——施补华》曾论此诗，上海：上海古籍出版社，2009年，181—182页。又见其《清代西域幕府诗作》一文，收入朱玉麒主编《西域文史》第四辑，北京：科学出版社，2009年，237页。

81 《泽雅堂诗二集》卷六，497页。

82 《石芝精舍诗集》卷二，叶一一。

83 今人关于新疆平乱后至建省前善后工作的概述，可参余太山主编《西域通史》第七编《清代西域》第六章《清政府收复新疆与新疆建省》，郑州：中州古籍出版社，1996年，483—487页；马大正《西出阳关觅知音：新疆研究十四讲》之第二讲《有清一代治理新疆的几个问题》，上海：上海辞书出版社，2013年，42—46页；苗普生等主编《新疆史纲》第七章《清代新疆》，乌鲁木齐：新疆人民出版社，2016年，315—317页。

84 施补华《出嘉峪关作》，《泽雅堂诗二集》卷六，499页。

85 易孔昭《观园郎》，《石芝精舍诗集》卷四，叶十七。

86 《西域图志》作"托和鼐"。参《新疆图志》卷三《建置三》，65页。

古俗敦。老胡诚向化，竟夕问中原[87]。

此当是光绪三年七月，易孔昭随刘锦棠湘军收复库车后驻扎此地所作[88]。而施补华光绪五年行经此地时亦有《托和奈作》：

> 龟兹城东七十里，蝶飞燕语春风温。杨柳青随一湾水，桃花红入三家村。
>
> 山童毲珊作胡舞，野老钩辀能汉言。苜蓿蒲萄笑相献，年来渐识官人尊[89]。

两诗体式虽别，却不约而同地关注并欣喜于乱后的民生安定与边地向化。

在高级的决策层面也同样如此，持续展开的善后工作成为推动新疆建省之议得以实施的有力保障。左宗棠光绪四年十月二十二日上《复陈新疆情形折》建议于新疆立行省，即特举刘锦棠和张曜经理南八城之功作为当其时能够开设行省的有利条件：

> 南八城，除英吉沙尔壤地褊小，乌什土性瘠薄，余均较吐鲁番为饶；而喀什噶尔、和阗、叶尔羌、阿克苏庶而兼富，物产丰盈，又较各城为盛。刘锦棠、张曜悉心经理，现委员开河引渠，清丈地亩，修筑城堡、塘站，铸钱征厘，百废肇兴，具有端绪，较之北路，尤易为功。是南北开设行省，天时、人事均有可乘之机。失今不图，未免可惜[90]。

易孔昭等人为老龙泉立碑和修亭正在此时。光绪六年左宗棠上《办理新疆善后事宜折》，所述情形亦汇总自张曜、刘锦棠之咨呈。其中言修浚事，曰："皆各防营将领督饬防营兵勇轮替工作。其兼用民力者，给以雇值。地方官募民兴修者，亦议给工食。诚以民困甫苏，未可责以力役也。"[91]《泉亭记》中记这次修建泉亭的工程是"购材于民，资工于军"，正是奏折中"民困甫苏"之时尤忌扰民的特殊政策的具体落实。而"养正书院"应即奏折中所言为"化彼殊俗、同我华风"而广设的"义塾"[92]。刘锦棠在光绪十二年的一折中也言"义塾"的奖劝机制是要"仿照内地书院章程"[93]。《清史稿》张曜本传载其"（光绪）六年，诏赞军事，命移驻喀什噶尔，兼辖西四城，筹善后，所至创立义塾，回凤狿噬，至是颇闻弦诵声"[94]。由此记，又可知他在驻扎阿克苏时，就已兴办教育来教化少数民族了。

虽观其后效，"义塾"教育以汉教缠、以华化夷似乎并不成功[95]，建在泉亭之旁的"养正书院"在温宿府县地志和《新疆图志》中均不见记载，湮没无闻，或许也正说明其实际效果不著。但泉旁初设的书院仍然体现了平乱之后官员在殊俗之边区推广教化的

[87]　易孔昭《西征凯旋宿托和奈库车（属古龟兹国）》，《石芝精舍诗集》卷二，叶八。

[88]　此役参《新疆图志》卷一一六《兵事三》，2147页。

[89]　《泽雅堂诗二集》卷七，502页。

[90]　左宗棠《复陈新疆情形折》，《左宗棠全集》"奏稿七·光绪四年"，173页。

[91]　左宗棠《办理新疆善后事宜折》，《左宗棠全集》"奏稿七·光绪六年"，464页。

[92]　左宗棠《办理新疆善后事宜折》，464页。

[93]　《刘锦棠奏稿》卷一一《拟将义塾学童另行酌奖备取侪生摺（八月十八日）》，367页。

[94]　《清史稿》卷四五四，北京：中华书局，1977年，12614页。

[95]　《新疆图志》卷三八《学校一》："前者刘襄勤公锦棠掷巨款，开义塾，二十年獉狉如故。"696页。具体到温宿一县，可参王用《清代、民国时期温宿县教育》，其中亦言"办学收效甚微"，《温宿县文史资料》第一辑，71—74页。对此现象的深入讨论，可参朱玉麒《清代新疆官办民族教育的政府反思》，《西域研究》2013年第1期，89—97页。

初心。

光绪六年后，刘锦棠代替左宗棠总理新疆事务，也非常重视善后工作。在光绪九年的奏报中介绍了当时善后事宜的总体布置：

查新疆兵燹以后，地亩荒芜，人民离散。底定之初，经左宗棠拣派随营文武各员，分赴各城，次第设立总、分各局，开办善后保甲清丈征粮各事宜，招徕安集，散发农器牛籽。各按局之大小、事务繁简，酌准募用经帖、护勇、仓夫、斗级，支给纸张、笔墨、油烛、银两。计南路东四城善后总局兼办阿克苏善后，西四城善后总局兼办喀什噶尔善后(96)。

光绪八年，刘锦棠于请恤另一位委办善后事宜的道员张宗翰的上奏中更详细叙述了其时善后工作之繁剧：

维时荆榛甫辟，凡夫清查田赋，劝课蚕桑，创设义塾，修理城池廨宇、仓廒、台站、渠堰、桥梁、道路，巡阅边卡，捕拿游匪，听断回汉词讼，抽收税厘，万绪千端，应接不暇(97)。

从这一时期处理新疆事务的官员的奏章中可以见出善后工作的总体进展情况，而围绕甘泉的立碑、建亭工作则是初期善后工作颇为生动的具例。

钟镛《新疆建置志序》概述行省建立的过程云：

光绪四年，乃建议开行省，设郡县，为久远计。时以伊犁未归不果。及安西再纠众犯西四城，宗棠念非改省治立重镇无以为长治久安之本，六年四月抗疏复申前议（原议设总督驻迪化，设巡抚驻阿克苏，盖深得军民分治之意），未及行，而宗棠内召，以通政使刘锦棠代之。七年，伊犁款成，俄人反我侵地。八年，陕甘总督谭钟麟会锦棠损益宗棠先后所条奏者上之，于是行省之议始定(98)。

因此，光绪三年平定阿古柏战乱之后至新疆最终建立行省的数年间，光绪八年与俄顺利交涉收复伊犁固然是最重要的前提条件，并作为近代新疆的大事受到研究者的广泛关注。然另一方面，各处善后局在建省前实施的一系列休养民生、恢复和发展社会经济的“内政”也不可忽视。

其实，继刘锦棠署理新疆巡抚的魏光焘光绪二十五年撰成《戡定新疆记》，其《凡例》中概述此定疆史事，即云：

逆回叛乱前后十年，官军以三载克之。建设行省、劳来安集，又八年而后定，经营缔造，不遗余力(99)。

便是将光绪三年平定叛乱之后至建设行省之间八年的“经营缔造”称为“劳来安集”。故在记载平乱始末的《武功纪》外，更采摭“抚字事迹”为《善后篇》，与详叙清廷收

---

(96) 刘锦棠《关外各军行粮坐粮章程善后台局一切应发款目缮请立案折》，《刘锦棠奏稿》卷五，173页。

(97) 刘锦棠《请恤道员张宗翰并事迹宣付史馆折》，《刘锦棠奏稿》卷四，109页。

(98) 钟镛《新疆建置志序》，《新疆志稿》卷一，15页。

(99) 魏光焘《戡定新疆记·凡例》，《戡定新疆记》，王有立主编《中华文史丛书》第13辑影印，台北：华文书局，1979年，13页。

复伊犁"纳土分界事宜"的《归地篇》平列，同样"事经年纬"。《善后篇》小序云：

> 自逆回构变，丑虏交讧，草木荡为腥膻，民物沦于灰烬，平定后外筹边
> 防，内谋生聚。督师左宗棠、刘锦棠虽拮据戎马间，罔弗竭虑殚精，随时措
> 置，陕甘总督杨昌濬、山东巡抚张曜奉命帮办，悉心筹赞，规模益宏。逮行省
> 初开，今摄巡抚魏光焘适移藩出塞，益为广所未备，慎图厥终。于是荒夐之
> 区，兵燹之后，百废具举，蒸蒸称上理焉[100]。

可见，在"外筹边防"的同时，"内谋生聚"是清廷连续几任新疆主政官员共同、持续
地关切。而阿克苏城历史悠久的老龙泉于此时立碑、建亭正是这一共同事业启动之初的
生动例证。

结　　语

光绪五年，张曜率领的嵩武军为踏勘武力收复伊犁的进军线路，来到此前人迹罕至
的博孜克日格沟沟口，偶然发现了在荒崖邃谷中深藏千余年的东汉刘平国刻石，引起了
清末民初金石学界的极大轰动，此刻石也从此天下闻名[101]。相比之下，坐落在拜城县附
近的温宿境内、由易孔昭刻于此前一年的《甘泉志》却名声甚微，原石难寻，只剩下黄
文弼先生独藏的拓片，意义与影响自然远不及刘平国刻石。

但若以此拓片为基点，尝试回到当时新疆平乱初期的历史情境，补充、丰富历史图
景，却能发现两者在反映近代新疆历史上的交相辉映：光绪三年平定阿古柏叛乱，收复
南疆八城，清政府在南疆的善后事宜从此展开，刘平国刻石连带的是善后事宜中"外
筹边防"的"武功"——左宗棠武力收复伊犁的周密安排，此是善后事宜的关键，自为
论史者重视。而《甘泉志》连带继踵其后的泉亭则以生动具体的事例反映了善后事宜
中"内谋生聚"之"文治"——兴修水利、广设义塾、教养生息、与民同乐。从中又可
见，在对外主战维护领土的武备之外，当时治疆的官员将领以至其幕僚从事也同样心系
久经战乱之后民生的休息复苏。

由此或可反思，历史研究的视角往往倾向于关注带有前因后果、波澜起伏的事件，
而相对忽视对事件静水流深的背景之注意。《甘泉志》以其连带的一系列人与事，似乎
正提醒我们关注那些默默无闻的小人物和背后渐次展开的民生善后工作。新疆之最终能
变藩镇为郡县，易将帅为守令，并奠定今日新疆维吾尔自治区之雏形，实赖这些涓涓细
流的汇聚。

因此，表面看来名声、意义甚微的《甘泉志》实有丰富生动的历史情境和不可忽视
的历史意蕴，只待透过文字、走进历史去发现。

---

[100]　《戡定新疆记》卷八，277页。
[101]　关于刘平国刻石的发现之论述，参朱玉麒《龟兹刘平国刻石的发现与近代新疆》，关西大学东西学术研究所
《东西学术研究所纪要》第48辑，2015年，407—421页。

The Rubbing of an Inscription *Ganquan Zhi* in Huang Wenbi's Collection

Xu Peiling

The rubbing of *Ganquan Zhi* (甘泉志, lit. *Inscription of the Sweet Spring*)which was engraved by Yi Kongzhao (易孔昭) in Aksu in 1878, is an unique collection by Huang Wenbi(黄文弼). The article, with an aim to find a new method to research old rubbings, discusses the content of *Ganquan Zhi* and other problems concerned, and explores the historical background and its relations with the content. It can be first concluded that the placenames Aksu and Wensu (温宿) are two transliterations in different ancient languages which prevailed in different times. The employment of ancient toponym Wensu in modern times and Huang Wenbi's refutation against Yi Kongzhao's view reflect the development of the modern geographic public knowledge of Xinjiang. Since 1878, the Spring (or the so-called Dragon Spring, 龙泉)had some reconstructions or maintenances, and the most detailed description can be found in the "Notes of the Spring Pavilion" (泉亭记) written by Shi Buhua (施补华) which records the revival after the rebellion of Yaqub Beg (阿古柏). With the newly-discovered genealogy of the Yi's Family (易氏续修族谱), more information about Yi Kongzhao can be learned. Yi's poems show his service in Aksu and his concerns and worries about the nation which mirrored the patriotism tradition of Yi's Family of Qianyang. Such trivial records can be regarded as witness to the transitional stage from the post-war period to the establishment of Xinjiang province. Together with the Liu Pingguo's Inscription (刘平国刻石) found in 1879, the rubbing of *Ganquan Zhi* indicates that besides the achievement in diplomacy, the several successive Xinjiang governors and their assistants also paid attention to improve people's lives at that time, which provides a better understanding for the history of modern Xinjiang.

从出土的管流器看新疆与中亚地区的文化联系

林铃梅

近年来，新疆伊犁及周边地区有不少考古新发现，为我们了解新疆西部史前文化的面貌提供了丰富的材料。其中发现的一些管流器，器形独特，在此前这一地区的遗存中很少发现，值得注意。

一、伊犁及周边地区发现的管流器

1. 塔城市下喀浪古尔遗址[①]

遗址位于塔城市二宫乡额敏河支流喀浪古尔河左岸的二级阶地上，南距二宫乡下喀浪古尔村约600米，西距塔城市约3千米。村民在平整土地时发现了夹砂红陶四口罐、马鞍形石磨盘等文物，文物工作者进行了实地调查，采集了一批青铜时代早期的遗物。出土四口罐的地点经勘查，当为房址或墓葬，地表有许多夹砂红陶残片，夹砂红（褐）陶占多数，纹饰以各式压印纹为主。四口罐高34、腹径44厘米（图1，1）。

2. 尼勒克县吉仁台沟口遗址[②]

遗址位于尼勒克县科克浩特浩尔蒙古族乡恰勒格尔村东1.5千米处，地处喀什河出山口处北岸三级台地上。遗迹主要是房址和房址内部的灶、灰坑、柱洞，以及墓葬等。根据地层叠压打破关系、房屋形态和陶器特征，发掘者将遗址划分为三个时期：第一期流行大型半地穴式木结构房屋，中间有长方形火塘，陶器多筒形罐、折肩罐，装饰纹样简单，大致属于安德罗诺沃文化系统的末期；第二期遗址房屋规模变小，形制简陋，火塘平面多为圆形或多边形，陶器口部变小，口部多装饰珍珠纹，从陶器整体特征看，和卡拉苏克文化有密切联系；第三期罕见房屋，常在坡地上发现火塘、石堆和媒堆的遗迹组合，平底器仍是主流，但出现管状流的圜底器。根据^{14}C测年数据，

①　于志勇《塔城市二宫乡下喀浪古尔村古遗址调查》，《新疆文物》1998年第2期，35—38页。
②　新疆文物考古研究所等《新疆尼勒克县吉仁台沟口遗址》，《考古》2017年第7期，57—70页。

第一期在公元前1600—前1400年，第二期在公元前1400—前1200年，第三期在公元前1200—前1000年[③]。

第三期出现的圜底鼓腹罐以圜底、管状流和錾耳为主要特征，主要出自T12内。性质类似且完整者在M4封堆南部采集到一件（C：2）。夹砂灰陶，微侈口，圆唇，矮束颈，鼓腹，圜底。颈部饰一圈圆点纹，上腹部有一个短宽管流和一对大小不一的錾耳（图1，2）。发现的管流罐形制特殊，在此前伊犁及周边地区的发掘中鲜有发现。

3. 尼勒克县穷克科一号墓地[④]

穷克科墓地位于伊犁喀什河南岸，属于尼勒克县科蒙乡，西距尼勒克县城20多千米。分别编号为一号墓地和二号墓地。一号墓地绝大多数墓葬地表有封堆，多数墓葬封堆下只有一个墓室，其次封堆下有两个墓室，少数墓葬封堆下有三个墓室。一个墓室内一般埋葬一人，绝大多数为一次葬，有个别二次葬，头东脚西，仰身直肢。每座墓平均有随葬品3件，有陶器、木器、铁器和羊骶骨，还有石器、骨器、玛瑙珠，墓地只出土了一件铜器。

墓地一处竖穴石棺墓出土了一件管流罐（M39：1），夹砂红陶，鼓腹，小平底，单耳残，一侧伸出管流，管流柱形，流嘴上翘。高18.8、口径11.2厘米（图1，3）。穷克科墓地有两个[14]C测年数据，一个出自M11，在公元前984—前830年；另外一个出自M52，在公元前1040—前906年。这可能是穷克科一号墓地年代的上限，其下限可能到了公元前500年左右。

4. 索墩布拉克墓群[⑤]

索墩布拉克村位于新疆西部伊犁河谷察布查尔锡伯自治县西南约50千米的琼博拉乡西侧。封堆表面均有卵石圈环绕，墓葬形制为竖穴偏室墓和竖穴土坑墓；葬式以单人仰身直肢葬为主，也有二次葬；陶器主要是素面，以圜底器为主；有少量彩陶，其纹饰主要是重叠倒三角纹、杉针纹和山脉纹；陶器器型主要是壶、罐、釜、钵。陶器组合主要是一壶（或罐）一釜（或钵）。墓葬出土了一件单耳管流罐（M33：3），高19.5、口径11.2厘米（图1，5）。墓地测年数据显示墓葬的绝对年代在公元前5—前3世纪。

5. 加勒克斯卡茵特墓地[⑥]

墓地位于加勒克斯卡茵特山北麓的一、二级台地上。墓葬地表均有封堆，大多数封

③　新疆文物考古研究所编《2018新疆文物考古年报》，乌鲁木齐：新疆文物考古研究所，2018年，10页。

④　新疆文物考古研究所《尼勒克县穷克科一号墓地考古发掘报告》，《新疆文物》2002年第3、4期合刊，13—53页。

⑤　新疆文物考古研究所《察布查尔县索墩布拉克古墓葬发掘简报》，《新疆文物》1988年第2期，19—26页；新疆文物考古研究所《察布查尔县索墩布拉克古墓群》，《新疆文物》1995年第2期，1—19页；新疆文物考古研究所《察布查尔县索墩布拉克古墓群》，《考古》1999年第8期，17—28页。

⑥　新疆文物考古研究所、伊犁哈萨克自治州文物局《尼勒克县加勒克斯卡茵特山北麓墓葬发掘简报》，《新疆文物》2006年第3—4期，1—28页；新疆文物考古研究所等《尼勒克县加勒克斯卡茵特墓地发掘简报》，《新疆文物》2007年第3期，1—14页；新疆文物考古研究所等《新疆尼勒克县加勒克斯卡茵特墓地发掘简报》，《考古与文物》2011年第5期，20—29页。

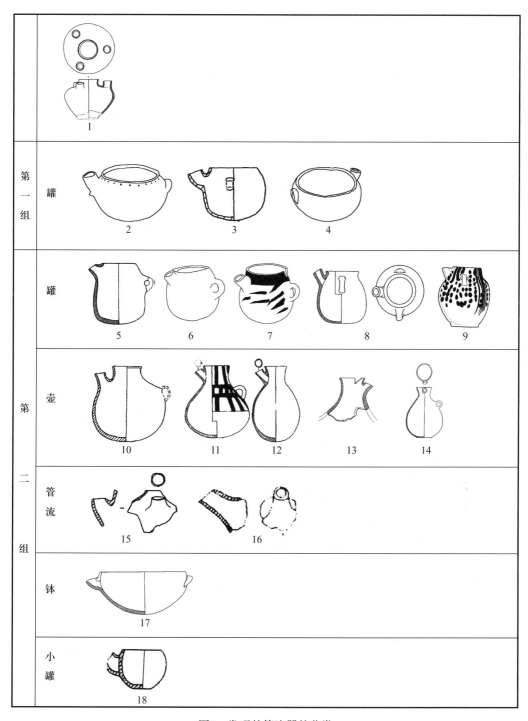

图1 发现的管流器的分类

1.塔城市下喀浪古尔遗址 2.吉仁台沟口遗址C：2 3.尼勒克县穷克科一号墓地M39：1 4、6.加勒克斯卡茵特墓地 5.索墩布拉克墓群M33：3 7.别特巴斯陶墓地 8.乌吐兰墓地M1A：1 9.什布克其Ⅱ号墓地M3：1

10.巩留县山口水库墓地M38：1 11、12.恰甫其海A区ⅩⅤ号墓地M24：1、M17：1 13.别斯托别墓地M3：2

14.阿尤赛沟口墓地M2：2 15.阜康阜北农场基建队遗址 16.阿合奇县库兰萨日克墓地93AKM5：C：4

17.温泉县阿日夏特水库墓群M6：1 18.汤巴勒萨伊墓地M25：1

堆上铺有石圈标志。墓葬形制主要为竖穴土坑和竖穴偏室墓，少量为竖穴洞室墓。葬式多为一次葬，少量二次葬，一次葬者葬式仰身直肢，一般头西脚东。测年数据显示，墓葬年代集中在公元前5世纪至汉代，个别墓葬或者更早或者更晚些。

墓葬出土了两件管流器[⑦]，但形制有所区别，一件为单耳带细管流罐，高14.7、口径10.8厘米，造型和索墩布拉克古墓所出非常接近（图1，6）；另一件管流陶罐的造型与吉仁台沟口遗址、穷克科遗址出土的管流罐较接近，管流宽短，向上翘。但在鋬耳造型上有区别，为半月形鋬耳，且只有一侧有鋬耳（图1，4）。这件管流陶罐出土于一座竖穴偏室墓，从陶器的形制判断，墓葬的年代可能可以早到公元前8、9世纪，属于墓地中年代较早的一批墓葬。

6. 别特巴斯陶墓地[⑧]

别特巴斯陶墓地位于喀什河南岸，吉林台水库淹没区的东部。墓群中的大型墓葬属于汉晋时期，中型墓和大部分小型墓属于公元前一千纪后半叶，少数小型墓可能早到公元前一千纪上半叶后段。墓葬还出土了一件单耳管流彩陶罐，形制与索墩布拉克和加勒克斯卡茵特墓地出土的同类器非常接近（图1，7），年代也应该相近，大约在公元前5—前3世纪。墓葬还出土了一件带流陶罐，两侧带扁平长条形鋬耳。

7. 尼勒克县乌吐兰墓地[⑨]

乌吐兰墓地地处喀什河南岸、胡吉尔台萨依沟口北侧的河谷阶地上，南距乌兰布鲁克村约800米。墓葬形制可分为竖穴石棺墓和竖穴偏室墓两种，地表均有圆形土石封堆。两者都为单人仰身直肢一次葬，墓主头西脚东。乌吐兰墓地的这三座偏室墓年代在战国—汉代；竖穴石棺墓的年代相当于秦汉时期，晚于竖穴偏室墓。其中竖穴石棺墓出土了一件管流罐（M1A：1），侈口，尖圆唇，沿外折，鼓腹，圜底近平。与耳相对的肩部有一突出鋬耳。一侧有管流，柱形。施红色陶衣。口径11.8、高18.5、管口径3.3厘米（图1，8）。另外也出土了一件带流罐（M2：3）。

8. 巩留县山口水库墓地[⑩]

墓地位于伊犁巩留县莫合乡巩留林场恰甫其海队，西距县城30余千米。墓地除了几处较大的土墩墓外，基本以石堆石圈墓为主。墓葬形制有竖穴土坑墓、竖穴土坑偏室墓、洞室墓和石棺墓四种。葬式葬俗较为一致，大多为仰身直肢葬。墓葬方向比较一致，绝大多数为东西向。随葬品贫乏，一般随葬1件陶器、1把铁刀或铜刀和几块羊骨。

---

⑦　王林山等主编《草原、天马、游牧人》，奎屯：伊犁人民出版社，2008年，84、85页。

⑧　刘学堂等《新疆尼勒克县别特巴斯陶墓群全面发掘获重要成果》，《西域研究》2004年第1期，106—108页；新疆维吾尔自治区文物局编《新疆维吾尔自治区第三次全国文物普查成果集成：伊犁哈萨克自治州（直属县市）卷》，北京：科学出版社，2011年，78—81页。

⑨　新疆文物考古研究所《2014年尼勒克县乌吐兰墓地考古发掘报告》，《新疆文物》2015年第2期，4—17页。

⑩　新疆文物考古研究所《2005年度伊犁州巩留县山口水库墓地考古发掘报告》，《新疆文物》2006年第1期，1—40页。

出土器物以陶器为大宗，还有铜器、铁器、石器、金饰、料珠等。出土有一件管流罐（M38∶1），球形腹，圜底，单耳残，肩部有一管状流，流口微敞、上翘。口径10、高25.2厘米（图1，10）。简报初步判断墓葬年代在公元前后至公元3、4世纪。

9. 阜康阜北农场基建队[11]

遗存点位于阜康市北20千米的阜北农场基建队砖厂南部和西部，南距阜北农场场部4千米。采集和收集有陶器和石器，少量青铜器和骨器。陶器均为夹砂红陶或红褐陶，器形有单耳罐、双耳罐、釜、盆、单耳杯、直口罐和附加堆纹罐等，圜底、带耳器占多数。陶器素面居多，也见附加堆纹和戳孔的，有宽大扁耳的，也有各式錾耳。93FFGC∶036，夹砂红陶，尖唇敛口，短嘴；嘴口呈圆形，向上，素面（图1，15）。采集的遗物标本与木垒四道沟、奇台半截沟的遗存有较多相似之处，年代可能在公元前6—前3世纪。

10. 汤巴勒萨伊墓地[12]

汤巴勒萨伊墓地，位于尼勒克县喀拉托别乡喀尔沃依村东牧区，喀什河上游南岸、汤巴勒萨伊沟口东侧的河谷阶地上。墓葬大致可以分为三个时期：早期墓葬属于青铜时代，中期墓葬属于早期铁器时代，晚期墓葬已到唐代以后。出土管流器的墓葬属于中期墓葬，地表有石堆或石围石堆，竖穴土坑墓，大部分被盗扰。M25∶1带流罐，夹砂红陶，圆唇，敛口，鼓腹，小平底。器底和腹部残留烟炱，见一斜排指甲戳印痕。口径6.3、底径3、高6.5厘米（图1，18）。简报判断，中期墓葬属于塞—乌孙文化，年代大致在公元前4—前3世纪。

11. 阿合奇县库兰萨日克墓地[13]

墓地位于克孜勒苏柯尔克孜自治州阿合奇县库兰萨日克乡西南约5千米的托什干河北岸二级台地上，西南距离县城约18千米。墓葬出土有一件管流残件93AKM5∶C∶4，夹砂灰陶（图1，16）。墓葬出土的折肩钵、单耳罐和温宿包孜东墓地所出的同类物相似，后者年代在公元前后；M5出土的金马牌饰，与阿尔泰地区巴泽雷克墓葬出土的同类饰物相似，后者年代定在公元前5—前3世纪，综合以上，可以推测库兰萨日克墓地的年代在公元前5—前2世纪。

12. 恰甫其海A区XV号墓地[14]

墓地位于特克斯县喀拉达拉牧场牧业队居民点正西2千米处，西南距喀拉托海乡

⑪　于志勇、阎伦昌《新疆阜康县阜北农场基建队考古遗存调查》，《新疆文物》1995年第1期，11—18页。
⑫　新疆文物考古研究所《新疆尼勒克县汤巴勒萨伊墓地发掘简报》，《文物》2012年第6期，13—22页；新疆文物考古研究所《尼勒克县汤巴勒萨伊墓地考古发掘报告》，《新疆文物》2012年第2期，4—20页。
⑬　新疆文物考古研究所《阿合奇县库兰萨日克墓地发掘简报》，《新疆文物》1995年第2期，20—28页。
⑭　新疆文物考古研究所、西北大学文博学院考古学系《特克斯县恰甫其海A区XV号墓地发掘简报》，《新疆文物》2005年第4期，22—33页。

政府驻地10千米。墓葬地表均有土石封堆，封堆下多为单墓室，有竖穴土坑墓、竖穴偏室墓，单人葬为主，大部分尸骨为仰身直肢，头西脚东，一部分头北脚南。随葬品匮乏，有陶器，少量铜、铁、骨质装饰品或武器。出土有两件管流壶，夹砂红陶、红褐陶，敞口，圆唇，管流，球形腹，圜底。M24：1器身绘紫红色宽带和竖条纹，口径9.8、高26厘米，最大腹径26厘米，流口径2.5厘米。M17：1，口径9、高27.4厘米，最大腹径19.5厘米，流口径2.6厘米（图1，11、12）。从出土遗存来判断，墓葬的主体年代在公元前4—前3世纪，其中出土的带管流的陶壶年代可能在公元前5—前3世纪。

13. 新源县别斯托别墓地⑮

别斯托别墓地位于新源县新源镇别斯托别村南200米，南依塔什帕山，北临巩乃斯河。发掘的3座大墓原本有封堆，封堆底部有石环圈，封堆下为竖穴土坑墓，墓室底有一周生土二层台，有棚架木，墓内葬多人。墓地出土一件陶器口沿残件M3：2，夹砂红陶，外施红色陶衣，侈口，束颈，管流下部捏塑飞棱。口径12.4、残高21厘米（图1，13）。测年数据反映墓葬年代在距今2200年左右。

14. 什布克其Ⅱ号墓地⑯

什布克其Ⅱ号墓地位于乌赞乡什布克其村西北约3千米处，地处尼勒克县城西北、喀什河下游河谷北岸二级阶地上。发掘墓葬地表有圆形土石封堆，M3为竖穴土坑墓，单人一次葬，仰身直肢，头西脚东，随葬一件单耳管流彩陶罐M3：1，夹砂红陶，桥形单耳，颈部有一管状流。微敛口，平沿，方唇，溜肩，鼓腹，小圈足。器表纹饰漫漶，主要为竖条纹和圆圈纹。口径11.4、底径11.3、高23厘米（图1，9）。从墓葬形制及出土器物来看，与前述伊犁地区的同类墓葬年代相似，大致在公元前一千纪后半叶。

15. 新源县阿尤赛沟口⑰

阿尤赛沟口墓地位于新源县则克台镇阔克英村二支队西北，地处巩乃斯河谷平原地带，南距巩乃斯河约500米。墓葬地表有封堆，为竖穴墓室，多有生土二层台，搭棚木。多人葬。墓葬出土了一件带管流陶壶M2：2，夹细砂红陶，侈口，方唇，束颈，溜肩，鼓腹，小平底，假圈足。通高38、口径6.2、腹径28.4、底径12.2厘米（图1，14）。同出的还有束颈鼓腹圜底的陶罐。与伊犁地区同类墓葬及中亚天山地区的遗存对比，墓地的年代大致相当于公元前4—前2世纪。

---

⑮　新疆文物考古研究所《新源县别斯托别墓地考古发掘报告》，《新疆文物》2012年第2期，68—75页。

⑯　新疆文物考古研究所《尼勒克县一级电站墓地考古发掘简报》，《新疆文物》2012年第2期，30—50页。

⑰　新疆文物考古研究所《新源县阿尤赛沟口墓地、喀拉奥依墓地考古发掘报告》，《新疆文物》2013年第2期，11—24页。

16. 温泉县阿日夏特水库墓群[18]

阿日夏特水库淹没区的墓群位于温泉县哈日布呼镇北约15千米处，阿日夏特敖包北一条东北—西南走向有水的沟壑北侧台地上。墓葬主要为石堆墓，石堆下多为竖穴土坑墓。随葬品匮乏，大部分墓葬不见随葬品。M6墓主仰身直肢，头向西北，随葬一件鋬耳罐、鋬耳带流钵，钵内有一节羊骶骨及铁刀一把。鋬耳带管流钵M6：1，夹砂红陶，敛口、平沿，微鼓腹，圜底，沿下一端微横鋬耳，另一端为沿下流，器表有烟炱，高10.5、口径21.8厘米（图1，17）。简报将这类石堆墓的年代定在公元前后。

二、发现的管流器的分类

在发现的这些管流器中，塔城市下喀浪古尔遗址发现的夹砂红陶四口罐形制特殊，目前在新疆境内以及境外周边地区似乎还没有发现同类物，且与地表采集的带刻划、戳印纹的灰褐陶差别较大，文化内涵尚不清楚。限于目前的材料，本文暂不讨论这件器物。剩下的管流器可大致分为两组：一组为圜底鼓腹的罐，器形宽扁，突出特征为宽短、上翘的管流，管流相对的另一侧有平鋬或半月形鋬耳，管流下端有时也有较小的平鋬。这组器物在吉仁台沟口遗址、穷克科一号墓地和加勒克斯卡茵特墓地有发现（图1，2—4），其中吉仁台沟口遗址二期遗存的年代在公元前1200—前1000年，穷克科一号墓地的年代在公元前1000—前500年左右，加勒克斯卡茵特墓地的主体年代在公元前6世纪—公元前后，个别墓葬年代或早或晚，根据器形判断，出土管流陶罐的这座竖穴偏室墓年代较早，可能可以早到公元前9—前8世纪。从形制来看，穷克科一号墓地的这件管流罐带环耳，年代上应较另外两例晚。总的来说，这组管流器的年代应该集中在青铜时代晚期至早期铁器时代初期，约公元前12—前8世纪。

另一组主要为单耳的陶罐和陶壶，突出特征为细长的管流。根据具体形制可分为五类：一类，单耳管流罐，口沿微敛居多，鼓腹，圜底为主，个别为小圈足，器身高15—23厘米。出土于索墩布拉克、加勒克斯卡茵特、别特巴斯陶、乌吐兰、什布其克Ⅱ号墓地。二类，陶壶，口沿微侈，束颈，鼓腹，带单耳或无耳，圜底或有假圈足，器形高大，通高25—38厘米。发现于巩留县山口水库、洽甫其海A区ⅩⅤ号、别斯托别、阿尤赛沟口墓地。三类，残存管流部分，器形不明。包括阜康阜北农场和阿合奇县库兰萨日克墓地所出。四类，阿日夏特水库墓地出土的陶钵，圜底，一侧为管流，一侧为半月形鋬耳。五类，汤巴勒萨伊墓地出土的带管流陶罐，器形微小，无耳，平底，高6.5厘米（图1，5—18）。这组管流器基本特征一致，年代集中在公元前5—前3世纪，个别器物年代可晚至公元前后。

可见，两组陶器的管流形制差异较大，有着年代和文化来源上的不同：一组为青铜时代晚期至早期铁器时代初期的；另一组为早期铁器时代的。

---

[18]　新疆文物考古研究所《温泉县阿日夏特水库墓群考古发掘简报》，《新疆文物》2012年第2期，97—103页。

三、境外发现的管流器

参考境外发现的同类器物，对我们了解新疆伊犁及周边地区发现的两组管流器的年代及文化来源有着重要意义。

1. 带宽短管流的陶罐

约在青铜时代中期（公元前两千纪上半叶），中亚南部此前以轮制陶器为特征的定居农业文化衰落，至青铜时代晚期（公元前15—前10世纪）在中亚广阔的地域内出现以手制彩陶为特征的定居农业文化。中亚青铜时代晚期各支以手制彩陶为特征的文化，往往被认为有着同一文化来源。目前所知的中亚该时期的彩陶类遗存分布于土库曼斯坦的马尔吉亚纳地区和科佩特塔格山麓；伊朗东北部的呼罗珊地区；位于阿富汗的南巴克特里亚地区；位于塔吉克斯坦东南部的东北巴克特里亚地区；位于乌兹别克斯坦境内的西北巴克特里亚，南、北粟特地区，塔什干和乌什楚珊纳地区；位于乌兹别克斯坦和吉尔吉斯斯坦境内的费尔干纳盆地[19]。带宽短管流的陶器是该时期遗存的典型器物，其中以塔什干绿洲的布尔古留克文化遗存最为突出。

早在1940年 A．И．捷列诺日金（А. И. Тереножкин）主持在塔什干运河（位于塔什干以南30千米）的工作时就发现了一支新的文化，命名为布尔古留克文化。А．И．捷列诺日金将这类遗存划分为两个阶段：布尔古留克Ⅰ期和Ⅱ期，Ⅰ期主要以一些偶然发现的金属器为主。Ⅱ期遗存以一些窖坑为主，偶尔也采用土坯建造。布尔古留克文化的器物组合主要有石磨盘、石磨具、石杵、半球形圜底杯，偶尔有施红陶衣的圜底釜，其中一些在口沿下边一侧有宽短管流，一侧有突出的錾。部分陶器用纺织品模具制作。也发现了大量动物骨头，主要是牛、马、绵羊的骨头。А．И．捷列诺日金最初将布尔古留克文化年代定在公元前3—前1世纪[20]，然后是公元前4—前3世纪[21]，再后来改为公元前6—前4世纪[22]。

在 A．И．捷列诺日金之后很长一段时间再没有人研究这支文化。对它的研究的重新推动到了1970年代，Ю．Ф．布里亚科夫（Ю. Ф. Буряков）在阿汉格朗河右岸发掘了大量半地穴居址，以吐依布古斯遗址为代表，出土器物主要有陶器、铜器工具、武器和石器（图2）。出土器物的90%为陶器，全为手制，圜底器居多。有彩绘

[19] Johanna LHUILLIER, *Les cultures à cèramique modelée peinte en Asie centrale méridionale*, *Dynamiques socio-culturelles à L'âge du Fer ancien*（1500-1000 av. n.è）（约翰娜·吕利耶《中亚南部的手制彩陶文化——早期铁器时代（1500—1000B.C.）的社会文化活力》），Editions De Boccard, Paris, 2013, p. 255.

[20] Тереножкин А. И., "Памятники материальной культуры на Ташкентском канале", в ж.: *Известия УзФАН СССР*, 1940, no. 9（А. И. 捷列诺日金《塔什干运河的物质文化遗存》，《苏联乌兹别克斯苏维埃社会主义共和国科学院消息》1940年第9期），с. 33.

[21] Тереножкин А. И., "Согд и Чач", в сб.: *КСИИМК*, вып. XXXIII（А. И. 捷列诺日金《粟特与石国》，《苏联科学院物质文明史研究所简讯》第33期），М., 1950, с. 155.

[22] Тереножкин А. И., "Согд и Чач"（А. И. 捷列诺日金《粟特与石国》），с. 153; с. 155, рис. 69.

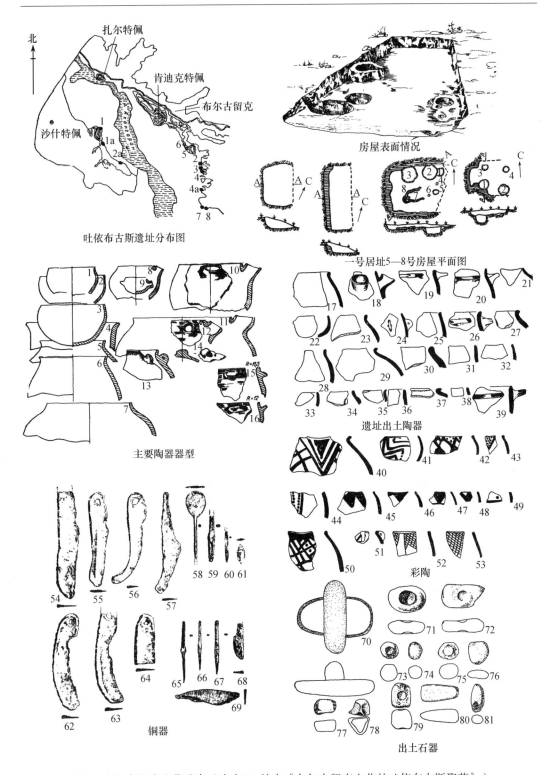

扎尔特佩
北
肯迪克特佩
布尔古留克
沙什特佩

吐依布古斯遗址分布图

房屋表面情况

一号居址5—8号房屋平面图

主要陶器器型

遗址出土陶器

彩陶

铜器

出土石器

图2　布尔古留克文化遗存（出自X.杜克《布尔古留克文化的吐依布古斯聚落》）

的陶片只占陶片总量的1%（图2，40—53）。素面陶器包括陶缸、釜、小罐、盘、杯及小件陶器。其中釜腹径20—34厘米，半球形，圜底，口沿外侈，大部分在一侧口沿下端有大的管流，在另一侧有平錾（图3，右）。有时带有管流，但没有平錾，管流的上端几乎总是与陶器口沿处在一个平面上。管流呈椭圆形，最大的罐的管流上沿11×9.5厘米，下端6.5×5.5厘米，其他管流上沿4.5×3.5—6×5.5厘米，下端3.5×3厘米。部分管流釜在使用过程中烧黑了。一些小罐在口沿下端一侧有管流，另一侧有平錾，但是比釜的尺寸小（图2，8—12、18）。其中一部分小罐在口沿或稍下部位有小的垂直贴附的器耳，器耳中间有穿孔（图2，13、24），有的有半圆形或乳突形的贴塑（图2，15、16）。

　　除了陶器，布尔古留克文化突出的特征还有金属器，包括镰刀、刀、锥子、箭镞等，以及石杵、石磨盘等用于谷物加工的石器（图2，54—81）[23]。在阿汉格浪河流域发现的其他遗址中也普遍发现了布尔古留克文化地层，出土了类似的管流釜和罐（图3，左）[24]。目前为止，布尔古留克文化遗存没有测年数据。根据吐依布古斯遗址出土的铜器和陶器，与中亚其他地区青铜时代晚期至早期铁器时代的同类型遗存的比较分析，Х.杜克（Х. Дуке）认为布尔古留克文化的年代在公元前9—前7世纪[25]。

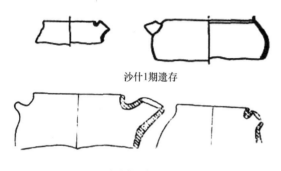

沙什1期遗存

肯迪克特佩城堡下层地层

布尔古留克文化管流釜

图3　布尔古留克文化及阿汉格浪河流域其他遗址出土的管流器
左图出自М. И.费兰诺维奇《塔什干：城市及城市文化的诞生与发展》及《古代吐依布古斯》，
右图拍摄于乌兹别克斯坦国家历史博物馆

　　近年来，在撒马尔干附近的科克特佩发现的彩陶类遗存与布尔古留克文化的面貌非

[23]　Дуке Х., *Туябугузские поселения бургулюкской культуры*（Х.杜克《布尔古留克文化的吐依布古斯聚落》），Издательство «ФАН» УзССР, Ташкент, 1982, с. 44-56.

[24]　Филанович М. И., *Ташкент: Зарождение и развитие города и городской культуры*（М. И. 费兰诺维奇《塔什干：城市及城市文化的诞生与发展》），Ташкент, Издательство «ФАН» Узбекской ССР, 1983, с. 47, рис. 2，74，89; *Древности Тузбугуза*（《古代吐依布古斯》），Изд-во «Фан» УзССР, 1978, Ташкент, с. 97, рис. 15，7，19.

[25]　Дуке Х., *Туябугузские поселения бургулюкской культуры*（Х.杜克《布尔古留克文化的吐依布古斯聚落》），с. 70.

常接近（图4，1—24）[26]。科克特佩从公元前两千纪后半叶延续使用至公元前3世纪，即青铜时代晚期至希腊化时期。М. Х. 伊萨米金诺夫（М. Х. Исамиддинов）将科克特佩的遗存分为三期：Ⅰ期的特征为手制陶器；Ⅱ期进入城市化阶段，在城址中央出现了仪式性建筑；Ⅲ期在城址内开始建造防御功能的城墙，对应早期希腊化时期。在统治者居住的区域出现了新的建筑[27]。

J. 吕里耶和C. 拉潘（C. Rapin）通过对Ⅰ期地层出土遗物的详细分析，划分出ⅠA、ⅠB两阶段，ⅠB阶段较ⅠA阶段突出表现为带管流陶釜的出现（图4，右）。他们认为这类带管流陶器可以作为Ⅰ期较晚阶段的标识，而且认为科克特佩ⅠB期遗存对应布尔古留克文化的年代[28]。带管流或各式錾的陶釜，到了科克特佩Ⅱ期和Ⅲ期中更加常见，但是后来这些陶器大多是轮制的了。科克特佩Ⅰ期有7个[14]C测年数据，其中3个数据落在公元前14世纪早期至公元前11世纪上半叶，1个数据落在公元前12世纪后半叶至公元前10世纪后半叶，3个数据落在公元前9世纪上半叶至公元前8世纪上半叶。科克

[26] Исамиддинов М. Х., Рапен К., "К стратиграфии городища Коктепа", ИМКУ, вып. 30（М. Х. 伊萨米金诺夫、К. 拉潘《科克特佩城址的地层学》，《乌兹别克斯坦物质文化史》第30期），1999，Самарканд，с. 68-79; Ранэн К., Исамиддинов М., "Коктепа и процесс урбанизации долины Зерафшана в эпоху железа"，в сб.: Древняя и средневековая урбанизация Евразии и возраст города Шымкент, материалы международной научно-практической конференции 16 октября 2008 г.（К. 拉潘、М. Х. 伊萨米金诺夫《科克特佩及铁器时代泽拉夫善河流域的城市化进程》，载《欧亚大陆古代及中世纪城市化及什姆肯特的城市发展——2008年10月16日国际学术研讨会》），Шымкент，2008，с. 49-57. Claude Rapin，"Nomads and the shaping of Central Asia（from the early Iron Age to the Kushan period）"，in J. Cribb, G. Herrmann（eds），After Alexander: Central Asia Before Islam，23-25 June 2004，Themes in the History and Archaeology of Western Central Asia，Proceedings of the British Academy 133（C. 拉潘《游牧人与中亚的形成（从早期铁器时代到贵霜时期）》，载J. 克里布、G. 赫尔曼主编《亚历山大之后：伊斯兰以前的中亚》，2004年6月23—25日，中亚西部历史与考古主体，不列颠学术报告集第133卷），pp. 2-4; Исамиддинов М. Х., Ранэн К., Рахманов Ш. А., Грицина А. А., Лушникова Е., Рахимов К., "Раскопки на городище Коктепа", Археологические исследования в Узбекистане，2004-2005 годы，вып. 5（М. Х. 伊萨米金多夫、К. 拉潘、Ш. А. 拉赫曼诺夫、А. А. 格里兹纳、Е. 卢什尼科娃、К. 拉希莫夫《科克特佩城址的发掘》，《乌兹别克斯坦考古研究2004—2005年》第5期），Ташкент，2006 с. 104-114; Исамиддинов М. Х., Рапен К., Хасанов М. Х., "Археологические работы на объектах 2 и 5 городища Коктепа в 2008 году", АИ в Узбекистане，2008-2009 годы，вып. 7（М. Х. 伊萨米金诺夫、К. 拉潘、М. Х. 哈桑诺夫《2008年科克特佩城址2号及5号点的考古工作》，《乌兹别克斯坦考古研究2008—2009年》第7期），Самарканд，2012，с. 80-86; Исамиддинов М. Х., Иваницкий И. Д., Хасанов М., "Раскопки в северной части 'культового комплекса' и 'врезиденции правителя' городища Коктепа", АИ в Узбекистане，2002 год，вып. 3（М. Х.伊萨米金诺夫、И.伊万尼兹基、М.哈桑诺夫《科克特佩北部"礼仪性建筑"及"统治者的居址"的发掘》，《乌兹别克斯坦考古研究2002年》第3期），Ташкент，2003，с. 68-76.

[27] Исамиддинов М. Х., Рапен К., "К стратиграфии городища Коктепа"（М. Х. 伊萨米金诺夫、К. 拉潘《科克特佩城址的地层学》），с. 73-75.

[28] Lhuillier J., Rapin C., "Handmade painted ware in Koktepe: some elements for chronology of the early Iron Age in northern Sogdiana", in Marcin Wagner（ed.），Pottery and chronology of the Early Iron Age in Central Asia（J. 吕里耶、C. 拉潘《科克特佩的手制彩陶：北巴巴特里亚早期铁器时代年代学的一些因素》，载马尔辛·瓦格纳主编《中亚早期铁器时代的陶器和年代学》），Warszawa，2013，pp. 29-48.

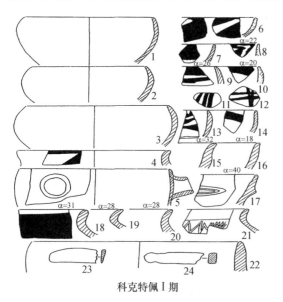

科克特佩Ⅰ期

科克特佩ⅠB期 管流

图4　科克特佩遗存

左图出自M. X. 伊萨米金诺夫、K.拉潘《科克特佩城址的地层学》，右图出自J.吕里耶、C.拉潘《科克特佩的手制彩陶：北巴克特里亚早期铁器时代年代学的一些因素》

特佩Ⅰ期的年代大致在公元前两千纪下半叶至公元前一千纪初[29]。由于布尔古留克文化遗址的地层没有更加详细的划分，我们很难确定布尔古留克文化遗存与科克特佩ⅠA、ⅠB的年代关系，但大致可以认为，布尔古留克文化的年代与科克特佩Ⅰ期相当，约在公元前两千纪下半叶至公元前一千纪初。

　　除此之外，中亚同时期的各支彩陶类遗存及其周边遗存都发现了管流器，包括费尔干纳盆地的楚斯特文化（图5，1—10）[30]，分布在盆地南部的青铜时代畜牧文化凯拉克库姆（Кайрак-Кум）遗存中也发现了个别的管流器（图5，11、12）[31]，可能是从周边的定居农业聚落输入的。位于卡什卡达利亚地区的奇拉克奇（Чиракчи）遗址

[29]　Lhuillier J., Rapin C., "Handmade painted ware in Koktepe: some elements for chronology of the early Iron Age in northern Sogdiana"（J. 吕里耶、C. 拉潘《科克特佩的手制彩陶：北巴克特里亚早期铁器时代年代学的一些因素》）, p. 32.

[30]　Матбабаев Б. X., "Некоторые итоги сравнительного изучения расписной керамики чустской культуры", ИМКУ, 30（Б. X.马特巴巴耶夫《关于楚斯特文化彩陶比较研究的一些总结》，《乌兹别克斯坦物质文化史》第30期）, 1999, Самарканд, с. 51, табл. VI, V; Заднепровский Ю. А., Древнеземледельческая культура Ферганы, Материалы и исследования по археологически СССР, no. 118（Ю. А.扎尼普洛夫斯基《费尔干纳的古代农业文化》，《苏联考古学资料与研究》第118卷）, Издательство академии наук СССР, М., Л., 1962, табл. XIX, 1, 2, 18, 22; Заднепровский Ю. А., Ошское поселение к истории Ферганы в эпоху поздней Бронзы（Ю. А.扎尼普洛夫斯基《青铜时代晚期费尔干纳历史的奥什聚落》）, Мурас, Бишкек, 1997, рис. 38, 4; рис. 61, 11.

[31]　Литвинский Б. А., Окладников А. П., Ранов В. А., Древности Кайрак Кумов（Б. А. 李特文斯基、А. П. 奥克拉德尼科夫、В. А. 拉诺夫《凯拉克库姆的古迹》）, Издательство Академии Наук Таджикской ССР, Душанбе, 1962, табл. 63, 9; табл. 89, 3; табл. 98, 5.

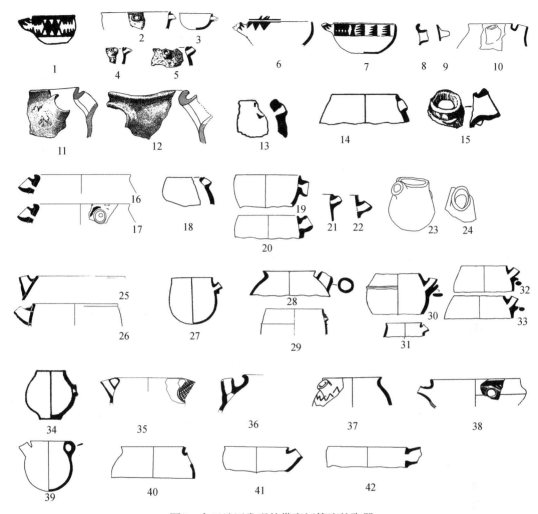

图5　中亚地区发现的带宽短管流的陶器

1—5. 达维尔津遗址　6、7. 楚斯特遗址　8、9. 奥什遗址　10. 马尼雅克遗址　11、12. 凯拉克库姆遗址　13. 奇拉克奇遗址　14、15. 米尔沙杰遗址　16、17. 扎库坦遗址最上层　18. 库楚克特佩1期　19—22. 库楚克特佩Ⅱ期　23、24. 蒂利亚特佩Ⅰ—Ⅱ期　25、26. 萨拉善遗址最上层　27. 康古尔杜特遗址上层　28. 吉若瓦国营农场遗址上层　29. 特古萨克遗址上层　30—33. 卡里木—别尔迪遗址　34. 奥卜古赫墓葬　35、36. 蒙迪加克Ⅴ期　37. 皮拉克遗址　38. 涅瓦萨遗址　39—42. 库尤萨伊文化

（图5，13）[32]、北巴克特里亚地区的米尔沙杰（Миршаде）遗址（图5，14、15）[33]、扎库坦（Джаркутан）遗址最上层（图5，16、17）[34]、库楚克特佩（Кучук тепа）Ⅰ—

[32] Дуке Х., *Туябугузские поселения бургулюкскок культуры*（Х. 杜克《布尔古留克文化的吐依布古斯聚落》），c. 91，рис. 18.

[33] Беляева Т. В., Хакимов З. А., "Древнебактрийские памятники Миршаде", из *Истории античной культуры Узбекистана*（Т. В. 别利亚耶娃、З. А. 哈基莫夫《米尔沙杰的古代巴克特里亚遗存》，载《乌兹别克斯坦古典时期文化历史》），Ташкент，1973，рис. 3.

[34] Johanna LHUILLIER, *Les cultures à cèramique modelée peinte en Asie centrale méridionale, Dynamiques socio-culturelles à L'âge du Fer ancien*（*1500-1000 av. n.è*）（约翰娜·吕利耶《中亚南部的手制彩陶文化——早期铁器时代（1500—1000BC）的社会文化活力》），planche 90.

Ⅱ期遗存（图5，18—22）[35]、阿富汗北部的蒂利亚特佩Ⅰ—Ⅱ期遗存（图5，23、24）[36]。此外，位于泽拉夫善河上游、今塔吉克斯坦境内的萨拉善（Саразм）遗址，在最上层被破坏的地层中发现了手制陶器的残片[37]，也有管流器（图5，25、26）[38]。在塔吉克斯坦西南部发现的青铜时代晚期的考古遗存中也有彩陶类遗存，包括康古尔杜特（Кангурттут）遗址上层、特古萨克（Тегузак）遗址上层、吉若瓦（Кирова）国营农场遗址上层、卡里木—别尔迪（Карим Берды）遗址，都有出土管流器（图5，27—33）[39]。另外，在这一地区别什肯特—瓦赫什文化的墓葬也偶尔发现有带管流的陶器，如奥卜古赫（Обкух）墓葬出土的陶器，管流较短（图5，34）[40]。这些遗存的年代都集中在公元前两千纪末至前一千纪初期。但是在土库曼斯坦南部的雅孜特佩和乌鲁克特佩都没有发现带管流的陶器。阿富汗南部的蒙迪加克（Mundigak）遗址Ⅴ期遗存显示出与前一阶段不一样的陶器传统，出现了手制红陶。这一阶段的陶器中也发现了管流器（图5，35、36），发掘者将这一地层的年代定在公元前两千纪上半叶[41]。但E. E.库兹米娜指出，与中亚青铜时代晚期的手制彩陶类遗存的相似物表明蒙迪加克Ⅴ—Ⅵ期的年代不早于公元前13世纪[42]。位于巴基斯坦卡奇（Качи）河谷的皮拉克（Пирак）遗址，文化层可以分为三期，70%的陶器为手制陶器，手制陶器出现于ⅠA期，延续到ⅢB期。手制陶器在这几个时期的变化不大。夹粗砂，器表施粉色—乳色陶衣。器形鼓腹，有时带管流或垂直的环耳（图5，37）。[14]C测年数据表明遗址在公元前18—前8世纪。库兹米娜也同样指出遗址年代上限偏早，且根据 B. И.萨瑞安尼迪（B. И. Сарианиди）分析的蒂利亚特佩的彩陶类遗存与皮拉克遗址的情况接近，皮拉

---

[35] Аскоров А. А., Альбаум Л. И., *Поселение Кучуктепа*（А. А. 阿斯卡洛夫、Л. И. 阿里包姆《库楚克特佩聚落》），Издательство «ФАН» Узбекской ССР, Ташкент, 1979, табл. 1, 6; табл. 8, 5, 6; табл. 14, 2, 3.

[36] Сарианиди В. И., *Храм и некрополь Тиллятепе*（В. И. 萨瑞安妮迪《蒂利亚特佩的神殿和墓地》），Издательство «Наука», Москва, 1989, табл. II, 5; табл. XL, 6.

[37] Аскаров А., *История происхождения Узбекского народа*, перевод с узбекского（А. 阿斯卡洛夫《乌兹别克民族的来源历史》（由乌兹别克语翻译）），Ташкент, ИПТД «УЗБЕКИСТАН», 2018, с. 138.

[38] Исаков А. И., *Саразм. К вопросу становления раннеземледельческой культуры Зеравшанской долины, роскопки 1977-1983 гг.*（А. И. 伊萨科夫《萨拉善，泽拉夫善河流域早期农业文化的形成问题，1977-1983年的发掘》），Дониш, Душанбе, 1991, рис. 41, 19; B. Lyonnet, *Sarazm（Tadjikistan）céramiques（Chalcolithique et Bronze Ancien）*（B. 里昂尼特《萨拉善（塔吉克斯坦）陶器（铜石并用时代和青铜时代早期）》），DE BOCCARD Édition-Diffusion, Paris, 1996, p. 95, fig. 17.

[39] Виноградова Н. М., *Юго-Западный Таджикистан в эпоху поздней бронзы*（Н. М. 维诺格拉多娃《青铜时代晚期的塔吉克斯坦西南部》），Институ востоковедения РАН, М., 2004, рис. 24, 38; рис. 44, 1; рис. 61, 9, 10, 11, 15. Пьянкова Л. Т., "Раскопки на поселении бронзы века Тегузак в 1979 г.", *АРТ*, вып. 19（Л. Т. 皮扬科娃《1979年特古萨克青铜时代居址的发掘》，《塔吉克斯坦的考古工作》第19期），Душанбе, 1986, с. 99, рис. 4, 12.

[40] Виноградова Н. М., *Юго-Западный Таджикистан в эпоху поздней бронзы*（Н. М. 维诺格拉多娃《青铜时代晚期的塔吉克斯坦西南部》），с. 179, рис. 56, 8.

[41] Jean-Marie Casal, *Fouilles de Mundigak*（吉恩—玛丽·卡萨尔《蒙迪加克的发掘》），volume II: figures et plances, C. Klincksieck, Paris, 1961, fig. 113, 563, 563a.

[42] Kuz'mina E. E., *The origin of the Indo-Iranians*（E. E. 库兹米娜《印度—伊朗人的起源》），edited by Mallory J. P., Brill, Leiden · Boston, 2007, p. 435.

克遗址的年代不会早于公元前13世纪[43]。往南至印度中部的涅瓦萨（Неваза）遗址，也发现了相似的管流器，但是是轮制的（图5，38）。涅瓦萨遗址的[14]C测年数据为距今3106±122年，即公元前1228—前984年[44]。

在阿姆河下游右岸的花剌子模地区早期铁器时代的库尤萨伊（Куюсай）文化遗存也非常有意思，先是发现了该文化的居址，年代定在公元前7—前4世纪，后来又发现了文化面貌相近的墓葬，年代在公元前6—前5世纪。对于该文化的来源，有学者认为主体成分属于本地的塞人文化，体现在葬俗和青铜武器和陶器形制上，但也受到了来自中亚南部地区的影响，突出表现在部分轮制陶器上。从部分陶器样式来看，这支文化可能与塔吉克斯坦南部的别希肯特—瓦赫什文化可能存在联系[45]。其中，该文化中发现的带宽短流的陶器样式，无疑是延续了中亚青铜时代晚期手制彩陶类遗存的传统，与塔吉克斯坦南部发现的形制最为接近，但带环耳的样式似乎是新出现的元素（图5，39—42）。

这种宽短管流的来源应该往中亚南部青铜时代早中期甚至更早阶段中去寻找。土库曼斯坦南部铜石并用时代以来的农业文明有着悠久的使用管流陶器的传统。北巴克特里亚地区的萨帕利文化萨帕利阶段墓葬的轮制陶器中既有延续此前传统的细长管流，也出现了新的宽短管流，形态和中亚青铜时代晚期遗存的同类物已经相当接近了（图6，1—4），萨帕利特佩墓葬的年代在公元前1700—前1500年[46]。萨帕利文化扎库坦时期墓葬的管流器也呈现出相似的趋势（图6，5—9）[47]。

2. 带细长管流的陶罐、陶壶

这种细长的管流，属于早期铁器时代欧亚草原的陶器传统，在早期塞人文化墓葬如南塔吉斯肯墓葬中就发现有带管流的陶罐（图7，1—3），年代可能可以早到公元前8世纪[48]。年代比较接近的早期萨夫罗马泰文化中也流行带管流罐，在伏尔加河下游公元前

[43] Kuz'mina E. E., *The origin of the Indo-Iranians*（E. E. 库兹米娜《印度—伊朗人的起源》），pp. 433-434.

[44] Sankalia H. D., Deo S. B., Ansari Z. D., Ehrhardt S., *From history to Pre-history at Nevasa*（*1954-56*）（H. D. 桑卡利亚、S. B. 迪奥、Z. D. 安萨瑞、S. 鄂尔哈尔德特《涅瓦萨从历史时期到史前时期（1954—1956）》），Department of archaeology and ancient Indian history, Deccan College University of Poona, Publ. no. 1, Poona, 1960, p. 68.

[45] Вайнберг Б. И., "Памятники скотоводческих племен в левобережном Хорезме", с сб.: *Степная полоса Азиатской части СССР в скифо-сарматское время*, под общей редакцией академика Рыбакова Б. А.（Б. И. 魏因贝格《花剌子模左岸的畜牧部落遗存》，载Б. И. 雷巴科娃主编《斯基泰—萨尔马泰时期苏联中亚的草原地带》），Издательство «Наука», Москва, 1992, с. 117.

[46] Аскаров А., *Сапаллитепа*（А. 阿斯卡洛夫《萨帕利特佩》），Издательство «ФАН» УзССР, Ташкент, 1973, с. 161, табл. 22, 1, 2, 6, 10.

[47] Аскаров А., Абдуллаев Б., *Джаркутан*（*к проблеме протогородской цивилизации на юге Узбекистане*）（А. 阿斯卡洛夫、Б. 阿卜都拉耶夫《扎库坦（关于乌兹别克斯坦南部原始城市文明的问题）》），Издательство «ФАН» УзССР, Ташкент, 1983, табл. XXX, 8-12, 15.

[48] Итина М. А., Яблонский Л. Т., *Саки Нижней Сырдарьи*（*по материалам могильника Южный Тагискен*）（М. А. 伊金娜、Л. Т. 亚布隆斯基《锡尔河下游的塞人（基于南塔吉斯肯墓葬的材料）》），"Российкая политическая энциклопедия"（РОССПЭН），М., 1997, с. 63, рис. 67.

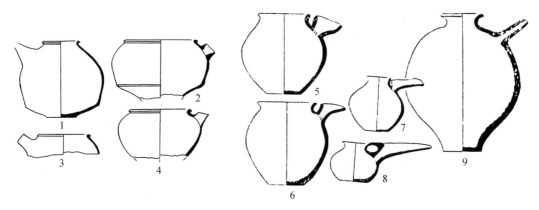

图6　中亚南部青铜时代早、中期的管流器

1—4. 萨帕利文化萨帕利阶段的管流器　5—9. 萨帕利文化扎库坦阶段的管流器

6世纪的墓葬[49]，及南乌拉尔地区公元前7—前4世纪的墓葬中都有发现[50]，除了束颈斜腹平底罐外，还有球形腹圜底罐（图7，4—13）。据学者研究，萨夫罗马泰文化的这种管流罐，融合了不同的文化因素，既与早前草原青铜时代的缸形器有联系，又受到高的卵形罐的影响。其中的一些带流罐可能还接受了铆合的铜鍑造型的影响[51]。Г. Г. 巴班斯凯雅（Г. Г. Бабанская）认为，相似的陶器样式最早出现在铜器，即中亚和西伯利亚塞人类型的铜鍑中[52]。К. Ф. 斯米尔诺夫（К. Ф. Смирнов）指出，也不排除受到中亚南部农业文明的陶器样式的影响，毕竟该地区有着悠久的管流器的传统[53]。

　　到中亚地区塞人晚期的遗存中管流器较为常见。中亚七河流域塞人时期遗存的陶器可以分为五类：①带细长管流和环耳的罐；②浅腹钵；③束颈鼓腹罐；④单耳杯（或无耳或突状柄）；⑤高的壶，两侧有突状柄或单环耳，或无耳，平底或圜底（图7，14—22）。其中，带细长管流器是塞人文化晚期遗存的典型陶器[54]，如伊犁河流域克孜劳兹（Кзылауз）Ⅰ号墓地9号墓出土的，年代在公元前5—前4世纪。与管流成90°角

⑲　Смирнов К. Ф., *Савроматы: ранняя история и культура Сарматов*（К. Ф. 斯米尔诺夫《萨夫罗马泰：萨尔马泰人的早期历史和文化》），Издательство «НАУКА»，Москва，1964，с. 113; рис. 66, 1-5.

⑳　Смирнов К. Ф., *Савроматы: ранняя история и культура Сарматов*（К. Ф. 斯米尔诺夫《萨夫罗马泰：萨尔马泰人的早期历史和文化》），с. 114; рис. 66, 6-8; рис. 47, 4в; рис. 67, 9.

㉑　Смирнов К. Ф., *Савроматы: ранняя история и культура Сарматов*（К. Ф. 斯米尔诺夫《萨夫罗马泰：萨尔马泰人的早期历史和文化》），с. 118.

㉒　Бабанская Г.Г., "Берккаринский могильник"，в *Труды ИИАЭ АН Казахской ССР, Сер. археологии*, Т. 1［Г.Г.巴班斯凯雅《别尔卡拉墓地》，载《哈萨克苏维埃社会主义共和国科学院历史考古民族研究所集刊（考古编）》第1卷］，Алма-Ата，1956，с. 199, табл. V, с. 201.

㉓　Смирнов К. Ф., *Савроматы: ранняя история и культура Сарматов*（К. Ф. 斯米尔诺夫《萨夫罗马泰：萨尔马泰人的早期历史和文化》），с. 119.

㉔　Акишев К. А., Кушаев Г. А., *Древняя культура Саков и Усуней долины реки Или*（К. А. 阿基舍夫、Г. А.古沙耶夫《伊犁河谷的塞人和乌孙古代文化》），Издательство Академии наук Казаской ССР，Алма-ата，1963，с. 103, рис. 82.

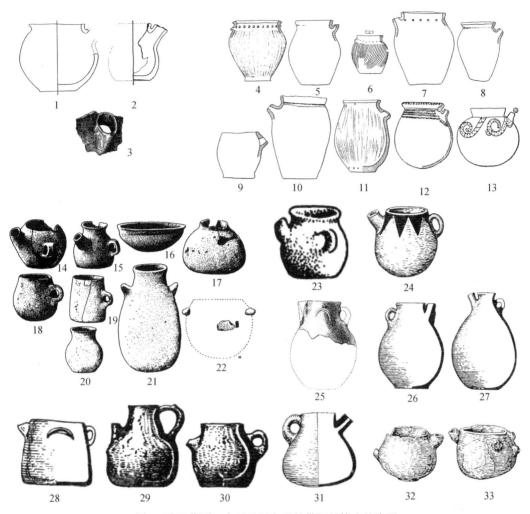

图7　欧亚草原、中亚地区发现的带细长管流的陶器

1—3. 南塔吉斯肯墓葬　4—8. 伏尔加河下游［4. 波波罗夫斯克（Покровск），5号墓，3号墓室　5. 赞噶拉（Джангала）（新卡赞卡）墓地　6. 别列什诺夫卡（Бережновка）Ⅱ号墓群，16号墓，1号墓室　7. 别列什诺夫卡东南墓群，25号墓，5号墓室　8. 别列什诺夫卡Ⅱ号墓群，4号墓，5号墓室］　9—13. 南乌拉尔地区［9. 卡尔噶拉河（р. Каргалах），3号石圈　10. 乌拉尔斯克，1号墓　11. 米确特萨伊（Мечет Сай），2号墓，1号墓室　12. 阿克—热尔（Ак-жар）墓地29号墓　13. 瓦尔纳（Варна）墓地2号墓］　14—22. 七河流域塞人时期的陶器类型　23. 克孜劳兹Ⅰ号墓地9号墓　24. 凯拉克墓葬　25—27. 扎尔—阿雷克Ⅱ号墓地　28. 硕什卡拉墓葬　29、30. 穆格霍纳墓葬　31. 塔姆迪墓葬　32、33. 别尔克卡拉墓葬

的侧边有一环形把手（图7，23）[55]。天山地区的塞人文化遗存，如吉尔吉斯斯坦科特明秋别地区的凯拉克（Кайрак）墓葬出土的带管流彩陶罐（图7，24），扎尔—阿雷克（Джал-Арык）Ⅱ号墓地出土的带管流的陶壶（图7，25—27），年代在公元前5—前3

---

[55]　Акишев К. А.，Кушаев Г. А.，*Древняя культура Саков и Усуней долины реки Или*（К. А. 阿基舍夫、Г. А. 古沙耶夫《伊犁河谷的塞人和乌孙古代文化》），с. 96，рис. 77.

世纪⑤。

　　中亚七河和天山地区乌孙时期也经常能看到这种管流器，如硕什卡拉（Шошкала）墓葬所出陶罐（图7，28），年代在公元前3—前1世纪⑤。在费尔干纳盆地和阿赖山区也有相似发现，如费尔干纳盆地的穆格霍纳（Мугхона）墓葬出土的管流陶罐（图7，29、30），年代在公元1—2世纪⑤。哈萨克斯坦南部的塔姆迪（Тамды）墓葬（图7，31）、别尔克卡拉（Беркқара）墓葬出土的管流罐（图7，32、33），年代在公元前3—前1世纪⑤。

四、新疆发现的两类管流器与中亚地区的联系

1. 带宽短管流的陶罐、陶釜

　　伊犁地区发现的带宽短管流的陶器在新疆境内及以东地区找不到源头，但与中亚青铜时代晚期至早期铁器时代以手制彩陶为特征的文化遗存的管流器很相似，形制上与塔什干绿洲的布尔古留克文化遗存所见最为接近。扁平的錾也是重要的一个特征，在中亚的手制彩陶类遗存中非常普遍，但在新疆青铜时代的彩陶类遗存中很少发现，后者的陶器主要以环耳为特征。但可以看到，在伊犁地区早期铁器时代的遗存中出现了一些带平錾的陶器，如别特巴斯陶墓地⑥、乌吐兰墓地出土的⑥，很可能是受到中亚青铜时代晚期陶器传统的影响。

　　塔吉克斯坦西南部出土管流器值得我们注意，它在中亚地区出土的同类物中显得很特殊，在管流下设置了小錾，这种样式却与新疆伊犁吉仁台沟口遗址发现的管流罐很接近。塔吉克斯坦东南部与伊犁河谷相隔着帕米尔山脉，且路途遥远，但两边却出现了惊

---

⑤　*Кетмень-Тюбе，археология и история*，под редакцией Плоских В. М. и Винника Д. Ф.（В. М. 普罗斯基、Д. Ф. 维尼卡主编《科特明—秋别，考古与历史》），Издательство «Илим»，Фрунзе，1977，с. 16，17，рис. 4，5；*По следам памятников истории и культуры Киргизстана*，под редакцией Массон В. М. и Плоский В. М.（В. М. 马松、В. М. 普罗斯基主编《吉尔吉斯坦历史与文化的遗迹》），Издательство «ИЛИМ»，Фрунзе，1982，рис. 24，12；рис. 25.

⑤　Заднепровский Ю. А.，"Ранние кочевники Семиречья и Тянь-Шаня"，с сб.：*Степная полоса Азиатской части СССР в скифо-сарматское время*，под общей редакцией академика Б. А. Рыбакова（Ю. А. 扎尼普洛夫斯基《七河和天山地区的早期畜牧人》，载Б. И. 雷巴科娃主编《斯基泰—萨尔马泰时期苏联中亚的草原地带》），Издательство «Наука»，Москва，1992，с. 378，табл. 28，21.

⑤　Заднепровский Ю. А.，"Ранне кочевники Кетмень-Тюбе，Ферганы и Алая"，с сб.：*Степная полоса Азиатской части СССР в скифо-сарматское время*，под общей редакцией академика Б. А. Рыбакова（Ю. А. 扎尼普洛夫斯基《科特明—秋别、费尔干纳盆地和阿赖山的早期畜牧人》，载Б. И.雷巴科娃主编《斯基泰—萨尔马泰时期苏联中亚的草原地带》），Издательство «Наука»，Москва，1992，с. 385，табл. 35，67，68.

⑤　Заднепровский Ю. А.，"Ранние кочевники Южного Казахстана и Ташкентского оазиса"，с сб.：*Степная полоса Азиатской части СССР в скифо-сарматское время*，под общей редакцией академика Б. А. Рыбакова（Ю. А. 扎尼普洛夫斯基《哈萨克斯坦南部和塔什干绿洲的早期畜牧人》，载Б. И. 雷巴科娃主编《斯基泰-萨尔马泰时期苏联中亚的草原地带》），Издательство «Наука»，Москва，1992，с. 387，табл. 37，48，63，64.

⑥　新疆维吾尔自治区文物局编《新疆维吾尔自治区第三次全国文物普查成果集成：伊犁哈萨克自治州（直属县市）卷》，80页。

⑥　新疆文物考古研究所《2014年尼勒克县乌吐兰墓地考古发掘报告》，《新疆文物》2015年第2期，13页，图二五-3。

人相似的器物元素，其中的交流与联系耐人寻味。

2. 带细长管流的陶罐、陶壶

伊犁地区发现的这类带细长管流的陶罐、陶壶则明显与中亚七河、天山地区塞人—乌孙时期的遗存有联系。新疆伊犁河流域与中亚七河、天山地区相接，没有地理障碍，这一地区一直是畜牧人群来往、生息的场所和通道，物质、精神文化等各方面的交流与联系不言而喻。至于新疆伊犁河流域早期铁器时代的文化与中亚七河、天山地区塞人—乌孙时期文化的关系，则又是另一个需要深入研究的课题了[62]。

五、关于新疆和中亚地区青铜时代晚期彩陶类遗存的关系的讨论

新疆彩陶类遗存的来源及其与中亚地区青铜时代晚期至早期铁器时代的手制彩陶类遗存的关系，一直是学界讨论的焦点，也是难点。大致可以分为三种观点：第一种观点认为彩陶类遗存是从新疆向中亚传播。新疆彩陶来源于甘青地区的彩陶文化，向西影响到了费尔干纳盆地等地。如韩建业先生认为楚斯特文化的彩陶纹饰和器类均与察吾呼文化相似。楚斯特文化的彩陶和早先的纳马兹加文化Ⅰ—Ⅲ期彩陶存在很大缺环，而察吾呼文化的彩陶则上承甘青文化系统，有着完整的演变序列，所以推测当时彩陶的传播大势是自东往西，察吾呼文化曾对楚斯特文化产生过强烈影响[63]。梅建军先生认为新疆四道沟下层文化、新塔拉文化的西渐，是公元前两千纪末中亚手制彩陶兴起的原因之一[64]。郭物先生也引亨利·保罗·法兰克福的假设，认为中亚青铜时代晚期的手制彩陶来源于新疆，但他也意识到新疆和中亚的彩陶文化缺乏考古学文化的中间环节[65]。

也有学者强调新疆与中亚彩陶类遗存交流的双向性，如E. E. 库兹米娜（E. E. Kuzmina）强调文化联系是双向的，这点在楚斯特文化的玉上表现出来。她还指出，楚斯特文化、布尔古留克、雅孜Ⅰ、库楚克、蒂利亚特佩等的文化来源可能都受到了新疆文化的影响。所有这些文化都有相似形制的石磨盘、石镰、石刀以及铜镰刀、铜刀，以及陶器是在红底上绘黑彩（楚斯特）或白底上绘棕色彩（雅孜Ⅰ）[66]。

---

[62] 刘学堂《伊犁河上游史前考古新发现及其初步研究》，《新疆文物》2011年第1期，106页。

[63] 韩建业《新疆的青铜时代和早期铁器时代文化》，北京：文物出版社，2007年，113—114页。

[64] Jianjun Mei, *Copper and Bronze Metallurgy in Late Prehistoric Xinjiang-Its cultural context and relationship with neighboring regions*（梅建军《新疆史前晚期红铜和青铜冶金——其文化内涵及与周边地区的联系》），BAR International Series 865，Oxford，Archaeopress，2000，p.75.

[65] 郭物《新疆史前晚期社会的考古学研究》，上海：上海古籍出版社，2012年，398—402页。

[66] Elena E. Kuzmina, "Cultural Connections of the Tarim Basin People and Andronovo Culture: Shepherds of the Asian Steppes during the Bronze Age", in Victor H. Mair (ed), *The Bronze Age and Early Iron Age Peoples of Eastern Central Asia*（E. E. 库兹米娜《塔里木盆地居民与安德罗诺沃文化的文化联系：青铜时代亚洲草原的畜牧人》，载梅维恒主编《中亚东部青铜和早期铁器时代的居民》）. Journal of Indo-European Studies，Monograph No. 26，Washington：Institute for the Study of Man，1998，p. 82.

第二种观点认为彩陶文化是从中亚向新疆传播。多数西方学者，包括苏联学者，都认为楚斯特文化和新疆的彩陶类遗存属于同一文化圈，即是中亚青铜时代末至早期铁器时代的手制彩陶文化，并且认为它们来源于中亚西南部科佩特塔格山前的新石器时代和铜石并用时代的文化[67]。关于新疆彩陶和甘青地区的关系，他们不否认哈密天山北路文化与四坝文化的联系，但将这种联系视为在新疆东部和甘肃西部交汇的两支族群文化、两支彩陶传统[68]。

国内部分学者也考虑到中亚青铜时代晚期遗存对新疆地区的影响，水涛先生认为青铜时代晚期的文化以费尔干纳盆地到塔里木盆地南北缘的东向传播为主。但并不是指的彩陶类遗存，而是指素面灰黑陶类遗存[69]。在另一处，他表示，新疆的彩陶曾经历了一个很长的发展过程，一方面接受了来自甘青地区早期彩陶文化的影响；另一方面也接受了来自中亚地区若干彩陶文化的影响；可能还有一部分产生于当地的土著文化因素[70]。邵会秋先生认为新疆的彩陶和中亚青铜时代晚期出现的彩陶差异很大，分布地域上有脱节，两者的来源不同[71]。吕恩国、魏久志先生认为伊犁河流域文化的彩陶主要是受楚斯特文化的影响而产生的[72]。遗憾的是，文章中并没有提供令人信服的证据。

第三种观点认为中亚彩陶和新疆彩陶有各自独立的来源。持这种观点的学者以戴寇琳（Corinne Debaine-Francfort）和J.吕里耶为代表。戴寇琳将新疆史前文化分为三种类型：①青铜时代至早期铁器时代的新疆西北部持续被安德罗诺沃文化部落占据，之后进入到塞人文化时期，更晚些进入到乌孙文化时期。②塔克拉玛干沙漠南缘、西缘和西北缘分布着"灰陶"遗存，以阿克塔拉类遗存为代表。③在新疆中部，南至塔克拉玛干沙漠以北，北至天山，西至库车，东至哈密盆地，包括东部天山地区，分布着彩陶文化

[67] Массон В. М., *Древнеземледельческая культура Маргианы*（В.М.马松《马尔吉亚纳的古代农业文化》），с. 114-118; Киселев С. В., "Неолит и бронзовый век Китая（по материалам научной командировки в КНР）", *СА*，1960，No. 4［С. В. 吉谢列夫《中国新石器和青铜时代（基于在中华人民共和国学术访问的资料）》，载《苏联考古学》1960年第4期］，с. 251-253, 264; Массон В. М., *Средняя Азия и Древний Восток*（В.М.马松《中亚和古代东方》），М. Л., 1964, с. 186; Masson V. M. & Sarianidi V. I., *Central Asia: Turkmenia Before the Achaemenids*（V. M. 马松、V. I. 萨瑞安妮迪《中亚：阿契美尼德人以前的土库曼》），London, Thames and Hudson, 1972, p. 164; Антонова Е. В., "Бронзовый век", *Восточный Туркестан в древности и раннем средневековье. Очерки истории*，Под редакцией Тихвинского С. Л. и Литвинского Б. А.（Е.В.安东诺娃《青铜时代》，载С. Л. 基赫文斯基、Б. А. 李特文斯基主编《古代和中世纪早期的土库曼东部》），М., 1988, с.155.
[68] Леонид Сверчков, *Тохары. Древние индоевропейцы в Центральной Азии*（里昂尼德·斯韦尔奇科夫《吐火罗人，中亚的古代印欧人》），Ташкент, SMI-ASIA, 2012, с. 44.
[69] 水涛《新疆青铜时代诸文化的比较研究——附论早期中西文化交流的历史进程》，载《中国西北地区青铜时代考古论集》，北京：科学出版社，2001年，34—36页; Shui Tao, "On the Relationship Between the Tarim and Fergana Basin in the Bronze Age"（水涛《关于青铜时代塔里木盆地和费尔干纳盆地的关系问题》），载《中国西北地区青铜时代考古论集》，北京：科学出版社，2001年，58—60页。
[70] 水涛《20世纪中国西部与中亚史前考古学的主要进展》，载《中国西北地区青铜时代考古论集》，北京：科学出版社，2001年，191页。
[71] 邵会秋《东西方文化早期的碰撞与融合——从新疆史前时期文化格局的演进谈起》，《社会科学战线》2009年第9期，149—150页。
[72] 吕恩国、魏久志《伊犁河谷地与费尔干纳盆地彩陶文化之交流》，载王林山主编《伊犁河谷考古文集》，乌鲁木齐：新疆大学出版社，2012年，440—449页。

遗存⑬。她认为新疆彩陶的源头来自于东边，而当时的冶金传统则显示出受到北边草原的影响⑭。J.吕里耶支持并沿用这一观点，指出新疆彩陶和中亚彩陶之间有一些共同之处，也显示出一些联系，但没有证据表明它们之间有文化来源上的联系。新疆彩陶的来源应该追溯到甘青地区的新石器时代的彩陶文化⑮。

总体来说，国内学者较多关注新疆东部与甘青地区的联系⑯，对新疆和中亚的联系讨论不深入，借鉴的材料也停留在早期翻译的一些俄文材料⑰，对这些年中亚的考古发现及研究缺乏了解，所以对这一问题的讨论无法推进。至于苏联时期学者的研究，限于当时新疆发掘的材料较零散，且缺乏可用的测年数据，深度不足。而且大多数的对比研究都只停留在彩绘纹饰上面，没有综合考虑文化的各个方面。

事实上，在苏联解体、苏联学者撤出中亚后，中亚史前考古事业并没有陷入停滞状态，尤其是在近些年，不断进入中亚参与考古工作的外国队伍，引入了先进的测年及科技考古的手段，使得中亚很多史前文化遗存有了新的可信的年代数据，以及很多新发现的遗迹现象，也在改写着以往的判断。在新疆地区，近年来的新发现也不断更新着人们对新疆史前文化序列的认识，如新近发现的吉仁台沟口遗址三期遗存，很可能为我们解决新疆与中亚彩陶类遗存的关系问题提供突破口。

以吉仁台沟口遗址三期晚期遗存为代表，与中亚青铜时代晚期以彩陶为特征的文化遗存应该属于同一类型的遗存，而且年代上非常接近。虽然吉仁台沟口遗址三期晚期遗存的陶器以灰陶和红褐陶为主，并没有发现彩绘陶器，但根据出土的圜底、带管流、带鋬的典型器判断，这类遗存无疑属于中亚青铜时代晚期彩陶类遗存的文化圈。应该注意到，在中亚地区的彩陶类遗存中，彩绘陶器只占陶器总量的1%—15%，也有个别遗存没有发现彩绘陶器，除了夹砂红陶外，灰陶也占一定的比重，带管流和平鋬的釜和罐也常常使用灰陶制作，是重要的炊器样式。

根据简报的描述，吉仁台沟口遗址一期属于安德罗诺沃文化圈的遗存，二期遗存则可能受到卡拉苏克文化的影响，三期遗存经历了从平底器向圜底带流器转变的过程，这表明，至少在三期的晚段，以圜底带流器为代表的中亚地区青铜时代晚期的文化进入到这一地区。吉仁台沟口遗址反映出来的文化序列与邻近的中亚地区有一些区别，突出表现在存

⑬ Corinne Debaine-Francfort, "Xinjiang and Northwestern China around 1000 BC: Cultural Contacts and Transmissions", in: *Migration und Kulturtransfer: Der Wandel vorder-und zentralasiatischer Kulturen im Umbruch vom 2. zum 1. Vorchristlichen Jahrtausend. Akten des Internationalen Kolloquiums* [戴寇琳《公元前一千纪的新疆和中国西北：文化接触和传播》，载《迁徙与文化传播：公元前两千和一千纪之际前亚和中亚文化的转变（国际学术论坛文集）》]，Berlin，23. bis 26，November 1999，Bonn，2001，S. 57-70.

⑭ Corinne Debaine-Francfort, "Xinjiang and Northwestern China around 1000 BC: Cultural Contacts and Transmissions" （戴寇琳《公元前一千纪的新疆和中国西北：文化接触和传播》），S. 67.

⑮ Johanna LHUILLIER, *Les cultures à cèramique modelée peinte en Asie centrale méridionale, Dynamiques socio-culturelles à L'âge du Fer ancien (1500-1000 av. n.è)* [约翰娜·吕利耶《中亚南部的手制彩陶文化——早期铁器时代（1500—1000B.C.）的社会文化活力》]，pp. 189-192，257.

⑯ 李水城《从考古发现看公元前二千纪东西方文化的碰撞与交流》，《新疆文物》1999年第1期，53—65页。

⑰ 如卢立. A. 扎德纳普罗伍斯基著、刘文锁译《费尔干纳的彩陶文化》，《新疆文物》1998年第1期；A. H.丹尼、V. M. 马松《中亚文明史》第一卷，北京：中国对外翻译出版社公司，2002年，342—345页。

在卡拉苏克文化影响的阶段。在中亚的费尔干纳盆地，草原青铜时代文化凯拉克库姆遗存中发现了楚斯特文化的彩陶，表明两者在年代上有重合之处。在塔什干地区，安德罗诺沃文化类型的遗存与布尔古留克文化遗存共存于同一地层的情况则更加明显。根据М. И. 费兰诺维奇（М. И. Филанович）的描述，沙什Ⅰ期文化层中存在灰陶和个别的平底器，但她并未辨识出这些灰陶和平底器是安德罗诺沃文化类型的陶器，并认为这一地层总的来说是布尔古留克文化层[78]。但很可能，这一地层是布尔古留克文化遗存和安德罗诺沃文化类型遗存共存的地层。康曲特佩（Каунчитепа）也有发现有相似的现象，在文化层中也发现了包含有带白色屑和料（捣碎的贝壳）的黑灰陶器，与布尔古留克类型陶器并存。甚至，其中发现的部分黑灰陶片内侧有纺织品印痕[79]。近年在塔什干阿尔马利克附近发掘的库匀（Куюн）遗址中布尔古留克文化遗存打破了安德罗诺沃文化类型遗存，出现了在地层中两种类型陶器混出的情况，至上层地层中则只发现布尔古留克文化类型的陶器[80]。

中亚地区青铜时代晚期以手制彩陶为特征的遗存扩散并进入到新疆伊犁地区，年代约在公元前12—前10世纪。其年代比索墩布拉克文化年代要早，虽然两类遗存存在一些联系与交流，但在整体文化面貌上差异很大。而且从陶器制作方法、葬俗、陶器形制特征等诸多方面，也可以判断中亚地区青铜时代晚期的彩陶类遗存与新疆的彩陶类遗存属于两个独立的系统，中亚地区青铜时代晚期的彩陶类遗存是中亚南部新石器时代至青铜时代早中期以来的彩陶类文化传统与中亚青铜时代草原文化共同作用的结果，新疆的彩陶类遗存则明显受到甘青地区的彩陶类遗存的影响形成，而且在发展过程中呈现出鲜明的本土特色。以往学者们讨论的新疆的彩陶类遗存与中亚的彩陶类遗存的关系，着眼点往往在于彩绘图案，忽视了彩陶只是这类遗存的一个特征，其实，要将遗存的其他诸多方面综合考虑才能看清文化的整体面貌。从分布地域来看，中亚地区青铜时代晚期的彩陶类遗存和新疆地区的彩陶类遗存在伊犁地区有交集，但年代上前者稍早于后者。中亚地区青铜时代晚期的彩陶类遗存似乎在伊犁地区只是存在过一段时期，很快到了公元前一千纪初期就被受到来自东边的彩陶类遗存影响形成的索墩布拉克文化所取代，但前一阶段典型的文化因素如宽短管流和平鏊等确实影响到了索墩布拉克文化遗存，偶尔还能见到，但已然不是文化的典型器物了。东边来的彩陶类文化很可能对中亚地区的手制彩陶类文化的向东继续传播起到了抑制作用。越是到了晚期，公元前7世纪以来，新疆与中亚地区的彩陶类遗存的交流更加频繁，如费尔干纳盆地的阿克塔姆墓葬出土陶钵的彩绘纹饰，和新疆克孜尔水库墓地的陶器纹饰惊人相似[81]。到塞人时期，中亚天山地区与

---

[78] Филанович М. И., *Ташкент：Зарождение и развитие города и городской культуры*（М. И. 费兰诺维奇《塔什干：城市及城市文化的诞生与发展》），с. 38-56.

[79] Филанович М. И., *Ташкент：Зарождение и развитие города и городской культуры*（М. И. 费兰诺维奇《塔什干：城市及城市文化的诞生与发展》），с. 50.

[80] 材料未发表，作者参与2018、2019年度Куюн遗址的发掘。Куюн遗址经过2017—2019三个季度发掘。

[81] Johanna LHUILLIER, *Les cultures à cèramique modelée peinte en Asie centrale méridionale, Dynamiques socio-culturelles à L'âge du Fer ancien（1500-1000 av. n.è）*［约翰娜·吕利耶《中亚南部的手制彩陶文化——早期铁器时代（1500—1000B.C.）的社会文化活力》］, pl. 49. 新疆文物考古研究所《新疆拜城县克孜尔吐尔墓地第一次发掘》，《考古》2002年第6期，图一五，3、5、6。

新疆伊犁河流域的交流就更加明显了。

总结　新疆西部与中亚地区在青铜时代晚期
至早期铁器时代的文化联系

　　新疆伊犁及周边地区发现的两类管流器形制不同，属于不同年代的遗存，其文化来源也不同。第一组带宽短管流的陶罐，与中亚地区青铜时代晚期遗存中的同类物很接近，形制上与塔什干绿洲的布尔古留克文化的陶釜最为接近。新疆伊犁发现的以带宽短管流的陶罐为代表的这一类遗存，应该与中亚地区青铜时代晚期以手制彩陶为特征的遗存属于同一文化圈。这类遗存与伊犁索墩布拉克文化遗存差异较大，年代上前者较后者稍早，可能有相接之处。这反映了中亚和新疆两类彩陶类遗存在伊犁地区有交汇。新疆地区沿天山地带自东向西传播的彩陶因素进入伊犁地区，可能对中亚地区的彩陶类遗存的东进起了抑制作用。随着新疆西部更多的早期遗存的发现，对这一进程可能有更好地揭示。进入早期铁器时代，伊犁地区与中亚七河、天山地区的交流更加频繁，这一点在第二组带细长管流的陶器中有突出反映。

On the Potteries with Tube Shape Spouts: an Example of the Cultural Connection between Xinjiang and Central Asia

Lin Lingmei

The article discusses about the origin of potteries with tube shape spouts found in Ili and the neighboring regions. According to the shapes, they can be classified to two groups:jars with wide-short tube shape spouts; jars and pots with narrow-long tube shape spouts. According to the dating of the sites and tombs, and the analogues found abroad, these two groups of potteries vary in period and cultural origin. Jars with wide-short tube shape spouts are of earlier period, at late Bronze Age, i. e. late 2nd millennium BC to the start of 1st millennium BC. This group of potteries has close connection with sedentary agricultural cultures of late Bronze Age in Central Asia. The second group with narrow-long tube shape spouts show similarity with the characteristic potteries of Saka-Usun periods in Semirechye and Tianshan areas in Central Asia, which can be dated to about 5th-3rd centuries BC. The potteries with tube shape spouts from Ili and the neighboring regions witness a close connection between western Xinjiang and Central Asia from late Bronze Age to Early Iron Age. Also, they may provide chance to solve the problem on the relationship between the painted ware remains in Ili in Early Iron Age, and those in Central Asia from late Bronze Age to Early Iron Age.

和田地区早期佛陀像样式研究

贾应逸

古代于阗，包括今和田地区的和田市及和田、洛浦、策勒、于田县，即汉代的于阗、杅弥等地，是新疆乃至我国最早接受佛教及其艺术的地方。近年来，在这一地区发现了几处早期佛教寺院遗址，并进行了科学发掘，出土了多尊早期的佛陀像。这些佛陀像与后来具有三十二相、八十种好的仪轨形象显然不同，尤其是头顶的"肉髻"、手施的印记、袈裟衣饰等方面，较多地表现出早期的稚拙和当地世俗人物的装束。

一、早期佛陀像

这批佛陀像主要出土于今和田地区的东部——于田、策勒和洛浦等县，相当于魏晋时期的杅弥和于阗。

1. 于田县胡杨墩遗址的佛陀像

2011年，策勒县公安局破获一起盗掘文物案，收缴多件罕见的精美壁画。根据盗掘者提供的线索，2012年中国社会科学院考古所新疆队进行了抢救性发掘[①]。遗址位于策勒县托普鲁克墩佛寺遗址东仅40千米的于田县喀尔克乡南面亚兰干荒漠里，一个巨大的沙丘中称为胡杨墩的地方。佛寺建筑遗址主体埋藏于胡杨墩之内，由于沙丘南部边缘遭强风吹刮，土沙移位，遭暴露才被发现，进而被盗。遗址坐标为北纬36°56′01.9″，东经81°16′59″。这是一处平面呈回字形的佛殿建筑（图1）遗址，边长16米，残墙现存最高为1.6米，最低仅0.1米，面积约256平方米。中央基座为矩形，边长为3米。保存壁画面积约16平方米，可说是塔克拉玛干地区迄今发现规模最大的回字形殿堂式佛教建筑。虽破损十分严重，仍采集到一批壁画残块约4平方米。[14]C测定年代为公元3世纪。

在这起被破获的壁画中，有一件佛陀头像（图2），由策勒县达玛沟佛寺遗址博物馆收藏。这是一尊于阗地区罕见的佛正面像，端庄慈祥。由于盗掘者非法破获，现仅存佛陀头部、部分头光、颈和少量胸部，残高44.8厘米，宽39.5厘米。这尊佛陀头像的色彩剥蚀，头发的颜色不清，可见略呈长圆的脸型，大大的双眼中白色巩膜突出，隐约能看到黑色眸子，双线描出的眉毛与鼻梁相接，鼻梁挺拔，鼻头呈蒜头状，嘴小，上唇蓄

---

① 巫新华《2012年新疆于田县胡杨墩佛寺遗址发掘情况汇报》（未刊稿）。

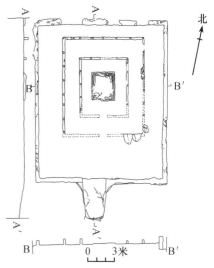

图1　胡杨墩佛殿遗址及平面图

图2　佛陀头像

有胡髭，具有当地人形象的特点。头具项光，眉间有白毫，双耳垂肩。这尊佛的脖颈较粗，颈处的三道只绘出两道；胸膛厚实健壮，胸前露出莲花纹心相，只能看到部分图案—半圆形类似花盘、周围有放射出的火焰纹，有的学者将其称为宝花[②]。更奇特的是：佛头上"肉髻"底部绘有一圆形纹饰，隐约可见赭色的系带，在"肉髻前"有一圆形装饰——中央似为赭红色，深色圆圈的外面，有一圈白色点纹。

　　另有一尊佛头像是2012年发掘胡杨墩佛寺遗址时出土的，是一幅没有完成的壁画（图3），其面部形象与上幅相同。从残存的图像中，我们可以看到：该佛头像是使用黑、赭两色线条描绘的，还没有上彩。黑色线条勾勒面部轮廓和双眼眶；面部的耳、鼻、嘴以及眼皮、眼珠、白毫等均以赭色线条表现。线条刚劲有力。

2. 于田县喀拉墩61号佛寺出土佛陀像

　　喀拉墩遗址距今于田县城北约220多千米。1993年，新疆文物考古研究所与法国科学研究中心315所合作组成中法联合克里雅河考古队，对克里雅河下游进行考古调查时，发现并发掘了喀拉墩附近的两座佛教寺院遗址，分别编号为N61、N62，其中N61

---

②　雷蕾、王惠民《敦煌早期洞窟佛像的卐字相与如来心相》，《敦煌研究》2012年第4期，27—34页。

佛寺遗址时代较早③。

    N61佛寺遗址在喀拉墩的东部稍偏南处，已为流动沙丘掩盖，地表只露出些木质构件，清理后发现是一座佛殿。佛殿平面呈"回"字形，墙体以"木骨泥墙"法构筑，残墙仅存高0.2—0.9米，边长8.5米，面积约24平方米，殿门开在北墙。佛殿中央的方形基座边长2米，基座周有等宽的行道，宽约1.5米，其外还围绕一层殿墙（图4）。发掘者和学界认为，这座佛殿的时代为公元3世纪。

    这座佛殿中出土佛陀像较多，现仅知能

图3　佛陀头像

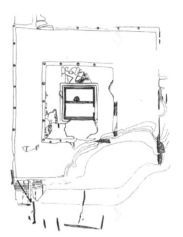

图4　喀拉墩61号佛寺遗址及平面示意图

辨认出形象的几尊佛像都布局在佛殿侧壁，有立佛和坐佛。立佛像描绘在下方，跣足立于莲花上，立佛上方布局方格坐佛。方格呈长方形，内散布树叶和果实纹。现保存有上下两排的坐佛像，两者中间以饰三角纹的横向装饰带相隔，上下排佛像面相间侧向左或右，交脚坐于莲花纹座上。

    这些佛陀像均表现出同样的形象和特点。佛陀的形象极似生活在于阗地区的居民，头型略呈长圆，棕黑色长眉与鼻骨相接，鼻隆，目大，嘴小，上唇厚，下唇薄。但头顶有"肉髻"，眉间有白毫，双目下视呈柳叶状，耳长及肩，应是佛陀像无疑。可是这几

③ 中法联合克里雅河考古队《新疆克里雅河流域考古调查概述》，《考古》1998年第12期，28—37页，图版肆—陆；Debaine-Francfort C. etc., *Keriya, mémoires d'un fleuve : Archéologie et civilisation des oasis du Taklamakan*（《克里雅河，一条大河的记忆：塔克拉玛干沙漠绿洲的考古与文明》），Suilly-la-Tour/Paris，Findakly/Fondation EDF，2001，pp. 82-105.

图5　94KRD61：43-1、94KRD61：4　　　　　　图6　94KRD61：3

1. 高104厘米，宽43.5厘米　2. 高51.5厘米，宽47.5厘米　　　　高56厘米，宽42.5厘米

尊佛陀像并没有完全表现出三十二相，而是有自己的特点。首先，这些佛像头顶肉髻高竖，在肉髻底端束带，并结成蝴蝶状饰于前面，如图5。有的还在肉髻结带的左右两侧也绘出装饰，如图5-1位于下方的坐佛像和图6的坐佛像。

其次，这些佛陀像的颈部较粗，胸部健壮，颈部的三道，被描绘成两道，如图7。

再次，这些佛陀像身穿的衣服独特。一是佛陀身披的袈裟有灰色、红色或赭红色等坏色，但不论哪种颜色，均为通肩式袈裟，且大多袈裟上缝缀有边饰，如图5-1下方的佛陀像，身披赭地白色圆圈纹袈裟，脖际处装饰着朱红色边饰。图7-1像中的佛陀朱红

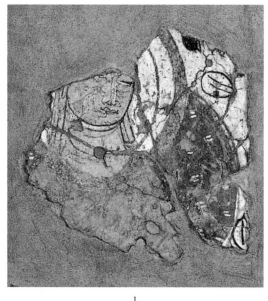

图7　94KRD61：25、94KRD61：43-15

1. 高31厘米，宽26厘米　2. 高73.5厘米，宽39厘米

色袈裟上缝缀着棕色边饰。图8中佛陀像的袈裟保存最为完整，灰色袈裟的脖际和袖口处装饰有白色边饰。二是所有的这些袈裟上，没有描绘衣纹褶襞，而是平铺地伸展，这是很少见的现象。三是这些佛陀像都是两腿著裤，图5-2上方的佛陀著赭色地白色圆圈纹裤，图8中的佛陀在白色裤腿上描绘出红色横条纹，很似上面缠绕着红白色带。这种现象十分有趣，应是当时当地民间服饰的反映。四是这几尊佛陀像的手印有两种：一种是两手相叠置腹前，似为禅定印，但为右手置下，左手在上，四指伸展，两拇指相对（图8、图9）。另一种是左手把袈裟置两腿间，右手从通肩袈裟中伸出，置于胸前颈际，四指弯曲似抓脖际处的袈裟边，如图5-1。

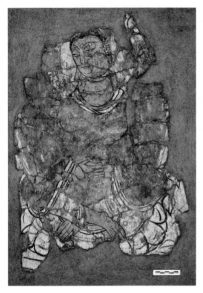

图8　94KRD61：临1　　　　　　　　　图9　94KRD61：43-17
高59.5厘米，宽42厘米　　　　　　　　　高13厘米，宽15.5厘米

最后，这几尊佛图像都是交脚而坐——右脚置左脚上，如图5-2、图8，或可称半跏对脚坐。

3. 洛浦县热瓦克塔院出土佛陀塑像

热瓦克佛塔位于洛浦县城西北50多千米的库拉·坎斯曼沙漠中，周围沙丘延绵起伏，佛塔岿然屹立（图10）。1901年、1906年英国人斯坦因（A. Stein）和1928年德国人特林克莱（E. Trinkler）进行了考察和肆无忌惮的挖掘。1929年，我国考古学家黄文弼也曾到此作了考古调查。

热瓦克塔院中的佛塔，现残高近9米，残存基座和塔身。基座呈正方形，边长约15米，基座有两层，第1层高近2.3米，第2层高约2.7米，下面仅存约0.31米高的下枭，整个基座现存总高度近5.3米，基座四边中央筑出阶梯状（现已成坡状）踏道，直通基座上方，使塔的平面呈"十"字形。塔身为圆柱体，现存直径9.6米，残高3.6米左右。塔

图10　热瓦克塔院全景

顶原来为覆钵式。整体建筑的气势雄伟壮观④。

　　塔的外面约距东踏道6米、南踏道16米处筑一正方形院墙，方向为偏北30°，西北—西南墙长50米，东北—东南墙宽45米，面积22.5平方米，墙残高3米左右，厚约1米。塔院的西南和东北面，现仍被高大的沙丘覆盖，只见东墙的中央开有一门，宽约2米。

　　热瓦克佛塔院墙内外壁和东南角隅残存的断壁上，均立有一排排超过真人大小的泥质浮雕像。斯坦因曾从西南角开始，沿东南和西南内外墙壁进行挖掘，挖掘总长度约48米，他在《古代和田》中说："虽然这个长度只有寺院周长的约四分之一，但从已清理的墙壁上显露出的单个浮雕的总数达到91个，其中大部分尺寸较真人要大。除此以外，还发现大量的小浮雕。它们或是雕塑光轮等的组成部分，或是作为还愿物存放于主像前的。"⑤1927年10月，德国人特林克莱等人在北墙挖掘出近40件雕塑及其残块⑥。20世纪80年代，和田地区文物保护管理所在这里陆续收集和拍摄到一些佛像、化佛和化菩萨像，还有供养人壁画等。2002年公布为全国重点文物保护单位。

　　这些泥塑的佛和菩萨像有的高达3米，依照对称布局而分成若干组，大约相隔60或70米一尊，每尊立佛两侧往往还泥塑有小立佛或立菩萨等（图11），有的还有供养人等小型塑像和绘画。立佛或菩萨身后的墙壁上还浮雕着精心制作的头光、身光及其上面影塑的化佛和化菩萨像，也有金刚杵和图案等装饰其间。这些塑像原来曾进行过妆銮，有的雕像低洼处或衣纹的缝隙间还可看到斑斑彩色，其中以赭红色为最多，有的还贴有金箔。

　　热瓦克佛塔始建时代较早，延续使用的时间较长，塔院周围的雕像曾经过多次重

④　贾应逸《热瓦克佛塔建筑和造像的艺术因素》，作者著《新疆佛教壁画的历史学研究》，北京：中国人民大学出版社，2010年，85—95页。

⑤　A. Stien, *Ancien Khotan: Detailed Report of Archaeological Explorations Chinese Turkestan*, 1907, p. 488；巫新华等译《古代和田：中国新疆考古发掘的详细报告》，济南：山东人民出版社，2009年，532页。

⑥　Gerd Gropp, *Archäologisch Funde aus Khotan, Chinesisch-Ostturkestan: Die Trinkler-Sammlung im Überseemuseum, Bremen*（《新疆和田考古发现：不莱梅海外博物馆中的特林克莱收藏品》）, Bremen, Verlag Friedrich Röver, 1974, S. 221-242.

塑、补塑和增塑，充分表现了当地艺术演变发展，和吸收外来众多因素而形成的地域特色。其中，早期雕塑的佛陀像仅存主佛身光中的化佛像（图12），其中图12-2高30厘米。这两尊佛陀像头型较长圆，脸庞高凸，眉弯，眼眶大且圆，鼻梁隆起，与眉骨相接，鼻头大且呈蒜头状，长耳垂肩，嘴呈弧形，上唇较厚，下唇薄，两嘴角凹下，略带微笑，具有于阗人形象的特点。

1   2

图11　热瓦克塔院佛陀像　　　　　　　图12　热瓦克塔院出土佛陀像

佛陀像的头发呈波状，肉髻虽小，但底部仍然结带，中央的装饰物损坏了，只存固定其的小洞。身披的通肩袈裟一角搭在左肩上，厚厚的袈裟边饰被塑呈荷叶状，虽然袈裟上表现出衣纹褶襞，但直挺挺的褶襞毫无动感，极似用硬物重重地刻画在袈裟上。佛陀像的右手从袈裟左右端相交的缝隙中伸出，置于胸前，拇指近与嘴相对，其余四指并拢伸展，笨拙而生硬，指间似有蹼。

4. 和田县约特干遗址出土铜佛陀头像

现知和田县约特干遗址出土早期佛陀像有三尊，均为铜质，且全被外国探险家拿走，现藏外国博物馆[⑦]。

1902年8月，日本人大谷光瑞等一行从伦敦出发，到达塔什库尔干后分为两支，大谷等赴印度；渡边哲信、堀贤雄沿塔里木南缘的叶城、和田，考察和挖掘这里的佛教遗址。渡边哲信曾写道，古于阗"到处遍布着殿堂、伽蓝、金碧辉煌，但现在已无影无踪。……但是进行地下发掘，则可出土许多有考古参考价值的文物"[⑧]，并说他们曾带着人去发掘。堀贤雄记载，他们"发掘了被斯坦因称为赞摩寺遗迹的索密阿麻扎尔"[⑨]。斯坦因所说的赞摩寺遗迹，在今索米亚遗址，位于约特干遗址西约2千米处，距今巴格其镇索米村东南约3.7千米，地表遗物有夹砂红陶片，轮制，陶色、陶质均与

⑦　李军、贾应逸编著《丝绸之路流散国宝　新疆古代雕塑》，济南：山东美术出版社，2013年，图版43—45。

⑧　渡边哲信《在中亚古道上》，大谷光瑞等著、章莹译《丝路探险记》，乌鲁木齐：新疆人民出版社，1998年，38页。

⑨　堀贤雄《塔里木之行》，大谷光瑞等著、章莹译《丝路探险记》，63页。

约特干遗址相同。据老人回忆，这里在30年前仍残存一座大"拱拜"，方形基座，外砌以方砖，圆形"拱拜"中能容30多人。现知日本有两尊和田出土的铜佛头像，都为铜铸，一件藏东京国立博物馆，一件藏神奈川丝绸之路研究所。

东京国立博物馆藏的铜佛头像（图13），1902—1904年出土于约特干，正是渡边哲信、堀贤雄在新疆考察的时间。佛头残留有鎏金的痕迹。头型略显长圆，眉毛呈较为舒缓的弓形，与鼻梁相接，鼻挺直，杏仁般的眼睛，圆睁，上唇蓄有整齐浓密的胡髭，颧骨与下颌轮廓匀称，整个面部极具写实风格。眉间白毫铸成由点状组成的圆形花饰，极具装饰性。头顶肉髻较高，底部结有两圈束带，中央结成花纹状。头像的后部有较大的破损，但仍可以看出此头像是与躯干部分分别单独铸造，而后组合而成的。

另一件佛头像与上述佛头像相似。现左侧残存一些头光残迹，面部腐蚀严重。佛的面型略呈长圆形，鼻隆，鼻梁与眉骨相连，杏仁般的两眼呈开启状，嘴小，上唇留有八字髭。肉髻高大，底端用带束结，中央残存装饰的痕迹（图14）。

现藏斯德哥尔摩的瑞典国立民族学博物馆的佛坐像铜牌（藏品号：1903.11.344.A—C）是瑞典探险家斯文赫定从和田约特干拿走的。1895年12月14日，斯文赫定在经历了"死亡之旅"后，重整行装又踏上深入塔克拉玛干的征途。他来到和田县的约特干遗址，从当地群众手中得到一批雕塑，有陶塑佛像、双峰骆驼、弹琵琶的猴子、狮子头等塑像，还有手稿和钱币等文物共523件，为瑞典国立人种学博物馆的斯文赫定收集品打下了基础。

这件佛坐像铜牌（图15），高17、宽12、厚12.3厘米。佛陀像呈结跏趺坐姿态，手持禅定印契——两手相叠置腹前，右手在下。其头顶的肉髻下方也有结带，中央装饰圆形结。头光中铸出放射线纹，在头光外围的宝珠形身光与头光之间有六尊化佛环绕排列。佛陀身披通肩袈裟，但细部模糊不清，只可见脖际间的边饰。

综观这些佛陀像的样式，我们可看到：佛头顶肉髻下端结束带，于前面中央结出装饰纹样，甚或在底端的两侧也有装饰；眉间有白毫，有的还将白毫描绘成圆形图案；耳

图13　佛头铜像　　　　　　　图14　铜佛头像　　　　　　图15　佛陀坐像铜牌
（藏品号TC456）

朵垂长；颈部健壮，胸腔结实，颈部有两道，有的胸部有莲花纹心相。袈裟缝缀边饰，有的边饰呈荷叶边状，袈裟上无褶襞，或为生硬的直线，腿穿裤，并缠绕带；手印或两手相叠置腹前（右手在下）或左手把袈裟置两腿间，右手从袈裟中伸出；交脚而坐，右脚置左脚上。

二、相关问题探析

于阗出土这些早期佛陀造像样式的特点，如前所述：头顶的肉髻全有结带，眉间有白毫，右手结的印契置于胸前，垂长的双耳，甚至及肩，颈部健壮，胸腔结实，颈部有两道，有的胸部有莲花纹心相。这些佛陀像多为壁画和泥塑，其面型具有中国于阗人的特点，身披的袈裟讲究装饰，双腿似穿裤，并结带，屈曲而坐，两脚相交……所以这些都引起我们的注意，现就其渊源、依据、表现等方面进行分析与探讨。

1. 于阗早期佛陀像样式的渊源

早在公元1世纪佛陀形象出现起，在贵霜王朝的犍陀罗艺术中，佛陀形象就已经有着自己的一些特点。

首先，佛陀像的头顶有肉髻，而且在肉髻的底端结有束带。这种现象在巴基斯坦拉合尔博物馆所藏的佛传"梵天劝请"图中已经出现（图16）[10]。这尊佛陀像的时代为公元"1世纪倾"，头发显得很自然：把头发向上梳理，整齐地束成一个圆形的高髻。犍陀罗地区出土有许多1—2世纪间的佛陀像，佛陀肉髻底端不仅结带，而且还在前面中央打了一个大结，趋向于装饰，如白沙瓦博物馆藏佛陀立像（图17）、巴基斯坦考古局藏的佛陀坐像等[11]，明显地表现出与剃度的比丘不同，完全是没有剃度的样式。

佛陀像的这种肉髻也相应地进入于阗，成为于阗佛陀像的范本。但于阗是一个重视装饰的地方，匠人们渐渐地将头顶肉髻下端的束带艺术化，于是，就出现了前面所述中央结出装饰纹样，甚之或在底端的两侧也增加了装饰的现象。于阗早期佛陀像的这种肉髻样式与马图拉贝壳状的"卡帕町"（Kapadin）样式显然不同，而是与犍陀罗佛陀像有着紧密的联系。这也说明于阗早期的佛教造像首先是从犍陀罗传入，深深地受到犍陀罗艺术的影响。已故的宿白先生曾将前述于田县喀拉墩出土佛陀像定为魏晋时期的依据看来是充分的，沿着宿先生指导的方向，我们把于阗出土这批早期的佛陀像定为公元3世纪，也被后来几处出土遗物的[14]C测定数据所证实[12]。

其次，犍陀罗的佛陀像在眉间以阳刻的手法雕出一个小小的圆形，表现佛陀眉间右

---

⑩　日本·ハキスタ国交树和巴基斯坦建交50周年纪念"ハキスタニ·カニタラ雕刻展"，2002，图26。

⑪　日本·ハキスタ国交树和巴基斯坦建交50周年纪念"ハキスタニ·カニタラ雕刻展"，2002，图1、特别出品2。

⑫　94KRD61的[14]C测定数据有两个：距今1910±250年（法国科院315所测定），1193±86年（中国社会科学院考古所实验室测定），《新疆克里雅河流域考古调查概述》，《考古》1998年第12期，31—32页。于田胡杨墩的"碳十四测定数据为东汉"（感谢发掘者巫新华博士告知）。

图16　梵天劝请　　　　　　　图17　佛陀立像

旋柔软的细毛，如前述图像。于阗出土的这些早期佛陀像的白毫也不算大，仅是在两眉间点出白色圆形，周围略加晕染使其凸出而已，尤其是于田县喀拉墩出土的造像。只有现存日本和田约特干铜佛头像的白毫被铸造成圆形花饰，极具装饰性。

再次，还有健壮的颈部，颈部的两道、结实的胸膛等都是犍陀罗佛陀像中存在的现象，也出现在于阗早期的佛陀造像中。

最后，关于耳长垂肩。前述于阗出土的这几尊佛陀像的耳垂拉得较长，甚至达到肩部。这种拉长耳垂的形象，在秣菟罗早期佛陀造像中比比皆是（图18）。

图18　佛坐像

以上所述的这些样式与佛经中所述的三十二相、八十种好有所不同，尤其是头顶肉髻的样式与后来的肉髻不同，而是将长长的流动卷发聚集在头顶中央，上束形成一个发髻，并用带子从底端束结。这种样式应该是当地贵族等上层盛行的发型，头顶束髻的世俗化，是现实生活的反映，或称王者化，"我们在贵霜翕侯赫拉欧斯（Heraios）的造像原型中找到依据"[13]，而不同于三十二相规定的那种"顶有肉髻……即顶上有肉，隆起如髻形之相"，"螺发右旋，其色青绀"的仪轨。三十二相的制定应该在佛陀像开始制作以后，根据社会对佛陀形象崇拜发展的需要而出现，并逐渐规范化。这些早期佛陀像的样式与佛陀像产生前马鸣菩萨（约100—160）所叙述的相符，如他在《佛所行赞》所述，佛

⑬　赵玲《印度秣菟罗早期佛教造像研究》，上海：上海三联书店，2012年，144页。

出生时，"如来处世间，两足中为最，净目修且广，上下瞬长睫，瞪嘱绀青色，明焕半月形"。国王请仙人为太子占卜时，"仙人观太子，足下前辐轮，手足网缦指，眉间白毫痣，马藏隐密相，容色炎光明"⑭。因此，从中我们可以看出：①早期佛教著作中，并没有三十二相、八十种好的记载。②佛像产生时，对佛形象的认识比较接近社会生活，接近实际，对佛陀像的表现是参照世俗贵族、王者的形象刻画的；同时，又加进印度民间对吉祥相的传说，头顶束发成髻束带，眉间有白毫，耳垂拉长，胸膛结实等。这些现象随着佛教及其艺术的传播也传入于阗，表现在于阗早期佛陀造像中。

2. 于阗早期佛陀像样式的中国成分

如前所述，早期的佛教造像还没有出现三十二相的规定，比较接近现实。当这些佛陀像传入中国于阗，并被描绘在于阗寺院时，当然也就吸收了当地的文化成分，这种成分也是植根于中华文化的体现。

第一，于阗早期的佛陀造像由于与犍陀罗、秣菟罗自然条件不同，不能像犍陀罗、秣菟罗那样使用绿色片岩、红色砂岩等石质材料雕刻而成。于阗佛陀造像多为彩色绘画，使用中国绘画艺术，多以线条界定轮廓、涂彩法表现身躯和衣着。即使制作塑像也是较多使用泥塑，就地取材地用石膏泥作原料进行塑造。这种泥塑像中间以木棒或草束作支架，用黏土塑制，内掺和羊毛、棉花等细纤维，捏塑成所需要的形象，再在表面涂刷白色石膏，然后用彩色涂染衣服，描绘五官和手脚等细部。这种彩色绘画和泥质彩绘塑像，原料来源丰富，又能较自由地发挥艺术家的技能和特长，创造出精美的作品。

第二，是面部形象的地域化。脸型略呈长圆，脸庞高凸，眉弯，大大的双眼中突出白色巩膜，隐约能看到黑色眸子，黑色眉毛与鼻梁相接，鼻梁挺拔，嘴小，上唇厚，下唇薄，具有中国和田人形象的特点。《魏书·西域传》说，于阗人"貌不甚胡，颇类华夏"。至于胸部绘出莲花纹心相，《观佛三昧海经》卷四指出，比丘修习禅观时，观佛脐相后，可见佛心相，"如来心者，如红莲花，金花映蔽，妙紫金光，以为间错，妙琉璃筒，悬在佛胸"。这既说明佛胸前的图是为莲花纹心相，又反映出于阗佛教早期重视禅观修行。

第三，关于于阗早期佛陀像的体姿。现已发现的这些早期佛陀像躯体残缺不全，其中喀拉墩出土的佛坐像较多为坐姿，佛陀盘腿而坐，两足相交，右足置上；残存的立佛像仅见跣足立于莲花上。约特干有一件收集品是结跏趺坐。至于热瓦克佛陀像的体姿，斯坦因挖掘较多，但该塔院延续时代较长，有些是后来的造像，和田地区博物馆所藏早期造像未见立像。关于佛陀像的手印，现能辨认出有两种：一种是双手相叠置腹前，且右手在下，如图8。另一种是左手置腹前，右手上举从绕于脖际处的袈裟中伸出，有的手指弯曲似握袈裟边缘，如前述图5-1喀拉墩出土佛陀像。有的手置于胸前，甚至拇指与嘴相对，笨拙且不符合仪轨，如图12热瓦克出土佛陀像。看来于阗出土这些佛陀像显得更加稚拙而已。

---

⑭　《大正藏》第4册卷一（No. 0192）。

　　第四，佛陀像的衣饰也表现出自身的特点。现知这些早期佛陀像都是身披通肩式袈裟，一角搭在左肩上，是佛陀及其弟子的标准服饰。但是袈裟都缝缀了边饰，两腿又穿着裤子，又是当地服饰的反映。壁画上，佛陀身披袈裟的颜色不再完全是坏色，也没有表现出襞褶，有的还印染有纹饰，多为绞缬法显出的方胜纹，与当地出土纺织品相似。热瓦克泥塑佛像身披通肩袈裟的一角虽然也是搭在左肩上，但厚厚的袈裟边缘被塑成波浪式，尤其是那些褶襞，似用硬物重重地刻在衣服上，直挺挺地毫无动感，具有石板雕刻的遗韵。同时，喀拉墩佛陀像小腿上露出的似为贴腿的裤，上面还画出一圈圈的结带，如图8中的佛陀在白色裤腿上描绘出红色横条纹，很似上面缠绕着红白色带。喀拉墩61号佛寺墙壁佛陀立像的残存部分，透过袈裟也可以看到佛陀像穿着裤子、上扎结带的现象。这些都反映了新疆古代居民的装束，他们把当地贵族等上层人士的服饰表现在崇拜的佛陀身上。

　　第五，这批壁画的线条流畅精细，涂色讲究晕染，艺术表现力强。首先是以线条勾勒轮廓，融进中华民族绘画传统。用黑线勾勒面部、袈裟的轮廓和莲瓣等，以土红线描绘五官等细部。线条较劲紧有力，简洁流畅，富有动感。其次，这批壁画是于阗早期凹凸晕染法绘画艺术的典型，人物躯体的质感表现得很强，如图2佛头像的面部，以浅红色晕染，突出下视的眼睑，颈部左侧用较浓的色泽晕染，意味着光从右方射来。这是于阗绘画中"屈铁盘丝"式线条和凹凸晕染法"堆起素绢而不隐指"特点的早期表现，是研究于阗画派起源、发展的珍贵资料。

　　总之，于阗早期佛陀像的样式主要受犍陀罗艺术的影响，也有少量的秣菟罗艺术成分，同时，又体现出盛行于古于阗地区中华文化艺术的特色。而且是随着历史的发展，中华文化的艺术特色愈益突出。

The Buddha Statues Style of Early Period in Khotan

Jia Yingyi

The counties of Yutian, Luopu and Hetian of present Hetian region in Xinjiang are approximately the location of ancient Khotan and Yumi in the Han Dynasty, which was also the earliest region in China the belief and arts of Buddhism prevailed. The Buddha statues style of Khotan in early period, namely in the 3rd Century, is different from later one.

The most obvious feature is the usnisa. We notice the Buddha's hair is done up on the top of the head into a bun, and at the bottom of the bun a ribbon is tied into a bowknot or a flower-like knot, sometimes with ornamentation at both sides of it. The urna between eyebrows is small but protruding, with few cases being shaped as a flower-like circle. The Buddha has ears drooping down to the shoulder, and a strong neck and chest. The neck has two wrinkles, while the chest bears lotus images. His right hand is up stretching out from the kasaya around the neck, with fingers holding the edge of kasaya. Some raises the hand to the chest, with thumb toward the mouth. The kasaya has ornamentation on the edge, under which long pants and ribbons can be seen. The costume of Buddha was apparently inspired by the one of local aristocracy.

The Khotan statue might be greatly affected by the Gandhara style of early period, such as the usnisa, while the drooping down ears prove the impact from the early Mathura style. Moreover, the making of Khotan statue, especially the outline drawing, integrated Chinese traditional painting techniques. Moreover, the facial feature, the ornamentations of usnisa and kasaya, as well as the long pants and ribbons show the characteristics of the Khotan people.

敦煌莫高窟观音菩萨与诸神众组合图像考释*

陈菊霞　马兆民

敦煌莫高窟的壁画艺术，历经一百余年的研究，其绝大多数的题材和内容已被考释清楚，但也还有个别的题材和内容尚待研究。像莫高窟第332、449窟甬道顶部和第456窟东壁门南有一组题材非常相近的图像，截至目前，尚未有学者对这组图像做过专题研究。在此，笔者试加以探讨，希望能起到抛砖引玉的作用。

一、图像的绘画时代和基本构图

《敦煌石窟内容总录》将第332窟甬道顶部的图像定为五代，将第449窟甬道顶部的图像和第456窟东壁门南的图像定为宋代①。由此看出，这组图像集中绘制于曹氏归义军时期（五代、宋）。为了方便叙述，暂且将第332窟的这幅图像称为A图，将第449窟的称为B图，将第456窟的称为C图。下面先简单介绍一下这三幅图像的基本构图。

A图（332窟）（图1）中央是一尊站立的大菩萨，菩萨左右两侧各一条幅，每条幅又等分成6方格，每格都绘制人物画。大菩萨下方，即西端，用装饰带隔出一横幅。横幅中央是一朵自下长出的大莲花，在其莲茎下方有两只可爱的鸭子，这表明此横幅是一方水池。水池中，以莲茎为中心，又左右对称分布着六身站立的人物像。

B图（449窟）（图2）东端的壁画已大面积脱落，现留存的壁画不到原壁画的二分之一。从留存的小腿和双脚部分判断，中央绘制的也是一尊大菩萨。大菩萨的两侧，虽然没有像A图

图1　莫高窟第332窟甬道顶部

*　本文系国家社会科学基金一般项目"唐宋敦煌石窟图像与洞窟宗教功能研究"（19BZJ015）阶段性成果。本文有关敦煌石窟的图片系敦煌研究院文物数字化研究所提供，特此感谢。

① 敦煌研究院编《敦煌石窟内容总录》，北京：文物出版社，1996年，136、185、187页。

图2　莫高窟第449窟甬道顶部

图3　莫高窟第456窟东壁门南

（332窟）那样用条幅分隔画面，但同样也各画着一列人物像，其中北侧存三身，南侧存二身。大菩萨下方无横栏，亦对称绘制六身人物像。

C图（456窟）（图3）与B图（449窟）的构图形式相近，中央画一大菩萨，大菩萨两侧各绘制一列人物像，其中北侧存五身，南侧存七身。大菩萨下方是一潭莲水，六身人物对称分布在莲池中。

这三幅图相比较而言，A图（332窟）最为完整，且画面艳丽而清晰。C图（456窟）也相对完整，但画面北侧的人物像非常模糊。B图（449窟）缺损严重，而且，其画面与C图（456窟）相似，都不够清晰。

二、珍贵的榜书题记

上述三幅图都用榜题框的形式来标注各画面的主题和重要内容，但令人遗憾的是，这些榜题框内的题记几乎全部漫漶，只有C图（456窟）残存了零星的几个字。下面先将残存的题记一一列出。

（1）C图（456窟）下方水池的南侧有一身女像，梳山字形高髻，著广袖长裙，双手合十，面北而立。其右上方有榜题云"……主神"。

（2）C图（456窟）南侧的第二身（自下而上的顺序）是一男像，其榜题云"十一者现……"。

（3）C图（456窟）南侧的第五身（自下而上的顺序）人物形象较为特殊，她亦梳山字形高髻，似乎赤裸上身坐于水盆内，左侧榜题云"三图口口国水……"。

（4）C图（456窟）北侧的第二身（自下而上的顺序）人物形象非常模糊，从留存的较长的撇形袖口边缘判断，是为女像，右侧榜题云"……云中図说因"。

虽然残存的榜书题记非常少，却为我们判定画面内容提供了弥足珍贵的线索。前列第一条题记残存有"主神"二字；第二条题记中残存有"水"字，且这身人物有一个显著的特征，就是坐于水盆之中。另外，C图（456窟）北侧最上方的人物右手举着一面四牙旗，很像是风神。因为据《苏悉地羯罗经》记载，风神"手执幢旗"[②]。《佛说造像量度经解》亦云风天"手执风旗"[③]。据赵晓星考证，莫高窟第361窟主室窟顶藻井凹进四壁上绘制十二天，其中风天就手执三牙旗[④]。综合考虑这些题记内容和人物画像特征，A（332窟）、B（449窟）、C（456窟）三幅图的下方和左右两侧绘制的当是水神、风神等各类主神众。

三、主神众的佛典依据

东晋佛驮跋陀罗译《华严经·世间净眼品》列有诸神众[⑤]，依次是金刚力士、道场神、龙神、地神、树神、药草神、谷神、河神、海神、火神、风神、虚空神、主方神、主夜神、主昼神[⑥]。唐实叉难陀译《华严经·世主妙严品》亦列有诸神众[⑦]，分别是执金刚神、身众神、足行神、道场神、主城神、主地神、主山神、主林神、主药神、主稼神、主河神、主海神、主水神、主火神、主风神、主空神、主方神、主夜神、主昼神[⑧]。佛驮跋陀罗译本和实叉难陀译本所列的诸神众大体相同，当然，个别神众的名称也存在差异，如佛驮跋陀罗译本称"金刚力士""谷神"，而实叉难陀译本称作"执金刚神""主稼神"等；实叉难陀译本又多出"身众神""足行神""主山神"和"主水神"等。

实叉难陀译本中多出的"主水神"值得我们注意，因为前述C图（456窟）南侧的

---

②　（唐）输波迦罗译《苏悉地羯罗经》，《大正藏》第18册，东京：大正一切经刊行会，昭和三年（1928），630页。

③　（清）工布查布译解《佛说造像量度经解》，《大正藏》第21册，东京：大正一切经刊行会，昭和三年（1928），948页。

④　赵晓星《莫高窟第361窟主室窟顶藻井坛城辨识》，《敦煌吐鲁番研究》第十五卷，上海：上海古籍出版社，2015年，143页。

⑤　此经共有六十卷，又称六十华严。

⑥　（东晋）佛驮跋陀罗译《大方广佛华严经》，《大正藏》第9册，东京：大正一切经刊行会，大正十四年（1925），395—396页。

⑦　此经共有八十卷，又称八十华严。

⑧　（唐）实叉难陀译《大方广佛华严经·世主妙严品》，《大正藏》第10册，东京：大正一切经刊行会，大正十四年（1925），2—3页。

第五身人物就坐于水盆内，其题记云"三囧□□囯水……"。从其题记和特征看，她应是主水神。由此判断，C图（456窟）应是依据实叉难陀译《华严经》以及该经的疏、注、论等而绘制。这与敦煌石窟中大量的《华严经变》的经本依据是一致的，都主要依据实叉难陀译本而绘制⑨。

A图（332窟）和B图（449窟）是与C图（456窟）非常相近的题材和内容，我们辨明了C图（456窟）的经本依据，也就等于获知了A图（332窟）和B图（449窟）的依据，它们都应是依据实叉难陀所译的《华严经》及其疏、注、论等而绘制。下面我们就参照实叉难陀译本和其相关疏、注、论对A（332窟）、B（449窟）、C（456窟）三幅图中的诸神众展开细致的辨识。

四、青、赤、白、黑、黄五帝

在A（332窟）、B（449窟）、C（456窟）三幅图的下方都有六身人物像，我们先将左侧的五身作为一组来考察。

从人物的造型和持物来看，这五身人物像与敦煌藏经洞出土的二幅绢画和纸画中的五星神非常相似。这二幅绢画和纸画的编号分别是Ch.liv.007和P.3995。

Ch.liv.007是一幅绢制彩绘挂幅（图4）。它左上角的榜书题云："炽盛光佛并五星神，乾宁四年（897）正月八日，弟子张淮兴画表庆记。"⑩学者依据题记将其称为《炽盛光佛并五星神图》。这是有明确纪年的最早的炽盛光佛并五星神图。

P.3995是一幅纸质彩绘挂幅（图5）。赵声良先生认为它与Ch.liv.007《炽盛光佛并五星神图》是"同一时期的作品"⑪，即绘制于晚唐。孟嗣徽先生将其定名为《炽盛光佛与诸曜星官图》⑫。如果参照上列Ch.liv.007《炽盛光佛并五星神图》中的题名，或许将其定名为《炽盛光佛并诸曜星神图》更为贴切一些。

关于Ch.liv.007《炽盛光佛并五星神图》和P.3995《炽盛光佛并诸曜星神图》，很多学者都曾作过讨论和研究，他们已判定出围绕在炽盛光佛周围的五身人物为金、木、水、火、土五星⑬。而且，孟嗣徽先生也指出：

> 五星的形象与《梵天火罗九曜》《七曜攘灾诀》中的描述及其图像基本相符。尽管人物在各个时期中衣冠有所变化，但头饰和手持道具的变化未超出过佛经及其图像所限定的范围⑭。

---

⑨　海住《莫高窟华严经变相的考察》，《2000年敦煌学国际学术讨论会文集·石窟考古卷》，兰州：甘肃民族出版社，2003年，135页。

⑩　松本荣一《敦煌画の研究·图像篇》，京都：同朋舍，昭和六十年（1985），339页。

⑪　赵声良《莫高窟第61窟炽盛光佛图》，《西域研究》1993年第4期，62页。

⑫　孟嗣徽《炽盛光佛变相图图像研究》，《敦煌吐鲁番研究》第二卷，北京：北京大学出版社，1997年，101页。

⑬　松本荣一《敦煌画の研究·图像篇》，339—340页；《西域敦煌》第1卷，东京：讲谈社，昭和57年（1982），320—321页。

⑭　孟嗣徽《炽盛光佛变相图图像研究》，127页。

图4　Ch.liv.007《炽盛光佛并五星神图》

图5　P.3995《炽盛光佛与诸曜星神图》

现将A图（332窟）中的这五身人物像以自南向北的顺序依次与Ch.liv.007《炽盛光佛与五星图》、P.3995《炽盛光佛并诸曜星神图》和《梵天火罗九曜》《七曜攘灾诀》中的五星神的造型、持物和文字描述加以列表比较（表1）。

表1　A图（332窟）下方左侧五身人物像与五星神对比表

第332窟	星名	P.3995	Ch.liv.007	七曜攘灾诀[15]	梵天火罗九曜[16]
女相，白练衣，冠饰不清楚，弹琵琶	金星	女相，着红衣，头戴鸡冠，弹琵琶	女相，女练衣，头戴鸡冠，弹琵琶	女人，着黄衣，头戴鸡冠，手弹琵琶	形如女人，头戴首冠，白练衣，弹弦
女相，着红衣，冠饰不清，拟右手持笔，左手执卷	水星	女相，着红衣，头戴猴冠，右手持笔，左手执卷	女相，着青衣，头冠上饰蹲猴，右手持笔，左手执卷	女人，着青衣，带（戴）获（猴）冠，手执文卷	状妇人，头首戴猿冠，手持纸笔
卿相，着红衣，冠饰不清楚，双手捧果盘	木星	卿相，着红衣，头戴豬冠，双手捧果盘	卿相，着蓝衣，头戴豬冠，双手捧果盘	老人，着青衣，带（戴）猪冠，容貌俨然	形如卿相，著青衣，戴亥冠，手执华果

⑮　（唐）金俱吒《七曜攘灾诀》，《大正藏》第21册，449页。
⑯　《梵天火罗九曜》，《大正藏》第21册，459、460、461页。

续表

第332窟	星名	P.3995	Ch.liv.007	七曜攘灾诀	梵天火罗九曜
半裸，愤怒状，头发竖起，头饰不清楚，四臂，上臂右手举剑，左手握棒；下臂右手持箭，左手持弓	火星	半裸，愤怒状，头发竖起，饰马冠，四臂，上臂右手拿箭，左手持弓；下臂右手持剑，左手持三叉戟	半裸，两眼圆瞪，身上肌肉凹凸，似天王状，头发竖起，饰马冠，四臂，上臂右手举箭，左手持弓；下臂右手持剑，左手持三叉戟	作铜牙赤色貌，带噴色，驴冠，著豹皮裙。四臂，一手执弓、一手执箭、一手执刀	形如外道，首戴驴冠，四手，兵器刀刃
婆罗门装，牛冠，曲肘，两手上举	土星	婆罗门装，牛冠，右手持锡杖，左手牵绳	婆罗门装，牛冠，右手持锡杖，左手牵绳	似婆罗门，色黑，头带（戴）牛冠，一手柱杖，一手指前，微似曲腰	形如波（婆）罗门，牛冠首，手持锡杖

　　从表1可看出，A图（332窟）中的这五身人物的形象特征与金、水、木、火、土五星是一致的（图6）。然而，我们还不能贸然将他们定为五星神，因为与这五身人物并排站立的还有一女子。我们在上文中已提及，这身女子在C图（456窟）中的题记是"……主神"，如果结合C图（456窟）南侧有水神和风神考虑，这五身人物也应该属于前列《华严经》所记载的神众。

图6　莫高窟第332窟甬道顶部下方之五帝

　　我们试着寻找这五身人物与《华严经》所记述的诸神众的关系。在实叉难陀译本所列的诸神众当中，有主方神。该译本也写明，主方神是有无数无量个，并列举了其中的十位，他们是遍住一切、普现光明、光行庄严、周行不碍、永断迷惑、普游净空、大云幢音、髻目无乱、普观世业、周遍游览主方神[17]。而澄观所撰的《华严经疏》又说：

---

⑰　（唐）实叉难陀译《大方广佛华严经·世主妙严品》，《大正藏》第10册，3页。

"主方神，即东方青帝等类也。"⑱澄观述、净源录疏注经的《华严经疏》又吸收上述两种说法指出，主方神既包括东方青帝等类，又包括前列的遍住一切等神众⑲。此外，《华严经疏钞会本》还详细罗列了"东方青帝等类"，文云：

> 东方，甲乙，木，其色青，故东方为青帝。南方，丙丁，火，其色赤，为赤帝。西方，庚辛，金，其色白，为白帝。北方，壬癸，水，其色黑，为黑帝。中央，戊己，土，其色黄，为黄帝⑳。

由此可知，"东方青帝等类"是指青、赤、白、黑、黄五帝。

《华严经疏钞会本》所记述的青、赤、白、黑、黄五帝的特征又与木、火、金、水、土五星有着高度的相似性。如《七曜攘灾决》记载，木、火、金、水、土五星分别对应的是东方、南方、西方、北方和中方㉑。《续一切经音义》又说，木星，木之精也，其色青；火星，火之精也，色赤；金星，太白金之精，其色白；水星，水之精，其色黑；土星，土之精，其色黄㉒。既然青、赤、白、黑、黄五帝与木、火、金、水、土五星的特征完全相同，那么，A（332窟）、B（449窟）、C（456窟）三幅图将主方神青、赤、白、黑、黄五帝绘制成与木、火、金、水、土五星相同的形象也就很容易理解了。

B图（449窟）和C图（456窟）下方的五身人物像与A图（332窟）中五身人物的造型非常类同，他们也应是青、赤、白、黑、黄五帝。只是，在C图（456窟）中，白帝和黑帝的位置做了互换。

五、执金刚神、身众神

在三幅图的右侧下方有一身药叉形的人物。他在B图（449窟）中的形象较模糊，看不清他的动作和表情。在A图（332窟）和C图（456窟）中的形象类同，均为坐姿，裸上身，头发竖起，左手垂下，右手举至头顶。在C图（456窟）中，还能看出他右手拿的是金刚杵。

在实叉难陀所译《华严经》中，所列诸神之第一位即执金刚神。慧苑述《续华严略疏刊定记》云"初金刚神众……神执金刚杵"㉓。《一切经音义》说，执金刚神，"谓

---

⑱ （唐）澄观《大方广佛华严经疏》，《大正藏》第35册，东京：大正一切经刊行会，大正十五年（1926），538页。

⑲ （唐）澄观述、（宋）净源录疏注经《大方广佛华严经疏》，《续藏经》第7册，河北省佛教协会印行，2006年，656页。

⑳ （唐）实叉难陀译、（唐）澄观述《大方广佛华严经疏钞会本》，《乾隆藏》第133册，北京：宗教文化出版社，2010年，72页。

㉑ （唐）金俱吒《七曜攘灾决》，《大正藏》第21册，428页。

㉒ （宋）希麟集《续一切经音义》，《大正藏》第54册，东京：大正一切经刊行会，昭和三年（1928），953页。

㉓ （唐）慧苑述《续华严略疏刊定记》，《续藏经》第3册，606页。

手执金刚杵，因以为名"㉔。这身药叉形的人物当是执金刚神。

　　在A图（332窟），与执金刚神同处一格的还有一身男像，他位于右侧。在B（449窟）、C（456窟）二幅图中，这身男像的位置略有变化，都位于执金刚神的上方。在三幅图中，这位男子的服饰大体类同，头戴直脚幞头，穿红色窄袖长袍，腰系革带。但人物形体略有差别，在A图（332窟）中，他为正面像，身体略侧向南。在B图（449窟）和C图（456窟）中，他双手合十，侧向大菩萨站立。

　　在三幅图中，这身男子都紧邻执金刚神，这表明他很可能是身众神。实叉难陀译《华严经》云：身众神"普为众生供养诸佛"㉕。《续华严略疏刊定记》云："此神即是菩萨同生同名，随类生身。二谓此神专以变化多身而为佛事，故立其名。"㉖在C图（456窟）中，其题记残曰"十一者现……"，或许该题记就是表述此经义。

六、主河神、主海神、主水神、主火神、主风神

　　在身众神的上方，以竖列的形式绘制着女像。B图（449窟）因壁面大面积脱落，现仅残存一身女像，且其头部和右臂部分也已脱落。A图（332窟）和C图（456窟）相对保存完整，各有五身女像，她们或坐、或立，形态各异。现将这二幅图中的五位女子形象用表格形式描述如下（表2）。

表2　A、C图右侧五身女像对比表

	C图（456窟）南侧	A图（332窟）北侧
第五行	一女子，站立，广袖长裙，山形冠，右手执旗，面北而立	壁画上粘有泥块，具体画面看不太清楚，似乎是站立的一女子
第四行	一女子，站立，广袖长裙，山形冠，面北而立	一女子，似站立在房屋前
第三行	一女子，山形冠，似半裸，坐于水盆中	一女子，上身似乎半裸，坐在胡床的一个圆形器物中
第二行	一女子，坐在胡床上，双手举起，放置脸部	一女子，单腿盘坐在方凳上，双手举起，放置脸部
第一行	一女子，广袖长裙，山形冠，拱手，面北而立	一女子，站立在树旁，双手举于胸前，持物不明

　　我们在前文中已指出，表2所列C图（456窟）第三行的女像为主水神，其题记云"三□□□水……"；第五行的女像为主风神。如果参照实叉难陀译《华严经·世主妙严品》中诸神的排列顺序，我们可知，表2第一行至第五行的女像分别是主河神、主海神、主水神、主火神和主风神。

㉔　（唐）慧琳《一切经音义》，《大正藏》第54册，358页。
㉕　（唐）实叉难陀译《大方广佛华严经·入法界品》，《大正藏》第10册，330页。
㉖　（唐）慧苑述《续华严略疏刊定记》，《续藏经》第3册，606页。

七、主　稼　神

　　在三幅图下方的右侧有一身女像，其双手在袖内相拱或合十。其服饰因时代而略有差异，在A图（332窟），她著中袖短襦长裙；在B图（449窟）和C图（456窟），她著广袖长裙。在C图（456窟），其题名曰"……主神"。她究竟是哪一位主神呢？

　　我们先来看一下她所在的位置。在A图（332窟），她位于执金刚神和身众神的正下方；在B图（449窟）和C图（456窟），她位于执金刚神的右侧或右下方。而执金刚神和身众神的上方又分别是主河神、主海神、主水神、主火神和主风神。

　　实叉难陀译《华严经》所列的神众有19位，执金刚神和身众神分处第一和第二位，主河神至主风神五位神众分处第十一至十五位。从三幅图下方右侧的主神所处位置，以及三幅图右侧的"主河神"等五位神众的布局顺序来看，这身主神很可能是"主河神"之前的"主稼神"。据《大方广佛华严经随疏演义钞》记载，主稼神、主河神、主海神、主水神、主火神、主风神、主空神、主方神、主夜神、主昼神这十众配十行[27]。而《新华严经论》又云："十众诸神主稼神为首，各以自所得法门叹佛十行之果。"[28]由此可见，主稼神的重要性与其在三幅图下方的右侧位置分布是相符的。

八、主夜神、主昼神等

　　我们再来看三幅图左侧的人物像。B图（449窟）因壁画脱落，仅残存了两身女像。最下方一身是站姿，穿广袖长裙，其左手似拿一巾类物品。其上方是一位坐着的女子，亦著广袖长裙，持物不明。在A图（332窟）的左侧有六身女像，都以条格形式表现；在C图（456窟）的左侧是五身女像。现将这二幅图中的女子形象用表格形式描述如下（表3）。

表3　A、C图左侧女像对照表

	C图（456窟）左侧	A图（332窟）左侧
第六行		壁画上粘有泥块，具体画面看不清楚，似乎还是一位女子
第五行	一女子，广袖长裙，面南而坐	一女子，站立在房屋前
第四行	一女子，站姿，图像模糊	一女子，坐在胡床上，双手举至头部
第三行	似一女子，图像模糊	一女子，坐姿，似在弹琴
第二行	似一女子，图像模糊	一女子，坐在胡床上
第一行	一女子，面南而坐	一女子，站姿，双手举起，似双手拿巾类物品

㉗　（唐）澄观述《大方广佛华严经随疏演义钞》，《大正藏》第36册，东京：大正一切经刊行会，昭和二年（1927），145页。
㉘　（唐）李通玄撰《新华严经论》，《大正藏》第36册，774页。

C图（456窟）左侧的人物像非常模糊，表3第二行人物的题记隐约能识读出几个字，即："……云中☐说☐"。这令我们想起了《华严经》所记述的有关夜神的内容。实叉难陀译《华严经》云：

> 尔时，善财童子发是念已，即诣喜目观察众生夜神所。见彼夜神在于如来众会道场，坐莲华藏师子之座，入大势力普喜幢解脱，于其身一一毛孔出无量种变化身云，随其所应，以妙言音而为说法，普摄无量一切众生，皆令欢喜而得利益㉙。

经文所言"于其身一一毛孔出无量种变化身云，随其所应，以妙言音而为说法"与第二行人物"……云中☐说☐"之题记较一致。当然，此处需要说明的是，该段经文是描写喜目观察众生夜神的，而该神名并没有出现在实叉难陀译《华严经·世主妙严品》所列的十位主夜神名单中㉚，但是，《华严经》也明确表明，主夜神是有无量无数个，而且，《入法界品》亦将喜目观察众生称为主夜神㉛。可见，C图（456窟）左侧第二行的主夜神应该是指喜目观察众生主夜神。

既然C图（456窟）左侧的第二行为主夜神，那么，第一行的女像很可能是主昼神。下面我们从其所处的位置做进一步的论证。

我们在前文中谈到，C图（456窟）右侧的身众神的题名言其为"十一者"，而同侧的主水神题名亦言为"三者"，这说明三幅图左右两侧的神众是有排序的。从主水神"三者"和身众神"十一者"的排序，以及他们的排列位置看，排序应该是从身众神之上的主河神开始的，即一主河神、二主海神、三主水神、四主火神、五主风神。然后，又从左侧开始，以自上而下的顺序排列五位神众，最后，再给身众神和执金刚神排序。由此，身众神被排为"十一"。

依照这样的排列顺序，我们可推知，主夜神下方的神众应是主昼神。关于主夜神之上的三位神众，我们也可依据实叉难陀译《华严经》中诸神众的排列顺序来进行推定。主夜神之前的神众依次有主方神、主空神、主风神、主火神、主水神、主海神、主河神、主稼神、主药神、主林神、主山神等，而其中主方神、主风神至主河神之五神众，以及主稼神都已被绘制，主夜神之上方的三位神众只能是主空神、主药神和主林神。

在A图（332窟），其左侧为六身女像，较C图（456窟）多出一身，按照刚才的推定方式，这身女像应是主山神。

可见，C图（456窟）左侧自下而上的神众是主昼神、主夜神、主空神、主药神和主林神。A图（332窟）左侧自下而上的神众应是主昼神、主夜神、主空神、主药神、主林神和主山神。

如果观察三幅图，我们会发现，除执金刚神、身众神和五帝外，其他神众都被绘成了女像，这与相关的佛典记载是相符的。《新华严经论》云："如主道场神、主城神、主地神等，总是女神，为明慈悲故。而实体中非男非女，但随事现示。"

㉙　（唐）实叉难陀译《大方广佛华严经·入法界品》，《大正藏》第10册，373页。
㉚　（唐）实叉难陀译《大方广佛华严经·世主妙严品》，《大正藏》第10册，3页。
㉛　（唐）实叉难陀译《大方广佛华严经·入法界品》，《大正藏》第10册，375页。

九、观音菩萨

三幅图的中央均绘制大菩萨。B图（449窟）的大菩萨缺损严重，仅存小腿和脚部。A图（332窟）和C图（456窟）的相对保存完整。

大菩萨均站立于莲花之上，有头光，戴高冠，C图（456窟）的宝冠正中有化佛。均三面多臂，A图（332窟）是六臂，C图（456窟）是八臂。菩萨的六臂都手握一条巾帛。这条巾帛是从菩萨的头顶呈倒U字形向两侧曲折落下，其下端套圈着鬼形人物。A图（332窟）各有四小鬼，其中两身体呈红色，另两身呈绿色；C图（456窟）各有两小鬼，其中一鬼举剑。因C图（456窟）的大菩萨是八臂，其另外两臂举至胸前，左手握莲蕾，右手持杨柳枝。

从C图（456窟）菩萨头顶有化佛，其中两手拿莲蕾和杨柳枝等特征判断，这身菩萨应是观音。《敦煌石窟内容总录》也将第332、456窟中的这一大菩萨称之为观音[32]。

十、观音与诸神众的组合形式

A（332窟）、B（449窟）、C（456窟）三幅图的构图形式，与观音救八难的布局形式较为类同，中央都绘制观音大菩萨，左右两侧布置人物情景。就观音菩萨与诸神众的配置来说，目前所能见到的，好像只有A（332窟）、B（449窟）、C（456窟）这三幅图。

观音菩萨与诸神众这样独特的图像配置在《大正藏》中查不到直接的经典依据。我们尝试寻找其关联性。《续华严经略疏刊定记》云："……又此三十九众，为显守护三世间故。有三类别，初、金刚及足行神二众，守护智正觉世间；二、道场神已下至主昼神，守护器世间；三、身众神及阿修罗已下，并守护众生世间。"[33]《显密圆通成佛心要集》又解释说："一、器世间，为一切国土；二、众生世间，谓一切有情；三、智正觉世间，谓一切圣人。"[34]《法华经科拾》云：

> 则观是大士，寂照双流，权实无碍之智。断惑证真，因此自利；拔苦与乐，因此利他。……曰观世，即器世间、众生世间、智正觉世间，此皆大士所化之境也。音即所被，亦即能感之机，而有二种，谓音声与心声也。若大士以同体慈，现三十二妙容，说十九尊教。而与其乐，是为显应冥感心声之机。若大士以同体悲，遍施无畏，而拔其苦，是为冥应显感称名之机也。……是故异

㉜ 敦煌研究院编《敦煌石窟内容总录》，136、187页。

㉝ （唐）慧苑述《续华严经略疏刊定记》，《续藏经》第3册，河北省佛教协会印行，2006年，606页。

㉞ （元）道殿集《显密圆通成佛心要集》，《大正藏》第46册，东京：大正一切经刊行会，昭和二年（1927），990页。

音殊感，皆能渐拔三乘权人，此能顿收。故合称曰观世音菩萨普门品[35]。

经文明言"器世间、众生世间、智正觉世间，此皆大士所化之境也"。而执金刚神等诸神众又是器世间、众生世间和智正觉世间的守护神众。另外，A（332窟）、B（449窟）、C（456窟）三幅图中的观音有个非常特别的画面，即观音菩萨巾帛下端套圈着鬼形人物。此当表现救恶鬼难。《妙法莲华经》云："若有无量百千万亿众生受诸苦恼，闻是观世音菩萨，一心称名，观世音菩萨即观其音声，皆得解脱。……若三千大千国土，满中夜叉、罗刹，欲来恼人，闻其称观世音菩萨名者，是诸恶鬼，尚不能以恶眼视之，况复加害。"[36]

结　语

通过上文的考证，我们逐个辨明了三幅图像中的人物身份，即中央大菩萨是观音菩萨，其巾帛下端套圈着鬼形人物，应是表现救恶鬼难。观音菩萨的左右两侧和下方绘制的是出自实叉难陀译《华严经》及其疏、注、论所列的诸神众，主要有执金刚神、身众神、主山神、主林神、主药神、主稼神、主河神、主海神、主水神、主火神、主风神、主空神、主方神、主夜神、主昼神等。

据《续华严经略疏刊定记》记载，执金刚神等诸神众是器世间、众生世间和智正觉世间的守护神众。而《法华经科拾》又说，器世间、众生世间、智正觉世间是观音菩萨所化之境。这应该是A（332窟）、B（449窟）、C（456窟）三幅图将观音菩萨与诸神众组合绘制的重要考量。

总之，莫高窟第332、449窟甬道顶部和第456窟东壁门南绘制的是观音菩萨与执金刚神等诸神众的组合图像。

莫高窟第341窟甬道顶部的图像与我们前揭文中讨论的三幅图像关系密切，可以说，它是三幅图像的简化版，只画了三面六臂的观音菩萨，其余诸神众，都统统省略。《敦煌石窟内容总录》将其绘画时代定在五代[37]。

关于第332、449、456、341窟这四幅图像的绘制原因，以及与各窟中其他图像之间的关系，将在另文中讨论。

---

[35]　（清）佛闲立科、智一拾遗《法华经科拾》，《续藏经》第33册，河北省佛教协会印行，2006年，424页。

[36]　（姚秦）鸠摩罗什译《妙法莲华经》，《大正藏》第9册，东京：大正一切经刊行会，大正十四年（1925），56页。

[37]　敦煌研究院编《敦煌石窟内容总录》，140页。

Images of the Combination of Avalokitesvara Bodhisattva and Various Deities in the Mogao Grottoes of Dunhuang

Chen Juxia & Ma Zhaomin

The motifs on the corridor ceiling of the Mogao Caves 332 and 449 are similar to the one on the south side of the entrance wall of the Cave 456. Their basic composition is a central standing bodhisattva in large scale surrounded by deities at both sides and bottom. According to the incomplete inscription preserved in the Cave 456, all the surrounding deities can be found in *Buddhāvatajsakamahāvaipulya Sūtra* translated by Siksananda or in the commentaries and sastras of this sutra. They are Vajradhara and deities respectively in charge of mountains, woods, medicine, crops, rivers, seas, water, fire, winds, emptiness, directions, nights and days. The central bodhisattva is Avalokitesvara, inside the lower loop of whose scarves appearing a ghost-like figure. So the image can be identified as the scene of Avalokitesvara rescuing people from devil ghosts. According to the *Commentary on the Buddhāvatajsakamahāvaipulya Sūtra* by Hui Yuan in the Tang dynasty, the surrounding deities are the ones guarding three spheres of existence (*loka*) which was transformed by Avalokitesvara as recorded in *Fahuajing Keshi* (lit. *Commentary on the Garland Sutra*). In general, the images in the Caves 332, 449 and 456 should be the one of the combination of Avalokitesvara and various guarding deities.

月氏五翎侯[*]

作者 傅鹤里 撰；庆昭蓉 译

[译者按]本文论旨首次发表于2017年9月26日欧洲喜马拉雅与中亚文明研究学会（Société Européenne pour l'Étude des Civilisations de l'Himalaya et de l'Asie Centrale）为作者举办之特别讲演，题为"翻越帕米尔——重新思考从马埃斯·提提安努斯乃至马可波罗的古典记述"（Crossing the Pamirs – Reflections on classical accounts from Maes Titianus to Marco Polo），正式论文题为"The five Yabghus of the Yuezhi"，刊登于《亚洲研究所集刊》（Bulletin of the Asia Institute）第28辑（2014），1—43页，2018年底付梓。

作者傅鹤里教授（Prof. Dr. phil. Harry Falk），亦曾译哈利·福克[①]，1947年生于埃门丁根（Emmendingen）。1977年藉古印度寓言集《五卷书》（Pañcatantra）研究取得博士文凭，1984年获印度学教授资格，1993年起执掌柏林自由大学印度学系，2001年选为德国考古研究院通信院士。早期研究侧重吠陀等古典，其后潜心金石考古，乃当世佉卢文研究者首席之一。专著包括《古印度文字》（Schrift im alten Indien：Ein Forschungsbericht mit Anmerkungen，1993）、《阿育王时期遗址与器物》（Aśokan sites and artefacts：A Source-book with bibliography，2006）、《犍陀罗出土印章、封泥与徽记》（Seals，sealings and tokens from Gandhāra，2011）等作品。2013年，教授于柏林组织并召开"贵霜史料国际学术研讨会"（Symposium on literary sources on the History of the Kushans）。会议期间，教授积极主张以迦腻色伽一世（Kaniṣka I）统治期间建立的贵霜纪元元年即公元127年为史料编年之操作性前提（working hypothesis），会议研讨成果汇编成书，即H. Falk（ed.），Kushan histories：Literary sources and selected papers from a symposium at Berlin，December 5 to 7，2013（Bremen：Hempen，2015），下称《贵霜史丛》。

本文《月氏五翎侯》较《贵霜史丛》更进一步探讨公元前后之贵霜（大月氏）疆域及丝绸之路贸易体系。文中注重希腊罗马及汉文古籍，尤重《汉书·张骞传》以及《史记·大宛列传》。后一种资料云："大宛在匈奴西南，在汉正西，去汉可万里。……其

---

[*] 本译作的发表，感谢《西域文史》辟出篇幅，同时感谢《亚洲研究所集刊》主编Carol Bromberg女史惠予授权。又，本文翻译期间，承蒙京都大学吉田豊、稻叶穣二教授协助，得以进入京都大学书库核查藏书，2019年9月柏林之行，则获大阪大学松井太教授科研项目（JSPS KAKENHI Grant JP17H024010）资助，在此谨申谢忱。

[①] 即哈利·福克（Harry Falk）著、中华原始佛教会译《释迦佛陀的舍利——1898年迦毗罗卫城考古出土佛陀遗骨之真相》，台北：中道禅林，2018年；译自H. Falk，"The ashes of the Buddha"，Bulletin of the Asia Institute，vol. 27（2013），2017，pp. 43-75。

北则康居，西则大月氏，西南则大夏，东北则乌孙，东则扜罙、于窴。……大月氏在大宛西可二三千里，居妫水北。其南则大夏，西则安息，北则康居。……始月氏居敦煌、祁连闲〔间〕，及为匈奴所败，乃远去，过宛，西击大夏而臣之，遂都妫水北，为王庭。"（划线为译者所加）。这些叙述勾连到教授长年悬念的《汉书·西域传》"大月氏西破走塞王，塞王南越县度，大月氏居其地"等关键陈述。其五翖侯及"大宛""索格底亚那"等诸多考证确当与否，留待读者评断；然而此文并非否定至今学者对索格底亚那本土（the Sogdiana proper）地望的基本认识，而是关注古代西方人对于"索格底亚那"此一名词的认知方式及其变迁。这牵涉到的不仅是政体疆界，还有"人"的活动方式与移动范围，从而本文对帕米尔地区及其周缘路段交通之分析与民族志、探险资料的征引不乏引人入胜之处。一言以蔽之，教授对五翖侯驻地分布的看法是"既狭且广"：其假说中的五翖侯控制地域超出巴克特里亚本土，但也并非将月氏全域一分为五，而是带状式的沿五条主要干道分布。

　　拙译酌依《西域文史》体例调适，将原文之文末注（如下注6、8等）、文末书目（如下注7、9等）、译注合并为页下注，并仿《西域文史》第10辑张广达等译《关于鸠摩罗札记》，凡采自教授原文注释的脚注开头均提示原始注码。除了这类调整，译文中所有圆括号均为原文所有，译者增添部分均以〔〕表示或加注"译注、译按"，极少数原文固有之方括号另加说明。又，原文炼句精简，为便青年学子理解，兹据汉语语法或上下文补充文意；包括图4、图5在内的添补较多之处均经作者本人首肯或阐释。为此译者于2019年9月11日访教授府上磋商厘定，其凡未特别标示日期者，均系当日修订结果。其中少数英文语句之凝缩实乃最后编校与篇幅整理过程所致，中译则以通畅周到为前提。唯此译文沿教授习惯，亦即对于那些地望既已颇为肯定，抑或汉字形音带有分歧、破读的古汉语地名——例如古莎车、车师之类——在论述地理距离时原则上以现代地名表示，必要时括注汉代地名。至于文中频繁指涉的Oxus河，依文脉可指阿姆河（Amu Darya）或其上游河段；泛称时译"乌浒"，针对特定汉籍时则译"妫水"。同理，文中的Sogdiana或者说Sogdia亦依其时代而分别译作索格底亚那、索格底亚。译名待定或纷繁不一者保持欧文拼写。例外是少数关键地名如达斡兹（Darwaz）、鲁珊（Roshan）、衮特河（Ghunt）、舍瓦湖（Shewa Lake）等，为使行文顺畅，不得不有所试拟②。

　　教授谦称此文不乏瑕疵，特请读者海涵。英文本最基本刊误在译文中予以更正，较重要者加注提示。此外，原文不幸挂漏一些最新议论，诸如余太山先生之《塞种史研究》（北京：商务印书馆，2012年）；葛乐耐教授对Kampyr-Tepe遗址的集中授讲（*Annuaire du Collège de France* 2013-2014，2015，pp. 70-77）；M. Inaba（稻叶穣）"Central Asia in the eighth century: Wukong's itineraries between China and India"（2016年1月奥地利科学院宣读论文）；张德芳《河西汉简中的大月氏》（荣新江、罗丰主编

---

② 达斡兹在今阿富汗巴达赫尚省北部，喷赤河左岸，略当下文图6加尔姆、霍罗格之中点；鲁珊在达斡兹东南不远处而位于塔吉克境内，即巴尔唐河汇入喷赤河处。这些地名足以令人想起徐松《西域水道记》卷一所记"滚""罗善""达尔瓦斯"等地名〔见朱玉麒整理《西域水道记（外二种）》，北京：中华书局，2005年，52页〕，待考。

《粟特人在中国——考古发现与出土文献的新印证》，北京：科学出版社，2016年，630—643页）；桑山正进先生近作《贵霜丘就却の殁年》[《东方学报》（京都）第九十二册，2017年，77—134页]、J. Cribb，"Kujula Kadphises and his title Kushan Yavuga"，*Sino-Platonic Papers*，No. 280，2018等。尽管如此，兹将译注控制在最小限，所注内容基本只涉及汉籍原文参照以及专名释词，以免影响读者阅读节奏。

　　毋庸讳言的是，教授对中、日研究比较隔膜。举例而言，本文第六节引John E. Hill氏考证"初，月氏尝助汉击车师有功"一事年代，未察余太山系年相同（见余太山《贵霜史研究》，北京：商务印书馆，2015年，61—62页）；又如本文第四节称马迦特的五翎侯考证未获广泛赞誉，但马迦特观点在东亚流响甚广；再如本文主张塔什库尔干乃汉、月氏边界，1912年白鸟库吉《西域史上の新研究（二）大月氏の疆域》一节亦已指出，而白鸟也早就根据《汉书·西域传上》"无雷国……西与大月氏接"等叙述推测该国在瓦恰河（"Vach河"，见榎一雄编《白鸟库吉全集》第六卷，东京：岩波书店，1970年，121—164页，尤见160页）。所以若干西方读者或许会感到比较新鲜的观点，在本刊读者眼中未必全然陌生。

　　顾本文虽非无懈可击，亦未必全属按图索骥——教授不只西方古典修养甚高，还拥有丰富旅行考察经验，见识有独到之处。不论其立论允当与否，在今日西方学界特别是钱币金石学领域依然弥漫的疑古风气中，此文毕竟具有积极意义，其地图、书目之丰富亦颇利学术推展。是以译者不揣鄙陋，谨以此粗疏译文为献，如能借此促进相关议题，则是译者大幸。

导　论

　　本文旨在探索中亚商路对于贵霜国（Kushan state）发展的贡献以及五翎侯在其开疆拓土过程中扮演的角色。一项广泛为人接受的理论范式将贵霜人的先祖勘在"北巴克特里亚"（northern Bactria），也就是介于乌浒河北岸与泽拉夫善（Serafshan）山脉南麓，西抵铁门而东至帕米尔之境。这片境域范围估计[南北]不到200千米，[东西亦]不过300千米。该标准范式将月氏人，也就是"贵霜人"尚未正式以此名称面世之前身，视为山牧季移之畜牧民族而游徙于乌浒河畔及其北方之索格底亚那群山中（图1）。自立为王并首度以"贵霜"自号的丘就却（Kujula Kadphises）在约莫公元30年前后施展的雄才大略[3]，令他自己以及接连几代嗣任者主宰北印度将近七十年。[从而]本文发轫于下述疑问，即一个游牧部落用兵北印度之际，何以能负担与西面、南面劲敌交兵期间如此旷日持久而又战线绵长的财务军需？本文尝试提出的解答则是，早在丘就却崛起之数十年以前，五位称为翎侯（*yabghu*）的地方统治者便已经调控着发自[今日]新疆西陲乃至巴克特拉（Bactra）西侧地区以及南下兴都库什山岭这一大片地域的数条商路。这片地域[东西]绵亘逾800千米，扼守大多数从中国通往西方与南方

———————————

③　译注：作者对于丘就却攻灭四翎侯的系年观点载《贵霜史丛》85页。

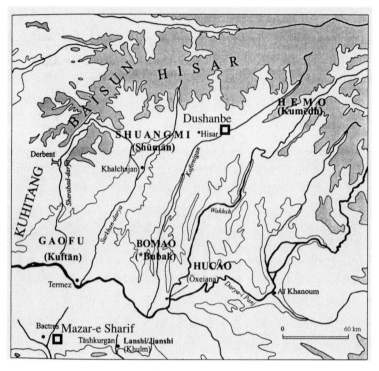

图1　葛乐耐的五翎侯分布示意图

葛氏并列翎侯所领疆域之汉文名称（双靡之类）以及古典或阿拉伯—波斯作品所见地名，采自《关于月氏五翎侯
地点的新材料》341页，并添加杜尚别、马扎里沙里夫这两座现代城镇［以正方形表示］

的商队路线——也就是说，公元前1世纪月氏领土东界之所至，不在北巴克特里亚境内的杜尚别附近，而在帕米尔高原东端的塔什库尔干④。

同时，本文讨论托勒密所述石塔所在，并就所谓"悬度"地望提出新解。若干斯基泰人（Scythians）正是在公元前2世纪途经悬度而被驱逐到印度；公元前1世纪以降，汉朝军队与巡礼者也开始涉足于兹。

一、理论诠释之现状

贵霜帝国国祚从公元30年前后起算，延续逾二百年，直到其疆域出现萎缩，最终在相当短促的时期里由于各种外患内忧而步向灭亡。贵霜人的统治者家族最晚或可上溯至公元前250年，当时该部落在汉籍中以"月氏"称之，素以居住在甘肃敦煌以东的河西走廊而销售马匹给华夏帝国而闻名。公元前200年之前，这个繁荣部落遭受源出蒙古之匈奴攻击，沿着天山被逐到西方。较小的一支在与西藏地区接壤的南山寻得庇护，位在北面的较大分部最后则定居乌浒水以北——在若干［西方］古典文献里面，该地被视为属

---

④　译注：此文所云"塔什库尔干"均指今塔什库尔干塔吉克自治县之塔什库尔干镇而言。

于古代索格底亚那也就是费尔干纳谷地以南地区的一部分。本文将介于铁门与帕米尔群山之间的这片境域称为"北巴克特里亚",因为它是希腊—巴克特里亚诸王国的组成部分,而这些王国曾被亚历山大纳为其帝国行省之一。

月氏人自甘肃远遁之前、远遁期间及远遁之后,乃是以君主制(monarchy)之形态自相组织,该制度可能持续至公元前1世纪或者更久。该部落不仅拥有王族,还拥有五区由号称"翕侯"者所经营的封地(fiefdoms),每位翕侯各自管领某一特定地段。汉朝使节张骞于公元前129年出访位于北巴克特里亚的月氏人时[5],尚未提到这些翕侯的存在,可是他们及其辖下领土与治所——列在《汉书》。该书成书于公元前1世纪后半,汇抄了军事将领与史家收集到的见闻。

大约公元30年前后,一名在其所发行的部分钱币上称为Kujūla Kadphises的翕侯削弱其余四翕侯,自行称霸(autocrat,[希腊文]τυρρανος),并开始往南朝印度方向扩张领土。当此人于公元92年前后崩逝之际,兴都库什山所有山谷乃至喀布尔河畔的贾拉拉巴德(Jalalabad)均已落入其股掌。他的儿子Vema Takhtu将克什米尔与白沙瓦谷地纳入疆土[6],并且挥军直到马土拉(Mathura);他的孙子Vima Kadphises则拔除了负隅挣扎的最后几位印度裔统治者。嗣后,举世闻名的迦腻色迦一世得以坐享其至高无上之君权,并得以将贸易路线东拓至孟加拉湾。

这即是说,根据这幅标准理论图式,[扎根]北巴克特里亚的一群故国遗民在一个世纪以内把疆土扩张到[首尾相距]1000千米以上。他们的劲敌包括白沙瓦谷地及其更远处深具名望的贡多法勒斯(Gondophares),而他们所降伏的掌权者包括盘踞贾拉拉巴德谷地、查谟(Jammu)、克什米尔与马土拉的若干斯基泰家族,而这些家族的首领自号总督(kṣatrapa)。丧失主权的还有印度本土位于朱木那(Yamuna)河上游的若干王国。对于如此全面性的成功,现今主流叙事观点往往归诸纯粹武力之势如破竹,而这样的观点可能本自19世纪之普遍情势,也就是殖民时期近乎所向披靡的拓展方式。于是丘就却霸权崛起以前的景况,便得以藉19世纪民族志复原:月氏,也就是将来的贵霜,被视为由五位翕侯酋长领导的五个氏族,这五个氏族无一例外地全都畜养牲畜,并且全都住在北巴克特里亚,南巴克特里亚则屈从其威势。在最近葛乐耐(Frantz Grenet)2006年的分析里,月氏人群在北巴克特里亚的山谷地带山牧季移,随着夏、冬递嬗而[在高、低海拔山坡间]垂直来回移徙[7]。

本文始触机于下述疑窦:一场长达七十余年的[南]下远征印度需要的资金,显然

---

⑤ 译注:原文将张骞出使年份作公元前121年。兹应作者2019年5月23日通知更正为前129年。下同。

⑥ (原文注1)[Vema Takhtu的]各种变异拼法见H. Falk, "The name of Vema Takhtu", in: W. Sundermann, A. Hintze and F. de Blois(eds.), *Exegisti monumenta: Festschrift in honour of Nicholas Sims-Williams*, Wiesbaden: Harrassowitz, 2009, pp. 105-116。[英文版将Vima Kadphises误植为侄子,兹应作者2020年4月16日指示订正。]

⑦ F. Grenet, "Nouvelles données sur la localisation des cinq Yabghus des Yuezhi: Arrière plan politique de l'itinéraire des marchands de Maès Titianos", *Journal Asiatique*, vol. 294, 2006, p. 337. [中译本即王楠《关于月氏五翕侯地点的新材料——商人马埃斯·提提安努斯游历的政治背景》,朱玉麒主编《西域文史》第七辑,北京:科学出版社,2012年,234—245页。以下葛氏原文简称《关于月氏五翕侯地点的新材料》,但页码指涉法文版;下引《伊兰考》(注19)等欧文刊著亦仿此。]

超过一个游牧社会所能负荷者⑧。即使人们深信征服过程中每一场阶段性胜利，都能为贵霜国用支度挹注一份［战败］国库藏，单凭武力不可能长期压制人口如此繁庶的各个邦国。反例之一是由Khiṅgila与其近支亲属领导的［一支］胡人（the Huns［亦不妨译"匈人"］），这些人强占印度本土五十年左右便被驱逐出境。［可见］要成为成功的入侵者，便必须对被征服的人民有所贡献；若只课征税役或实施武力，那么从长远来说，便不免导致反抗势力的滋生与终极溃败。

要是我们有意重新评估丘就却以前月氏疆域之范围与本质，那么我们主要依靠的仍然是书面材料。它们大部分是闻名遐迩的古典作品，其中一些作品是如此声名远播，乃至于人们很少怀疑其诠释方式。

本文运用的研究方法相当简单——但愿尚不至于太过单纯——其基础前提为下述假定，即涉及本文探讨主题的，从地中海乃至中国的古典时期作者们，远比我们更亲近有关历史事件，从而一些乍看之下混浊不明或可疑的描述，其实值得被赋予更多信凭性。

兹引大宛马为证：大宛之地乃涵括费尔干纳谷地东部诸区，但不包含费尔干纳［市］本身⑨。在《史记》与《汉书》里⑩，该地描述为盛产骏马，其中一些汗血马被视为"天马"之裔。然而，《史记》卷一二三《大宛列传》知晓天山西部地区的乌孙所产"天马"与大宛的"汗血马"有别（华兹生译本240页）。蒲立本业已探讨后一词语的系年演变⑪，华兹生则怀疑是否所谓的血其实是寄生虫叮咬出来的"马皮上的细微流血疮口"（见华兹生译本233页注2）。可是再怎么说，现实上任何血统的马匹都不大可能汗津其血。那么为何这项特殊名称竟得以产生？答案出现在菲尔希纳（Wilhelm Filchner）1903年行纪⑫。他为了独立穿越帕米尔高原，在费尔干纳东部的安集延（Andijon）买了两匹马，该地相当于大宛北部。其中一匹其貌不扬，于是他把它昵称为"Schwein"（［德语］"猪"）。事实上它属于吉尔吉斯牧民培养出来的某个白马品种，该品种以其聪慧、适应力以及日驰200千米以上的坚毅脚程而知名

⑧　（原文注2）正如汉籍之分歧，以往理论模式也彼此有异。对于《后汉书》作者群而言，诸翖侯身处之地仅限于大夏，也就是巴克特里亚位于乌浒水南方［之地段］；而对于更早的《汉书》［作者群］来说，诸翖侯有可能位于南北巴克特里亚之外，但亦未必只能位于这两块地区之境外。相关总结见下注⑯揭蒂埃里文，467页。在此笔者观点近于沙畹："五翖侯所领诸王国依附于吐火罗斯坦，不过并不构成其狭义用义之一部分"（les royaumes des cinq yabgous dépendaient du Tokharestan, mais n'en faisaient pas partie à proprement parler），见 É. Chavannes, "Les pays d'Occident d'après le *Heou Han Chou*", *T'oung Pao*, vol. 2, issue 8, 1907, p. 189f. fn. 3.

⑨　E. G. Pulleyblank, "Chinese evidence for the date of Kaniṣka", in: A. L. Basham (ed.), *Papers on the date of Kaniṣka submitted to the conference on the date of Kaniṣka, London, 20-22 April, 1960*, Leiden: Brill, 1968, pp. 249-258, esp. p. 253f.

⑩　（原文注3）《史记·大宛列传》华兹生（Burton Watson）1993年版翻译本234页，即B. Watson, transl. *Records of the Grand Historian: Han Dynasty II by Sima Qian. Revised edition*. Hong Kong: The Chinese University Press, 1993, p. 234；《汉书·西域传上》，北京：中华书局，1962年校点本，3894页，并参见何四维（A. F. P. Hulsewé）1979年版《汉书·张骞传》《汉书·西域传》英译本132页以下，即A. F. P. Hulsewé, *China in Central Asia: the early stage: 125 B.C.-A.D. 23. An annotated translation of Chapters 61 and 96 of the History of the Former Han Dynasty, with an introduction by M. A. N. Loewe*, Leiden: Brill, 1979。该书以下简称"何四维译"。

⑪　E. G. Pulleyblank, "Chinese and Indo-Europeans", *Journal of the Royal Asiatic Society*, vol. 98, issue 1, 1966, pp. 23, 25.

⑫　W. Filchner, [*Ein*] *Ritt über den Pamir*, Berlin: Mittler, 1903, p. 38.

（同注⑫，41页）⑬。这种马表现出啃咬自己皮肤的习惯，可能是为了减轻高血压造成的表皮痕痒不适。若与其他品种相混，其丑陋外观便消失，但啃咬皮肤的习性仍然会遗传到第一代的混血子代（同注⑫，38页脚注＊＊）。这类啃咬会造成毛皮染血，因而很显然会被诠释为"流汗"所致。［至今，］学者若非视其名为荒诞不经，便是提出各种怪异见解；然而该现象业已经由1903年［这］一位巴伐利亚裔青年陆军中尉的亲眼见闻获得了证实。

因此我基本上相信，那些古代作者的头脑其实可能相当清醒。至于我所抱持的这份信心，邵瑞祺（Richard Salomon）与Joseph Marino讲得好："一项缺乏旁证的叙述或声明并不足以自证它必然虚伪，只是未获证实而已。旁证有时候来自最令人意想不到的地方，所以［心］门应当永保开敞。"⑭所以我也尽量避免——仅仅保有少许矜持——以我个人的愚昧无知，来为本文涉及的［古代］作者们拍板定论。

二、耳闻汉语（HC）：读解汉文音写之另一蹊径

本文频繁涉及各个地点及其名称与位置。是以本文立基于若干地名的正确诠释，其中一些地名广为人知，也有一些甚少获得议论而仅见于汉文材料。有些比定无疑不言自明，就算［只举出汉语］拼音。其他一些汉籍所见地名则难以径行并列于现代地名、［西方］古典及阿拉伯—波斯地志记录者。因此，人们早已习惯将中古汉语发音作为重构异域名词的工具。对于行用历史长达约两千年的汉字，存在许多发音构拟理论，最常征引的乃是高本汉（Bernard Karlgren）、蒲立本、许思莱（Axel Schuessler）与白一平（William H. Baxter）述作，如今在很大程度上整合于维基百科网站英语版（en.wiktionary.org）⑮。这些人的构拟方案在多数案例彼此相近，然而它们必然是假设性的，建构在一套林林总总的论述上；可是蒂埃里（François Thierry）业已言之成理地向这类"过分仰仗演绎式思考的危险构拟"（reconstructions hasardeuses surchargées de diacritiques）提出异议⑯。他宁可信赖现代粤语和越南语对古汉字的发音。他这是重蹈施古德（Gustaaf Schlegel）1900年立场⑰，后者基于自身对梵语对音转写方式以及若干南方汉语（厦门话或客家话）词汇的解说，即使不套用

---

⑬ （原文注4）这种坚毅性格亦为《汉书》言及（见 J. J. M. de Groot, *Chinesische Urkunden zur Geschichte Asiens*. Pt. 2, *Die Westlande Chinas in der vorchristlichen Zeit in vollständiger Zusammenfassung übersetzt und erläutert*, edited by O. Franke, Berlin: de Gruyter, 1926, p. 14），尽管日行千里，也就是大约400千米，显得有所夸张。

⑭ R. Salomon and J. Marino, "Observations on the Deokothar Inscriptions and their significance for the evaluation of Buddhist historical traditions"，《創価大学国際仏教学高等研究所年報》，vol. 17，2014，p. 38。

⑮ （原文注5）为保持一致性，本文［除了予以标明的个别情况外，］所用构拟形式均为高本汉构拟者。

⑯ F. Thierry, "Yuezhi et Kouchans: Pièges et dangers des sources chinoises", in: O. Bopearachchi and M.-F. Boussac (eds.), *Afghanistan, ancien carrefour entre l'Est et l'Ouest*, Turnhout: Brepols, 2005, p. 444.

⑰ G. Schlegel, "The secret of the Chinese method of transcribing foreign sounds", *T'oung Pao*, 2nd series, vol. 1, 1900, pp. 1-32, 93-124, 188, 219-253.

上述中古汉语构拟导入的若干细节性差异，也能立竿见影。施古德对于下述事实了然于心，亦即有些印度语词在写成汉语之际有其严格规定，其余则不如说是出于无知。这样的差异显然与两种情况有关：沉吟苦思某份印度写本的一名僧侣，会倾向尽可能予以系统化；而另外一名僧侣，当他饥肠辘辘地穿梭在一些并不友善的地区，又必须记下地名、人名之际，便只能写下他耳中听到的本地人发音，往往并不晓得这些名称是否传达某种意义。

我在《贵霜史丛》80页探讨过人名"乌头劳"并解释其蕴含之原音当为*a-do-ro*，疑指印度—希腊王者Artemidoros。在收到［欧美同行］质询之后，我了解到一项事实，亦即我所采用的方法截至目前未曾受到妥善描述，尽管中、日学者相当擅长于使用它。这项方法逆转文字之功能。通常来说，文字被认为是为某一特定口腔发音提供某一种特定的视觉图像代表，而倒过来看也是如此［，即人们往往也认定某个特定字形一对一地对应于某一特定音声］。与这样的观点相反，本文所用方法抛却了汉语那些不确定的历史时期发音，而是直接处理［耳中］听见的，各种非汉语人群对于某一特定字形的发音方式。以印度诸地望抑或是印度文本来说，我们清楚它们过去可能如何发音——比如*pāṭaliputra*，它被中国巡礼者写成"波利弗多"或"波罗利弗多罗"，于是我们便明白这些巡礼者听到的前缀肯定是/pā/，而这必定涵摄于"波"字之中[18]，并且那显然不会是［汉语］拼音/bo/或［学者构拟的］中古汉语/pua/；越南语［对"波"字的］发音/ba/更相近，韩语发音的/pa/亦不谋而合。凭借这些人们已经知晓的"耳闻之音"及其诉诸视觉图像之形式［——亦即汉字——］我们无法重新建构［一整套］古代口说汉语，但我们却不妨尝试以之重建从其他异国人话语听到的另外一些语词。

我的方法所根据的语料库主要仰仗"电子佛教辞典"网站（Digital Dictionary of Buddhism，www.buddhism-dict.net/dbb/）。该网站提供大量系出印度文本的地名、人名档案，许多情况下足以定义［某个汉字］代表的特定音声，抑或是［该字］在大多数场合之下的发音方式。然而，也不乏完全没出现过或者只用于意译的字，例如*pāṭaliputra*"波吒厘子"之"子"字即是。这座语料库显然可以再加扩充改善，但这需要汉学家、梵学家通力合作。在此，笔者尝试以这项方法处理本文课题，而它为我们带来不少有趣提案，尤其是相较于那些业已过度复杂化的中古汉语标准［构拟］。下文之中，其［对音］结果加冠"HC"，意指"耳闻汉语"（Heard Chinese），而不是"SktC"［梵汉对音］，因为［古代中国佛教徒］听到的往往不是梵语，而是众多印度方言中某种通俗的印度俗语（Prakrit）相应形式；但笔者也不拟用"IndC"［印汉对音］以指示为"印度语"（Indic），因为伊朗语等别的语言或许也须纳入考虑。至于尚未出现在耳闻汉语语料库的字，其耳闻汉语形式以问号表示。

---

⑱　（原文注6）［我们业已知悉下列］事实，即南方汉语以元音而非辅音结尾之形式往往表示它们曩昔应含有长　元音，参见注⑰揭施古德文，116页。

三、五　翎　侯

首度将五翎侯勘至中亚［个别］地点的学者是马迦特（Joseph Marquart）⑲，他将《汉书》所载地名以及之后诸如《后汉书》《魏书》等编年史所见者予以缩合。通过这项途径，他称述第一翎侯治理瓦罕谷地（Wakhan Valley）；第二翎侯在昆那尔谷地（Kunar Valley）及其上游，直到奇特拉尔（Chitral）。其余翎侯的治理范围分布于犍陀罗本土乃至喀布尔一带的若干区域与河谷。其定位总体而言意味着在丘就却占领这些南方地域之前，贵霜人早已有所扩散深入；这项观点未曾获得广泛赞誉，其一部分见解却受到本文支持，尽管笔者的论述理由有所不同。

百年后，上述定位问题获得别开生面的新阐释：2006年，葛乐耐出版一篇论文［《关于月氏五翎侯地点的新材料》］，该文一部分基于伯尔纳（Paul Bernard）进行的研究。2005年⑳，伯尔纳再次重建从美索不达米亚到中国之间为若干商人所采取的路线，时当公元1世纪或稍前。这些商人的旅行是为了一位名叫马埃斯·提提安努斯（Maës Titianos）的人服务，之后他们的报告被转呈给一名地理学者，即提尔城的马里诺斯（Marinus of Tyre），此人需要获取用来计算地球周长的资料。马里诺斯的立论没有保存下来，但是2世纪的托勒密（Ptolemy）在其人以希腊文撰成的《地学指南》（Geography）之中有所运用并且汇抄了一部分㉑。于是我们便拥有了公元前1世纪或公元1世纪从巴克特拉（Baktra）前往中国边境的某条商路资讯。这些资讯含有一项希腊文名称Komēdai（Κομῆδαι），用来指称位于现代杜尚别东面的山岳地区。一项明显对音于Κομῆδαι［而且又］位于合适地域的汉文形式是玄奘记录的"拘谜陀"㉒。这组对音被葛乐耐用来与"休密"，也就是第一翎侯之领地相勘合㉓，于是［他］自以为顺理成章地证明了《汉书》所载五翎侯的头一位就位在马埃斯［部属们］（未来）路程沿线某处。顺着这条思路，杜尚别东方群山便成为葛乐耐定位其余四翎侯的地理锚点，而要是依循《汉书》所述方位，其余四翎侯都在更西边。他从这项人们早已知悉的托勒密与玄奘用词巧合出发，尝试在北巴克特里亚由东往西寻找更多平行对应字眼，而他依据的

⑲　J. Marquart, *Ērānšahr nach der Geographie des Ps. Moses Xorenac'i. Mit historischkritischem Kommentar und historischen und topographischen Excursen.* Berlin: Weidmannsche Buchhandlung, 1901, pp. 242-248.（该书下称《伊兰考》。）

⑳　P. Bernard, "De l'Euphrate à la Chine avec la caravane de Maès Titianos (c. 100 ap. n. è.)", *Comptes Rendus de l'Académie des Inscriptions et Belles-lettres*, vol. 149, 2005, pp. 929-969.

㉑　（原文注7）有关文献资料均已合宜地整合于A. Dan, "Maes Titianos (2213)", in: H.-J. Gehrke (ed.), *Die Fragmente der Griechischen Historiker*, Pt. 5, Brill Online Reference Works, http://dx.doi.org/10.1163/1873-5363_jcv_a2213.

㉒　S. Beal. *Si-yu-ki. Buddhist records of the Western world. Translated from the Chinese of Hiuen Tsang (A.D. 629)*, London: Trübner, 1884, vol. 1, p. 41; T. Watters, *On Yuan Chwang's travels in India*, London: Royal Asiatic Society, 1904, vol. 1, p. 106.

㉓　（原文注8）［尽管葛氏该文没有提出"拘谜陀"，但是他］必然有意如此比定；然而他接下来的论理开始偏差，因为他混淆了翎侯领地名"休密"与治所"和墨"——对于前者，他并未加以指述；至于后者，他把它当作"休密"一地之代表形式［，于是勘定到了Komēdai］。

是《汉书》给予的大致方位而非距离。顾及托勒密《地学指南》实际上并未保存更多明白无误具有汉文对音形式的希腊文名称，葛乐耐遂将搜寻范围拓展到其他［西方］古典作品以及阿拉伯—波斯地理文献中发音相近的地点名与地域名。其结果（图1）乃是夹在南北向山脉之间的一系列低地，而这些南北向山脉纵贯于巴克特里亚位于乌浒河北岸的部分，从而将之区隔［出更多分野］。乍看之下，这项结果一部分显得头头是道，有些细节也许显得并非不容置疑，但至少有其可能性。总体而言，要接纳葛氏重建，便意味着信任葛氏对于月氏大本营位在北巴克特里亚的观点，也就是月氏乃是游牧民族，在五位称作“翎侯”的酋长领导下繁盛于兹。其与马迦特之主要分歧在于［空间］范围：在马迦特眼中，翎侯领地广袤，可是他没有注意到显然应该定位于瓦罕［河谷］北边的Komēdai；葛乐耐则紧抓该锚点不放，于是迫使自己把所有翎侯都挤进狭窄局促的北巴克特里亚。拙见则是一方面重新启用马迦特“广域型”观点之中他自己深具信心的一些部分，另一方面也结合葛乐耐“局域型”方案的部分论述。

四、介于帕提亚与中国的丘就却

《后汉书》告诉我们，丘就却铲除其余四名翎侯（《贵霜史丛》85页，Text 056）。然后他发行钱币，正面使用本人胸像，背面则是马头朝右的本人骑马形象，身后盘旋着［胜利女神］尼刻（Nike），她手拿花环，作势放在他的头顶上（图2，a、c）。由于一项早年的钱币铭文误读，这些钱币被归诸一位实际上并不存在的王者“赫劳斯”（Heraios，参见《贵霜史丛》85页以降，Text 057）。钱币的背面看起来是一幅政治宣传杰作。这样的骑马人士疑似套用［丘就却］劲敌贡多法勒斯发行之钱币并予以转化，然而盘旋其身后的尼刻却是出自新创，它效法的是象征最终成功的罗马式样。其铭文以希腊文*tyrannountos*起头，该词目前看来总是呈现［希腊语法之］单数形式，乃是相应于帕提亚人称述王者的方式而产生。［后者以希腊语］表现为βασιλεύοντος βασιλέως βασιλέων Ἀρσάκου[24]，也就是“安息人（Arsakes）的，王中之王，以王者之姿君临”，意在强调［徒然继承］王者名号（这在帕提亚［王］室很常见）[25]以及“行使”无上君权之差异。这种阿萨西斯式（Arsacid）称谓在丘就却占领前后数十年间通行使用。丘就却采用单数形式之*tyrannountos*而非*basileontos*，似乎表明他最初避免以*basileos*“王者”自称，这可能是因为他并非生而为王，而是自命霸主。他比照

---

[24]　G. Staab, "Ehrung und Königsdesignation Mighradates' II. von Kommagene durch seinen Vater Antiochos I. auf dem Nemgud Daǧi", *Epigraphica Anatolica*, vol. 44, 2011, p. 70.

[25]　（原文注9）在希腊—巴克特里亚诸统治者之中，只有阿加托克勒斯（Agathokles）与安提玛科斯（Antimachos）（均在公元前180年前后）使用*basileontos*一称，并且只用于其登基纪念币之发行，这可能是为了强调他们正在君临现世，而他们继承了父祖辈的名讳与精神。至于并非登基纪念币之场合，他们的称号是*basileōs*。［*basileontos*］一词亦被冠用贡多法勒斯名讳之萨赛斯（Sases）所使用。［译按：所谓继承王者名号以及实际君临为王二种身份之差异，在钱币铭文中分别对应到*basileōs*与*basileontos*二字，帕提亚历史上并非凡是继承名号者都成为真正的君主（2019年9月11日作者赐示）］

图2　两枚丘就却钱币与两枚贡多法勒斯钱币

a. 一枚所谓"赫劳斯"银币上的丘就却胸像　b. 反面；尼刻持胜利花环盘旋，丘就却被指明为*tyrannoutos*、
H(I)OAY以及*kośanou*　c. 塔克西拉出土的稀少银币上所见丘就却胸像　d. 反面；称之为*oṣana*、*maharaja*、
*rajatiraja*与*tratara*　e. 贡多法勒斯钱币，其人骑在马上而朝右　f. 同e.，唯骑马像朝左，并有尼刻盘旋

*basileontos*之词语形态而使用自创的［*tyrannountos*一词］，也就是一个名词化动词的
［现在］分词形式，藉此他有意强调其任凭个人意志而行动的自主能力。［铭文］第
二个词语是HIAOY（又作HAOY等形式），以往错误诠释为希腊语 (H)ēraou。然而，
HIAOY不过是尝试以希腊字母拼写*yabghu*汉文形式"翖侯"的结果[26]。这个字眼意在
［展示］给中国，表示汉朝皇帝与翖侯是一对一关系，［天下］只有一名翖侯而非众多
翖侯。他要让印度人看的则是马匹下方的［希腊文字］KOPPANOY /kośānu/，表示自己
以其翖侯本土［之"贵霜"］为名——根据帕腻尼（Pāṇini 2.4, 62）提到的一项习惯，
本籍摩竭陀（Magadha）的阿育王便不妨称作*magadha*。作为反制，贡多法勒斯调转了
马头，也让自己由尼刻守护（图2，f）。

　　丘就却向与其接壤的三面邻居——也就是帕提亚、中国以及有意纳为臣民的印
度——传达的信号很坦率。他是陷于狂妄自大而无法自拔？抑或他这样的自尊，其实构
筑在族人早已成就的某种丰功伟业之上？

五、与汉朝绝交

　　《后汉书·班梁列传》（许理和论考370页[27]；《贵霜史丛》96页，Text 069）述
及，在公元88年以往，即某场战役之"初"，月氏协助汉朝征伐吐鲁番［车师前王

㉖　　（原文注10）关于其［汉语］拼音以外的其他发音方式，参见注⑯揭蒂埃里文，462页。

㉗　　许理和（Erik Zürcher）文见E. Zürcher, "The Yüeh-chih and Kaniṣka in the Chinese sources", in: *Papers on the date of Kaniṣka*, pp. 346-390.

国］。其援助发生于汉朝向匈奴收复失地的过程初期，而那指的应该是《后汉书·西域传》提到的公元76年行动[28]。一般认为，加尔姆（Garm）一地乃是北巴特克里亚之东端，而该地与吐鲁番相距2000千米[29]。对丘就却而言，当时乃是用兵之际，所有军队似乎都有必要投入喜马拉雅以南之行动。我们或许可以解释月氏何以在东部塔克拉玛干伸出援手——他们想与汉朝皇帝保持友好。可是在钦命汉朝将领班超抑止其求娶汉室公主的请愿之后，他们与汉朝的良好关系转而恶化。公元90年，丘就却派遣其子在叶尔羌附近攻击班超，而班超正打算将塔里木盆地一统于东汉帝国。在班超设法切断饥饿的月氏军队的补给之后，其企图以灾难性溃逃收场。

　　［于是］一项难以仅凭上述"局域型"北巴克特里亚学说予以合理解答的问题出现了：在这样一段持续侵略印度的时期，究竟有什么理由必须另外开启一条不但迢递巴克特里亚本土600千米以外，而且距离新征服的巴基斯坦、印度领土还更加遥远的新战线？一位拒不下嫁的公主，是否足以构成［丘就却］分散可动员战力的充分理由？

六、中国人的军事地理学

　　当月氏人在北巴克特里亚地界内自保之时[30]，中国人［与月氏人的距离］是否可能并非［如同后人设想的］那样遥远？若干观察足以使人怀疑，这两个商贸伙伴之间是否存在过那样巨大的鸿沟。而用来检验这道被设想出来的鸿沟究竟是否存在的材料，就在《汉书》关于西域的叙述里。

　　早在公元前60年［宣帝神爵二年］前后，西汉便开始巩固其在西域的所有驻扎点，并派遣军队前往主掌敦煌以东的最高主权。这项计划远在丘就却［崛起］之前，其企图则在于掌控一部分日益开发的丝绸之路，并且获取来自大宛的汗血名驹（《史记·大宛列传》）。在使节张骞于公元前129年与大月氏接触（《贵霜史丛》63页，Text 036 以降），不畏道路艰难而最终得以返国之后，人们便了解到贸易路线不仅必须加以认识，更需加以保护。就我们着眼的这条路线而言，匈奴构成一大威胁，而汉廷必须以军事手段反制匈奴向众多商队发起的任何可能攻击。公元前59年，在第一波进击成功之后，汉朝人在［今日］远近驰名的库车350里以东，即相当于140千米以东的乌垒建置一名

---

[28]　John E. Hill, *Through the Jade Gate—China to Rome. Updated and expanded*, [2nd revised & enlarged edition,] vol. I., Amazon, 2015, pp. 4, 5.

[29]　（原文注11）由于距离看似不大可能，蒂埃里（同注[16]，480页及494页注114）提议将吐鲁番（车师）改为叶尔羌（莎车）。唯以距离而言，我们应当留意Vema Takhtu向班超进行反击时，出于军需之急，曾意图获取来自库车（龟兹）的食物，而库车远在叶尔羌一带战线之700千米以外［《后汉书·班梁列传》，见É. Chavannes, "Trois généraux de la dynastie des Han orientaux: Pan Tch'ao (32-102 p.C.)—son fils Pan Yong—Leang Kin (†112 p.C.)—Chapitre LXXVII du Heou Han Chou", *T'oung Pao*, second series, vol. 7, issue 2, 1906, p. 232；《贵霜史丛》99页，Text 074］。班超显然意识到月氏、龟兹之亲密关系，从而阻挠这项作战行动并导致月氏人之降伏。

[30]　译注：此处设问是指丘就却崛起以前之时代，而作者将该事件估为公元30年（光武帝建武六年）以前，见上注[3]。

"都护"。在嗣后半个世纪里，出任该官职的众多将领名垂青史[31]。其职责包括针对西域地带纳入其"保护"之下的各区域进行民族志调查，列出专有名词、职官、人口、户口、兵员人数以及与都护所治之距离。其目的显然是为了在已知距离内调遣充足兵力和军饷以便对应任何叛乱。为了这项目的，所有距离均以"里"计。都护治下可分为两大股。其中一股乃是顺时针绕沙漠至罗布泊、和田［于阗］与叶尔羌［莎车］，［亦即］先沿［塔里木盆地之］北部山脉，后沿南部山脉，惟同时纳入理想路线左右两侧的地区与居民。第二股则是逆时针沿北部山脉直到喀什［疏勒］，然后显然往南前进到叶尔羌，从那里返回都护治所。这样的双股调查可以藉《汉书》保存的步数及其里数重建出来（图3）[32]。

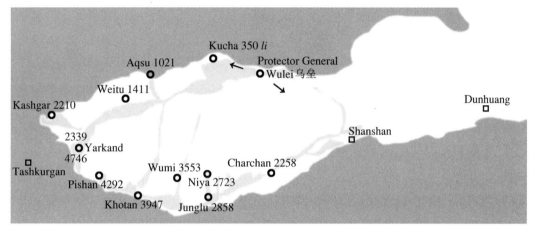

图3 《汉书·西域传》所传公元前1世纪从乌垒（今库车东方）起算的各种顺逆时针距离

调查范围之内的许多地点可以界定，尤其是那些今日犹存之较大市镇。在叶尔羌之西，也就是上攀至帕米尔高原的群山间，有一系列特别予以定义族裔的共同体（communities），而该系列标识的是［都护所领］最西陲。这些共同体也藉由它们的接壤邻居来进行［定位］描述。就其中一些地点而言，诸种描述彼此矛盾；但整体来说，它们形成一幅连贯一致的图景。从叶尔羌［今莎车县城］抑或喀格勒克［今叶城县喀格勒克镇］往西，我们首先会来到名叫"蒲犁"的国度，接下来抵达"无雷"（图4）。蒲犁说是叶尔羌［莎车］、无雷之间的中点，距双方各540里，也就是大约200千米[33]。

---

[31]（原文注12）公元前60年至公元23年之历任都护名单见何四维译64页注196。

[32]（原文注13）步数测距法（2300步＝1哩）也曾实行于1871年［若干土］人之间，而这些人说到底乃是协同米尔札（Mirza）而为英国人服务，参见T. G. Montgomerie, "Report of 'the Mirza's' exploration from Caubul to Kashgar", *Journal of the Geographical Society of India*, vol. 41, 1871, p. 139.

[33]（原文注14）就《汉书》所有涉及公元前1世纪西域的章节而言，我视平地距离之1里为俯瞰距离之365米。纡曲路线的距离显然更长；而在更晚的时期，1里长达440米。［译注：365米这项数据乃作者个人研究心得（2019年9月11、13日赐示），作法是藉谷歌地球等工具比较汉代西域诸国（特别是塔里木盆地周缘地势相对缓和之诸邦国）的实际距离以及汉代里数资料之可信者，加以平均并取约数，给作"365"则是便于记忆，惟估算时可多少保持弹性。亦即平地路线由于水平面上的细微曲折及海拔升降等因素会俯瞰距离更长，故在使用现代投影、卫星地图等工具时套用"0.365"此一概数，并非声称"汉代一里=365米"之等式。］

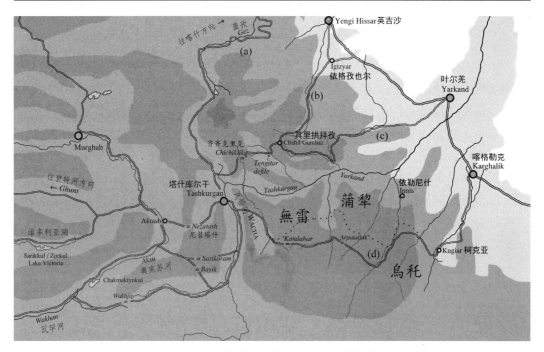

图4　前往高海拔地区的四种东方启程路径

（a）从北边的喀什前往，经盖孜（Gez）险径；（b）最好走的路线：位于图面中央，从喀什或叶尔羌出发，经依格孜也尔（Igizyar）、其里拱拜孜（Chahil Gumbaz）并翻越齐齐克里克（Chichiklik）隘口；（c）从叶尔羌到其里拱拜孜之间一条缺水的捷径；（d）从喀格勒克翻越Arpatallak与Kandahar二隘口前往的南方路径。（译注：原图系照描赫定探险地图而得，其中（d）段之赫定原图误差尤大，其路线——经Tang"［大］同"、Langar"［库如克］栏杆"、Kaxilkur"克孜勒克尔"、Dengiar"东亚"、Shushu"许许"等地——形状应略如本图增补虚线所示）

这两个地区仅见中国正史而未见［西方］古典或印度资料。由于山脉不可能直线凿穿，［所以从叶尔羌出发直到"无雷"］全长400千米的距离肯定是将那些蜿蜒于狭窄河道与隘口的路段累加而得。

　　对我们而言，最重要的是描述无雷以西如何与月氏接壤的那句话。其句法意味着双方必然比邻，并非彼此遥望。这亦可由军事数字加以证实：无雷远在［都护］2465里之外（《汉书·西域传》，何四维译103页），第一翎侯则是2841里（《汉书·西域传》；《贵霜史丛》70页，Text 045）。其差距是376里，或者约莫150千米，这有可能表示位于Arpatallak隘口之无雷［国］门（见本节之后半段）乃至从那里离开之后下坡深入塔什库尔干河谷之路段长度。

　　假定月氏及其诸翎侯坐落北巴克特里亚［的看法，］不与这段明确涉及帕米尔东缘地带的叙述相忤，不论无雷之精准位置究竟何在。

　　然而，以无雷而言，本节提出的比定具有一项独特优势，因为北魏（386—534）郦道元（约466—527）编纂的《水经注》定义了该地位置，并且经何四维（《汉书》译本102页注187）翻译如下：

有个国家名唤伽舍罗逝[34]。该国地狭而小，但它控制前往所有国家的干道，而这些干道全部途经于兹。其城镇之南有一道溪水流向东北，它源自"罗逝"之西山，也就是说葱岭或者帕米尔。

在毕达克观点中[35]，其［引用《释氏西域记》］文字只到这里；而据何四维说法，引用还有所继续："经过歧沙谷之后，它分支为两条河。一河流向东方，经过无雷的北（部地区）。"［释氏《西域记》曰："有国名伽舍罗逝。此国狭小，而总万国之要道无不由。城南有水，东北流，出罗逝西山，山即葱岭也。迳岐沙谷，出谷分为二水。一水东流，径无雷国北。（后略）"］[36]

在西汉护持的地域范围中，更无其他小国可以呼应上面那样的叙述，也就是位居交通枢纽，又有一道源自帕米尔的河水从南边向这里流去，复在山中折而往东。只有从南方流入塔什库尔干谷地的塔什库尔干河［足以］标识这样一座国际级商路通衢，几乎所有转接点都无法避开它。据《水经注》，塔什库尔干河转而往东并朝向叶尔羌流去之时，乃是先流经一处称为无雷之地的北面，流向乃是由西而东。所有地图都显示，塔什库尔干谷地东边毗接一道长约50千米的，大而封闭的聚落区。其地名［瓦恰］在现代地图上拼写为Waqia、Wacha或Vacha，俄语Оиu而畔于同名河流（斯文赫定1919年著作拼作Ütsche[37]，兼述河水之别名为Beldir Darya）[38]。在塔什库尔干河北方的齐齐克里克路更加常态化之前，叶尔羌河南方的路线也曾有所利用。1872年玉尔已有所记[39]；斯文赫定于1895年由西往东行进时采取此道（同注[37]，14页以下）；而根据H. Dauvergne在1892年刊登的行纪[40]，其人于1889年夏季由东往西[41]。这座［瓦恰］谷地与其［正］

---

[34] （原文注15）［汉语拼音］qie-she-luo-shi；中古汉语ɡia-ɕia-la-ziɛi；耳闻汉语ga-śa/sa-ra-ja。这个名称是否可能演变为"盖孜"（Ges）谷地呢？

[35] L. Petech, "La 'Description des pays d'Occident' de Che Tao-Ngan", in: *Mélanges de Sinologie offerts à Monsieur Paul Demiéville*, Paris: Institut des Hautes Études Chinoises, 1966, p. 173, 'texte 7'.

[36] 译注：此后一小段论述无雷都城（含原文注16）之文字应作者所请，撤销其论点而不译。

[37] S. Hedin, *Durch Asiens Wüsten: Drei Jahre auf neuen Wegen in Pamir, Lop-nor, Tibet und China*. Vol. 2. Leipzig: F. A. Brockhaus, 1919, p. 15.

[38] （原文注17）一个相似的名字是玄奘指称之乌铩国，它位于叶尔羌河以北地区（T. Watters, *On Yuan Chwang's travels in India*, vol. II, 1905, p. 289），该地坐落于慕士塔格峰之东而处于其山区之外。其人行纪之中［写道"从此东下葱岭东冈，登危岭，越洞谷，溪径险阻，风雪相继，行八百余里，出葱岭，至乌铩国。"亦即］从塔什库尔干（揭盘陀）到此地之间的接境地带未予其名。康宁汉（Alexander Cunningham）撰"Verification of the itinerary of the Chinese pilgrim, Hwan Thsang, through Afghanistan and India, during the first half of the seventh century of the Christian era", *Journal of Asiatic Society of Bengal*［此刊下称*JASB*］, vol. 17, issue 2, 1848, p. 57）则将该地带连结到英吉沙［县］（Yengihissar）以及托勒密笔下的Auzakia。

[39] H. Yule, "Papers connected with the Upper Oxus regions", *Journal of the Royal Geographical Society*, vol. 42, 1872, p. 466.

[40] H. Dauvergne, "Exploration dans l'Asie Centrale", *Bulletin de la Société de Géographie*, 7e série, vol. 13, 1892, pp. 5-40, esp. pp. 17-22.

[41] （原文注18）赫定翻越了Särghak隘口（赫定本人测定为海拔4032米）所在山脉［参见下注45］，并从该处隘口南眺该山脉如何朝东转入西藏；这样的展望或许能够解释释马埃斯的商人们如何获取其知识。Dauvergne将这座隘口称为Ogriart达坂，而他的地图重刊于H. Kreutzmann, *Pamirian crossroads: Kirghiz and Wakhi of High Asia*. Wiesbaden: Harrassowitz, 2015, p. 111。

东方之聚居区缺乏可以彼此交通的边境线，因为一道南北走向的高耸山脉横亘其间，把该谷地与叶尔羌河的上游河段隔开。这座谷地继续［上溯］会来到Kandar隘口，亦作Kandahar或Kandakhar隘口（北纬37°34′25.25″，东经75°48′14.44″，海拔5062米），对马匹极为艰难而须以牦牛运货（同注㊲，16页）。而塔什库尔干河沿着无雷的北方边境线流过之后，也触及蒲犁的北部地区。因此至少就《水经注》而言，无雷领土应当包括现今之瓦恰；而根据《汉书》，无雷西与月氏接壤；所以我们可以把月氏放在瓦恰西边，也就是塔什库尔干谷地，而塔什库尔干谷地事实上正是所有方面道路之会合点。

于是《汉书》所载调查凸显出蒲犁—无雷—月氏之大致行程路线，其起点之叶尔羌在稍晚的《后汉书·西域传》亦有所及："从莎车往西走，经蒲犁（和）无雷，旅行者会来到月氏人群之中；此处离洛阳有一万九百五十里。"㊷

一旦我们信赖《水经注》及其记述之无雷与蒲犁位置，那么从塔什库尔干前往叶尔羌的标准路线便该是朝东而位在塔什库尔干河之南。承上述，那里只有一条路可以呼应其描述，它被G. S. W. Hayward在1870年出版的行纪提及㊸，说是"少有人行"（引自行纪145页）；它还被赫定于1895年蹈行㊹，虽然在那之前，中国官宪基于战略性理由而尽可能予以隐蔽。该路线以塔什库尔干南方12千米处为起点，上攀Särghak隘口㊺，南下经瓦恰河谷，接着翻越Kandahar隘口（海拔5119米，北纬37°34′25.25″，东经75°48′14.44″），渡过叶尔羌河然后登上Arpatallak隘口（北纬37°39′29.63″，东经76°18′48.93″）。从那里之后下坡前往低处。这条路仅在秋季或冬季可通（同注37，18页）。夏季叶尔羌河水量太大而难以泳渡；冬日结冰，渡河无碍（同注㊹，697页）。

在这条路线从叶尔羌方面出发，即将走完瓦恰河谷全程而Särghak隘口路段亦即将步入终点的北纬37°37′21.54″，东经75°36′17.13″处，谷歌地球（Google Earth）显示该处有大约百余米见方的大型堡垒，中心部分还有一重防御设施。尽管在该资料库收集之若干照片里，该址规模可观，令人印象深刻，至今是否有任何相关历史研究却不得而知。

看来，《汉书》保存的是一项从叶尔羌出发，迈向边境的沿线地域调查。其调查涵盖蒲犁、无雷，至于其中一小块名叫依耐的地方（何四维作"Inai"，可参考图4之地名"Innis"［伊勒尼什］）看来若非蒲犁的一部分，便是介于蒲犁、无雷之间。这条从叶尔羌开始翻山越岭的南侧道路看来可以供作一份自然而然的解释，而它涉及的是藉由［下列］诸隘口界定的地区：最东边的地区为蒲犁，即从平地延伸到Arpatallak隘口为止，后者在赫定［行经］之1895年当时，也是几种不同族群以及穆斯林宗派的界线。沿着狭窄地带上行至Kandar隘口。Kandar隘口西边是拥有雄伟古堡的瓦恰河谷。这条从瓦

㊷　（原文注19）原文为"莎车国西经蒲犁、无雷至大月氏，东去洛阳万九百五十里"，参见何四维译102页注187。

㊸　G. S. W. Hayward, "Journey from Leh to Yarkand and Kashgar, and exploration of the sources of the Yarkand river", *Journal of the Royal Geographical Society*, vol. 4, 1870, pp. 33-166.

㊹　S. Hedin, *Through Asia*. Vol. 2, New York: Harper & Brothers, 1899, p. 688.

㊺　（原文注20）在所有笔者得以寓目的地图之中，没有一帧标示赫定笔下这处隘口名称。在俄国人地图里，从塔什库尔干东进瓦恰河谷有两处隘口相连续，分别称为пер. Шушдаван/Shush-davan（3720米）以及пер. Саргонтдаван/Sargontdavan（3715米）。后者很可能就是赫定说的Särghak隘口。

恰到叶尔羌的道路直接而毫无改道余地，但它只能在季夏、晚冬间使用，也就是说当叶尔羌河水位下降时开通，迄至其结冰期尾声。

倘使以上论理不谬，我们便不妨将中国与月氏人的边界放在塔什库尔干谷地附近，而中国人和他们的月氏人邻居之间有一二条互相连结的孔道。

可以料想的是，当商贸更加兴旺时，人们会寻觅这条路线的替代道路，因为这条路上的隘口不易通行，渡河时更是危险。塔什库尔干河北方地区便提供了两条路。一条从叶尔羌西进，靠近河道，不过一旦进入山区，它便成为绝对干旱而又硗确崎岖地带上迤逦的一条漫长甬径[46]。更加平易近人的一条路是先朝西北往英吉沙，然后转西南进山。这两条路在其里拱拜孜相会。途中的Pasrabat河全年均可涉渡，然后道路上攀至齐齐克里克隘口。这条路上必得通过的危险路段只有一处，亦即3千米长的Tengitar险径（北纬38° 6′2.29″，东经75°35′11.86″），那里必须跋涉深水[47]，而两岸垂直矗立的山岩之间没有任何可以避险之处。这两条位于叶尔羌河北边的路径都导向这处瓶颈路段，但这也是因为该路段全年可走，只要冬季没有雪暴让齐齐克里克隘口变得难以横越。

于是我们可以看出，中国探索者在都护早期时代（公元之前）如何报导那些被"保护"，也就是说被镇守之诸邦国，并且在描述它们时以"里"为单位翔实记下距离。瓦恰河谷乃是其所获［疆土］最西端，该处有一道清楚而明确的山脉将其与塔什库尔干谷地隔开，而后者乃是月氏人出没之处。

七、希腊人的神话式地理

互补于上述塔什库尔干之疆界地带［如何］连通其西方地区的信息，可以从［西方］古典资料搜罗出来，尤其是托勒密与斯特拉波（Strabo）作品。希罗多德（Herodotus）早已提供若干国度的消息，最东者为巴克特里亚。二百年后，亚历山大的军事行动为索格底亚那（Sogdiane）地理增添细节，［也就是］巴克特里亚的东方及北方诸地区。再之后，在希腊—巴克特里亚诸王统治下，位在东方的若干邦国也纳入了［西方人视野］，而它们［在地理上亦］被视为属于索格底亚那[48]。根据斯特拉

㊽　G. S. W. Hayward, "Route from Jellalabad to Yarkand through Chitral, Badakhshan, and Pamir Steppe, given by Mahomed Amin of Yarkand, with remarks", *Proceedings of the Royal Geographical Society of London*, vol. 13, 1868-1869, p. 127.

㊼　W. Filchner, *Ein Ritt über den Pamir*, pp. 119-126。并参见T. D. Forsyth, *Report of a mission to Yarkund in 1873*, Calcutta: The Foreign Department Press, 1875, p. 223。

㊽　（原文注21）ἔσχον δὲ καὶ τὴν Σογδιανὴν ὑπερκειμένην πρὸς ἕω τῆς Βακτριανῆς μεταξὺ τοῦ τε Ὤξου ποταμοῦ, ὃς ὁρίζει τήν τε τῶν Βακτρίων καὶ τὴν τῶν Σογδίων, καὶ τοῦ Ἰαξάρτου· οὗτος δὲ καὶ τοὺς Σογδίους ὁρίζει καὶ τοὺς νομάδας. "Sie besaßen auch Sogdiana, welches jenseits Baktriana gegen Osten liegt, zwischen dem das Land der Baktrier und Sogdier trennenden Flusse Oxus und dem Iaxartes. Dieser aber scheidet die Sogdier und die Wanderhirten"（Strabo 11.11.2, 兹引Albert Forbiger德译［，意即"他们也领有索格底亚那，该地位于巴克特里亚东方更远处，而介于隔开巴克特里亚人之地与索格底亚那人之地的乌浒水以及隔开索格底亚那人与居无定所之人的药杀水之间。"］）

波（11.11.1）以及《航海记》（*Periplus* § 64），某种接触还拓展得更远，乃至与某个名叫"赛里斯"（Seres）的、远在帕米尔东缘之外的贸易者群体建立起联系。在古典文献里，比巴克特里亚更东边的诸地区其描述大同小异，其范围涵盖塔克拉玛干西端众城邦（图5）。

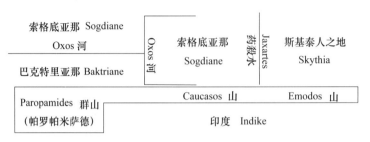

图5　西方古典文献中印度北界概念之一例
根据埃拉托斯特尼（Eratosthenes）、阿里斯托布鲁斯（Aristobulos）
将与"印度"接壤的山脉和境域予以图像化，河水为其分界

　　口述材料（比如斯特拉波之《地理学》11.8.1）严格按照由西往东的顺序，按地区依次列出马尔吉亚那（Margiana）、巴克特里亚那（Bactriana）、索格底亚那（Sogdiana），而以"游牧的"塞人（the "nomad" Sakas）结尾。这一系列依傍着山岳，而在迈向东方的旅人眼中，这些山岳位于［道路］南边。据说，旅人首先会见到阿富汗西部（［亦即亚利安］Ariane）的帕罗帕米萨德群山（Paropamisadae，有各种不同拼法）；接下来是Kaukasia山脉，也就是沿瓦罕河谷往东延伸之兴都库什山脉。接续该座山脉者为喀喇昆仑（*himavanta*/Emodus）山脉[49]。这三座山脉关连到三群人：巴克特里亚人说是生活在帕罗帕米萨德群山之北；索格底亚人与Kaukasia山相接触；游牧的塞克人则从喀喇昆仑的起点处开始出现。这三座山脉以某种方式标定了三种人的地界，而这些人彼此又以两条河水区隔。乌浒水［即图5之Oxos河］隔开巴克特里亚人与索格底亚人，意即分隔了帕罗帕米萨德与Kaukasia山；药杀水（Iaxartes）则将索格底亚人与游牧民族隔开，同时也区隔喜马拉雅与喀喇昆仑。

　　这样直截了当的西—东地理划分在现况也有所平行：在达斡兹与鲁珊，以及定居这两地的操伊朗语居民，其东面便狭长地分布着一群操吉尔吉斯语的游牧民，［他们的活动范围］远至萨雷阔勒—帕米尔（Sarikol Pamir）。该地就在塔什库尔干西方的山凹地带，过去曾经通过（followed）操于阗—塞语（Khotan Saka）的民族［，也就是昔时"南越县度"之塞人］。这样的语言、族群分布业已为19世纪舆图学者所知。1852年Kiepert氏地图显示吉尔吉斯人的范围如何从奥什（Osh）［今吉尔吉斯斯坦奥什州首府］由北而南分布，越过阿赖山谷（Alai Valley）并且几乎抵达瓦罕河谷[50]。此一划分有其经济背景，它反映在科洛茨曼（H. Kreutzmann）刊布的另一幅地图[51]，该图分别的是使用牦牛的社区与不

[49]　译注：*himavanta*为梵语"雪山"之意；Emodus即图5之Emodos。

[50]　H. Kreutzmann, *Pamirian crossroads*, pp. 26, 143.

[51]　H. Kreutzmann, *Pamirian crossroads*, p. 196.

用牦牛者。这表示［帕米尔］中央地形迫使居民采用以牧养牦牛为基础的特定生活形态，而现今［在帕米尔］能够如此生活者唯有一种人，也就是吉尔吉斯人。

所以，倘若从西边迈进，我们首先会遇见巴克特里亚人，在我们右手边望见帕罗帕米萨德群山；继续东进并跨过乌浒河某条支水之后，我们便踏进索格底亚人领土，右手边会看到喀喇昆仑山；最后，继续东进并渡过药杀水，我们会在右手边望见喜马拉雅山。这三个场面里出现的山岳都被述说为与"印度"接壤，从而倒过来讲，［古人所谓］印度之北境乃是帕罗帕米萨德群山之南坡、瓦罕河谷、喀喇昆仑南坡；乃至喀喇昆仑、喜马拉雅交界处，其处位于游牧的塞人之南。如此以一系列山峦定义印度北界的方式，早已为埃拉托斯特尼（参见斯特拉波15.1.11）所悉[52]。

印度典籍、早期阿拉伯—波斯史料以及几种汉籍具有的地理观念，在展现出上述一系列西—东线性序列上的邦国境域之余，还支持帕米尔东缘附近有着一山四水的假想——其山巅顶有一汪湖水，而［老］普林尼《自然史》（*Naturalis Historia*，6.48）便曾记载乌浒水源自一座名为Oaxus的湖泊。

汉文方面帮助有限，因为公元前2世纪的汉籍只展现出对于帕米尔的模糊概念。汉朝使节张骞在公元前129年已经得知某座分水岭之存在，至少他晓得妫水西流，另一水东流，不过他以为分水之址在于阗附近（《史记·大宛列传》；华兹生1993年译本233页）。许久以后——或许是佛教宇宙观影响所致[53]——中国人也共享了一湖四面分出四水的概念。这座知名湖水与山岳无疑位在"崇高的帕米尔"，也就是帕米尔诸山脉东南隅所谓"世界屋脊"。

在所有［上述假想的各种］版本里，西流之水均为乌浒水[54]。［而现实中，］乌浒河之河段东端拥有两条主要源流。其北侧源流导源自Sarikkul湖，又作Zorkul湖（北纬37°26′16″，东经73°42′），一度名为"维多利亚湖"（Lake Victoria，见图4）。它在奔流100千米之后汇入另一条源流，其源点就在距离Chakmaktyn湖不远处。而Chakmaktyn湖东畔乃是奥克苏河（Aksu）之源，后者形成河道之后随即折往北方。夏季，行人只能沿北湖（Sarikkul湖）步行；到了冬季，其南侧［源］流结冰，因此可以轻易通过那些险径（注32揭Montgomerie文160页）。既然冬日里冰雪覆盖了Chakmaktyn湖及其邻近湖泊之间的较窄的湖间地，人们自然而然会以为有两条河水源自同一座湖。这两条河明显各自往东流与往北流。［更精确地说，以湖为源的奥克苏河先东流而后折北，与之相邻的塔什库尔干河则是先北流而后转东。］至于南流之水，人们选择印度河抑或恒河为代表。

公元8—10世纪的阿拉伯地理学者也共享这样的宏观比定。根据［10世纪波斯学者］

㊾　（原文注22）此一概念延续到阿拉伯—波斯地志学者们所处时代，于是米诺尔斯基察觉他所探讨的地志"作者有意描出一座介于印度与里海之间的连山系统"，见V. Minorsky, "A Persian geographer of A.D. 982 on the Orography of Central Asia", *Geographical Journal*, vol. 90, 1937, p. 263。

㊿　（原文注23）参见拙注55（中译注⑰）关于无恼池（the Anavatapta lake）的说明。

54　译按：作者原文误植为"东流之水"。

伊本·鲁斯塔（Ibn Rusteh）说法（维特1955年编译本102页）⑤⑤，乌浒水（jayḥūn）首先流经瓦罕地区，该河段名为Wakhab。《世界境域志》（Ḥudūd al-ʾĀlam）说法类似（米诺尔斯基1970年编译本71页）⑤⑥，说它首先在博洛尔（Bolor）与舒格楠（Shighnan）之间奔流，这说的就是瓦罕河谷。学者还提到乌浒水的最大支流称为瓦赫胥河（Wakhshab），它从北方流淌而下，途经加尔姆（又称Rasht）以及Kumidh（维特1955年编译本103页），而后在Mila汇流成乌浒河。

在这样的四河水系［观念］里，南流之水是印度河，其源头距离帕米尔诸湖泊并不远。《世界境域志》（米诺尔斯基1970年编译本72页）把印度河的源头移到塔什库尔干北方的慕士塔格峰，而那里相传也是北流之水的源点。

古籍中的东流之水则是塔什库尔干河，其较下游河段称为叶尔羌河，河水流进塔克拉玛干沙漠后分支，一部分最终抵达罗布泊。然而，这条河水的众多上源没有一条来自小帕米尔与大帕米尔地区各湖泊。

北流之水的情况恰好相反。奥克苏河肯定源自［前述］南方湖泊（the lower lake）东畔⑤⑦，东流约60千米后转北：任何沿其右岸行进，一直走到Aktash的人，都能清楚看见其转折，而Aktash乃是上坡前往尼苕塔什山口（Nezatash Pass）以通向塔什库尔干之路程开端。因而托勒密晓得这［条河］，并且尝试把它当作药杀水之源流。再往北边，也就是古代旅人极目难以望尽之处，奥克苏河折往西流，此后的河段称为穆尔加布（Murghab）以及巴尔唐（Bartang），在舒格楠汇于乌浒水。后来，《世界境域志》一方面把［北流之水的］源头放置在慕士塔格峰之西（米诺尔斯基1970年编译本71页，§7）——该见解尽管模糊然而算是不错——另一方面又说是塔什库尔干北方的慕士塔格峰，同时把慕士塔格峰当作南流之印度河源（前揭编译本72页，§15），这就完全弄错了。

众所周知，真实世界里的药杀水（即锡尔河）源自费尔干纳谷地东部。远在阿拉伯—波斯地理学家以前的古典述作时期，迄至19世纪晚期，人们对于帕米尔中央地带位于衮特—尼苕塔什山口（Ghunt-Nezatash Pass）地理线以北的区域所知甚寡。这使得有一条离开小帕米尔诸湖泊并显然朝着正北流淌的河水——也就是奥克苏河——逸出了［古］人视野［而不知其所逝］，从而被神秘地与另一条位于北方的河水——也就是药杀水⑤⑧——联系到了一起。古代的行人和地理学者错误地把一条已知河水的上游连到另一条已知河水的下游，如此［张冠李戴］既非第一次发生，

⑤⑤　该编译本即G. Wiet, *Ibn Rusteh. Les Atours precieux*. Le Caire: Société de géographie d'Égypte, 1955。

⑤⑥　该编译本即V. Minorsky, *Ḥudūd al-ʾĀlam "The regions of the World": A Persian Geography 372 A.H.–982 A.D. Translated and explained*. Second ed. with the preface by V. V. Barthold translated from the Russian and with additional material by the late professor Minorsky ed. by C. E. Bosworth. London: Oxford University Press, 1970。

⑤⑦　译注：即Chakmaktyn湖。本节以下，作者有时以印度传统方位观念表示相对位置，即上方（upper）表示北方，下方（lower）表示南方，传统英文亦有类似用法。兹按文脉予以适度换译或加括注。

⑤⑧　（原文注24）A. Burnes（*Travels into Bokhara*, 3 vols. London: John Murray, 1834, vol. II, p. 186）看来指述了某种普遍观念，他说："据信从Surikol湖附近流出四条河，方向互斥，它们是乌浒河、锡尔或者说药杀水、印度河源头之一以及西藏诸水道的一部分。"

也不是最后一次。

　　将所有片段聚拢起来，［我们便可以察觉］这些文献乃是以下述情况为前提：在古典时期的作者眼中，帕米尔高原地区至少有几处主要地块乃是索格底亚那之一部分，而诸水汇入并形成乌浒水最终河段之处乃是索格底亚那的西界，不论那些支水是由南往北或由北往南流。这亦即是说，首先是舒格楠地区的乌浒水也就是说喷赤河（Panj），其次是库塔尔（Khottal）地区的［乌浒水也就是说］瓦赫胥河⑤，至于东面，索格底亚那则止于上述那条往北流淌的神秘药杀水（the mythical Iaxartes）⑥。

　　一旦我们接受这样由西而东的山系、民族与水文划分，那么希腊文和汉文材料中许多令人焦灼的叙述便转而熠熠生辉。我们知道这些文献有一些资料已经被现代研究［者］藉由一幅"真实"的地图加以诠释，在这些人的观点里，索格底亚那置于巴克特里亚之北，而"游牧民族"又更在索格底亚那之北。可是，［这些人所谓］"我们"真实的索格底亚那在现代地图上根本不与印度接壤，而［这些人所谓］位于"真实"药杀水北方的游牧民族，也与印度丝毫没有共同边境。不过只要我们接受上述"神秘的药杀水"也源于帕米尔高山湖，一切便豁然开朗：一些古典文献完全印证本文在此重建的景象，另一些古典文献则反映出这种"神话式"观念早就面临了矛盾：

　　（1）斯特拉波（11.8.8）引用了埃拉托斯特尼的观点，后者讲述道"塞人（Sacae）与索格底亚那人（Sogdiani），以及这两种人的全部领土，都位在印度对面，巴克特里亚人（Bactriani）则相距稍远一些；这是因为，就像［埃拉托斯特尼］说的，这群人大多处在帕罗帕米萨德群山边沿，塞人和索格底亚那人彼此则以药杀水相距；又，索格底亚那人、巴克特里亚人以乌浒水相距。"托勒密（6.12）说法完全一致，他以索格底亚那人（Sogdianoi）和印度的直接接触为开场白，其交界地带乃是帕罗帕米萨德也就是说兴都库什山脉的终点以及喀喇昆仑也就是说［他所谓的］Caucasus山脉的起点。之后出现的Imaon山，也就是雪山（himavanta），其北方正是塞人（Sakai）之所居。

　　（2）亚利安（Arrian）［《远征记》（Anabsis）］3.30引述了阿里斯托布鲁斯说法⑥，后者曾在亚历山大对索格底亚人之战当时陪侍，从而可能与这位帝王共享地理概念。根据阿里斯托布鲁斯，Tanais河——也就是此人用以称唤药杀水的名字——其源出自Caucasus山，也就是他称呼喜马拉雅的方式。稍后，托勒密（《地学指南》6.12.3）提到药杀水源自帕米尔，即谓为位于"Komēdai人的山区"。至于索格

---

⑤　（原文注25）参见陶玛舍克（W. Tomaschek）1877年书中第二号地图（map no. 2）里标为"Kang-Kiü"［康居］之处，而陶氏在其所见汉文材料里找到将三条支水——克孜勒苏（Kisilsu）河［及其下游之］瓦赫胥河、喷赤河与科克查（Kokcha）河——均标为"Fa-tsu Ho"［缚刍河］也就是vakṣu的理由。该书即W. Tomaschek, *Centralasiatische Studien I: Sogdiana*. Wien: In Commission bei K. Gerold's Sohn, 1877。

⑥　（原文注26）参见C. Rapin, "L'Afghanistan et l'Asie centrale dans la géographie mythique des historiens d'Alexandre et dans la toponymie des géographes gréco-romains: Notes sur la route d'Herat à Begram"（载O. Bopearachchi and M.-F. Boussac (eds.), *Afghanistan: Ancien carrefour entre l'Est et l'Ouest*, Turnhout: Brepols, 2005, pp. 143-172）一文赞赏的神话式地理，并参见该文165页所附地图，图中显示药杀水源自兴都库什。

⑥　译注：阿里斯托布鲁斯（Aristobulos）亦常写作卡山德里亚的阿里斯托布鲁斯（Aristobulos of Cassandreia）。

底亚那人领土之定义，他必须从那里一径往南划出一条直线，直到喜马拉雅、喀喇昆仑交界处（《地学指南》6.12.1）[62]，藉以将索格底亚那人和塞人区隔开来。

（3）斯特拉波（《地理学》11.2.2）知道其他一些人相信Tanais河，也就是现今的锡尔河，源出Caucasus山，接着似乎往北流，转弯后流向咸海（Aral lake）。但斯特拉波本人持反对意见，他认为人们对于Tanais河之诸源毫无所悉。唯一可以确定的事实是，亚历山大在压境索格底亚那北部诸地域之后，来到了Tanais河中游（《地理学》11.8.9）。

这表示，以塔什库尔干起头的所谓药杀水（据阿里斯托布鲁斯）这条线，以及从塔什库尔干到药杀水已知河段（据托勒密）的另一条线，构成那唯一一条将索格底亚那人和塞人分隔开来的界线。斯特拉波的看法则有些例外，因为他拒绝以神话性的臆测来克服人们匮乏无知之处。

汉籍方面，我们首先遇见的情况是一知半解。《史记》（《大宛列传》；华兹生1993年译本233页）报道了一条塔什库尔干与和田［于阗］互相混淆之事例，因之后者的王城被当成河水东西流之分水岭。为了加以验证，有一支队伍前往寻找河源之湖，却铩羽而归（华兹生1993年译本252页）。这表示［彼时中国人］听过这类起源湖泊传说，可是塔什库尔干地区没有被调查到。

数百年后，《水经注》提到就在塔什库尔干北边不远处，有一条北流河水分叉了出来。多数水道流向东方，消失于罗布泊，而后再度浮出地表并成为黄河之源。该书没有告诉我们其余［从帕米尔周围］分叉出去的支水情况，可能是因为作者只知道那边肯定有一条河水北流，而塔什库尔干当地肯定有一条河水东流。因此［书中提到的］该分叉应当看成想当然而推导出来的结果。

八、索格底亚那与"大宛"

在本文对古典概念之重建图式里，"索格底亚那"差不多也涵括了帕米尔高原全境，因为就定义而言，它必然在巴克特里亚之东，并且直截了当就在印度北边。这片宽广境域也为公元前2世纪的中国人所知，他们把希腊人称呼的"索格底亚那"[63]区分为数个单元，其中一块称为大宛，另一块称为康居（图6）。这两国的风俗习惯被描述为与月氏相同（何四维译：126页提及康居、132页提及大宛）。在《史记》（《大宛列传》；参照图5）定义下，大宛西边是大月氏，西南边是南巴克特里亚（大夏），东边是和田［于阗］（华兹生1993年译本第二卷233页）——注意这里提到的是和田，而不

---

[62]　亦参见H. Humbach, S. Ziegler and K. Faiss, *Ptolemy, Geography, Book 6: Middle East, Central and North Asia, China. Pt. 2*, with K. Faiss, "Maps in simplified reconstruction, notes and indexes with a supplement: NW and W India", Wiesbaden: Ludwig Reichert, 2002, p. 37, fig. 30。

[63]　（原文注27）如此囊括大多数地区的定义看来可以追溯到埃拉托斯特尼。据斯特拉波（11.8.8）引述，此人主张乌浒水以北所有土地（以及伊朗以东）都属于索格底亚那（Sogdiane）。这项定义也为亚利安（Arrian, 6, 16）所采纳。

是喀什或叶尔羌[64]。除了E. Herzfeld以外[65]，现代诸家诠释均视大宛为我们当代［观点中］的索格底亚那，［也就是］泽拉夫善［山脉］以及阿赖山脉上方，包括费尔干纳谷地之［东西］全长、撒马尔罕所处平原及其上方。康居则被期望为更加北边之处。

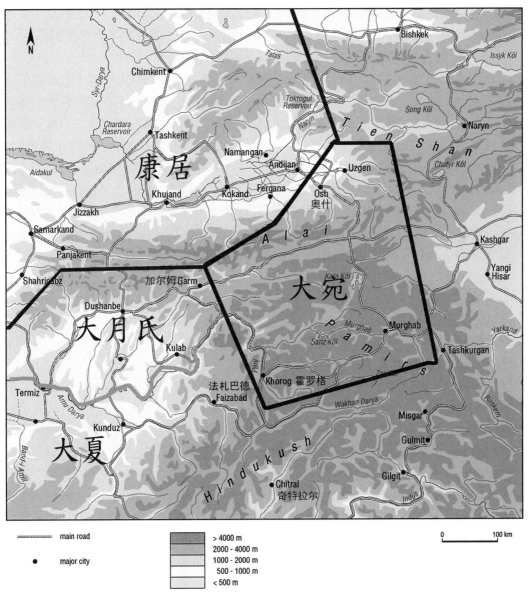

图6　《史记》所述大宛周边诸境域
西邻月氏、西南接大夏，康居在大宛以及月氏之北

⑥　（原文注28）蒲立本（同注⑪，25页）以为这段文字不足为凭，乃置大宛于费尔干纳之西，以便纳入其"索格底亚那本土"之中。

⑥　E. Herzfeld, "Sakastan – Geschichtliche Untersuchungen zu den Ausgrabungen am Kuh i Khwadja", *Archäologische Mitteilungen aus Iran*, vol. 4, 1932, pp. 1-116, esp. p. 23.

但是此一形廓无法为真（参见注11揭蒲立本文22页），因为依据《史记·大宛列传》，大宛西南接巴克特里亚，因此它肯定包括帕米尔高原［并］下坡直至达斡兹与鲁珊一带。况且月氏北边是康居（《史记·大宛列传》；华兹生1993年译本234页），这表示康居就在泽拉夫善山脉之外[66]。大宛都城在《汉书·西域传》称为贵山，距都护4031里（1470千米），距月氏690里（250千米）（何四维译132页）。像是奥什这样位于费尔干纳谷地东部的地点——距都护所在的乌垒直达距离1150千米而距加尔姆直达距离275千米——其位置便相当合适并且可以支持［该传］给予的里数[67]。

据《史记·大宛列传》，大宛北面及西面均接壤康居，所以康居看来包括费尔干纳谷地西部，并加上从撒马尔罕直到塔什干（Tashkent）全境以及其更远的西方地域。这解释了康居何以［既］承认南边月氏人名义上［对康居］的主权，［又］承认东边匈奴人［名义上对康居］的［主权］（《史记·大宛列传》，华兹生1993年译本234页）——因为康居之地，乃是从撒马尔罕开始往东北伸出一道围绕天山西足的长弧。这呼应《史记·大宛列传》（华兹生1993年译本234页）说"大月氏北方与康居相接"。两者的接触是直接性的，并与大宛西陲相接。这样一来，我们便不妨继续严守古人对于大宛（在东）和康居（在西）的界划，而这条界线看来就是今日费尔干纳谷地中划分吉尔吉斯斯坦（奥什［州］）与乌兹别克斯坦（费尔干纳［州］、安集延［州］）的那条国境线。

根据《汉书·西域传》，康居不论夏季王城或是冬季王城均与都护相距5550里[68]，也即是说西距大宛王城1519里。这相当于俯瞰距离之554千米，而以本文的［大宛王城］候选奥什而言，这样的俯瞰距离正好可以连到撒马尔罕，来作为康居的冬季王城[69]。那么其夏季王城便不可避免地落在更北边或者海拔更高的位置。

当汉使张骞于公元前129年来到大宛以寻访月氏（《史记·大宛列传》；华兹生1993年译本232页），他被送到了康居。既然他亲眼见到康居在大月氏之北，他有可能被直接导而南下穿越泽拉夫善山脉，而不是经由铁门。康居不可能纯然位于大宛正北，因为月氏在大宛西边（《史记·大宛列传》），把张骞送到大宛正北方只会让他离目标越来越远。

相反地，要是把东费尔干纳谷地类似奥什这样的地点勘为大宛王城，然后把索格底亚那本土放在像是撒马尔罕这样的地点附近并视其为康居，便能充分理解张骞路程。类似路途——从伊塞克湖（Issikkul lake）进入费尔干纳——在数世纪后为玄奘采用，之

---

[66]　（原文注29）《史记·大宛列传》的方位导出一套自相吻合的配置，唯一有所冲突的一些要素乃是乌孙距大宛、康居距大宛、奄蔡距康居各二千里；月氏距大宛二千或三千里。很显然地，张骞［的原始汇报］要比这类臆度更精确。

[67]　译注：直达（direct）距离指公路交通之最短距离，与俯瞰直线距离有别。

[68]　（原文注30）文本该处有所扭曲：唯一清楚的是两城地址相距500里，即200千米上下，参见何四维译124页以及125页脚注2。

[69]　（原文注31）参见何四维译123页脚注298："在更晚的时期，康居地区以'石国'之名为人所知，也就是撒马尔罕。"不过我看不出任何区分早晚的迫切必要。

后他从其谓为"铁门"之处迈进北巴克特里亚⑦。因此下述考虑看来颇值得学者加以验证，亦即沿着当今国境线将费尔干纳谷地一分为二：以东为大宛，进而连接帕米尔高原全境或者近乎其全境的地广人稀之域；以西为康居，包括费尔干纳谷地西部，以及从撒马尔罕到塔什干及更远方所有索格底亚人的地盘，也就是适当地先往［康居之］东北部深入再东延者。

让我们回到大宛：作为《史记》与《汉书》时期的政体之一，它与汉廷有所接触，然而到了公元最初几个世纪，它从汉籍正史消失（注⑪揭蒲立本1966年文22页注5；注⑨揭同氏1968年文253页）。正是这座大宛，在关于月氏人——即之后的贵霜人——如何来到他们北巴克特里亚新家园的叙事里扮演着鲜明角色：月氏人是借着"西徙，到大宛另一边"（"moving to the west，beyond Dayuan"），换句话说就是攀上帕米尔高原而后通过它。一旦定居妫水之北，他们便有必要驱逐当地原住之塞人居民（《汉书·张骞传》；何四维译216页）。接下来，他们降伏了妫水之南的大夏国，也就是古典时期的"巴克特里亚"（《史记》《汉书》《后汉书》，见《贵霜史丛》之Text 037、026、027）。

由于一连串错误认知，导致不少近年重建图式认为月氏人乃是途经远在北方的，推测为康居的伊犁盆地，而后往下南行并以某种方式穿过推测为大宛的费尔干纳，然后来到撒马尔罕西面的平原（"大宛另一边"［汉籍原文"过宛"］）。然而，一旦我们把帕米尔高原纳入希腊探索者囊括起来的所谓"索格底亚那"范围以及中国人称为"大宛"之一部分，那么从东方看过来，一切方位均可维持文献字面所述，［月氏］位在"西边，大宛的另一边，妫水之北"（"west，beyond Dayuan，to the North of the Oxus"）看来再正确不过。

本文对这些关键地理名词的看法，或许亦有助于审视在同一段短暂时期内终结了希腊—巴克特里亚王国的那些部落。斯特拉波（11.8.2）告诉我们，"Asii人、Pasiani人、Tochari人以及Sacarauli 原本来自药杀水另一侧的境域，该河水将塞人以及索格底亚人的境域相连而在过去曾为塞人所盘踞"（Asii，Pasiani，Tochari，and Sacarauli had originally come from the country on the other side of the Iaxartes River that adjoins that of the Sacae and the Sogdiani and was occupied by the Sacae）；用我们如今使用的术语来说，他意指⑦：药杀水乃是连接塞人的国度与索格底亚人的国度或者说区隔这两个国度［的边界］，接着他指明所有侵略者都是从塞人的那一边出发。他说的正是那道南北向境界线，也就是上文所说的，把索格底亚人与东边的塞人隔开的那条"神话式"药杀水。其余所有［蛮族］，尤其是北方的斯基泰人，托勒密都归到"Scythae"一名之下。只要斯特拉波的情报来源遵守的也是同一条境界线——也就是在其他一些人的观念里，以为是由一条北流药杀水所构成的那一条界线——那么上述侵略者们的起点便可以是位在帕

---

⑦　（原文注32）：关于玄奘行纪之矛盾处，见下文第一九节末。

⑦　（原文注33）... ὁρμηθέντες ἀπὸ τῆς περαίας τοῦ Ἰαξάρτου τῆς κατὰ Σάκας καὶ Σογδιανούς, ἥν κατεῖχον Σάκαι. ［译注：就作者个人对于这句话的理解而言，所谓被塞人盘踞的对象与其说是那条河本身，不如说是河水另一侧（即东侧）。］

米尔高原东方的任何一个地区。

此前的研究观点，乃是以现实中的锡尔河（药杀水）来解释［斯特拉波］这句话。这使人推导出月氏人曾经生活在位在北方的伊犁河盆地附近，也就是远在现实上药杀水之另一侧，从而迢迢从北方南下并抵达他们的新家园。这项推导虽然构成其史［观］基轴，却无［史料］可稽。没有文献素材可以支持任何关于南徙的论述；倒是本文所指出的，尽管现实中并不存在，却广为流传的那条位于东方世界的北流药杀水，为我们提供了一份简洁解答。就我们讨论的课题而言，这份解答再度支持了下列论述，即一场由正东方掀起的，翻越帕米尔而来的北巴克特里亚侵略活动，为希腊—巴克特里亚诸邦国画下了终点，而其中最后一批人（［即］月氏=Tocharoi）将稍早的入侵诸族群，或至少其中一支族群，驱赶到了南边。

九、托勒密其人以及前往喀什最“便捷”的道路

汉朝军队既然进抵西陲之塔什库尔干，而［希腊罗马］古典时代的地理学者们也知道在他们眼中的东方，帕米尔与低地乃是以某条河水为界，那么双边文化必定曾有接触。问题在于这样的接触何时常态化，而何时有史可征。

最早的文献证据来自上述马埃斯·提提安努斯之记述，它显示最晚在公元1世纪[72]，已经有一条从巴克特里亚通往塔什库尔干的道路被善加开发，该路线被指示给行商人，而且显然予以课税以换取［沿路］服务。其起点就在月氏疆土之内，因此我们可以肯定这些将会成为贵霜人的民族（the Kushans to be）对道路服务有所协助。要陪伴商队并看顾其安全，就算是在较宽敞的河谷地带，也与畜牧维生全然是两回事。

上述为马埃斯服务的商人东进，以求会见名叫“赛里斯”的丝绸商人并开发交易渠道，但与此同时，他们也被吩咐记录其总体行动的前进距离与方位。从结果来看，他们知道如何测量各个途经地点的纬度。这些测量数值大约在公元100年传送给了地理学者提尔城的马里诺斯，后者用之于估计地球周长。马里诺斯发表了自己的地理研究，但如今已经亡佚，基本上只有公元2世纪托勒密那名声显赫的《地学指南》（*Geographike Hyphegesis*）里有所引用而保存了若干文句。托勒密既不懂马里诺斯使用的测量单位[73]，又缺乏节制地肆意质疑（《地学指南》1.11.7）。不过，他至少在相当程度上保持了这份材料的完整性，从而显示他透过马埃斯作品而获得的报告原本应该相当仔细。

这份第一手观察报告的收梢便落在我们所关心的范围。它以巴克特里亚开端，止于帕米尔高原东隅某地。该队未能越过该地继续前进，并且商人们了解到在下坡深入［现

---

[72]　（原文注34）M. Cary在1956年撰写的 "Maës，qui et Titianus" 一文（载*Classical Quarterly*，vol. 6，pp. 130-134）业已提出将马埃斯考之于奥古斯都（Augutus）时期［公元前27—公元14年在位］的几项严谨理由，而该时期并不扞格于［此处讨论的］丘就却时代之前的翕侯角色。

[73]　I. Tupikova, M. Schemme and K. Geus, "Travelling along the Silk Road: A new interpretation of Ptolemy's coordinates", Max-Planck-Institut für Wissenschaftsgeschichte. Preprint 465, 2014. http://www.mpiwg-berlin.mpg.de/Preprints/P465.pdf. 尤见该文第3页。

今］新疆的平原地带还有另一处会合地点，而那处会合地点与所谓赛里斯人以丝品交易西方货物的场所之间，还有一大段路要走。

从他们位于巴里黑（Balkh）的中途站直到其最终［折返］点之间的路径，业已成为不少研究处理的课题。其解答大致分为两种，两种基本上都有道理却彼此矛盾：其一是大致从杜尚别画一条东北向直线[74]，穿过阿赖山脉与阿赖对向山脉（Transalai ranges）相挟之喀刺提锦谷地（Karategin Valley），接着以某种方式继续东进，直到喀什；抑或是另一条路线，也就是经瓦罕河谷前往塔什库尔干。可是，要是我们严肃地看待从马里诺斯作品中引用出来的部分，便能察觉还可以有另一种介于两者之间的答案。

根本性的证据来自中国正史。《汉书》（《西域传》；何四维译72页以下）知悉从中原入西域有两道。南道取道塔克拉玛干南沿以抵叶尔羌，接着攀登帕米尔并从那里通向月氏与帕提亚。大宛未予提及，这可能是因为它已经全然丧失对于这条路线的影响力。第二道，也就是北道，则取道塔克拉玛干北沿去喀什，从那里翻山然后抵达大宛、康居，然而并不是到月氏。这两道均可能为张骞出使成果：他先沿费尔干纳以及西索格底亚（western Sogdia）西行；而后他朝南转弯并抵达月氏，其间可能通过西面的铁门抑或是翻越北面的泽拉夫善山脉；而在找到月氏人之后，他拜访了南巴克特里亚（即"大夏"），采南道踏上归途（《史记·大宛列传》）。

这表示，任何迈入位于喀什西方的大宛的人，他会被导而西行、转往北行，复又西行，从而抵达康居；而不是一径沿着喀刺提锦—阿赖谷地而冲向位于北巴克特里亚的月氏。与此相对，任何以月氏为目的地的商队都会采用南道，而这意味着从叶尔羌［一带］进山。那么反方向旅行要是选择雷同路线，亦是合情合理：倘从月氏一侧出发，仍当采用南道，而该路线与喀刺提锦、喀什缺乏直接接点。可是，正是［喀什—喀刺提锦—杜尚别］此一连线在学界被主张了将近一个世纪，乃至而今。其始作俑者为亨利·玉尔（H. Yule），此人1866年出版的《东域纪程录丛》（*Cathay and the way thither*）［初版］第一卷cxlix页注5指出经喀刺提锦前往喀什路线的可能性[75]，此后这项可能性突然在一些俄国探险家出版的报告里被视为一种确切不移的事实，藉以描述从喀刺提锦谷地朝向喀什之间［此前未曾受到报道的］的失落环节。［这些报告之中，］最早获得较多读者注意的是费琴科［夫人］以及R. Michell分别于1874年、1877年发表的费琴科以及Skobelef［将军情报］[76]，它们让李希霍芬（Ferdinand von Richthofen）得以在自己1877年刊布的历史交通地图上沿着喀刺提锦谷画出一条路[77]。

---

[74] 译注：原文误植为"北北东"，兹经作者首肯订正（2019年12月6日）。

[75] 全书完整书目为：H. Yule, *Cathay and the way thither: Being a collection of Medieval notices of China, translated and edited, with a preliminary essay on the intercourse between China and the western nations previous to the discovery of the Cape Route*, 2 vols. London: The Hakluyt Society, 1866.

[76] 前者即A. Fedtschenko遗孀（通称Frau Fedtschenko "Fedtschenko夫人"）刊登之 "A. Fedtschenko's Reisen in Turkestan, 1868–71, mit Originalkarte", *Petermann's Geographische Mitteilungen*, vol. 20, 1874, pp. 201–206。Skobelef将军的情报辑译于R. Michell, "The Russian expedition to the Alai and Pamir", *Journal of the Royal Geographical Society of London*, vol. 47, 1877, pp. 17-47.

[77] F. F. von Richthofen, *China*, Vol. 1(1877, Berlin: D. Reimer)497页以降。地图见第500页之对帧者。

　　托勒密曾提及某座"石塔"（*lithigos pyrgos*），它位于帕米尔东端，并且是马埃斯所记通往"赛里斯人"沿路中途站之一。早在1868年，此地便被罗林森（Henry Creswicke Rawlinson）考订为塔什库尔干[78]。斯坦因最初在1904年一度依从罗林森[79]，然而三年后他受到曩昔玉尔观点启发（即上揭《东域纪程录丛》初版第一卷cxlix页脚注5），在喀剌提锦谷地寻觅那座石塔（*Ancient Khotan*, vol. Ⅰ, p. 54 fn. 14, 17）。尽管如此，玉尔在七年之内，也就是1873年，便撤销其稍早猜想，代之以更精准的推测[80]。斯坦因还倚赖诸如费琴科、Skobelef等人之俄国人情报，可是［这两人］以往丝毫没有提过有一条丝绸之路穿越喀剌提锦而登喀什。斯坦因甚至在后来的1928年、1932年两部著作里[81]，把石塔可能位置限缩到Daraut Kurghān村。这项位处阿赖山谷内的明确地点尽管原本纯属臆测，却受到［这样］一位举足轻重的探险家予以发挥，于是被广泛接受并运用于众多研究，诸如米诺尔斯基的1970年版《世界境域志》（该书233页），以及［第三节揭引之］伯尔纳2005年论文（该文955页）。

　　伯尔纳坦率地解释为什么他偏好以喀剌提锦—阿赖路为首选，因为他相信沿着阿赖山的路线乃是"朝向乌浒河谷最直接、最简单的道路，而该河谷亦即瓦赫胥河谷至苏尔罕河谷一带"（la voie la plus directe et la plus facile vers la vallée de l'Oxus, qui était celle du Wakhsh-Surkhab，引自其文957页）。对伯尔纳而言，还有一项难题尚未获得解决，也就是马里诺斯或托勒密提到了"在一处河峡之前（或者之后？）"有一座台地，而他完全无法指出其所在："我没办法提出令人满意的解释，……而且……我没见过任何人既已对此提出解释"（Je ne trouve pas d'explication satisfaisante … et … je ne vois pas que quelqu'un en ait donné une，引自其文955页脚注67）。［其实］斯坦因的论点还蕴含更多矛盾，但伯尔纳一一予以熨平，其方式是假定那些作出回报的商人、马里诺斯抑或是托勒密的能力有所局限（929页）。斯坦因该文影响是如此深刻，以至于这条推敲出来的阿赖路被放进众多地图，甚至在一份2016年的论文里坐拥其名为"队商之路"[82]。本文立场相反，而这是出于笔者对于下述观察加以深思熟虑的结果，亦即迄至19世纪，没

---

[78]　H. C. Rawlinson, "On trade routes between Turkestan and India", *Proceedings of the Royal Geographical Society of London*, vol. 13, 1868–1869, pp. 10-25. 尤见其文17页。

[79]　M. A. Stein, *Sand-buried ruins of Khotan: Personal narrative of a journey of archæological and geographical exploration in Chinese Turkestan*. London: Hurst and Blackett, 1904, p. 67.

[80]　（原文注35）玉尔此时颇为明智地倾向把达斡兹与鲁珊勘作Komedai路上的站点，见H. Yule, "Notes on Hwen Thsang's account of the principalities of Tokháristán, in which some previous geographical identifications are reconsidered", *Journal of the Royal Asiatic Society*, new series, vol. 6, 1873, pp. 92-120, 尤见97页以下。他将巴尔唐河谷看成那座凶险的"平原之后的深峡"；笔者则偏好视为近傍的衮特河谷（见拙注55［译按：实指注56，中译注㉑］）。斯坦因（M. A. Stein, *Ancient Khotan*. Oxford: Clarendon, 1907, vol. 1, p. 54, fn. 14）可能疏于留意玉尔观点变革。

[81]　分别参见M. A. Stein, *Innermost Asia: detailed report of explorations in Central Asia, Kan-su and Eastern Īrān*, Oxford: Clarendon, 1928, vol. II, p. 850; idem., "On ancient tracks past the Pāmīrs", *The Himalayan Journal*, vol. 4, 1932, p. 22（后者下称《葱岭古道行》）。

[82]　R. Rante, E. Fuchs and D. Mirzaakhmedov, "Dynamics of human settlements ensuing from river transformation and changes in commercial behaviour: the birth of the 'North eastern Silk Road'", *Journal of Archaeological Science: Reports*, vol. 9, 2016, pp. 437-447, esp. p. 446, fig. 7.

有任何一位沿阿赖山走完从杜尚别至喀什全程的旅行者留名后世。

且让我们检视其行程尽头［，因为］起点明确的多。不论那座石塔究竟位于何处，人们抵达彼处之前，必先通过某种名叫Komēdai人的斯基泰部落领有之土地。第一个一千纪年晚期的阿拉伯—波斯地理学者们保存了杜尚别东北方某座山区的名字。该名既已于1848年获得亚历山大·康宁汉（Alexander Cunningham）［将军］注意[83]，其观点复采纳于玉尔上揭1873年论文之97页［参见上注⑧⓪］，尽管该文不提这位将军名姓。托勒密所报道的明晰叙述如下（《地学指南》6.13.3）[84]："住在药杀水边的塞人名叫Karatai人和Komaroi人，至于那些（居住）在一整片山区里面的则称为Komedai人；"［The Sakai dwelling along the Iaxartes are called Karatai and Komaroi；those（living）in the entire mountain region，Komedai；英译抄自Ronca氏1971年编译本108页］[85]这意味着Comedes群山是"一整片山区"，至少包括费尔干纳谷地东部南面一整块帕米尔山区里较大的几块地段。至于［前述］汉语版本所谓Komedai山——也就是拘谜陀——乃是玄奘记载（同上注㉒），而玄奘也是引自某一份更古老的报告，因为他本人既没有望见Komedai山也没有［亲履］舒格楠，这从慧立留下的［《大慈恩寺三藏法师传》］版本不提它便可以看出[86]。玄奘在他的正式行纪里记载乌浒水（称作缚刍，耳闻汉语va-kṣu/chu=［梵语］vakṣu）在拘谜陀西南，从该地南下便到达舒格楠。一旦我们学到拘谜陀也就是说Komēdai山绵延至舒格楠，我们便必须如此演绎，即Komēdai山并不局限于喀刺提锦谷地，因为从那里到舒格楠的入口足足有150千米远[87]。而如果我们认真看待伊本·杜斯特（Ibn Dust[88]）也就是说伊本·鲁斯塔（Ibn Rusteh）其人说法（注㊷揭维特

[83] A . Cunningham. "Verification of the itinerary of the Chinese pilgrim, Hwan Thsang, through Ariana and India, during the first half of the seventh century of the Christian era", *JASB*, vol. 17, issue 1, 1848, p. 484.

[84] （原文注36）'Καλοῦνται δὲ αὐτῶν οἱ μὲν παρὰ' – τὸν 'Ιαξάρτην – Καράραι – καὶ – Κόμαροι – οἱ δὲ ὑπὲρ τὴν ὀρεινὴν πᾶσαν – Κομῆδαι (...).

[85] （原文注37）洪巴赫（H. Humbach）与席格勒（S. Ziegler）1998年合编之托勒密《地学指南》第六册第一部（H. Humbach, S. Ziegler, *Ptolemy, Geography, Book 6: Middle East, Central and North Asia, China. Pt. 1, Text and English/German translations*, Wiesbaden: Reichert, 1998）117页似乎构想的是某种地图，其图之中"北方"以"上方"（up，above）表示，并将Komedai人置于"一整片山区的上方"，同书德文译作"oberhalb des gesamten Berglandes"。译文更佳者为J. W. McCrindle, 此人译为："拥有那一整片山区的民族乃是Kômêdoi人。"（idem., *Ancient India as described by Ptolemy,* Calcutta: Thacker, Spink & Co., 1885, p. 284）大约翻译于公元1460年后的Jacobus Angelus氏拉丁译句 "Qui vero supra montana sunt omnes comedae"［"住在那些山上的全都（称）为Comedae人"］（［拉丁文］转引自I. Ronca, *Ptolemaios Geographie 6, 9–21, Ostiran und Zentralasien, Teil 1 – Griechischer Text neu herausgegeben und ins Deutsche übertragen, mit der lateinischen Übersetzung des Jacobus Angelus, einer neuen englischen Übersetzung und textkritischen Noten.* Roma: Istituto italiano per il Medio ed Estremo Oriente, 1971, p. 39）在此帮助不大。

[86] S. Beal, *The life of Hiuen-tsiang by the Shaman Hwui Li,* London: Kegan Paul, Trench, Trübner & Co., 1914, p. 197.

[87] （原文注38）罗林森亦已将托勒密的"Comedi群山"（Comedi Mountains）勘合到中国人口中的"拘谜陀"以及阿拉伯人口中的"Kumid"，并且将这片地区置于更靠近舒格楠之处，因为"Kum一名仍然常常用来称呼乌浒河畔的达翰兹"（Kum is the name still commonly applied to Darwáz on the Oxus），见idem., "Monograph on the Oxus", *Journal of the Royal Geographical Society of London*, vol. 42, 1872, p. 498。

[88] 此名见诸R. Michell, "The Regions of the Upper Oxus", *Proceedings of the Royal Geographical Society*, vol. 6, 1884, p. 505。

编译本103页），我们便必须下此结论，即Kumid族在数百年间渐渐往西南迁徙，因为这位作者沿瓦赫胥河而下逐一列举的地区是Famir（=帕米尔）、Rasht、Kumid以及“石桥”。既然Rasht可大致等同于加尔姆，那座石桥亦于文献有征，Kumid在当时必然已经往西南移行，从加尔姆的东南面移到了西南面地区。

一〇、前往石塔之路的途中各站

现在，我们已经累积了证据以及各种争议性诠索。重新检视托勒密作品及其引用的马里诺斯著作可望为我们带来一些解答，甚至能够加强我们对于那份商人报告可信度的信心。

托勒密就如何前往那座“石塔”提供了两段概括性叙述。首先，我们有起点到终点之间的几处转折点坐标，它们在《地学指南》（6.13.2）留下了散文式解说；其次，《地学指南》（1.12.7-9）出现了一段间或从马里诺斯作品汲取而来的，关于该路线起讫点的纬度描述。

所有诠释都同意，从巴里黑出发到杜尚别附近的路段乃是穿过北巴克特里亚：队伍先朝“北方”走，也就是说朝东北，然后进山。基于马里诺斯提供的数值，全球坐标得以给出并插入托勒密的数据系统之中。抵达山区的下一步是从一处称为“上坡”（ἀνάβασις）的地点起算，该处通往Komēdai人所在之群山，而该地点在托勒密［《地学指南》］6.13.2标志为125°E 43°N。这块地域为塞人所居，而这条通道则被描述为“从索格底亚那人［的方面］前往”，这反映出索格底亚那包括帕米尔的古老观念。接下来抵达的是“靠近Komēdai人的河峡的一处地区”，坐标为130°E 39°N。然后是“位于135°E 43°N的所谓石塔”。

我们可以看出东面诸地点之距离以5°为间距递增，从125°到130°，终点位在135°[89]。该路径的中间点以某处河峡之峡口为标识。南北方向的移动更令人大感兴趣，它先从43°N开始，南行至39°再北上到43°N。

从马里诺斯本人作品引用过来的散文章节还附加若干重要细节（《地学指南》1.12.8）[90]：

这段丘陵国度的西缘端点比较偏北，这也是因为那（就像马里诺斯说的）套用的是拜占庭式纬度；东缘端点比较偏南，该点采用赫勒斯滂式纬度。（《东域纪程录丛》初版第一卷cxlix页）[91]

---

[89]　（原文注39）《地学指南》1.12还给出一项往东延伸至132°的数据，而正如R. Dean解释（参见R. Dean, "The location of Ptolemy's Stone Tower: the case for Sulaiman-Too in Osh", *The Silk Road*, vol. 13, 2015, p. 83, fn. 1），那是从Sera倒推回来的结果。

[90]　（原文注40）Τὰ μὲν γὰρ βόρεια χαὶ δυσμιχώτατα τε ς ὀρεινε ς, ἔνθα ἐστίν ἡ ἀνάβασις, τίθησιν ὑπὸ τὸν διὰ Βυζαντίου παράλληλον, τὰ δὲ νότια καὶ πρὸς ἀνατολὰς ὑπὸ τὸν δι' Ἑλλησπόντου.

[91]　（原文注41）托勒密看来一度在套用拜占庭与赫勒斯滂（Hellespont）纬度以定义那处上坡以及石塔时（见《地学指南》1.12.8）混淆了他的资料；而在同书1.12.1，他又套用了同样的比较来处理石塔与赛里斯人的位置。

承前贤指出，这段描述与上述从各坐标数值连出来的锯齿线轮廓彼此矛盾，［因为］那些数值表明路线在北纬坐标43°、39°、43°之间移动，换言之起讫点度数相同。要是用拜占庭（《地学指南》3.11.5：νϛ / μγ）和赫勒斯滂（同书5.2.2：νϛ / μα）的坐标加以校正，便意味着北纬坐标的变化是从43°到39°，再到41°，也就是把终点减去两个"马里诺斯"纬度，相当于现代的一度。只要我们相信这段文字乃是逐字抄自马里诺斯，我们便可以无视托勒密书中混乱之处。在那些混乱不堪的部分里，石塔纬度有一次给作43°（同书6.13.2：μγ），还有一次给作45°（1.12.10：με）。前一个数值是由于起点与终点被错误地推定为在同一［纬度］平准线上，后一个数值则是因为起讫点彼此有两个［"马里诺斯"］纬度之差，正如同拜占庭、赫勒斯滂二地之间［亦有两个"马里诺斯"纬度之差］，可是托勒密不是选择在纬度最低的39°返加2°而算出41°（μα），而是错误地在纬度最高的43°之上又追加2°，变成了45°（με）。

所以，基本轮廓很清楚：这条路乃是从杜尚别东方的山区开始，［继而］往南走，约莫在路程的等距中央点前后会碰到进入某处河峡的峡口，然后再度北上，直到相较于起点降低了两个［马里诺斯］纬度的终点。托勒密《地学指南》6.13.2予以提供坐标的这条路线呼应该书1.12，7-8之散文段落，而后者开篇描述［从西方］迈向巴克特拉：

> 从那里，路程东行至巴克特拉，而从该处北行，登上Comedi人的丘陵国度之上坡处，接着稍微偏南并穿越那座丘陵国度，一直走到位于平地尽头的那座河峡所在。这段丘陵国度的西缘端点比较偏北，这也是因为那（就像马里诺斯说的）套用的是拜占庭式纬度；东缘端点比较偏南，该点采用赫勒斯滂式纬度。（《东域纪程录丛》初版第一卷cxlix页；注62揭洪巴赫等2002年合译《地学指南》2页大旨相同）

这一整段看来是准确地从马里诺斯抄录过来的：从巴克特里亚出发的道路首先进入位于北方也就是说东北方的某片山区。接着路线朝南（［意指］东南），该路段终止于某处平地，进而通往Komedoi人之河峡，正如其坐标所示。如此南弯的路线只可能位于加尔姆附近，而这条路是如此便捷，以至于现代国道也曾加以利用。它在相当于舒格楠地区入山口的达斡兹以及鲁珊离开群山地带，而后在平坦的冲积地区畅然前进约50千米，直到现今霍罗格（Khorog）市区所在。

所有主张喀剌提锦—阿赖路线的理论纯然与朝南转弯的描述不符，而且需要解释一路上到底哪里有平地，遑论石塔究竟何在。而在本文主张的模型里，托勒密（《地学指南》1.12.8）告诉我们的是道路最南点会遇见什么："由于这个缘故，他说，道路出现等长而方向相反的折曲（a detour of equal length in opposite directions），亦即东行时折而往南，而后须往北上行约50 schoeni，直到抵达石塔为止。"（见《东域纪程录丛》初版第一卷cxlix页）[92]

这个"等长"（equal length）的概念很有可能使托勒密把道路两端的北纬坐标一

---

[92]（原文注42）Διότι φησίν αὐτὴν ἀντικρὺ προσιοῦσαν ὡς πρὸς ἀνατολάς ἐνδιδόναι πρὸς νότον • καὶ τὲν ἐντεῦθεν δὲ πεντηκοντάσχοινον ἐπὶ τοῦ Λιθίνου Πύργου πρὸς ἄρκτους εἰκός ἐστιν ἀποκλίνειν.

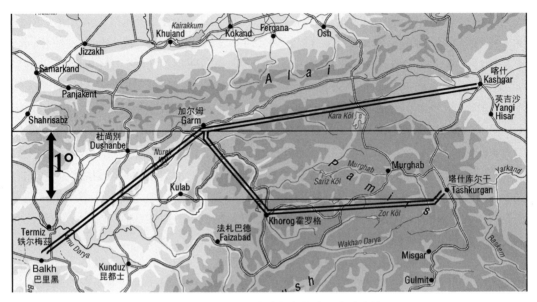

图7　阿赖—喀剌提锦路与衮特路的大致路线

理论上可以推荐给马埃斯属下商人的总体方向：（a）巴克特拉—加尔姆—喀什；（b）巴克特拉—加尔姆—
"Komēdai人的河峡"（霍罗格）—塔什库尔干。起点之山区（加尔姆）至终点（塔什库尔干）之间彼此纬度有别，
正如拜占庭城与赫勒斯滂彼此也是相差一个现代纬度。此塔什库尔干路线乃现代国道系统之前身

致给作43°，尽管在［《地学指南》］1.12.8，他说道路开始以及尽头的东北[93]、东南方向乃是在不同［纬度的］平准线上。更有甚者，这句话告诉我们路线后半部分约有50 schoinoi长，这个单位表示长度尚不明朗[94]。从转弯发生的舒格楠起算，直到塔什库尔干，直线路程粗估约有310千米长，这意味着1 schoinos长6.2千米，这个数值相当接近托勒密所谓1 schoinos等于40个埃拉托斯特尼的stades（同注[73]，62页），因此不妨认为50 schoinoi此一数值可能来自马里诺斯及其报导来源。

接下来［从马里诺斯］节录过来的文字是（《地学指南》1.12.8）："而很明显的，从那里前往石塔的50 schoinoi路转而北行，因为他说，旅行者一旦沿着河峡上溯，石塔便接着出现，该处以后的山区往东低斜而与Imaon［山脉］相接，而Imaon绵延于Palimbothra及其北方。"（英译见注[73]揭Tupikova等人论文7页，方括号为论文原文所有）

该路线需要上溯某河峡，这可能是狭窄的衮特河谷[95]。该河在舒格楠至霍罗格一带汇流到乌浒（即喷赤河）。其峡谷朝东北上行约150千米，直到旅行者来到帕米尔那一大片有所起伏而基本上比较平缓的高地。另一选项为Shakhdara河峡，它在离开霍罗格境内之后起先朝向东南，接着在北纬37°11′27″，东经71°52′37″附近的Roshtkala之后突

---

[93]　译按：作者原文误作西北，兹改正。

[94]　（原文注43）注[73]揭Tupikova等人论文61页以下处理了马里诺斯及托勒密所用schoinos单位的诸多疑难。［希腊语schoinos的复数形为schoinoi，又写作schoenoi，字面义为"灯心草绳"。］

[95]　（原文注44）此河名在多数地图上通常以Ghunt表示，亦有称作Gunt、Gand、Ghund或Khund者。

然折往东北。这两座河峡都通向帕米尔地区的Alichur平原[96]。石塔“接着出现”，这表示［迄至该塔］，没什么特别需要加以描述之处，甚至不提［平原］尽头的低缓隘口、登上Aktash以东的山脉、朝向尼苕塔什山口、而后沿着Shinde河畔下坡抵达塔什库尔干［等路段］。

道路终点所在的附近“群山［乃是］往东低斜而与Imaon［山脉］相接［者］，而Imaon绵延于Palimbothra及其北方”（“［乃是］［者］”系作者据Tupikova等人英译补充）。从尼苕塔什隘口下坡朝向塔什库尔干，即可望见这片山岭，它们构成塔什库尔干谷地的东界。山岭呈南北走向，因此通往喀格勒克或叶尔羌的道路必须翻越过去，而在第一道隘口之处可以见到这排山岭迤逦往南，而后东折并与喜马拉雅相接（同注㊲，15页）。喀剌提锦—阿赖路的沿途可没有什么地点可堪如此比拟，更不要说是遥接喜马拉雅山。

本节对马里诺斯所记资料之分析显示，过去曾经有一条路从杜尚别东面山区出发，穿越帕米尔中央地区并抵达塔什库尔干。根据托勒密著作里见到的马里诺斯氏叙述，该路径以Komedai山上坡处为起始，并且它显然并未与瓦罕地区相接，因为它是先“北”行，接着往南，然后又往北。这些商人所穿越的地区乃是月氏人之地，从而我们可以推测，导引他们前往塔什库尔干的人是月氏人。

一一、作为石塔所在地进一步证明之Vandabanda

马里诺斯笔下石塔位置明确，可是由于托勒密的添补及注解而趋于混淆，导致学者最终扬弃马里诺斯报告，向斯坦因及其喀剌提锦—阿赖假说靠拢。这令人深感遗憾，因为塔什库尔干乃是石塔之谜最自然的答案。打从一开始，也就是19世纪，罗林森与拉森（Christian Lassen）便属意此地[97]；而现在，最精详而具科学性的塔吉克斯坦旅游导览书作者Robert Middleton［博士］与Huw Thomas［医生］也看法相同[98]。［所以］我们可以为托勒密作品中［已知］为数众多的自相矛盾以及其情报来源一而再、再而三受到歪曲的例证之上[99]，添上石塔还有药杀水起源之案例。承上述，阿里斯托布鲁

---

⑯ （原文注45）从地图上来看，衮特河峡看来较易于横越；然而1883年的几梯俄国探险队用的是Shakhdara河峡（见无名氏编译“The Russian Pamir expedition of 1883”，*Proceedings of the Royal Geographical Society*, vol. 6，issue 3，1884，pp. 135-142），还屡加利用并且毫无怨言；斯坦因（《葱岭古道行》15页）只提到衮特路堪用，但正如同其地图所示，他并未访查Shakhdara河峡。关于可能路过的中国巡礼者，见下文第一三节。

⑰ 分别参见注㊲揭罗林森文504页脚注以及C. Lassen, *Indische Alterthumskunde, zweite vermehrte und verbesserte Auflage*. London: Williams & Norgati, 1874, p. 540。

⑱ R. Middleton and H. Thomas, *Tajikistan and the High Pamirs: A companion and guide*, with M. Whitlock and M. Hauser, Hong Kong: Odyssey Books & Maps, 2008, p. 269.［Huw Thomas为英国援外医疗队成员之一，1999—2003年在霍罗格等地主持由Aga Khan基金会赞助的医事服务。］

⑲ 已知事例参见Étienne de la Vaissière, “The triple system of Orography in Ptolemy’s Xinjiang”一文辨析，文载W. Sundermann, A. Hintze and F. de Blois (eds.), *Exegisti monumenta: Festschrift in honour of Nicholas Sims-Williams*, Wiesbaden: Harrassowitz, 2009, pp. 527-535。

斯期望其源头乃是喀喇昆仑、喜马拉雅相接处，这便需要与托勒密《地学指南》有关段落（6.12.4）相较，而在这段文字里，一模一样的山水局势与一处地名Vandabanda（Οὐανδάβανδα）有关，它位在Καυκασίου ὄρους καὶ τοῦ Ἰμάου ἡ καλουμένη "Kaukasia群山与喜马拉雅相会处"[100]。以马埃斯笔下路程而言，旅人得以首次望见那排遥与喜马拉雅交会的山岭的地点，乃是在他们前往所谓"石塔"一地的途中。Vandabanda是否有可能只是塔什库尔干谷地的别名？如果正是如此，那么我们或许便收集到了托勒密在马里诺斯属下商人之外，还从其他一些情报来源获取过信息的真凭实据。

　　Vandabanda曾在2012年被洪巴赫与费斯（K. Faiss）引人入胜地解释成一个以 darbanda "河峡，险径" 为结尾的伊朗语词，该结尾时常出现在一些河峡附近地名[101]。这两位作者试图将之上溯到一项构拟词*Ouaxān-darbanda（同注[101]，74页）抑或vaxšu+dvārbanda（同书82页），并假定其意思是"乌浒关"（Wakhan Pass）［亦即认知瓦罕河乃是古乌浒或者说妫水之正源］。洪巴赫与费斯将这座"乌浒关"置于今日瓦罕河南岸的Wakhjir隘口（海拔4927米，北纬37°05′44″，东经74°29′07″），该隘口足以成为天险[102]，因为那里乃是塔什库尔干河上源之Wakhjir河段，它蜿蜒往下之后先形成唤作塔格敦巴什（Tagdumbash）之河段，然后流向塔什库尔干。

　　然而可能还有另一条更宽敞的道路，其推导方式是比较汉文、粟特文材料保存的塔什库尔干古名[103]。1903年，沙畹（Édouard Chavannes）业已辑出一些汉文例证，俾使他自己得以建构胡语形式为*Karband抑或*Garband[104]。后者声韵在吉田豊眼中难以成立，他说明该胡语地名之首音节若非/k'/便是/x/开头；而该音节［的汉文转写］通常以/t/收声，仅有一次是/n/[105]。因此据以重构出来的形式应该是xān/xāt-banda抑或kātbanda。吉田豊还从印度河上游谷地一道铭文之中认出这项地名的粟特文形式是xrβntn[106]。

　　在洪巴赫的倡议里，*karband或*xarband应当是*vaxāndarband的缩略形式，这便意味着"通向瓦罕（河谷）的河峡"[107]，而这在认定瓦罕河谷在东西交通网扮演重要角色的学者眼中，显然再名正言顺不过，然而我们不应轻易扬弃其他可能辞源。

---

[100]　（原文注46）参见注62揭洪巴赫等2002年合编本，Fig. 30与Fig. 31。

[101]　H. Humbach and K. Faiss, *Herodotus's Scythians and Ptolemy's Central Asia: semasiological and onomasiological studies.* Wiesbaden: Reichert, 2012, pp. 42, 74, 82.

[102]　（原文注47）参见斯坦因诸作品：他刚开始（*Sand-buried Ruins of Khotan*, p. 59; *Ancient Khotan*, vol. 1, p. 32）说该通道"相对容易"；可是在稍晚的一份报告里（*Ruins of Desert Cathay*, London: Macmillan, 1912, vol. 1, p. 83）他说那里简直完全不能走。Dauvergne（同注40，28页并地图）曾从塔什库尔干方面出发并采用这条路而遇到严重困难。

[103]　（原文注48）注47揭Forsyth 1875年文223页提到Vārshīdi，或许这与Shinde河有关？

[104]　É. Chavannes, "Voyage de Song Yun dans l'Udyāna et le Gandhāra 518-522 p.C.", *Bulletin de l'École Française d'Extrême-Orient*, vol. 3, 1903, p. 399.

[105]　Y. Yoshida, "Sogdian Miscellany III", in: R. Emmerick and D. Weber, (eds.), *Corolla Iranica: Papers in honor of Prof. Dr. David Neil MacKenzie*, Frankfurt-am-Main: Peter Lang, 1991, p. 238, fn. 7.

[106]　（原文注49）辛维廉的读法——而不是其释义——亦不谋而合，见N. Sims-Williams, *Sogdian and other Iranian inscriptions of the Upper Indus*, vol. 1. London: School of Oriental and African Studies, 1989, p. 23, no. 254。

[107]　（原文注50）这种构词方式可参照amūdaryā［阿姆河］，意思是"（流向）Āmūl（之）河"，见注87引罗林森1872年文，495页。

6世纪的宋云在其行纪里使用的形式为"汉盘陀"（中古汉语xân b'uan d'â，此一高本汉构拟形式亦为吉田丰所用；耳闻汉语ha-ban/van-da）[108]。与之雷同的转写见杨衒之（其生平活跃于528—550年）著《洛阳伽蓝记》卷五[109]。《魏书》（所记史事迄至554年）卷一〇二《西域传》所见"渴盘陀"（中古汉语k'ât-b'uân-d'â）还有《梁书》（635年成书）所见中古构拟音完全相同的"渴盘陁"则明显地带有/k/发音。

这些形式表示的都是某片区域——汉文"国"——而不是某座乡邑[110]，并且据新罗人慧超（公元726年）所述，"渴饭檀"（中古汉语kʰat-buan-dan；耳闻汉语ʔ-van-dan）一称"只被外国人使用"[111]，汉人不用。汉人只称该地为"葱岭"，也就是赋予帕米尔群山之标准名称[112]。

第一翎侯所处区域的一项更晚近名称见于《北史》（［中华书局1974年点校本］3225页以下；《贵霜史丛》70页，Text 045），它可以表示魏、隋或唐代情况。该书指出西方五个地区，并以之等同于古翎侯所在地。在该书里，我们被告知第一翎侯乃是伽倍（中古汉语gia-bəi；耳闻汉语 ga-ʔ）而不再是休密（中古汉语 xiəu-miět，耳闻汉语 u/hu-mi）；尽管中心城市未曾改变，仍在和墨（中古汉语 ɣuɑ-mək，耳闻汉语 va-ma）。对于这些《北史》的汉文写作者而言，该地区直接从"叶尔羌［莎车］的西方"开始，这不过是简单地掉转首尾而已。我提议，地名的耳闻汉语形式ga-bʔ只不过是garbanda的另一种转写尝试[113]，也就是把从东方过来碰到第一块地区的名称用来为古翎侯领土重新予以命名，而往昔名称"休密"指的则是西方某片区域[114]。不论如何，对于要从东方出行的中国旅行者们而言，不论年代或早或晚，都仍然得从塔什库尔干出发[115]。

人们或许会问，本来的喉音怎么可能变成托勒密以Οὐανδάβανδα——也就是

---

[108] （原文注51）在这种观点下，第一字显然并非出于"错误代用"（语见M. Deeg, "A little-noticed Buddhist travelogue: Senghui's *Xiyu-ji* and its relation to the *Luoyang-jialan-ji*", in: B. Kellner et al. (eds.), *Pramāṇakīrtiḥ: papers dedicated to Ernst Steinkellner on the occasion of his 70th birthday*. Wien: Universität Wien, 2007, p. 76, fn. 61）。

[109] W. J. F. Jenner, *Memories of Loyang: Yang Hsüan-chih and the lost Capital* (493—534), Oxford: Oxford University Press, 1981, p. 258.

[110] （原文注52）阿密耶努斯·马塞利努斯（Ammianus Marcellinus 23.6.60）虽然常常以托勒密为依归，却把石塔叫作"vicus"［拉丁语"街道、道路"之意］。

[111] W. Fuchs, "Huei-ch'ao's Pilgerreise durch Nordwest-Indian und Zentral-Asien um 726". *Sitzungsberichte der Preußischen Akademie der Wissenschaften, Philosophisch-Historische Klasse*, vol. 30, 1938, p. 456.

[112] （原文注53）［葱岭］一称尚不为张骞所知，他的用词是"大宛"。此名出现于《汉书》，并且属于某个探访帕米尔地区愈趋频繁的时期，而其名称似乎源自人们了解食用葱、韭、蒜有助于克服高山症的经验，正如鄂本笃（B. Goës）在一封信里写下的（见《东域纪程录丛》初版563页注1）；又见C. Wessels, *Early Jesuit travellers in Central Asia 1603–1721*, The Hague: Nijhoff, 1924，p. 17所述："白沙瓦苏丹建议他的朋友Burnes在穿越中亚旅程途中吃大量葱，那是避免受到这些地区气候伤害的最有效方式。"

[113] 译注：这里给出的"b"乃是从中古汉语之既有拟音推导而来。

[114] 译注：作者意为第一翎侯领地跨度甚长，汉代可能以其位于西部之重心为名，《魏书》则可能以其东部要津为名。质言之，当洪巴赫等人主张瓦罕地区古道，作者则属意于下述衮特路或是Shakhdara路。

[115] （原文注54）然而还有另一项名称是伽舍罗逝，在《水经注》里用以指称其谷地（何四维译102页注187）。毕达克（同注㉟，174页）将它理解作梵语khaśarājya［草国］而比定为塔什库尔干河谷。案：遗留在印度河中游夏提欧（Shatial）而写于某纪年的55年（写作50-5）的一道铭文（5:2-5）提到一名前往khaśarājya途中的榨蔗糖工人（即不妨读作cāṣapeḍako?）。

vandabanda——记录下来的［字首］唇音。然而，一种唇音"双声"现象或许可以供作解答，并且托勒密看来并不是唯一采纳这类"同化"形式的人。记述6世纪若干史事的《梁书》卷五四《西北诸戎传》提到了役属嚈哒之诸国名单，名列第二者为盘盘，紧随科克查河谷之后［原文"波斯"，见下文第一八节］。一位昔年注解者将其等同于标准名称渴盘陀。我们无须像1950年毕达克撰文那样将"盘盘"一名视作"讹误"[⑯]，因为第一个"盘"字可以表示van(da)，第二个"盘"字则表示ban(da)，正如同"渴盘陀"之盘[⑰]。

无论如何，在此似乎可以建议人们不该把vandabanda、garbanda及其所有别名予以分别处理——这两个名字所指称的位址指向地球上同一位置。倘即如此，那么在马埃斯提供其探险队报告之前，该地点的有关讯息早已通过其他几种独立的情报传递线而送到马里诺斯或托勒密手边。

塔什库尔干不适合人们久居。但它是商路辐辏之处，这解释了为何从印度河畔夏提欧过来的粟特商人Nanebandak会以*xrßntn*为目标，并且盼望在那里遇见他的兄弟[⑱]。从中国过来的货物会抵达那里，而印度来的货物也可以暂时储存该地，不管最后售往何方。

一二、衮特路与喀剌提锦路之对比

马埃斯属下商人采取的，从杜尚别东南行至舒格楠而后续往东北东进抵塔什库尔干的那条路线（图8）展现下列数种特征[⑲]，而这些特征未尝见于那条所谓"便捷"的杜尚别—喀什路：

（1）本文说的衮特路（Ghunt route）正是现代车辆利用而穿越帕米尔中心的那条主干道路。唯一差异乃在碍于政治以及科技（牦牛之于汽车）因素，这条路截至此刻尚不能直抵中华人民共和国境内之塔什库尔干，而是迂回往北，穿越阿赖山前往奥什与费尔干纳。

（2）正如托勒密引马里诺斯说法，位于加尔姆即Rasht附近的西北隅起点，以及位于塔什库尔干的终点，在托勒密系统下相差两个纬度，相当于现代坐标之1度。那条阿赖路（Alai route）缺乏如此越走越往南的倾向。

（3）复如托勒密引马里诺斯说法，在路线偏南处有一处折往东北的转弯点，该

⑯ 语见L. Petech, *Northern India according to the Shui-ching-chu*, vol. 2. Roma: Istituto italiano per il Medio ed Estremo Oriente, 1950, p. 78。

⑰ （原文注55）另一种遭到扭曲，或者应该说被予以拟适的形式看来是梵语的*gandhamādana*，乃兴都库什山脉北部山岳之一，其山北边有另一座巅顶座落着无恼池的高山（见*Kathināvadāna* 17，其文为*bhagavān (...) himavaduttarasthagandhamādanaparvatasyottareṇa mahākīṭaparvatasyāgre'navatapte mahāsarasi pratyasthāt*）。该山流出四水，即恒河、印度河、乌浒河与徙多（Sītā）河（［即赫定之］Shinde河也就是叶尔羌河）。

⑱ É. de la Vaissière, *Sogdian traders: a history*. Leiden: Brill, 2005, p. 81.

⑲ 译注：原文"北北东"乃"东北东"之误，兹经作者首肯订正（2019年12月6日）。

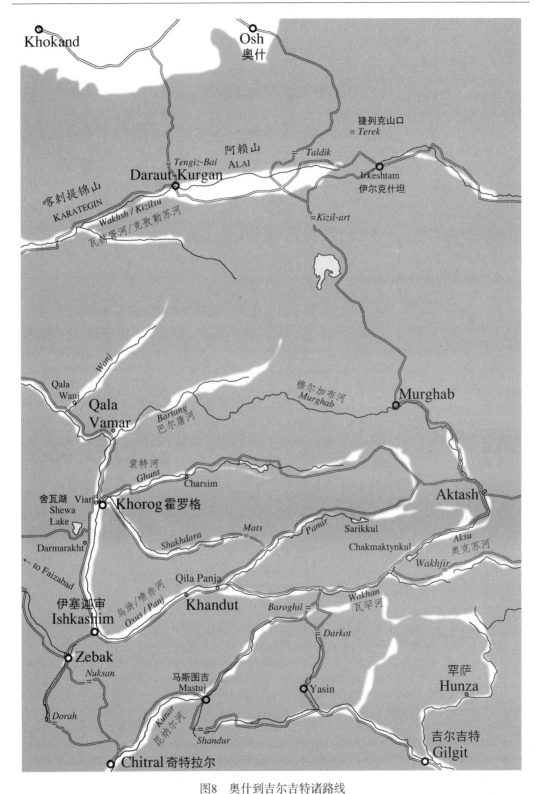

图8　奥什到吉尔吉特诸路线

Qila Vamar 似可为休密翖侯；奇特拉尔与瓦罕地域连结到双靡翖侯；图中并标示鄂本笃的衮特路以及
悬度"三池"一带之Dorah隘口

地点大约在即将抵达某座河峡之前，抑或就在该座河峡之内。阿赖山路并没有这样的曲折点。

（4）托勒密所引马里诺斯说法，以及Vandabanda一名之顾名思义，均表示在前往那座石塔途中，会有一道与喜马拉雅交会的山脉出现在旅人视野里。阿赖路既无石塔，亦望不见喜马拉雅。

（5）数千年来，没有任何一位名字载诸文献的旅人曾经全程采用这条臆想中径直又"便捷"的路线从喀什前往杜尚别，反向旅行情况亦然，因此我们不妨结论，所谓"便捷"在现实世界里不存在。

一三、衮特路的更多运用

1. 鄂本笃（Benedict Goës）

衮特路与Shakhdara路迄今鲜少用于古道里程的现代构拟图式中。然而马埃斯属下商人其道不孤：在历史上的各种旅行里，至少有一场旅行可以证明为路线全然一致。

1602年，葡萄牙籍僧侣鄂本笃（1562—1607）尝试旅行中国并企图暗中传教。他保留了个人手记，在他本人逝世后被纂为意大利语，嗣后又译为拉丁语，在这段编译过程中保存并衍生不少讹误。鄂本笃从拉和尔（Lahore）出发，翻越兴都库什，接着从昆都士（Kunduz）东行至塔卢坎（Taloqan），该地在意大利语原版拼作"Talhan"；从那里离开之后来到"Cheman"或"Chescàn"（1913—1916年版《东域纪程录丛》第四卷211页注4）[120]，该地被描述成一座筑有墙垣的小镇。此地最可能是格什姆（Kishm）（北纬36°49′，东经70°06′），也就是马可波罗笔下的"Casem"，它虽然稍微偏离直达路线，却具备宿泊设施，不但声韵相应，也符合其人笔下之筑墙城镇叙述（见注39揭玉尔文446页）。再走八日便来到下一站，即"Tengi Badascian"之所在，［意思是］"巴达赫尚河峡"。在这样一处河峡遍布之地，此名指涉的必然是那座最壮观而主要者，并且该河峡至少足以为旅行者提供少许舒适休整[121]。因此他说的巴达赫尚不妨理解为现今的Kohistani或者戈尔诺—巴达赫尚（Gorno Badakhshan），也就是乌浒水或者说喷赤河之舒格楠河段东面群山；现代霍罗格［市区］正是从这里开始，沿着衮特河峡延

---

[120] 该版本第四卷之完整书目为:H. Yule, *Cathay and the way thither: being a collection of Medieval notices of China, translated and edited, with a preliminary essay on the intercourse between China and the western nations previous to the discovery of the Cape Route.* New edition, revised throughout in the light of recent discoveries by Henri Cordier, vol. 4, Batuta - Benedict Goës - Index. London: The Hakluyt Society, 1916.

[121] （原文注56）参见A. von Schultz, *Die Pamirtadschik: Auf Grund einer mit Unterstützung des Museums für Völkerkunde zu Giessen in den Jahren 1911/12 ausgeführten Reise in den Pamir (Zentralasien)*, Giessen: Alfred Töpelmann, 1914, p. 59: "Die grossen Talwege am Pändsch, Gunt und im Tagdumbasch-Pamir sind mit geringen Ausnahmen leicht mit Packpferden zu passieren. Grössere Schwierigkeiten bieten die Täler des Pamir-darja, Schach-darra und Ges"［除了少许例外，喷赤河、衮特河以及塔格敦巴什—帕米尔之宽敞谷地路线易于以驮马行旅。帕米尔河（Pamir-darja）、Schach河（Schach-darra，德文刊本如此）与盖孜等诸河谷更加难走一些］，穆尔加布—巴尔唐河谷则不可使用。

伸其独一无二的东西向干道。

鄂本笃把这条沿河峡行进的路线称为"最恶劣不堪的道路"(《东域纪程录丛》初版第二卷561页),因此我假定这一行人走的是从格什姆或巴哈拉克(Baharak)直奔霍罗格、舒格楠一带的路线⑫——[具体来说可能]从法札巴德之南翻越Turgak或者说Turghan隘口;抑或从巴哈拉克过去,经Dohan Pelav,然后沿舍瓦湖(Shewa lake)畔来到舒格楠[一带]的Arakht与霍罗格⑬。在那附近,由于时值冬季,乌浒水面冻结,渡河毫无困难⑭。但是这条路几乎名不见经传。已知帕米尔地区有少数几个佛教地点。在这里,从舍瓦湖方面通过Garjiwan隘口离开山区的路径终点附近有一处称为Viar的地点(图8),也就是毗诃罗(vihāra);要是不想走那座隘口而绕行至舍瓦湖东隅,便会来到Arakht,从那里会抵达喷赤河边一座称为Darmarakht的较大型乡镇,其发音与dharmarakṣita[梵语"法护"]之接近,令人不由得不信如此必非偶然。既然在印度本土,佛教设施往往与活跃的贸易路线彼此接近,喷赤河西岸这些[地名]的出现,便可以用来主张往昔从霍罗格开始,或者更精确地该说是Qila Bar Panj附近开始⑮,沿着舍瓦湖畔,应该有路通向巴哈拉克或法札巴德。

从格什姆前往位于舒格楠的霍罗格直达路程长约180千米,若是路况恶劣纡曲,费时八日亦颇合情理。队伍在舒格楠因政治因素羁留,然而当他们终于完成协调而继续前行,他们竟在一天之内沿平坦道路走了70千米⑯,直到至今尚未考定的(意大利语)"Ciarciunar"。我认为该地乃是衮特河畔架有桥梁的一处要津,其地名便是出现在众多地图上的"Chārsīm"或其近似形式⑰,若干现代地图则标为"Charthem"。Middleton与Thomas提及,"在古代,Charthem一直是繁华之地"(上注⑱揭2008年合撰书590页,并见同书635页之map 523)。倘若笔者对"Ciarciunar"的全新考证尚可接受,这便超越了1932年斯坦因《葱岭古道行》(On ancient tracks past the Pāmīrs,参见上注⑧)19页所说的,不知鄂本笃以何等道路穿越帕米尔的说法,因为那是东行主干道路上的唯一乡镇,同时也是唯一音声相近并且可以在一日车马脚程之内抵达者;其规模

---

⑫ 译注:现代格什姆市镇位于法札巴德西南,约当法札巴德至塔卢坎的路程中点;现代巴哈拉克市镇位于法札巴德东侧,略当图9中法札巴德至Chakaran一线之中点,南下可达Jirm(今称Jurm)。

⑬ 译注:谷歌地球给出的Turgak隘口坐标为北纬37°20′16.44″,东经70°47′11.60″;Dohan Pelav在巴哈拉克正北方,相当于该地至舍瓦湖路程中点(2019年9月11日作者赐示)。Arakht位于舍瓦湖畔东侧,今阿富汗舒格楠县(Shighnan District)舒格楠镇(Shighnan Town)中心的南方。霍罗格则为今塔吉克斯坦赛格南县(Shughnon District)县治,亦为戈尔诺—巴达赫尚自治州治所在。

⑭ J. Wood, *A personal narrative of a journey to the source of the river Oxus.* London: J. Murray, 1841, p.397;亦即新版之J. Wood, *A journey to the source of the river Oxus*, London: J. Murray, 1872, p. 261。

⑮ 译注:Qila Bar Panj乃喷赤堡之意,即图9的Bar Panjah。

⑯ (原文注57)不妨比较:菲尔希纳在五天之内旅行450千米而穿越诸帕米尔原野,亦即平均一天走90千米(W. Filchner, *Ein Ritt über den Pamir*, p. 97)。

⑰ (原文注58)参见H. C. Marsh. "Description of a trip to the Gilgit Valley, a dependancy of the Mahárájá of Kashmír", *JASB*, vol. 45, 1876, p. 119, pl. IV(重刊于H. Kreutzmann, *Pamirian crossroads*, p. 166)以及H. Trotter, "On the geographical results of the mission to Kashghar, under Sir T. Douglas Forsyth in 1873–74", *Journal of the Royal Geographical Society of London*, vol. 48, 1878, p. 214;科洛茨曼重刊的1892年阿富汗地图上标作"Chaharsim",见H. Kreutzmann, *Pamirian crossroads*, p. 237。

也够大，足以成为一日份旅程之目标。如果我们接受上述考证，我们便能藉此预测其全程路线，因为一旦进入衮特河谷，那么在攀上帕米尔高原之前，几乎没有任何岔路可以脱离这个方向。

这一行人的下一站是"Serpanil"，通常被认为是Sir-i Pamir，也就是"世界绝顶"之地；队伍从那里出发，奔向抵达塔什库尔干之前的最后一道山岭。编纂者们将翻越该座山岭的最后一座隘口拼写为"Sacrithma"，至今亦乏人解释。有赖于晚近的详细地图，其解答只可能是海拔4071米的Sarikorum隘口（图4）[128]。鄂本笃以及其中一些同伴未能成功翻越该隘口而有所折返逶行。在这些路径中，只有少数地点可供折返改道。[可见]鄂本笃攀登Sarikorum隘口失败后，采用了一条比较简单但稍微迂远的路线，而那只能是南下翻越平易的Bayik隘口[129]，接着循塔什库尔干河畔顺流而下东行而后再朝北走。晚近所有的探险队则都使用尼苕塔什隘口（4476米）往返塔什库尔干，它大约位在Sarikorum隘口北方30千米处[130]，而后沿Shinde河的冲积地往东北下坡，直指塔什库尔干。

以上重建图式主张，鄂本笃的大致路线乃是一径往东，从舒格楠到塔什库尔干，一路沿衮特河峡并且原则上翻越了Sarikorum隘口，直抵塔什库尔干河谷。

鄂本笃的案例显示，从舒格楠前往帕米尔高原的路线在17世纪仍常有人行，从而我们便不妨期盼那也是一千五百年前月氏人守护的，穿越"Komēdai人的河峡"之路[见上文第一〇节]。不过道路起点有异：公元1世纪的那批商人们看来乃是从加尔姆出发；而鄂本笃所蹈路径更直接，从塔卢坎直指正东，前往霍罗格。从该地开始，双方路线很可能彼此一致。

2. 归途上的悟空

鄂本笃提到衮特路上一座乡镇的名字，另一位远远要更早的旅行者则只提供粗疏情报。[此即]佛教僧人悟空[131]，其人于751年离开中国，790年才返回，往返均通过帕米尔地区，尽管来回路线不同（其前往印度路线见下文第一八节）。此人相当偏好以地区名及境域名而非城名来描述行程。其返程乃是从吐火罗斯坦出发，经由库塔尔（Khottal；"骨咄"），该地区即哈拉帕人的贸易站肖土盖（Shortugai）所在。他经过Kumījiyān之地（"拘密支"；耳闻汉语ku-mi-ci），也就是伊本·鲁斯塔笔下位于加尔姆西南方的地区（见上文第141、145页）；之后来到"惹瑟知"之地，前揭烈维偕沙畹1895年文转写作ni-che-tche[132]，耳闻汉语提供的方案则是ja-ṣ-ṭi，不过有鉴于粤语和越南语对第一个字的拼写法，亦可[重建为]ra-ṣ-ṭi，那么那就是Rasht，亦即加尔姆，也就

[128] （原文注59）俄罗斯的二万五千分之一地图"D-91 III 82-T"上标为北纬37°20′26″，东经75°07′24″。[译按：此隘口及下述的尼苕塔什、Bayik二隘口均位于当今塔什库尔干县西界广义的萨雷阔勒岭上]

[129] W. Filchner, *Ein Ritt über den Pamir*, p. 84.

[130] （原文注60）北纬37°36′，东经74°57′；在若干报告与地图上亦以Lakshak隘口为称。

[131] S. Lévi and É. Chavannes, "L'itinéraire d'Ou-K'ong (751-790) traduit et annoté", *Journal Asiatique*, 9ᵉ série, vol. 6, 1895, pp. 341-384.

[132] 译注：英文本此处误植为汉语拼音形式。

是Kumījiyān部落东北方的乡区；在马埃斯及其属下商人的时代，便是以那里为东南方向行进之起点。正如同那批商人，［悟空］下一站是式匿，即舒格楠。也正如同马埃斯那批商人，悟空从加尔姆转往东南行，无视那条"最便捷的"经由喀刺提锦前往喀什的道路。尽管如此，他的下一站就是喀什，即疏勒，不过他没有讲明是否经由塔什库尔干返回，或者采道某座更为偏北的隘口。

一四、何不用喀刺提锦路？

　　伯尔纳深受斯坦因主张的喀刺提锦路之相对较短距离吸引，遂以此作为排斥其他穿越中央帕米尔路线理由之一。顾及此路定然通向喀什，我们有必要衡量［以下三种路线］：500千米长的，从加尔姆前往喀什的路线（接［《汉书》之］北道）；600千米长的，从加尔姆前往塔什库尔干的路线；以及更加多出200千米的，从加尔姆前往喀格勒克或叶尔羌（接［《汉书》之］南道）。玄奘称拘谜陀国（gou-mi-duo = Komēdai）［东西］长两千里[133]，即大约800千米，从而它指涉的应该是比较长的距离。不过还有一条更严重的理由可以解释为何各方队伍看来都忽略这条阿赖山路：与帕米尔高原以及包括瓦罕河谷在内的帕米尔南侧坡区相比，喀刺提锦——阿赖谷地承受降水量达四倍之多。8月以降，任何时候都可能降雪。赫定是唯一一名［已知］意图从奥什一侧穿越该谷地前往帕米尔高原的旅行者[134]，而他深陷3月底一场骤然雪暴，若非一群牦牛犁雪开路，他很可能在那里全队覆没。他的队员患上雪盲与足部冻伤（同注[134]，144页）。较之帕米尔高原，阿赖山聚集丰沛降雪（同注[134]，186页）。当春日融雪，雪水便令那些漫长甬径变得无法通行。而即便是在更加舒适的季节，俄国将军Abramof在19世纪60年代后半观察到的是："受制于往返喀刺提锦诸道路之艰难，该地没有任何货物进出口，而本地耕作的产量勉强仅能糊口。"[135]其主体道路最险峻的路段看来介于Daraut-Kurgan与Sari-Tash之间，两地皆可从北边汇合，Daraut-Kurgan可以经由Tengis-Bai隘口从费尔干纳［与乌兹别克斯坦境内的］Uch-Kurgan一带过来，Sari-Tash则可以经Teldik隘口从东边的奥什过来。

　　斯坦因踏遍帕米尔所有谷地，包括他最后终于踏上的阿赖路西段。当他在那里上行到 Daraut-Kurgan时，他发现"一条以上的险径"（《葱岭古道行》22页），它们甚至适于重装载驮队，因为其周遭湿地丛生各种禾草。他意欲推测马埃斯属下商人曾经使用这座山谷之渴望，障蔽了他自身对托勒密作品的观照，于是他以为阿赖山就是"Imaus山"［即上文第一〇节之Imaon山脉］，牺牲其里程一度南曲又复迤北的所有相关资料[136]。马迦特的立场前提类似，又追随斯坦因旗纛，尽管他晓得："在许多地

---

[133]　参见T. Watters, *On Yuan Chwang's travels in India*, vol I, p. 106。

[134]　S. Hedin, *Through Asia*, vol. 1. London: Methuen & Co., 1898, p. 134.

[135]　R. Michell, "Principality of Karategin. By Major-General Abramof, Chief of the Zarafshan District. Translated from the Russian and communicated", *Journal of the Royal Geographical Society*, vol. 41, 1871, p. 341.

[136]　（原文注61）斯坦因（*Innermost Asia*, vol. II, p. 849）完全意识到这些方向转折，也意识到它们会为其理论建构带来疑义。

点——尤其是与Muk-su河汇流点及其下游河段，还有Darautqurgān一带——［瓦赫胥河的河谷］明显变窄，以致河水与峭壁之间惟有一条狭窄而危险的步道可供通行，而道路甚至可能完全断绝。"（an mehreren Stellen，namentlich unterhalb der Einmündung des Muk-su sowie bei Darautqurgān sich [das Tal des Wachšāb] dergestalt verengt，dass nur ein schmaler und gefährlicher Fusspfad zwischen Wasser und Felswand hinführt oder gar der Weg vollständig abgeschnitten wird.）[137]

　　这并不是说阿赖路完全不堪用，然而它确实具有一些严重缺陷，而帕米尔南侧道路，不管是衮特路或瓦罕路，皆可得以豁免。菲尔希纳（同注⑫，57页）曾在6月底见到一支由奥什前往乌浒河的队伍，该队翻越Taldik隘口［即本节稍早提到的Teldik隘口］而后沿着克孜勒苏河（Kisilsu）左岸行进[138]；斯坦因（《葱岭古道行》23页）则被告知，喀什来的商贩们5、6月间也会用那座Taldik隘口前往费尔干纳，然而只有在捷列克（Terek）山口之路淹水时才用。斯坦因着眼于俄国人开向安集延的铁路，而使安集延摇身一变，成为他所推定的"古代'丝绸之路'"之交通终点。斯克莱因（Clarmont Skrine）也是［走同一条路］，不过对于这位经验老到的旅行者而言，丝绸之路不是从杜尚别开始，而是从布哈拉（Bukhara）径抵费尔干纳谷地，越Taldik隘口南下，而后从伊尔克什坦（Irkeshtam）开始东行[139]——他完全把北巴克特里亚与阿赖路段置诸度外。

　　还有第二条不用阿赖路的理由。相当数量的文献指称，阿赖山的高海拔地区有盗贼足以威胁队伍安全。《汉书》则说有一些被月氏驱逐的斯基泰人住在喀什背后的山区。公元600年前后，可怜的玄奘在翻越阿克苏以北天山并经伊塞克湖进入费尔干纳谷地以前，人还在塔克拉玛干地区北道上的时候，就在库车［龟兹］与阿克苏［跋禄迦］之间见到二千名活跃的"突厥"盗贼（见注㊆揭毕尔《慈恩传》译本40页以降）。他为何要避免那条经由喀什的"便捷"道路？［因为，］即使是［已知］安全的路线也可能遭遇不测。舒格楠谷地可能曾在贵霜时期受到使用，然而到了唐代，据《新唐书·西域传》，所有路线都出现盗贼并构成威胁（"劫商贾"）。1602年，葡萄牙传教士鄂本笃常碰到抢劫者，不管是在巴达赫尚或舒格楠。而10世纪晚期，《世界境域志》知道称为Kumījiyān的牧民，这项称呼联结到托勒密记述的古名komēdai sakai，而这些牧民就住在北巴克特里亚的东半部地区，［该书还说］"他们骁勇善战，精于盗窃"[140]。诸如此类的例证还可以成倍列举出来，尚不论罕萨（Hunza）地区的乾竺特人（Kangjut）。人们颂扬丝绸之路种种优点的同时，不应低估那些得以使其保持安宁的要素；再怎么说，这些要素至少应当能让它［比其他备选的交通路径］相对安全一些。

　　至今，我们尚未发现任何一位古代地志作者能证实从杜尚别到喀什曾经存在过一条

---

[137] 引自J. Markwart, *Wehrot und Arang: Untersuchungen zur mythischen und geschichtlichen Landeskunde von Ostiran*, ed. H. H. Schaeder, Leiden: Brill, 1938, p. 63；又参见编者Schaeder在该书8*页所述。

[138] （原文注62）据Skobelef所言（注㊆揭Michell文43页），克孜勒苏河自Daraut-Kurgan以西15千米开始便无法沿河下行。

[139] C. P. Skrine, "The roads to Kashgar", *Journal of the Central Asian Society*, vol. 12, 1925, p. 235.

[140] （原文注63）引自米诺尔斯基1970年《世界境域志》编译本120页§10，并参见该书362页以降之注解。

"便捷"道路。没有任何佛教巡礼者走过那条路[141]。所有近代报导出来的少许例外，均仅局限于在一段短暂的季节通行，并且都只通过其中若干相对较不危险的路段。

一五、位处Komēdai塞人境内的第一翎侯

我们已经见到，若要翻越帕米尔，应当可以使用至今或多或少被忽视的衰特路。使用瓦罕河谷显然是另一选择，备受推崇的喀剌提锦—阿赖路则必须从各种历史重建图式剔除。马埃斯属下商人掌握了"前往Komēdai人之诸山的上坡路"，从而导向至位于舒格楠的"Komēdai人之河峡"。不妨假定这些人的行进，乃是受到役属于月氏的某民族的向导。这是否便足以推定，从其驻点和墨来治理休密的第一翎侯与Komēdai一称有所关联？葛乐耐以为正是如此，并借着（蒲立本构拟的）中古汉语 g'wâ-mek、γuâ-mek 将其治所和墨比定于"希腊语Kômèdoi，阿拉伯—波斯语Kumēdh"（《关于月氏五翎侯地点的新材料》335页）[142]。这显然是粗心大意，因为要用来相比的对象是地域名称休密，中古汉语xi̯u-mi̯ĕt。该词之中古汉语形式要求齿音收声，但开头声母并不是软颚音，可是我们基于所有与Komēdai一名有关的，不管是［从］汉文还是阿拉伯文［提取出来的］三音节形式，都期望它的字首应该是个软颚音。"休密"的耳闻汉语形式是hu/u-mi，颇接近［这两个汉字］在粤语、韩语里面的发音。若非耳闻汉语hu/u-mi导源自某种与Komēdai一名不同的名称，便是月氏人抑或其同时期人群倾向于改易词语开头的软颚音，而这类似于"贵霜"（kuṣāna）一词之偶见非正规写法khuṣāna、guṣāna或甚至是oṣaṇa。

另一方面，Komēdoi一词在汉文材料中拥有数量可观的切实平行形式。晚至7世纪，拘谜陀（中古汉语ki̯u-ʔ-dʰɑ）一名受到玄奘保存，发音听起来是耳闻汉语 ku/gu-mi-da/dha/ḍa/ta。约莫同一时期，《新唐书·西域传》作"俱密"，乃是位于舒格楠北方五百里之地，沙畹《西突厥史料》作kiu-mi并考定为"阿拉伯人的Koumêdh，今喀剌提锦"[143]。中古汉语 ki̯u-mi̯ĕt 若合符节，耳闻汉语则是ko-mi。除了北方的俱密，《新唐书》还提到位于舒格楠南方三百里之"护密"，又称"护密多"，《西突厥史料》（原文330页a栏）读作hou-mi（-tou）并释之为"瓦罕"（Wakhan）。中古汉语γuo-mi̯ĕt允许我们不必藉此重建出位于字首的某个偏硬的软颚音，耳闻汉语形式则给作hu-mi。

于是，我们便有了位于北方的一个以/k/为开头的名称；以及一个在瓦罕地区声音近似而以/h/开头的名称。翎侯之名"休密"是否能勾连到其中之一，抑或表示其中介

---

[141]（原文注64）白鸟库吉（K. Shiratori, "On the Ts'ung-ling 葱岭 traffic route described by C. Ptolemaeus", *Memoirs of the Research Department of the Toyo Bunko*, vol. 16, 1957, p. 13）以为悟空访印度之去程采该路线。可是悟空报告对一些地点的描述比较模糊——参见注㉝揭烈维、沙畹译本342页——乃至于清楚的只有他从和田前往喀什，以及他在迈入瓦罕之前穿过了舒格楠，这两段之间则完全任凭推敲。

[142] 译注：葛氏一文所举中古汉语构拟诸翎侯名实际兼含高本汉、蒲立本二氏方案，见《关于月氏五翎侯地点的新材料》327页注4，惟文中抄录形式与通行手册略有参差，读者使用时应自行核查。

[143] É. Chavannes, *Documents sur les Tou-Kiue (Turcs) occidentaux*. Paris: Maisonneuve, 1903, p. 339.

形式，还是毫不相关？治所名称或许能为我们提供奥援。截至今日，只有葛乐耐（《贵霜史丛》78页，Text 048）认真提议过将和墨——中古汉语γuɑ-mək——比定为喀剌提锦谷地西南隅的加尔姆（Garm）或者说Gharm，也就是Rasht。何四维译本（119页注278）拒绝为加尔姆一名赋予任何历史构拟；毕尔（S. Beal）《大唐西域记》译本（Si-yu-ki，vol. I, p. 39；兼及该书脚注127）则采纳行之有年的一些方案，将玄奘所记忽露摩（中古汉语xuət-luo-mua）比定到加尔姆，而这至少能证实该地名早已行用于古代。幸运的是，［和墨的］耳闻汉语形式va-ma比较明确，并且具有众多例证可资支持，毫无例外。这项耳闻汉语形式让我们得以寻觅有无发音近似Vama的乡镇。合适的候选之一是Vamar，又作Wamar，亦即Rushan，乃是位于穆尔加布—巴尔唐河与喷赤河汇流点的鲁珊县（Rushan District）其县政府所在地，由于当地的堡垒设施而往往唤作Qala Vamar（见图8）。其位置显然让它早在古代便已崭露头角，因为它控扼道路枢纽：往西沿乌浒而下至库塔尔[144]；往南溯乌浒而上到舒格楠与瓦罕；往东北沿穆尔加布—巴尔唐河上溯通喀什或奥什。更有甚者，其位置正是早期文献描述的，从舒格楠北面与之接壤的Komēdai人所在。

要是这幅图景近乎真实，便意味着第一翕侯坐镇位于鲁珊的古代Komēdai人的中心，并且他有能力支持从所有方面过来的商队，不论他们是途经加尔姆、库塔尔[145]、还是巴达赫尚，这些人穿过衮特河峡、翻越帕米尔，直到中国人等着交易或领取其货物之处。

另一方面，这也意味着，在较晚时期存在于瓦罕地区的Komēdai裔塞人对于勘定第一翕侯所在之课题派不上用场。

一六、以月氏疆域起点所在之塔什库尔干解释其他翕侯位置

《汉书》清楚定义了汉朝人和月氏人直接接触的地点。我们已经看出塔什库尔干，或者说指其而言的塔格敦巴什河谷，足以充当这样的边境地带。我们也已经看出，最早被报道出来的，马埃斯属下商人的路程西段，以及许多世纪以后鄂本笃的路线，乃是采取相对平易近人的衮特河峡以登上帕米尔高原。于是将称为"石塔"的贸易中心置于塔什库尔干——此名之意正是"石塔"——显得再自然不过。

上坡前往塔什库尔干或者下坡离开该地，乃是整条贸易路线最困难的路段。往日这些路线的经营也许掌握在专业人士手里。而这些人的目的地看来是远在山区外的另一所贸易中心。它在托勒密笔下称为*hormeterion*，意指商旅客栈，位在山下的砂质平

---

[144]　（原文注65）"春季甚难通行"，见M. Kossiakof and E. D. Morgan (translator), "Notes of a journey in Karateghin and Darwaz in 1882", *Proceedings of the Royal Geographical Society*, vol. 8, 1886, p. 45。

[145]　（原文注65，实为注66）从加尔姆到Qala-i Khumb的通道，以及从Kulab沿乌浒河进到Yazgulam附近的通道，在无名氏撰 "Dr. Albert Regel's journey in Karateghin and Darwaz", *Proceedings of the Royal Geographical Society*, vol. 4, 1882, pp. 412-417业已有所描述。

原。该地既已被比附于叶尔羌、喀格勒克或者任何邻近主要驿站。托勒密只提供位置资料。虽然马埃斯属下商人们传达了这处客栈的存在，看来他们并没有亲自从石塔下山前往该地。事实上，要找出前往叶尔羌方面最理想的几种路线需要一些经验，而且就像鄂本笃案例显示的，路线并非距离越短越好⑭。对这些商人而言，是否只需抵达石塔即可？是否有货物在当地等待他们到来？有两种报告指出如何领收丝品，而两者描述的都是一种相当奇异的，物品在不毛荒地等待的故事。其一为著名的《航海记》（*Periplus* 64，65）。其文本最终部分提到有座城市名唤Thina，它从印度方面看来位在北方，而从那里来的丝品在Barygaza收讫并分成三个等级。一年一度，会有一群矮小而五官平板的，名叫Sesatai（Σησάτας）的族群前往Thina的边境，铺开他们的捆包、举行饮宴而后回去。然后当地人前来并收拢那些丝品。内容相似的另一种故事亦产生于公元1世纪，而由Pomponius Mela（*De situ orbis*，III，7）所述，他提到有一片地区为食人的斯基泰人和塞人盘踞。介于印度人与斯基泰人之间则居住着赛里斯人，他们是"极为团结的种族，素以举行无人贸易闻名于世，而留置其商品于某处荒芜地点"（《东域纪程录丛》初版cliii页⑭）。托勒密作品中的"Sēsatai"看来是"Sēratai"之讹，而Thina听来颇像 *hvatana*，也就是和田或其城市的于阗语名称，汉文作"于阗"⑭。不管这些故事听起来如何愚蠢，它们有可能保持真相的核心，亦即丝并非通过唯一的［承销］方以从其位于中国的产地一径递送给身在印度的顾客，而是经过多方转销。这些转销团体各自收集并堆放其商品，把它们留在某些特定地点，直到合适的季节条件来临。除了形式各异的季节性条件，地理景观也有所差异，乃至于产生必须交给行家的三种情况：用于帕米尔高海拔地带的马与骡；用于山区河峡、隘口以及下坡前往沙漠的牦牛；用于沙漠的骆驼。类似考虑亦可能足以分割其他长途运输，比如说从瓦罕经吉尔吉特（Gilgit）南下的贸易：当地随着时季转移，依次开放或者封闭从奇特拉尔到奇拉（Chilas）南北线上的个别隘口，而彼此开放的时段差距甚大⑭。贮放商品，以便在合适季节让另一方专业团体带走，［这样的贸易方式］或许能让各方所有好手都有机会一展长才。

塔什库尔干看来正是月氏人、汉朝人可以面对面交易的绝佳地点之一。我们既然获得关于当地的［古代］军事数字，便不妨计算或推估其余翕侯之所在，因为这些翕侯都描述为位于自该地"往西"。都护派出的调查小队看来只调查到塔什库尔干，他们所报道的，更加远方的里程可能都是打听而来，可能是将行程所需日数转换为呈现

---

⑭ （原文注66，实为注67）米尔札根据自己的经验而偏好穿越北部若干地域并在喀什重新回到本道；在他之前的马可波罗亦然。斯坦因曾在公历6月底尝试采用盖孜谷（作"the Gez Valley"，见A. Stein, *Sand-buried ruins of Khotan*，pp. 102-108），但显然他后来在夏天不再用它（见*Ancient Khotan*，vol. 1, p. 41, fn. 1）。

⑭ （原文注67，实为注68）［拉丁文原文］Seres intersunt; genus plenum justitiae, ex commercio, quod rebus in solitudine relictis absens peragit, notissimum.

⑭ 参见P. O. Skjærvø, "Khotan". http://www.iranicaonline.org/articles/Khotan。

⑭ K. Jettmar, "Prähistorische Wanderrouten in den zentralasiatischen Hochgebirgen – Voraussetzungen und frühe Nachweise", in: R. Söhnen-Thieme and O. von Hinüber (eds.), *Festschrift Georg Buddruss zur Vollendung des 65. Lebensjahres und zu seiner Emeritierung dargebracht von Schülern, Freunden und Kollegen*, Reinbek: Wezler, 1994, pp. 157-172.

整数的里数。

　　第一翕侯名为休密翕侯，［东］抵无雷边境（距都护2841里），并且我们读到其西方900里外正是驻在双靡的第二翕侯（距［都护］3741里）。

　　接着［考虑距都护］4740里的月氏都城⑩，亦即距离［汉朝人］与月氏人相见之处1899里，或者说距离第二翕侯差不多正好1000里，换言之，距塔什库尔干约690千米。令人惊异的是，要是采用衮特河谷并且一径通过法札巴德、格什姆与昆都士，其道路全程至苏赫科特尔（Surkh-Kotal）外围地带约需700千米。这再次表示这些数值落在概率范围中，不论我们是否把苏赫科特尔地区抑或是北巴克特里亚的另一处遗址考订作这座［最］主要城镇。

　　第三翕侯住在称为护澡的主城⑪，距［都护］5940里（《汉书·西域传》，何四维译122页），亦即距［月氏］首都正好1200里，或者说450千米。寻找位于苏赫科特尔450千米外的地方，便会来到达尔弗津特佩（Dalverzin Tepe），该地沿铁门方向前进可通向撒马尔罕。

　　位于高附的第五翕侯距［都护］6041里，距双靡正好2300里，相当于840千米——下文将说明双靡乃是奇特拉尔——换句话说，［高附］距塔什库尔干正好3200里，也就是1168千米，这样的距离可以轻易抵达巴里黑或其更遥远的腹地。

　　至于距［都护］5962里而位在肸顿的第四翕侯，我看不出可堪比定之处。然而，不管［这些翕侯与都城］位置比定是否完全准确，我们都必须承认，这些里数确实合情合理，只要我们先把第一翕侯安放在汉—月氏边境线上的塔什库尔干，然后把所有更庞大的里数都减去其与都护相距之2841里。

　　人们应当弄清楚，倘若五翕侯全体的领土果真局限于北巴克特里亚的地境之内，那么任何一位［古代］中国作者都不可能将第一、第二翕侯、都城以及第三翕侯彼此相隔至各自相距350千米之远，因为北巴克特里亚本身就不超过350千米宽，而那些军事数字指出的距离足足有其三倍。

一七、位于双靡的第二翕侯

　　在葛乐耐的模式里，第二翕侯位在Komēdai山谷出口不远处，其地至今仍然唤作Shumān（图1），也就是希撒尔谷地（Hissar Valley）的东段与中段，包括杜尚别⑫。而在汉文史料中，《汉书·西域传》说第二翕侯（见《贵霜史丛》71页，Text 044）管辖的区域名叫双靡（中古汉语ʂoŋ-miᴇ），搭配的主城名字相同，距都护3741里。学者提议的数瞒（Shumān）不过是块区域，那里并没有同名的中央城镇。而相当于第二翕

---

⑩　（原文注68，实为注69）《汉书·西域传》，何四维译120页。蒂埃里以为首都就在五翕侯领地的其中之一（同上注⑯，466页）。然而原始版图——也就是当那（些）王者仍然存在的时候——则未必是如此。

⑪　译注：英文版误植为"Guishuang"（贵霜）。

⑫　译注：希撒尔谷地为沿着希撒尔山脉南坡横亘之东西走向谷地，该山脉参见图1之"HISAR"。

侯的境域多次出现于汉籍：惠生、宋云写作"赊弥"（中古汉语 shia-mjie）⑮，《魏书·西域传》则说其东邻为博洛尔（钵卢勒）。著名巡礼者玄奘提到"商弥"（中古汉语 syang-mjie）⑭，并且他晓得以商弥之位址为起点，往东北步行700里（255千米）会来到瓦罕河谷，他称之为"帕米尔"谷（波谜罗），其东西横长肯定有1000里，南北则有10里至100里之宽⑮。［要是］旅行者反过来从瓦罕河与Baroghil隘口交会处为起点，往西南走700里，他将会抵达奇特拉尔。康宁汉早已发现这种解释方式⑯，马迦特（《伊兰考》243页以降）还增添更多令人信服的论据，因此任何怀疑双靡大致位置［不在奇特拉尔一带］的看法都显得十分费解。

让我们回忆一下：最初几任汉朝都护派出的探勘者正是在越过无雷之处遇见月氏人，而无雷位置与距都护2841里处的塔什库尔干河谷相对。双靡距离给的是3741里，也就是说距［塔什库尔干］900里，或者说位于其西方大约400千米处。从塔什库尔干到奇特拉尔的里程正是大约400千米。

在把所有翖侯放在"北巴克特里亚"之内的模式里，其推断为"数瞒=双靡"的第二翖侯只能径置于这块地区的西陲甚至越出界外，而显然不可能归诸历史上的数瞒。即令我们妥协于这样的位址错置并承认其可能性，我们仍须记得，［第二翖侯］后面还跟着更多翖侯，其间间距长达300千米。这是反对上述"局域性方案"仅凭发音上的些许类似，就将双靡等同数瞒的理由之一。第二个理由则是玄奘事实上提到商弥在瓦罕地区南边，但同时他也知道数瞒（"愉漫"：中古汉语juə-muan；耳闻汉语sū-man）。据瓦特斯（T. Watters）《大唐西域记》译文⑰，其地东西400里，相当160千米；南北100里，相当44千米，这正与现今当地情况相同⑱。耳闻汉语形式之sū-man，与昔日以及当今波斯语—阿拉伯语地名Shumān恰好成对，而我们可以看出Shumān［愉漫］与奇特拉尔［双靡］的中古汉语名称，也就是juə-muan和syang-mjie，发音颇有差距。

一旦我们接受把塔什库尔干地区西南行至奇特拉尔的路径视为第二翖侯领域，我们便可以为其增添更多旁证。旁证之一便是这条路线必然相当古老，因为托勒密的情报来源既已对之有所知悉。在他的《地学指南》（7.2.42）里面，他由西往东列举一串印度的河名以及其河畔居住的民族，第一条便是昆那尔河（Kōa）。而关于这条昆那尔河，也就是流经奇特拉尔之河，他说："Kōa河诸上源的下游沿岸人民乃是Lambatai人，他们所在的山区往上一直延伸到Kōmēdai人所在的山区。"⑲我们知道在托勒密眼里，Komēdai斯基泰人（the Komēdai Scythians）一度居住在帕米尔地区全境，因此沿着昆那

⑮　M. Deeg, "A little-noticed Buddhist travelogue", p. 78.

⑭　T. Watters, *On Yuan Chwang's travels in India*, vol II. p. 282.

⑮　T. Watters, *On Yuan Chwang's travels in India*, vol II. p. 282.

⑯　同注㊳揭康宁汉文，56页。

⑰　T. Watters, *On Yuan Chwang's travels in India*, vol. I, p. 405.

⑱　译注：玄奘原文"东西四百余里，南北百余里"，惟作者指示此处保持原样以俾读者指摘。

⑲　（原文注70）Κόα πηγὰς ἵδρυνται Λαμβάται, χαὶ ἡ ὀρεινὴ αὐτῶν ἀνατείνει μέχρι τῆς τῶν Κωμηδῶν.

尔河前往瓦罕地区的这条路径必然已经为托勒密以前的西方人获悉⑩。

　　第二项［可资旁证的］要因在于名称。在此我们转写作Shuangmi、Shemi、Shangmi的汉文名称其行用已有一千六百年之久。康宁汉考虑商弥"也许"就是"印度—斯基泰双靡部落"之地；除此之外，人们对后者毫无所知（注38揭康宁汉文，56页）。斯坦因（Serindia，p. 51）则援引唐朝编年史写于742—755年间的若干记录，它们提到俱位国，一称商弥，其主要市镇为阿赊飓师多城。此城被斯坦因联结到Shuyist，也就是Lasht谷地的通行名称之一，位置就在Baroghil隘口南方（图8），而斯坦因内心以为此地在冰川扩张时期乃是不毛之地。当然，这般猜想并非无稽之谈，但是其中可以认定为事实的部分，就只有唐朝编年史再次把商弥与俱位也就是昆那尔河连接了起来。在唐朝编年史成书以前，《北史》（见《贵霜史丛》71页，Text 045）［编纂者］仍然知道有个重镇名叫双靡，然而其所在境域被赋予新名称"折薛莫孙"，中古汉语形式为ciat-siat-mak-swən，耳闻汉语形式则是ca/ja-śa-ma-sun/sund/cand。除非我们认定第一字之中古汉语ciat反映奇特拉尔"Chitral"（参见注13揭de Groot文100页），或者认定耳闻汉语形式之ma-sun得自马斯图吉"Mastūj"，否则这项新名称就像《北史》所见取代《汉书》古名的其他新名称一样宛如谜团。或许更加有效的一种解决途径是利用8世纪新罗僧慧超的叙述，他抵达奇特拉尔也就是拘卫国（耳闻汉语ku-vatī；参照ku-nār之名），该地人民将其国土称为奢摩褐罗阇，中古汉语shia-mua-ɣia-la-dzia。这很像是化自梵语śyāmāka-rājya⑩，它指涉一种名叫śyāmāka的族群以及位于兴都库什西部的一片地区，而曾经记载于Varāhamihira所撰《广集》（Bṛhatsaṃhitā 14，28；约公元500年）。晚近的名称则基于贝利（Harold W. Bailey）提供的一条参考资料⑩，它提到在指涉奇特拉尔北部时，Sānglečī部落（该部落位处Zebak隘口与Dorah隘口之间）会说"šām čatrāδ"，而Prasun Kafirs部落则会说"šim čatrāδ"。

　　福克司（注⑪揭慧超《往五天竺国传》论考447页注2）早已认为其"奢摩"肯定与《魏书》及宋云所谓"赊弥"有关，从而亦当与双靡、商弥有关。

　　第三种要因亦不宜忽视：玄奘明白告诉我们，名叫商弥的地区不属于吐火罗斯坦（"睹货逻"），而"睹货逻"一词被他用来指称古典时代贵霜人与寄多罗人的家园。倘使这种说法所指涉的不仅是号称其先为月氏王室的寄多罗人，还指涉更早期的贵霜人，那么这种说法便指出了一种类似于托勒密所说Lambatai人的民族，该民族显然属于非月氏种，从而我们便有了文献证据可以说明，［在五翎侯之中］，至少有一位翎侯其管领的地区并不［直］属于贵霜一族（the Kushan family）⑩。

　　小结：第二翎侯所在的位置，是由《汉书》所记载的，从塔什库尔干起算的各项

----

⑩　（原文注71）托勒密时常糅合两条正确笔记材料而不加以注明。在这个案例里，他看来混淆了拉格曼（Laghman）河谷与昆那尔河谷，因为滥波人（Lambakas）［也就是西方人纪录的Lambatai人］只住在前一条河的边上，而通向Komēdai人的是后一条河。

⑩　（原文注72）福克司（W. Fuchs）提议为śamarāja，见注⑪揭慧超《往五天竺国传》论考447页。

⑩　参见H. W. Bailey, "Kusanica", *Bulletin of the School of Oriental and African Studies*, vol. 14, 1952, p. 428。

⑩　（原文注73）关于是否所有翎侯都是月氏人的问题，参见《贵霜史丛》74页，Text 046。

距离数值予以分配调整出来的。双靡一名看来可以关联到梵语*śyāma*或者中期伊朗语*siyāh*，可能表示的是奇特拉尔地区的Siahposh人穿着的"黑"衣，而该民族在中亚源远流长[164]。

一八、双靡路的更多运用

1. 宋云

从法显开始，中国巡礼者靠政局情势来选择路线，而这些情势对公众安全有直接影响。法显百年之后，名叫惠生与宋云的两位僧人步其前尘。两人看来都保有日志，而它们的叙述受到一位编纂者加以整合，此人甚至糅合第三名巡礼者的情报，［尽管］后者其实并不属于那个梯次。其文载于《洛阳伽蓝记》。1884年，毕尔刊出这部纂集性作品（*Si-yu-ki*, vol. I, pp. lxxxiv–cviii），之后该文本常被引述为宋云个人行纪。沙畹1903年的法文译本澄清了若干疑问[165]；最近宁梵夫（Max Deeg）则重新整理《大正新修大藏经》之2086号《北魏僧惠生使西域记》[166]，此一文本被拿来编纂所谓"宋云"行纪，但是它并未掺入从第三名僧侣道荣的报告撷取过来的部分，而道荣本人乃是稍后才以某种方式自行穿越帕米尔。

至今，［宋云一行］穿越帕米尔一段的行程尚未获得合理解析，因为其行程看来过于冗长又自相矛盾。［可以确定的是］惠生与宋云从喀格勒克入山，并且他们在迈向奇特拉尔当下的同时也脱离了山区。

［《洛阳伽蓝记》《北魏僧惠生使西域记》］两份文本都告诉我们，这场以喀格勒克作为起点的旅程乃是以公元519年为始，彼时为中国历八月上旬，时值暮夏[167]。六天后，他们来到"葱岭山区"，从这块地区开始属于渴盘陀国的统治范围，而［这是］从塔什库尔干起算。三天后来到一座"城"，它在较短的［《北魏僧惠生使西域记》］文本里作"钵孟"，耳闻汉语形式 pa-men[168]，极可能表示"帕米尔"。复行三日，来到有"龙"栖息的那座著名湖泊。从渴盘陀前往此湖需时六日，这很好地呼应到已知两地间距之140千米。所谓"宋云"文本还穿插了一段龙变为人的愚昧故事。之后是一段嗟怨道路险峻的文字。接着编纂者添加了一段关于塔什库尔干及其河水东北流至喀什的说明。

在上述"宋云"文本中受到掺和的段落结束后，两份文本再度彼此一致。

经过上述湖泊后，下一站是"钵和国"。钵和（拼音bōhé；中古汉语 pat-ɣua）一名藉由其耳闻汉语形式可知第一字声音为/pa/，第二字声音为/va/。在第二字为讹的假

---

[164] （原文注74）参照希罗多德（4.107）所述melanchlæni "黑衣人"，见《东域纪程录丛》初版第II册544页注2。

[165] 同注[104]，全文页码为该刊379—441页。

[166] 即注[108]揭M. Deeg, "A little-noticed Buddhist travelogue"。

[167] 译注：此处涉及德国人习惯以秋分前后区分冬夏二时的概念。

[168] （原文注75）"钵"字广泛用于拼写耳闻汉语*pa*，罕见情况下则用来拼写*bha*。

定前提之下，那么瓦罕河谷中的最佳地点，又兼之为从大帕米尔下坡时达到的第一座大镇，便是带有防御设施的Pañja，该镇正是［西方来的］商队要攀登通往维多利亚湖的北路（the upper route）抑或是前往小帕米尔诸湖以及Baroghil隘口的南路（the lower one）时必须进行补给并分道扬镳之处⑯。

当这两名巡礼者沿乌浒水而下，他们不可避免地转往舒格楠，该地位于乌浒水从伊塞迦审（Ishkashm）开始转折的北向河段。在一处今日仍然唤作Darmarakht（图8、图9）的地点附近——该地看来曾设有佛教机构——道路转而朝西前往舍瓦湖和嚈哒人的丰饶草泽前进⑰，而这些草泽处于法札巴德东面与南面丘陵之间。我们不该忘记，宋云、惠生根本不曾打算直奔斯瓦特谷地（Swat Valley），而是带着中国皇帝写给嚈哒统治者的信函，递送信函是他们的首要任务。据其所述，交付信函的仪式确实有所举行，并且对方的确承认了魏廷皇帝的优越地位，尽管嚈哒王需要某种示范始能叩拜行礼如仪。这些僧人报导道，这群缺乏礼教的民族并不住在城镇与宫殿，而是住在他们的马匹得以觅食牧草，王者得以张设营帐之处。［至于这名王者，］他至少可以夸耀其号令四十余名小国王者的能耐，势力南至迪尔（Dir，汉文原文"牒罗"：中古汉语dʱiep-la；耳闻汉语ʔ-ra）⑰、东至塔什库尔干［原文"东被于阗"］，西至波斯。

此后⑰，这些僧人沿着一座狭窄谷地走了七天而至"波斯"（耳闻汉语pasi）。既然他们从嚈哒出发又朝向奇特拉尔，这座谷地只能是Varduj河也就是科克查河，它指向东南方150千米远而位于丘陵上坡的Zebak平原。他们为时七日的行进呼应于几名服事于

---

⑯　（原文注76）要是"和"字——中古汉语ɣuɑ，耳闻汉语va——无误，我们便需要一处唤作pa-va、pra-va或者par-va之址。《拉施德史》（*The Tarikh-i Rashidi*）举出舒格楠诸谷之中地名（见N. Elias, *The Tarikh-i Rashidi of Mirza Muhammad Haidar, Dughlát: an English version (of) the translation by E. Denison Ross*. London: Sampson Low and Marston, 1895, p. 353），其中一些显然位于巴尔唐河、衮特河及舍瓦湖沿岸。一处难以索考的地点是Parwaz，Elias疑其为达斡兹（Darwaz）之误。由于《拉施德史》的地名清单里看来缺少Shakhdara河谷，1892年以阿拉伯文制作的阿富汗地图（见H. Kreutzmann, *Pamirian Crossroads*, p. 236）上标示于Shakhdara河左岸一处称为Barwaz的地点便值得考虑。这个地点是否在6世纪当时重要到可以藉其名称概指整片地区，仍是一项开放性问题。要是我们姑且套用这项可能性，我们便得用上从维多利亚湖翻越Mats隘口（北纬37°19′33.17″，东经72°39′58.44″）、沿Shakhdara河谷而抵达舒格楠地区的霍罗格的一条直达路径，这条路径之艰难足以解释"高山深谷，险道如常，因山为城"之山区描述（参见M. Deeg，"A little-noticed Buddhist travelogue"，p. 77）。相较于更宽广的瓦罕西部以及其几条平坦道路，这样的描述更合乎狭窄的Shakhdara河谷与它昔日的首府。

⑰　（原文注77）玉尔将舍瓦地区称作"巴达赫尚最好最大片的牧草地"，见注㊴引1872年文441页。

⑰　（原文注78）［蒲立本提出的］中古汉语dεp-la在此派不上用场。宁梵夫（"A little-noticed Buddhist travelogue"，p. 77 n. 69）列举了一串令人难以满意的提案。

⑰　（原文注79）这处也曾受到玄奘游历，他从格什姆前进300里而抵达此地，译其名为呬摩呾罗，而这项名称早已为康宁汉（"Later Indo-Scythians—Ephthalites or White Huns"，*Numismatic Chronicle*，3rd series，vol. 14，1894, p. 244）释作嚈哒人，且受到马迦特详加阐发（《伊兰考》239页）。他的下一站是"钵铎创那"（"Badakhshan"），似乎在东边200里处，可是其叙述文字看来不过是呬摩呾罗一节的重复。玄奘接着上溯科克查河，绕过青金石矿而来到Kuran wa Munjan。其路程与宋云相歧之处惟在于高海拔地区的隘口：一队走的是沿着Varduj河段迈向Dara隘口，另一队则走的是沿科克查河迈向Kuran。［译注：此注注末提到的科克查河指图9中流经Jirm（Jurm）之北流支水，Varduj河在科克查河折而西流处从东方汇入；Dara隘口即图8之Dorah隘口。］

图9 1875年巴达赫尚地区之一部分（截自H. Kreutzmann, *Pamirian crossroads*, p. 50）：乌浒河在Yaftal附近转弯，该处正是宋云、惠生谒见嚈哒王之地

英国的间谍在9月18—25日从Zebak前往法札巴德的行动[173]。

现在这两名僧人终于离开葱岭，随即迈入赊弥，也就是奇特拉尔以及第二翕侯故地。从Zebak出发，他们应当会使用直接通向奇特拉尔的两座隘口之一，即Nuksan隘口与Dorah隘口，后者被认为较易通行，因为它"可以通过驮马，并且只有深冬雪封时期才关闭"（见注46揭Hayward氏文128页§8）。两者都具有几段险升坡，并来到冰雪终年覆盖的绝高之处。Nuksan隘口曾被H. G. Raverty充分描述过，该地"名叫'Kotal i-Nukṣán'，或者说'不怀好意的险径'。这条路线沿着巍峨的断崖面蜿蜒行进，时而穿过令人战栗的险径"[174]。这契合于惠生说法："（前往奇特拉尔的路经过）不毛之地，它陡斜、危险而高；人马只能勉强通过。铁链（界定出）悬度地区。往底下看，看

---

[173] T. G. Montgomerie, "A Havildar's journey through Chitral to Faizabad in 1870", *Proceedings of the Royal Geographical Society*, 1872, pp. 253-261; "A Havildar's journey through Chitral to Faizabad in 1870, with a map, " *Journal of the Royal Geographical Society*, vol. 42, 1872, pp. 180-201. 尤见后者之187页以下。

[174] H. G. Raverty, "An account of Upper Ḳáshḳár, and Chitrál, or Lower Ḳásh-ḳár, together with the independent Afghán state of Panj-korah, including Tálásh", *JASB*, vol. 33, 1864, p.131.

不到地面。"⑰

　　马匹的提及很重要，因为这是当地与罕萨北面险径的关键性差异之一。后者往往被视为悬度的首选，而那里马匹无法通行⑯，奇特拉尔几处隘口则确实可以用牲畜⑰。

　　据惠生文本，我们获知离开奇特拉尔下一站是乌场（Uḍḍiyāna）。这不令人意外，因为就算是今天，要前往斯瓦特的最短路径依然是翻越Lowari隘口，一直线走到迪尔再迈向斯瓦特。纂集过的"宋云"文本插进一句话，它说："有一条路从博洛尔到乌场。"（原句为"从钵卢勒国向乌场国"）这确属事实，而这正是法显——可能还有道荣——通过若干东面关隘之后采取的路线；宋云、惠生本人不用这条路，因为他们在前往印度途中从来就没有到过博洛尔，并且显然毫无理由要从奇特拉尔往东面退却而入境吉尔吉特。

　　尽管两份文本都提到悬度地区可以带马过去，但只有惠生那份文本，而不是编纂过的"宋云"本，描述前往奇特拉尔的隘口是"设有铁链的悬度地区"（原句为"铁锁悬度"）。如果"悬度"此一罕用名称在所有场合指涉的都是同一地点，其中一些用例或可略加发挥。首先，法显在5世纪早期沿印度河南下，他在奇拉西边遇到严重困难，从而到夏提欧南方渡河⑰。可是法显未曾使用"悬度"一词，所以法显与该词之位置比定问题无关。该词首见《汉书》记载月氏人如何占领他们在北巴克特里亚的新家园⑰：他们驱逐斯基泰人，直到后者翻越悬度地区为止⑱，于是在其旧地定居下来⑱。这表示其所述隘口不可能距离北巴克特里亚太远，并且应该能让斯基泰人以最迅捷方式逃窜。观察地图可知，对于住在北巴克特里亚东部的民族而言，他们势必跨越Zebak南方的Nuksan隘口抑或是Dorah隘口（《汉书·张骞传》，何四维译216页）。

　　孝元帝在位时期（前48—前33），一支前往楠格哈尔（Nangarhar）地区［《汉书》作罽宾；又，楠格哈尔略当古代那竭］的汉朝使节团在那里被虐待，［甚至］被当地一名印度—希腊裔或斯基泰裔国王肆行诛杀（《贵霜史丛》78页，Text 050）。该事

---

⑰　（原文注80）硲角危峻，人马仅通。铁锁悬度，下不见底。

⑯　（原文注81）不妨回顾1922、1924年斯克莱因所历情形："Baltit、Misgar之间的罕萨河峡（6日行程）在许多地点都不大可能让驮重的矮种马通过，而且所有行李都必须拆分成50磅重的包裹，如此这般从一村运到下一村。"（同注139，230页）。至于"嵌进岩石里的系绳"，见该文232页。

⑰　（原文注82）J. Rizvi描述道："Dora过去被认为是兴都库什山最好走的隘口之一，只有深冬雪季才关闭，其余时节驮马都过得去。它不只频繁为来往巴达赫尚的商队使用，连布哈拉、白沙瓦等遥远目的地之间往来的商队也要用它。奇特拉尔、巴达赫尚之间还有其他三座隘口可通，分别是Kharteza、Nuksan与Agram隘口，都是终年覆雪而无法驱赶驮载牲口的险峻所在。昔时人们说这些隘口主要由巴达赫尚来的小贩使用，他们再把主要交易目标物，也就是向奇特拉尔统治者买来的奴隶，给带回去。"（引自 J. Rizvi, "Merchants and mountains", *The Himalayan Journal*, vol. 51, 1995, 见www.himalayanclub.org。）

⑰　K. Jettmar, "The 'Suspended Crossing'—where and why?", in: G. Pollet (ed.), *India and the Ancient World—History, trade and culture before A.D. 650*, Leuven: Department Oriëntalistiek, 1987, pp. 95-102. 并参见该文所附地图。

⑰　译注：原文此处误植为《后汉书》而与其注84相违。

⑱　（原文注83）注178引Jettmar作品收集了种种证据并偏好考订为印度河下游的一些通道，而反对罕萨诸河峡。更上游与更西边的地点则置其度外。

⑱　（原文注84）《汉书·西域传》，3901页（见《贵霜史丛》44页，Text 018）："大月氏西破走塞王，塞王南越县度，大月氏居其地。"

件发生于沿喀布尔河谷南下的路上，而前往那里的最佳路径是朝奇特拉尔前进而后沿昆那尔河南下。屠杀之后，这名恶德国王遣使前往帝国朝廷谢罪，但皇帝拒绝赦免。尽管如此，他派人护送使节返回，一直送到悬度为止。对我们而言，［要是从汉地］展望楠格哈尔，那么奇特拉尔地区诸隘口的其中一座应该是抵达喀布尔河谷之前最后一道边防。事实上，《汉书》在提及这位楠格哈尔无赖时对于那座隘口的描述，令人几乎可以肯定那只可能是指Dorah隘口（何四维译111页）：

> 又有三池、盘石阪，道陜者尺六七寸，长者径三十里。临峥嵘不测之深，
> 行者骑步相持，绳索相引，二千余里乃到县度。

我们听见那提到的是高海拔地区某一段长达2000里的距离，约当800千米，这正是从［东边］攀登帕米尔迄至奇特拉尔诸隘口之正确距离。那里［确实］有"三池"，依次排列在上坡前往Dorah隘口的路段，坐标为北纬36°12′37.31″、东经71°9′57.73″；北纬36°9′28.79″、东经71°11′44.14″；以及最大池之北纬36°7′33.57″、东经71°12′21.27″。最扼要地带的长度描述为30里，亦即10千米有余。从该隘口俯临的，最后遇见的一座湖，直到奇特拉尔地区第一片绿野平畴，我们测量出来的也是10千米。行人在这样狭窄的隘口必须下马，不过我们知道马匹仍然可以被赶过Dorah隘口，Nuksan隘口则不行。那些用来彼此牵引的绳索是否还包括牢牢系在岩壁上的呢？再回来看宋云，沙畹（同注⑩，405页注7）察觉在若干译本中翻为"Persia"的波斯（中古汉语pua-sie，耳闻汉语pā-se/si）必然等同于《北史·西域传》提到的波知"王国"［而非"帝国"］——中古汉语pua-tie，耳闻汉语pa-ti——该处介于Zebak、Dorah二隘口之间[182]。其名只可能导源于若干地图上名为Pasht之地点（北纬36°26′18.39″；东经71°18′31.29″）[183]。该谷地描述如下：

> 波知国，在钵和（Wakhân［此为沙畹原文括注］）西南，土狭人贫，依
> 托山谷，其王不能总摄。有三池，传云大池有龙王，次者有龙妇，小者有龙
> 子。行人经之，设祭乃得过。不祭，多遇风雪之困。

我们看到《汉书》所记公元1世纪前往悬度地区遇见的三座湖，正是宋云、惠生离开葱岭经悬度前往奇特拉尔途中遇见的那三座湖。因此这两位巡礼者与近乎600年前的汉军小队无疑踏上同一条路。

在这样的背景下，我们才得以理解，当《后汉书》告诉我们班超将军曾在公元1世纪率领一支考察队直抵悬度[184]，那时候他究竟走到了哪里。目前为止的观念是他窥见了前往罕萨地区的河谷。不过一旦他得以控制塔什库尔干，要沿乌浒河上游以及瓦罕西部地区逡巡探勘便只是小菜一碟。

---

[182]　（原文注85）"波斯"首次出现于《梁书·西北诸戎传》里一份役属嚈哒的邦国名单，紧跟其后的便是塔什库尔干［，即"盘盘"］。两者皆为边地。

[183]　参见Woodthorpe氏1888年地图，重刊于H. Kreutzmann, *Pamirian crossroads*, p. 97；另参见G. N. Curzon, "The Pamirs and the source of the Oxus", *The Geographical Journal*, vol. 8, 1897, pp. 15-54.

[184]　（原文注86）载《后汉书·班梁列传》［："超遂逾葱领〔岭〕，迄县度，出入二十二年，莫不宾从。"］；参见注29揭沙畹文237页。

这表示，几乎所有提及悬度的场合都可以合理地系于奇特拉尔西北面诸隘口[185]：该路线为公元前2世纪上半叶受月氏驱逐的斯基泰人所知；该路线亦为公元前1世纪朝向楠格哈尔的汉朝军队使用；班超或许曾经侦察，而该路线肯定通向作为奇特拉尔地区首府之赊弥，也就是曩昔第二翎侯所治。从那里有路通向斯瓦特与楠格哈尔，因此人们无须讶异于丘就却钱币在斯瓦特的出土，亦无须怀疑其子之所以在同时代的Senavarma的佛教圣物容器上有所提及。

虽然第二翎侯所治之处距离塔什库尔干附近的中国边境甚远，其人却相对靠近月氏政权在巴克特里亚的中心。

2. 前往印度的悟空

上文业已揭示唐朝巡礼者悟空如何经库塔尔、舒格楠回国。在此人印度行之752年去程期间，他离开喀什而后翻越某座隘口来到塔什库尔干，他称该地为"葱山"，即通常说的"葱岭"，差不多同时期的新罗僧慧超则写作"葱岭"。他穿过一条山脊，这大有可能是尼苔塔什隘口，接着来到一座他称为"播蜜"（耳闻汉语pā-mi）的谷地（悟空原文为"川"）。无独有偶，慧超提到"大帕米尔谷"（原文"大播蜜川"），这很可能是强调其相对于"小帕米尔谷"之偏北位置[186]。接着是"五舒格楠国"（原文"五赤匿国"）与瓦罕地区，他称为"护密国"（中古汉语ɣuo-mi）而既已如上所述。从瓦罕出发，他进入奇特拉尔一带的昆那尔（Kunar）之地（原文"拘纬国"，中古汉语 kiu-wei，耳闻汉语kau/ku/gu-?），即双靡故地，但我们没有被告知他走的是那座易于通行的Baroghil隘口或者另一座更西边者。从昆那尔河谷出发，他朝向葛蓝国，烈维、沙畹仅转写为Ho-lan而未说明[187]。其中古汉语构拟为kat-lam，耳闻汉语kan-lam，因此我视为kar-ram的转写，也就是昆那尔河、喀布尔河交会处南边的Kurram。接着他折而往西，进到拉格曼（Laghman；悟空原文"蓝婆"；耳闻汉语lam-ba），即拥有许多佛寺的滥波（Lampāka）故地；于是他再度回往东行，经楠格哈尔（"孽和国"；中古汉语 nie-hua），该名以往无人解释。他迈入哈达（Haḍḍa）及其后各站而置身于佛教中心。顾及其下一站是乌仗那（Uḍḍiyāna）即斯瓦特，我假定他采用了巴焦尔（Bajaur）地区前往Navaghai的诸隘口之一。再下一站是茫誐勃国（中古汉语mang-ga-buət，耳闻汉语 ?-ga-bu），即Mangalapura，今名Manglaur，在布特卡拉（Butkara）尚有壮观遗迹。从那里出发，他参访了一处他将地名听成Koṭ"高头"城（中古汉语kau-dəu，耳闻汉语ko/ku-

---

[185] （原文注87）唯一例外是《汉书·西域传》（何四维译99页以下）一处文字置县度于距都护5020里而西距乌秅128里处，乌秅在蒲犁之南。乌秅前一段处理的是皮山（喀格勒克东南方80千米处），该处为前往楠格哈尔（罽宾）与阿富汗的坎大哈（乌弋山离）道路的起点。所以，那段文字提及的县度或许意在指出一处山岳之中的遥远目的地，［起点］则可能在柯克亚（Kugiar，见图4），从那里开始路径不可避免地必须穿越帕米尔，直到道路终于在遥远的县度离开高海拔地区为止。

[186] （原文注88）这显然关联到惠生所述湖区入口的钵盂城。

[187] （原文注89）沙畹在其1903年论考（129页注3）触及这项议题，而将Ho-lan［葛蓝］与Lan-so［蓝婆］看成尚待考证的地名，尽管他与烈维两人在1895年合撰论考曾经订"蓝婆"为"蓝婆"（书目见注⑬，348页注2）。沙畹1903年同注还将孽和读成Ye-to并视作吉尔吉特。

du/dhu/ḍu，向来无人解释）的地点，这最像是比尔科特（Birkoṭ），也就是斯瓦特南部交通中枢，当地（过去）有一座高耸着窣堵波的丘陵及其印度—希腊故城。最后他说到摩但国（至今无人解释；中古汉语mo-dan，耳闻汉语ma-ta），也就是位于河流西岸，敏戈拉（Mingora）之北的Matta地区。当地有佛陀留下足迹的Tirat遗址以及佛陀晾干上衣的Jare遗址等知名遗址[188]。在Senavarma铭文发现于该地窣堵波的那段时光里，窣堵波仍然耸立于上坡处之山岬。

尽管悟空没有提供双靡一词的任何有关形式，其路程证明昆那尔路在8世纪仍然通畅，正如数世纪前宋云、惠生履足者。它看来也说明了桑山氏主张606年后吉尔吉特路与奇特拉尔路封闭不通之理论需要修正［如下］[189]：人们使用巴米扬路的主要理由，可能不是因为突厥人堵住了瓦罕南方诸邦国，而是由于巴米扬本身的名胜，也就是两尊立佛与一座巨大卧佛。悟空错过了它，而是率先朝西前往拉格曼，这与350年前法显的原则完全一致。

一九、首都以及位于护澡的第三翕侯——贵霜翕侯

接下来的军事数字是［距都护］4740里，见《汉书·西域传》（何四维译120页），它标示吐火罗斯坦全境之都城所在，亦即距离月氏疆土起点之塔什库尔干1899里，这样大约相当760千米长的蜿蜒路径，与塔什库尔干至昆都士广义范围之俯瞰直线距离600千米颇相俟——［算法是］不经加尔姆，而是西行至舒格楠，再从该处西行至法札巴德。《史记·大宛列传》记载这座邦国中枢名为"蓝市"（耳闻汉语 lām/rām-ji/je）（《贵霜史丛》65页，Text 037）；《后汉书·西域传》云"蓝氏"（耳闻汉语lām/rām-ji）；《汉书·西域传》云"监氏"（《贵霜史丛》90页，Text 061）。位于昆都士河流域的昆都士一带或者其南面某个遗址或许能够满足其地理条件（见《贵霜史丛》65页以下，Text 037之编者注）。汉文所见诸形式意谓的名字倘若不能连结到梵语*rājya*［"国、国土"］，则至今仍缺乏有效解析。

再接下来，《汉书》所载翕侯名单里提供的去都护距离是5940里，它将我们导向位于护澡的第三翕侯。这个数字显然是从所谓"都城"的数值增估约1200里，也就是大约500千米，它表示从该处前往第三翕侯中心的直达路程，而后者管领的是贵霜地区。

用来表示地域名称的"贵霜"（中古汉语kwei-ṣiaŋ，耳闻汉语ʔ-śan）以及表示治所的"护澡"（中古汉语ɣuo-ʦɑu，耳闻汉语hu-ʔ）均未提供不容置疑的证据。葛乐耐基于蒲立本的构拟（*g'wâk-tsog, *hwax-tsau），将护澡比定于名叫Wakhshab的城市（北纬37°43′，东经68°50′），其地便在瓦赫胥河不远处，坐落在塔克蒂桑金（Takht-i Sangin）东北方85千米。原则上这套方案具有一项优势，即其地位于他［眼中］的月氏

---

[188] H. Falk, "'Buddhist' metalware from Gandhara", *Bulletin of the Asia Institute*, vol. 26 (2012), 2016, p. 46.

[189] 最新论述见S. Kuwayama, "Pilgrimage route changes and the decline of Gandhāra", in: Pia Brancaccio and Kurt A. Behrendt (eds.), *Gandhāran Buddhism: Archaeology, Art, Texts*, Vancouver: UBC Press, 2006, p. 124.

境域东隅，差不多就在肖土盖与艾哈农（Ai Khanum）一带，两者分别为哈拉帕人在公元前约2200年建立其临时贸易站之处[190]，以及印度—希腊人建设的最伟大城市之一。这两处遗址之选址显然都有其绝佳商业考虑，从而得以横跨数千年。但是语言学证据并不那么使人信服，尤其是蒲立本的构拟难以摆脱循环式论理。

该域名为贵霜，一般同意此形式直接对应各种印度语言所见之*kuṣāṇa*或*koṣāṇa*。而我的看法与葛乐耐相同，他主张下述钱币的出现地点，即铭文κορραvο /kośano/[191]上方出现骑在马背上的王者的钱币样式，提示人们如何寻觅［汉文］所谓"贵霜"之地。他只单独提出瓦赫胥河谷，然而很明显的是，上述样式钱币也发现于巴里黑西方的迪利亚特佩（Tilya Tepe）以及Yakṣu河流域［即图7中Kulab及其上游河段］的Komēdai山区。因此这些钱币显示，一旦［丘就却］其人成为唯一统治者，第三翖侯的钱币也就推广到了北巴克特里亚与南巴克特里亚全境。

定位该翖侯的便利方式之一是将其连结到泽拉夫善山谷中的Kushana/Koshona遗址（北纬39°26′51.44″，东经68°4′12.40″）。在该处众多可供利用的路线之中，最首要者便是往南翻越Sughd山脉前往杜尚别或希撒尔地区者，其路线以著名的片治肯特（Penjikent）东方40千米处为起点。这处遗址或许指明了商品进出口于西面、北面遗址的路径，其始点与终点便是杜尚别附近的希撒尔。1882年，俄国地理学家Kossiakof从片治肯特旅行到希撒尔（同注⑭，32—37页），其道路于Koshona进山，该处山径似乎较另一条从Aini出发的谷地更加困难，而该谷地乃是今日高速公路转弯南下杜尚别之处。然而该地市集处之所以唤作"Kushan"，可能不过意味着那是一片以贵霜（Kushan）为名的交流地带起点；其行政中心应当曾经冠有近似"护澡"的名称。北纬38°29′6.13″、东经68°35′33.25′处有一座称为Hissar的古老遗址——突厥语、吉尔吉斯语均意为"堡垒"——连接若干从北方索格底亚那前往希撒尔或杜尚别时需要通过的山区隘口；要是反方向从月氏之地北上，该地便可堪当路线起点。基于历史学理由，护澡（中古汉语ɣuo-ɓau）与"Hissar"不相关[192]，但至少"赫劳斯"样式的丘就却钱币，也就是"贵霜"翖侯钱币，最近在那座Hissar遗址附近有所出土。更有甚者，从吐火罗斯坦全体之"都城"到第三翖侯中心需要300千米，而这在地图上可以找到美妙对应，只要我们假定所谓的"西"并非以奇特拉尔的第二翖侯或首都为基准点，而或许是相对于塔什库尔干的一种大致方向。

《北史·西域传》（《贵霜史丛》72页，Text 045）晓得钳敦国（中古汉语gi̯ɛm-tuən）便是当时的对应者，还说"国人住在山谷里"［原文"居山谷间"］，其叙述显然适用于泽拉夫善山中诸聚落。古人行纪付诸阙如，但玄奘是例外，他提供的撒马尔

⑲⓪　H.-P. Francfort, "Sondage préliminaire sur l'établissement protohistorique Harappéen et post-Harappéen de Shortugaï (Afghanistan du N.-E.)", *Arts Asiatiques*, vol. 34, 1978, pp. 29-79.

⑲①　（原文注90）即所谓"Heraios editions"。关于赫劳斯［其人］实际上不存在的议题，见《贵霜史丛》86页，Text 057；其地域分布见该书77页地图。

⑲②　（原文注91）沙畹《西突厥史料》71页脚注提到《新唐书·地理七下》之"当代"主城名"未腊萨旦"（拼音wei-la-sa-dan；中古汉语mwĕi-lap-sat-tan）亦无甚帮助。

罕至月氏之地沿路见闻的曲笔描写使得一切都有可能。在其《大唐西域记》中,离开撒马尔罕后记下来的第一处地点被记为"羯霜那"(耳闻汉语ka-śan-na)[193]。他经由"铁门"来到月氏之地,然而相当怪异的是,他并不是将铁门作为西境——他正确地置[其西境]于波斯(Persia,玄奘原文"波剌斯",耳闻汉语pā-ra-se/si)——而是置铁门于北境("北据铁门")[194],这讲得就好像他自己是从北边进入月氏境域似的。

二〇、第四与第五翎侯

第三翎侯及其5940里之距离,令其显然位于与都城相距约1200里处。第四翎侯位置给的是距塔什库尔干5962里,那表示要是第四、第三翎侯治所位于同一直线上,前者只在后者22里外。然而正如葛乐耐指出,后三名翎侯的方位不妨看成由某个共同中心点辐射出去,而我也认为其中心就是都城。[第四翎侯]区域称为肸顿(拼音bi/xi-dun,中古汉语?-tuən),治所薄茅(中古汉语bʱwɑk-mau,耳闻汉语va[k]/ba[k]-?)。这令人一头雾水,而人们不应将学者之间的共识误认为证明[195]。

以薄茅而言,葛乐耐相信它是一处名叫Bubacene的地点(《关于月氏五翎侯地点的新材料》336页),后者只在[罗马史家]Curtius Rufus[作品里]出现过一次,伴随着模糊的区域性坐标[196]。基于中古汉语及耳闻汉语形式出现的/k/,我们可以想到巴里黑及巴克特拉;而基于/m/的出现,我们不妨考虑巴米扬。以距离而言,巴米扬似乎更符合。不论哪一种情况,这两个地点都适于举行与西南面之间的贸易。

将位于环状带上的这两个可能位置纳入考虑之后,我们不妨猜测最后一名位于高附(中古汉语kau-bʱiu,耳闻汉语ku[k]-?)地区高附城之翎侯所在。葛乐耐(《关于月氏五翎侯地点的新材料》334页)业已导入下述观念,即尽管正式名称写法相同,此高附未必即喀布尔[之高附,后者见《后汉书·西域传》:"高附国在大月氏西南,亦大国也。其俗似天竺,而弱,易服。"]在葛氏对这项课题的最新贡献里(《贵霜史丛》78页,Text 048),他倾心于辛维廉视高附为大夏语文书所见地名喀尔夫(kalf)之提议。后者在现代地图上称为喀里夫(Kelif),它位于乌浒北岸而构成北巴克特里亚西缘,乃是山脉河水相交的狭窄地区,如今设有桥梁(北纬37°20′42″,东经66°15′38″)。我想带进来讨论的另一个候补位置是Kampyr Tepe(北纬37°24′37″,东经67°01′40″),它是更

---

[193]　T. Watters, *On Yuan Chwang's travels in India*, vol. I, p. 100.

[194]　*Ibid.*, p. 102.

[195]　(原文注92)《北史》《魏书》(《贵霜史丛》72页以下)显示弗敌沙(耳闻汉语pu-?-s/ś/ṣa)乃是昔日第四翎侯领地,其中心没有变更,仍然是至今未能充分厘定的肸顿。马迦特(《伊兰考》279页)认为弗敌沙表示"Badakhshan",而这个想法广受重视,尽管没有一位拥护者提示读者,马迦特那时候其实是考虑在喀布尔北方不远处寻觅一处与文献所载巴达赫尚(Classical Badakhshan)同名的地点;至于位于科克查河畔的文献所载巴达赫尚及其更上游处,根本就不在他对这个问题的考虑里。

[196]　(原文注93)马迦特(*Wehrot und Arang*, p. 75)置薄茅于瓦赫胥河东方的Kulab附近,也就是远远偏离了其合理预期位置。

东边的渡口，自从希腊—巴克特里亚时期之早期迄至公元2世纪中期均有人居住[197]。意为
"年迈仕女"的Kampyr可能是乌兹别克语讹转另一语言里的古名所致，而该名称至今只
以"高附"——［蒲立本］中古汉语kaw-buə̌ʰ——之形式保存于汉籍史料[198]。乌浒河在
大约公元150年前后移徙其河床，于是此地丧失其重要地位[199]。在《北史》所见翕侯中心
地的更新清单里，该翕侯替换为铁尔梅兹（Termez），位置仅仅在其东方30千米[200]。

Kampyr Tepe距昆都士地区直线距离180千米，喀里夫则距昆都士地区直线距离250
千米。从［第五翕侯］距都城约400千米之里数来看，喀里夫显得比较理想；然而从
［第五翕侯之后］转移到铁尔梅兹起见，Kampyr Tepe更加合乎情理。

结　论

五翕侯驻地问题的解答涉及众多争议性材料而横跨文献学、历史学与考古学范畴，
以致像是本文这样的短篇也只能提供一些模糊解决方案。虽然如此，本文此处所论，让
葛乐耐的"内置式"（internal）方案站不住脚：五翕侯并非北巴克特里亚境内五个从地
理上划分出来的牧民群体的首领，而是管制着五条贸易路线，其地域超越巴克特里亚一
地之范围，并且至迟在公元前1世纪中期已经开始如此。早在丘就却兼并其余四翕侯的
许久以前，五翕侯及其前身便已经繁忙进行贸易或保护贸易者。他们保护的地区包括穿
越中央帕米尔与南帕米尔的路线、昆那尔河谷从源头迄至奇特拉尔下游地区之全程，并
且肯定包括南下跨越兴都库什山之诸隘口，亦不排除包括北向穿过泽拉夫善山脉者。每
当汉帝国活跃于塔里木盆地西畔之时，他们便与汉朝皇帝们密切接触。

既然有了范围如此辽阔、时期如此源远流长，又如此获利匪浅的"外向"
（external）活动，那么丘就却之所以突击位于白沙瓦谷地的，阻挠"自由"贸易的贡
多法勒斯，看来便几乎势在必行了。

此外，现在我们了解了为何月氏人必须驱赶斯基泰人并让后者"越县度"：倘若鲁
珊或Vamar确实就是Komēdai人的中心地，这些人便也在同一时期控制住一座要冲，并
且他们作为潜在劫掠者，对于商队安全而言乃是最严重隐患。我们［也］了解了为何
来自敦煌附近税关的西汉竹［木］简（《贵霜史丛》68页以下，Text 043）显示休密翕
侯、双靡翕侯会派遣使节前往中国朝廷：这两名翕侯照管的地区正是直接与都护所辖

---

[197]　E. V. Rtveladze, "A preliminary report on the discovery of Kharosththi inscriptions at the city-site of Kampyrtepa
　　　　(Usbekistan)", *Puratattva*, vol. 38, 2008, p. 127.

[198]　（原文注94）西边的山区（东经66°41′，北纬37°46′）还有另一处名叫Kampyrtepe的古址，它可能影响了命名。

[199]　E. V. Rtveladze, "Découvertes en numismatique et épigraphie gréco-bactriennes à Kampyr Tepe (Bactriane du nord)",
　　　　Revue numismatique, 6e série, vol. 150, 1995, p. 21.

[200]　（原文注95）由于Kampyr Tepe出土了一些帕提亚式钱币，该地有时候被视为帕提亚帝国最东边的交易站。幸
　　　　运的是，A. Gorin（"Parthian coins from Kampyrtepa", *Anabasis*, vol. 1, 2010, pp. 108-135, esp. p. 123）提供了一
　　　　份更为可行的解说，也就是这些出土钱币毋宁应该看作仿币而非真正帕提亚发行者。

疆域接壤者⑳。我们了解了为何在丘就却统治下，月氏人在汉朝皇帝正打算在公元76年左右重新从匈奴夺回吐鲁番［车师前王国］时予以支持：数十年来与汉廷与维持的良好关系早已成为月氏经济骨干，而在丘就却统治时期，这样的连结成为梦想称"帝"的理由。我们了解了为何丘就却会把汉语名称HIAOY放到他的"赫劳斯"银币上：他在塔里木盆地及更远处的那些邻居们显然会有所瞩目。［与此同时，］我们了解了当贡多法勒斯仍然盘踞白沙瓦谷地时，丘就却何以能够渡过印度河而称雄于塔克西拉（Taxila）⑳：他持有白沙瓦上方的斯瓦特地区，因而可以利用印度河东岸的，早已为阿育王用过的吉尔吉特—巴布萨尔—曼瑟拉路（Gilgit-Babusar-Mansehra route）来绕过贡多法勒斯并且包抄他。

总而言之，对于前述疑问，即一支从事畜牧的逃难民族何以竟敢攻打兴都库什山下规模更为强大的众多王国，我们以一份"外向式"解答取代了一种"内置式"解说：月氏疆域根本就不是那么小。第一翎侯调节穿越中央帕米尔的交通，并且在塔什库尔干设有用于交接货品的某一处会所；第二翎侯坐镇奇特拉尔而与楠格哈尔有所接触；第三翎侯看来连结的是北方，即索格底亚人之地；位于巴里黑抑或巴米扬的第四翎侯则可能与南面邦国有联系；第五翎侯俯临河水而负责调控前往遥远西方之水运。最后三项比定必须视为有待拍板定论的提案。我们亟须更进一步解答，但［本文］或可有助于明了，今后应当朝哪个方向诠索问题。

附记：本文梗概首次宣读于2017年9月26日巴黎SEECHAC举行之个人讲演会。该场讲演承福斯曼（Gérard Fussman）盛情相邀，并获得葛乐耐极为友好的主持。叶少勇教授检查汉文，英文写作则仰Carol Bromberg女史润色。我衷心感激以上所有人士。

The Five Yabghus of the Yuezhi

Harry Falk

(translated by Ching Chao-jung)

This paper is the Chinese translation of Harry Falk's "The five Yabghus of the Yuezhi" (*Bulletin of the Asia Institute*, vol. 28 (2014), 2018, pp. 1-43), together with the translator's

---

⑳ （原文注96）第一翎侯接壤于无雷；"位于乌秅西边"而西南行至罽宾仅需区区330里的难兜（《汉书·西域传》，何四维译98、103页）可能位在Wakhjir隘口，其所接壤之大月氏则可能是第二翎侯之双靡翎侯。从这点来说，月氏依然是"位在西方"的邻居。

⑳ （原文注97）这项情势反应在Philostratus描写的 "Apollonius of Tyana" 其人生平（F. C. Conybeare, *Philostratus, the life of Apollonius of Tyana, with an English translation*. Vol. 1. London: W. Heinemann, 1912, p. 184f.），后者提供了一份由帕提亚王瓦尔达奈斯（Vadarnes，公元38—46年在位）发给某位"印度河总督"（satrap on the Indus）的介绍信，而那完全可能是发给贡多法勒斯的。那位 "Apollonius" 报导道，塔克西拉的印度王者半臣服于这位处在河对面的西方邻居，许容他横越自己的国土，同时也意识到这位邻居受制于其西方边境上的若干势力，而那些势力乃是"真正危险的民族"（希腊文原文作χαλεποὺς ὄντας）。

introduction that summarizes the gist of the paper and the respective key issues. With the author's consent, the main text and illustrations are slightly revised (esp. fig. 4 and 5), along with adaptation of references and endnotes into footnotes. In addition to these changes, the translator's notes are mainly limited to the extent of explaining modern toponyms in Central Asia and citation of original Classical Chinese text.

阿诃邻都思源流考

马小鹤　邵符默

引　言

　　2018年刊布的屏南文书《贞明开正文科》（简称《文科》，缩写W）有不少音译文字，其中第8页第7行至第9页第1行有"阿诃弗邻都思"。此前刊布的霞浦文书《摩尼光佛》（缩写M.）第18页第3行、第12页第1行以及《兴福祖庆诞科》（简称《庆诞科》，缩写X.）第9页第7行、第22页第2行有"阿孚林度师"。原文"阿诃弗邻都思"与"阿孚林度师"都夹在一连串不加点断的音译文字中间，我们这样作为名字点断，是否合适？是否有讹误？如果确实是两个名字，它们读音相近，是否有联系？它们是否神名？如果是神名，又是何方神圣？仅仅从汉文分析，无以破译，必须从摩尼教科普特文、中古波斯文、摩尼教与佛教汉文、回鹘文、粟特文等文书来探索其源流，方能得其正解。

　　这个名字经过校改，当做"阿诃邻都思"，其源头乃佛教梵文arhant，在汉译佛经中音译作阿罗汉、阿罗诃等。

　　在原始佛教中，阿罗汉包括了佛陀（Buddha）。悉达多太子出家后，曾与五比丘在苦行林中修苦行六年。后前往菩提伽耶，坐于菩提树下，觉悟成佛。此后，他在鹿野苑开始传道，首先为五比丘传道。巴利文《律藏》写道：

> 世尊如是说已，五比丘欢喜，信受世尊所说。又，说此教时，五比丘诸漏灭尽，心得解脱。其时世间有六阿罗汉矣。（tena kho pana samayena cha loke arahanto honti.）①

《佛本行集经》卷三四也记载：

> 尔时，世尊说是法已，时五比丘于有为中，诸漏灭尽，心得解脱。当于是时，此世间有六阿罗汉，一是世尊，五是比丘②。

　　依据巴利文佛典，第一位阿罗汉即释迦牟尼佛。阿罗汉为佛十号之一，指断尽一切

---

① *The Vinaya piṭakaṃ: one of the principle Buddhist holy scriptures in the Pâli language*, Edited by Hermann Oldenberg, London: Williams and Norgate, 1879-, v.1, p.14. *The book of the discipline (Vinaya-piṭaka)*, translated by I. B. Horner, Oxford: Pali Text Society, 1992-1997, v.4, p.21.

② 《大正藏》第3册，No.0190，0813c02。

烦恼，智德圆满，应受人天供养、尊敬者，意译"应供"③。

据《俱舍论》卷二四，阿罗汉乃声闻（śrāvaka）四果之一，为小乘之极果④。"声闻"原指佛陀的弟子，即听过佛陀说法者。后来泛指持戒修行，欲证得阿罗汉果者。

梵文Arhant传入摩尼教科普特文文献，写作aurentēs，与佛陀相联系。

一、科普特文文书

舍尔德（H. H. Schaeder）在1936年已经提出，柏林藏科普特文《道师的克弗来亚》（*Kephalaia of the Teacher*）中，与各位先知一起提及的阿伍伦特斯（Aurentes（Αυρεντης））出自佛教梵文Arhant⑤。

1940年，《道师的克弗来亚》第一部分的转写与德译出版，后来又有英译与修订。其中第一章〈关于使徒的降临〉中，讲到一系列使徒，其中包括阿伍伦特斯：

> 而且，当使徒降临之际，它将像我告诉你们的那样发生：从亚当长子塞特到以挪士以及以诺；从以诺到诺亚之子闪，……教会。此后，佛陀也被派到东方，阿伍伦特斯（Aurentēs）和其他［的教父们］也被派往东方；从佛陀和阿伍伦特斯降临，到琐罗亚斯德降临波斯，那时候他前往国王维什塔斯普处；从琐罗亚斯德降临到伟大的儿子耶稣基督降临⑥。

舍尔德勘同Aurentes与Arhant（阿罗汉）的观点，并未得到学界的普遍认同。

塔迪厄（M. Tardieu）1988年刊布了都柏林藏科普特文《我主摩尼智慧诸章》（*Chapters of the Wisdom of My Lord Mani*）第342章中的一个片断的法译，后来又有此书更多内容的英译与修订出版。这个片断也讲到诸先知，提及阿伍伦特斯：

> 琐罗亚斯德被派往波斯，到国王维什塔斯普处。他在整个波斯揭示了真理为基础的律法。另外，吉祥的佛陀，他降临印度与贵霜之地。他也向全印度与

---

③ 《佛光大辞典》，北京：书目文献出版社，1993年，第7册，6432、6497—6498页。参阅释阿难《原始佛教"阿罗汉观"》，《法音》2014年第1期，11—12页。

④ 《佛光大辞典》第4册，3692页。

⑤ H. H. Schaeder, "Der Manichäismus nach neuen Funden und Forschungen", *Orientalische Stimmen zum Erlösungsgedanken*, ed. by F. Taeschner, Leipzig 1936, p. 95, n.1.

⑥ *Kephalaia*, ed. H.-J. Polotsky and A. Böhlig, Stuttgart, W. Kohlhammer, 1940, 12, 9-20. *The Kephalaia of the teacher: the edited Coptic Manichaean texts in translation with commentary*, edited by Iain Gardner, Leiden; New York: E.J. Brill, 1995, p.18. Iain Gardner "Some Comments on Mani and Indian Religions: according to the Coptic *Kephalaia*", *Il Manicheismo: nuove prospettive della richerca: Dipartimento di Studi Asiatici, Università degli Studi di Napoli "L'Orientale": Napoli, 2-8 Settembre 2001: Atti*, Quinto Congresso Internazionale di Studi sul Manicheismo; a cura di Alois van Tongerloo; in collaborazione con Luigi Cirillo, Turnhout: Brepols, 2005, p. 128. 参阅马小鹤《摩尼教中的释迦文佛》，见作者著《霞浦文书研究》，兰州：兰州大学出版社，2014年，267页。摩尼教接受了《圣经》〈创世纪〉的神话：亚当（Adam）为人类始祖，塞特（Sethel）为亚当之子，以挪士（Enoch）为塞特之子，以诺（Enoch）为以挪士的后代，诺亚（Noah）为以诺之孙，闪（Sem）为诺亚之子，均被视为摩尼的先驱。佛教教主佛陀、拜火教教主琐罗亚斯德（Zarathustra）、基督教教主耶稣（Jesus）也均被视为摩尼之先驱。维斯塔斯普（Hystaspes）据传是第一个接受拜火教的国王。

贵霜揭示了真理为基础的律法。在他之后，阿伍伦特斯和克贝洛斯，来到东方。他们也在东方揭示了真理为基础的律法。厄勒克塞（？）来到帕提亚。他在整个帕提亚揭示了真理的律法。耶稣基督来到西方。他（也？）在整个西方揭示了真理[7]。

塔迪厄1988年的文章发表后，引起了勘同阿伍伦特斯（Aurentēs）的新讨论，将其勘同于阿罗汉（arhant）的观点得到了广泛接受[8]。加德纳（I. Gardner）指出："阿罗汉"一词在佛教中众所周知，释迦牟尼佛陀可以被认为是第一个阿罗汉。此后，这个术语用来指佛陀的弟子，在佛教文化里发展出各种传统，比如，十六罗汉或五百罗汉；更广义地说，它成为佛教僧侣热望证得的果位。对科普特文文书中的Aurentes有不同的解释：或是解释成佛陀的称号；或是解释成佛教的"圣徒"[9]。

科普特文aurentēs可以勘同于中古波斯文'hryndws和回鹘文Ạhrynṭws（见于回鹘文"贝叶书"）。

二、中古波斯文文书

1947年恒宁（W. B. Henning）释读了中古波斯文文书M 196的一部分，其中就包括'hryndws这个神名[10]。通厄洛（A. v. Tongerloo）1991年发表的文章中已经指出'hryndws出自科普特文aurentēs[11]。不过直到2004年瑞克（Christiane Reck）将中古波

---

[7] M. Tardieu, "La diffusion du bounddhisme dans l'empire Kouchan, l'Iran et la Chine, d'parès un Kephalaion manichéen inédit", *Studia Iranica* XVII/2 (1988), pp.153-182. 参阅马小鹤《霞浦文书研究》，268页。Iain Gardner "Some Comments on Mani and Indian Religions: according to the Coptic *Kephalaia*", pp. 129-130. Iain Gardner, Jason BeDuhn, and Paul Dilley, *The chapters of the wisdom of my Lord Mani*, Leiden; Boston: Brill, 2018, pp.166-167. 克贝洛斯（Kebellos）可能是指印度耆那教的完全智者（kevali）。参阅Iain Gardner "Some Comments on Mani and Indian Religions: according to the Coptic *Kephalaia*", pp.130-135. Iain Gardner, Jason BeDuhn, and Paul Dilley, *Mani at the court of the Persian kings: studies on the Chester Beatty Kephalaia codex*, Leiden; Boston: Brill, 2015, pp.93, 215. 参阅［古印度］乌玛斯伐蒂著、方广锠译注《谛义证得经》，见《藏外佛教文献》，北京：宗教文化出版社，1995年，第2册，No.0021，0421a22. http://tripitaka.cbeta.org/W02n0021_001 厄勒克塞（Elchasai）是一个基督教教派的创立者，摩尼从小在这个教派中长大。

[8] 有学者提出，梵文arhant通过巴克特里亚文*αυρεντο［ahrent］作为中介，传入科普特文而写作aurentēs。参阅 G. Gnoli, "*Aurentes*. The Buddhist *arhants* in the Coptic Kephalaia through a Bactrian transmission", *East and West* XLI/1-4 (1991), pp.359-61. Nicholas Sims-Williams, "*Aurentēs*", in *Studia Manichaica: IV. Internationaler Kongress zum Manichäismus, Berlin, 14.-18. Juli 1997*, herausgegeben von Ronald E. Emmerick, Werner Sundermann und Peter Zieme, Berlin: Akademie Verlag, 2000, pp. 560-563。

[9] 加德纳还指出，阿罗汉这个术语并非佛教所专有，耆那教的大雄（Mahavira）也有此称号。Iain Gardner "Some Comments on Mani and Indian Religions: according to the Coptic *Kephalaia*", pp.128-129.

[10] Henning, W. B., "Two Manichaean Magical Texts with an Excursus on the Parthian Ending-ēndēh", *Bulletin of the School of Oriental and African Studies*, v.12, no.1 (1947), p. 51.

[11] A. v. Tongerloo, "Light, more light…", *Manichaica selecta: studies presented to Professor Julien Ries on the occasion of his seventieth birthday*, edited by Alois van Tongerloo and Søren Giversen, Lovanii: [International Association of Manichaean Studies], 1991, p.372.

斯文文书M 196+M 299e+M 647+M 2303合校、德译，才使其上下文更为人所知[12]。我们略加修订如下：

M196+/I/r/13-15/-/v/1-14/：

[*RECTO*] [13] 'pwryh'nd ' [wd] [14] 'st'y [h'nd] [15] prys（tg）['n rwšn'n] [*VERSO*] [1] qyrdg'r（'）|n prh'n [2] whmn'n p'（s）|b'n'n [3] w'xšyg'n （'）|yg dyn [4] 'rd'yh ⊙ pd （s）|r 'w [5] y'kwb wzrg | prystg [6] 'y qyrdg（'|r）⊙ （'r）sws [7] mrsws nrsws [8] nstyqws y'kwb [9] 'wd qptynws [10] （s）'ryndws ẅ ' ẅ wsn [11] （s）yṯ [13] 'wd brsymws [12] [šw] b'n'n nyw'n ⊙ rm [13] [thm]（'）n zwrmnd'n ⊙ ⊙ [14] [rwp'yl my]（x）'yl [15] [gbr'yl sr']（y）l…

康高宝（Gábor Kósa）在未刊稿中复将其主要部分译为英文[14]。现略加增补，汉译如下（括号内加注中古波斯文）：

吾等赞愿与称叹 [光明] 使者（使者与天使）、巨大的荣耀、瓦赫曼（whmn'n），正义教会的精神保护者们[15]。首先致强大的大天使雅各（y'kwb），[然后致] 阿尔苏斯（'rsws）、马尔苏斯（mrsws）、纳尔苏斯（nrsws）、纳斯蒂库斯（nstyqws）、雅各[16]，和卡弗提奴思（qptynws）、萨伦杜斯（s'ryndws）和阿赫林杜斯（'hryndws）、塞特（（s）yṯ）和巴尔西穆斯（brsymws），大力众（=社区）的骁健守牧者们；[拉法叶尔、米] 迦勒、[加百列、沙逆夜……

莫拉诺（Enrico Morano）也在2004年释读、英译了一份相关的中古波斯文文书M13/I/[17]。汉译正面第1—9行如下：

阿赫林杜斯（'hrynd（w）[s]）、雅各（y'kwp）、卡弗提奴思（qptyn（ws））、塞特（syt）和（?）巴尔西穆斯（brsymws）奴查逸啰（nwx'yl），所有善人集会之首。

这两份文书列举了一连串神祇、天使和守护神。瓦赫曼（whmn'n），摩尼教借用琐罗亚斯德教六大辅神（阿维斯陀语Aməša Spəntas，钵罗钵语 Amešāspandān）之一善思的中古波斯文名字瓦胡曼（Wahman）来称呼惠明（Light-Nous），是第三次召唤的最

---

⑫ Christiane Reck, *Gesegnet sei dieser Tag: manichäische Festtagshymnen: Edition der mittelpersischen und parthischen Sonntags-, Montags- und Bemahymnen*, Turnhout: Brepols, 2004, p. 159. ⊙表示原件上的标点符号，类似句号。

⑬ 在西中古伊朗语文献中，此词也写作 šytyl /šētēl/，如见于M1859/A/3/者。参阅D. Durkin-Meistererernst, *Dictionary of Manichaean Middle Persian and Parthian*, Turnhout: Brepols, 2004 (Corpus Fontium Manichaeorum, Dictionary of Manichaean Texts III, 1). 2004, p. 321a.

⑭ Gábor Kósa, "Near Eastern Angels in Chinese Manichaean Texts", in: *Orientierungen*, issue 30 (2019, forthcoming) p. 8.

⑮ 指（摩尼）教会。

⑯ 第二次出现。

⑰ Enrico Morano, "Manichaean Middle Iranian Incantation Texts from Turfan." In *Turfan revisited: the first century of research into the arts and cultures of the Silk Road*, edited by Desmond Durkin-Meistererernst ... [et al.], Berlin: Reimer, 2004, p. 222.

后一位大神[18]，霞浦文书音译为"获泯"（M.240、X.47、234）或"护泯"（M.236-7）。雅各即敦煌文书《下部赞》（缩写H.）中的"头首大将耶俱孚"（H.215c），多次见于霞浦文书和屏南文书[19]。在福建明教文书中，阿尔苏斯（'rsws）音译为"遏素思"（M.399；W18106）；马尔苏斯（mrsws）音译为"昧素思"（M.400）。卡弗提奴思（qptynws）当即《下部赞》中的"劫伤怒思"（H.205a）[20]。塞特（(s)yṯ）是《圣经》中亚当与夏娃的第三个儿子，在摩尼教中常列为摩尼的先驱之一。纳尔苏斯（nrsws）、纳斯蒂库斯（nstyqws）、萨伦杜斯（s'ryndws）以及本文的主题阿赫林杜斯（'hryndws）见下文。

三、汉文文书

中古波斯文"阿赫林杜斯"（'hryndws）的汉字音译在福建明教文书中出现至少5次。《摩尼光佛》"土地赞"共有六段，其中第五段为音译真言（第18页第1至第3行）：

> 嚧缚逸啰、弥阿（诃）逸啰、业缚啰逸啰、<嘡> / 娑啰逸啰、能遏苏思、能悉哦呴<素>思、/娑邻度师、阿孚林度师。

《摩尼光佛》第11页第7行至第12页第1行与此类似，只有个别异译之字：

> 嚧缚逸啰、弥阿（诃）逸啰、业缚啰逸啰、/<嘡>娑啰逸啰、能遏苏思、能悉哦呴/思、娑邻度师、阿孚林度师[21]。

《庆诞科》第9页第5—7行的"咒语"，内容也类似：

> 嚧缚<诃>逸啰、弥诃逸啰、业缚啰逸啰、<啰嘡>娑啰/逸啰、<啰>嘡遏[押]素思、嘡悉谛呴<素>思、<波>沙（娑）邻度/师、阿孚林度师。

《庆诞科》第22页第1—2行内容类似：

> 嚧缚逸啰、弥诃逸啰、业缚啰逸啰、<嘡>娑啰逸啰、能/遏[押]素思、嘡悉谛呴思、<婆>娑邻度师、阿孚林度师[22]。

《文科》第8页第4—7行也有类似内容：

> 嚧/缚<啰>逸啰<逸啰>、弥阿（诃）[逸]啰、业[缚]啰逸啰、波（娑）<啰>啰/逸啰、能<啰>[遏苏]思、能悉[呴]俎思、波（娑）陵都

---

[18] whmn'n为复数形式，含义待考。D. Durkin-Meisterernst, *Dictionary of Manichaean Middle Persian and Parthian*, p. 341. 这里可能并非专指惠明，而是泛指"善思惟"。

[19] 马小鹤《摩尼教耶俱孚考》，作者著《霞浦文书研究》，123—144页。

[20] 《大正新修大藏经》录为"劫伤怒思"，林悟殊释读为"劫伤怒思"，笔者曾释读为"劫伤怒思"。见马小鹤《霞浦文书研究》，142页。

[21] 林悟殊《摩尼教华化补说》，兰州：兰州大学出版社，2014年，461、463页。

[22] 参阅计佳辰《霞浦摩尼教新文献〈兴福祖庆诞科〉录校研究》，西北民族大学硕士论文，2013年，9、13页。笔者根据照片略作校改。

思、阿诃/<弗>邻都思。㉓

这五段文字大同小异，都列举了八个护法。前面的四个，即四天王，又合称四梵天王，但每个天王的名字与佛教四大天王出自梵文音译的名字不同，而是从中古伊朗语名字音译而来。经过校改，比较贴近音译的写法应该是：嘘缚逸啰（rwp'yl）、弥诃逸啰（myx'yl /myh'yl）、噗缚啰逸啰（gbr'yl）、娑啰逸啰（sr'yl）；他们起源极为古老，出自死海古卷《以诺书》残卷中奉上帝之命前去镇压守望者和巨人的四大天使拉法叶尔（Raphael）、米迦勒（Michael）、加百列（Gabriel）、沙逆夜（Səra'el）；摩尼教将他们吸收为护法㉔。

后面四个护法的名字显然是上引中古波斯文文书中对应神名的音译。"嗯遏^押素思"（X.61）及其各种不同写法㉕，均音译纳尔苏斯（nrsws）；"嗯悉谛呴思"（X.149）及其各种不同写法（有时有衍字）㉖，均音译纳斯蒂库斯（nstyqws）㉗。林悟殊先生在2015年发表的论文中已经指出："娑邻度师"与s'ryndws适可对音㉘。"娑邻度师"原来可能音译成"娑陵都思"，后来受常见词"度师"或音译词"伽度师"的影响，讹为"娑邻度师"及各种不同写法（有时有讹误）㉙。

对作为本文主题的神名，稍加分析。根据《汉字字音演变大字典》（南昌：江西教育出版社，2012年）高本汉（B. Karlgren）所拟中古音，"阿诃邻都思"读若ʔa-xɑ-liĕn-tuo-si，相当精确地音译中古波斯语'hryndws［ahrendus］。《文科》的"阿诃弗邻都思"的"弗"为衍字。康高宝在未刊稿中已提出"阿诃弗邻都思"为'hryndws之音译，吉田豊先生2019年1月10日给康高宝的电子邮件中提出，"诃"应该不是与"阿"形近而成的衍字，是本来译名的一个组成部分。因此原译名当为"阿诃邻都思"，以"都思"结尾。后来受常见词"伽度师（k'dwš［kādūš］）"影响而讹为"度师"㉚。可能因为类似的原因："阿孚林（中古波斯文'fryn，'pryn［āfrīn］，祈祷、赞颂）"在福建明教文书中也常见（X.34，M.13，W02007），在其影响下，"阿诃<弗>邻"讹为"阿孚林"。"阿诃邻都思"讹为"阿孚林度师"。

唐代摩尼教徒将'hryndws音译为"阿诃邻都思"，恐怕已经不知道此词源自"阿罗汉"，只是将其视为众多护法中的一个。

㉓　王丁《摩尼教与霞浦文书、屏南文书的新发现》，《中山大学学报》2018年第5期，122页。根据张帆提供之照片校改，特此向张帆致谢。

㉔　马小鹤《摩尼教四天王考》，作者著《霞浦文书研究》，101—122页。

㉕　"能遏^押素思"（X.148-149）、"捺素思"（M.400）、"能遏苏师"（M.92）、"能遏苏思"（M.142）、"奈素思"（W18106）。

㉖　"能咭嗷呴<素>思"（M.142）、"能悉嗷呴思"（M.92-3）、"嗯悉谛呴<素>思"（X.61）、能悉［呴］但思（W08048）。

㉗　马小鹤《霞浦文书〈兴福祖庆诞科〉形成年代考》，《九州学林》总37期（2016年），143页。

㉘　林悟殊《霞浦抄本明教"四天王"考辨》，《欧亚学刊》新3辑（总第13辑，2015年），189页。

㉙　"波（娑）陵都思"（W08048）、"娑邻度师"（M. 93、143）、"<波>沙（娑）邻度师"（X.61-2）、"<婆>娑邻度师"（X.149）。参阅Gábor Kósa, "Near Eastern Angels in Chinese Manichaean Texts", p. 21, note 97.

㉚　Gábor Kósa, "Near Eastern Angels in Chinese Manichaean Texts", p. 21, note 97.

在佛教盛行的汉地，罗汉（全称阿罗汉）为民众所喜见乐闻。阿罗汉ʔɑ-lɑ-xɑn 为梵文 arhant的音译，与中古波斯文'hryndws无涉。西晋时竺法护所译的《弥勒下生经》已说，佛去世时，指派四大声闻—四大罗汉不入涅槃、护法弘法。后来住世弘法的罗汉又增加到十六人。唐代玄奘所译《大阿罗汉难提密多罗所说法住记》记载了十六罗汉的法名；而且记载十六罗汉各有眷属，从五百到一千六百不等；五百罗汉是其中最起码的一组[31]。罗汉原指小乘佛教修行者所能达到的最高果位，后来泛指和尚修得"阿罗汉果"果位者。

受佛教影响，摩尼教遂以"罗汉"来称颂其僧侣。在《下部赞》和福建明教文书中，多次出现"罗汉"，如："过去诸佛罗汉等"（H.256a）、"罗汉圣僧"（M.3、X.3）、"罗汉真人上伫"（M.441）、"三乘四果罗难（汉）僧"（W42249）。这些"罗汉"当指摩尼教高僧。

四、回鹘文文书

中古波斯文"阿赫林杜斯"（'hryndws）不仅在汉文中被音译为"阿诃邻都思"，而且在回鹘文中被音译为Ahrintws。茨默（P. Zieme）在1970年的一篇书评中，已将回鹘文Ahrintws Sit勘同于中古波斯文文书M196里的'hryndws syt[32]。

吐鲁番出土突厥文摩尼教贝叶书中，除了《摩尼大颂》外，还有其他内容。有一段可能是祝福的文字，甚为残破，卡拉克（L. Clark）在1982年发表的论文中作了释读、英译与评注[33]。其中讲到（括弧里是回鹘文转写）："我斗胆恳求……保护领土与国家……天使……阿赫林杜斯（Ahrintws）塞特（Sit）……"阿赫林杜斯（'hryndws 或 Ahrintws）为善神（beneficent supernatural beings）之一。

在佛教盛行的回鹘人中，回鹘文arhant是常见词[34]。回鹘文arhant是梵文arhant的音译，与中古波斯文'hryndws无涉。在此仅以回鹘文《玄奘传》卷三的片断为例，与汉文做一比较。回鹘文《玄奘传》约在1930年前后在南疆出土。保存在中国北京图书馆的部分于1951年在北京出版（缩写HtPek）[35]。下面将有关片断做一对照（表1）。

---

[31]　白化文《中国的罗汉》，《文史知识》1984年第4期，62—67页。

[32]　P. Zieme, Review (reviewed work: *Drevnetjurkskij slovar'* by V. M. Nadeljaev, D. M. Nasilov, È. R. Tenišev and A. M. Ščerbak), *Central Asiatic Journal*, vol. 14, no. 1/3 (1970), p. 230. 克拉克引用时，将M196误作M193。

[33]　Larry Clark, "The Manichaean Turkic Pothi-Book", *Altorientalische Forschungen* 9 (1982), p. 178, 190, 208.

[34]　*Uigurisches Wörterbuch: Sprachmaterial der vorislamischen türkischen Texte aus Zentralasien*, von Klaus Röhrborn, Stuttgart: Franz Steiner, 2010-, I, Bd.1, pp. XVIII-XXX IX; II, Bd.1, pp. 228-231. arhant为标音（德文 transkription），回鹘语可以回鹘字母（uigurischen Schrift）、粟特字母（sogdischen Schrift）、摩尼字母（manichäischen Schrift）、叙利亚字母（syrischen Schrift）、婆罗米字母（Brāhmī Schrift）等不同文字书写，其转写（transliteration）可有所不同，如摩尼字母转写为'RX'NT。

[35]　慧立、彦悰原著，胜光法师译，冯家昇整理《回鹘文菩萨大唐三藏法师传》，北京大学影印本，1951年。

表1

HtPek 34a[36]	《大慈恩寺三藏法师传》卷三[37]
629-30 阿罗汉摩诃迦叶波（m（a）hakašip arhant）与九百九十个阿罗汉（arhantla [r]）630-632举行集会，与尊者阿难一起，他[也]在这个神圣（？）的地方。633如果你问他们怎样做，[据悉]：634-36在天神佛陀涅槃之后，	……是尊者摩诃迦叶波于此与九百九十九阿罗汉如来涅槃后结集三藏处。
他们要举行一次集会，636-37[已经]解脱的阿罗汉（arhantlar）[多如]云朵集合在此。	当结集时，无量圣众云集，
638-40见此，阿罗汉摩诃迦叶波（m（a）hakašip arhant）对整个阿罗汉（arhant）群体说："这群……"	迦叶告曰：『众……』
660-62阿罗汉摩诃迦叶波（m（a）hakašip arhant）抓住阿难的手说：	迦叶执其手曰：
662 "啊，尊者阿难（anat [t-a]）！	
663-66我要你断除烦恼，证得阿罗汉果（arhant kutın），因此将你驱逐出去，……"	『我欲汝断除诸漏证圣果，故驱逐汝出，……』

　　两相对照，回鹘文除了将汉文"阿罗汉"翻译为arhantlar（复数）之外，还将"尊者"翻译成arhant、"圣众"翻译成kut bulm [ıš] arhantlar、"圣果"翻译成arhant kutın。

　　在摩尼教回鹘文文献中，借用回鹘文佛教术语arhant（阿罗汉）来称呼摩尼教僧侣。《摩尼大颂》第73颂写道：

　　　　具有清净心的有福者[们]

　　　　极快变得洞察万物

　　　　并且断尽其[烦恼]。

　　　　[他们]获得了阿罗汉果（arxant kutın）[38]。

　　摩尼教文书在此借用佛教术语"阿罗汉"，应该用以指本教已经修道成功的"选民"（即专业修道者）[39]。

　　克拉克指出，吐鲁番出土回鹘文文书U70b是一首赞美诗的一部分，与《下部赞》

㊱　arhantlar的转写为'rq'nt l'r；arhant的转写为'rq'nt。*Xuanzangs Leben und Werk*, [Huili]; herausgegeben von Alexander Leonhard Mayer und Klaus Röhrborn, Wiesbaden: In Kommission bei O. Harrassowitz, 1991-, v.7, pp.98-100.参阅Kahar Barat, "The Uighur Xuanzang biography, volume III", in *Journal of Turkish studies=Türklük bilgisi araştırmaları*, v.16 (1992), pp.36-37.

㊲　慧立、彦悰著，孙毓棠、谢方点校《大慈恩寺三藏法师传》，北京：中华书局，1983年，71页。

㊳　arxant 的摩尼字母转写为'rx'nt。Larry Clark, *Uygur Manichaean texts: texts, translations, commentary*, v. II. *Liturgical texts*, Turnhout, Belgium: Brepols Publishers, 2013, pp.146, 160, 176. 参阅Larry Clark, "The Manichaean Turkic Pothi-Book", pp. 172, 185, 201.

㊴　芮传明《摩尼教敦煌吐鲁番文书译释与研究》，兰州：兰州大学出版社，2014年，320、326—327页。

"普启赞文"的部分文句相合[40]（表2）。

表2

回鹘文书U70b, v01-08; v01-08	《下部赞》第126—133行
［　］日［神］［　］。	126 ……三丈夫……
光明的月神。	夷数
（女）神，光明童女（kanīg rōšan täŋri）	与彼电光明，
具足大力之神，光耀柱。	并及湛然大相柱。
二大力日月光明神。	127又启日月光明宫，……
七及十二舵手神。	七及十二大舡主，……
十二吉祥时。	128 复启十二微妙时，
……	……
神，［　］，五清净者（组成）	131并及五明清净众。
他们带来胜利与大奖。	132 复启特胜花冠者，
教义之荣（即瓦赫曼）	吉祥清净通传信，
和初生的众罗汉（arxantlar）。	最初生化诸佛相，及与三世慈父等。
呼唤和回应之神。	133 又启唤应、警觉声，
四个年轻的兄弟们和老的兄弟们。	并及四分明兄弟，
三轮之神：风、水、火。	三衣三轮大施主，

这首回鹘文赞美诗与汉文"普启赞文"的这部分可能有共同的中古伊朗语文献源头，唐代翻译者道明翻译成"诸佛相"的中古伊朗语词汇，在回鹘文中则翻译成"众罗汉"（arxantlar）。

在摩尼教回鹘文文献中，Aḥrinṭws与arhant并存。其翻译或撰写者恐怕已经不知道Aḥrinṭws的最后源头就是阿罗汉，只把此词作为像塞特一样的护法之名来理解。同时，摩尼教回鹘文文献的翻译或撰写者借用回鹘文佛教文献的arhant，来指称摩尼教明使或僧侣。

五、粟特文文书

在佛教盛行的粟特人当中，梵文arhant被音译成rhnd，未见出自古波斯文'hryndws的写法。宗德曼（W. Sundermann）在讨论《导师的克弗里亚》第一章〈关于使徒的降临〉时指出：科普特文"佛陀（the Buddha）与阿伍伦特斯（Aurentes）"可以参见摩

---

[40] arxantlar 的摩尼字母转写为rxnḍl'r。Larry Clark, *Uygur Manichaean texts: texts, translations, commentary*, v. II. *Liturgical texts*, pp. 239-240, 250-252, 256, 260.再次证明汉文"电光明"（或"电光佛""电光王佛"）即光明童女（kanīg rōšan täŋri）。

尼教粟特文文书TM 393 /40/的pwt'yšty ZY rx'ntty "诸佛和阿罗汉" [41]。

　　吐鲁番出土粟特文文书TM393（新编号So 18248 i）题作"给听者的布道书"，由恒宁释读与英译[42]。其第二部分列举了诸光明使以及毁谤光明使的罪人，光明使包括：人类始祖亚当（"δ'm）、婆罗门教（pr'mn'nch δynh）教主、拜火教教主琐罗亚斯德（'zr'wšcw=苏路支）、佛教教主释迦牟尼（š'kmnw pwt'y=释迦文佛）、基督教教主基督（mšyγ'（mšyx'）=末尸诃）等。然后此文书写道：

　　　　还有贪魔（"z-h）与阿里曼（'tδrmnw）用作鹰犬的其他罪人，他们诽谤诸佛（pwt'yšty）和阿罗汉（rγ'ntty（rx'ntty））、正义的（'rt'wty）电达（δynδ'rty=师僧）和敬信者。所有这些罪人都将与阿里曼一起被囚禁在永狱（"ykwncykw βntw βstyty）中，他们将…… [43]

其他摩尼教粟特文文书中所见rhnd，源自印度借词arhant（阿罗汉），可参阅相关词典[44]，在此不赘。

　　粟特文rγ'nt（rx'nt）也见于粟特文佛经[45]，这里仅以《观佛三昧海经》片断为例。

　　粟特文书Or.8212/85（原编号Chi.ci.001）是《观佛三昧海经》残片，为斯坦因在千佛洞发现并带回英国的敦煌文书之一，现藏大英图书馆[46]。与其对应的是东晋佛陀跋陀罗译《佛说观佛三昧海经》第9卷"观像品第九"[47]，有关片断对照如下（表3）。

表3

粟特文书Or.8212/85	《观佛三昧海经》
当他做了这个，他发大誓愿和希望，"我现在观想此佛。以此功德，我不愿成为人、或天、或声闻（rγ'nt（rx'nt））、或缘觉，而欲专求佛陀开悟之道。"	作是行已发大誓愿："我今观佛，以此功德不愿人、天、声闻、缘觉，正欲专求佛菩提道。"
当行者应该看到时，他应当这么想："释迦牟尼多陀阿伽度、阿罗诃（'r'γ'n（'r'x'n））、三藐三佛陀，过去世以大戒而庄严自身，因此，他现在获得戒律、禅定、智慧、解脱及其知识与见解。"	行者见已当作是念："释迦牟尼多陀阿伽度、阿罗诃、三藐三佛陀，过去世时以大戒身而自庄严，是故今日得戒、定、慧、解脱、解脱知见。"

[41] Sundermann, W., "Manichaean Traditions on the Date of the Historical Buddha", *The Dating of the historical Buddha = Die Datierung des historischen Buddha*, v.1, edited by Heinz Bechert, Göttingen: Vandenhoeck & Ruprecht, 1991, p. 430.

[42] W. B. Henning, "The murder of the Mage", *Journal of the Royal Asiatic Society of Great Britain and Ireland*, 1944, pp. 137-42.

[43] 马小鹤《霞浦文书研究》，226—227页。关于粟特文x/γ的转写，见Simms-Williams, "Remarks on the Sogdian letters γ and x (with special reference to the orthography of the Sogdian version of the Manichaean church-history)", an appendix for W. Sundermann, *Mitteliranische manichäische Texte kirchengeschichtlichen Inhalts mit einem Appendix von Nicholas Sims-Williams*, Berlin (BTT 11). pp. 194-198.

[44] N. Sims-Williams and D. Durkin-Meiseterernst, *Dictionary of Manichaean Sogdian and Bactrian*, Brepols, 2012, p. 167.

[45] B. Gharib, *Sogdian Dictionary: Sogdian-Persian-English*, Tehran: Farhangan Publications, 1995, p. 341.

[46] *The Buddhist Sogdian texts of the British Library*, edited by D.N. MacKenzie, Leiden: Diffusion E.J. Brill; Téhéran-Liège: édition Bibliothèque Pahlavi, 1976, pp. 58-59, 74-75, II Notes, Glossary, Appendices, pp. 65, 69, 193, 201.

[47] 《大正新修大藏经》第15册，No.643，690 c 6-692 c 27。

何以在粟特文佛经中，阿罗诃会有rx'nt和'r'x'n两种不同写法呢？辛威廉提出，'r'x'n并非借词，而是转写梵文ar（a）han，为梵语主格[48]。

结　　语

可以用一张简单的表格概括梵文arhant（阿罗汉）在各种文字中的演变（表4）。

表4

梵文	arhant	
	使徒名	圣僧
科普特文	Aurentēs	
中古波斯文	'hryndws〔ahrendus〕	
汉文	阿诃邻都思ʔɑ-xɑ-lịn-tuo-si	阿罗汉ʔɑ-lɑ-xɑn
回鹘文	Aḥrinṭws	Arhant
粟特文		rhnd, rx'nt, 'r'x'n

　　霞浦文书中的"阿孚林度师"与屏南文书中"阿诃弗邻都思"仅仅根据汉文，无以得其正解。根据上下文，与摩尼教中古波斯文文书对照，方可确定其为天使的名字'hryndws〔ahrendus〕之音译。"阿诃弗邻都思"之"弗"字衍，当作"阿诃邻都思ʔɑ-xɑ-lịěn-tuo-si"。受常见词"阿孚林"与"伽度师"之影响，讹为"阿孚林度师"。在敦煌文书、霞浦文书与屏南文书中都出现"罗汉"，翻译者恐怕已经不知道"阿诃邻都思"的最终源头是梵文arhant。

　　中古波斯文'hryndws出自摩尼教科普特文《克弗来亚》之aurentēs，其源头乃佛教梵文之arhant（阿罗汉）。

　　中古波斯文'hryndws不仅被音译成汉文"阿诃邻都思"，而且也在一种摩尼教文书中被音译成回鹘文Aḥrinṭws，从上下文看，也是先知或护法的名字。显然，翻译者也已经不知道Aḥrinṭws的最终源头是梵文arhant。同时，其他摩尼教回鹘文文书多处借用佛教梵文arhant，指称摩尼教僧侣。

　　摩尼教粟特文文书以rhnd音译梵文arhant，与佛教粟特文文献一致，当非出自摩尼教中古波斯文'hryndws。

　　梵文arhant在科普特文、中古波斯文、汉文、回鹘文和粟特文中的流传与变异，实可作为研究东西文化交流之一佳例。

[48]　Nicholas Sims-William, "*Aurentēs*", p. 562, note 9.

Arhant in Manichaeism

Ma Xiaohe & Mohammad Shokri-Foumeshi

Buddhist Sanskrit *arhant* spread in Manichaean texts through two ways. On the one hand, Sanskrit *arhant* became *aurentēs* in Coptic texts. *aurentēs* is found in Middle Persian *'hryndws* [ahrendus] which provided the Chinese rendering 阿诃邻都思 [ʔa-xɑ-lĭĕn-tuo-si] and Uygur rendering *Ahriṇṭws* as names of protector of doctrine or prophet. On the other hand, in the area under great Buddhist influence, Sanskrit *arhant* was transliterated as 罗汉 [lɑ-xɑn], *arhant*, or *rhnd* in Chinese, Uygur, or Sogdian Manichaean texts respectively.

《牛角山授记》译注[*]

朱丽双

前 言

《牛角山授记》（'*Phags pa ri glang ru lung bstan pa*）收于藏文大藏经《甘珠尔》（*bka' 'gyur*），讲述世尊释迦牟尼在于阗佛教圣地牛角山（Tib. Ri glang ru; Skt. Gośṛṅga）授记于阗国出现并嘱咐诸菩萨与守护神等加以护持。它著录于现存吐蕃时期的两个佛经目录，即《登噶目录》（*dKar chag ldan/lhan dkar ma*）和《旁塘目录》（*dKar chag 'phang thang ma*）[①]。由于一般认为这两个目录分别成立于812/824年和830年，故《牛角山授记》的成立年代当不晚于此。至于其成立的上限，我们或可从《牛角山授记》所述内容本身窥探蛛丝马迹。第一，《牛角山授记》以世尊之言预示于阗未来将国力衰微，需寻找汉地和吐蕃的保护，因那时"汉地和吐蕃之境三宝住世"，众生"信仰大乘而系念禅定"[②]。我们知道吐蕃信奉大乘佛法要在墀松德赞（Khri srong lde brtsan, 742—c.800）大力兴佛之后[③]，从而可见，《牛角山授记》的成文至少当在8世纪后期以后。第二，《牛角山授记》借毗沙门（Tib. rNam thos kyi bu; Skt. Vaiśravaṇa）等诸天神之口，叙述未来世汉地将"发生灾荒、疾疫且外敌入侵"，这是因为汉军侵略于阗、伤害众生的缘故；诸天神接着对吐蕃循循告诫："对吐蕃之军亦将如此，若彼等执持并守护此如法之国，我等亦将守护之，令其取胜。若彼等毁灭如来佛法，伤害此国之人，尔时，［我等］将令［其］军队出现内乱，军官亦很快败落，即使一时繁盛，亦如前者［败落］。"[④]这表明，在《牛角山授记》的成立年代，汉地正经受灾荒、疾疫和外敌入侵，而于阗时在吐蕃统治之下，故《牛角山授记》以佛经之言，苦口婆心，告诫

[*] 本文为国家社科基金重大项目"敦煌与于阗：佛教艺术与物质文化的交互影响"（项目编号13&ZD087）和国家社科基金一般项目"吐蕃统治时期的于阗研究"（项目编号18BZS123）的阶段性成果。

[①] Marcelle Lalou, "Les texts Bouddhiques au temps du roi Khri-sroṅ-lde-bcan," *Journal Asiatique*, Tome CCXLI, Fascicule nº 3, 1953, no. 281; Bod ljongs rten rdzas bshams mdzod khang ed, *dKar chag 'phang thang ma*, Pe cin: Mi rigs dpe skrun kang, 2003, p. 51.

[②] D 230a1-3.

[③] 赞普生卒年及治年据Brandon Dotson, *The Old Tibetan Annals: An Annotated Translation of Tibet's First History*, Wien: Verlag der Österreichischen Akademie der Wissenschaften, 2009, p. 143。

[④] D 228b7-229a6.

吐蕃驻军当信奉佛法，保护于阗。这种情况与8世纪末9世纪初唐朝势力退出西域、吐蕃占领于阗的情况比较吻合。第三，《牛角山授记》共有两次提及回鹘（Hor）对于阗的威胁[5]。学者的研究表明，802年疏勒受到回鹘进攻，随后受制于回鹘。与此同时，吐蕃统治下的于阗也处在回鹘攻击的威胁之下[6]。综合以上，《牛角山授记》成立于802—812/824年之间。另据13世纪的一份材料，《牛角山授记》原为于阗语，由于阗大德（Li'i mkhan po）天主光（Tib. Su ren tra ka ra pra bha; Skt. Surendrakaraprabha）等和主校译师（zhus chen gyi lo tsha ba）比丘虚空（dGe' slong nam mkha'）等译成藏语[7]。

　　一般认为牛角山即今新疆和田市西南26千米处的库玛日山（Kohmārī）[8]。正如笔者过去曾经言及，在藏文大藏经所收其他几部有关于阗的文献中，牛角山更多地称为牛头山，作Gau to shan、'Ge'u ton shan、'Gi'u te shan、Glang mgo ri、Glang mgo'i ri、Ri glang mgo等，于阗语作Gūttauṣaṇä或Gauttūṣää；梵文还原作Gośīrṣa。隋那连提耶舍（Narendrayaśas）译《日藏经》》（Sūryagarbhasūtra）或作"牛头山"、或作"牛角峰山"、或作"牛角山"[9]；玄奘《大唐西域记》作"牛角山"[10]，笔者推测很有可能，"牛角山"为其旧有之语，"牛头山"大概稍为后起，其得名或与汉人势力的影响有关，且有取代前者之势。成书于9世纪初的慧琳《一切经音义》卷一一即称："于阗，……其国界有牛头山，天神时来，栖宅此山。"[11]五代时佛国于阗的牛角山仍是中原僧人瞻礼的圣地，不过只以"牛头山"之名为人所知，如S.6551v讲述一位僧人的游方行迹时有这样的话："亲牛头山，巡于阗国。"[12]

　　《牛角山授记》目前已发现两种敦煌抄本，其中一种由笔者发现于法藏敦煌藏文文献中，为两件残片（P.t.953、P.t.961），同属一件抄本[13]；另一种最近由张延清先生发现于北京大学图书馆藏敦煌文献中（D055背），为《牛角山授记》的结尾部分[14]。敦煌洞窟中绘有大量于阗牛角山图像[15]，文献的一再发现为图像的流行提供了最好的证据，并是敦煌和于阗两地文化交流的鲜明例证。

---

⑤　D 226b4-5, 228b6.

⑥　Yutaka Yoshida, "The Karabalgasun Inscription and the Khotanese Documents," in Desmond Durkin-Meisterernst, Christiane Reck and Dieter Weber eds., *Literarische Stoffe und ihre Gestaltung in mitteliranischer Zeit: Kolloquium anlässlich des 70. Geburtstages von Werner Sundermann*, Wiesbaden: Dr. Ludwig Reichert, 2009, pp. 349-362.

⑦　Kurtis R. Schaeffer and Leonard W. J. van der Kuijp, *An Early Tibetan Survey of Buddhist Literature: The Bstan pa rgya pa rgyan gyi nyi 'od of Bcom ldan ral gri*, Cambridge: the Department of Sanskrit and Indian Studies, Harvard University, 2009, p. 161.

⑧　Aurel Stein, *Ancient Khotan*, New Delhi: Cosmo Publications, 1981, pp. 185-190; 季羡林等校注《大唐西域记校注》，北京：中华书局，2008年，1013页。

⑨　《大正藏》第13册，294b、294c、295a页。

⑩　季羡林等校注《大唐西域记校注》，1013页。

⑪　《大正藏》第54册，375c页。

⑫　荣新江《归义军史研究》，上海：上海古籍出版社，1996年，257—258页。

⑬　拙稿《敦煌藏文文书〈牛角山授记〉残片的初步研究》，朱玉麒主编《西域文史》第八辑，北京：科学出版社，2013年，23—38页。

⑭　张延清《北京大学图书馆藏敦煌藏文〈牛角山授记〉译解》，《中国藏学》2020年，待刊。

⑮　参见张小刚《敦煌所见于阗牛头山圣迹及瑞像》，《敦煌研究》2008年第4期，6—11页。

大藏经本《牛角山授记》1931年由托玛斯（F. W. Thomas）首次英译发表[16]，以后鲜有讨论。近年笔者系统整理有关西域的藏文材料，今将此经全文转写并译作汉文，以供学界进一步研究之用。转写以德格版（sDe dge）为底本[17]，同时以脚注的形式汇校以那塘版（sNar thang）[18]、拉达克窦宫写本（Stog palace manusript）[19]，以及北京民族文化宫收藏的一个抄本[20]。

总体上讲，《牛角山授记》是一部抄录得十分规范的佛经，各版本之间的差异并不显著。在主要内容方面，各版本可以说是完全相同，虽然或多或少皆存在缺字、误抄现象，其中拉达克窦宫写本更在叶414a7-b1之间缺抄一长句。此外应提及民族文化宫所藏抄本，其为梵夹装，每叶书写六行。文本最后并有"校毕"（zhus dag）字样，可见是经过校对的。迄今我们对于这个抄本所依的底本及其抄写年代一无所知。从对勘的情况来看，这个抄本与德格版不尽相同，而与那塘版及窦宫写本较为接近。虽然看起来字迹清晰优美，这个本子的失误之处却颇不少，尤其是将德格版230b2至231b1之间近两叶的内容抄写到这部佛经的最后。若无其他本子对勘，这部分内容势必扞格而无法理解。

转写与译注

(220b6) / rgyā gar skad du / ā rya[21] go shrIng ga[22] byā ka ra ṇa nā ma ma hā yā[23] na sū tra / bod skad du / 'phags pa ri glang ru[24] lung bstan pa zhes bya ba theg pa chen po'i mdo /[25]

(220b6)梵语作Ārya-gośṛṅga-vyākaraṇa-nāma-mahāyāna-sūtra；藏语作'Phags pa ri glang ru lung bstan pa zhes bya ba theg pa chen po'i mdo。

bam po gcig go / /[26]
第一卷[27]。

---

[16] F. W. Thomas, *Tibetan Literary Texts and Documents concerning Chinese Turkestan*, Parts I, London: The Royal Asiatic Society, 1935 (以下略写作*TLTD* I), pp. 1-38.

[17] *'Phags pa ri glang ru lung bstan pa*, sDe dge (以下略写作D), *bKa' 'gyur*, mdo sde, ah, vol. 76, ff. 220220b6-232a7, TBRC no. W22084.

[18] *'Phags pa ri glang ru lung bstan pa*, Nar thang (以下略写作N), *bKa' 'gyur*, mdo sde, a, vol. 76, ff. 336b6-354b4, TBRC no. W22703.

[19] *'Phags pa ri glang ru lung bstan pa*, Stog Palace manuscript, *bKa' 'gyur*, skabs gsum pa, rgyu mtshan nyid theg pa'i skor, mdo sde, na, vol. 63, ff. 413a3-429a7, TBRC no. W22083. 以下略作St。

[20] *'Phags pa glang ru lung bstan*, ff. 1a-21b, TBRC no. W1CZ1115. 以下略写作M。

[21] ā rya：M 1b1作ārya。

[22] shrIng ga：M 1b1作shringga；N 336b6、St 413a3作shrag。

[23] yā：M 1b1作ya。

[24] ri glang ru：此据N 336b7、St 413a3。D 220b6、M 1b1-2作glang ru。

[25] /：N 336b7、St 413a4作//。

[26] / /：N 336b7、St 413a4作/。

[27] 这部佛经实际留存下来的仅有此卷。

bcom ldan 'das 'jam dpal gzhon nur gyur pa la phyag 'tshal (220b7) lo /[28]

顶礼尊胜文殊童子（220b7）！

'di skad bdag gis thos pa[29] dus gcig na / lha'i yang lha sangs rgyas shākya thub pa[30] bskal pa grangs med pa gsum nas[31] bsod nams[32] kyi tshogs kyi[33] rnam par smin pas[34] yang dag par rdzogs pa'i sangs rgyas brnyes te / 'dzam bu'i gling gi ljongs kyi yul gzhan (221a1) du 'dul ba'i sems can yongs su smin par mdzad nas[35] yul yangs pa can gyi[36] phyogs thub pa drang srong chen po'i gnas rgyal po'i khab na / byang chub sems dpa' sems dpa' chen po[37] 'phags pa byam pa la sogs pa[38] byang chub sems dpa' du ma dang / gnas brtan (221a2) shā ri'i bu[39] dang / maud gal gyi bu[40] la sogs pa[41] nyan thos chen po stong nyis brgya lnga bcu dang / tshangs pa dang / brgya byin la sogs pa[42] lha du ma dang / lha'i rgya po rnam thos kyi bu la sogs pa[43] 'jig rten skyong ba du ma dang / klu'i[44] rgyal po du ma dang / gnod sbyin mthu (221a3) chen po mang po dang / dri za'i rgyal po gtsug phud lnga pa la sogs pa[45] dri za mang mo dang / mi 'am ci'i rgyal po yid 'ong[46] la sogs pa mi 'am ci du ma dang / rgyal po gzugs can snying po la sogs pa[47] 'dzam bu'i gling gi mi'i rgyal po mang po'i 'khor du ma dang thabs cig tu bzhugs (221a4) so[48] //

　　如是我闻。一时，天之天（lha'i yang lha）世尊释迦牟尼既于三阿僧企耶劫（bskal pa grangs med pa gsum）圆满成熟福德资粮（bsod nams kyi tshogs），证正等觉，于赡部洲他方余处（221a1）调伏众生圆满成熟，于毗舍离（Yangs pa can）牟尼大仙住所王舍城（rGyal po'i khab）与众多眷属俱住：圣弥勒大菩萨等众多菩萨、尊者（221a2）舍利弗（Shā ri'i

---

㉘　'tshal lo /：M 1b3作'tshalo /；N 337a1作'tshal lo //、St 413a4作'tshal lo //。

㉙　thos pa：N 337a1作thos pa'i。

㉚　M 1b3、N 337a1其后多/。

㉛　N 337a1其后多/。

㉜　nams：M 2a1作nam。

㉝　kyi：St 413a5作kyis。

㉞　M 2a1其后多/。

㉟　M 2a2、N 337a2、St 413a6其后多/。

㊱　yangs pa can gyi：M 2a2作yul yangs pa chen po'i。

㊲　N 337a3其后多/。

㊳　la sogs pa：M 2a3作las sogs pa；N 337a3其后多/。

㊴　shā ri'i bu：N 337a4作sha ri'i bu。

㊵　maud gal gyi bu：N 337a4作mo'u dgal gyi bu；St 413a7作mo'u 'gal gyi bu。

㊶　N 337a4其后多/。

㊷　la sogs pa：M 2a3作las sogs pa。

㊸　la sogs pa：M 2a4作las sogs pa。

㊹　klu'i：N 337a5作klu yi。

㊺　la sogs pa：M 2a5作las sogs pa。

㊻　yid 'ong：M 2a5作yi 'ong。

㊼　la sogs pa：M 2a5作las sogs pa。

㊽　bzhugs so：N 337a7作bzhugso。

bu）目犍连（Maud gal gyi bu）[49]等大弟子千二百五十、梵天帝释天等诸天、毗沙门天王等众多世间护法（'jig rtan skyong ba）、众多大龙王、众多（221a3）大力夜叉（gnod sbyin）、五髻（gTsug phud lnga pa）乾达婆王等众多乾达婆、悦意（Yid 'ong）紧那罗王等众多紧那罗、频婆娑罗王（rgyal po gZugs can snying po）等赡部洲之众多人王等（221a4）。

de nas de'i tshe lha'i yang lha sangs rgyas shākya thub pas[50] phyi ma'i dus kyi yul dge ba la rjes su[51] dgongs shing mngon sum du mdzad nas[52] 'khor mang po la bka' stsal pa / rigs kyi bu byang phyogs logs na / ri glang ru dang nye ba[53] chu bo go ma'i 'gram na[54] thub pa drang srong chen po'i (221a5) pho brang mchod rten go ma sa la gan da[55] zhes bya ba zhig yod de /[56] der gdon mi za bar bya dgos pa'i phrin las[57] shig yod pas[58] da gshegs pa'i dus la bab bo / /

尔时，天之天世尊释迦牟尼随念未来世［将现］之净善国（yul dGe pa），告诸眷属言："善男子，北方牛角山近处瞿摩（Go mo）河[59]畔，有一牟尼大仙住所，（221a5）名瞿摩娑罗乾陀（Go ma sa la gan da）窣堵波[60]。彼处有一必然需作之事，今前去之时已至。"

de nas de'i tshe lha'i yang lha sangs rgyas bcom ldan 'das 'khor phal mo che dang[61] nam mkha' la 'phags te / dri za'i (221a6) rgyal po gtsug phud lnga pa la sogs pa dri za grangs med pa ni[62] mdun na lha'i rol mo sna tshogs byed / mi'am ci'i rgyal po yid 'ong la sogs pa mi'am ci du ma ni steng nas mchod pa'i las byed cing / sangs rgyas bcom ldan 'das la dbyangs dang[63] lha'i skad yid du 'ong bas bstod (221a7) bzhin du[64] 'khor de dag dang /[65] mchod pa de dag dang bcas te / ri glang ru ga la ba der gshegs so[66] / /

---

(49) 目犍连（Maud gal gyi bu）：梵文作Maudgalyāna。

(50) M 2a6、N 337a7、St 413b3其后多/。

(51) rjes su：N 337a7作rjesu。

(52) M 2b1、N 337b1、St 413b4其后多/。

(53) nye ba：M 2b1作nye ba'i。

(54) M 2b1、St 413b4其后多/。

(55) go ma sa la gan da：M 2b2、St 413b5作go ma sā la gan dha。

(56) yod de /：N 337b2作yode。

(57) phrin las：M 2b2、N 337b2、St 413b5作'phrin las。

(58) M 2b2其后多/。

(59) 瞿摩河（chu bo Go ma）：或为瞿摩帝河（chu bo Go ma ti）之误。于阗语作Gūmattīrä；藏语也音写于阗语作'Gum tir；梵文为Gomatī。参见拙稿《〈于阗国授记〉译注（上）》（以下简称朱丽双2012），《中国藏学》2012年S1期文献、档案增刊，229页，注2。

(60) 瞿摩娑罗乾陀（Go ma sa la gan da）窣堵波：参见朱丽双2012，229页，注2。

(61) phal mo che dang：M 2b3作phal po che dang /；N 337b3、St 413b6作phal po che dang。

(62) N 337b3、St 413b6其后多/。

(63) N 337b4、St 413b7其后多/。

(64) M 2b5、N 337b5、St 414a1其后多/。

(65) M 2b5无/。

(66) N 337b5作gshegso。

　　尔时，天之天世尊偕同众多眷属腾空而起，（221a6）五髻乾达婆王等无数乾达婆于前方凑起种种天乐，悦意紧那罗王等众多紧那罗于上方作供养，以悦意之妙音与天声赞颂世尊。（221a7）如是，偕同彼等眷属与彼等供养者，［世尊］来至牛角山处。

gshegs nas lha'i yang lha[67] sangs rgyas bcom ldan 'das bzhengs bzhin du[68] zhal byang phyogs su[69] mtsho chen po yun ring po nas[70] rgya mtsho ltar 'dug pa la gzigs te / (221b1) sku drang por bsrangs nas[71] de bzhin gshegs pa'i ting nge 'dzin[72] bye ba phrag[73] brgya stong du ma la snyoms par zhugs te / bskal pa grangs med pa gsum nas[74] bdag nyid kyi sangs rgyas kyi spyod pa smon lam dang[75] bsod nams mngon sum[76] du mdzad do / /

　　即至，天之天世尊立起[77]，面向北方，凝视久远以来即如大海（rgya mtsho）存在之大海子（mtsho chen po）[78]，（221b1）复挺直尊体，数千亿次进入如来禅定，于三阿僧企耶劫现识自性佛陀之愿行与福德[79]。

de nas de'i tshe lha'i yang lha[80] sangs rgyas bcom (221b2) ldan 'das kyis[81] ri glang ru dang /[82] yul dge ba dang /[83] gser gyi dkyil 'khor nas[84] srid pa'i rtse mo'i bar du byin gyis brlabs te / bsrung ba dang / gtsang[85] ba dang / bkra shis pa[86] dang / mtshams bcad pa[87] dang / bzlas brjod dang /[88] dge bar[89] mdzod do / /

---

⑥⑦　St 414a1其后多/。

⑥⑧　N 337b6、St 414a2其后多/。

⑥⑨　phyogs su：N 337b6作phyogsu。

⑦⓪　N 337b6、St 414a2其后多/。

⑦①　N 337b6、St 414a2其后多/。

⑦②　ting nge 'dzin：N 337b6-7作tinge 'dzin。

⑦③　phrag：N 337b7、St 414a3作brgya phrag。

⑦④　M 3a1、N 337b7、St 414a3后多/。

⑦⑤　N 337b7、St 414a3后多/。

⑦⑥　mngon sum：N 337b7作mngon。

⑦⑦　bzheng bzhin du: TLTD I作on high，在空中（p. 12）。

⑦⑧　海子（mtsho）：即"湖"，藏族高原地区的湖泊，汉语俗称"海子"，今从之。参见朱丽双2012，230页，注1。

⑦⑨　spyod pa smon lam dang bsod nams：TLTD I, p. 13作acts, vows, and merits，行、愿与福德。

⑧⓪　M 3a2其后多/。

⑧①　N 338a1、St 414a4其后多/。

⑧②　N 338a1无/。

⑧③　M 3a2无/。

⑧④　M 3a2、N 338a1、St 414a4其后多/。

⑧⑤　gtsang ba：M 3a3作bcad ba。

⑧⑥　bkra shis pa：M 3a3、N 338a2、St 414a5作bkra shis。

⑧⑦　mtshams bcad pa：St 414a5作mtshams pa。

⑧⑧　M 3a3无/。

⑧⑨　dge bar：N 338a2、St 414a5作yul dge bar。

尔时，天之天世尊（221b2）自金轮（gser gyi dkyil 'khor）[90]至有顶（srid pa'i rtse mo）[91][对]牛角山与净善国施行加持，护持之，洁净之，吉祥之，定界之，念诵之，使之净善。

de nas de'i tshe lha'i (221b3) yang lha[92] sangs rgyas bcom ldan 'das kyis 'khor de dag thams cad la bka' stsal pa / ri glang ru bcom ldan 'das kyi pho brang[93] mchod ten go ma sa la gan da[94] dang bcas / yul dge ba[95] dang bcas pa 'di ni[96] bskal ba bzang po'i sangs rgyas bcom ldan 'das thams cad kyi (221b4) phyag mtshan[97] dang / ma 'dres pa dang / thun mong ma yin pa dang[98] dben pa yin te / rgyu des na yul 'di ni[99] dge ba zhes bya'o //

尔时，天之（221b3）天世尊告彼等诸眷属言："牛角山与世尊住所瞿摩娑罗乾陀窣堵波及净善国，乃贤劫诸佛之（221b4）标帜（phyag mtshan），无染、不共、寂静（dben pa），以此因缘，此国名为'净善'"。

de nas de'i tshe lha'i yang lha[100] sangs rgyas bcom ldan 'das kyis yul dge ba dang / mkhar dge ba can dang / dge 'dun so so'i kun dga'[101] (221b5) ra ba dang / gtsug lag khang dang / dgon pa'i gnas dang /[102] yul der so so nas bsod nams bya ba'i dngos po dge ba byed par 'gyur ba'i rgyal po dang / chos dang ldan pa'i dad pa can dang / sbyin bdag dang / li[103] thams cad 'byung bar[104] lung bstan to //

尔时，天之天世尊授记将现净善国、具善城（mkhar dGe ba can）[105]、各部僧伽之经（221b5）堂（kun dga' ra ba）、伽蓝（gtsug lag khang）、阿兰若（dgon pa'i gnas）、于彼国积福行善之国王、如法信众、施主及于阗人众。

---

[90] 金轮：梵文作 Kāñcana-maṇḍla。为构成器世界的风、水、金等三轮之一；或空、风、水、金等四轮之一。古代印度的宇宙论认为，世界的最下是虚空，虚空之上有风轮，风轮之上有水轮，水轮之上为金轮。现实世界则存在于金轮之上。见慈怡主编《佛光大辞典》第4册，北京：北京图书馆出版社，2004年，3588页。

[91] 有顶：梵文作 Akaniṣṭha。又称有顶天、色究竟天，为有形世界的最顶峰。见慈怡主编《佛光大辞典》第3册，2443页。

[92] M 3a3其后多 /。

[93] M 3a4其后多 /。

[94] go ma sa la gan da：M 3a4、St 414a6作go ma sā la gan dha。

[95] dang bcas / yul dge ba：M 3a4无。

[96] N 338a4、St 414a6其后多 /。

[97] phyag mtshan：N 338a4作phyag tsan。

[98] N 338a4、St 414a7其后多 /。

[99] ni：M 3a5无。

[100] M 3a6其后多 /。

[101] kun dga'：M 3a6作dko'。

[102] de nas de'i tshe lha'i yang lha sangs rgyas bcom ldan 'das kyis yul dge ba dang / mkhar dge ba can dang / dge 'dun so so'i kun dga' ra ba dang / gtsug lag khang dang / dgon pa'i gnas dang /：St 414b1缺。

[103] dang / li：M 3b1作li yul。

[104] 'byung bar：M 3b1无。

[105] 具善城（mkhar dGe ba can）：据《于阗国授记》（D 172a7），此城堡位于于阗都城苏蜜城（dNgar ldan gyi grong khyer）中。见朱丽双2012，232页。

de nas bcom (221b6) ldan 'das kyis[106] byang chub sems dpa' rnams la bka' stsal pa / rigs kyi bu khyed rnams kyis kyang ma 'ongs pa'i dus na 'byung ba'i yul 'dir[107] ci nas kyang[108] sems can rnams dam pa chen po myur du thob par 'gyur ba dang / ting nge 'dzin[109] 'grub par 'gyur bar byin gyis rlobs (221b7) shig[110]

复次，世（221b6）尊告诸菩萨言："善男子，汝等亦为未来世所现之此国众生速证大圣（dam pa chen po）与成就禅定而行加持（221b7）。"

de nas de'i tshe bcom ldan 'das[111] mtsho rol nas cung zad cig slar bkyed de[112] / de'i mod la ri glang ru'i steng na[113] gdan khri bshams pa la[114] skyil mo krung bcas te bzhugs nas[115] zhal nub phyogs su[116] bcom ldan 'das kyi pho brang mchod rten go ma sa la gan da[117] gang na ba[118] de logs su (222a1) gzigs so[119] / /

尔时，世尊自海子旁向后稍退，即于牛角山上安置宝座，结跏趺坐，面向西方，凝视世尊住所瞿摩娑罗乾陀窣堵波（222a1）处。

de nas de'i tshe 'jig rten gyi khams gzhan dang gzhan nas[120] byang chub sems dpa' nyi khri mngon par shes pa lnga dang ldan pa'i drang srong mang po dang thabs cig tu bcom ldan 'das gang na ba de logs su[121] lhags so[122] / / lhags nas[123] bcom (222a2) ldan 'das kyi pho brang mchod rten go ma sa la gan da[124] la yang phyag 'tshal[125] skyabs su[126] song / sangs rgyas bcom

---

(106) St 414b2其后多/。

(107) M 3b2其后多/。

(108) N 338b1、St414b3其后多/。

(109) ting nge'dzin：N 338b1作tinge 'dzin。

(110) M 3b3、N 338b2、St 414b3其后多/。

(111) N 338b2、St 414b3其后多/。

(112) de：M 3b3作ste。

(113) na：N 338b2、St 414b4作du。

(114) N 338b3其后多/。

(115) M 3b4、N 338b3、St 414b4其后多/。

(116) su：N 338b3无。

(117) go ma sa la gan da：M 3b4、St 414b4-5作go ma sā la gan dha。

(118) gang na ba：M 3b4作ga la ba。

(119) logs su gzigs so：N 338b3作logsu gzigso。

(120) M 3b5、N 338b4、St 414b5其后多/。

(121) gang na ba de logs su：M 3b6作ga na ba de；N 338b4作gang na ba de；St 414b6作ga la ba der。

(122) lhags so / /：N 338b4作lhags。

(123) N 338b4、St 414b6：其后多/。

(124) go ma sa la gan da：M 3b6、St 414b6作go ma sā la gan dha。

(125) M 3b6其后多/。

(126) skyabs su：N 338b5作skyabsu。

ldan 'das 'khor dang bcas pa la yang⑫⑦ phyag 'tshal /⑫⑧ skyabs su⑫⑨ song nas⑬⑩ phyogs gcig tu 'khod do //

尔时，自他方娑婆世界，二万菩萨与众多五通仙人（mngon bar shes pa lnga dang ldan pa'i drang srong）俱，偕诣世尊所在。即至，（222a2）顶礼皈依世尊住所瞿摩娑罗乾陀窣堵波，复顶礼皈依世尊及其眷属，尔后退坐一面。

dc nas de'i tshe na⑬① sangs rgyas bcom ldan 'das kyis (222a3) 'khor phal mo che⑬② 'dus par mkhyen nas⑬③ 'khor de dag la 'di skad ces bka' stsal to // bskal ba bzang po 'di la sngon sangs rgyas bcom ldan 'das bzhi byung ste / de dag gis kyang mchod rten go ma sa la gan da⑬④ yul dang bcas pa byin gyis brlabs so⑬⑤ // bskal ba (222a4) bzang po 'di nyid⑬⑥ la /⑬⑦ ma 'ongs pa'i dus na'ang⑬⑧ sangs rgyas stong rtsa gcig 'byung bar 'gyur te / de dag thams cad kyang 'khor dang bcas te 'dir gshegs nas⑬⑨ mchod rten go ma sa la gan da⑭⑩ yul dang bcas pa⑭① byin gyis rlob cing⑭② mtshams gcad pa⑭③ dang / bkra shis (222a5) pa dang /⑭④ dge bar mdzad par 'gyur ro // nga yang da ltar byin gyis rlob ba'i dus la bab pas byin gyis rlob par mdzad do //

尔时，世尊（222a3）知大部眷属已集，告诸眷属言："此贤劫中，昔四佛现，俱为瞿摩娑罗乾陀窣堵波及其国土加持。即此贤（222a4）劫，于未来世，将有一千又一佛现，彼等亦皆将偕其眷属至此，对瞿摩娑罗乾陀窣堵波及其国土加持之，定界之，祈福之（222a5），使之净善。今我加持之时刻亦至，我将行加持。"

de nas de'i tshe lha'i yang lha⑭⑤ sangs rgyas bcom ldan 'das ding nge 'dzin⑭⑥ da ltar gyi sangs

---

⑫⑦ la yang：M 4a1作la'ang。

⑫⑧ M 4a1、N 338b5无/。

⑫⑨ skyabs su：N 338b5作skyabsu。

⑬⑩ St 414b7其后多/。

⑬① na：M 4a1、N 338b6、St 414b7无。

⑬② phal mo che：M 4a1、St 415a1作phal po che。

⑬③ N 338b6、St 415a1其后多/。

⑬④ go ma sa la gan da：M 4a2、St 415a2作go ma sā la gan dha。

⑬⑤ brlabs so：N 338b6作brlabso。

⑬⑥ 'di nyid：M 4a3作'di。

⑬⑦ M 4a3、N 339a1、St 415a2无。

⑬⑧ na'ang：M 4a3其后多/；N 339a1作na yang；St 415a2作na。

⑬⑨ M 4a4、N 339a1、St 415a3其后多/。

⑭⑩ go ma sa la gan da：M 4a4、St 415a3作go ma sā la gan dha。

⑭① bcas pa：N 339a2、St 415a3作bcas par。

⑭② M 4a4、N 339a2、St 415a3其后多/。

⑭③ gcad pa：M 4a4作bcad pa。

⑭④ bkra shis pa dang /：M 4a4作bkra shis dang /；N 339a2、St 415a4作bkra shis pa。

⑭⑤ M 4a5、N 339a3其后多/。

⑭⑥ ting nge 'dzin：N 339a3作tinge 'dzin。

rgyas mngon sum du bzhugs pa bzhes bya ba dang[147] gzhan (222a6) yang de bzhin gshegs pa'i ting nge 'dzin[148] grangs med pa la snyoms par zhugs so[149] // de'i tshe ting nge 'dzin[150] la snyoms par 'jug pa rnams dang / bsam gtan pa rnams yongs su skyong bar byed pa[151] byang chub sems dpa' mthu chen thob[152] kyis kyang[153] sangs rgyas 'od srung gi[154] (222a7) mchod rten gyi drung du bzhugs te / yul de[155] byung bar gyur ba'i tshe bdag gi gzugs brnyan byed par 'gyur bar sa gzhi de byin gyis brlabs so[156] // de bzhin du smon lam chen pos gnas pa[157] byang chub sems dpa' 'jam dpal gzhon nur gyur bas kyang[158] ri glang ru la gtsug (222b1) lag khang spong byed[159] ces bya ba 'byung bar 'gyur ba'i sa gzhi der[160] bsnyen pa byed pa rnams 'grub par 'gyur bar byin gyis brlabs so[161] // de bzhin du nam mkha' ltar stobs dpag tu med pa[162] byang chub sems dpa' nam mkha'i snying pos kyang[163] gtsug lag khang 'jig tshogs spong (222b2) byed[164] ces bya ba 'byung bar 'gyur ba'i sa gzhi de mchod gnas su 'gyur bar byin gyis brlabs so[165] // de bzhin du thugs rje chen po dang ldan pa[166] byang chub sems dpa' 'phags pa spyan ras gzigs kyi[167] dbang phyug gis kyang[168] gtsug lag khang 'od can zhes bya ba 'byung bar 'gyur ba'i (222b3) sa gzhi der[169] dngos grub 'grub par byin gyis brlabs so[170] // de bzhin du rtag tu[171] byams pa dang ldan pa byang chub sems dpa' byams pas kyang[172] gtsug lag khang bi si mo nya[173] zhes bya ba 'byung bar 'gyur ba'i sa gzhi der[174] bdag nyid bzhugs par byin gyis brlabs

---

[147] M 4a6、N 339a3、St 415a5其后多/。

[148] ting nge 'dzin：N 339a4作tinge 'dzin。

[149] zhugs so：N 339a4作zhugso。

[150] ting nge 'dzin：N 339a4作tinge 'dzin。

[151] byed pa：M 4b1作byed la /；N 339a4、St 415a6其后多/。

[152] mthu chen thob：M 4b1、N 339a5、St 415a6作mthu chen。

[153] N 339a5、St 415a6其后多/。

[154] 'od srung gi：St 415a7作'od srungs gyi。

[155] yul de：N 339a5、St 415a7作yul。

[156] brlabs so：N 339a6、St 415a7作brlabso。

[157] N 339a6、St 415b1其后多/。

[158] M 4b3、N 339a6、St 415b1其后多/。

[159] spong byed：St 415b1同；N 339a6作par spong byed。

[160] N 339a7、St 415b1其后多/。

[161] brlabs so：N 339a7作brlabso。

[162] N 339a7、St 415b2其后多/。

[163] N 339b1、St 415b2其后多/。

[164] 'jig tshogs spong byed：St 415b2-3同；M 4b4-5、N 339b1作'jigs tshogs spong byed。

[165] brlabs so：N 339b1作brlabso。

[166] N 339b2、St 415b3其后多/。

[167] kyi：M 4b6、N 339b2、St 415b4无。

[168] M 4b6、N 339b3、St 415b4其后多/。

[169] N 339b3其后多/。

[170] brlabs so：N 339b3作brlabso。

[171] rtag tu：M 4b6无。

[172] N 339b3、St 415b5其后多/。

[173] bi si mo nya：M 5a1作bi so lo nya。

[174] N 339b4其后多/。

so[175] / / (222b4) de bzhin du spyod pa shin du rnam par dag pa[176] byang chub sems dpa' sa'i snying pos kyang[177] gtsug lag khang ye shes ri zhes bya ba 'byung bar 'gyur ba'i sa gzhi de[178] phyag bya bar 'os par 'gyur bar[179] byin gyis brlabs so[180] / / de bzhin du 'dul ba'i skye bo rnams grol bar[181] mdzad (222b5) pa la thags thogs[182] mi mnga' ba[183] byang chub sems dpa' sman gyi rgyal pos kyang[184] gtsug lag khang ba no co zhes bya ba 'byung bar 'gyur ba'i sa gzhi der dngos grub 'grub par 'gyur bar[185] byin gyis brlabs so[186] / / de bzhin du rdzu 'phrul chen po dang ldan pa[187] byang chub sems dpa' (222b6) kun du bzang pos kyang[188] gtsug lag khang dge 'dun skyong zhes bya ba 'byung bar 'gyur ba'i sa gzhi der dngos grub 'grub par 'gyur bar byin gyis brlabs so[189] / / de bzhin du sangs rgyas bcom ldan 'das la sogs pa[190] byang chub sems dpa' gzhan dag dang /[191] dgra (222b7) bcom pa chen po rnams kyis kyang[192] li yul gang dang gang du gtsug lag khang dang / skyed mos tshal dang / dgon pa'i gnas 'byung bar 'gyur ba'i sa gzhi[193] thams cad[194] dper na zla ba nya ba[195] la skar ma'i tshogs rnams kyis yongs su bskor nas[196] steng gi bar snang dag pa[197] la rgyu (223a1) ba bzhin du mdzes pa dang / yid du 'ong ba dang / rgyas pa dang / dga' dga'[198] ltar 'dug par byin gyis brlabs so[199] / /

　　尔时，天之天世尊入"现在佛真实安住"（da ltar gyi sangs rgyas mngon sum du bzhugs pa）禅定与（222a6）无数其他如来禅定。尔时，对诸入定者（ting nge 'dzin la snyoms par 'jug pa rnams）与修静虑者（bsam gtan pa rnams）行护持之大势至（mThu

---

[175] brlabs so：N 339b4作brlabso。

[176] N 339b4、St 415b6其后多 / 。

[177] N 339b4、St 415b6其后多 / 。

[178] de：M 5a2其后多la；N 339b5作der。

[179] 'gyur bar：St 415b7作'byung bar 'gyur bar。

[180] brlabs so：N 339b5作brlabso。

[181] grol bar：M 5a3作sgrol bar。

[182] thags thogs：M 5a3作thogs brdugs。

[183] M 5a3其后多'byung ba'i；N 339b6、St 415b7其后多 / 。

[184] N 339b6、St 415b7其后多 / 。

[185] 'gyur bar：M 5a4、N 339b6无。

[186] brlabs so：N 339b7作brlabso。

[187] N 339b7、St 416a1其后多 / 。

[188] N 339b7、St 416a2其后多 / 。

[189] brlabs so：N 340a1作brlabso。

[190] N 340a1其后多 / 。

[191] M 5a6其后多dgra bcom pa rnams kyis kyang li yul gang dang dang du gtsug lag khang dang / 。

[192] N 340a2、St 416a3其后多 / 。

[193] sa gzhi：M 5b1作sa phyogs；N 340a2作sa。

[194] N 340a2、St 416a4其后多 / 。

[195] nya ba：M 5b2作nya gang ba。

[196] N 340a3、St 416a4其后多 / 。

[197] dag pa：M 5b2无。

[198] dga' dga'：M 5b2作dga' ba。

[199] brlabs so：N 340a4作brlabso。

chen thob）菩萨于迦叶佛（sangs rgyas 'od srung）（222a7）窣堵波^⑳前住，加持彼地，当彼国现，将有其影像。如是，以大誓愿安住之文殊童子菩萨亦加持牛角山（222b1）未来将现能断（sPong byed）伽蓝^⑳之地，使于彼修持者皆得成就。如是，如虚空般力大无穷之虚空藏（Nam mkha' snying po）菩萨亦加持未来将现萨迦耶仙（'Jig tshogs spong byed）伽蓝^⑳（222b2）之地，使之将成应供福田（mchod gnas）。如是，大悲圣观自在（sPyan ras gzigs kyi dbang phyug）菩萨亦加持未来将现具光（'Od can）伽蓝^⑳（222b3）之地，以促其成就。如是，恒常仁慈之弥勒菩萨亦加持未来将现马斯囊野（Bi si mo nya）伽蓝^⑳之地，他将于彼安住。（222b4）如是，行止清净之地藏菩萨亦加持未来将现智山（Ye shes ri）伽蓝^⑳之地，使其适宜顶礼。如是，解脱调伏众生（222b5）无碍之药王菩萨亦加持未来将现马囊将（Ba no co）伽蓝^⑳之地，以促其成就。如是，具大神变之（222b6）普贤菩萨亦加持未来将现僧护（dGe 'dun skyong）伽蓝^⑳之地，以促其成就。如是，世尊等、其他菩萨^⑳、众大（222b7）阿罗汉亦加持于阗，以使此地是处皆现伽蓝、林苑与阿兰若，一切宛若众星簇拥满月于苍穹游走（223a1），美丽悦意，繁荣炽盛，安隐快乐。

　　yang de'i tshe ri glang ru la sangs rgyas bcom ldan 'das bzhugs pa dang / byang chub sems dpa' sems dpa' chen po rnams (223a2) dang / dgra bcom pa chen po rnams kyis 'od zer

---

⑳　据《于阗国授记》（D 178a4），迦叶佛窣堵波位于牛头山一小山谷中。见朱丽双2012，249—250页。

⑳　据《于阗教法史》，文殊菩萨和摩尼跋陀罗（Ma ni bha ba）一起住于牛头山，但未标具体住处。又据于阗语文书P.2893，文殊菩萨住于迦叶佛舍利堂（H. W. Bailey, "Hvatanica IV," *Bulletin of the School of Oriental and African Studies*, 10.4, 1942, pp. 893, 911）。《于阗国授记》则称牛头山的一个小山谷中有奉安迦叶佛佛骨的窣堵波，那么，P. 2893所谓的迦叶佛舍利堂自当位于此窣堵波处。从《于阗国授记》可知，牛头山有著名的牛头山伽蓝，还有牛头山宫殿。不知这个能断（Tib. sPong byed; Skt. Prahāṇa）伽蓝和它们有何种关连？参见朱丽双2012，249—251页；拙稿《〈于阗教法史〉译注》（以下简称朱丽双2013），荣新江、朱丽双《于阗与敦煌》附录二，兰州：甘肃教育出版社，2013年，426—427页。

⑳　关于迦伽耶仙（'Jig tshogs spong byed）伽蓝，参见朱丽双2013，439页，注2。

⑳　据《于阗教法史》，观音菩萨住于'Ju snya；据于阗语文书P.2893，观音菩萨住于jūsña，此词梵文作Jyotsnā，意为光明。参见朱丽双2013，439页，注4。

⑳　于阗语文书P.2893述八大菩萨护持于阗，其中一位失名，住于Bisañña/Bisināña（H. W. Bailey, "Hvatanica IV," pp. 892, 893, 911），与此处的Bi si mo nya正可堪同。《于阗教法史》言弥勒菩萨于'Bas no nya住，自然也是同一个地方，只是其音写似不如《牛角山授记》确切。参见朱丽双2013，440页。

⑳　《阿罗汉僧伽伐弹那授记》也言地藏菩萨住于智山（D 136b3）；于阗语文书P.2893则称地藏菩萨住于Ñānagīrai，《于阗教法史》仅称地藏于陀驴帝（'Dro tir）住，看来，智山或Ñānagīrai位于王城东边的陀驴帝。托玛斯和贝利并认为智山/Ñānagīrai即《于阗国授记》的Nyon bgyir山（*TLTD* I, pp. 15, 112; H. W. Bailey, "Hvatanica IV," p. 911）。参见朱丽双2012，253页；朱丽双2013，440页；朱丽双《〈阿罗汉僧伽伐弹那授记〉译注》，《敦煌吐鲁番研究》第18卷，上海：上海古籍出版社，2019年，462页。

⑳　马囊将（Ba no co）伽蓝：《牛角山授记》作'Ba no co，于阗语文书P.2893作Banācvā。参见朱丽双2013，440页。

⑳　僧护（dGe 'dun skyong）伽蓝：位于奴卢川，《于阗教法史》作Sang ga po long，于阗语文书P.2893作Sagapālṃ。参见朱丽双2013，440页。

⑳　世尊等、其他菩萨：原文作sangs rgyas bcom ldan 'das la sogs pa byang chub sems dpa' gzhan dag，似有误。

rnam pa sna tshogs du ma bkye bas[209] li yul thams cad snang ba chen pos khyab par byas so[210] / /
de nas skad cig de nyid la mtsho chen po de'i nang na[211] pad ma[212] sum brgya lnga bcu rtsa gsum
byung bar gyur te[213] / pad ma[214] re re'i steng[215] na yang[216] (222b3) sangs rgyas dang /[217] byang chub
sems dpa'i sku gzugs 'od dang bcas pa bzhugs pa[218] snang bar gyur to / /

　　复次，尔时世尊于牛角山住，诸大菩提萨埵、（223a2）大阿罗汉放出种种光
明，布满于阗。尔时于一刹那间，自大海子中升起三百五十三朵莲花，每朵莲花之上
（223a3）住一佛和菩萨影像，放出光明。

de nas de'i tshe lha rnams kyis sngon ma mthong ba'i mtshan ma[219] mthong nas[220] sangs
rgyas bcom ldan 'das la zhus pa dang / bcom ldan 'das kyis bka' stsal (223a4) pa / rigs kyi
bu mtsho'i[221] nang nas pad ma[222] sum brgya lnga bcu rtsa gsum sangs rgyas dang / byang chub
sems dpa'i sku gzugs dang bcas te byung ba 'di[223] ni ma 'ongs ba'i dus na[224] yul 'di 'byung bar
'gyur ba'i[225] tshe[226] yul 'di nyid du pad ma[227] ji snyed pa'i dgon pa'i gnas dang / gtsug (223a5)
lag khang na gaṇḍi[228] brdung bar 'gyur ba dang / gnas gang dang gang na[229] byang chub sems
dpa' sems dpa' chen po rnams dang / nyan thos chen po rnams[230] 'od zer rnam pa sna tshogs
'gyed cing[231] yul byin gyis brlabs pa'i sa gzhi de dag dang /[232] de bzhin du ngas[233] de (223a6)

209　N 340a5、St 416a6其后多/。

210　byas so：N 340a5作byaso。

211　na：N 340a6、St 416a7作nas。

212　pad ma：M 5b5、N 340a6、St 416a7作padma。

213　te：M 5b5作to。

214　pad ma：M 5b5、N 340a6、St 417a7作padma。

215　steng：D 223a2作nang。此据M 5b5、N 340a6、St 416a7。

216　N 340a6、St 416a7其后多/。

217　M 5b5无/。

218　bzhugs pa：M 5b5无。

219　M 5b6其后多de lta bu。

220　M 5b6、N 340a7、St 416b1其后多/。

221　mtsho'i：M 5b6作mtsho。

222　pad ma：N 340b1、St 416b2作padma。

223　'di：M 6a1无。

224　N 340a1、St 416b3其后多/。

225　此据N 340b1-2、St 416b3。D 223a4作byung bar gyur ba。

226　yul 'di 'byung bar 'gyur ba'i tshe：M 6a1无；N 340b2、St 416b2其后多/。

227　pad ma：N 340b2、St 416b3作padma。

228　gaṇ ḍī：M 6a2、N 340b2、St 416b4作gaṇḍi。

229　na：N 340b2、St 416b4作du。

230　rnams：此据M 6a3、N 340b3、St 416b4。D 223a5作rnams dang /。

231　M 6a3、N 340b3、St 416b5其后多/。

232　M 6a3无/。

233　de bzhin du ngas：M 6a3无。

bzhin gshegs pa'i pho brang mchod rten go ma sa la gan da²³⁴ yul dge ba dang bcas pa byin gyis brlabs pa'i sa gzhi²³⁵ 'dir²³⁶ dad pa can gyi sbyin bdag rnams kyis so so nas²³⁷ sangs rgyas la sogs pa'i gzugs brnyan byed par 'gyur zhing /²³⁸ gnas de dang de dag tu (223a7) bsnyen par²³⁹ byas na²⁴⁰ ci dang²⁴¹ ci 'dod pa 'grub par 'gyur ba'i snga ltas yin no²⁴² / /

尔时，诸天既见此前所未见之景象，遂问世尊［缘由］。世尊告言：（223a4）"善男子，自海子中升起三百五十三朵莲花及佛像与菩萨像之处，当未来世此国现，此国将现如此莲花之数之阿兰若与（223a5）伽蓝，于此阿兰若与伽蓝中将击楗椎。诸大菩提萨埵、大声闻放出种种光明并予加持之地，以及我如是（223a6）加持之如来住所瞿摩娑罗乾陀窣堵波与净善国，将现正信施主，［彼等］将各建佛陀等之影像。若于此等（223a7）处所修持，则为成就所有妙欲之征兆。"

yang de'i tshe lha rnams stan las langs nas²⁴³ bcom ldan 'das la 'di skad ces gsol to / / btsun pa bcom ldan 'das yul 'di dus²⁴⁴ ji tsam zhig na ni²⁴⁵ 'byung bar 'gyur²⁴⁶ / su zhig gis ni²⁴⁷ (223b1) 'byin par bgyid pa lags / btsun pa bcom ldan 'das da ltar ni dgon pa chab chen po'i gter lags na /²⁴⁸ su zhig gis ji ltar 'byin pa bka' stsal du gsol /

复次，尔时诸天自座起而问世尊："世尊，此国何时将现，谁为创建？（223b1）世尊，今此地为一闲寂大海子（dgon pa chab chen po'i gter）。请赐言谁人、如何使［此国］现？"

bcom ldan 'das kyis bka' stsal pa / rigs kyi bu nyon cig /²⁴⁹ nga mya ngan las 'das nas (223b2) lo rgya lon pa'i tshe²⁵⁰ rgya'i yul du rgya'i rgyal po ca yang²⁵¹ zhes bya ba bu stong tshang bar bdog pa zhig 'byung bar 'gyur te / bu re re la yang²⁵² yul re re gsar du tshol du bcug

---

234　go ma sa la gan da：M 6a3、St 416b5作go ma sā la gan dha。

235　sa gzhi：M 6a4作gzhi。

236　N 340b4、St 416b6其后多/。

237　N 340b4其后多/。

238　M 6a4无/。

239　bsnyen par：M 6a5、N 340b5、St 416b7作bsnyen pa。

240　N 340b5、St 416b7其后多/。

241　ci dang：M 6a5无。

242　yin no：N 340b5作yino。

243　stan las langs nas：M 6a5作stan langs te /；N 340b6、St 416b7其后多/。

244　dus：M 6a6无。

245　ni：St 417a1无。

246　'gyur：N 340b6、St 417a1作'gyur ba。

247　ni：N 340b6、St 417a1无。

248　N 340b7、St 417a2无/。

249　M 6b1无/。

250　M 6b1、N 341a1、St 417a3其后多/。

251　ca yang：N 341a1、St 417a3作cha yang。

252　la yang：M 6b2无；N 341a2作yang。

go / /[253] phyis nub phyogs logs nas[254] ri glang ru dang / bcom ldan 'das kyi pho brang mchod rten go ma sa la (223b3) gan da[255] yod pa'i yul de bzhin gshegs pa du mas byin gyis brlabs pa[256] zhig yod do zhes thos nas de[257] 'di snyam du ma la bdag la bu cig yod na[258] sangs rgyas phal mo ches[259] byin gyis brlabs pa'i gnas der yul 'debs su gzhug go snyam du bsems[260] nas / de'i tshe rgya'i (223b4) rgyal pos rnam thos kyi bu la bu cig[261] bslangs so / / rnam thos kyi bus kyang 'dzam bu'i gling[262] 'di na[263] rgyal po mya ngan med ces bya ba'i bu zhig[264] btsas pa byin te / bu de ni gzugs bzang ba /[265] dbyibs mdzes pa / blta na sdug pa zhig yin no / / bu de'i don du sa las nu ma (223b5) zhig byung ba dang / bu de sngon gyi bsod nams dang[266] dge ba'i rtsa ba'i mthus[267] nu ma de la nu bar byed pas[268] des na bu[269] de'i ming sa las nu ma nu zhes bya ba'o[270] / / bu de myur bar skyes nas[271] pha rgya'i rgya pos[272] rgyal srid kyi dbang ni bskur / nor mang po ni byin / blon po phal mo che[273] ni lus (223b6) kyi rim gro bar bskos nas / rgyal bu[274] sa las nu ma nu de[275] blon po chen po jang sho[276] zhes bya ba la sogs pa dmag du ma dang lhan cig tu rgya'i yul nas byung ste[277] yul 'dir 'ong bar 'gyur ro[278] / / 'ongs nas 'dir yul 'debs par 'gyur te / rgyal

---

253. / /：M 6b2、N 341a2、St 417a3作/。

254. logs nas：M 6b2作na；N 341a2作logs na /；St 417a4其后多/。

255. go ma sa la gan da：M 6b3、St 417a4作go ma sā la gan dha。

256. byin gyis brlabs pa：St 417a4作byin gyis brlabs brlabs pa。

257. nas de：M 6b3作/；N 341a3、St 417a5作nas /。

258. M 6b3、N 341a3、St 417a5其后多/。

259. phal mo ches：M 6b4、N 341a4、St 417a5作phal po ches。

260. bsems：M 6b4作bsems。

261. cig：M 6b4、St 417a6作gcig。

262. 'dzam bu'i gling：N 341a5作'dzambu'i gling。

263. N 341a5、St 417a6其后多/。

264. zhig：M 6b5作gcig。

265. M 6b5、N 341a5无/。

266. dang：M 6b6无。

267. N 341a6、St 417a7其后多/。

268. N 341a6、St 417b1其后多/。

269. bu：M 6b6无。

270. zhes bya ba'o：N 341a6作zhes bya'o。

271. M 6b6、N 341a7、St 417b1其后多/。

272. rgya'i rgya pos：St 417b1作rgya pos。

273. phal mo che：N 341a7、St 417b2作phal po che。

274. rgyal bu：N 341a7、St 417b2作rgyal po。

275. St 417b2其后多/。

276. jang sho：M 7a2作jang zho；N 341b1作'jang sho；St 417b2作'dzang sho；《于阗教法史》作ya shI。《于阗国授记》作ya sha，从之。参见朱丽双2012，241页；朱丽双2013，431—435页。

277. N 341b1、St 417b2其后多/。

278. 'gyur ro：N 341b1作'gyuro。

bu⁽²⁷⁹⁾ sa las nu ma nu des⁽²⁸⁰⁾ yul (223b7) btab pa'i phyir⁽²⁸¹⁾ rgyu des na yul 'di'i ming ni⁽²⁸²⁾ sa las nu ma nu'i yul zhes bya bar 'gyur ro⁽²⁸³⁾ / / dus de'i tshe na nub phyogs logs nas⁽²⁸⁴⁾ rgya gar gyi mi phal mo che⁽²⁸⁵⁾ 'dir 'ong bar 'gyur te / rgyal po sa las nu ma nu'i 'bangs su mchid gyis 'tshal zhing⁽²⁸⁶⁾ chu srid gcig par dum (224a1) par⁽²⁸⁷⁾ 'gyur nas / rgya'i blon po chen po jang sho⁽²⁸⁸⁾ la sogs pas rim gyis rgya dang /⁽²⁸⁹⁾ rgya gar gyi grong dang /⁽²⁹⁰⁾ grong khyer dang /⁽²⁹¹⁾ grong rdal 'debs par 'gyur ro⁽²⁹²⁾ / / de ltar rgyal po sa las nu ma nu de⁽²⁹³⁾ mi rabs du ma'i bar du⁽²⁹⁴⁾ yul 'di'i rgyal po byed par 'gyur ro⁽²⁹⁵⁾ / / (224a2) rgyal po de rnams kyis kyang⁽²⁹⁶⁾ rim gyis so so nas⁽²⁹⁷⁾ yul 'dir dgon pa'i gnas dang⁽²⁹⁸⁾ gtsug lag khang byas nas /⁽²⁹⁹⁾ zhing chu dang /⁽³⁰⁰⁾ 'bangs dang /⁽³⁰¹⁾ zhal ta byed pa yang 'bul zhing / la la yang⁽³⁰²⁾ bdag nyid kyang rab tu 'byung bar byed do / / la la ni bu dang bu mo rab tu 'byung par (224a3) byed do / / la la ni 'bangs las grangs med pa zhig rab tu 'byung bar gnang bar byed do / /⁽³⁰³⁾ yul 'dir mi byang chub sems dpa'i rigs can mang po zhig 'byung ste / rtag tu dkon mchog gsum las dge ba'i rtsa ba sogs⁽³⁰⁴⁾ shing⁽³⁰⁵⁾ bsod nams bya ba'i dngos po byed (224a4) par 'gyur ro⁽³⁰⁶⁾ / / de ltar na yul 'di ni rgyal po sa las nu ma nus yul gtod pa'i tshul de lta bus 'byung bar 'gyur ro⁽³⁰⁷⁾ / / yul 'di ni sangs rgyas 'byung ba re re'i tshe yang 'byung

---

⑦⑨ rgyal bu：M 7a2、N 341b1、St 417b3作rgyal po。

⑧⓪ N 341b2其后多/。

⑧① M 7a3、N 341b2、St 417b3其后多/。

⑧② ni：M 7a3无。

⑧③ 'gyur ro：N 341b2作'gyuro。

⑧④ nas：St 417b4作na。

⑧⑤ phal mo che：N 341b3、St 417b4作phal po che。

⑧⑥ M 7a4、N 341b3、St 417b5其后多/。

⑧⑦ dum par：M 7a4作du mar。

⑧⑧ jang sho：M 7a4作byang zho；N 341b3作'jang sho；St 417b5作'dzang sho。参见上注。

⑧⑨ M 7a5无/。

⑨⓪ M 7a5无/。

⑨① N 341b4无/。

⑨② 'gyur ro：N 341b4作'gyuro。

⑨③ de：N 341b4作te /；St 417b6作de /。

⑨④ N 341b4、St 417b6其后多/。

⑨⑤ 'gyur ro：N 341b5作'gyuro。

⑨⑥ N 341b5、St 417b6其后多/。

⑨⑦ N 341b5、St 417b7其后多/。

⑨⑧ M 7a6、N 341b5、St 417b7其后多/。

⑨⑨ byas nas /：此据St 417b7。D 224a2作byas na；M 7a6作byas nas；N 341b5作byas /。

⓪⓪ M 7a6无/。

⓪① M 7a6无/。

⓪② yang：N 341b6、St 417b7作ni。

⓪③ byed do / /：N 341b7作bye。

⓪④ sogs：N 341b7作stsogs。

⓪⑤ St 418a2其后多/。

⓪⑥ 'gyur ro：N 342a1作'gyuro。

⓪⑦ 'gyur ro：N 342a1作'gyuro。

zhing rgyas par[608] 'gyur ro // ci'i phyir yul gzhan dang gzhan dag gi ni[609] zhig nas[610] yun ring mo (224a5) zhig tu stong zhing dgon par 'dug la[611] yul dge ba ni[612] sangs rgyas 'byung ba re re'i tshe mi rnams kyis brgyan cing mdzes par 'gyur zhe na / 'di ltar yul 'di ni thub pa drang srong chen po'i gnas / de bzhin gshegs pa'i spyod yul[613] mchod rten go ma sa la gan da[614] zhes bya ba[615] (224a6) ri glang ru dang nye ba[616] chu bo go ma'i 'gram na yod pa'i phyir ro[617] // mchod rten 'di mdo sde'i nang nas ni[618] ming go ma sa la gan da[619] zhes bya'o[620] / 'jig rten phal gyi[621] tha snyad du ni chu bo go ma'i 'gram zhes bya bar 'dogs par 'gyur te / 'dir ltar ji srid du mchod rten chu bo go ma'i 'gram zhes bya ba (224a7) dang / 'od srung gi[622] mchod rten 'di gnyis rgyas shing mchod gnas su byed pa de srid du ni[623] yul dge ba yang rgyas shing[624] bzang por 'gyur ro // nam mchod rten 'di gnyis rgud pa de'i[625] tshe[626] yul yang rgud cing stongs par 'gyur ro //

　　世尊告言："善男子，听之！我涅槃后（223b2）百年，汉地将现一王，名曰咸阳（Ca yang）[627]，命有千子。每子令其寻一新国。后闻说西方有一国土，此国有牛角山与世尊住所瞿摩娑罗乾陀窣堵波，（223b3）众多如来曾予加持，[汉王]常自窃思：'若我有一子，将令他前往彼曾受众佛加持之地建国'。如是想毕，（223b4）汉王向毗沙门请求一子。毗沙门遂将赡部洲无忧王（rgyal po Mya ngan med）之子取而赐之。此子相貌端庄，身形绝美，令人喜见。为此子故，地中隆起一乳，（223b5）此子因往昔之福德与善根之力，饮吮之，故得名地乳（Sa las nu ma nu）[628]。此子速得成长，父汉王授予王政之权，赐予诸多财宝，并派遣众多大臣（223b6）随侍。地乳王子和大臣

---

[608] rgyas par：St 418a3-4作sangs rgyas par。

[609] gi ni：M 7b4无；N 342a2作ni /。

[610] N 342a2、St 418a4其后多/。

[611] N 342a2、St 418a4其后多/。

[612] M 7b4其后多/。

[613] spyod yul：N 342a3、St 418a5无。

[614] go ma sa la gan da：M 7b5、St 418a5作go ma sā la gan dha。

[615] zhes bya ba：M 7b5其后多/；N 342a4、St 418a5作zhes bya ba'i。

[616] N 342a4其后多/。

[617] phyir ro：N 342a4作phyiro。

[618] St 418a6其后多/。

[619] go ma sa la gan da：M 7b6、St 418a6作go ma sā la gan dha。

[620] 此据N 342a4、St418a6。D 224a6作zhes bya'i；M 7b6作zhes bya ba'i。

[621] M 7b6其后多yang。

[622] 'od srung gi：St 418a7作'od srungs kyi。

[623] N 342a6其后多/。

[624] M 8a2其后多mcad gnas su byad da srad du na yul。

[625] rgud pa de'i：M 8a2作rgud pa'i。

[626] St 418b1其后多/。

[627] 此王也见于于阗语文书Ch.i.0021a，作Cayaṃ（P. O. Skjærvø, *Khotanese Manuscripts from Chinese Turkestan in the British Library: A Complete Catalogue with Texts and Translations*, London: The British Library, 2002, p. 523）。参见朱丽双2012，241页，注1。

[628] 地乳（Sa las nu ma nu）：《于阗国授记》和《于阗教法史》作sa nu。参见朱丽双2012，240页，注3。

耶舍[529]等，偕同众多军人，出离汉地，来至此处，即至而于彼建国。因此国为地乳王子所建，（223b7）此国遂得名'地乳之国'（Sa las nu ma nu'i yul）。尔时，将有诸多人众自西方天竺来，愿做地乳国王之臣民，遂协议建立一国。(224a1) 汉之大臣耶舍等将次第建立汉、竺之城邑村镇。如是，地乳国王［之后裔］将世世代代作此国之王。（224a2）彼等国王亦将各各次第建立阿兰若与伽蓝，奉献土地、用水、百姓与侍仆。一些［国王］将亲自出家为僧，一些将令儿女出家，（224a3）一些将恩准无数百姓出家。彼国将有许多人众乃菩萨降世，常依三宝，积聚善根，修造福德。（224a4）如是，此国将以地乳国王建国之仪显现。当每一佛现，此国亦将现，并将丰乐炽盛。若云为何一切他国毁灭、长期（224a5）空旷并成闲寂之处，而此净善国于每位佛现时皆将人民炽盛，万物荣华，因此国乃牟尼大仙之住所、牛角山近处、瞿摩河旁有如来之所行处（spyod yul）瞿摩娑罗乾陀窣堵波。（224a6）此窣堵波于经典中名'瞿摩娑罗乾陀'，世俗之言则多称其'瞿摩河旁'（chu bo Go ma'i 'gram）。如是，直至瞿摩河旁窣堵波（224a7）与迦叶佛窣堵波此二者丰乐炽盛而作应供福田，则净善国亦将丰乐炽盛。若此二窣堵波衰败，尔时此国亦将衰败而成虚旷。"

de nas de'i tshe 'khor der 'dus pa'i lha rnams kyis[330] bcom (224b1) ldan 'das kyis bka' stsal pa'i gsung de thos nas[331] mchod rten go ma sa la gan da[332] dang / ri glang ru la dad pa dang[333] gus pa chen po rnyed de / sangs rgyas bcom ldan 'das la mgo bos phyag 'tshal skyabs su song nas[334] spyan sngar 'di skad du bdag cag kyang dus de'i tshe (224b2) yul 'dir rigs mthon por skyes nas[335] bde bar gshegs pa'i bstan pa bsrung zhing / yul chos kyi bka' khrims mi nyams par[336] gyur cig ces smon lam btab po[337] //

尔时，于彼聚集之诸天既闻（224b1）世尊之言，遂对瞿摩娑罗乾陀窣堵波与牛角山生起正信与敬重，礼拜、皈依世尊，于［世尊］前作誓愿言："愿我等亦将于彼时（224b2）转生彼国为高族（rigs mthon po），守护如来佛法，令国政与教律（yul chos kyi bka' khrims）不衰。"

de nas de'i tshe bcom ldan 'das kyis[338] lha'i rgyal po rnam thos kyi bu dang /[339] byang chub

---

㉙　耶舍：据此处及下文（D 224a1），大臣耶舍乃随地乳王子从汉地而来于阗，但据《于阗国授记》和《于阗教法史》，此人本为天竺阿育王的大臣。见朱丽双2012，241—244页；朱丽双2013，430—435页。

㉚　M 8a3、N 342a7其后多/。

㉛　M 8a3、N 342a6、St 418b2其后多/。

㉜　go ma sa la gan da：M 8a3、St 418b2作go ma sā la gan dha。

㉝　N 342b1、St 418b2其后多/。

㉞　M 8a4、N 342b1、St 418b3其后多/。

㉟　N 342b2、St 418b3其后多/。

㊱　nyams par：M 8a4、St 418b4作nyams par byed par。

㊲　btab po：N 342b2作btabo。

㊳　St 418b4其后多/。

㊴　M 8a5无/。

sems dpa' (224b3) sems dpa' chen po 'du shes can zhes bya ba dang / lha mi pham pa[340] zhes bya ba dang / klu'i rgyal po kyim 'tshig[341] ces bya ba dang / lha nam mkha'i dbyangs[342] zhes bya ba dang / lha gser gyi phreng ba can[343] zhes bya ba dang / lha mo lcags kyu can zhes bya ba dang / lha mo (224b4) gnas can zhes bya ba rnams la 'di skad ces bka' ltshal to / / rigs kyi bu khyed rnams la mchod rten go ma sa la gan da[344] dang / ri glang ru yul dang bcas pa dang / nga'i bstan pa dang / sras rnams yongs su gtad kyis[345] yongs su bsrung ba dang / bskyab pa (224b5) dang / bskyang ba dang /[346] mchod gnas su 'gyur bar gyis shig / yul 'di'i rgyal po dang / yul 'dzin pa'i blon po dang / sbyin bdag chos dang 'thun pa[347] rnams kyang yongs su gtad kyis de bzhin du gyis shig / ri glang ru[348] lung bstan pa'i mdo 'di yang[349] (224b6) yongs su gtad kyis 'phel zhing rgyal par gyis shig / gang gi tshe yul me'am[350] chu'am[351] pha rol gyi dmag gis nyen cing phongs par[352] gyur pa na[353] mdo 'di bklag pa[354] dang / kha ton dang /[355] mchod pa dang / bsam pa dang /[356] bsgom pa byas na[357] des na yul de'i tshe[358] gnod pa zhi bar (224b7) 'gyur ro[359] / / ma 'ongs pa'i dus na sems can rnams kyi[360] las kyi rnam par smin pas[361] yul 'dir sum pa rnams dang[362] bod rnams 'ong par 'gyur gyis[363] de'i tshe mdo 'di lhogs shig dang / mdo 'di thos na[364] mdo 'di'i mthu dang / lha rnams kyi byin gyis[365] dad pa med pa de rnams (225a1) yul 'jig par mi byed cing[366] yid kyang

---

[340] lha mi pham pa：此据St 418b5。D 224b3、M 8a5作lha'i lha mi pham pa；N 342b3作lha mi 'pham pa。

[341] kyim 'tshig：N 342b3、St 418b5作khyim tshig。

[342] nam mkha'i dbyangs：N 342b4、St 418b6作nam mkha'i dbyings。

[343] gser gyi phreng ba can：M 8a6、St 418b6作gser gyi 'phreng ba can。

[344] go ma sa la gan da：M 8b1、St 418b7作go ma sā la gan dha。

[345] N 342b5、St 418b7其后多/。

[346] bskyang ba dang /：M 8b2作skyang ba dang；St 418b7无。

[347] 'thun pa：St 419a1作mthun pa。

[348] ri glang ru：M 8b3作ri glang rur。

[349] yang：N 342b7、St 419a2无。

[350] M 8b4、N 342b7、St 419a2其后多/。

[351] N 342b7、St 419a2其后多/。

[352] phongs par：St 419a2作'phongs par。

[353] gyur pa na：M 8b4其后多/；N 343a1、St 419a2作gyur na /。

[354] bklag pa：M 8b4作klag pa。

[355] M 8b4无/。

[356] M 8b4无/。

[357] M 8b4、N 343a1、St 419a3其后多/。

[358] tshe：M 8b5、N 343a1、St 419a3无。

[359] 'gyur ro：N 343a2作'gyuro。

[360] kyi：N 343a2作kyis。

[361] N 343a2、St 419a4其后多/。

[362] M 8b5、N 343a2、St 419a4其后多/。

[363] M 8b5、N 343a2、St 419a4其后多/。

[364] na：此据St 419a4。D 224b7、M 8b6、N 343a3作nas。

[365] N 343a3、St 419a4其后多/。

[366] N 343a3、St 419a5其后多/。

'gyod par 'gyur ro⁽³⁶⁷⁾ // ma 'ongs pa'i dus na yul 'dir rgya rnams kyang 'ong bar 'gyur gyis⁽³⁶⁸⁾ de'i tshe mdo 'di lhogs shig dang / mdo 'di thos nas⁽³⁶⁹⁾ dad pa skye bar 'gyur ro⁽³⁷⁰⁾ // dad pa'i stobs kyis yul mi 'jig cing⁽³⁷¹⁾ (225a2) phyir zhing bsrung ba dang / bsod nams bya ba'i dngos po yang byed par 'gyur te / rgyu des ni⁽³⁷²⁾ mdo 'di ni yul la phan 'dogs par byed pa yin no⁽³⁷³⁾ // mdo 'di'i phan yon gzhan yang mang du yod de⁽³⁷⁴⁾ yun thung dus ni brjod par mi nus so⁽³⁷⁵⁾ // de'i phyir mdo 'di khyed rnams la (225a3) yongs su gtad do //

　　尔时，世尊告毗沙门（rNam thos kyi bu）天王、（224b3）僧儿耶（'Du shes can）大菩萨、难胜（Mi pham pa）天神、热舍（Khim 'tshig）龙王、虚空音（Nam mkha'i dbyangs）天神、金华鬘（gSer gyi phreng ba can）天神、阿那紧首（lCags kyu can）天女、（224b4）他难阇梨（gNas can）天女⁽³⁷⁶⁾言："善男子，［我］将瞿摩娑罗乾陀窣堵波、牛角山及其国土、我之教法与诸弟子付嘱于汝等，守护之，庇护之，（224b5）保护之，使之成为应供福田；此国之如法国王、执掌地方之大臣与施主亦付嘱于汝等，［汝等］亦当如此；此《牛角山授记经》（Ri glang ru lung bstan pa'i mdo）（224b6）亦付嘱于汝等，使之流布传播。当此国为火、水、外敌侵扰而贫困，尔时，若念诵此经、做经忏、供养之、思惟之、修习之，此国之祸患将会息止（224b7）。当未来世众生宿业完满成熟，苏毗（Sum pa）⁽³⁷⁷⁾与吐蕃（Bod）将来此国，尔时念诵此经。当聆听此经，因此经之力与诸天之加持，诸无正信者（225a1）将不灭此国，且将心生懊悔。当未来世汉人前来此国，尔时念诵此经，当聆听此经，［彼等］将生起正信，因正信之力，将不灭此国，（225a2）且将守护之，修造福德。是故，此经将饶益［此］国。此经尚有诸多其他利益，短时无法全部宣讲。是故［我］将此经（225a3）付嘱于汝等。"

---

⑯⑦ 'gyur ro：N 343a3作'gyuro。

⑯⑧ M 9a1、N 343a4、St 419a5其后多/。

⑯⑨ M 9a1、St 419a6其后多de dag。

⑰⓪ 'gyur ro：N 343a4作'gyuro。

⑰① N 343a5、St 419a6其后多/。

⑰② rgyu des ni：此据N343a5、St 419a6。D 作rgyu des na。

⑰③ yin no：N 343a5作yino。

⑰④ M 9a3、N 343a6、St 419a7其后多/。

⑰⑤ nus so：N 343a6作nuso。

⑰⑥ 关于毗沙门等于阗八大守护神及其在敦煌石窟中的形象，参见荣新江、朱丽双《图文互证：于阗八大守护神新探》，樊锦诗等主编《敦煌文献·考古·艺术综合研究：纪念向达先生诞辰110周年国际学术研讨会论文集》，北京：中华书局，2011年，190—218页。

⑰⑦ 苏毗（Sum pa）：托玛斯认为，苏毗在此实指当时游牧于天山和准噶尔地区的葛逻禄（Qar-luq）（TLTD I, pp. 9-10, 156-159）。按，学者对佉卢文文书的研究表明，苏毗曾经是一个非常强悍的民族，在3、4世纪之交及以后的很长一段时间内游牧于鄯善至于阗南部的南山一带，经常侵扰鄯善、于阗及其他丝路南道诸国（H. W. Bailey, Khotanese Texts, VII, London: Cambridge University Press, 1985, pp. 79-81; 山本光朗《カロシュティー文书No.272について：鄯善国とスピ族》，《北海道教育大学纪要》第55卷第1号，2004年，23—34页）。据此笔者认为，《授记》此处所言当实指苏毗人。虽然在《牛角山授记》成立的年代，苏毗早已被吐蕃兼并，但《授记》所述有时呈现出的是一种历史记忆。由于历史上苏毗人曾给于阗带来惨痛的战乱，此记忆如此深刻而不可磨灭，故于阗人在罗列侵扰其王国的外敌时，常将苏毗人与后来的汉人、吐蕃人并举。

de nas de'i tshe rnam thos kyi bu la sogs pa lha[378] rnams dang / klu'i rgyal po dang / lha mo de dag thams cad[379] 'khor dang bcas te langs nas[380] bcom ldan 'das kyi spyan sngar[381] pus mo'i lhang sa la btsugs te / thal mo sbyar nas 'di skad ces gsol (225a4) to / / btsun pa bcom ldan 'das bdag cag rnams kyis[382] bcom ldan 'das kyi bka' spyi bas len par 'tshal lo[383] / / yang gsol pa / ston pa bcom ldan 'das[384] kyis ji skad bka' stsal pa bzhin du mchod rten go ma sa la gan da[385] dang / ri glang ru yul dang bcas pa (225a5) thams cad kyang[386] yongs su bsrung par 'tshal / bde bar gshegs pa'i bstan pa dang[387] chos dang 'thun pa'i[388] rgyal po dang / rab tu byung ba[389] dang / chos dang 'thun par[390] yul 'dzin pa dang / chos dang 'thun pa'i[391] sbyin bdag dang /[392] gang zhig bsod nams bya ba'i dngos po (225a6) bgyid par 'gyur ba de dag thams cad kyang yongs su bsrung bar ni 'tshal na / bcom ldan 'das ji srid du yul 'dir dkon mchog gsum[393] mchod gnas su bgyid pa dang / yul 'dzin pas kyang chos dang 'thun par[394] yul skyong zhing[395] chos dang mi 'thun pa'i[396] sems can (225a7) rnams kyi mgon mi bgyid pa de srid du ni[397] bdag cag gis yongs su bsrung bar rngo thogs te[398] / mdo 'di yang li yul yun ring du gnas par bgyi ba'i slad du[399] li yul las[400] nyi 'og tu gyur pa'i rgyal po dang / blon po rnams la mdo sde[401] 'di ni bcom ldan 'das kyis li (225b1) yul gyi ched du[402] ri glang ru la[403] bshad pa yin no zhes rnar grags par bgyi/ sug par thos par bgyi / sems bsgyur bar bgyi'o / / bcom ldan 'das nam yul 'dir dgon mchog

---

[378] lha：St 419b1作lnga。

[379] thams cad：N 343a7、St 419b1无。

[380] N 343a7、St 419b1其后多/。

[381] N 343a7其后多/。

[382] M 9a5、N 343b1、St 419b2其后多/。

[383] 'tshal lo：N 343b1作'tshalo。

[384] ston pa bcom ldan 'das：M 9a5作ston ldan 'das。

[385] go ma sa la gan da：M 9a5、St 419b3作go ma sā la gan dha。

[386] kyang：N 343b2作/；St 419b3无。

[387] M 9a6、N 343b2、St 419b4其后多/。

[388] 'thun pa：St 419b4作mthun pa。

[389] byung ba：St419b4作'byung ba。

[390] 'thun pa：St 419b4作mthun pa。

[391] 'thun pa：St 419b4-5作mthun pa。

[392] M 9b1无/。

[393] gsum：M 9b1作gsuṃ。

[394] 'thun pa：St 419b6作mthun pa。

[395] M 9b2、N 343b5、St 419b6其后多/。

[396] mi 'thun pa：N 343b5、St 419b6作mi mthun pa。

[397] du ni：M 9b2其后多/；N 343b5、St 419b7作du /。

[398] rngo thogs te：St 419b7作rngo thog ste。

[399] M 9b3、N 343b6、St 419b7其后多/。

[400] las：N 343b6、St 419b7作nas。

[401] mdo sde：M 9b3、N 343b6、St 420a1作mdo。

[402] N 343b6、St 420a1其后多/。

[403] la：St 420a1作las。

gsum mchod gnas su mi bgyid cing / chos dang mi 'thun pa[404] rnams kyi mgon lhag par (225b2) bgyid pa de'i tshe[405] bdag cag rnams kyi gzi brjid dang[406] mthu stobs nyams par 'gyur bas[407] yul 'di'i ched dang[408] bsrung bar ni rngo mi thogs so / /[409] de ci'i slad du zhe na / bdag cag[410] gi mthu stobs dang[411] gzi brjid ni bde bar gshegs pa'i bstan pa dang[412] chos dang 'thun par[413] (225b3) yul tshul bzhin du[414] skyong ba dang / bsod nams bya ba'i dngos po dge ba'i rtsa ba'i mthus 'phel bar 'gyur ba[415] lags so[416] / /

　　尔时，毗沙门等诸天、龙王、天女及其眷属自座起，于世尊前屈膝合掌，作如是言（225a4）："世尊，我等谨领世尊所教。"复白言："如同世尊所教赐，瞿摩娑罗乾陀、牛角山及其国土，（225a5）一切［我等］皆将完满守护，如来佛法与如法之国王、出家僧侣、如法执掌国土者、如法之众施主、所有一切修造福德者，（225a6）［我等］亦将完满守护。世尊，直至此国三宝成为应供福田，执掌国土者亦如法护持国土，无人作不如法众生（225a7）之护主，直至彼时，我等将完满守护。为使此经于于阗长期住世，［我等］将使于阗日光下之国王、大臣对'此经乃世尊为于阗（225b1）而于牛角山宣讲'［之事］耳听之、身得之、心想之。世尊，若此国不再成为三宝应供福田、不如法［行事］之辈［成为］护主（225b2），尔时，我等之威严与力量亦将衰微，不能守护此国。所以者何？因我等之力量与威严乃为妥善守护如来佛法与如法之（225b3）国土，使福德善根之力得以发展。"

de nas de'i tshe sangs rgyas bcom ldan 'das gdan las bzhengs nas[417] ri glang ru'i steng gi 'gram nas mchod rten go ma sa la gan da[418] gang na ba de logs (225b4) su[419] gzigs nas / yang nas yang du de bzhin gshegs pa'i spyod yul mchod rten go ma sa la gan da[420] dang /[421] ri glang

---

[404]　mi 'thun pa：N 344a1、St 420a2作mi mthun pa。

[405]　tshe：M 9b5作tshe /；N 343a1作tshe / sems bsgyur；St 420a3作tshe / sems bsgyur ba。

[406]　N 344a1/ St 420a3其后多/。

[407]　M 9b5其后多/。

[408]　ched dang：M 9b6作cha thang。

[409]　thogs so / /：M 9b7作thogs so /；N 344a2、St 420a3作thog go /。

[410]　bdag cag：N 344a2、St 420a3作bdag cag rnams。

[411]　M 9b7、N 344a2、St 420a4其后多/。

[412]　M 9b7、N 344a2、St 420a4其后多/。

[413]　'thun par：N 344a3、St 420a4作mthun par。

[414]　tshul bzhin du：N 344a3、St 420a4作chos bzhin du。

[415]　'gyur ba：M 10a1作'gyur。

[416]　lags so：N 344a3作lagso。

[417]　N 344a4、St 420a5其后多/。

[418]　go ma sa la gan da：M 10a1-2、St 420a5作go ma sā la gan dha。

[419]　logs su：N 344a4作logsu。

[420]　go ma sa la gan da：M 10a2、St 420a6作go ma sā la gan dha。

[421]　dang /：此据M 10a2、N 344a5、St 420a6。D 225b4无。

ru dang / yul[422] dang bcas pa lan gnyis lan gsum gyi bar du byin gyis brlabs nas[423] li yul thams cad dang / mtsho'i nang na gnas pa'i sems can grangs med pa rnams (225b5) la 'od zer dang[424] thugs rje chen pos khyab par mdzad de / 'od zer de dang[425] thugs rje chen po des chu na gnas pa'i sems can de dag thams cad kyi[426] sdug bsngal ni zhi bar 'gyur / khro ba dang 'khon du 'dzin pa dang ni bral te / byams pa'i sems dang ldan par gyur cing[427] lha'i bde (225b6) ba dang ldan nas skad cig de nyid la[428] sems can de dag las grangs med ba zhig tshe 'phos nas[429] lha dang mi rnams kyi nang du skyes te / sangs rgyas nyid du 'gyur ba'i sa bon rnyed cing[430] byang chub las phyir mi ldog par gyur to //

尔时，世尊自座起，凝视牛角山上方近旁瞿摩娑罗乾陀方向，（225b4）二次、三次地加持将一再［成为］如来行处之瞿摩娑罗乾陀窣堵波、牛角山及其国土，使于阛一切及海子里之无数生灵皆被（225b5）光明与大慈悲。因彼光明与大慈悲，水中生活之一切生灵灭息苦厄，离诸瞋怒和愤恨，其仁慈之心与天之喜乐（225b6）。于一刹那间，无数生灵死亡，转生为天神与人，得获觉悟之种，后证不退转菩提。

de nas de'i tshe bcom ldan 'das kyis[431] lha rnams la (225b7) lan gsum gyi bar du bos nas[432] 'di skad ces bka' stsal to // rigs kyi bu khyed kyis dam bcas pa rnams ni brtson 'grus med par mi 'grub bo[433] // rigs kyi bu ngas bskal ba grangs med pa gsum gyi bar du dka' pa spyad pa'i bstan pa 'di dang[434] mchod rten go ma sa la (226a1) gan da[435] yul dang bcas pa khyed rnams la yongs su gtad kyis yongs su srungs shig / khyed rnams las gang zhig gis nga rjes su[436] dran zhing gzungs yod pa dang / bstan pa bsrung ba des ni bstan pa 'di la rab tu byung ba[437] rnams yongs su bsrung bar (226a2) gyis shig /[438] de ci'i phyir[439] zhe na / mi khyim

---

㊷ dang / yul：此据N 344a5、St 420a6。D 225b4无；M 10a2作yul。

㊸ M 10a3、N 344a5、St 420a7其后多/。

㊹ N 344a6、St 420a7其后多/。

㊺ N 344a6、St 420b1其后多/。

㊻ kyi：St 420b1无。

㊼ N 344a7、St 420b2其后多/。

㊽ N 344b1、St 420b2其后多/。

㊾ N 344b1、St 420b2其后多/。

㊿ N 344b1其后多/。

㊶ St 420b3其后多/。

㊷ N 344b2、St 420b3其后多/。

㊸ 'grub bo：N 344b3作'grubo。

㊹ M 10b1、N 344b3、St 420b5其后多/。

㊺ go ma sa la gan da：M 10b1、St 420b5作go ma sā la gan dha。

㊻ rjes su：N 344b4作rjesu。

㊼ byung ba：N 344b5作byung ma。

㊽ khyed rnams las gang zhig gis nga rjes su dran zhing gzungs yod pa dang / bstan pa bsrung ba des ni bstan pa 'di la rab tu byung ba rnams yongs su bsrung bar gyis shig /：这段话M 10b以小字补写在此叶最后，其中khyed rnams las gang zhig gis nga, M 10b作khyed naṃs las gang。

㊾ phyir：St 420b6作slad du。

pa la la zhig⁴⁴⁰ lo brgya'i bar du nyin re zhing dge ba'i rtsa ba bsod nams chen po byed la /
'ga' zhig nyin gcig rab tu byung nas bstan pa la gnas na⁴⁴¹ snga mas phyi ma'i bsod nams
kyi brgya'i char yang mi chog go / /⁴⁴² de ci'i phyir⁴⁴³ zhe na / (226a3) sangs rgyas gang gā'i
klung⁴⁴⁴ gi bye ma snyed thams cad kyang sngar khyim gyi gnas spangs te rab tu byung nas⁴⁴⁵
spyod lam de nyid kyis byang chub chen po brnyes so⁴⁴⁶ / / nga yang pha rol tu phyin pa drug
yongs su rdzogs te / sa bcu brnyes nas⁴⁴⁷ srid pa tha ma'i tshe⁴⁴⁸ nam phyed na⁴⁴⁹ rgyal po'i
khab nas byung (226a4) ste⁴⁵⁰ nags tshal du gshegs so / / nags tshal nas bzhon pa rgyal po yab
kyi thog tu dkri nas⁴⁵¹ rang gi skra ral gris bregs te / nga'i gos gya nom pa rin thang med pa⁴⁵²
rngon pa de dag las⁴⁵³ chos gos ngur smrig tu brjes so⁴⁵⁴ / / ngas chos gos⁴⁵⁵ de gyon nas dus
gsum gyi sangs (226a5) rgyas thams cad la phyag 'tshal skyabs su song nas⁴⁵⁶ rab tu byung
ba'i spyod lam bzung ba dang⁴⁵⁷ lha thams cad nga la⁴⁵⁸ phyag 'tshal⁴⁵⁹ skyabs su song nas phyi
bzhin du 'brang ngo / / nga yang spyod lam de nyid kyis yang dag par rdzogs pa'i sangs
rgyas brnyes so⁴⁶⁰ / / de'i phyir bde bar gshegs (226a6) pa'i bstan pa ni dam pa yin par shes
par bya'o / /⁴⁶¹ rab tu byung ba ni bsod nams dang ldan par shes par bya'o / / 'jig rten na rab
tu byung bas⁴⁶² thob pa ma gtogs par khyim pa'i cha lugs kyis dgra bcom pa'am / rang sangs
rgyas sam / bla na med pa'i byang chub thob (226a7) pa ni sus kyang ma thos ma mthong
ngo / / rab tu byung'i spyod lam dam pa⁴⁶³ 'di ni 'jig rten na⁴⁶⁴ lha la sogs pa thams cad kyi

---

④④⓪　N 344b5其后多/。

④④①　M 10b3、N 344b6、St 420b7其后多/。

④④②　//：M 10b3、N 344b6、St 420b7作/。

④④③　phyir：N 344b6作sladu；St 420b7作slad du。

④④④　gang gā klung：M 10b3、N 344b7作ganggā'i klung；St 420b7作ganggā'i。

④④⑤　N 344b7、St 421a1其后多/。

④④⑥　brnyes so：N 344b7作brnyeso。

④④⑦　M 10b4其后多/。

④④⑧　N 345a1、St 421a2其后多/。

④④⑨　na：N 345a1、St 421a2作nas。

④⑤⓪　N 345a1、St 421a2其后多/。

④⑤①　M 10b5、N 345a2、St 421a2其后多/。

④⑤②　N 345a2其后多/。

④⑤③　de dag las：M 10b5作la。

④⑤④　brjes so：N 345a2作brjeso。

④⑤⑤　chos gos：St 421a3作gos。

④⑤⑥　N 345a3、St 421a4其后多/。

④⑤⑦　M 10b6、N 345a3、St 421a4其后多/。

④⑤⑧　nga la：此据N 345a3、St 421a4。D 226a5作la。

④⑤⑨　N 345a3、St 421a4其后多/。

④⑥⓪　brnyes so：N 345a4作brnyeso。

④⑥①　bya'o //：M 11a1无。

④⑥②　rab tu byung bas：M 11a2作khyim pas。

④⑥③　dam pa：M 11a3、N 345a6、St 421a7无。

④⑥④　M 11a3其后多/。

mchod gnas yin no / /

　　尔时，世尊三次召呼诸天（225b7），如是告言："善男子，汝等业已允诺，莫要懈怠。善男子，好生守护我于三阿僧企耶劫中苦行之教示与付嘱于汝等之瞿摩娑罗乾陀窣堵波（226a1）及其国土。汝等何人随念我、持陀罗尼咒且守护教法者，须好生守护依此教法出家之人。（226a2）所以者何？俗人中，一些将于一百年间每日修造善根大福德；一些将于一日出家，依止教法。前者之福德不如后者福德之百分之一。所以者何？（226a3）如恒河沙数之诸佛亦先离弃家居，出家为僧，以彼行止而得证大菩提。我亦先成就六波罗蜜多而得证十地，于最后有时（srid pa tha ma'i tshe）子夜，［我］从王舍城出（226a4），前去森林。即至森林，［我］将坐骑遣还父王，以剑削去己发，以己之无价妙衣自猎人处换得法衣袈裟。我穿上法衣，（226a5）礼拜皈依三世一切诸佛，执出家行止。诸天向我礼拜皈依，追随于我。我以此行止，得证正等觉。是故宜知，（226a6）如来佛法最是殊胜；宜知出家具有福德。于此娑婆世界，只闻出家而成正果，以在家人之仪而得证阿罗汉、独觉或无上菩提者，（226a7）任谁亦未闻未见。此出家之妙行宜作娑婆世界一切诸天之应供福田。"

de nas de'i tshe lha dang lha mo de thams cad stan las langs nas[465] dbyangs gcig tu sangs rgyas bcom ldan 'das la 'di skad ces (226b1) gsol to / / btsun pa bcom ldan 'das bdag cag rnams kyis[466] bcom ldan 'das kyis 'ji ltar bka' stsal pa bzhin 'tshal zhing[467] bsams bzhin du ni[468] bka' las 'ga' ba mi 'tshal lo[469] / / yul 'di[470] sangs rgyas kyis bstan pa dang / de bzhin gshegs pa'i spyod yul (226b2) mchod rten dang bcas pa yang kun du bsrung ba dang / bskyang ba dang /[471] rjes su[472] gzung par 'tshal gyis / bcom ldan 'das kyis kyang[473] bdag cag rnams la mthu bstang[474] du gsol / de ci'i slad du[475] zhe na / ma 'ongs pa rtsod pa'i dus na[476] byin gyis brlabs brlabs pa'i yul (226b3) 'dir dgra mang po dang /[477] ma dad pa dang /[478] phyir rgol ba bde bar gshegs pa'i bstan pa la[479] dad pa'i

---

④⑥⑤　nas：N 345a7、St 421a7作te /。

④⑥⑥　M 11a5、N 345b1、St 421b1其后多/。

④⑥⑦　M 11a5、N 345b1、St 421b2其后多/。

④⑥⑧　ni：N 345b1、St 421b2无。

④⑥⑨　'tshal lo：N 345b1作'tshalo。

④⑦⓪　'di：St 421b2作'dir。

④⑦①　bskyang ba dang /：M 11a6、N 345b2作bskyang ba dang；St 421b3作bskyab pa dang /。

④⑦②　rjes su：N 345b2作rjesu。

④⑦③　N 345b3、St 421b3其后多/。

④⑦④　bstang：N 345b3作bltang。

④⑦⑤　slad du：N 345b3作sladu。

④⑦⑥　M 11b1其后多/。

④⑦⑦　M 11b1无/。

④⑦⑧　M 11b1无/。

④⑦⑨　N 345b4其后多/。

khyed par mi rnyed cing / bstan pa gzhig pa'i slad du^⑩ brtson pa dag 'byung ba'i slad du'o / /

　　尔时，诸天与天女悉自座起，齐声向世尊作如是言（226b1）："世尊，我等定如世尊所教而思而想，不作与世尊所教相违者。佛所示此国与如来行所（226b2）及窣堵波，我等皆将守护之，庇佑之，护持之。世尊，请赐我等力量。所以者何？因未来净劫之时（rtsod pa'i dus），（226b3）众多外敌、无正信者、质难者将现于此曾受加持之国，不于如来佛法寻求正信而奋力灭法。"

　　de nas de'i tshe bcom ldan 'das kyis lha de dag la legs so^⑩ zhes bya ba gnang (226b4) ste/ skyes bu dam pa rnams legs so legs so^⑩ / / ngas kyang yul 'di byin gyis brlabs zin te /^⑩ byin gyis brlabs pa de nyid kyis mtshams bcad pa^⑩ yang^⑩ yin no / / ma 'ongs pa rtsod pa'i dus na^⑩ yul 'di gzhom pa'i phyir^⑩ sum pa'i dmag phal mo che^⑩ dang / gru gu rus sna (226b5) tshogs dang / hor dang / gzhan yang dad pa med pa dag 'ong bar 'gyur te / de'i tshe yul gzhan dang gzhan dag nas^⑩ de bzhin gshegs pa'i gzugs brnyan byin gyis brlabs pa dag yul 'dir gshegs nas^⑩ yul gyi sa mtshams bsrung bar mdzad de / bsod nams (226b6) kyi stobs des na^⑩ yul 'di gtan brlags par^⑩ mi 'gyur ro / gzugs brnyan de dag gi phyi bzhin du^⑩ byang chub sems dpa' dang / lha dang /^⑩ klu^⑩ mthu stobs dang ldan pa mang po dag 'ong zhing^⑩ yul du^⑩ gnod pa rnams zlog par byed / dgra rnams kyis yul mi^⑩ choms par (226b7) byed de / dge ba can zhes bya ba'i mkhar nas^⑩ de bzhin gshegs pa bde ba'i 'byung gnas zhes bya ba'i gzugs brnyan

---

⑩　slad du：N 345b4作sladu。
⑩　legs so：N 345b5、St 421b5作legso。
⑩　legs so legs so：N 345b5作legso / / legso；St 421b5作legso legso。
⑩　te /：St 421b5作to / /。
⑩　bcad pa：St 421b6作gcad pa。
⑩　yang：M 11b3作ma。
⑩　M 11b4、N 345b6、St 421b6其后多/。
⑩　N 345b6、St 421b6其后多/。
⑩　phal mo che：N 345b6、St 421b6作phal po che。
⑩　M 11b5、N 345b7、St 421b7其后多/。
⑩　N 346a1、St 421b7其后多/。
⑩　M 11b6其后多/。
⑩　brlags par：M 11b6、St 422a1作rlags par。
⑩　'gyur ro：N 346a1作'gyuro。
⑩　N 346a2、St 422a1其后多/。
⑩　M 11b6无/。
⑩　klu：N 346a2、St 422a1作klu dang /。
⑩　N 346a2、St 422a2其后多/。
⑩　yul du：N 346a2作yul yul du。
⑩　mi：St 422a2作ma。
⑩　N 346a3其后多/。

gshegs nas[501] nub phyogs mkhar ko sheng[502] du bzhugs shing[503] yul gyi sa mtshams[504] bsrung bar 'gyur ro[505] / / byang phyogs yul she na zha[506] zhes bya bar[507] de bzhin (227a1) gshegs pa'i gzugs brnyan[508] she na zha[509] zhes bya ba[510] sa'i 'og nas 'byung bar 'gyur zhing[511] yul gyi sa mtshams bsrung bar 'gyur ro[512] / / de bzhin gshegs pa'i gzugs brnyan ki'u lang zhes bya ba[513] gshegs nas[514] shar phyogs yul phye ma[515] zhes bya ba'i mkhar du zhugs (227a2) shing yul gyi sa mtshams bsrung bar 'gyur ro[516] / / de bzhin gshegs pa'i gzugs brnyan phyi se[517] zhes bya ba gshegs nas/ byang phyogs kyi ri glang ru la 'od srung gi[518] mchod rten gyi drung du bzhugs shing[519] dge slong dgon pa ba rnams kyi dge ba'i rtsa ba bskyed cing / de bzhing gshegs (227a3) pa'i bstan pa dang /[520] yul gyi sa mtshams[521] bsrung bar 'gyur ro[522] / / mkhar dge ba can zhes bya ba'i nang na[523] tshong 'dus[524] ka sa di ze[525] zhes bya bar de bzhin gshegs pa'i gzugs brnyan[526] rgyal bo'i pho brang gnas zhes bya ba bzhugs shing[527] mkhar dge ba yul dang bcas pa'i sa (227a4) mtshams bsrung bar 'gyur ro[528] / / sa gzhi nyo mo nya zhes bya ba gang du rgyal po ye'u la[529] zhes bya

---

[501] M 12a2、N 346a3、St 422a3其后多/。

[502] ko sheng：N 346a4、St 422a3作ku sheng。

[503] N 346a4、St 422a3其后多/。

[504] sa mtshams：M 12a2作mtshams。

[505] 'gyur ro：N 346a4作'gyuro。

[506] she na zha：N 346a4、St 422a3作shen zha。

[507] zhes bya bar：此据M 11a3、N 346a4、St 423a3-4。D 226b7作bya ba'i。

[508] M 12a3其后多'a lang zhas bya ba gshags nas / byang phyags /。

[509] she na zhe：N 346a4、St 422a4作shen zha。

[510] zhes bya ba：M 12a3作zhes bya ba'i。

[511] M 12a3其后多/。

[512] 'gyur ro：N 346a5作'gyuro。

[513] zhes bya ba：此据M 12a4、N 346a5、St 422a5。D 227a1作zhes bya bar。

[514] M 12a4、N 346a5、St 422a5其后多/。

[515] phye ma：M 12a4作bye ma。

[516] 'gyur ro：N 346a6作'gyuro。

[517] phyi se：N 346a6、St 422a5作phye se。

[518] 'od srung gi：M 12a5、St 422a6作'od srungs kyi。

[519] M 12a6、N 346a7、St 422a6其后多/。

[520] M 12a6无/。

[521] sa mtshams：M 12a6作mtshams。

[522] 'gyur ro：N 346b1作'gyuro。

[523] nang na：M 12a6作nang /；N 346b1、St 422a7其后多/。

[524] tshong 'dus：St 422a7作tshong dus。

[525] ka sa di ze：N 346b1、St 422a7作ka'a sta 'di ze。

[526] N 346b1其后多/。

[527] N 346b2、St 422a7其后多/。

[528] 'gyur ro：N 346b2作'gyuro。

[529] ye'u la：此据《于阗国授记》（D 176b4）和《于阗教法史》。D 227a4、M 12b2、St 422b1作yo la；N 346b2作yol。参见朱丽双2012，245—246页；朱丽双2013，421、423页。

bas⁵³⁰ mkhar brtsig pa'i⁵³¹ gros byed par 'gyur ba der⁵³² de bzhin gshegs pa'i gzugs brnyan cu gon pan⁵³³ zhes bya ba bzhugs shing⁵³⁴ mkhar dge ba can zhes bya ba yul dang bcas pa'i sa (227a5) mtshams bsrung bar 'gyur ro // gtsug lag khang din dzya⁵³⁵ zhes bya bar de bzhin gshegs pa mar me mdzad kyi gzugs brnyan thor khong⁵³⁶ du byas pa gshegs par 'gyur te / gzugs brnyan de ni 'dzam bu'i gling⁵³⁷ gi gzugs brnyan thor khong⁵³⁸ du byas pa⁵³⁹ thams cad kyi thog (227a6) mar 'byung ba yin no⁵⁴⁰ // gzugs brnyan de la⁵⁴¹ mi⁵⁴² rnams kyis ni⁵⁴³ mtshan 'khor ba'i⁵⁴⁴ mar me mdzad ces bya bar 'dogs par 'gyur te / de ni li yul gyi gzugs brnyan thor khong⁵⁴⁵ du byed pa thams cad kyi dper 'byung zhing /⁵⁴⁶ bde bar gshegs pa'i bstan pa⁵⁴⁷ yul dang bcas (227a7) pa yongs su bsrung bar 'gyur ro⁵⁴⁸ // gzhan yang de bzhin gshegs pa rin chen mang gi gzugs brnyan yul 'di'i dbus su gshegs nas⁵⁴⁹ phyogs bcu'i⁵⁵⁰ mtshams gcad par⁵⁵¹ mdzad de / ji srid du de bzhin gshegs pa'i gzugs brnyan phyogs phyogs na bzhugs pa (227b1) de dag mchod gnas su byed pa de srid du⁵⁵² yul 'di brlag par⁵⁵³ mi 'gyur ro // yul 'di nas skyes pa'i mi'am /⁵⁵⁴ yul gzhan nas skyes pa'i mi la la zhig⁵⁵⁵ de bzhin gshegs pa'i gzugs brnyan de dag la snying thag pa nas dad pa dang⁵⁵⁶ gus pa dang⁵⁵⁷ rab tu dad bar byed cing /⁵⁵⁸ 'di (227b2) snyam du bde bar gshegs

---

⑤³⁰　zhes bya bas：N 346b2、St 422b1作zhes bya ba。

⑤³¹　brtsig pa：M 12b2作rtsig pa；St 422b1作brtsigs pa。

⑤³²　M 12b2、N 346b3、St 422b1其后多/。

⑤³³　cu gon pan：M 12b2作bcu gor pan。

⑤³⁴　N 346b3、St 422b2其后多/。

⑤³⁵　din dzya：M 12b3作di dzya；N 346b4、St 422b2作di na dzya。

⑤³⁶　thor khong：M 12b4作thor khung；N 346b4、St 422b3作thor kong。

⑤³⁷　'dzam bu'i gling：N 346b4作'dzambu'i gling。

⑤³⁸　gzugs brnyan thor khong：M 12b4作gzugs brnyan thor khung；St 422b3作thor khong。

⑤³⁹　N 346b5、St 422b3其后多/。

⑤⁴⁰　yin no：N 346b5作yino。

⑤⁴¹　de la：N 346b5作de/。

⑤⁴²　mi：M 12b5、N 346b5、St 422b3作li。

⑤⁴³　ni：St 422b4无。

⑤⁴⁴　'khor ba：此据N 346b6、St 422b4。D 227a6作bkor；M 12b5作bskor ba。

⑤⁴⁵　thor khong：N 346b6、St 422b4作thor kong。

⑤⁴⁶　'byung zhing /：N 346b6作'gyur；St 422b4作'gyur zhing。

⑤⁴⁷　bde bar gshegs pa'i bstan pa：N 346b6、St 422b4作bde bar gshegs pa。

⑤⁴⁸　'gyur ro：N 346b6作'gyuro。

⑤⁴⁹　M 13a1、N 346b7、St 422b5其后多/。

⑤⁵⁰　bcu'i：M 13a1无。

⑤⁵¹　gcad par：St 422b5作gcod par。

⑤⁵²　N 347a1、St 422b6其后多/。

⑤⁵³　brlag par：M 13a2、St 422b6作rlag par。

⑤⁵⁴　mi'am /：M 13a2作mi dang。

⑤⁵⁵　la la zhig：N 347a2作mi snyan zhig。

⑤⁵⁶　N 347a2、St 422b7其后多/。

⑤⁵⁷　N 347a2、St 422b7其后多/。

⑤⁵⁸　M 13a3无/。

pa'i gzugs brnyan 'di dag ni[559] yul 'di bsrung ba'i slad du gshegs so snyam du yang sems na/ gzugs brnyan de dag kyang sangs rgyas bzugs pa bzhin du[560] don mdzad par 'gyur ro[561] / / de ci'i phyir[562] zhe na / gzugs brnyan de dag nga dang[563] dus (227b3) gsum[564] du gtogs pa'i[565] sangs rgyas thams cad kyis byin gyis brlabs pa'i phyir ro[566] / / gzhan yang yul 'dir nga'i gzugs brnyan chen po shing rtas 'dren pa byas te / mkhar dge ba can zhes bya ba'i nang du bzhag nas[567] mchod gnas[568] chen por byed par 'gyur ro / / des na (227b4) yul 'dir phyogs dang phyogs mtshams[569] nas[570] tshong dpon chen po rnams 'ong bar 'gyur zhing[571] gnod pa rnams kyang zhi bar 'gyur ro[572] / / gzhan yang yul 'dir de bzhin gshegs pa'i gzugs brnyan nyis brgya rtsa brgyad[573] 'od srung gi[574] mchod rten dang bcas par 'byung bar 'gyur te / de dag (227b5) thams cad kyang cho 'phrul chen po ston cing sems can rnams kyi sdig pa chen po yangs su sbyong ba dang / gnod pa sel bar mdzad par 'gyur ro[575] / / yul 'dir gnod pa dang[576] 'jigs pa dang[577] skrag pa 'ga' zhig byung na[578] yul 'di'i[579] ched du phyogs lngar sbyor ba byas te / rgyal po dang[580] (227b6) blon po rnams[581] yul 'dzin pa[582] gang zhig 'jigs pa dang bral bar bya ba'i phyir[583] bde bar gshegs pa'i bstan pa las bsod nams bskyed par 'dod na[584] gtsug lag khang tsar ma[585] zhes bya bar bsod nams bya'o / / de ci'i phyir zhe na / yul 'di'i mi rnams kyi dad pa dang yang dag pa'i (227b7) lta ba ni dang

---

[559] N 347a3、St 423a1其后多/。

[560] bzhin du：N 347a3作bzhin。

[561] 'gyur ro：N 347a3作'gyuro。

[562] phyir：N 347a4、St 423a2作slad du。

[563] nga dang：N 347a4、St 423a2作nga dang 'dra bar。

[564] gsum：M 13a4作gsuṃ。

[565] gtogs pa：N 347a4、St 423a2作thogs pa。

[566] phyir ro：N 347a4作phyiro。

[567] bzhag nas：N 347a5作bzhugs nas /；St 423a3作gzhag nas。

[568] mchod gnas：St 423a3作mchod pa'i gnas。

[569] mtshams：M 13a6作mtshaṃs。

[570] M 13a6、N 347a6、St 423a3其后多/。

[571] N 347a6、St 423a3其后多/。

[572] 'gyur ro：N 347a6作'gyuro。

[573] N 347a7其后多/。

[574] 'od srung gi：M 13b1、St 423a4作'od srungs kyi。

[575] 'gyur ro：N 347b1作'gyuro。

[576] N 347b1、St 423a5其后多/。

[577] N 347b1、St 423a5其后多/。

[578] M 13b3、N 347b1、St 423a5其后多/。

[579] 'di'i：N 347b1作'di。

[580] N 347b2、St 423a6其后多/。

[581] rnams：M 13b3无。

[582] M 13b3其后多dang /。

[583] phyir：M 13b3无；N 347b2、St 423a6其后多/。

[584] M 13b4、N 347b2、St 423a6其后多/。

[585] tsar ma：此据N 347b2-3和St 423a7。D 227b6、M 13b4作tshar ma。

po'i[586] gtsug lag khang de nas skye bar 'gyur ro[587] / / nam zhig li'i[588] rgyal po dang /[589] blon po
dang / yul 'dzin pa rnams la gnod pa rnam pa sna tshogs shig byung na / ri glang ru la sngon
yang dag par rdzogs pa'i sangs rgyas gang na bzhugs bzhugs pa'i[590] sa gzhi[591] de la bskor (228a1)
par bya'o / / yul 'di'i sems can rnams las mi dge ba 'chags par[592] 'dod na[593] mchod rten go ma
sa la gan da'i[594] drung du[595] bshegs par[596] bya'o / / de ci'i phyir zhe na / mchod rten de ni sangs
rgyas[597] bzhugs pa bzhing du gang dag gis bskor ba'am[598] me tog (228a2) gam /[599] bdug pa'am[600]
dbyangs sam /[601] rol mo'i sgras mchod pa byas na de'i[602] mtshams med pa lnga yang nyams
dams par 'gyur na / gzhan[603] lta smos kyang ci dgos / yul 'di'i rgyal po dang /[604] blon po dang /
yu 'dzin pa[605] gang zhig brtul zhugs chen po'i sdom pa (228a3) len par 'dod pa des[606] ri glang
ru la gang na[607] de bzhin gshegs pa'i gzugs brnyan phyi se[608] zhes bya ba dang / 'od srung gi[609]
mchod rten yod pa de'i dge 'dun la mchod par[610] bya'o / / de ci'i phyir zhe na / yul 'dir chos kyi
spyod pa[611] yongs su rdzogs pa dang[612] tshul khrims yongs (228a4) su dag pa ni[613] de nas 'byung
bar 'gyur ba'i phyir ro / / yul 'di'i mi la la zhig chad pa chen po zhig[614] la thug na[615] des ri glang

---

⑤⑧⑥　dang po'i：N 347b3、St 423a7作dang po。

⑤⑧⑦　'gyur ro：N 347b3作'gyuro。

⑤⑧⑧　li'i：M 13b5作la la'i。

⑤⑧⑨　M 13b5无/。

⑤⑨⓪　bzhugs bzhugs pa：M 13b6作bzhugs / bzhugs pa；N 347b4作bzhugs pa。

⑤⑨①　sa gzhi：此据N 347b4、St423b1。D 227b7作gzhi。

⑤⑨②　'chags par：N 347b5作bshegs par；St 423b2作bshags par。

⑤⑨③　M 13b6、N 347b5、St 423b2其后多/。

⑤⑨④　go ma sa la gan da：M 13b6、St 423b2作go ma sā la gan dha。

⑤⑨⑤　drung du：N 347b5作ga na du；St 423b2作gam du。

⑤⑨⑥　bshegs par：St 423b2作bshags par。

⑤⑨⑦　sangs rgyas：N 347b6、St 423b2作sangs rgyas bcom ldan 'das。

⑤⑨⑧　M 14a1、N 347b6、St 423b2其后多/。

⑤⑨⑨　N 347b6无/。

⑥⓪⓪　N 347b6、St 423b3其后多/。

⑥⓪①　N 347b6无/。

⑥⓪②　na de'i：N 347b6、St 423b3作na /。

⑥⓪③　'gyur na / gzhan：N 347b7作'gyur na；St 423b3作'gyur na gzhan。

⑥⓪④　M 14a2无/。

⑥⓪⑤　yu 'dzin pa：N 347b7、St 423b3作yu 'dzin pa'am /。

⑥⓪⑥　M 14a3、N 348a1、St 423b4其后多/。

⑥⓪⑦　ri glang ru la gang na：M 14a3作ri glang du gang na；N 348a1、St 423b4作ri glang ru gang la。

⑥⓪⑧　phyi se：此据N 348a1和St 423b4。D 228a3作pi se。

⑥⓪⑨　'od srung gi：M 14a3、St 423b4作'od srungs kyi。

⑥①⓪　la mchod par：此据N 348a1和St 423b4。D 228a3、M 14a4作las mnod par。

⑥①①　chos kyi spyod pa：M 14a4作chos kyi spyod pa de；N 348a2作chos spyod pa；St 423b5作spyod pa。

⑥①②　M 14a4、N 348a2、St 423b5其后多/。

⑥①③　N 348a2、St 423b5其后多/。

⑥①④　zhig：M 14a5无。

⑥①⑤　M 14a5、St 423b5其后多/。

ru la gnas pa'i 'phags pa'i dge 'dun la skyabs su 'gro bar[616] byas te / des na chad ba[617] de las thar bar 'gyur ro[618] / / de ci'i phyir zhe na / gnas de na[619] thar (228a5) pa thob pa[620] stong phrag du ma phyi ma'i mtha'i[621] bar du gnas shing mi stongs pa'i phyir ro[622] / / rgyu des na ri glang ru dang[623] mchod rten go ma sa la gan da[624] yul dang bcas pa de bzhin gshegs pa rnams kyi chang byu[625] yin no / /

　　尔时，世尊告诸天言："善哉！（226b4），众上士，善哉善哉！我亦已加持此国，以此加持，［此国］疆界已得确定，当未来净劫之时，苏毗（Sum pa）、各部突厥（Gru gu rus sna tsho）、（226b5）回鹘（Hor）与其他诸无正信者将前来此国。尔时，自他方余国，曾受加持之如来影像将来此国，守护国境，以此福德之力，（226b5）此国永不毁灭。诸大力之菩萨、天、龙亦将追随彼等影像而至此，于各处制止祸患，是故外敌不能取胜。（226b7）如来影像名乐源（bDe ba'i 'byung gnas）者将自净善城来，在西方固城（Ko sheng）住，守护国境。北方圣哪若（She na zha）地方之如（227a1）来影像名圣哪势（She na zhe）者，将从地下现，守护国境。如来影像名垢朗（Ki'u lang）者将来，在东方媲摩（Phye ma）城住，（227a2）守护国境。如来影像名纰西（Phyi se）者将来，在北方[626]牛角山迦叶佛之窣堵波旁住，使诸阿兰若处比丘生起善根，（227a3）守护如来佛法与国境。净善城内名迦萨地若（Ka sa di ze）之集市，如来影像将于王宫"居处"（gNas）住[627]，守护净善城及国（227a4）境。雅沃么野（Nyo mo nya）地方叶护罗王为建城而商议之处，如来影像名朱俱盘（Cu gon pan）[628]者将住，守护净善城及国（227a5）境。土罗工（Thor khong）所作之燃灯佛（de bzhin bshegs pa Mar me mdzad）影像[629]将来等邪（Din dzya）伽蓝，赡部洲土罗工所作之一切影像中，此像最先（227a6）出现，人称"珂跋（'Khor ba）之燃灯佛"，乃于阗土罗工所作一切影像之模范，守护如来佛法及国土（227a7）。尚有多宝佛（de bzhin gshegs pa Rin chen

---

[616] 'gro bar：St 423b6作'gro ba。

[617] chad pa：St 423b6作chad pa chen po。

[618] 'gyur ro：N 348a3作'gyuro。

[619] na：M 14a6作ni。

[620] thob pa：St 423b6作thob。

[621] du ma phyi ma'i mtha'：N 348a4作du ma'i mtha'；St 423b6作du ma'i mtha'i。

[622] phyir ro：N 348a4作phyir te。

[623] N 348a4、St 423b7其后多/。

[624] go ma sa la gan da：M 14b1、St 423b7作go ma sā la gan dha。

[625] chang byu：M 14b1作lcags kyu；N 348a5作chang khyu；St 423b7作chad khyu。

[626] 此处似当作南方。

[627] 此处似有脱字，缺这尊影像的名称。

[628] 朱俱盘（Cu gon pan）如来影像：《于阗国授记》记道，当尉迟婆罗（Ba la）王之子尉迟散瞿罗摩（Sang gra ma）王在位之时，朱波那（Tse'u Pa na）佛像自朱俱波（Cu gu pan）腾空而至于阗，王建香室以安置之；《于阗教法史》有朱盘你（Dze'u pa ni）瑞像，住跋若僧枷喇磨（bZha sang gre ma）伽蓝。三者或可堪同。参见朱丽双2012，264页；朱丽双2013，456页。

[629] 土罗工（Thor khong）所作之燃灯佛（de bzhin bshegs pa Mar me mdzad）影像：《于阗教法史》有土罗工（Tor kong）佛像，与此似有联系；但住在赞摩将（Tsar ma 'jo）伽蓝，而此燃灯佛仍住Din dzya伽蓝。参见朱丽双2013，457页。

mang）之影像飞来此国中部，确定十方边界。直至如来影像住在各方，（227b1）成为应供福田，此国将不毁灭。此国所生之人与他国所生之人，一些将对彼等如来影像生起至诚正信、敬重与欢喜。将作如是想：（227b2）'此诸如来影像乃为守护此国而来'。一些影像将如佛住般饶益众生。所以者何？因彼影像（227b3）曾受我与三世诸佛之加持。复次，于此国土，将引我大像至车中，安置于净善城，成为盛大应供福田⑥。是故，（227b4）于此国各方之边境，大商主将会前来，而祸患将息。复次，此国将现二百零八尊如来影像及迦叶佛之窣堵波。彼等（227b5）将皆现大神变，洁净众生之大罪恶，消除祸患。此国土若有祸患、怖畏与慌乱，国王（227b6）与执掌国土之诸大臣将为此国而五方努力（phyogs lngar sbyor ba byas te），为脱离怖畏且欲自如来佛法获得福德，［他们］将于赞摩（Tsar ma）伽蓝修造福德。所以者何？此国诸持正信与正（227b7）见者乃于此最初之伽蓝出世⑥。于阗国王、大臣及诸执掌国土者，若现种种祸患，将绕转牛角山昔正等觉佛安住之处（228a1）。此国众生若欲忏悔不善，将至瞿摩娑罗乾陀前忏悔。所以者何？若有人如佛住一般绕转彼窣堵波，以花（228a2）、香、妙音、伎乐供养之，可减少五无间罪，何言其他。此国之国王、大臣与执掌国土者，若欲持大禁戒（brtul zhugs chen po'i sdom pa len pa），（228a3）将供养牛角山如来影像纰西（Phyi se）与住迦叶佛窣堵波之僧伽。所以者何？因圆满法行（chos kyi spyod pa yongs su rdzogs pa）与清净戒律（228a4）将于此国现。此国若有人触及大惩罚，可前去牛角山，向彼处之尊者僧伽寻找庇护，如此将自惩罚解脱。所以者何？因数千于彼（228a5）得获解脱者直至当来际（phyi ma'i mtha'）仍于彼处住而不空旷。是故，牛角山、瞿摩娑罗乾陀窣堵波及其国乃诸如来之标帜（？ chang byu）⑥。"

de nas de'i tshe phyogs bcu'i sangs rgyas kyi zhing dag nas⑥ byang chub sems (228a6) dpa' nyi khri lhags nas / bcom ldan 'das gang na ba de logs su⑥ thal mo sbyar ba btud de⑥ dbyangs gcig tu 'di skad ces gsol to / / bcom ldan 'das bdag cag rnams kyis kyang⑥ thabs sna tshogs kyis de bzhin gshegs pa'i spyod yul dang⑥ yul 'di yongs su bskyang (228a7) bar bgyi /

⑥　有关于阗行像的记载，也见于《于阗国授记》及汉文文献《法显传》。参见章巽校注《法显传校注》，北京：中华书局，2008年，12页；朱丽双2012，264—265页。关于西域行像的最新研究，见孟嗣徽《西域"行像"与"炽盛光佛与诸曜星神巡行图"》，《艺术史研究》第17辑，广州：中山大学出版社，2015年，281—308页。

⑥　赞摩伽蓝，于阗语作Tcarma。此伽蓝也见于《于阗国授记》及《大唐西域记》。参见季羡林等校注《大唐西域记校注》，1010—1011页；张广达、荣新江《于阗佛寺志》，原载《世界宗教研究》1986年第3期，此据作者《于阗史丛考（增订本）》，北京：中国人民大学出版社，2008年，225—228页；朱丽双2012，246—247页。

⑥　标识：原文作chang byu、chang khyu或lcags kyu。前二者意不可解，lcags kyu意同铁钩，在此也解释不通。笔者推测或同phyag mtshan，意为标帜、标记、象征。前文曾述世尊告诸眷属言，牛角山、瞿摩娑罗乾陀窣堵波及安乐国乃贤劫诸佛之标帜（D 221b3-4），与此处表达的意思正好相同。

⑥　M 14b1、N 348a5其后多/。

⑥　logs su：N 348a5作logsu。

⑥　M 14b2、N 348a6、St 424a1其后多/。

⑥　N 348a6、St 424a1其后多/。

⑥　spyod yul dang：M 14b3、N 348a7其后多/；St 424a2作spyod lam dang /。

bsrung bar bgyi zhing[638] ji srid du bde bar gshegs pa'i bstan pa dang / dkon mchog gsum la gnas shing / rgyal po dang[639] blon po la sogs pa[640] mi' i[641] tshul khrims dang ldan pa dad pa can dang[642] yul chos dang 'thun par[643] bgyid pa mchis pa de srid du yongs su mi (228b1) gtang[644] zhing[645] yul 'dir dus dus[646] spyod lam dang[647] cha lugs ci dang[648] ji lta bus sems can mang po'i bsod nams chen po yongs su[649] smin par 'gyur ba dang / sangs rgyas[650] nyid du sems bskyed par 'gyur ba dang / bsam gtan dang /[651] ting nge 'dzin[652] la snyoms par 'jug par (228b2) 'gyur ba dang / sangs rgyas nyid las phyir mi ldog par 'gyur ba de lta bu'i skye ba blang ba'i slad du[653] kha cig gis ni rgyal rigs[654] yongs su gzung bar bgyi / kha cig gis ni rab tu byang ba dang / khyim pa gzhan gyi cha lugs yongs su gzung bar bgyi'o //

　　尔时，自诸十方佛刹，（228a6）二万菩萨来诣佛所，合掌恭敬，齐声作如是言："世尊，我等亦将以种种方便对此如来行处及此国庇佑之，（228a7）守护之，直至依止如来佛法与三宝，国王与大臣等执人法，具正信，如法治理国土，［我等］将（228b1）不遗不弃。为使于此国土，时时地，以诸种行止与装扮，众生福德圆满成熟，发心觉悟，禅定，入定，（228b2）觉悟（sangs rgyas）而不退转，如是受生，［我等］将使一些成为王族，一些执出家人之仪，一些执在家人之仪。"

bcom ldan 'das (228b3) kyis bka' stsal pa / rigs kyi bu legs so legs so[655] // rigs kyi bu khyed rnams kyis 'di ltar bskal ba bzang po'i sangs rgyas thams cad kyi spyod yul dang[656] yul 'di gang du sems can rnams[657] sangs rgyas nyid las phyir mi ldog par 'gyur ba de lta bur chu gang thob shig[658] /

　　世尊（228b3）告言："善男子，善哉善哉！善男子，汝等若于此贤劫一切诸佛之

638　N 348a7、St 424a2其后多/。

639　N 348a7、St 424a3其后多/。

640　N 348b1、St 424a3其后多/。

641　mi'i：N 348b1、St 424a3作mi。

642　N 348b1、St 424a3其后多/。

643　'thun par：St 424a3作mthun par。

644　gtang：M 14b4作gtong。

645　N 348b1、St 424a3其后多/。

646　dus dus：N 348b1作dus su；St 424a3作dus dus su。

647　M 14b4其后多/。

648　N 348b2其后多/。

649　yongs su：N 348b2作yongsu。

650　sangs rgyas：M 14b5作sangyas。

651　M 14b5无/。

652　ting nge 'dzin：N 348b2-3作tinge 'dzin。

653　slad du：M 14b6、St 424a5其后多/；N 348b3作bslad du /。

654　rgyal rigs：M 14b6作rgyal srid。

655　legs so legs so：N 348b4-5作legso / legso。

656　M 15a2、N 348b5、St 424a6其后多/。

657　rnams：M 15a2作rnaṃs；N 348b5其后多/。

658　shig：M 15a3作cig。

行处与此国，令众生觉悟而不退转，则当获善种（chu gang）^{⑤⑨}。"

(228b4) yang te'i tshe lha rnam thos kyis bu^{⑥⑥⑩} zhes bya ba dang / mi pham pa^{⑥⑥①} zhes bya ba la sogs pa^{⑥⑥②} lha thams cad kyis^{⑥⑥③} bcom ldan 'das la 'di skad ces gsol to // bcom ldan 'das da ni byang chub sems dpa' sems dpa' chen po rnams kyis^{⑥⑥④} yul 'di bsrung ba'i slad du^{⑥⑥⑤} mthu bstangs pa^{⑥⑥⑥} dang / (228b5) bcom ldan 'das kyis byin gyis brlabs pa^{⑥⑥⑦} dang^{⑥⑥⑧} mthus bdad cag gis^{⑥⑥⑨} kyang de bzhin gshegs pa'i spyod yul dang / byin gyis brlabs brlabs pa'i^{⑥⑦⑩} yul 'di^{⑥⑦①} kun tu bsrung zhing yal bar mi gtang bar bgyi ba'i slad du^{⑥⑦②} brtson 'grus chen po'i shugs kyis 'bad par 'tshal lo^{⑥⑦③} // gal te yul 'dir gru gu^{⑥⑦④} la sogs pa gtum po dad pa ma mchis pa rnams dang / hor dang /^{⑥⑦⑤} sum pa'i dmag dag mchi bar 'gyur na / de dag phan tshun nang la^{⑥⑦⑥} khrug^{⑥⑦⑦} 'byung ba dang / de dag gi 'khor nang mi 'thun par^{⑥⑦⑧} 'gyur ba dang /^{⑥⑦⑨} 'gum par 'gyur bar (228b7) bgyi'o // yang na de dag ci nas kyang 'dir mchi zhing^{⑥⑧⑩} de bzhin gshegs pa'i bstan pa 'jig mi nus par bgyi ba'i slad du^{⑥⑧①} gzhan gyi dbang du 'gyur bar bgyi'o // gal te rgya'i dmag dag mchis par gyur na^{⑥⑧②} de dag gi sems dad par bgyi zhing /^{⑥⑧③} slar yul 'di la phan (229a1) 'dogs pa dang^{⑥⑧④}

---

⑤⑨　善种（chu gang）：在吐蕃时期，chu gang（敬语形式作chab gang）常用来翻译汉语"忠"或"勇"（R. A. Stein, "Two Vocabularies of Indo-Tibetan and Sino-Tibetan Translations in the Dunhuang Manuscripts," in *Rolf Stein's Tibetica Antiqua*, trans. by Arthur P. McKeown, Leiden: Brill, 2010, pp. 64-66）。此外尚有"善""好"之意（张怡荪主编《藏汉大辞典》，北京：民族出版社，2008年，798页）。

⑥⑥⑩　rnam thos kyis bu：N 348b6作rnam thos bu；St 424a7作rnam thos kyi bu。

⑥⑥①　mi pham pa：N 348b6、St 424a7作mi 'pham pa。

⑥⑥②　la sogs pa：M 15a3作las sogs pa。

⑥⑥③　N 348b6、St 424b1其后多/。

⑥⑥④　kyis：M 15a4作kyi。

⑥⑥⑤　slad du：N 348b7作sladu。

⑥⑥⑥　bstangs pa：M 15a4作btangs pa；St 424b1作bstang ba。

⑥⑥⑦　kyis byin gyis brlabs pa：St 424b1作kyi byin gyi brlabs。

⑥⑥⑧　M 15a4、N 349a1其后多/。

⑥⑥⑨　bdad cag gis：N 349a1、St 424b2作bdad cag rnams kyis。

⑥⑦⑩　byin gyis brlabs brlabs pa：St 424b2作byin gyis brlabs pa。

⑥⑦①　N 349a1其后多/。

⑥⑦②　gbyi ba'i slad du：M 15a5、N 349a2其后多/；St 424b2作slad du /。

⑥⑦③　N 349a2其后多/。

⑥⑦④　gru gu：St 424b3作dru gu。

⑥⑦⑤　M 15a6无/。

⑥⑦⑥　la：M 15b1、St 424b3无。

⑥⑦⑦　khrug：St 424b3作'khrug。

⑥⑦⑧　mi 'thun par：N 349a3、St 424b4作mi mthun par。

⑥⑦⑨　M 15b1无/。

⑥⑧⑩　N 349a4、St 424b4其后多/。

⑥⑧①　M 15b2、N 349a4、St 424b4其后多/。

⑥⑧②　M 15b2、N 349a5、St 424b5其后多/。

⑥⑧③　M 15b2、N 349a5、St 424b5无/。

⑥⑧④　M 15b3、N 349a5、St 424b5其后多/。

phyis yul 'dir bsod nams bya ba'i[685] dngos po dge ba rgya chen po bgyid du stsal to / / nam zhig yul 'di'i sems can rnams la gnod pa bgyid pa de'i tshe na yang phyir dad par bgyi zhing /[686] mdo 'di yang khong du chud par bgyid du (229a2) stsal to / /[687] gang gi tshe de dag ma 'ongs par[688] dkon mchog gsum gi yo byad la dbang 'tshal zhing /[689] mnga'[690] 'phrog pa dang / sems can bsod nams dang ldan pa rnams[691] la 'tshe ba de'i tshe ni[692] bdag cag gi 'khor gnod sbyin dad pa can dang[693] dad pa ma mchis pa du ma zhig dbang (229a3) bskur te[694] bkye nas yul der ci nas kyang yun ring[695] zhig gi bar du rgud par bgyi zhing[696] yul 'di 'jig mi nus par bgyi ba'i slad du[697] mu ge dang[698] nad dang[699] pha rol gyi dmag mchi bar[700] bgyid du stsal to / / li yul gyi nor rdzas de dag gis 'tshal ba rnams kyang bkra mi shis par bgyi zhing[701] gang (229a4) dang gang du phyin pa'i yul de thams cad du yang sman yon mi thogs shing 'khrug par bgyi'o / / de dag gyi yul 'dzin pa dang[702] dmag dpon yang rgud par bgyi'o / / bod kyi dmag rnams la yang de bzhin du rig par bgyi ste[703] / gang gi tshe de dag chos dang 'thun par yul 'di (229a5) 'dzin cing srung na ni[704] bdag cag rnams kyis kyang de dag yongs su bskyang[705] zhing rgyal bar 'gyur bar bgyi'o / / nam zhig de dag[706] bde bar gshegs pa'i bstan pa 'jig pa dang[707] yul gyi mi la gnod par bgyid pa de'i tshe ni[708] dmag rnams nang 'khrug 'byung ba dang / dmag gi dpon (229a6) po[709] yang che thang du rgud

---

685　bya ba：St 424b5作bgyi ba。

686　N 349a6、St 424b6无/。

687　nam zhig yul 'di'i sems can rnams la gnod pa bgyid pa de'i tshe na yang phyir dad par bgyi zhing / mdo 'di yang khong du chud par bgyid du (229a2)stsal to / /：M 15b这段话以小字写在此叶最后，其中nam zhig作naṃ zhig；sems can rnams作seṃs can rnaṃs。

688　ma 'ongs par：此据N 349a7、St 424b6。D 229a2作ma 'ongs pa'i。

689　N 349a7、St 424b7无/。

690　mnga'：M 15b4作mang du；St 424b7作mdangs。

691　M 15b4其后多dang ldan pa rnams。

692　M 15b4、N 349b1、St 424b7其后多/。

693　M 15b4、N 349b1、St 424b7其后多/。

694　N 349b1、St 424b7其后多/。

695　yun ring：M 15b5、N 349b1、St 425a1作yun ring mo。

696　M 15b5、N 349b2、St 425a1其后多/。

697　slad du：N 349b2作sladu /；St 425a1其后多/。

698　N 349b2、St 425a1其后多/。

699　N 349b2、St 425a1其后多/。

700　mchi bar：N 349b2作mi mchi bar。

701　M 15b6、N 349b3、St 425a2其后多/。

702　M 16a1其后多/。

703　D 229a4、M 16a1作ste / de；N 349b4作te。

704　N 349b4、St 425a3其后多/。

705　bskyang：M 16a2作skyang。

706　de dag：N 349b5、St 425a4无。

707　M 16a2、N 349b5、St 425a4其后多/。

708　ni：M 16b3其后多/；N 349b5、St 425a4作na /。

709　dpon po：St 425a5作dpon。

par bgyi ste /⁷¹⁰ rgyas par ni snga ma bzhin no⁷¹¹ / / ma 'ongs pa'i dus na yul 'di'i rgyal po dang⁷¹² blon po sems gya gyu can /⁷¹³ bsod nams chung ba dang /⁷¹⁴ dad pa med pa /⁷¹⁵ dkon mchog gsum gyi dkor la 'jol nyog⁷¹⁶ tu rlom zhing /⁷¹⁷ yul gyi rtsis mgo⁷¹⁸ dang (229a7) 'gal bar gyid pa / nor rdzas ma brtags pas⁷¹⁹ go 'phang⁷²⁰ 'tshol ba /⁷²¹ sems can bsod nams dang ldan pa rnams la sun 'byin du⁷²² rgol ba /⁷²³ ngo tsha med pa / mngan dus can /⁷²⁴ 'dod pa'i yon tan gyis ngoms mi myong ba / rab tu 'byung ba dag gis sems skyo ba la la dag (229b1) 'byung bar 'gyur na⁷²⁵ de dag ni bdag cag gis kyang yul 'di nas dbyung zhing⁷²⁶ yul ngan pa gzhan dang⁷²⁷ gzhan dag tu spyugs par bgyi ste⁷²⁸ / tshul de lta bus yul 'di yongs su bskyang ba dang⁷²⁹ bsrung bar bgyi'o / / bcom ldan 'das slad ma rtsod pa'i dus na⁷³⁰ yul 'di gzhig (229b2) par brtson pa'i sems can bdud kyi phyogs sdig par bgyid pa /⁷³¹ mthu stobs dang ldan pa / yul dag tu sems can rnams gyi dad pa zlog par bgyid pa / sems gdug cing brlang ba'i⁷³² lha dang /⁷³³ klu dang /⁷³⁴ gnod sbyin dang /⁷³⁵ srin po du ma zhig 'byung bar 'gyur la / de dag kyang bdag cag gi dbang du mi 'gyur na⁷³⁶ de la bdag cag⁷³⁷ gis thabs ji ltar 'tshal /

（228b4）尔时，毗沙门、难胜天子等诸天白世尊言："世尊，今菩提萨埵为守护

---

⑦¹⁰　M 16a3无/。

⑦¹¹　bzhin no：N 349b6作bzhino。

⑦¹²　M 16a4、N 349b6、St 425a5其后多/。

⑦¹³　M 16a4无/。

⑦¹⁴　dang /：M 16a4无。

⑦¹⁵　M 16a4无/。

⑦¹⁶　'jol nyog：此据M 16a4、St 425a6。D 229a6、N 349b7作'jol nyag。

⑦¹⁷　M 16a4无/。

⑦¹⁸　rtsis mgo：M 16a4作rtsis 'go。

⑦¹⁹　brtags pas：M 16a5作btags pas。

⑦²⁰　go 'phang：M 16a5作go 'chang。

⑦²¹　此据M 16a5、N 350a1、St425ab。D作tshol la。

⑦²²　du：此据M 16a5。D、N、St作tu。

⑦²³　M 16a5无/。

⑦²⁴　ngo tsha med pa / mngan dus can /：M 16a5作ngo tsha med pa rngan du can；N 350a1作ngo tsha med pa dang 'dus can /；St 425a7作ngo tsha med pa dang na 'dus can /。

⑦²⁵　M 16a6、N 350a2、St 425a7其后多/。

⑦²⁶　M 16a6其后多/。

⑦²⁷　gzhan dang：M 16a6无。

⑦²⁸　bgyi ste：N 350a3、St 425b1作bgyis te。

⑦²⁹　N 350a3、St 425b1其后多/。

⑦³⁰　N 350a3其后多/。

⑦³¹　bgyid pa /：M 16b2作bgyid pa'i。

⑦³²　brlang ba'i：N 350a5、St 425b2-3作brlang ba /。

⑦³³　M 16b2、N 350a5无/。

⑦³⁴　M 16b2、N 350a5无/。

⑦³⁵　N 350a5、St 425b1无/。

⑦³⁶　'gyur na：M 16b3、N 350a5其后多/；St 425b3作'gyur /。

⑦³⁷　bdag cag：M 16b3作bdag。

此国而作力，（228b5）世尊亦予加持，是故我等亦愿好生守护此如来行处与加持之
国，不离不散，精进勤猛。（228b6）倘若突厥等凶恶无正信者、回鹘、苏毗之军队前
至此国，愿令彼等相互内斗；彼等之眷属内部不和，相互残杀（228b7）；为使彼等不
能来此并破坏如来佛法，愿令彼等受制于人。倘若汉人军队前来，愿令彼等心生正信，
后利益此国，（229a1）于此国大造福德善业。若［彼等］祸害此国众生，愿令［彼等］
彼时及此后生起正信，了悟此经（229a2）。当未来世彼等为拥有三宝资具而侵掠，伤害
有福众生，尔时，我等之众多具正信与无正信之眷属夜叉，（229a3）为使彼国长期破败
而此国永不毁灭而令［彼国］发生灾荒、疾疫与外敌入侵，将使谋求于阗之财者不得吉
祥，（229a4）所有前来［侵害］之国皆将缺乏医药，且相互混战，彼等执掌国土者与军
官亦将衰败。对吐蕃之军亦将如此使知，若彼等（229a5）执持并守护此如法之国，我
等亦将守护之，令其取胜。若彼等毁灭如来佛法，伤害此国之人，尔时，［我等］将令
［其］军队出现内乱，军官（229a6）亦很快败落，即使［一时］繁盛，亦如前者［败
落］。当未来世，此国之王及大臣心地诡诈，福德衰微，无正信，垂涎三宝之财，乖违
国典[738]（229a7），批评不思财物而求果位之有福众生，不知羞耻，下劣，不满足于欲望
享受，使出家众悲伤，若此等［现象］（229b1）出现，愿我等亦于此国现，流放此等
劣人至他国余处。［我等］将如是庇佑与守护此国。世尊，当未来净劫之时，奋力毁灭
此国（229b2）之众生作恶魔之行，具大威力，使诸国众生颠倒正信，心地残暴凶狠之
诸天、龙、夜叉、罗刹出现，（229b3）不为我等管制。对此我等该作如何？"

bcom ldan 'das kyis bka' stsal pa / rigs kyi bu khyed yid skyo bar ma byid cig / de ci'i
phyir zhe na / gling bzhi ba 'di na[739] byang chub sems dpa' rnams dang / lha mthu (229b4)
stobs che ba dang / klu dang /[740] gnod sbyin sa thob pa du ma zhig gnas pa de dag la[741] sems
'jam pos mchod pa chen po byas te / mchod rten go ma sa la gan da[742] dang[743] gtsug lag khang

⑦⑧⑧ 国典（yul gyi rtsis mgo）：rtsis mgo，意为canon，经典。见黄布凡《〈尚书〉四篇古藏文译文的初步研究》，
《语言研究》1981年，204、223页；W. South Coblin, "A Study of the Old Tibetan Shangshu Paraphrase, Part
I," *Journal of the American Oriental Society*, vol. 111.2, 1991, p. 319. 此词也见于《巴协》，意思当同（Pasang
Wangdu and Hildegard Diemberger trans. and ed., *dBa' bzhed: The Royal Narrative concerning the Bringing of the
Buddha's Doctrine to Tibet*, Wien: Verlag der Österreichischen Akademie der Wissenschaften. 2000, p. 29. 按作者未译
此词），又见于《敦煌本吐蕃历史文书》：mun magI rtsis mgo bgyIs pha，此处意思当有别，似为某种人口统
计。杜晓峰译created the manual / protocols fro soldiers / conscripts. 见Brandon Dotson, *The Old Tibetan Annals: An
Annotated Translation of Tibet's First History*, Wien: Verlag der Österreichischen Akademie der Wissenschaften, 2009,
p. 97.

⑦③⑨ N 350a6、St 425b4其后多/。

⑦④⓪ M 16b4、N 350a7、St 425b4无/。

⑦④① N 350a7、St 425b4其后多/。

⑦④② go ma sa la gan da：M 16b5、St 425b5作go ma sā la gan dha。

⑦④③ M 16b5、N 350a7、St 425b5其后多/。

tsar ma[744] la sogs pa[745] yul byin gyis brlabs brlabs pa[746] rnams su[747] theg pa chen (229b5) po'i sde snod shes rab kyi pha rol tu phyin pa dang /[748] 'dus pa chen po dang / sangs rgyas phal po che dang / dkon mchog brtsegs pa la sogs pa[749] shin du rgyas pa'i sde mang po lhogs shig dang / yul so so nas byang chub sems dpa' sa bcu pa la sogs pa dang / mthu (229b6) stobs che ba'i sems can de dag yul 'dir 'ongs nas[750] chos kyi ro[751] mnos shing[752] dus gsum du gtogs pa'i de bzhin gshegs pa rnams kyi dam tshig las mi 'gal bar byed / bskal pa bzang po'i sangs rgyas rnams kyi spyod yul dang[753] yul yang srung bar byed / yul (229b7) 'di'i mi dang bstan pa yang srung bar byed par 'gyur ro[754] / / gzhan yang ma 'ongs pa'i dus na[755] yul dge ba 'di'i rgyal po mthu chung bar 'gyur te / mthu chung ba des na[756] rang gi mthu stobs kyis yul mi thub pas[757] rgyal po dad pa can gzhan 'di lta ste / bod kyi rgyal po dang /[758] (230a1) ryga'i rgyal po la sogs pa la skyabs btsal nas yul srung bar byed do / / de ci'i phir zhe na / ma 'ongs pa'i dus na[759] rgya dang bod kyi yul du dkon mchod gsum gnas shing[760] mchod gnas chen por byed pa dang[761] yul de dag kyang byang chub sems dpa' (230a2) sems dpa'[762] chen po'i gnas su 'gyur zhing / sems can de dag kyang byang chub chen po'i lam tshol ba'i ngang tshul[763] can[764] theg pa chen po la dad pa /[765] ting nge 'dzin[766] la gzhol bar 'gyur te / de dag gi mthu stobs kyis li yul gyi mi dang / dkon mchog gsum brlag par[767] mi (230a3) 'gyur ro[768] / / skyes bu dam pa khyed rnams kyis kyang

---

[744] tsar ma: 此据N 350b1、St 425b5。D 229b4、M 16b5作tshar ma。

[745] N 350b1其后多/。

[746] byin gyis brlabs brlabs pa：St 425b5作byin gyis brlabs pa。

[747] rnams su：N 350b1作rnamsu /；St 425b5其后多/。

[748] dang /：M 16b6无。

[749] la sogs pa：M 16b6作/。

[750] N 350b3、St 425b7其后多/。

[751] ro：St 425b7作ros。

[752] M 17a1、N 350b3、St 425b7其后多/。

[753] M 17a2、N 350b4、St 426a1其后多/。

[754] 'gyur ro：N 350b4作'gyuro。

[755] M 17a3、N 350b5、St 426a1其后多/。

[756] N 350b5其后多/。

[757] N 350b5、St 426a2其后多/。

[758] M 17a4无/。

[759] St 426a3其后多/。

[760] St 426a3其后多/。

[761] M 17a5、N 350b7、St 426a3其后多/。

[762] sems dpa'：M 17a5作sems dpa'；St 426a3无。

[763] ngang tshul：此据St 426a4。D 230a2、M17a6、N 351a1作dang tshul。

[764] M17a6、N 351a1、St 426a4其后多/。

[765] dad pa /：M 17a6作dad pa；N 351a1、St 426a4作dad pa'i。

[766] ting nge 'dzin：N 351a1作tinge 'dzin。

[767] brlag par：N 351a1-2作brlags par。

[768] 'gyur ro：N 351a2作'gyuro。

bod dang^⑲ rgya'i rgyal po dang^⑳ blon po dag ci nas khyang mchod rten go ma sa la gan da^⑳ dang /^⑳ yul dge ba 'di la ri mo byed par 'gyur ba dang / yul 'dir^⑳ bsod nams bya ba'i dngos po dge ba rgya chen po byed par 'gyur ba dang / yul (230a4) 'di'i mi nyi 'od^⑳ dad pa med pa'i yul gzhan du 'khyams pa rnams kyang^⑳ sdug bsngal dang dbral zhing bde bar rang gi yul du bskyal nas^⑳ phyir yang dag pa'i lta ba can dang / bsod nams la dga' bar 'gyur bar sems sgyur cig dang^⑳ dge ba'i rtsa ba de'i stobs kyis^⑳ (230a5) skyes bu dam pa khyed rnams kyi dge ba'i rtsa ba dang / mdangs dang /^⑳ gzi brjid dang / 'khor 'phel bar 'gyur zhing sangs rgyas nyid du yang nye bar 'gyur gyis / dus gsum du gtogs pa'i de bzhin gshegs pa rnams kyi gdams ngag la byas pa gzo bar gyis (230a6) shig / 'di ltar yul 'di'i sems can rnams ni^⑳ phyir mi ldog pa^⑳ byang chub sems dpa'i las dang ldan pa / snying rje dang ldan pa / bden pa dang ldan pa / gtong phod pa / phrag dog dang^⑳ 'khon du 'dzin pa rnam par spangs pa / byas pa gzo ba /^⑳ chos la^⑳ dga' ba / yang dag (230a7) pa'i^⑳ lta ba can / log pa'i^⑳ lta ba thams cad rnam par spangs pa / sems 'jam par 'gyur te / rgyu des na dge ba rnams zhes bya'o / / yul 'di'i mkhar yang mi byams pa dang^⑳ 'jam pa'i sems dang ldan pa rnams dang / mchod rten dang^⑳ gtsug lag khang du mas^⑳ brgyan (230b1) par 'gyur te / de'i phyir mkhar dge ba can zhes bya'o / / gzhan yang yul gzhan dag nas^⑳ sems can dad pa med pa^⑳ sdang ba 'khon^⑳ du 'dzin pa dag yul 'dir 'ongs pa kun^⑳ yul 'di'i rdul

---

⑲　N 351a2、St 426a5其后多/。

⑳　N 351a2、St 426a5其后多/。

⑳　go ma sa la gan da：M 17b1、St 426a5作go ma sā la gan dha。

⑳　M 17b1无/。

⑳　'dir：St 426a5作'di。

⑳　nyi 'od：St 426a6作'od。

⑳　rnams kyang：M 17b2作rnaṃs kyang；N 351a3其后多/。

⑳　bskyal nas：M 17b3作skyal nas /；N 351a4、St 426a6其后多/。

⑳　M 17b3、N 351a4、St 426a7其后多/。

⑳　N 351a5、St 426a7其后多/。

⑳　M 17b4、N 351a5、St 426a7无/。

⑳　ni：M 17b5无。

⑳　M 17b5、N 351a6、St 426b2其后多/。

⑳　N 351a7、St 426b2其后多/。

⑳　N 351a7无/。

⑳　la：St 426b2无。

⑳　yang dag pa'i：M 17b6作yang dag par。

⑳　log pa'i：此据St 426b3、N 351b1。D 230a7、M 17b6作log par。

⑳　M 18a1、N 351b1、St 426b3其后多/。

⑳　N 351b2、St 426b4其后多/。

⑳　du mas：N 351b2、St 426b4作du sems。

⑳　N 351b3、St 426b4其后多/。

⑳　med pa：M 18a2、St 426b4其后多/；N 351b3作med pa dang /。

⑳　sdang ba 'khon：M 18a2作sdang ba khon；N 351b3作sdam khon；St 426b4作snga 'khon。

⑳　N 351b3其后多/。

gyis reg^{⑦⑨④} cing / yul 'di nas 'khrungs pa'i 'tsho ba la longs spyod na^{⑦⑨⑤} de (230b2) dag thams cad kyis^{⑦⑨⑥} sems bsgyur nas^{⑦⑨⑦} sems 'jam pa dang / mnyen pa dang /^{⑦⑨⑧} byams pa'i bsam pa dang / khro ba dang^{⑦⑨⑨} 'khon^{⑧⓪⓪} du 'dzin pa spangs pa dang /^{⑧⓪①} dad pa dang /^{⑧⓪②} yang yul 'di'i sdig pa mi phyed par^{⑧⓪③} 'gyur te / yul 'di ni yon tan mang po de dag^{⑧⓪④} dang ldan (230b3) pa yin no^{⑧⓪⑤} //

　　世尊告言："善男子，莫要忧虑。所以者何？（229b4）对住此四大洲之诸得地（sa thob pa）菩萨、大力天、龙、夜叉以柔和之心作大供养，于瞿摩娑罗乾陀窣堵波与赞摩伽蓝等曾受加持之地念诵（229b5）《般若经》（Shes rab pha rol tu phyin pa）、《大集经》（'Dus pa chen po）、《华严经》（Sang rgyas phal po che）和《宝积经》（dKon mchog brtsegs pa）等大乘经典，如此十地菩萨等与威力众生将自各处（229b6）而来此国，评估佛法之遗存，使之不违三世诸佛之誓愿，守护贤劫诸佛之行处及其国土，（229b7）守护此国之人与佛法。复次，当未来世此净善国王势力衰微，因势力微弱，不能以己之力持有国土，［彼］将寻找其他具正信之国王，即吐蕃国王与（230a1）汉地国王等之庇佑而守护国土。所以者何？当未来世，汉地与吐蕃之境三宝住世，为盛大应供福田，彼等国土亦将成为大菩（230a2）萨之住所。彼等众生亦具有寻找大菩提道之本性，信仰大乘而系念禅定。因彼等之力，于阗之人众和三宝将不亡失（230a3）。大士，汝等亦使吐蕃与汉地之王与大臣必将承事此瞿摩娑罗乾陀窣堵波与净善国，使此国福德之善业发扬增长，（230a4）此国之人流放至他方无正信之边地者将离诸苦厄，欢喜返回自己之国土，此后将转变心思，持正见，喜爱福德。以此善根之力，（230a5）众上士，汝等之善根、荣泽、威严及眷属亦将增长，将接近觉悟。报答三世如来之教诲（230a6）吧！如是，此国之众生将具不退转菩萨之业，悲梵住，领悟真谛，慷慨好施，离弃嫉妒与怨恨，知恩图报，喜爱佛法，持正（230a7）见而不堕邪见，心灵柔和，是故被称为净善人（dge pa rnams）。此国都城（mkhar）之人亦心地慈悲温和，众多窣堵波和伽蓝庄严，（230b1）故称为净善城。复次，他国无正信而为瞋恨所执之众生若前来此国，触及此境之尘埃而降生于此，享用［此地］之生活，（230b2）彼等亦皆将改变心思，温顺柔和，慈悲，离弃慎恨，具正信，不对此国作恶事。此国乃具诸多功德（230b3）。"

---

⑦⑨④　reg：N 351b3作rig。

⑦⑨⑤　M 18a3、N 351b3、St 426b5其后多/。

⑦⑨⑥　kyis：St 426b5作kyi。

⑦⑨⑦　bsgyur nas：M 18a3作sgyur nas /；N 351b4其后多/；St 426b5作bsgyur na /。

⑦⑨⑧　mnyen pa dang /：N 351b4、St 426b5无。

⑦⑨⑨　M 18a3、N 351b4其后多/。

⑧⓪⓪　'khon：N 351b4、St 426b5作khon。

⑧⓪①　此后至D 231b1 du ma byung bar gyur to // de nas 'khor 'dus pa mang po de dag dang /，M抄写在最后，ff. 19b6-21b1。

⑧⓪②　M 19b6无/。

⑧⓪③　mi phyed par：St 426b6作mi byed par。

⑧⓪④　yon tan mang po de dag：N 351bb5、St 426b6作yon tan 'di dag。

⑧⓪⑤　yin no：N 351b5作yino。

de nas de'i tshe sngar sangs rgyas bcom ldan 'das kyis lan gsum gyi bar du byin gyis brlabs nas[806] 'od zer thugs rje chen po dang bcas te[807] bkye ba des[808] chu na gnas pa'i sems can rnams kyi sems yongs su dag pa dang /[809] bde ba dang ldan par byas nas (230b4) chu'i nang nas slar 'thon te[810] / phyogs bcu'i sangs rgyas kyi zhing thams cad du khyab par gyur to // yang 'od zer de dag slar log nas[811] byang chub sems dpa' sem dpa'[812] chen po rnams kyis yul byin gyis brlabs pa dang / nyan thos chen po rnams kyis yul byin (230b5) gyis brlabs pa dang[813] mtsho'i nang nas byung ba'i pad ma'i[814] steng na[815] de bzhin gshegs pa'i gzugs brnyan bzhugs pa de dang de dag gi 'od zer dang[816] 'dres nas nam mkhar la 'phags te[817] steng gi nam mkha'[818] khebs par gyur cing[819] li yul thams cad du lha'i me tog gi char (230b6) phab po[820] // lha'i me tog de dag phan tshun du reg pa las chos kyi sgo mo 'di lta ste / sangs rgyas dang /[821] chos dang /[821] dge 'dun gyi mtshan dang / yang yag pa'i lta ba dang / shes rab dang / tshul khrims dang / dge ba'i rtsa ba dang / de bzhin gshegs pa rnams kyi dka' (230b7) ba spyad pa dang / smon lam dang / byang chub sems dpa'i rdzu 'phrul dang / sems can yongs su smin par byed pa dang / dge sbyong gi 'bras bu bzhi po rgyun du zhugs pa dang / lan cig phyir 'ong ba dang /[822] phyir mi 'ong pa dang / dgra bcom pa dang / khams gsum gyi srid pa (231a1) las nges par 'byin pa dang /[824] rnam par thar ba'i sgo gsum dang / 'du byed 'jig pa dang / dran pa nye bar gzhag pa dang / 'phags pa'i bden pa dang / rdzu 'phrul gyi rkang pa dang / bsam gtan dang / bsdu ba'i dngos po dang / so so yang dag par rig pa dang / gzugs med (231a2) pa'i snyoms par 'jug pa bzhi dang /[825] dbang po yongs su dag pa dang / byang chub kyi phyogs dang 'thun pa'i[826] chos mtha' dag gi sgra 'byin par gyur to //

---

⑧⑥　N 351b5、St 426b6其后多/。

⑧⑦　M 20a1其后多/。

⑧⑧　N 351b6、St 426b7其后多/。

⑧⑨　M 20a2无/。

⑧⑩　slar 'thon te：N 351b6作slar te。

⑧⑪　slar log nas：N 351b7作log nas /；St 427a1其后多/。

⑧⑫　sem dpa'：M 20a3、N 351b7、St 427a1无。

⑧⑬　M 20a4、N 352a1、St 427a2其后多/。

⑧⑭　pad ma：M 20a4作padma；N 352a1、St 427a2作padmo。

⑧⑮　N 352a1、St 427a2其后多/。

⑧⑯　dang：N 352a2作de dang。

⑧⑰　M 20a4、N 352a2、St 427a2其后多/。

⑧⑱　nam mkha'：M 20a5、N 352a2作naṃkha'。

⑧⑲　M 20a5、N 352a2、St 427a3其后多/。

⑧⑳　phab po：N 352a2作phabo。

㉑　M 20a5无/。

㉒　M 20a6、N 352a3无/。

㉓　N 352a5无/。

㉔　dang /：M 20b2无。

㉕　M 20b3无/。

㉖　'thun pa：St 427a7作mthun pa。

尔时，因往昔世尊曾三次加持，发出光明与大悲心，水居之众生得以心思纯净，安隐快乐。（230b4）［彼等］自水中出，遍满十方佛土。复次，彼等光明返回，诸菩提萨埵加持国土，诸大声闻加持国（230b5）土，海子中所现莲花上安住之如来影像，与彼光明合，升入空中，布满上空，于阗所有地方皆降天花雨（230b6）。天花雨相互碰撞，出现法门如是：佛、法、僧伽之名号，正见，智，律，善根，诸如来之苦行，（230b7）愿誓，菩萨之神变，众生圆满成熟，四沙门果（dge sbyong gi 'zhi po）：预流果（rgyun du zhugs pa）、一来果（lan cig phir 'ong pa）、不返果（phyir mi 'ong pa）、阿罗汉果，出离三界有，（231a1）三解脱门，诸行灭（'du byed 'jig pa）[827]，念住（dran pa nye bar gzhag pa），圣谛（'phags pa'i bden pa），神变足（rdzu 'phrul gyi rkang pa），禅定（bsam gtan），摄事（bsdu ba'i dngos po），无碍解（so so yang dag par rig pa），四无色入定（gzugs med pa'i snyoms par 'jug pa bzhi），（231a2）诸根清净（dbang po yong su dag pa），随顺菩萨分诸法（byang chub kyi phyogs dang 'thun pa'i chos mtha' dag）之声尽皆发出。

gzhan yang[828] sems yongs su dag pa dang / byang chub kyi yan lag dang / 'phags pa'i lam dang / snyoms par 'jug pa dang / sa dang /[829] (231a3) stobs dang / thugs rje dang / byang pa chen po dang / rten cing 'brel bar 'byung ba dang / the tshom sel ba dang / sangs rgyas nyid las mi ldog pa dang / ting nge 'dzin[830] dang / mngon par rtogs pa dang / mi skye ba'i chos la bzod pa dang / ma 'dres pa dang / sangs rgyas nyid du 'gyur ba dang / (231a4) mi rtag pa dang / sdug bsngal ba dang / bdag med pa dang / stong ba dang / ma byas pa dang / ma skyes pa dang / phyin ci ma log pa[831] dang / yang dag pa'i mtha' dang / de bzhin gshegs pa'i snying po'i khongs su[832] gtogs pa rnam par mi rtog pa'i ye shes rtogs pa dang / rnal 'byor pa rnams (231a5) kyis so so rang gis rig pa'i spyod yul dang / skye[833] bsdug bsngal ba dang / rga ba dang / sdug pa dang bral ba dang / mi sdug pa dang phrad pa dang / 'dod pa btsal te ma rnyed pa'i sdug bsngal gyi sgra yang byung bar gyur to //

复次，心清净（sems yongs su dag pa），菩提分（byang chub kyi yan lag），圣道（'phags pa'i lam），入定（snyoms par 'jug pa），地（sa），（231a3）力（stobs），悲悯（thugs rje），大慈悲（byams pa chen po），缘起（rten cing 'brel par 'byung ba），除疑盖（the tshom sel ba），不退转佛性（sangs rgyas nyid las mi ldog pa），三摩地（ting nge 'dzin），现证（mngon par rtogs pa），无生法忍（mi skye ba'i chos ya bzod pa），不共（ma 'dres pa），成佛（sangs rgyas nyid du 'gyur ba），（231a4）无常（mi rtag pa），苦（sdug bsngal ba），无我（btag med pa），空（stong pa），不作（ma

---

827 'du byed：梵文作saṃskāra。

828 gzhan yang：N 352b1、St 427a7作gzhan。

829 M 20b5、N 352b1无/。

830 ting nge 'dzin：N 352b2作tinge 'dzin。

831 ma log pa：M 21a1作log pa。

832 khongs su：M 21a1、N 352b4作khongsu。

833 skye：M 21a2作skye ba dang /；St 427b4作skye ba。

byas pa），不生（ma skyes pa），不颠倒（phyin ci ma log pa），真实际（yang dag pa'i mtha'），证悟如来藏所属无分别智（de bzhin gshegs pa'i snying po'i khongs su gtogs pa rnam par mi rtog pa'i ye shes rtogs pa），瑜伽师（rnal 'byor pa）（231a5）分别自证之行处（so so rang gis rigs pa'i spyod yul），生苦（skye ba sdug bsngal ba），老（rga ba）、爱别离（sdug pa dang bral ba）、怨憎会（mi sdug pa dang phrad pa）、求不得（'dod pa btsal te ma rnyed pa）苦，［此等］声音亦皆发出。

gzhan yang phung po lnga po[834] dag la sems can med pa dang / gso ba dang / (231a6) gang zag dang / srog med pa dang / chos bden pa skye ba med pa dang[835] / 'gag pa med pa dang[836] / rtag pa med pa dang[837] / chad pa med pa / 'ong ba med pa / 'gro ba med pa dang / dkon mchog gsum gyi gdung dang / byin gyis brlabs dang / 'gro ba lnga po dag gi 'khrul ba[838] rmi lam lta bu dang / 'khor ba'i (231a7) 'du byed btson ra lta bu dang / sgyu ma dang / smig rgyu dang / chu zla dang / brag ca[839] lta bu'o zhes bya ba'i sgra byung bar gyur te[840] / gzhan yang dad pa dang[841] mngon par rtogs pa dang / brtson 'grus dang / dge ba bcu'i las kyi lam dang / 'khor bas skyo ba[842] dang / de lta bu la sogs pa sgra brgya stong du ma byung bar (231b1) gyur to //

　　复次，五蕴无有情（phung po lnga po dag la sems can med pa），无治（gso ba）、（231a6）无人（gang zag）、无命（srog），法谛无生（chos bden pa skye ba med pa）、无碍（'gag pa med pa）、无常（rtag pa med pa）、无量（chad pa med pa）、无来（'ong pa med pa）、无去（'gro ba med pa），三宝种姓（dkon mchog gsum gyi gdung），加持（byin gyis brlabs），五趣（'gro ba lnga po）之错乱（'khrul ba）如梦，轮回之（231a7）行（'khor ba'i 'du byed）如牢狱（btson ra）、如幻术（sgyu ma）、如阳焰（smig rgyu）、如水月（chu zla）、如空谷回声（brag ca），如是声音发出。复次，正信（dad pa），现证（mngon par rtogs pa），精进（brtson 'grus），十善业道（dge ba bcu'i las kyi lam），厌离轮回（'khor bas skyo ba），如是等等，万千声音，悉皆发出（231b1）。

de nas[843] 'khor 'dus pa mang po de dag dang[844] / byang chub sems dpa' phyogs phyogs

---

834　lnga po：N 352b6作lnga。

835　dang：M 21a4无。

836　dang：M 21a4、N 352b6无。

837　dang：M 21a4、N 352b7无。

838　N 352b7其后多/。

839　brag ca：M 21a5、N 353a1、St 427b6作brag cha。

840　gyur te：N 353a1作gyur to。

841　M 21a6、N 353a1、St 427b6其后多/。

842　skyo ba：N 353a2、St 427b7作skyo bar gyur ba。

843　de nas：N 353a3、St 427b7无。

844　dang：M 21b1作la。

nas[645] lhags pa de dag thams cad sa la gnas pa'i lha dang / klu dang /[646] nam mkha'[647] la gnas pa'i lha dang / gnod sbyin thams cad sems ngo mtshar du gyur nas[648] rangs pa skyes te / chos kyi sgo mo'i sgra de (231b2) dag[649] la yid mi phyed par gyur to / /

尔时，众多聚会眷属，一切自各方云集之菩萨，地上安住之天、龙，虚空安住之天、夜叉，悉皆心生稀有，欢喜称叹，对诸法门之声（231b2），心不离乱。

de nas de'i tshe 'khor de dag gis[650] khong du chud par bya ba'i phyir[651] byang chub sems dpa' sems dpa' chen po 'jam dpal gzhon nur gyur bas[652] bcom ldan 'das la 'di skad ces gsol to / / bcom ldan 'das ci'i slad du cho 'phrul chen po 'di lta bu[653] bstan pa lags /

尔时，为使诸眷属领悟，大菩萨文殊童子白世尊言："世尊，以何因缘，示现此大神变？"

(231b3) bcom ldan 'das kyis tshangs pa'i dbyangs kyis bka' stsal pa / jam dpal chos kyi sgo mo 'di dag ni[654] yul dge ba nas skye ba'i sems can rnams kyi ched dang[655] / 'khor bzhi po rnams kyi ched du yang lhag par byin gyis brlabs nas bstan pa yin te / chos kyi sgo mo 'dis ni[656] byang chub sems dpa' rnams (231b4) tshegs chung ngu dang / 'bad pa chung ngus dbang po dang /[657] shes pa yangs su dag par 'gyur zhing /[658] chos kyi sgo mo de dang de dag kyang mngon par[659] rtogs par 'gyur ro[660] / ma 'ongs pa'i skye bo de dag ni byis pa chung ngu yan cad chos mngon par rtogs par dga' zhing[661] rtsed mor yang chos kyi sgo mo 'di dag smra bar 'gyur ro[662] / (231b5) sems can de dag dbang po yongs su[663] brtas nas[664] chos kyi mig rnam par dag pas[665] de bzhin gshegs pa'i sku yang mthong bar

---

645　phyogs phyogs nas：M 18a4作phyogs nas。

646　M 18a4无/。

647　nam mkha'：N 353a3作namkha'。

648　N 353a4、St 428a1其后多/。

649　de dag：M 18a5作de ga。

650　gis：此据M 18a5、N 353a4。D231b2作gi。

651　N 353a5、St 428a2其后多/。

652　N 353a5、St 428a2其后多/。

653　'di lta bu：M 18a5作'di。

654　N 353a6、St 428a3其后多/。

655　ched dang：St 428a4作ched de。

656　N 353a7、St 428a4其后多/。

657　M 18b2无/。

658　N 353b1、St 428a5无/。

659　mngon par：M 18b3无。

660　'gyur ro：N 353b1作'gyuro。

661　M 18b3、N 353b2、St 428a6其后多/。

662　'gyur ro：N 353b2作'gyuro。

663　yongs su：M 18b4无；N 353b2作yongsu。

664　N 353b3、St 428a6其后多/。

665　N 353b3、St 428a6其后多/。

'gyur / chos kyi rna ba rnam par dag pas[866] chos yang dag par ma nor ba[867] yang thos par 'gyur / de dag 'khor ba na[868] 'du byed dang[869] chos thams cad las kyang sems rnam par grol (231b6) bar 'gyur te / sems de lta bu des na[870] yul dgon pa byin gyis brlabs pa 'dir[871] dge ba'i phyogs la brtson pa'am / yang na ri glang ru la gnas pa[872] de dag thams cad dngos grub thob par 'gyur te / bdud sdig can gyis kyang glags mi rnyed na[873] gzhan dag gis lta smos kyang ci dgos / 'di lta ste / lha (231b7) rnams kyis 'khor gnod sbyin nam / dri za'am / mi'am ci chad pas bcad par 'gyur na'ang[874] mchod rten go ma sa la gan da dang[875] / ri glang ru la 'khras na[876] de dag gis mi mthong bar 'gyur ro[877] // brgya la mthong na yang sems zhi bar 'gyur te / rgyu des na ri glang ru dang /[878] mchod rten go ma sa la gan da ni[879] mtshams (232a1) bcad pa[880] dang / gtsang byed[881] dang /[882] skyabs dang /[883] 'jig rten gyi khams gzhan dag[884] na gnas pa'i sems can rnams kyis kyang phyag bya bar 'os pa yin no // mchod rten go ma sa la gan da[885] dang / ri glang ru dang / yul dge ba dang / mkhar dge ba can dang / dgon pa byin gyis brlabs (232a2) brlabs pa'i[886] ming thos nas[887] dad pa skyes pa tsam gyis kyang sdig pa chen po 'byang bar 'gyur ro //

（231b3）世尊以梵净之音告言："文殊！此等法门为净善国众生与四众弟子特别加持而演说。以此法门，诸菩萨（231b4）不需辛劳、稍事勤勉即获根慧清净，现证所有法门。当未来世，众生自童稚时，即喜爱修证，于游戏中亦说此法门。（231b5）众生根器丰满，法眼清净，得见如来佛身；法耳清净，得闻清净正法。彼等若轮回转世，其心将从一切行与法中得解脱（231b6）。如是之心，于此曾受加持之阿兰若国将向善法精进，复以牛角山安住之一切悉将得获成就，〔故〕恶魔诸众不能得逞，遑言其他。如此，当诸天（231b7）欲惩戒眷属夜叉、乾达婆、紧那罗，若〔彼等〕依止瞿摩

---

866 N 353b3、St 428a7其后多/。

867 ma nor ba：此据M 18b5、N 353b3、St 428a7。D 231b5作nod pa。

868 na：St 428a7作nas。

869 M 18b5、N 353b4、St 428a7其后多/。

870 N 353b4、St 428b1其后多/。

871 St 428b1其后多/。

872 gnas pa：M 18b6、N 353b5、St 428b1无。

873 M 18b6、N 353b5、St 428b2其后多/。

874 'gyur na'ang：M 19a1、N 353b6其后多/；St 428b2作gyur na yang /。

875 go ma sa la gan da dang：M 19a1-2作go ma sā la gan dha'am；St 428b3作go ma sā la gan dha dang。

876 N 353b6、St 428b3其后多/。

877 'gyur ro：M 19a2作'gyuro。

878 M 19a2、N 353b7无/。

879 go ma sa la gan da ni：M 19a2作go ma sā la gan dha na；N 353b7其后多/；St 428b3作go ma sā la gan dha ni /。

880 bcad pa：St 428b4作gcad pa。

881 gtsang byed：M 19a3作gtsang sbra byed pa。

882 N 354a1其后多/。

883 M 19a3无/。

884 gzhan dag：M 19a3作gzhan。

885 go ma sa la gan da：M 19a3-4、St 428b4作go ma sā la gan dha。

886 byin gyis brlabs brlabs pa：N 354a2、St 428b5作byin gyis brlabs pa。

887 N 354a2、St 428b5其后多/。

娑罗乾陀窣堵波与牛角山，诸天将不能见之。倘或见之，亦将心境平和。是故，牛角山与瞿摩娑罗乾陀窣堵波，［宜］定界之，（232a1）清净之，庇护之；娑婆世界他处众生亦宜顶礼。瞿摩娑罗乾陀窣堵波、牛角山、净善国、净善城及数受加持之阿兰若（232a2），若闻其名，即将生起正信，净除罪孽。"

de nas de'i tshe bcom ldan 'das kyis[888] tshe dang ldan pa shā ri'i bu[889] dang / rnam thos kyi bu la bka' stsal pa[890] rigs kyi bu khyed gnyis song la[891] mtsho chen po 'di sha'i ri drol[892] te / byang phyogs logs su[893] gyi (232a3) sho gtsang po'i[894] nang du pho la[895] chu na gnas pa'i sems can rnams la mi gnod par srung ba dang / yul 'di sa mtshams[896] mngon par gyis shig //

尔时，世尊告尊者舍利弗和毗沙门言："善男子，汝二人去决肉山（Sha'i ri）[897]，将此大海子倾至北方（232a3）计戍水（Gyi sho gtsang po）[898]。守护水中生灵，莫伤之。令此国疆界分明。"

---

[888] St 428b6其后多/。

[889] shā ri'i bu：M 19a5作shā rī bu。

[890] M 19a5、N 354a3、St 428b6其后多/。

[891] M 19a5、N 354a3、St 428b6其后多/。

[892] sha'i ri drol：M 19a5作sha ri'i grol。

[893] logs su：N 354a4作logsu；St 428b6作su。

[894] sho gtsang po：N 354a4、St 428b6作sho rtsang po。

[895] N 354a4、St 428b6其后多/。

[896] sa mtshams：M 19a6作sa；St 428b7作mtshams。

[897] 肉山（Sha'i ri）：《于阗国授记》称舍利弗和毗沙门所决之山为肉色山（Maṃ sa bar na parba ta zhes bya ba'i ri）；《于阗教法史》称为神山（Shing shan），即今麻札塔格（朱丽双2012，236—237页；朱丽双2013，428—430页）。又，张延清发现的北京大学图书馆藏敦煌文献《牛角山授记》此处亦做神山。见其文《北京大学图书馆藏敦煌藏文〈牛角山授记〉译解》，待刊。

[898] 计戍水（Gyi sho gtsang po）：张延清最先指出此即《通典》于阗条所记之计首水："……首拔河，亦名树拔河，或云即黄河也。北流七百里，入计戍水，一名计首水，即葱岭南河，同入盐泽。"（见其文《北京大学图书馆藏敦煌藏文〈牛角山授记〉译解》，待刊。）《周书·异域传》下于阗国条（第917页）："城东二十里有大水北流，号树枝水，即黄河也。城西十五里亦有大水，名达利水，与树枝俱北流，同会于计戍。"本文据此翻译。又，麻札塔格出土藏文木简M.Tagh.c.iv.0036(Tib N 2170)：Par ban gyi th[a]d ka gyi sho rtsang 'gram du Nam ru pag gi [gsum] [ron] rngu mchis pa'i "拨换方向计戍水旁来了Nam ru pag【千户】的gsum ron rnu"；M.Tagh.0522 (Tib N 1339)：Nam ru pag rting non gi sho rtsan 'g[r]am gyi so pa "Nam ru pag rTing non 计戍水旁之士兵"。见F. W. Thomas, *Tibetan Literary Texts and Documents concerning Chinese Turkestan*, Parts II, London: The Royal Asiatic Society, 1951, pp. 243, 433. 按关于拨换的对音，伯希和最先提出《阿罗汉僧伽伐弹那授记》中和安西（An rtse）、据史德（Gus tig）、疏勒（Shu lig）等一起出现的地名Par wan指拨换（Paul Pelliot, *Notes on Marco Polo*, vol. II, Paris, 1986, pp. 713-715），则此处之Par ban当亦是拨换。木简称计戍水的方位是对着"拨换方向"，与《周书》所谓于阗城东的树枝水与城西的达利水北流汇合后入计戍的记载正好一致。Par ban见于多件和田出土的藏文文书（F. W. Thomas, *Tibetan Literary Texts and Documents concerning Chinese Turkestan*, Parts II, pp. 203-204, 242-244），其中木简文书M.Tagh.c.iii.0025是一件牒文："送至拨换以下与Drugu 'jor以下之士兵。此牒（?'par ma）不得有所偏差，送至神山，小心谨慎，不得懈怠。日夜急送。何人懈怠者，将受惩罚。"笔者过去研究唐代于阗的地理区划时，对于阗的北部辖境是否包括赤河（今塔里木河）在内曾有所迟疑（《唐代于阗的羁縻州与地理区划研究》，《中国史研究》2012年第2期，87页）。现从这件木简分析，至少在吐蕃统治的某个时期，于阗北部边境直达拨换以南赤河以北之地，甚为辽阔。

de nas nyan thos chen po shā ri'i bu dang[899] rnam thos kyi bus de bzhin 'tshal lo[900] zhes gsol nas[901] rdzu 'phrul gyis nam mkha'[902] las sha'i ri[903] gang na ba de logs su[904] (232a4) chas te / shā ri'i bus ni lag na mkhar sil[905] thogs / rnam thos kyi bus ni lag na mdung thogs nas[906] sha'i ri[907] phyed stam pas[908] blangs te /[909] nub phyogs logs su[910] bzhag nas[911] chu srol chen po btod de[912] mtsho srog chags dang bcas pa[913] [gyi] sho gtsang po'i[914] nang du pho ste / tshul de lta bus mchod rten go ma (232a5) sa la gan da[915] dang / ri glang ru dang /[916] li yul de mngon par byas so //

复次，大声闻舍利弗与毗沙门白言：“谨如所教！”言毕以神通腾空而起，即赴肉山，（232a4）舍利弗手持锡杖，毗沙门手持矛，拢括（stam pas）[917]一半肉山，取而置于西边，开出大河道（chu srol），将海子连同有情众生悉皆倾至【计】成水。如是，瞿摩娑罗乾陀窣堵波、（232a5）牛角山及于阗清晰显现。

de nas bcom ldan 'das kyis 'phags pa spyan ras gzigs dbang phyug dang / byams pa la sogs pa[918] byang chub sems dpa' sems dpa' chen po brgyad dang / byang chub sems dpa' nyi khri drang srong[919] dang bcas pa dang / rnam (232a6) thos kyi bu dang /[920] khyim tshig[921] la sogs pa lha chen po brgyad dang /[922] 'khor sum khri lnga stong lnga brgyad dang bcas pa la[923] mchod

---

[899]　M 19b1、N 354a5、St 428b7其后多/。

[900]　'tshal lo：M 19b1、N 354a5作'tshalo /。

[901]　M 19b1、N 354a5、St 428b7其后多/。

[902]　nam mkha'：N 354a5作namkha'。

[903]　sha'i ri：M 19b1作sha ri。

[904]　logs su：N 354a5作logsu。

[905]　mkhar sil：此据N 453a6。St 429a1作'khar gsil，为另一种写法；D 232a4作khar gsil，M 19b1-2作mkhar bsil，皆不确。

[906]　nas：N 354a6、St 429a1作te /。

[907]　sha'i ri：St 429a1作shā ri'i。

[908]　stam pas：此据N 453a6，St 429a1-2作skam pas。

[909]　M 19b2无/。

[910]　logs su：M 19b2作logsu。

[911]　M 19b2、N 354a6、St 429a2其后多/。

[912]　btod de：M 19b2作gtong de /；N 354a6作btod do / /；St 429a2作gtod de。

[913]　bcas pa：此据M 19b3。D 232a4作bcas par gyi；N 354a7作chas gyi；St 429a2作chas gyi。

[914]　sho gtsang po：M 19b3作gtsang po；N 354a7作sho rtsang po；St 429a2作sho rtsad po。据前述张延清发现的《牛角山授记》残件，当作gyi sho gtsang po。

[915]　go ma sa la gan da：M 19b3、St 429a2作go ma sā la gan dha。

[916]　N 354a7无/。

[917]　stam pas：stam当作stams，据托玛斯，stams是sdom的过去式，有束、缚、系、总拢之意。F. W. Thomas, *Tibetan Literary Texts and Documents concerning Chinese Turkestan*, Parts III, London: The Royal Asiatic Society, 1955, p. 138.

[918]　N 354b1其后多/。

[919]　drang srong：M 19b4作drong。

[920]　M 19b5无/。

[921]　khyim tshig：此据M 19b5、N 354b2、St 429a4。D 232a6作khyim gcig。

[922]　dang /：M 19b5无/；N 354b2作dang。

[923]　M 19b5、N 354b2、St 429a4其后多/。

rten go ma sa la gan da[624] la sogs pa yongs su gtad de / lha de dag gis kyang de bzhin du mnos so[625] / / bcom ldan 'das kyis kyang de bzhin du gnang ngo / /[626] bcom ldan (232a7) 'das kyis de skad ces bka' stsal dang / 'khor de dag thams cad[627] bcom ldan 'das kyis gsungs pa la yi rangs te mngon par bstod do / / / /

于是，世尊将瞿摩娑罗乾陀付嘱于圣观自在、弥勒等八大菩萨与二万菩萨及其仙人（drang srong），毗沙门（232a6）、热舍等八大守护神及其三万五千五百眷属。如是诸天受持，如是世尊授予，如是世尊（232a7）教赐，彼诸眷属欢喜踊跃，称叹世尊所讲。

'phags pa ri glang ru[628] lung bstan pa zhes bya ba theg pe chen po'i mdo rdzogs so[629] / / / /

《圣牛角山授记》大乘经，圆满。

An Annotated Translation of the *Prophecy of Gośṛṅga*

Zhu Lishuang

The Tibetan text *'Phags pa ri glang ru lung btsan pa* or *Prophecy of Gośṛṅga* is contained in the Tibetan Buddhist canon *bKa' 'gyur*. It relates the story of how the Buddha Śākyamuni went to the 'Ox-horn' hill (Tib. Ri glang ru; Skt. Gośṛṅga) to prophesy the coming existence of the Khotan kingdom and to command Bodhisattvas, devas and other divine beings to protect the kingdom in future. It was composed sometime between 802 to 812/824 and the original text was in Khotanese. The paper provides an annotated translation of the *Prophecy*. The basic text is from the Derge edition, the different readings of the Narthang edition, the Stog palace manuscript and a manuscript from the Cultural Palace of Nationalities of Peking were shown in footnotes. Judging from the critical apparatus, variants in the different versions are not significant. As far as the main text is concerned, there is close agreement among them, though there are more or less omissions and copy errors here and there.

---

[624] go ma sa la gan da：M 19b5、St 429a4-5作go ma sā la gan dha。

[625] mnos so：N 354b3作gnas so。

[626] kyis kyang de bzhin du gnang ngo / /：M 19b6作dang /。

[627] thams cad：N 354b4、St 429a6作thams cad kyis。

[628] ri glang ru：此据M 21b2、N 354b4、St 429a6。D作glang ru。

[629] rdzogs so：M 21b2、N 354b4作rdzogso。

唐代过所与公验刍议

——兼论过所与唐代流动人口的管理与掌控

赵　洋

　　过所是唐代官方颁发给行旅之人的通关凭证，形式上是一种正式的官文书，以证明持有者可以通过疆域内的关津镇戍。同时，与之相关的还有公验、请过所的牒状及勘过证明档案等。日本学者内藤虎次郎、中国学者王仲荦等先生都早已对唐代过所做过初步探讨[1]，后来程喜霖先生的系统梳理与研究成果更为瞩目，对唐代过所的制度流变及发展等问题做了详尽讨论[2]。另外，由于日本入唐僧最澄与圆仁的公验和过所至今仍在日本保存，所以日本学者砺波护先生也很早就对这批珍贵材料做过研究，并关注到敦煌吐鲁番出土的过所文书[3]。近年来，由于明抄本宋代《天圣令》的发现，孟彦弘与李全德先生的相关讨论，则对唐代过所有无副本及所谓"副白""录白案记"等问题再做辨析，更正了以往一些不甚明晰的认识[4]。

　　以上中日学者的研究，基本条分缕析地将唐代过所的制度变化呈现在我们面前。但过所作为唐代最重要的官文书之一，在制度安排与实际行用过程中，仍有许多相关问题值得探讨。尤其在管理和掌控流动人口的信息等方面，过所与公验所发挥的作用仍有区别。过所与其他官文书又是如何发生关联，并由此达成管理和掌控流动人口的目的，以及行旅之人的旅行手册与过所又有何关系，都有待辨析。以下笔者试将这几个问题进行论述。

---

[1]　内藤虎次郎《三井寺藏唐过所考》，万斯年编译《唐代文献丛考》，上海：商务印书馆，1957年，51—71页；王仲荦《试释吐鲁番出土的几件有关过所的唐代文书》，《文物》1975年第7期，35—42页。

[2]　程喜霖《唐代的公验与过所》，《中国史研究》1985年第1期，121—134页；作者著《唐代过所研究》，北京：中华书局，2000年。早期的唐代过所研究，可参刘玉峰《试论唐代的公验、过所制度与商品流通的管理》，《敦煌研究》2000年第3期，160页注一。

[3]　砺波护《唐代の过所と公验》，《中国中世纪の文物》，京都：京都大学人文科学所，1993年；此据汉译本《唐代的过所与公验》，韩昇编译《隋唐佛教文化》，上海：上海古籍出版社，2004年，153—208页。

[4]　孟彦弘《唐代"副过所"及过所的"副白""录白案记"辨识》，原载《文史》2008年第4期，收入作者著《出土文献与汉唐典制研究》，北京：北京大学出版社，2015年，125—157页，此据作者著论文集的最终修订版；李全德《〈天圣令〉所见唐代过所的申请与勘验——以"副白"与"录白"为中心》，荣新江主编《唐研究》第十四卷，北京：北京大学出版社，2008年，205—220页；孟彦弘《再谈唐代过所申请、勘验过程中的"副白"与"录白案记"——与李全德先生的商讨》，《隋唐辽宋金元史论丛》第1辑，北京：紫禁城出版社，2011年，176—188页。

一、唐代过所与公验的区别再辨

过所与公验虽然都可以作为行旅之人往来度关的凭证，但两者仍有区别。程喜霖先生认为过所与狭义公验在内容和作用上并无不同[5]；孟彦弘先生也认同过所与公验在作"通行证明"之用时并无明显区别，但从审判机构及法律效力而言，两者似有所不同[6]；张飘先生则从文书颁发机构、行用范围、申请与管理等方面详细考辨两者的不同[7]。

以上学者所讨论的异同都很有道理，但在笔者看来，过所与公验最根本的区别还是在于过所为专门性的官文书，而公验只是临时性的公文。如果用现在的证件来类比，过所类似于现在的护照，审核下发程序十分严格，但只能用于通过规定的关津镇戍；公验则相当于现在的临时身份证，随时申请，用于临时性跨州县的证明。由此，过所和公验才会在颁发机构、行用范围和重要程度等方面有所区别。

根据唐代官方规定，往来行旅之人通关必须申请过所。《唐六典》载：

> 凡度关者，先经本部本司请过所，在京，则省给之；在外，州给之。虽非所部，有来文者，所在给之[8]。

过所的颁发只有尚书省或州才有资格。如果行人没有过所而私度关津，将接受《唐律疏议》所列律文的惩罚[9]。

通过对敦煌吐鲁番出土的过所文书讨论，程喜霖先生还详细论述了过所申请颁发的复杂程序[10]。其大概过程可能如《天圣令·关市令》复原唐令所云：

> 诸欲度关者，皆经本部本司请过所，具注姓名、年纪及马牛骡驴牝牡、毛色、齿岁，官司检勘，然后判给。还者，连来文申牒勘给。若于来文外更须附者，验实听之。日别总连为案。若已得过所，有故卅日不去者，将旧过所申牒改给。若在路有故者，申随近州县，具状牒关。若船筏经关过者，亦请过所[11]。

此外，目前所见日本《养老令·公式令》中保存有《过所式》[12]，由于日本《养老令》是以唐令为底本，据此也可以推测《过所式》应当也曾被写入唐代的《公式令》当中。所

---

[5]　程喜霖《唐代过所研究》，169—195页。

[6]　孟彦弘《唐代"副过所"及过所的"副白""录白案记"辨识》，144—151页。此外，关于过所和公验是否另有副本，孟彦弘先生也有不同意见，参孟彦弘《唐代"副过所"及过所的"副白""录白案记"辨识》，125—135页。

[7]　张飘《出土文书所见唐代公验制度》，《史学月刊》2017年第7期，55—57页。

[8]　《唐六典》卷六《司门郎中》条，陈仲夫点校，北京：中华书局，1992年，196页。

[9]　《唐律疏议》卷八《卫禁律》，刘俊文点校，北京：中华书局，1983年，172—173页。

[10]　程喜霖《唐代过所研究》，59—90页。

[11]　参孟彦弘《唐关市令复原研究》，《天一阁藏明钞本天圣令校证》（下），北京：中华书局，2006年，526—527页。

[12]　《令集解》卷卅三《公式令》，东京：吉川弘文馆，1985年，842—845页。

以，过所的行用被唐代的律令格式所规范并保证其严格施行。

与过所相比，公验则没有这么复杂的制度规定。按照胡三省注解云："公验者，自本州给公文，所至以为照验。"[13]也就是说，公验是本州就可以颁发的公文。另据《天圣令·关市令》唐5条的规定：

> 诸关官司及家口应须出入余处关者，皆从当界请过所。其于任所关入出者，家口造簿籍年纪，勘过。若比县隔关，百姓欲往市易及樵采者，县司给往还牒，限三十日内听往还，过限者依式更翻牒。其兴州人至梁州及凤州人至梁州、岐州市易者，虽则比州，亦听用行牒[14]。

令文中的往还牒或行牒大概相当于我们所说的公验，都是用于临近州县的往来。除此令之外，我们再没有见到与公验申请、颁发和惩罚相关的律令格式规定。也正因为没有那些繁琐的明文制度规定，公验的效力远比不上过所，但其颁发的程序才会如此简便，使用上也更加的灵活多样[15]。

所以，过所作为一种专门的官文书，为了保证其顺畅和有效地被施行，唐代的律令格式会对其进行详细且严格的制度规定；公验作为地方州县就能颁发的公文，为了使用方便导致申请颁发的程序十分简单，唐代的律令格式并未严格对其规范。

除了以上制度规定导致的区别之外，如果我们将唐前期西北地区过所与唐后期东部地区公验的行用情况进行比较，可能还会显现出其他区别。

程喜霖先生在总结国家设置关津作用时说："关津稽查行旅过所在于禁暴察奸、防卫治安、保证国家税源和兵源，于是稳定编户，缉获逃户、逃兵，是官司的职责，也是国家置关的目的。"[16]唐代过所行用的主要目的大概也是如此。敦煌吐鲁番虽在唐前期属于正州，但此地区特殊的地理位置，致使该地区往来流动人口相当频繁，也时常会遭受外来势力的威胁，过所的行用也成为国家处理这些问题的有效手段之一。

作为唐代丝绸之路的必经地带，相比较中原地区而言，敦煌吐鲁番地区的各色人员构成复杂，尤其是往来中原与西域进行贸易的商人数量应当较多。这些往来行旅的身份等信息也会详略不一，当他们频繁地往来于此地区时，必然会带来种种问题。而唐朝作为一个开放性的大帝国，自然不会采取闭关锁国的消极政策，但为了有效管理和掌控这些往来的各色行旅，过所的行用当然也会相应偏多且更受重视。如吐鲁番出土文书《唐垂拱元年（685）康尾义罗施等请过所案卷》中抄有一份案例：

（前缺）

1	圉拱元年四月　日
2	译翟那你潘
3	连　亨　白

⑬　《资治通鉴》卷二四九"宣宗大中六年十二月"条，北京：中华书局，1956年，8052页。
⑭　《天一阁藏明钞本天圣令校证》（下），405页。
⑮　程喜霖《唐代过所研究》，185页。
⑯　程喜霖《唐代过所研究》，212页。

4　　　　　　　　　　　十九日

5　　　　　］义罗施年卅　　　｜　｜　｜

6　　　　　］钵年六十　　　　｜　｜　｜

7　　　　　］拂延年卅　　　　｜　｜　｜

8　　　　　］色多年卅五　　　｜　｜　｜

9　　　　　　］被问所请过所，有何来文，

10　仰答者！谨审：但罗施等并从西

11　来，欲向东兴易，为在西无人遮得，更

12　不请公文，请乞责保，被问依实。谨

13　□。亨

14　　　　　　　　　　　］月　　日

（后残）[17]

罗施等人作为从西域而来的商胡，想要前往西州以东进行贸易，他们就必须向当州申请过所。当州官司也只有通过严格的过所申请和勘验手续，才能有效核验这些商胡的身份及往来目的，从而掌管他们的有效信息来维护丝路的安全。

同时，唐前期的西北地区虽经过多年经营，已被唐廷纳入唐帝国的版图之内，但该地区依然会时常遭受外来势力的威胁，过所的行用也关系到该地区的关禁防卫和军事预警等。如上引罗施等人申请过所的案例，程喜霖先生对案卷中"在西无人遮得"进行解释，指出"遮得"是阻拦的意思，罗施等人之所以在西州以西没有人阻拦，是由于当时西州以西的安西四镇正遭到突厥和吐蕃的威胁，导致"关禁松弛，对商胡无暇过问"，故而罗施等人走到西州才遇到需要申请过所的问题[18]。国家力量在某地区控制力下降时，关禁松弛，过所的行用自然也就无从谈起。所以，这个案例其实反证了当时西州以东的关禁防卫依然严密，所以罗施必须申请过所接受当州及关禁的勘验。另外，《唐开元二十年（732）瓜州都督府给西州百姓游击将军石染典过所》载：

（前略）

11　三月十九日悬泉守捉官高宾勘西过

12　三月十九日常乐守捉官果毅孟进勘西过

13　三月廿日苦水守捉押官年五用勘西过

14　三月廿一日盐池守捉押官健儿吕楚珪勘过

（后略）[19]

石染典是在瓜州申请返回安西的过所，节录部分则是石染典从瓜州到沙州所经过的镇戍

---

[17]　《吐鲁番出土文书》第叁册，北京：文物出版社，1996年，346页。

[18]　程喜霖《唐代过所研究》，250—251页。王炳华先生则认为罗施等人没有走塔里木盆地的官道，而是走天山谷道，所以没有遇到唐朝的关津镇戍，直到西州才需要申请过所。见王炳华《"天山峡谷古道"刍议》，荣新江主编《唐研究》第二〇卷，北京：北京大学出版社，2014年，11—29页。但这也可以证明过所是在国家强力控制的地区内才得以行用。

[19]　《吐鲁番出土文书》第肆册，北京：文物出版社，1996年，275—276页。

勘验记录。瓜州与沙州虽为邻州，但沿途关津布防依然严密，如果行旅不申请过所，恐怕很难顺利通行。

所以，国家通过过所的行用其根本目的在于掌控人口行踪，以使人口在籍，严防人口随意逃窜，并维护关禁及地区的安全。而与之相比，公验在这方面的功能则相对较弱，但在面对临近往来或人身控制并不重要的情况时，公验的行用反而更加合适。如吐鲁番出土文书《唐贞观廿二年（648）庭州人米巡职辞为请给公验事》提到庭州人米巡职想要前往西州市易，而由于庭州与西州相邻，他只需申请公验，并没有必要申请过所[20]。此外，到了唐后期两税法的施行，规定了"户无主客，以见居为簿"[21]，国家对百姓人身控制变得松弛，人员可以自由流动，就地入籍，已无需固定在原本的乡里。所以，此时过所的行用就显得多余，而使用能证明行人身份的公验就完全足够。当然，这也导致圆仁或圆珍等人在从登州、福州等地来到长安的路上，需要不断向所到州县申请公验，毕竟公验的行用效力只适用于临近州县[22]。

再者，相比较上文所论述的唐前期西北地区，在唐后期的东部地区，唐廷对该地区依然具有较强的掌控力，况且该地区也没有遭受太大威胁，社会环境较为稳定，关津镇戍的设置也相对较少，公验也比过所更适合在该地区行用。如圆珍所持越州都督府过所中只有潼关的勘验记录[23]，未见其他关津镇戍的勘验记载，这也说明除非需要进入以长安为核心的关内地区，否则关外地区可能并不需要使用过所。此外，在圆仁行记中专门抄有一份祠部颁发给新罗僧法清的文牒，其中提到："今欲往诸山巡礼及寻医疗疾，恐所在关戍、城门、街铺、村坊、佛堂、山林兰若、州县寺舍等不练行由，请给公验者。"[24]依此记述来看，东部地区除了"关戍"之外，还需要经过"城门街铺、村坊佛堂、山林兰若、州县寺舍"。过所主要用于度过"关戍"，功用相对单一，而公验的公文照验功能却能够满足行旅往来这些地方的证明需求。

唐代过所与公验的行用，依据两者本身的制度规定、根本目的以及不同时期国家对于不同地域的掌控差异而有所区别。对于唐前期的敦煌吐鲁番地区而言，东西往来市贸频繁，且该地区军事压力较大，即使过所的功能单一且相关程序繁琐，但为了牢牢掌控流动人口和防卫边疆关津，过所的行用仍需要在该地区被严格执行；而在临近州县往来之时，或者在长期保持和平稳定局势的唐后期东部地区，由于军事压力较小，关津镇戍的设置不多，人身控制也不强，行用效力较弱但方便灵活使用的公验反而会更能满足该

---

[20] 《吐鲁番出土文书》第叁册，306页。荣新江先生还曾指出米巡职之所以只用申请公验，是因为和平环境下，在唐朝本土州县往来的手续简单，发给公验即可上路。参见荣新江《丝绸之路也是一条"写本之路"》，《文史》2017年第2辑，76页。

[21] 《旧唐书》卷四八《食货上》，北京：中华书局，1975年，2093页。相关研究讨论，可参李志贤《杨炎及其两税法研究》，北京：中国社会科学出版社，2002年，269—276页。

[22] 孟彦弘先生业已注意到公验更多地具有牒的性质，且法律效力也有所限制。参见孟彦弘《唐代"副过所"及过所的"副白""录白案记"辨识》，148—149页。

[23] 砺波护《唐代的过所与公验》，190页。

[24] 圆仁撰、小野胜年校注《入唐求法巡礼行记校注》，白话文等修订校注，石家庄：花山文艺出版社，1992年，184页。

地区证明功能的需求。

二、过所与唐代流动人口的管理、掌控

在唐帝国疆域内，由于官文书行政体系的完善，各处官司及关津镇戍，完全可以依据过所及其他官文书案卷来管理和掌控各类流动人口信息。

从行旅之人申请过所开始，官司就要对其信息详加勘验，这个勘验的过程就是官方记录并管理往来行旅之人的第一步。行旅初次申请过所的情况，我们可以依据改请过所的相关文书来说明。吐鲁番文书《唐开元二十一年（733）唐益谦请给过所案卷》就详细抄录了唐益谦改请过所的曲折：

（前缺）

---（纸缝，背押"元"字）

1　前长史唐姪益谦　奴典信 奴归命

2　　婢失满儿　婢绿叶　马四匹

3　　　问得牒请将前件人畜往福州，检

4　无来由，仰答者。谨审：但益谦从四镇来，见

5　有粮马递。奴典信、奴归命，先有尚书省

6　过所。其婢失满儿、绿叶二人，于此买得。

7　马四匹，并元是家内马。其奴婢四人，谨

8　连元赤及市券，［保］白如前。马四匹，如不委，

9　请责保入案。被问依实。谨牒。元

10　　开元廿一年正月　日，别将赏绯鱼袋唐益谦牒。

11　　　连元白。

12　　　　　　　十一日

（中略）

27　右得唐益谦牒，将前件人马驴等住

28　福州。路由玉门、金城、大震、乌兰、僮（潼）关、蒲

29　津等关。谨连来文如前，请给过所者。

30　□检来文，无婢绿珠、失满儿，马四匹

31　□同者。准状问唐益谦得款：前件婢

32　□于此买得，见有市券。保白如前。其

33　马并是家畜，如不委，请责保者。依

---（纸缝，背押"元"字）

34　□市券到勘，与状同者。依问保人宋守廉

35　等得款：前件马并是唐长史家畜，不

36　是寒盗等色。如后不同，求受重罪者。

（后略）⑤

唐益谦原本就拥有尚书省的过所，但在通过西州时，被当地官司发现随行的两奴、两婢和四马有问题，故而唐益谦需要向西州说明情况并且重新改请过所。

文书案卷前面有所残缺，1—12行抄录的是唐益谦提交给西州官司的牒文，事关此次改请过所的人畜情况。唐益谦先是说明他从安西四镇而来，准备前往福州，且有粮马递；又随行的两奴在此前尚书省过所中已有所勘合；最后解释两婢是在西州当地所买，四匹马则是家内马，还附上元赤、市券和保白以为凭证。这部分应当是唐益谦在经由西州过关时，被当地官司查出随行旅畜与原本尚书省过所记载有所不同，故而向西州官司说明情况。27—36行则是西州官司收到唐益谦牒之后进行核查的报告，确认唐益谦确实需路由玉门、金城等关前往福州，并且还依据来文、市券和保白进行了勘验，确保唐益谦牒所说非假。虽然唐益谦的尚书省过所目前无法得见，但唐益谦牒所附的两婢市券抄件还幸存于世，分别被整理者定名为《唐开元十九年（731）唐荣买婢市券》⑥，以及《唐开元二十年（732）薛十五娘买婢市券》⑦。这两件市券抄件应当是随唐益谦牒一同被呈交给西州官司勘合及留案存档。西州也正是依据唐益谦牒的说明以及所附各项证明文书，确认了唐益谦随行的两婢四马并非寒盗，进一步掌控了唐益谦的最新信息。也正是官司完全掌控了唐益谦的有效信息，才会在最后为其改发过所，让唐益谦等人可以顺利前往福州。

我们进一步细审此案卷，其实可以发现西州官司之所以允许为唐益谦改发过所，主要在于唐益谦牒所附"尚书省过所（元赤）"、两婢市券及后来宋守廉等款（保白）。所以，官司并非只依据过所来掌控往来行旅的信息，其他正式的官文书及保人证词，也会被用于勘验过所申请人所说信息的正确与否，确保这些流动人口往来事由合法正规，申请人及随行旅畜也都并非逃兵及寒盗，从而达到管理流动人口的目的。

唐益谦的案例可能有些简单，毕竟唐益谦拥有正规的相关官司证明文书，其改请过所程序并不复杂。而官司对于没有过所之人的勘验则相对要麻烦得多。如吐鲁番出土文书《唐开元二十一年（733）西州都督府勘给过所案卷》中保存了数件勘给过所的案例。以下节录王奉仙案例的部分：

　　（前略）

69　　岸头府界都游弈所　　状上州

70　　　安西给过所放还京人王奉仙

71　　　　右件人无向北庭行文，至酸枣戍捉获，今随状送。

72　　　无行文人蒋化明。

73　　　　右件人至酸枣戍捉获，勘无过所，今随状送。仍差游弈

74　　　　主帅马静通领上

75　牒　件　状　如　前　谨　牒

⑤　《吐鲁番出土文书》第肆册，268—271页。
⑥　《吐鲁番出土文书》第肆册，264—265页。
⑦　《吐鲁番出土文书》第肆册，266—267页。

76　　　　　　开元廿一年正月廿七日典何承仙牒

77　　　　　　　宣节校尉前右果毅要籍左果毅都尉刘敬元

（中略）

85　　　王奉仙年卅　仙　　　·　·　·

86　奉仙辩：被问，身是何色？从何处得来至酸枣

87　戍？仰答者。谨审：但奉仙贯京兆府华源县，去

88　年三月内共驮主徐忠驱驮送安西兵赐至安西

89　输纳。却回至西州，判得过所。行至赤亭，为身患，

90　复见负物主张思忠负奉仙钱三千文，随后却

91　趁来。至酸枣趁不及，遂被戍家捉来。所有

92　行文见在，请检即知，奉仙亦不是诸军镇逃

93　走等色。如后推问不同，求受重罪。被问依实，谨辩。

94　典康仁依口抄，并读示讫。思　　　开元廿一年正月　日

95　　　　　　　　　　　　连九思白

96　　　　　　　　　　　　　　廿九日

（中缺）

125　安西给过所放还京人王奉仙

126　　　　右得岸头府界都游奕所状称上件人无向北庭行文，至

127　酸枣戍捉获，今随状送者。依问王奉仙得款：贯京兆府华

128　　　　源县，去年三月内，共行纲李承胤下驮主徐忠驱驴送兵赐，

129　　　　至安西输纳了。却回至西州判得过所，行至赤亭为患，

130　　　　复承负物主张思忠负奉仙钱三千文，随后却趁来至

131　　　　酸枣，趁不及，遂被戍家捉来。所有行文见在，请检即知

132　　　　者。依检：王奉仙并驴一头，去年八月廿九日安西大都护府

133　　　　给放还京已来过所，有实。其年十一月十日到西州，都督

134　　　　押过，向东，十四日，赤亭勘过，检上件人无回赴北庭来

135　　　　行文者。又问王仙得款：去年十一月十日，经都督批得过

136　　　　所，十四日至赤亭镇官勘过，为卒患不能前进，承有债

137　　　　主张思忠过向州来，即随张忠驴驮到州，趁张忠不及，至

138　　　　酸枣戍，即被捉来。所有不陈却来行文，兵夫不解，伏听

139　　　　处分。亦不是诸军镇逃走及影名假代等色，如后推问，

140　　　　称不是徐忠作人，求受重罪着。又款：到赤亭染患，在赤

141　　　　亭车坊内将息，经十五日至廿九日，即随乡家任元祥却

--（纸缝，背押"九"字）

142　　　　到蒲昌，在任祥傔人姓王不得名家停止。经五十日余。今年

143　　　　正月廿一日，从蒲昌却来趁张忠，廿五日至酸枣，趁不及

（中略）

147	]问有凭，
148	准状告知，任连本过所，别
149	自陈请。其无行文蒋化明㉘

（后略）

这份案卷记载了王奉仙案处理的三个阶段：一是王奉仙在哪里、被谁所抓；二是王奉仙的辩词；三是西州检案后的结果。王奉仙本是京兆人，随人前往安西输纳兵赐，随后获得还京过所准备返回京兆府，但在过西州到达赤亭后患病，刚好又遇到欠他钱的张思忠，所以追到酸枣戍，然后被抓。其实，王奉仙本就有还京的过所，一路上应当畅通无阻才对，可惜为了追讨债主又跑回北庭，但又没有返回北庭的过所，于是被抓。

在王奉仙案中，官司当然不可能只依靠王奉仙的款词（口供），而是要仔细检查王奉仙所携带的其他行文，并且详细核查其停留记录及过所的勘过记录。如132—135行就详细检查他还京过所和赴北庭行文的有无，还有他在西州、赤亭的勘过记录。虽然本案卷没有将王奉仙还京过所的勘过记录详细抄录，但依据上文《石染典过所》来看，正式的过所都会有详细的勘过记录，并按照过关的时间顺序依次排列且有镇官的画押。这些勘过记录也是官方用以检查其过所合法性及掌控流动人口流动路线的重要凭证。再如《天圣令·关市令》复原唐令第8条载：

> 诸行旅赍过所及乘驿、传马出入关者，关司勘过所，案记。其过所、符券、递牒并付行旅自随㉙。

依照唐令规定，行旅度关时，关司不仅要勘过所，也会案记信息。李全德先生认为："案记即是责任官司为某事记录为案，留本司备查。"㉚在王奉仙案中，西州官司应当会依照过所的勘过记录去调查各关司的案记信息，况且王奉仙此前就曾在西州有勘过记录，查验应当十分便利。

此外，王奉仙在赤亭车坊内养病的勘验虽然没在本案卷中体现，但依据斯坦因在和田发现的《唐别奏康云汉文书》来看，来往行旅在馆驿停留时都会有详细的记载㉛，赤亭车坊应当也不例外。这些馆驿记录的内容，同样也会成为官司用来检验王奉仙是否说谎，并与其他文书共同构成一套完整的官文书互证的依据。当然，也正因为王奉仙"所有行文见在"，故而才会有第147行官司"问有凭"的判词。

在国家掌控范围内的人口流动，都会或多或少留下行动的痕迹，而唐代官文书运行体系的发达，也使得这些痕迹会被记录在文书之上，以备未来的勘验。从唐益谦和王奉仙两个的案例来看，过所及相关官文书，共同构成了唐代官司对流动人员往来信息的管理与掌控。其基本材料依据大致以过所或公验为主，辅以在唐代施行的市券、保人体

㉘ 《吐鲁番出土文书》第肆册，288—294页。

㉙ 复原参孟彦弘《唐关市令复原研究》，《天一阁藏明钞本天圣令校证》（下），529—530页。

㉚ 李全德《〈天圣令〉所见唐代过所的申请与勘验——以"副白"与"录白"为中心》，216页。

㉛ 参庆昭蓉《从龟兹语通行许可证看入唐前后之西域交通》，朱玉麒主编《西域文史》第八辑，北京：科学出版社，2013年，65—83页；荣新江《丝绸之路也是一条"写本之路"》，87页。

系、关司勘过案记和馆驿留存记录。各地方官司通过这些文书记录可以有效地对往来流动人口的身份还有行动轨迹进行追踪，尽量避免出现压良为贱及私自逃窜等行为，从而维护整个国家人口的稳定。

三、唐代过所与旅行手册

官方通过过所、公验及相关文书达到管理和掌控流动人口的目的，而行旅之人面对过所申请和查验的手续，也会准备相应的办法来应对。抄写旅行手册就是其中一种很重要的应对方法，尤以巡礼为目的的僧侣和以市易为目的的商旅等为主，他们一般都会携带实用的旅行指南和工具书[32]。如以圆仁为代表，这类远游寻师欲前往佛门圣地巡礼的僧侣，是留下旅行指南的主要群体。

行旅之人为了申请过所或公验，可能会在抄写的旅行指南中有所准备。如前揭提到，圆仁的行记当中有祠部颁发给新罗僧法清的文牒。圆仁之所以会将此祠部牒抄录下来，大概是由于法清按照程序得到了祠部的许可，获得了通行的公验。圆仁为了能成功申请到公验，故而以此文本作为参考。所以，法清所得祠部牒实际上成为圆仁在旅途过程中用来申请过所或公验的指南。

对于圆仁这类外国人而言，语言不通是旅途过程中会遇到的最大难题，这往往也会影响到过所的申请。为了应对唐帝国疆域内各处地方官司及关津镇戍的盘问，译语人及对译手册往往也会成为这些巡礼僧人及往来行旅的标配[33]。在《唐大中七年（853）福州给圆珍公验》当中就有"译语丁满年卌八"，此人应当是圆珍自己为了行旅方便而配备的同行旅员，故其公验中还有"牒，得本曹官典状，勘得译语人丁满状称"等语[34]。此外，前引罗施等人申请过所的文书当中的"译翟那你潘"是更为典型的例子。这里的"译"当是"译语人"的省称。依据此案卷第三件文书的记载，由于罗施等人为胡人，所以此译语人在罗施等人申请过所时担任了辩护律师的角色。其云：

（前缺）

1 你那潘等辩：被问得上件人等辞，请将
2 家口入京，其人等不是压良、诱诱、寒盗
3 等色以不？仰答者！谨审：但那你等保
4 知不是压良等色，若后不依今

---

[32] 荣新江《丝绸之路也是一条"写本之路"》，87—90页。

[33] 关于唐代译语人的研究，可参方《唐西州的译语人》，《文物》1994年第2期，45—51页；韩香《唐代长安译语人》，《史学月刊》2003年第1期，28—31页；赵贞《唐代对外交往中的译官》，《南都学坛》2005年第6期，29—33页；王琳琳《唐代边疆边防法律制度研究——以"译语人""化外人"为中心》，中国社会科学院研究生院硕士学位论文，2010年；朱丽娜《唐代丝绸之路上的译语人》，《民族史研究》第12辑，2015年，212—228页；李锦绣《唐代的翻书译语直官——从史诃耽墓志谈起》，《晋阳学刊》2016年第05期，35—57、131页。

[34] 程喜霖《唐代过所研究》，151页。

5　款，求受依法罪，被问依实谨□。

6　亨　　　　　垂拱元年四月　日

7　　　　　连　亨　白

8　　　　　　　　　　十九日

（后缺）^㉟

申请过所时，唐朝的官司需要确认通行之人并非压良等色。而罗施等人是自西域而来的胡人，而翟那你潘作为他们的译语人，很可能在答辩过程中发挥重要作用。以此可见，对于来到唐朝的外国人来说，译语人在他们旅途过程中和申请过所时都扮演着十分重要的角色。

除了译语人之外，一些抄写了双语对译的旅行手册，可能也会在过所的申请过程中发挥着重要作用。荣新江先生曾讨论过一件从印度经于阗到唐朝五台山巡礼的梵僧所使用的会话练习手册^㊱。此件手册虽然是梵文与于阗文的对译，但其中内容为自己的信息、去往中国的目的等等。下面转录荣新江先生摘引的中译录文如下：

> A. 4　［你从］何处来？
>
> 　　5　［我从］瞿萨旦那（于阗）国来。
>
> 　　6　［你从］印度何时来？
>
> 　　7　已有两年。
>
> 　　8　［你］在瞿萨旦那国住何处
>
> 　　9　寄住在一所寺院。
>
> B. 13　今者你将何往？
>
> 　　14　我将前往中国
>
> 　　15　在中国做何事？
>
> 　　16　我将前往参拜文殊师利菩萨。
>
> 　　17　你何时回到此地？
>
> 　　18　我将巡礼全中国，然后回还
>
> C. 26　［你］是否有书籍？
>
> 　　27　有。
>
> 　　28　什么书？经论律还是金刚乘［文献］？这些书属于哪一类？
>
> 　　29　［你］喜爱哪部书？
>
> 　　30　喜爱金刚乘，教授［此部经典］^㊲。

练习会话的僧人是印度人，但结合A.4、5和B.13、14的对话，他正准备从于阗国进入中国，故而需要练习如何介绍自己的出身和来由等信息。通过这几段摘引的会话练习

㉟　《吐鲁番出土文书》第叁册，348页。第1行"你那"应作"那你"，此系案卷本身誊抄错误。

㊱　荣新江《丝绸之路也是一条"写本之路"》，89—90页。此文书原为梵文与于阗文对译抄写，英译录文可参熊本裕《西域旅行者用サンスクリット＝コータン语会话练习帐》，《西南アジア研究》No.28，1988年，58—61页。

㊲　荣新江《丝绸之路也是一条"写本之路"》，89—90页。

内容，荣新江先生指出这位僧人是在为经过通行于阗语的于阗、敦煌等地需要介绍自己情况时做准备[38]。但这也很有可能进一步是在为入唐后申请过所或公验做准备。将这些练习的会话与圆珍的太宰府公验进行比较，两者有很多相似的地方。《圆珍太宰府公验》载：

1　日本国太宰府
2　　延历寺僧圆珍（年卅，腊廿一）
3　　　从者捌人
4　　　随身物，经书衣钵剃刀等
5　得圆珍状云，将游行西国，礼圣求法，
6　觅得大唐商人王超等回乡之船。恐
7　到处所，不详来由，伏乞判附公验，
8　以为凭据。
9　　　　　　仁寿叁年贰月拾壹日　　大典越贞京
10　　　　　　　　　　　　大监藤　□□[39]

会话练习册和《圆珍太宰府公验》都是要确认僧人的来历，然后说明他们前往中国的目的为巡礼，以及携带的经书等物品（梵僧可能会携带金刚乘文献）。依据前揭《圆珍福州公验》所载，圆珍随行有译语人丁满，但这位梵僧可能没有遇到合适的译语人，所以，只能依靠这本会话练习册进行练习。

在敦煌吐鲁番出土的对译文本还有不少，有些可能并非僧侣巡礼所用。高田时雄先生曾整理讨论过多件于阗文文书中的汉语词汇，其中涉及当时敦煌吐鲁番地区重要地名、官名、年号、姓等等，如"西州"（P.2786）、"玉门"（P.2741）、"节度使"（Or.8212）[40]。这些对译的文本可能是于阗人前往沙州时会用到的旅行手册，而当中记载的地名等信息，也都会在需要申请过所时用到。在这些于阗文对译文本之外，还有一些藏汉对译的文本。如P.2762v就在汉文文献当中夹写有9行藏汉对译的词汇，其中汉文词汇如下：

南北东西、河西一路、牛羊、正月、二月、三月、四月、五月、六月、七月、八月、九月、十月、十一月、十二月、汉、特蕃、胡、退浑、回鹘、汉天子、回鹘王、土蕃天子、退浑王、龙王、龙、师子、大虫、牦牛、蛇、猪、狼、野马、鹿、黄羊、野狐、□子一个打得[41]。

这些藏汉对译的词汇，涉及时间、地点、当时西北势力首领名称和动物，应当是抄录自唐后期一位吐蕃人来沙州时所携带的翻译手册。虽然当时沙州地区附近势力混乱，过所制度并不能有效施行，但在一些的重要关津镇戍，官方必要性的信息盘查，应当也会

[38]　荣新江《丝绸之路也是一条"写本之路"》，90页。
[39]　程喜霖《唐代过所研究》，149—150页。
[40]　高田时雄著、钟翀等译《敦煌·民族·语言》，北京：中华书局，2005年，214—230页。根据高田时雄先生的研究，这些文书可能是与于阗国派往沙州的使者有关。
[41]　录文参萨仁高娃《国外藏敦煌汉文文献中的非汉文文献》，《文津学志》第3辑，2010年，146页。

存在。所以，为了应付往来过程中关津镇戍的盘查，这些翻译手册也成为必备的旅行指南。这从另一个侧面说明，这些旅行手册与过所的联系。

除了这些因为各种目的来到唐帝国疆域内的外国人之外，部分唐朝人为了顺利地通行，往往也会携带相关的旅行手册。日本杏雨书屋藏《驿程记》，据荣新江先生的猜测，"可能是一组敦煌使者从西受降城到雁门关的行记"[42]。该《驿程记》中记载了从西受降城到雁门关沿途的一些馆驿信息[43]，这些也都与行旅通行相关。此外，同样是在杏雨书屋所藏的羽41R号杂字文书中，抄录有许多地名、饮食、职官等等词汇[44]。虽然，学界一般依据该文书最后所书"杂字一本"，将其认定为字书类文献。但是，这件杂字也很可能是某人抄录并随身携带的旅行手册。特别是该杂字所抄的地名与职官词汇，同高田时雄先生讨论的于阗文对译词汇有着高度的相似，如都有"玉门""常乐""新城""宰相"和"仆射"等。其内容既然如此相似，那功用应当也差不多。所以，这件杂字可能与旅行手册关系更为密切，也是行旅规划路线与度关的重要指南。

所以，唐代过所、公验及其他官文书的行用，使得行旅的往来被官方所管理与掌控。故而不论是外国还是唐朝的行旅之人，为了应对国家关津镇戍的盘查，可能都会随身携带一些抄录的旅行手册，作为旅行过程中重要的行动准备与指南。这些抄录的旅行手册，其文本形式多样，内容也不尽相同，可能既包含了丰富的语言知识，也有当地的地理等信息。这些文本随着旅行的携带而发生空间的移动与信息的传递。所以，过所及相关文书本身虽然会阻隔信息的流畅传递，但伴随而产生的文本，反而使得信息传播的内容和方式更为丰富和多样。

On *Guosuo* (过所) and *Gongyan* (公验) in the Tang Dynasty: with a Discussion on the Management and Control of the Floating Population in the Tang Dynasty

Zhao Yang

The most obvious difference between *Guosuo* (过所) and *Gongyan* (公验) is that the former was a special official document under a complete management system while the latter was only a temporary document. The usage of *Guosuo* and *Gongyan* moreover,

---

42 荣新江《丝绸之路也是一条"写本之路"》，101页。

43 其中地名及时间的考证可参陈涛《日本杏雨书屋藏敦煌本〈驿程记〉地名及年代考》，《南都学刊》2014年第5期，28—31页。

44 岩本笃志《敦煌秘籍"杂字一本"考——"杂字"からみた义军期の社会》，《唐代史研究》第14号，2011年，24—41页。后赵贞先生在此基础上对录文又有所修订及考证，见赵贞《杏雨书屋藏羽41R〈杂字一本〉研究——兼谈归义军时期的童蒙识字教育》，《敦煌学辑刊》2014年第4期，48—68页。

were varied depending on different times and regions. Through the lawsuit relating to the documents of *Guosuo*, we can learn how the local government recorded, supervised and traced the floating population information by the administrative system of documents with the purpose of controlling this unstable group. In order to facilitate travel routes and to cope with the examination as applying for *Guosuo*, the travellers who had to go across the passes or fortresses, especially those foreigners, should prepare and bring a handbook with related information.

8世纪至9世纪初吐蕃对西域的经略[*]

沈　琛

7世纪下半叶吐蕃对于西域的经略，主要是联合西突厥余部争夺安西四镇，在692年唐朝驻兵四镇之后至8世纪末，吐蕃再也没能占据四镇。但吐蕃对于葱岭以西以及勃律的经略却非常活跃，尤其是在政权相对稳定的赤德祖赞（Khri lde gtsug btsan，704—755年在位）时期。在此期间，西域的形势由于大食、突骑施两方势力的崛起而更加复杂。吐蕃与唐、大食、突骑施在中亚的接触是学者非常关注的问题。经过吉布（H. A. R. Gibb）、森安孝夫、白桂思（Christopher H. Beckwith）、王小甫等人的爬梳，这一时期的史事已经基本明晰[①]，但学界在一些具体史事的考订上，仍然存在显著的分歧。近来几部重要的波斯文、阿拉伯文史料被翻译，一些汉藏文史料的解读有了更为精确的认识，使得进一步探讨吐蕃与大食、唐朝、突骑施之间的关系史成为可能。本文正是建立在综合藏文、汉文与波斯文、阿拉伯文史料的基础上，以吐蕃为主体，对吐蕃与大食、唐朝、突骑施围绕西域的战和史事进行重新辨析。

一、大食与吐蕃的早期接触

7世纪中期大食灭亡萨珊波斯，占领阿姆河以南从木鹿（Marv）到巴里黑（Balkh）的呼罗珊一带。670年，大食从伊拉克迁移五万户居民于木鹿，并将其地作为呼罗珊的首府。但在7世纪下半期大食政局动荡，呼罗珊地区叛乱不断[②]，大食对于呼罗珊的掌控实际上非常有限。关于吐蕃军队出现在葱岭以西并与大食发生接触的最早记录是在704年，据《塔巴里年代记》，其时呼罗珊的粟特贵族Thâbit、Hurayth ibn Qutba等人与怛蜜（今乌兹别克斯坦的铁尔梅兹，Tirmidh或Tezmez）的大食地方首领穆萨（Mūsā b. ‘Abdallāh）联合叛乱，其后双方破裂，前者率各族军队围攻怛蜜，围城部队中就包括

* 本文是国家社科基金重大项目"北朝至隋唐民族碑志整理与研究——以胡语和境外汉语碑志为对象"（项目编号：18ZDA177）阶段性成果之一。

① H. A. R. Gibb, *The Arab Conquest in Central Asia*, New York, 1923; 森安孝夫《吐蕃の中央アジア進出》，《金泽大学文学部论集・史学科篇》第4号，1984年，1—85页；Christopher H. Beckwith, *The Tibetan Empire in Central Asia*, Princeton, 1987；王小甫《唐、吐蕃、大食政治关系史》，北京：北京大学出版社，1992年，北京：中国人民大学出版社，2009年再版，此据后者。

② Robert. G. Hoyland, *In God's Path, The Arab Conquest and the Creation of an Islamic Empire*, Oxford, 2015, pp. 120-121.

吐蕃军队，“当此之时，嚈哒人（al-Hayāṭilah）、吐蕃人（al-Tubbat）、突厥人七万人前来进攻他们”③。这也是史料记载的吐蕃军队所到的最西之处，吐蕃为何深入吐火罗地区并卷入当地的内战，这是非常奇怪的。有的学者因而对此记载的真实性持保留态度④，但白桂思和王小甫都对此持肯定态度⑤。

在哈里发瓦立德（al-Walid I，668—715年2月）在位的705—715年间，大食呼罗珊总督屈底波（Qutayba ibn Muslim，669—715/716年）第一次占领河间地⑥。根据汉文史料，715年吐蕃与大食曾结成短暂的同盟，吐蕃沿帕米尔北上，联合屈底波进攻拔汗那（今费尔干纳），“吐蕃与大食共立阿了达（Alutâr）为王”，原拔汗那国王巴赛克（Bâsak）奔逃安西⑦。同年二月有“北庭都护郭虔瓘破吐蕃及突厥默啜，以其俘来献”之事，显然是相关的⑧。《塔巴里年代记》对此事记载颇简，没有提到吐蕃的参与⑨。显然大食在这场战斗中起了主导作用，屈底波的军队留驻拔汗那，吐蕃军队并未驻扎城中，其后被郭虔瓘击走。该年八月，屈底波在拔汗那起兵反抗新任哈里发苏莱曼（Sulayman ibn Abd al-Malik），但被部下诛杀⑩。十一月，唐安西都护张孝嵩率戎落兵万余人击破拔汗那，“大食、康居、大宛、罽宾等八国皆遣使请降”⑪。白桂思将715年视为大食、吐蕃、唐朝三方势力发生直接碰撞的开始，并不为过⑫。此后几年，吐蕃与大食之间仍然保持了密切的联系。雅库比（Ya'qubī）的《历史》（Ta'rīkh）中记载了717年吐蕃派遣使者拜访大食在呼罗珊的新任总督al-Ġarrâḥ b.'Abd Allâh al-Ḥakamî，请求遣人入蕃宣讲伊斯兰教，他于是派遣了al-Salît b. 'Abd Allâh al-Ḥanafî前往⑬。同年七月，“安西副大都护汤嘉惠奏突骑施引大食、吐蕃，谋取四镇，围钵换及大石城，已发三姓葛逻禄兵与阿史那献击之”⑭。720年，南天竺国王曾上书唐朝“请以战象及兵

③　Khalid Yahya Blankship translated, *The History of al-Ṭabarī,* vol. 23, Albany, New York: State University of New York Press, 1989, p. 97[1153].

④　Gibb 1923, p. 24.

⑤　Beckwith 1987, pp. 66-68；王小甫《唐、吐蕃、大食政治关系史》，129—130页。

⑥　Gibb 1923, pp. 15-17, 31-52; Beckwith 1987, pp. 70-83; Hoyland 2015, pp. 150-151.

⑦　《资治通鉴》卷二一一，北京：中华书局，1956年，6713页。

⑧　《册府元龟》卷四二《帝王部·仁慈》，北京：中华书局，1960年，455页。

⑨　王小甫先生认为屈底波是2—3月得知哈里发瓦立德死讯后才出征拔汗那的，屈底波不久退兵，其后吐蕃在3月份被郭虔瓘击败，败退之际代替大食成为阿了达的宗主，见王小甫《唐、吐蕃、大食政治关系史》，141页。核《塔巴里年代记》，屈底波攻占拔汗那之后哈里发瓦立德方去世，且屈底波在拔汗那驻扎到8月被诛杀，吐蕃为郭虔瓘所败之后不可能乘虚而入成为阿了达的宗主，参*The History of al-Ṭabarī*, vol. 23, p. 224[1276].

⑩　H. A. Gibb, "The Arab Invasion of Kashgar in A. D. 715, *Bulletin of the School of Oriental Studies*", Vol. 2, No. 3, 1922, pp. 467-474; Gibb 1923, pp. 52-53; C. E. Bosworth, "Ḳutayba b. Muslim", in *The Encyclopaedia of Islam*, New Edition, Volume V, Leiden, 1986, pp. 541–542; *The History of al-Ṭabarī, Volume 24*, pp. 5-20[1283-1297].

⑪　《资治通鉴》卷二一一，6713页；Beckwith 1987, pp. 81-83。

⑫　Beckwith 1987, p. 83.

⑬　Douglas M. Dunlop, "Arab Relations with Tibet in the Eighth and Early Ninth Centuries A.D.", *İslâm Tetkikleri Enstitüsü dergisi*, vol. 5, 1973, p. 306; Beckwith 1987, pp. 87-88; *The Works of Ibn Wāḍiḥ al-Ya'qūbī, vol.3, History (Ta'rīkh)*, trs. By Matthew S. Gordon, Chase F. Robinson, Everett K. Rowson, and Michael Fishbein, Brill, 2018, p. 1015[363].

⑭　《资治通鉴》卷二一一，6728页。

马讨大食及吐蕃等"⑮，种种迹象表明，这一时期大食与吐蕃的结盟确实是存在的。

慧超的《往五天竺国传》反映了720年代中亚的政治面貌，可知大食控制的地域除了河中粟特地区外，东部到达拔汗那南部、骨咄（位于瓦赫什河与喷赤河之间，主城位于今塔吉克斯坦的库罗布 / Kulob）、护密、吐火罗（今阿富汗巴里黑一带），而吐火罗以东以南的地区皆不属大食。属大食所管的上述各地中，只有吐火罗提到驻扎了大食兵马，"见今大食兵马，在彼镇押。其王被逼，走向东一月程。在蒲特山住，见属大食所管。行小乘法"⑯。护密、骨咄、粟特、拔汗那诸国皆有国王，其政治、宗教皆不受干预，对于大食的义务只需纳税而已，如护密"见属大食所管。每年输税绢三千疋"⑰。大食在相当一段时间内并未对呼罗珊、粟特地区实行直接的统治，除了保证在木鹿、巴里黑等地的军事存在之外，葱岭以西诸国大都保持了相当的独立性，因此可以在大食、吐蕃、突骑施与唐朝之间变换阵营，左右逢源。

吐蕃在8世纪上半叶进兵西域，基本上都是与大食或突骑施进兵塔里木盆地西北边缘的拨换、安西，而不像之前以疏勒、于阗作为突破点，原因是唐朝在渴盘陀、疏勒、于阗、石城等地皆部署重兵。尤其是渴盘陀，位于从护密入疏勒的瓦罕谷道中，是吐蕃北侵疏勒的必经之地，"直朱俱波西，南距悬度山，北抵疏勒，西护密，西北判汗国也。治葱岭中，都城负徙多河。胜兵千人。……开元中破平其国，置葱岭守捉，安西极边戍也"⑱。王小甫先生认为是在开元十年（722）所置⑲，其说可信。在727年慧超经过此地的时候，葱岭镇已经"兵马现今镇押"了⑳。葱岭镇的设立使得吐蕃无法再从葱岭出兵疏勒。

吐蕃只能从勃律—护密道经帕米尔北上，与大食、突骑施联合，然后入侵塔里木盆地北缘，勃律是吐蕃西出的关键节点，720—722年之间，吐蕃攻占勃律国都（今巴尔蒂斯坦/Baltistan），勃律王逃到吉尔吉特，"为吐蕃来逼。走入小勃律国坐。首领百姓，在彼大勃律不来"㉑。因此形成了大小勃律分治的局面，小勃律臣服唐朝，"为汉国所管"，大勃律臣服吐蕃，"属吐蕃所管"㉒。722年吐蕃进攻小勃律，"夺其九城"，其王没谨忙求援北庭节度使张嵩，后者派遣疏勒副使张思礼率蕃汉兵四千救之，与小勃律合兵大破吐蕃，"杀其众数万，复九城"㉓。藏文史料中没有关于这一系列战役的记载，仅仅在敦煌文书保存了蛛丝马迹，Д.1462+P.3829《吐蕃论董勃藏重修伽蓝功德记》中提到："曾皇祖论乞利悉耶，名悉囊西，征勃律国行军大节度使，

⑮　《册府元龟》卷九七三《外臣部·助国讨伐》，11265页。
⑯　慧超著、张毅笺释《往五天竺国传笺释》，北京：中华书局，2000年，96页。
⑰　《往五天竺国传笺释》，141页。
⑱　《新唐书》卷二二一《渴盘陀传》，北京：中华书局，1975年，6234页。
⑲　王小甫《唐、吐蕃、大食政治关系史》，113页。
⑳　《往五天竺国传笺释》，146页。
㉑　《往五天竺国传笺释》，69页。
㉒　《往五天竺国传笺释》，64页。
㉓　《新唐书》卷二二一《小勃律传》，6251页。

授□□□□□□牦牛皮之裘，先锋猛将。" [24] 这位论乞利悉耶悉囊西（blon Khri sya snang se）应该就是720—722年间此次勃律作战的吐蕃行军大节度使，可惜在藏文史料中并未找到关于此人的记载。唐军撤离之后，吐蕃仍旧借道小勃律出兵帕米尔，但不攻击小勃律而已 [25]。

二、吐蕃与突骑施的结盟

721年起，受封忠顺可汗的突骑施苏禄（Suluk）崛起，并联合粟特地方贵族抵抗大食，在之后的十年中，将大部分大食军队赶出除了撒马尔罕以外的河间地 [26]。据《塔巴里年代记》，729年，苏禄在围攻撒马尔罕附近的卡玛尔加（Kamarju）时身穿吐蕃铠甲，仅露双眼，因此大食射手射到苏禄脸部和胸部的箭都不能射伤他 [27]。吐蕃在其中的角色并不明确，但此时并没有吐蕃与大食直接发生冲突的任何记载。根据敦煌藏文史书《吐蕃王朝编年史》（一译《大事纪年》），732年大食与突骑施使者皆到吐蕃致礼，可见吐蕃与大食并未交恶。吐蕃与突骑施的共同的敌人是唐朝，开元十五年闰九月，"吐蕃赞普与突骑施苏禄围安西城，安西副大都护赵颐贞击破之" [28]。734年，吐蕃将公主准玛类（'Dron ma lod）嫁于突骑施可汗，正式确立了与突骑施的同盟关系 [29]。

突骑施在与吐蕃确立同盟关系的当年即进攻四镇，并非是森安孝夫所认为的735年。《张九龄集》中收录了这一时期张九龄代拟的寄给吐蕃、突骑施及安西守将的敕书，揭示了734—737年唐、突骑施、吐蕃、大食四方之间的战和关系 [30]。734年初，突骑施使者阙俟斤入朝，行至北庭，进行马匹贸易，强行卖马，因数量过大为北庭节度使刘涣所拒。双方发生冲突，刘涣诛杀阙俟斤。朝廷归罪刘涣，刘涣举兵叛，为北庭兵将所杀，朝廷传首于苏禄，其时已是734年夏。当年末苏禄乘隙犯边，"侵我西州，犯我四镇。连年累月，马死人亡"。中间苏禄曾一度遣使求和，"中间使哥德都耽及安胡数半泥临河来此求和" [31]，这次求和应该只是突骑施的缓兵之计，意在拖延时间以连兵吐蕃以及在粟特地区召集军队。与此同时，突骑施密通吐蕃，约以连兵攻唐。735年初，吐蕃派往突骑施的使者为唐朝守军擒获，唐玄宗在给赞普的敕书中诘问对方：

> 近得四镇节度使表云，彼使人与突骑施交通……又将器物交通赂遗。……边镇守捉，防遏是常。彼使潜行，一皆惊觉，夜中格拒，人或死

[24] 李正宇《吐蕃论董勃藏重修伽蓝功德记两残卷的发现、缀合及考证》，《敦煌吐鲁番研究》第二卷，北京：北京大学出版社，1997年，249—257页。

[25] 森安孝夫《吐蕃の中央アジア进出》，37页。

[26] Gibb 1923, pp. 59-87; 前嶋信次《タラス战考》，《史学》第32卷第1号，1959年，4页。

[27] Beckwith 1987, pp. 109-110; *The History of al-Ṭabarī, Volume 25*, p. 59[1522].

[28] 《旧唐书》卷八《玄宗本纪》，北京：中华书局，1975年，191页。

[29] B. Dotson, *The Old Tibetam Aanals: An Annotated Translation of Tibets First History*, Wien: ÖAW, 2009, pp. 118-119 (以下简称*OTA*).

[30] 郭平梁《突骑施苏禄传补阙》，《新疆社会科学》1988年第4期，47—60页。

[31] 张九龄《敕突骑施毗伽可汗书》，熊飞校注《张九龄集校注》卷一一，北京：中华书局，2008年，636页。

伤。比及审知，亦不忘损。所送金银诸物，及偷盗人等，并付悉诺教藏，却将还彼[32]。

据《册府元龟》，悉诺教藏在开元二十三年二月入朝，三月还蕃，可知此信写于735年三月。此事又见于当年秋中写成的《（唐玄宗）敕突骑施毗伽可汗书》："可汗正为寇败，阙伊难如从我界过。葱岭捕获，并物奏来。所有蕃书，具言物数，朕皆送还赞普。"[33]这里的阙伊难如是出使吐蕃返回的突骑施使臣，吐蕃使者随其还国，夜经葱岭守捉为唐军所获。双方使者的路线应该是经由小勃律然后北经洪扎河谷至葱岭守捉，之后打算西入突骑施。

突骑施联合吐蕃的计谋被挫败之后，自东西两翼全面进攻四镇，"自夏已来，围逼疏勒"[34]。十月，"突骑施寇北庭及安西拨换城"[35]。突骑施此次入侵四镇，还纠集了"乌合之胡"，突骑施在驱逐大食之后成为中亚的霸主，帕米尔以西诸国皆受其节制，但骨咄与何国并不受命，唐玄宗在年底的敕书中说道："苏禄凶徒，本是乌合。今其师老，必有怨嗟。至如骨咄王子来投，已是其效。何国胡不受处分，亦是明征。"[36]突骑施此次出兵，其重点在于疏勒至拨换一带，尤其以拨换城战斗最为激烈，东边的西、庭等州仅仅是骚扰而已。唐廷在735年秋即做出部署，一方面令安西征兵万人，与大食计会，合兵入碎叶，"宜密令安西，征蕃汉兵一万人。仍使人星夜倍道，与大食计会。取叶护、勃达等路入碎叶"；一方面调动河西、朔方的军队"限十二月上旬齐集西庭等州，一时讨袭"[37]。736年正月，北庭节度使盖嘉运率兵至突骑施境内的施店密城，"逢贼便斗，多有杀获"[38]，"锐师深入，用奇以往，决胜而归"[39]。突骑施旋即退兵[40]。

唐与大食在此时结成短暂的同盟，安西都护派遣使者张舒耀与大食结盟同击突骑施，大食东面将军呼逻散诃密（即呼罗珊总督，emir）上表，约定于736年四月出兵突骑施[41]，突骑施退兵可能也有大食威胁的因素在其中。而大食确在之后出兵突骑施，击杀突骑施叶护，《塔巴里年代记》中记载呼罗珊新任总督阿萨德（Asad ibn Abdallah al-Qasri）在736年（回历118）将治所移到缚喝（Balkh），"率军进攻吐火罗，然后是叶

---

[32] 《张九龄集校注》卷一一《敕吐蕃赞普书》，647页。

[33] 《张九龄集校注》卷一一《敕突骑施毗伽可汗书》，636页。

[34] 《张九龄集校注》卷一〇《敕敕瀚海（军）使（北庭都护）盖嘉运书》，612页。

[35] 《资治通鉴》卷二一四，6812页。

[36] 《张九龄集校注》卷一〇《敕安西节度王斛斯书》，618页。

[37] 《张九龄集校注》卷八《敕河西节度使牛仙客书》，537页。该敕书下达之时为开元二十二年秋，而在次年四月之前张舒耀已经返回安西，但奏知朝廷已在五月份暑中，因此敕书云："若四月出兵是实，卿彼已合知之。还须量宜，与其相应。"王小甫先生将这件敕书的年代定于开元二十三年秋，因此得出入大食使者张舒耀迁延一年才返回的结论，见《唐、吐蕃、大食政治关系史》，156—157页。

[38] 《张九龄集校注》卷一四《贺盖嘉运破贼状并御批》，761页。

[39] 孙逖《授盖嘉运兼金吾卫将军制》，《文苑英华》卷四〇二，北京：中华书局，1956年，4038页。

[40] 《张九龄集校注》卷一四《贺贼苏禄遁走状并御批》，763页。

[41] 《张九龄集校注》卷一〇《敕安西四镇节度副大使王斛斯书》，604页。

护领地，攻克之并捕获俘虏"[42]。王小甫先生将此事与汉文史料中提到的"叶护被杀"勘同，诚为确论[43]。但安西在战乱之后无力与大食合兵，因此无法对突骑施形成两面夹击。唐玄宗在736年冬给北庭都护盖嘉运的敕书中对此事非常懊悔，"卿表所云，叶护被杀，事势合尔，殆非妄传。向若安西出兵，乘虚讨袭，碎叶逋丑，皆可成擒。应为悬军，未能越境，逆虏漏刃，莫不由兹。今贼虽请和，恃我张势，以防大食之下，以镇杂虏之心"。可见唐与大食并未连兵，大食确实也对突骑施造成了实实在在的打击[44]。

三、吐蕃与唐朝对勃律的争夺

吐蕃与突骑施结盟之后，在突骑施进兵四镇之时，曾经趁乱进攻小勃律。对于吐蕃进攻小勃律的时间，汉藏文史料的记载存在734年、736年、737年三种时间。《旧唐书·吐蕃传》记载是在736年，"其年，吐蕃西击勃律，遣使来告急。上使报吐蕃，令其罢兵。吐蕃不受诏，遂攻破勃律国。上甚怒之"[45]。《资治通鉴》则系于737年二月条下[46]。《旧唐书·罽宾传》"勃律条"系于734年，"又有勃律国，在罽宾、吐蕃之间，开元中频遣使贡献。八年，册立其王苏麟陀逸之为勃律国王，朝贡不绝。二十二年，为吐蕃所破"[47]。《编年史》系于737年，"牛年，论悉颊藏引兵至勃律。……冬天，勃律国王被征服并前来致礼"（glang gyi lo la/.../ blon skyes bzang ldong stsab gyis/ bru zha yul du drang/ dgun... bru zha'i rgyal po phab ste phyag 'tshald）[48]。森安孝夫认为汉文史料记载错乱，因此采纳《编年史》的记载，定为737年。白桂思认为此事应是在736年秋冬，《编年史》记载的736年吐蕃引兵往突厥地之时，路经小勃律，后者因此向唐朝汇报[49]。

王小甫认为《旧唐书·罽宾传》所记勃律王苏麟陀逸之在《新唐书·大勃律传》中记作国王[50]，因此在734年攻破的是大勃律[51]，但此说可能并不准确。720年册封勃律王之前，大小勃律并未分治，勃律国都在巴尔蒂斯坦。大小勃律分治后，勃律王逃到吉尔吉特称为小勃律，而东部的巴尔蒂斯坦则称大勃律，属吐蕃所管。唐朝在720年之后仅仅是与小勃律保持了联系，对大勃律的情况并不清楚，实际上大勃律地区并未再立国王，而是成为吐蕃的管辖地。《新唐书·大勃律传》按照属地原则将720年之前的勃律王都归为大勃律的国王，为大勃律单列一传，与小勃律前后并列叙述，其实并不严谨，

---

[42] *The History of al-Ṭabarī, Volume 25: The End of Expansion*, p. 128[1591].

[43] 《唐、吐蕃、大食政治关系史》，159页。

[44] 白桂思认为叶护是被盖嘉运所杀，且将敕书解读为唐玄宗下令继续追击突骑施，应是对文本的误读。Beckwith 1987, pp. 113-114.

[45] 《旧唐书》卷一九六上，5223页。

[46] 《资治通鉴》卷二一四，6827页。

[47] 《旧唐书》卷一九八，5310页。

[48] *OTA*, pp. 120-121.

[49] Beckwith 1987, p. 114.

[50] 《新唐书》卷二二一《大勃律传》，6251页。

[51] 王小甫《唐、吐蕃、大食政治关系史》，167页。

因此吐蕃734年击破大勃律之说不能成立，《新唐书·罽宾传》记载的只能是击破小勃律之事。那么吐蕃攻伐小勃律是在什么时候呢？王小甫也注意到了《张九龄文集》中《敕吐蕃赞普书》的记载：

> 且如小勃律国，归朝即是国家百姓，前遭彼侵伐，乃是违约之萌。朕以结信既深，不顾其小，中间遣使，曾不形言。赞普何独相尤，而不思己恶之事？……近闻莽布支西行，复有何故？若与突骑施相合，谋我碛西，未必有成，何须同恶？……春首尚寒……[52]

这件敕书的时间应是写于736年正月，约在同时苏禄败退，故在《贺贼苏禄遁走状》中提到："吐蕃纵实西行，苏禄不得相应。其败可必，又无可忧。"[53]从敕书的内容来看，小勃律"前遭彼侵伐"，且"中间遣使"，其年代应在之前不久，王小甫先生将其系于735年应该是正确的[54]。《张九龄集》中的《敕勃律国王（苏·没谨忙）书》即是唐玄宗为此事表彰小勃律王的敕书，披露了此事的更多信息，前人似未曾措意，今引用如下：

> 得王斛斯表卿所与斛斯书，知卿忠赤，输诚国家，外贼相诱，执志无二。又闻被贼侵寇，颇亦艰虞，能自支持，且得退散，并有杀获，朕用嘉之！卿兄麻来分及首领已下各量与官赏，具如别敕。……夏中甚热，卿及将士并平安好[55]。

该敕书的年代要早于736年正月的《敕吐蕃赞普书》，应是在735年夏，吐蕃对小勃律"相诱"兼"侵寇"，而小勃律虽然告急于唐朝，但最终"能自支持，且得退散，并有杀获"，说明吐蕃此次进攻以失败而告终。次年烛龙莽布支行经小勃律西出，败退之后，在737年全力攻克小勃律，小勃律王被迫前往吐蕃效忠。

吐蕃在736年派烛龙莽布支西出，《编年史》载"烛龙莽布支（Cog ro Mang po rje Khyi chung）率军前往突厥地"[56]，白桂思认为即通过小勃律进入帕米尔以西的中亚地区，但对其此后的动向一无所知[57]。实际上莽布支的大军是经由护密北上帕米尔，如前所引，唐朝在正月就得知了这一消息，在晚夏之时给安西副大都护王斛斯的敕书中又提到此事，"兼闻吐蕃与此贼（苏禄）计会，应是要路，斥候须明"[58]。但突骑施并未与吐蕃合兵，而是在八月"遣其大臣胡禄达干来请降，许之"[59]。吐蕃随后单独入侵四镇，在当年晚秋之时，唐廷已经得到安西关于吐蕃侵轶军镇的奏表，"今得安西表来，莽布支率

---

[52] 《张九龄集校注》卷一一《敕吐蕃赞普书》，655—656页。

[53] 《张九龄集校注》卷一四《贺贼苏禄遁走状并御批》，763页。

[54] 王小甫对该敕书的断代是根据窦元礼出使的时间确定的，不过窦元礼在735—736年间不止一次出使吐蕃，其论据似乎稍显薄弱，见《唐、吐蕃、大食政治关系史》，167页。

[55] 《张九龄集校注》卷一二《敕勃律国王（苏·没谨忙）书》，679页。

[56] OTA, p. 120.

[57] Beckwith 1987, p. 118.

[58] 《张九龄集校注》卷一〇《敕安西四镇节度副大使王斛斯及将士已下书》，606页。

[59] 《资治通鉴》卷二一四，6821页。

众已到，今见侵轶军镇，并践暴屯苗"[60]。"屯苗既能践暴，军人亦被拘囚。"[61]吐蕃入侵的地点似乎是从北部入侵焉耆一带的铁门关与于术守捉[62]，初安西以外，北庭、西州皆受诏出兵声援，"吐蕃背约入我西镇……铁关、于术，四镇咽喉，倘为贼所守，事乃交切。已敕盖嘉运与卿计会，简练骁雄，于要处出兵，以为声援"[63]。莽布支的后续活动并不清楚，四镇似乎并未受到全面侵扰，此次战役也不为正史所载，推测言之，吐蕃孤军深入天山以北，又不获突骑施之协助，最后应该是草草收兵。

吐蕃与突骑施、唐与大食的临时结盟在736年就宣告结束，737年，大食与突骑施在骨咄至吐火罗一带进行了多次战斗。738年，苏禄为突骑施黄姓首领莫贺达干所杀，突骑施分裂。739年，唐朝派安西都护盖嘉运出兵碎叶，扫平苏禄的残余势力，突骑施式微[64]。吐蕃在这两年中似乎并未参与三方的在中亚的战争，但其在南帕米尔的影响力却因为控制小勃律而极大地增强了。在737年吐蕃吞并小勃律之后，唐朝河西节度使崔希逸击破吐蕃于青海，唐蕃关系彻底破裂。740年，吐蕃将"公主墀玛类（Khri ma lod）嫁于勃律王"（je ba khri ma lod bru zha rje la bag mar btang/）[65]，《新唐书·勃律传》对此事记载颇细：

> 没谨忙死，子难泥立。死，兄麻来分立。死，苏失利之立，为吐蕃阴诱，
> 妻以女，故西北二十余国皆臣吐蕃，贡献不入，安西都护三讨之无功[66]。

关于小勃律的世系，此处的记载非常翔实，可见在此期间小勃律政局变化之迅速。735年，没谨忙尚与唐朝通使，740年，娶吐蕃公主的国王已是苏失利之，中间五年间尚有没谨忙之子难泥与其兄麻来分两任国王。《册府元龟》中记载了741年唐朝册封小勃律国王之事，"二十九年二月，小勃律国王卒，册立其兄麻号来嗣位"[67]。此处的麻号来显然就是没谨忙之兄麻来分，但与《新唐书》的记载年代不符，其中必有一误。森安孝夫没有注意到两者在时间上的冲突，他指出737年以后吐蕃支配了包括小勃律在内的南帕米尔诸国，因此唐朝在741年对于小勃律国王的册封仅是名义上的[68]。但741年麻来分已死，颇疑《册府元龟》中的"二十九年"是"二十五年"之讹，麻来分在736年末至次年初即位，遣使请求册封之时尚未被吐蕃征服。737年吐蕃占领小勃律后，麻来分很快死去，由亲吐蕃的苏失利之取而代之，并与吐蕃通婚。

小勃律"西北二十余国皆臣吐蕃"，包括护密和揭师[69]，吐蕃在南帕米尔的军事基地在护密的娑勒城（今阿富汗巴达赫尚省瓦罕的Sarhad）[70]，又称娑勒色诃城，唐

---

[60]　《张九龄集校注》卷一二《敕吐蕃赞普书》，667页。

[61]　《张九龄集校注》卷一〇《敕安西节度王斛斯书》，607页。

[62]　郭平梁认为吐蕃此次攻势是从西州西进焉耆，应是对史料的误读，《突骑施苏禄传补阙》，58—59页。

[63]　《张九龄集校注》卷一二《敕西州都督张待宾书》，669页。

[64]　Beckwith 1987, pp. 116-117; 王小甫《唐、吐蕃、大食政治关系史》，160—163页。

[65]　OTA, pp. 121-122.

[66]　《新唐书》卷二二一《勃律传》，6251页。

[67]　《册府元龟》卷九六四《外臣部·封册》，11175页。

[68]　森安孝夫《吐蕃の中央アジア进出》，39—40页。

[69]　Beckwith 1987, p. 123.

[70]　沙畹著、冯承钧译《西突厥史料》，北京：中华书局，1958年，139页。

高宗龙朔元年（661）时，曾在此城设钵和州[71]，在护密国首都塞伽审城（今阿富汗 Ishkashim）以东的喷赤河（阿姆河上游）畔，在小勃律以北五百里，西经瓦罕谷道可通葱岭守捉。吐蕃"据山因水，壅断崖谷，编木为城"，《旧唐书·李嗣业传》云天宝七载（748）时高仙芝进击勃律之时吐蕃已经"聚十万众于娑勒城"[72]，此处的"十万众"若非言辞夸大，便是文字讹误。《旧唐书·高仙芝传》记载更近于事实，吐蕃娑勒城"因山为栅，有兵八九千人"。其北十五里有连云堡，"堡中有兵千人"[73]，合约一万，这一万吐蕃士兵在当时的南帕米尔无疑是最为强大的军队。

森安孝夫与白桂思据此认为，直至高仙芝破小勃律之前，南帕米尔都是受吐蕃控制的。王小甫先生对此提出批评，他进一步考证了"安西三讨小勃律"的问题，补足了高仙芝破小勃律之前唐朝在葱岭一带的经略史[74]。在盖嘉运担任安西都护的728年，唐朝曾在葱岭作战，根据杨炎《云麾将军郭公神道碑》："二十六载，诏公与中使刘元复开葱岭，以功胜，虏不能军。"[75]此即第一次讨小勃律之役。740年，田仁琬接替盖嘉运担任安西都护，但在742年即被黜为舒州刺史，理由为"不能振举师旅，缉宁夷夏。而乃恭行暴政，不务恤人，挠乱要荒，略无承禀。"[76]王小甫先生认为"应该就是他在勃律打了败仗"，因此将其视为第二次讨小勃律[77]，这一点似有求之过深的嫌疑，田仁琬主要罪责是"恭行暴政"，"挠乱要荒"，而非丧师辱国。742年夫蒙灵察（又称马灵察）继任四镇节度，九月，护密国王子颉吉里匐"遣使上表，请背吐蕃来属，赐铁券"，唐朝"赐卿丹书铁券，以旌忠孝"[78]，十二月，"四镇节度马灵察又奏，破吐蕃不可胜数，并闻护密、识匿等数国共为边捍者"[79]。为另一次讨小勃律之役。虽然护密遣使并协助唐朝征讨吐蕃，但此次战果如何无法确知，护密对于唐朝的臣服是否持久也是存疑的。745年马灵察再度出兵护密，《新唐书·段秀实传》："天宝四载，安西节度马灵察署为别将，从讨护蜜有功，授安西府别将。"[80]此事亦见于《编年史》，"鸡年，唐将马将军率领护密（Kog yul）的唐人游奕军（作战）"（bya gagi lo la/ …/ rgya'i dmag dpon 'ba' tsang gun/ kog yul gyi rgya'I byim po drangste）[81]，这应该就是第三次讨小勃律之役。护密境内的娑勒城为吐蕃捍卫小勃律的桥头堡，安西在盖嘉运和马灵察任内三次讨击小勃律皆"讨之无功"，虽然在天宝四载九月有册命罽宾国王及乌苌国王之

[71] 《新唐书》卷四三《地理志》，1137页。
[72] 《旧唐书》卷一〇九《李嗣业传》，3298页。
[73] 《旧唐书》卷一〇四《高仙芝传》，3204页。
[74] 王小甫《唐、吐蕃、大食政治关系史》，169—172页。
[75] 杨炎《云麾将军郭公神道碑》，《全唐文》卷四二二，北京：中华书局，1983年，4306页。
[76] 《册府元龟》卷四五〇《将帅部·谴让》，5071页。
[77] 王小甫《唐、吐蕃、大食政治关系史》，170页。
[78] 《册府元龟》卷九八一《外臣部·盟誓》，11360页。
[79] 孙逖《为宰相贺陇右破吐蕃表》，《全唐文》卷三一一，3160页。
[80] 《旧唐书》卷一二八《段秀实传》，3583页。
[81] OTA, p. 126；王小甫将Kog yul比定为俱位，可备一说，参《古藏文Kog(gog) yul为俱位考》，《唐、吐蕃、大食政治关系史》附录五，242—252页。

举[82]，但唐朝对于南帕米尔地区控制力仍然是不及吐蕃的。

747年，唐朝安西四镇节度副使高仙芝击破小勃律，使吐蕃在南帕米尔遭受了重大挫折，其事具载于《两唐书》的《高仙芝传》及《资治通鉴》。高仙芝率万骑西行，击破娑勒城后直下小勃律，其具体路线如下：安西—疏勒—葱岭守捉（今塔什库尔干）—播密川（穆尔加布河，Murghab）—五识匿（今塔吉克斯坦舒格南，Shighnān或Shughnan）—连云堡、娑勒城—坦驹岭（今巴基斯坦Darkot山口）—阿弩越城（今巴基斯坦Gupis）—小勃律[83]。高仙芝大军入小勃律，斩杀吐蕃腹心，虏获小勃律王苏失利之及其吐蕃妻子，斩断通往大勃律的娑夷桥，在小勃律驻兵一千。"于是拂菻、大食诸胡七十二国皆震恐，咸归附。执小勃律王及妻归京师。诏改其国号归仁，置归仁军，募千人镇之。"[84]从高仙芝征讨小勃律的过程来看，吐蕃的军力主要是集中于娑勒城，这也是唐蕃军队的主要作战地点，而在小勃律国几乎没有驻扎军队，仅有"大酋五六名，皆吐蕃腹心"，因此高仙芝占领小勃律之时几乎没有遇到什么抵抗。吐蕃在大勃律也驻有重兵，与小勃律之间依靠娑夷桥相通，"小勃律王居孽多城，临娑夷水。其水不能胜草芥。藤桥者（即娑夷桥），通吐蕃之路也。……藤桥去城犹六十里，（高）仙芝急遣元庆往斫之，甫毕，吐蕃兵大至，已无及矣。藤桥阔尽一矢，力修之，期年乃成。"[85]关于娑夷桥的位置，耶特玛（K. Jettmar）考订是在吉尔吉特河与印度河汇流处稍南的Ram Ghat，其地理条件与上述记载若合符契[86]，今天仍建有桥连接两岸。高仙芝斩断娑夷桥，大勃律的吐蕃援军便无计可施。此事亦记载于《编年史》，"唐之游弈军至护密，勃律与护密俱失"（gog yul du rgya'i byim po byungste/ bru sha dang gog stord/）[87]。关于其后唐朝对于小勃律的处置，《新唐书·勃律传》记载："执小勃律王及妻归京师，诏改其国号归仁，置归仁军，募千人镇之。帝赦苏失利之不诛，授右威卫将军，赐紫袍、黄金带，使宿卫。"[88]小勃律被改名为归仁国，并设置归仁军。虽然这里并未提到另立新君，但是《册府元龟·外臣部》中记载了勃律归仁国王先后在748、752、753、755、758年遣使朝贡[89]，说明小勃律的王统得以维系。

吐蕃虽然失去小勃律，但仍然控制小勃律西南的羯师（今吉德拉尔，Chitral），并意图联合进攻吐火罗，开辟新的中亚通道：羯师—吐火罗道，以代替勃律—护密道[90]。史载："邻胡羯师谋引吐蕃攻吐火罗。于是叶护失里忙伽罗丐安西兵助讨。"[91]吐火罗

---

[82] 《册府元龟》卷九六五《外臣部·封册》，11179页。

[83] A. R. Stein, "A Chinese Expedition across Pamir and Hindukush, A. D. 747", *The Geographical Journal*, vol. 59, No. 2, 1922, pp. 112-131；沙畹《西突厥史料》，141—142页。

[84] 《新唐书》卷二二一《勃律传》，6252页。

[85] 《资治通鉴》卷二一五，第6886页。

[86] K. K. Jettmar, "Paṭolas, Their Governors and Their Successors", *Antiquities of Northern Pakistan*: Reports and Studies, vol. 2, Mainz, 1993, pp. 89-90.

[87] *OTA*, pp. 127-128.

[88] 《新唐书》卷二二一《勃律传》，6252页。

[89] 《册府元龟》卷九七一《外臣部·朝贡》，11244、11245页；《册府元龟》卷九七六《外臣部·褒异》，11293页。

[90] 森安孝夫《吐蕃の中央アジア进出》，42—43页。

[91] 《新唐书》卷二二一《吐火罗传》，6252页。

上表在749年，表文收录于《册府元龟》中，但其重点在渲染吐蕃和揭师对于小勃律的威胁：

> 臣邻境有一胡，号曰揭（帅）〔师〕，居在深山，恃其险阻，违背圣化，亲辅吐蕃。知勃律地狭人稠，无多田种，镇军在彼，粮食不充，于箇失密市易盐米，然得支济。商旅来往，皆着揭帅国过。其王遂受吐蕃货求，于国内置吐蕃城堡，捉勃律要路。自高仙芝开勃律之后，更益兵（二）〔三〕千人，勃律因之。揭（帅）〔师〕王与吐蕃乘此虚危，将兵拟入。……望安西兵马来载五月到小勃律，六月到大勃律[92]。

概言之，小勃律地狭人稠，盐米需从箇失密（今克什米尔）进口，唐朝驻军之后需求量更大，然小勃律以东为吐蕃所控制，因此倚仗西南商路，经由今天的库那儿谷地（Kunar Valley）与箇失密通商[93]。揭师处在这条道路的必经之地上，而吐蕃在其地修城驻军，阻塞商路，故而吐火罗替小勃律请求救兵。表文还表彰箇失密"向汉忠赤"，替箇失密向唐朝请求封赏。750年唐朝命四镇节度使高仙芝出兵击破揭师，"虏其王勃特没，……立勃特没之兄素迦为揭师王"[94]。751年，怛罗斯战役中高仙芝三万之众败于大食，次年，封常清取代前者出任四镇节度使。怛罗斯战役并未挡住唐朝在南帕米尔的攻势，753年，封常清出兵击破大勃律，"师次贺萨劳城，一战而胜。常清逐之，（段）秀实进曰：'贼兵赢，饵我也，请备左右，搜其山林。'遂奸其伏，改绥德府折冲"[95]。贺萨劳城，图齐（G. Tucci）比定为今天斯卡杜西北印度河谷中的Katsura[96]。从这段记载可以看出，大勃律没有国王，因此唐军只是在其地设绥德府折冲而已，并未有废立之事。唐朝夺取大小勃律完全封堵住了吐蕃的西向之路，唐朝在西域的势力因此也达到极盛[97]，不过这一局势很快被安史之乱所打破。

756年安史之乱爆发后，西北精兵大量入关勤王，四镇守军虽然固守至8世纪末，但是可以确定最晚在760年代初期唐朝在葱岭以西以南的势力已经丧失殆尽。《册府元龟》记载的勃律归仁国的最后一次朝贡是在乾元元年（758）[98]，吐蕃占领小勃律应该是在此之后不久。《编年史》记载，756年，"黑喷赤（Ban 'jag）、护密、识匿（Shig nig）等上部的使者皆来致礼。Pa gor Na 'dod与Ce snang rtsan被任命为回访使节"（ban 'jag nag po dang gog dang shig nig las stsogste/ stod pyogs gyi pho nya pyag 'tsald/ pho nya'i lan du pa gor na 'dod/ dang ce snang rtsan gnyis bka' stsald/ ）[99]。760年，"上部使者前来

[92] 《册府元龟》卷九九九《外臣部·请求》，11724页。

[93] K. Jettmar, "Bolor - A Contribution to the Political and Ethnic Geography of North Pakistan", *Zentralasiastische Studien*, No. 11, 1977, p. 417.

[94] 《资治通鉴》卷二一六，6869页。

[95] 《旧唐书》卷一二八《段秀实传》，3583页。

[96] G. Tucci, "On Swat, Dards and Connected Problems", *East and West*, vol. 27, 1977, p.83; also in G. Tucci, *On Swāt, Historical and Archaeological Notes, Rome*, 1997, p. 235, note. 110.

[97] Beckwith 1987, p. 137; 王小甫《唐、吐蕃、大食政治关系史》，172—173页。

[98] 《册府元龟》卷九七六《外臣部·褒异》，11293页。

[99] *OTA*, p. 129.

致礼"[100]。我们不清楚760年遣使吐蕃的国家中是否有小勃律。小勃律有唐朝驻军，吐蕃占领小勃律可能还是要经过武力征服的过程。

四、唐与大食共抗吐蕃

8世纪下半叶，吐蕃与唐朝争夺河陇、南诏，与回鹘争夺四镇二庭，其战线主要是集中于东面与北面。《赞普传记》以及现存各语言文书和碑铭，都只提及这一时期吐蕃对于唐、南诏、回鹘的作战，并未直接提及吐蕃与大食有任何的战端。但汉文史料与伊斯兰史料中却透露了吐蕃曾经与大食之间发生过军事对抗。唐廷对于大食与吐蕃间的矛盾非常了解，在贞元年间确定了联合黑衣大食共抗吐蕃的战略。近年来发现的《杨良瑶神道碑》记录了贞元元年（785）宦官杨良瑶出使黑衣大食的史事，可补正史之阙。碑文载："以贞元元年四月，赐绯鱼袋，充聘国使于黑衣大食，备判官、内傔，受国信、诏书。奉命遂行，不畏厥远。届乎南海，舍陆登舟。……星霜宰周，经过万国。播皇风于异域，被声教于无垠。往返如期，成命不坠。……四年六月转中大夫。"[101]前辈学者已经指出784年吐蕃助平朱泚后，依约向唐朝索要四镇北庭之地，为唐朝所拒，唐蕃关系再度破裂，杨良瑶此次出使的"成命"正是联合大食共击吐蕃[102]。贞元三年李泌劝说唐德宗确立联合回鹘、大食、南诏、天竺牵制吐蕃的战略，"臣愿陛下北和回纥，南通云南，西结大食、天竺。……大食在西域为最强，自葱岭尽西海，地几半天下，与天竺皆慕中国，代与吐蕃为仇，臣故知其可招也"[103]。这一战略显然发生了效果，《旧唐书·大食传》云："贞元中，（黑衣大食）与吐蕃为劲敌，蕃兵大半西御大食，故鲜为边患，其力不足也"[104]。801年，韦皋在嶲州对吐蕃作战时，"康、黑衣大食等兵及吐蕃大酋皆降，获甲二万首"[105]。学者认为这是被迫参与吐蕃军队的黑衣大食战俘，也间接证明了吐蕃在西境曾与大食军队作战[106]。为了抵抗回鹘与大食在西境的挑战，吐蕃与占据突骑施故地的葛逻禄和新兴的黠戛斯结成某种同盟[107]。

根据伊斯兰史料，9世纪初的前20年中吐蕃与大食进行了多次交锋。吐蕃军队在808—809年参与了撒马尔罕爆发的拉菲（Râfi' b. Layth）起义反抗大食，雅库比的《历史》中记载参与作战的包括突厥人、葛逻禄人、九姓乌古斯人、吐蕃军队等等[108]。809年哈里发哈伦·拉希德（Harun al-Rashid，763—809）亲征拉菲，但死于途中。哈里发

[100]　*OTA*, p. 131.

[101]　张世民《杨良瑶：中国最早航海下西洋的外交使节》，《咸阳师范学院学报》2005年第3期，5页。

[102]　荣新江《唐朝与黑衣大食关系史新证——记贞元初年杨良瑶的聘使大食》，《文史》2012年第3辑，231—243页。

[103]　《资治通鉴》卷二三三，7505页。

[104]　《旧唐书》卷一九八《大食传》，5316页。

[105]　《新唐书》卷二二二《南诏传》，6277页。

[106]　Beckwith 1987, pp. 157-158.

[107]　王小甫《唐、吐蕃、大食政治关系史》，193—194页。

[108]　Dunlop 1973, p. 310; *The Works of Ibn Wāḍiḥ al-Ya'qūbī, vol.3, History (Ta'rīkh)*, p. 1193[529].

死后，拉菲投降于拉希德的次子麦蒙（Al-Ma'mūn，786—833）——时任呼罗珊总督（802—813年在任）。《塔巴里年代记》中记载麦蒙到达呼罗珊后，"叶护不再效忠；吐蕃之主——可汗作乱；高附王意图攻取比邻的呼罗珊土地"。最后，麦蒙在一名维齐尔的建议下与叶护、可汗和高附讲和[109]。但有学者指出阿拉伯史料中的"吐蕃"多指乌浒河源头的帕米尔地区，而并非是指吐蕃本土[110]。白桂思认为，吐蕃可汗与吐蕃诸王的区别是明显的，塔巴里书中的"吐蕃可汗"只能是吐蕃赞普而言[111]，我们对此表示赞同。813年麦蒙在与其兄哈里发阿敏的皇位争夺中胜出成为新任哈里发，任命了法德尔（Al-Fadl ibn Sahl，818年去世）任呼罗珊总督，"令其统辖东方，纵向从哈马丹山到识匿和吐蕃一带大山，横向从波斯湾和印度到里海"[112]。根据9世纪的阿拉伯地理书《麦加志》（Kitab Akhbar Makka），法德尔对葛逻禄叶护、高附夏希王、讹答剌王和吐蕃可汗进行了征讨。回历197—199年（812/813—814/815）大食征服高附之后，献了一尊佛像给麦蒙作为转化信仰的象征，其中将称高附王为"吐蕃诸王之一"[113]。在其之后，据说法德尔曾进兵箇失密与吐蕃，在护密和勃律取得胜利，将俘获的吐蕃将领和骑兵送到巴格达[114]。

大食对于帕米尔一带的征服并未持久，吐蕃随后恢复了他在这一地区的影响力。藏文史书《五部遗教》中对于赤德松赞（802—815年在位）功业的记述中也提及了大食：

nub phyogs ta zhig rgyal po bzhugs pa yang/ rgyal po la mer mu dang hab gdal
gyis/ bod kyi bka' la gces par bzung nas ni/ rin cen nor dang sman gyi lnga dos dang/
kha zas ces pa dus las ma yol phul/ bod kyi mnga' 'og chab srid dam par mdzad/
rang gi bka' stsal gang yin gus pas nyan//

西方有大国名曰大食，国王麦蒙（La Mer mu）与Hab gdal对吐蕃之政令心怀敬畏，定期进献五驮珍宝、胡药，以及许多珍馐。在吐蕃治下，其政权稳定，恭敬地遵从吐蕃的政令[115]。

此处还记载了对于印度、回鹘的和战，意在夸耀赤德松赞的政绩。黎吉生指出"La Mer mu"即al Ma'mūn[116]，无疑是正确的。"Hab gdal"则不知是何人，有可能是指法德尔（Al-Fadl ibn Sahl）。对比此处对回鹘和唐朝的战争的记载可知，赤德松赞时期吐蕃并

[109]　*The History of al-Ṭabarī*, vol. 31, p. 71-72[815-816]; Beckwith 1987, pp. 159-160.

[110]　G. Le Strange, *The Lands of the Eastern Caliphate: Mesopotamia, Persia and Central Asia from the Moslem Conquest to the Time of Timur*, Cambridge, 1905, pp. 435, 437; *The History of al-Ṭabarī*, vol. 31, p. 71, note. 291.

[111]　Beckwith 1987, p. 159, note. 104.

[112]　*The History of al-Ṭabarī*, vol. 31, pp. 101-102[841].

[113]　Beckwith 1987, pp. 161-162.

[114]　Wilferd Madelung, "New Documents Concerning al-Ma'Mūn, al-Faḍl b. Sahl and 'Alī al-Riḍā", in Waldād al Qāḍī ed., *Studia Arabica et Islamica: Festschrift for Iḥsān 'Abbās on his sixtieth Birthday,* Beirut, 1981, p. 337; Beckwith 1987, p. 162.

[115]　F. W. Thomas, *Tibetan Literary Texts and Document concerning Chinese Turkestan*, Vol. l, London, 1935, p. 273; H. E. Richardson, "The Inscription at the Tomb of Khri Lde Srong Brtsan", *The Journal of the Royal Asiatic Society of Great Britain and Ireland*, No. 1, 1969, p. 33.

[116]　H. E. Richardson, "The Inscription at the Tomb of Khri Lde Srong Brtsan", p. 35.

未与大食发生大规模的冲突，而是总体维持了和平的外交关系。

982年写成的《世界境域志》中对于吐蕃与大食的边界有较为清楚的记载，此即所谓"大食之门"（Dar-i Tāziyān）和"吐蕃之门"（Dar-I Tubbat）。前者记载于第24章《关于呼罗珊边境》："大食之门，是两山之间的峡谷中的一个地方，那里有一门，商队经此出境。哈里发麦蒙建造此关。"[117] 后者记载于第26章《关于河中边境地区及其城镇》："吐蕃之门，一个村庄，有一道门位于山上，那里住有穆斯林，征收关税并监视道路。当你走出这道门，便到了瓦罕境内。"[118] 米诺尔斯基通过对于该书所记道路的分析指出，吐蕃之门与大食之门其实是同一道门之两面，其位置位于今阿富汗巴达赫尚省的吉尔姆（Jirm又作Jurm）与泽巴克之间，而这条大道正是从护密到吐火罗的主要商业干道[119]。

大食之门为哈里发麦蒙所筑，其人在802年担任呼罗珊总督，813年成为哈里发，但驻于木鹿，直到819年才返回巴格达，833年去世，这道大食之门当是在802—833年间筑成，作为大食与吐蕃的势力分界之处[120]。雅库比将吐蕃之门以西的吉尔姆形容为"巴里黑前往吐蕃的最后一个城镇"[121]。吐蕃之门以东的护密则不属于大食所管，《世界境域志》记载："昏驮多（Khamdadh），其地有偶像寺，其中有些许吐蕃人。左侧为吐蕃人占领的城堡。"[122] 护密显然是由吐蕃军事控制的。护密首都塞伽审城（Sikāshim）"居民为异教徒（gabrakān）和穆斯林"，米诺尔斯基怀疑"异教徒"指的是祆教徒。但根据《往五天竺国传》："（护密）有僧有寺，行小乘法。王及首领百姓等，总事佛不归外道，所以此国无外道。"[123] 慧超所说的外道指的正是粟特地区盛行的祆教，《世界境域志》中记载的"异教徒"则指在护密占多数的佛教徒。而在以东的撒马尔罕达克（Sarmarqanāq，意为小撒马尔罕），"为一大城镇，居住有印度人、吐蕃人和护密人，以及穆斯林。这是河中地的边境和最远的地点"[124]。米诺尔斯基将其比定为Sarhad，即吐蕃原先的军事据点娑勒城，此地应是有康国移民聚落，因此被称为小撒马尔罕。此地的居民包括了吐蕃人和穆斯林，可见在护密东部除了驻扎有吐蕃军队之外还有吐蕃移民。护密与吐蕃都属于佛教国家，自然更倾向于吐蕃的控制，吐蕃之门不仅仅

[117] Ḥudūd al-'Ālam, The Regions of the World, p. 112; 王治来译《世界境域志》，上海：上古籍出版社，2010年，104页。

[118] Ḥudūd al-'Ālam, The Regions of the World, translated and explained by V. Minorsky, London, 1970, p. 120; 王治来译《世界境域志》，120页。

[119] Ḥudūd al-'Ālam, The Regions of the World, pp. 350, 365.

[120] 王小甫认为这道门是794—795年呼罗珊总督法德勒（Al-Faḍl b. Yaḥyā，766—808）所修建，其理由是根据《塔巴里年代记》和雅库比的《历史》，法德勒曾在迦毕试、识匿一带作战，在呼罗珊修建要塞，并在惹瑟知（Rāsht，今塔吉克斯坦的Gharm）修建了一道防御突厥的大门，见《唐、吐蕃、大食政治关系史》，195页。但这些并不是直接的证据，他似乎也忽视了麦蒙时代大食与吐蕃的战争，仅凭旁证便否定了《世界境域志》记载，本文对此不能苟同。

[121] The Works of Ibn Wāḍiḥ al-Ya'qūbī, vol. 1, The Geography (Kitāb al-Budān), p. 124 [288].

[122] Ḥudūd al-'Ālam, The Regions of the World, p. 121.

[123] 《往五天竺国传笺释》，141页。

[124] Ḥudūd al-'Ālam, The Regions of the World, p. 121; 王治来译《世界境域志》，121页。

是吐蕃与大食军事上的分界点，也是当时佛教与伊斯兰教的分界点，但是我们也可以看到最晚在10世纪，伊斯兰教在护密已经传播开来。

　　总体看来，虽然吐蕃与大食在葱岭以西数次交战，但是相对而言，这些战争的规模并不大。黑衣大食困于哈里发权力之争与呼罗珊地区的内乱，无意于东跨葱岭。而吐蕃主要的敌人为东方的唐朝和北方的回鹘，对于四镇与勃律以西的大食更多的是以防御为主。进入9世纪之后，吐蕃国力渐衰，勉强维持河陇、剑南、西域南道和勃律地区的占领。821—822年吐蕃与唐朝、回鹘先后达成和盟，唐、吐蕃、大食、回鹘之间形成了力量均衡的国际局势，直至吐蕃王朝崩溃。

The Wars Launched by the Tibetans in the Western Regions from 8th Century to Early 9th Century

Shen Chen

In this article, the wars between Tibet and Arab, Türgiś, the Tang dynasty within the period of 8th century to early 9th century are discussed. Arab and Türgiś took part in the wars between Tibet and the Tang dynasty from early 8th century. Tibet allied with Türgiś and the Tang dynasty got the help of Arab. The two alliances fought in Fergana, Palûr and Four Garrisons for half a century. Türgiś collapsed in the middle of 8th century, while the Tang army occupied Baltistan with its power reaching the zenith in the Western Regions. After the An Lushan Rebellion, the Tang army withdrew from the Western Regions and Arab became the main opponent of Tibet instead. There are several minor battles between Arab and Tibet, and they divided the territory by the Gate of Arab from early 9th century until the collapse of Tibet.

道里与地物

——庭州凭落蒲类二镇与盐泉特罗堡子地望新考[*]

王长命

唐蒲类县地望考订，长期存在老奇台（今奇台镇）、古城（唐朝墩）、木垒诸说[①]。

[*] 本文是以下项目的阶段性成果：①第61批博士后面上资助项目"中古时期域外盐业地理研究"（项目编号：2017M610684）；②国家哲学社会科学基金一般项目"中古时期草原丝路盐湖与民族研究"（项目编号：17BZS104）。

[①] 中古地志中，庭州蒲类和西州蒲类两县重出。本文研究对象为庭州蒲类县。日本研究者嶋崎昌辨析庭州蒲昌县、西州蒲昌县，庭州蒲类县、西州蒲类县的混同以及相互承袭关系甚详细，并指出庭州初设，所辖一县为是，而金满、蒲类、轮台并贞观中置之记载不确。参见嶋崎昌《可汗浮图城考（下）》，《东洋学报》第46卷第3号，1963年，58—61页，尤见注释（111）。金满县和蒲类县之间年代序列上的先后关系，松田寿男已有考证，可参作者著、陈俊谋译《古代天山历史地理学研究》，北京：中央民族学院出版社，1987年，371—375页。蒲类县地望持"老奇台说"者，有：陶保廉，作者句读《新唐书·地理志》文为"《新唐地志》伊州下：自蒲类县百六十里至北庭都护府"，以之为是，则该里数颇近于清代老奇台至吉木萨尔城之驿站路程，参陶保廉著、刘满点校《辛卯侍行记》，兰州：甘肃人民出版社，2000年，420页；松田寿男，作者修订《太平寰宇记》中蒲类在庭州东里数为一百八十里，据此修订数字指出蒲类当为老奇台县，参作者著《古代天山历史地理学研究》，360—361页；严耕望总结陶保廉、松田寿男二人"老奇台"说之方法理路，指出皆误读《新唐志》记载"经蒲类百六十里至北庭都护府"文句，严耕望本人同样持"老奇台说"，但并未校核《新唐志》记载里数不足的缘由并校正里数，而径直引林竞自孚远县至木垒河所经三段里程之数字记录，推定唐代蒲类位于老奇台县，参作者著《唐代交通图考》卷二《河陇碛西区》，上海：上海古籍出版社，2007年，586—587、630页。笔者不赞同诸家方法，但赞同其结论，详考见后。持"古城"说者甚伙，清人李光廷认为"今古城至吉木萨百八十里"，参作者著《汉西域图考》卷三《天山以北诸国沿革考》，清光绪阳湖赵氏寿谖草堂刊印本，叶三背；黄盛璋（茂琳）检核钢和泰藏卷于阗文书地名中第23行第2个地名Phalayä kä当为蒲类对音，并据《寰宇记》记载蒲类至庭州里数，指出古城当为蒲类县所在，参作者《哈密顿〈钢和泰藏卷考释〉辨正》，作者著《亚洲文明论丛》，成都：四川人民出版社，1986年，204页；薛宗正从实地考古工作出发进行如下推断"笔者曾在奇台工作21年，对该县的大部分古代遗址进行过考察，同史书所载方位相对勘，证实李光廷的蒲类——奇台说是正确的"，并通过奇台县内诸遗址规模大小、遗物丰富度来证明前述推断，参作者著《丝绸之路北庭研究》，乌鲁木齐：新疆教育出版社，2009年，229—230页；《新疆古城遗址》编者同样以唐朝墩古城遗址规模及遗存丰富为出发点，结合文献记载推定古城当为唐蒲类县所在，参新疆维吾尔自治区文物局编著《新疆古城遗址（下）》，北京：科学出版社，2011年，382—383页；孟凡人将《新唐志》中独山守捉比定在老奇台，蒲类县在今奇台县，以符合《新唐志》与《寰宇记》记载里数，参作者著《北庭史地研究》，乌鲁木齐：新疆人民出版社，1985年，67—68、137页；陈戈亦认为考古遗址位于交通路线之上，且距离北庭故城里数与《寰宇记》记载蒲类县距离北庭里数左近，故而定蒲类位于今奇台县，参作者著《新疆考古论文集》，北京：商务印书馆，2017年，670页；刘子凡认为薛、孟二先生的考察更具有实证性，推定蒲类县在今奇台县县城附近，参见作者著《瀚海天山：唐代伊、西、庭三州军政体制研究》，上海：中西书局，2016年，67—68页。持"木垒"说者，亦陶保廉，他在"迪化府"条下用训读方式，认为"蒲类居庭州东，疑在今奇台木垒河西，木垒即蒲类之转音也"，参作者著《辛卯侍行记》，420页；

《光明日报》近日以"唐朝墩，竟然就是唐代的蒲类县城"为标题，介绍奇台县唐朝墩遗址内发现和出土唐代钱币、浴池、陶器等遗存和文物，并援引发掘者的话："基本可以认定，这里就是唐朝北庭都护府下的蒲类县城遗址。"[②]以城址规模推定历史时期城市等级和属性的方法和结果，尚需要利用精核和校验过的历史文献资料进行验证。揆诸《新唐书·地理志》（下文简称《新唐志》）记载庭州迤西辖境内诸镇守捉之间的距离，为考古调查中古城址的命名与等级复原提供了强有力的文本支撑和史料依据[③]。《元和郡县图志》（下文简称《元和志》）记载凭洛镇距离庭州的方里，亦能与复原《新唐志》冯洛守捉距离北庭都护府里程相近[④]。这一里程上的古城址名称和等级，由此而得以确定。唐朝墩古城的命名与等级复原，同样可以通过正史记载加以确定，只不过里数需要校正。

　　唐朝墩名称及等级勘定之外，东北方向入回鹘道上两个军镇单位今地亦需辨正。"盐泉镇"和"特罗堡子"以庭州蒲类县为参照点，各标方里列于《元和志》"蒲类县"目下[⑤]。汉籍文献之外，于阗文《钢和泰藏卷》中罗列天山东部诸城，第20行第1个地名为"tcyām-tsvainä"[⑥]。黄盛璋考订此城名，当为蒲类县下之咸泉

　　王树枏，参作者等纂修、朱玉麒等校注《新疆图志》，上海：上海古籍出版社，2015年，1513页；松田寿男，他认为"蒲类即奇台更东九十里之木垒河，木垒为蒲类讹转"，参作者著《古代天山历史地理学研究》，360页，381页；岑仲勉指出松田之观点"盖承用陶氏之说"，参见作者著《汉书西域传地里校释 下册》，北京：中华书局，1981年，453页；哈密顿《钢和泰藏卷杂考（述要）》，郑炳林主编、耿昇译《法国西域史学精粹》，第2辑，兰州：甘肃人民出版社，2011年，431页。持"伯什特勒克"说者，有岑仲勉，认为："唐蒲类县在济木萨东北四十里之伯什特勒克，易言之，即在唐北庭东北约卅里处。"参作者著《岑仲勉史学论文续集》，北京：中华书局，2004年，317页；关于此说，陈戈已有辨正，指出岑说似是而非，主要理由是该城距离北庭城当不足四十里，且不在交通路线上，参作者著《新疆考古论文集》，670页。

②　王瑟《唐朝墩，竟然是唐代的蒲类县城》，《光明日报》2018年10月9日第9版《文化新闻》。相关报道亦可见中国社会科学报《新疆奇台考古发掘确认唐代唐代蒲类县城遗址》的资讯，《文物鉴定与鉴赏》2019年第3期，第118页。任冠、戎天佑利用《太平寰宇记》记载，以及城址尺寸规模符合唐代地方县城的规制的方法，推定唐朝墩古城为唐蒲类县治。参见作者《新疆奇台县唐朝墩古城遗址考古收获与初步认识》，《西域研究》2019年第1期，第142—145页。

③　《新唐书》卷四〇《地理》四"北庭大都护府"，北京：中华书局，1975年，1047页。

④　李吉甫著、贺次君点校《元和郡县图志》卷四〇《陇右道·庭州》"蒲类县"，北京：中华书局，1989年，1033—1034页。

⑤　《元和志》中"盐泉镇"，《新唐志》中为"咸泉镇"（1047页），列于后庭县［本蒲类县，宝应元年（762）更名］下，有参照而无方里。值得注意的是，《元和志》中写作"盐池海"者，《新唐志》"伊州伊吾郡"下写作"咸池海"（1046页）。"盐泉""盐池"似是李吉甫利用材料中提供的专名，不能简单归之为字讹或者钞录出错；亦不能以咸泉镇出现频次多，就视作是时人规范的用词，进而以之取代盐泉镇表述。需要说明的是，同一个地名，在唐代不同时期的不同类型文献中有不同表达很正常，标准化地名的思维，并不存在于唐人的观念中。盐（咸）泉置镇堡时间点及任职官员的信息，需参考两份敦煌文书：a. 武周圣历元年（698），有李奉基任庭州盐池戍主，参见P.2551《李克让修莫高窟佛龛碑》，唐耕耦、陆宏基编《敦煌社会经济文献真迹释录》第5辑，北京：全国图书馆文献缩微复制中心，1990年，245页；b. 该"戍"升等为"镇"时间点下限，有景龙四年（710）任庭州咸泉镇将之敦煌阴嗣宗记载可参考，参见P.2625《敦煌名族志》，唐耕耦、陆宏基编《敦煌社会经济文献真迹释录》第1辑，北京：书目文献出版社，1986年，99页。文书时间点为景龙四年之考证，此处从池田温说，参池田温著、韩昇译《唐朝氏族志研究——关于〈敦煌名族志〉残卷》，刘俊文主编、夏日新等译《日本学者研究中国史论著选译》第4卷《六朝隋唐卷》，北京：中华书局，1992年，676—680页。

⑥　哈密屯撰、耿昇译《钢和泰藏卷杂考（述要）》中比定为"长泉"，位于罗护至北庭的交通要道之上，《法国西域史学精粹》，429页；梅祖麟指出藏文"rgyam"对应汉字"盐"，认为"盐"中古音jiam和"咸"音vam几乎一定是同源词，参作者《跟见系字谐声的照三系字》，《中国语言学报》1983年第1期，123页。据此可解释《元和志》写作盐泉，而《新唐志》写作咸泉，用字不同，但音义相同。

镇[7]。至于盐（咸）泉镇地望，刘向阳比定在北塔山盐湖，但却未提供考证过程和资料参证[8]。薛宗正认为咸（盐）泉地望不可确考，仍提供两说以备考，一处位于将军戈壁、北塔山一带，二处在今蒙古国境内者[9]。至于特罗堡子，《钢和泰藏卷》所列地名中第19行第5个，其拉丁文转写为"ttiyakä"[10]。严耕望是目前所见唯一进行古今地望考订者，作者有如下推测："约其地当在今北塔山脉（Baydag Bogdo）山南许井（约E90.30，N45）、野马泉地段。"[11]遗憾的是，作者并没有给出充分的论证过程。《中国历史地图集·唐代卷》"陇右道"图幅中，蒲类东北方标有"咸泉镇"的位置示意，而无特罗堡子。笔者未见地图释文，虽然详细信息不得而知，但可知地图编者并未取严耕望之考订成果。"盐（咸）泉镇""特罗堡子"地望考订，本文主要利用《元和志》提供盐池、沙碛、草场的三种地貌组合的信息，于今地脉寻和考订。前述考订，为复原蒲类县东北入回鹘路路径，提供了坚实的基础。

一、庭州迤西镇堡守捉道里间距的规定性

庭州军镇体系的信息，主要散见在两《唐志》《元和志》《（北宋版）通典》《唐会要》等诸书中，而尤以《新唐志》与《元和志》较详。两书中守捉、军镇之间数目比对、建制沿革、镇守捉之间名称嬗替等辨析，唐长孺早有论述[12]。就记载存在空间上不均衡来讲，《新唐志》记载沙钵、冯洛、耶勒、俱六、张堡、乌宰、叶河、黑水、东林、西林等十守捉，俱位于庭州以西；而东部诸镇守捉，未置一字。《元和志》所列诸镇守捉则东西皆有，西部诸镇以入碎叶道目之，有俱六镇、凭落镇、沙钵镇；而东部诸镇守捉则分为两支，一支为庭州东入伊州道上，为蒲类镇、独山守捉；一支为庭州蒲类东北入回鹘道，所经镇守捉为郝遮镇、盐泉镇、特罗堡子[13]。

《新唐志》记载庭州西部诸镇堡守捉的起点是"庭州西延城"，又详列镇堡守捉间里数。本段截取庭州至轮台县路程里数作为分析样本，引文如下："自庭州西延城西六十里有沙钵城守捉，又有冯洛守捉，又八十里有耶勒城守捉，又八十里有俱六城守捉，又百里至轮台县，又百五十里有张堡城守捉。"其中西向排列的沙钵守捉、冯洛守捉、俱六城守捉，在《元和志》中名称俱为镇，其云："俱六镇，在州西二百四十里，当碎叶路；凭落镇，在府西三百七十里；沙钵镇，在府西五十里，当碎叶路。"尽管

---

[7] 黄茂琳《哈密顿〈钢和泰藏卷考释〉辨正》，241—242页。

[8] 刘向阳《唐代丝绸之路的路线和管理》，西安：三秦出版社，2015年，10页。

[9] 薛宗正《丝绸之路北庭研究》，231页；《安西与北庭——唐代西陲边政研究》，哈尔滨：黑龙江教育出版社，1998年，342页。

[10] 哈密屯撰、耿昇译《钢和泰藏卷杂考（述要）》中判定该地为吐鲁番之"吐峪沟"，《法国西域史学精粹》，429页。黄盛璋训读"tti"对应"特"而"—ya"当为"—la"转换。参黄茂琳《哈密顿〈钢和泰藏卷考释〉辨正》，241—242页。

[11] 严耕望《唐代交通图考》卷二《河陇碛西区》篇十五《唐通回纥三道》，630页。

[12] 唐长孺《唐书兵志笺正》，北京：中华书局，1962年，59—60页。

[13] 李吉甫《元和志》卷四〇，1034页。

《元和志》所列庭州之西诸镇次序表面看起来无章，但凭落（冯洛）和沙钵连举对出的情形与《新唐志》相类。

相同的情形，还出现在于阗文《钢和泰藏卷》所列地名中，第21行第1个Hä：nä bihä：rakä nāma kamtha和第21行第2个Śaparä[14]。哈密屯复原前第1行于阗文，并注释为"一座叫做Xan Bägräk的城市"。至于其方位和名称，耿昇据哈密屯文意译为"别失八里城堡中的'可汗王子城'"。黄盛璋认为哈密屯复原"Xan Bägräk"极确，更在其基础上指出"bihä：rakä"当为"凭落"的对音，译意为"王子"。之所以称"凭落"，为时人译突厥语"汗凭落"时省略了"汗"所致[15]。该地名之后的"sapara"，当为突厥贵族和王子常用的官号"沙钵略"。哈密屯指出已经有人考订为沙钵城守捉，此城名当为"沙钵略"官号的省称。与利用自然地物进行守捉命名的耶勒、俱六相比，沙钵与凭落的人文特征表明其置城年代要更久远。作为西突厥贵族驻守重镇的凭落城（可汗王子城）与沙钵城，其建城年代当与可汗浮图城置城年代左近。

《新唐志》、《元和志》、于阗文书三个不同源的材料中都有凭落和沙钵两地连举对出的情形，只有《元和志》提供了凭落与沙钵的方里[16]。凭落与沙钵虽然连举对出，

---

⑭ 哈密屯撰、耿昇译《钢和泰藏杂考（述要）》，《法国西域史学精粹》，432页。

⑮ 黄茂琳《哈密顿〈钢和泰藏卷考释〉辨正》，242页。

⑯ 王国维先生目《元和志》关于诸镇次第以及凭落镇距府距离"实不可信也"，而指出"凭洛城当在沙钵守捉西九十余里，去庭州约百五六十里"，参作者著《王国维手定观堂集林》，杭州：浙江教育出版社，2014年，362页。揆诸前说，以《新唐志》核之，则可推定凭洛城位于俱六和耶勒之间。但《新唐志》明言耶勒守捉在沙钵西八十里、庭州以西百四十里处。如是则凭洛左近耶勒，且距离不足十里。两守捉间距离如此之近，则王国维先生推定的"凭洛城"位置需要校正。松田寿男认为《元和郡县志》所刊载的里数中有错误"，参作者著《古代天山历史地理学研究》，135页。对于《元和志》记载正误之讨论，详见下文。岑仲勉认为《新唐志》将冯洛"附言于沙钵城守捉之后，疑顺序有舛错"，并据《元和志》考订出凭落当在近轮台附近，其言："假定《元和志》可信，并就余所考定里距言之，轮台县在庭州西四百廿里，是凭洛应在轮台县东约三十里。"作者著《岑仲勉史学论文续集》，北京：中华书局，2004年，325页。孟凡人指出《元和志》记载凭落镇距离北庭府里程记载可信，并据此校正《新唐书》相关记载："按照这个里程凭洛镇亦应在今乌鲁木齐以北一带。如是，《新唐书·地理志》在冯洛守捉、耶勒城守捉、俱六城守捉之间叙次显然有倒错。"作者著《北庭史地研究》，157页。新疆本土调查者推定冯洛村北80米的古城遗址即冯洛守捉所在地，参新疆维吾尔自治区文物普查办公室、昌吉回族自治州文物普查队编《昌吉回族自治州文物普查资料》，《新疆文物》1989年第3期，48页。钱伯泉找到与古地名同名的村庄，考证凭落地望位于冯洛村，其云："今新疆吉木萨尔县西北与阜康县接界处，仍有地名'冯洛村'。"作者撰《车师人种和语言的属性》，新疆吐鲁番地区文物局编《吐鲁番研究 第二届吐鲁番学国际学术研讨会论文集》，上海：上海辞书出版社，2006年，397—404页。《新疆古城遗址》编者同样持此观点，见新疆维吾尔自治区文物局编著《新疆古城遗址》，400—401页。该观点影响深远，几乎已经成为定论，并诸多研究者征引。但前述定论中，以冯洛村之名证古城为冯洛守捉做法则欠妥。昌吉州地名调查资料显示，冯洛村于1984年得名并立村，其云："因唐朝时在此建有冯洛守捉城，现尚有残存城墙遗址，1984年命名。"昌吉回族自治州地名委员会编《新疆维吾尔自治区 昌吉回族自治州地名图志》（内部资料），1989年，130页。《昌吉州地名志》的编者将冯洛守捉古城作为冯洛村得名来源，似乎冯代冯洛之名延续至今。但从村庄生命史即发展序列来看，冯洛村是从同治年间所立之六户地村析分出来，而非历史上相沿而来。而古城之名，在1984年冯洛村立村之前被当地人称之为"六户地破城子"，当是按照早期村庄名称的命名，其云："唐代冯洛守捉城（俗称六户地破城子）遗址尚存，并列入县级文物保护单位。"参见昌吉回族自治州地名委员会编《新疆维吾尔自治区 昌吉回族自治州地名图志》，129页。笔者认为就"破城子"的泛名来看，当地并没有凭落（冯洛）的专名流传。冯洛城得名，更多是文物调查者或者研究者调查六户地破城子，并推测为冯洛守捉之后的二次产物或者衍生结果。岑仲勉、孟凡人之外，《元和志》有关凭落镇距离北庭府里数的记载并不为人所重。

但两者的文本顺序并不意味着地理位置上的紧密连接性，而更可能强调等级和戍堡地位上的重要性。而《元和志》中沙钵镇与凭落镇距离悬隔，便是前述推断的直接证据。凭落镇的位置，当据《元和志》记载，定于庭州以西三百余里处，位于俱六和轮台之间。至于轮台县与庭州里数，《元和志》文为"东至州四百二十里，长安二年置"。岑仲勉进行里数相减，推定"凭落应在轮台县东约三十里"。本文认为解决凭落地望和里数问题，需要将《新唐志》和《元和志》记载庭州以西诸守捉间距及里数进行检核，并与古城遗址调查进行勘合。

《新唐志》记载沙钵、耶勒、俱六守捉间距都是八十里，其"规律性"已经为陈戈所注意，并应用到补足《新唐志》庭州至轮台所脱里数，尤其是同出并举的沙钵和凭落两镇道里的复原中[17]。三个守捉之间"规律性"，表示特定路径上存在守捉等距分布的现象。这种现象，还出现在耶勒守捉下烽燧设置及分布中。阿斯塔那226号墓出土开元十年（722）《唐北庭诸峰屯田亩数文书》"耶勒守捉界耶勒烽……乾坑烽……柽林烽"[18]。程喜霖据此指出文书仅见庭州三烽名，"即耶勒守捉界耶勒烽、乾坑烽、柽林烽"，并指出"大概只是庭州所置烽铺的一部分，皆设置在丝绸之路北道上"[19]。

由于文书残缺，耶勒守捉界内烽燧总数似乎无从得知。笔者试图结合《新唐志》记载耶勒守捉东距沙钵、西至俱六守捉都为八十里的距离信息，证明前述文书所列三烽，为耶勒守捉界内总烽数。据邢开鼎实地调查，金满、阜康向西的古道上，烽墩林立，烽烽相距约20千米[20]。考虑到耶勒守捉位于沙钵至俱六守捉百六十里路径中点，而与其同名之耶勒烽当在其左近[21]。其辖境内三烽的空间分布，大致可推定以耶勒烽为中点东西等距列布。两烽不仅各自距耶勒烽40里，而且位于耶勒与沙钵和俱六两段路径的中点。至于乾坑、柽林孰在东、孰在西，目前限于材料尚无法确考。

与乾坑、柽林烽燧遗址尚未有考古推进相比，本文认同戴良佐观点，将耶勒守

---

⑰ 陈戈注意到庭州以西诸守捉之间按照特定里数进行设置和分布，并据此推定沙钵和冯洛之间距离当为八十里。《新唐志》中沙钵与冯洛间里数补足之后，轮台距离庭州里数与修正后《元和志》轮台县至北庭府里数左近，其言："若参照其它守捉之间的距离将该二守捉之间的距离估计为八十里左右，则三百二十里再加上八十里即为四百里左右，与四百十二里基本一致。"见陈戈著《新疆考古论文集》，618页。松田寿男指出《新唐志》记载轮台至庭州里数合计为320唐里，远不逮吉木萨尔至乌鲁木齐间距离为430华里。故做出如下推定："《地理志》的距离记载得不完全，所以，必须认为在冯洛守捉和庭州州治之间有相当的省略。"松田寿男《古代天山历史地理学研究》，135页。王国维指出《新唐志》沙钵和冯洛两守捉间不著里数，余数相加，得六百十里。而《元和志》记载庭州至清海军七百里，则沙钵、冯洛两守捉间当得九十里。而补足沙钵和冯洛之间里数为九十里。并将此数字代入《新唐志》中庭州西至轮台里程计算，得四百一十里，近于《太平寰宇记》记载轮台县东至州四百二十里之谱。王国维《王国维手定观堂集林》，362页。

⑱ 中国文物研究所等编《吐鲁番出土文书 肆》，北京：文物出版社，1996年，102页。

⑲ 程喜霖、陈习刚主编《吐鲁番唐代军事文书研究·研究篇》，乌鲁木齐：新疆人民出版社，2013年，316页。

⑳ 程喜霖、陈习刚主编《吐鲁番唐代军事文书研究·研究篇》，"耶勒烽在庭州西去碎叶大道上，今阜康一带"注五，316页。

㉑ 耶勒之名，有研究者指出其以"Arlex"（阿尔里黑）之名，出现在亚美尼亚国王海屯所经天山北部诸地名表中。参见（亚美尼亚）乞剌可思·刚扎克赛著、何高济译《海屯行纪》，北京：中华书局，2002年，17页。

捉古城地望比定在今阜康市滋泥泉子镇北庄子古城㉒。以其为中心，东有吉木萨尔庆阳湖乡双河村古城（沙钵守捉）、西有阜康市六运五队古城（俱六守捉）㉓。笔者测量谷歌地图上三城里数与《新唐志》记载沙钵至俱六守捉百六十里左近，且左右两段里程都在八十里左右。考古遗址调查与《新唐志》文本记载，两者吻合度颇高。双河村古城与北庄子古城之间，尚有六户地古城（冯洛村古城），揆诸里数当为乾坑或柽林烽燧所在之地。至于烽燧发展成为戍堡的演进进程，尚需找更多资料进行证明。

俱六至轮台间里数，《元和志》记载为百八十里。作为文献记载里程的校正，阜康六运古城（俱六）与乌拉泊古城（轮台）之间，谷歌地图测量两地道路里数亦在百八十里左近。由是可知，《元和志》记载里距数可信。检核《新唐志》，两地里距记载仅为百里。两下相较，中脱八十里。此八十里，当为俱六至凭落的里数。阜康六运古城（俱六）与乌拉泊古城（轮台）之间，有米泉大破城村古城（下沙河古城），则该城当为凭落镇（守捉）所在㉔。凭落镇地望考订清晰，则可推定凭落水当为乌鲁木齐河之古称（附图1）㉕。

《元和志》提供俱六至轮台百八十里、《新唐志》记载沙钵至俱六守捉百八十里的两组数字，与考古调查诸古城间相互里数俱左近。尽管具体城址间距离略有出入，但推定庭州迤西沙钵至冯洛守捉间，俱按照八十里间隔的规定进行布置当无疑问。凭落镇古城地望确定以及城间距复原，表明《元和志》和《新唐志》记载庭州诸镇守捉间距及里数有内在规定性和合理性，反映唐边境镇戍体系制度运行的实态。基于此，可以讨论《元和志》记载庭州以西蒲类镇地望及间距。

二、庭州以东镇堡守捉体系中的蒲类县与蒲类镇

作为庭州镇堡守捉体系的一部分，庭州以东镇堡守捉都分布于该州东部唯一县——蒲类县中。《元和志》提供了庭州蒲类县距州方里，以及县辖境内镇堡守捉的详细地望信息，兹引文如下：

㉒　哈密屯考订耶勒城"位于北庭（古城）以西240里处，今柏杨驿一带"，参见作者撰、耿昇译《钢和泰藏卷杂考（述要）》，430页。钱伯泉考订"耶勒守捉即《海行记》中的阿儿里克（Arlex），即今新疆吉木萨尔县西三台公社八家地古城"，作者撰《唐轮台位置续考》，《新疆社会科学》1984年第4期，134页。孟凡人指出耶勒城守捉位于"今南距三台镇6千米的古城遗址"，作者著《丝绸之路史话》，北京：中国大百科全书出版社，2000年，100页。戴良佐据《新唐志》记载里数，结合实地调查，推算"（耶勒城守捉）在今阜康县的滋泥泉古城"，作者撰《唐代庭州七守捉城略考》，新疆维吾尔自治区昌吉州政协文史资料委员会编《历史在诉说——昌吉历史遗址与文物》，乌鲁木齐：新疆青少年出版社，1993年，36页。

㉓　陈戈认为唐代的俱六城守捉地望位于米泉古城，参作者《新疆考古论文集》，619页。作者这一观点严格按照《新唐志》文本所列守捉文本自然序列推断而来，对于诸守捉之逻辑序列未加考证。

㉔　孟凡人据《元和志》记载指出冯洛守捉大致在今米泉县之北白杨沟附近（这一带有下沙河古城），作者《丝绸之路史话》，100页。

㉕　岑仲勉早已指出凭落当为水草丰足之区，并援引《西域图志》文，指出阿勒塔齐郭勒（乌鲁木齐河）当为凭落水，作者著《岑仲勉史学论文续集》，325页。

庭州，因王庭以为名也。……管县三：后庭、蒲类、轮台。后庭县，下，郭下。……蒲类县，南至州十八里……轮台县，下。东至州四十二里。长安二年置。……蒲类镇，在蒲类县西。郝遮镇，在蒲类东北四十里，当回鹘路。盐泉镇，在蒲类县东北二百里。当回鹘路。特罗堡子，在蒲类县东北二百余里。四面有碛。置堡子处，周回约二十里，有好水草，即往回鹘之东路[26]。

虽然文本提供了蒲类县"南至州十八里"的方里信息，但该数字却向来不为人所重，研究者无一据此进行蒲类县地望考订者。至于蒲类镇，只提供了方位而无里数，其地望亦难据文本而加以确定[27]。

传统治庭州蒲类舆地者，以及时下研究唐代交通、城址及考古研究者，主要利用两组数字进行"唐蒲类县"地望考证。一个是《太平寰宇记》（下文简称《寰宇记》）记载蒲类县距离庭州方位里距为"东八十里"的记载，该数字的"信度"和接受度颇高，频为目唐朝墩为唐蒲类县之研究者们所征引[28]。由古城遗址目之，唐朝墩古城遗址恰在吉木萨尔县北破城子东八十里左近。文本记载与古城遗址调查，共同"确定"了蒲类县之"地望"。但前述复原结果，都未对"蒲类镇，在蒲类县西"的文本投射关照，忽略了蒲类县西蒲类镇地望的考订。根据前节对庭州镇戍守捉体系的复原，可知蒲类镇当按照特定的里数设置于庭州与蒲类县之间。

另一个为研究者笃信的数据，是《新唐志》提供的伊庭州间道路里程："别自罗护守捉西北上乏驴岭，百二十里至赤谷，又出谷口，经长泉、龙泉，百八十里有独山守捉；**又经蒲类，百六十里至北庭都护府。**"[29]罗护经长泉至独山守捉一段里程，岑仲勉已指出里数有脱漏，并补足原文当为"二百八十里有独山守捉"[30]。独山经蒲类至北庭都护府里程记载为百六十里，唐朝墩所在"蒲类县"至北庭八十里，两个数据都"正确"无误，则唐朝墩至独山守捉（木垒）的"理论"里数为八十里[31]。严耕望则据木垒至孚远县清代民国驿站里程数据，指出《新唐志》记载里程可能有脱漏，其言："惟今木垒河西至孚远县二百余里，非一百六十里之谱，故仍有问题。"[32]

㉖ 《元和郡县图志》卷四〇，1033—1034页。
㉗ 薛宗正认为蒲类镇与县城同名，而未记其里数，说明相距甚近，并推定："今日奇台县南约5公里的园艺场尚有古城一座，土名土虎玛克古城……东西长410米，北长362米，东西设城门，宽约6米，城中出土物大体与唐朝墩出土物相似，重要者乃一把铁刀……乃蒲类唐军将士浴血奋战，保卫边疆的实物见证。"作者著《丝绸之路北庭研究》，231—232页。
㉘ 乐史著、王文楚点校《太平寰宇记》卷一五六《陇右道七·庭州》，北京：中华书局，2007年，2997页。
㉙ 《新唐志》"伊州伊吾郡·纳职县"条，1046页。
㉚ 岑仲勉著《岑仲勉史学论文续集》，317页。
㉛ 薛宗正注意到此点问题，采用"若以直线距离测算"的方式，弥缝两个"正确"数字相减下独山至蒲类的"理论"里数，作者著《丝绸之路北庭研究》，231页。但传统舆地中道里统计，是以履勘为基础而进行。前述直线测距，只能说为了数字正确而提出的权宜之计，并不符合舆地书写及道里统计惯例。
㉜ 严耕望之所以未深究里数，盖因作者注意到《新唐志》记载纳职县与北庭都护府里程为850里，加上伊州西南至纳职县120里，恰与《元和志》"庭州"条下记载"庭州东南至伊州九百七十里"合。因此有"里距恰合如此，当即此道无疑，是此道为主道也"的断语。参作者著《唐代交通图考》卷二《河陇碛西区》篇十四《北庭都护府通伊西碎叶诸道》，588页。

　　笔者认同严耕望的质疑，利用文本记载道里数字需谨慎，基于《寰宇记》道里记载进行遗址属性判定亦需要检核。民国时期林竞自孚远县东行至木垒河，分段记载里数如下：“孚远东七十里，至奇台县，俗称古城，又九十里至旧奇台城，又九十里至木垒河，相距近二百五十里。”[33] 庭州故城在孚远县北20余华里处，与250里数字相加，可知该段总里程在270里左近。而《新疆志稿》提供的木垒至孚远县驿、台、塘里程，为270里之谱[34]。揆诸地形，庭州至木垒三段里程，由沙漠边缘渐趋天山北麓山脚。这种路径选择，当非始自清代民国，而可追溯至《新唐志》时代。是知《新唐志》“又经蒲类，百六十里至北庭都护府”的记载中，“百”字前必脱“二”。

　　经过岑仲勉先生与本文的复原，《新唐志》记载乏驴岭至庭州里数大约为660里。该里数左近于文献中提供的另一组数据，那就是文献庭州至州界里数。《（北宋版）通典·州郡四》“北庭府”条下，记载了东南方向至伊吾郡界的距离，文为“东南到伊吾郡界六百八十里”[35]。《旧唐书·地理志四·陇右道》“北庭都护府”条下，记载里数与《（北宋版）通典》同，文为“东至伊州界六百八十里”。《寰宇记》记载方向相同，数字则有数百里之出入，“东南至伊州界九百八十里”。写本《沙州伊州地志》残卷中，伊吾军四至条下分别记载了“东南去伊州三百里”和“西去庭州七百八十里”[36]。文书提供了的伊吾军至庭州七百八十里的数字，可拆分为庭州至边界的680里加伊吾军至伊庭州边界百里之数。尽管复原的道路里程数字小于文献记载的州境里数，但按照交通里程至少等于或者大于州境的常理，可以确定独山至庭州道路里数自唐至清代民国都在260里左右。

　　《新唐志》独山经蒲类至北庭都护府里数的厘清，可证明《元和志》和《寰宇记》记载蒲类至庭州里数记载皆脱“百”，《新唐志》记载乏驴岭至北庭都护间里程中两处脱漏数字的补足，使得该里程亦符契于《（北宋版）通典》记载庭州至伊州边界里数。老奇台和新奇台（古城）的关系，目前较为合理的解释可参照严耕望先生所言前者是唐蒲类县治，后者是位于蒲类县西的蒲类镇所在[37]。严先生的复原，甚符合《元和志》中“蒲类镇，在蒲类县西”材料提供的位置信息，亦符合镇堡设置有特定里距的规定性。蒲类县和蒲类镇地望的审订明晰的基础上，盐（咸）泉镇地望考订才更有可能勘实。

三、盐（咸）泉镇、特罗堡子今地考

　　盐泉镇作为军镇一级建置，李吉甫提供了方里以及位于蒲类入回鹘路上节点地标的信息，即：“盐泉镇，在蒲类县东北二百里，当回鹘路。”特罗堡子为军镇之下戍堡，

㉝　林竞《西北丛编》，台北：文海出版社，1974年，252—253页。

㉞　钟广生《新疆志稿》，台北：成文出版社，1968年，叶75正。

㉟　长泽规矩也、尾崎康编著，韩昇订《（宫内厅书陵部藏）北宋版通典》，东京：汲古书院，2008年，494页。

㊱　唐耕耦、陆宏基编著《敦煌社会经济文献真迹释录》，第1辑，41页。

㊲　严耕望《唐代交通图考》卷二《河陇碛西区》篇十四《北庭都护府通伊西碎叶诸道》，587页。

李吉甫提供信息较前者为详尽："特罗堡子，在蒲类县东北二百余里，四面有碛，置堡子处，周回约二十里，有好水草，即往回鹘之东路。"（均见上节引文）文中除提供方里、交通节点地标等常规地理信息外，还提供了与堡子密切相关的沙碛、水草等周围地貌描写，乃至幅员面积信息。

　　"盐泉镇"的军事建置名称，直接反映了戍卒屯戍于盐池（泉）的事实。"特罗堡子"的得名，于阗文也只是提供了字音，而该词的突厥语文意尚未清晰及厘定。从《元和志》详细介绍堡子周围水草资源的信息，戍堡得名及设置极可能与草场资源管理及控制密切相关。盐池、草场、沙碛三个距离左近但异质地貌单元，组合稳定且可辨识度极高，成为脉寻军镇戍堡地望重要的参照。以稳定性较高的地貌单元组合为基准进行地望考辨，可以部分避免文本原始材料信息脱落以及传抄过程中出现错讹带来的干扰和不确定性。

　　现代盐湖资源调查，奇台县境内东北方向盐湖有二，一为苿苿湖，一为北塔山盐湖。苿苿湖是面积为10平方千米的干盐湖，不过开采价值不大[38]。位置较苿苿湖更东北，哈萨克牧民历来采盐的地方便是北塔山盐湖。《中国河湖大典》一书，介绍湖泊地理信息如下：

　　　　北塔山湖，盐沼泽，也称东盐池、北塔山盐池，位于新疆维吾尔自治区奇台县东北部北塔山脚下。地理位置东经90°41′，北纬44°52′。湖泊在20世纪50年代变为沼泽，现在干涸盐漠，仅存东部盐池。面积30平方千米。植被情况来看，盐池东北方向约6千米有原始胡杨林分布，面积约30平方千米。向南30多千米则是闻名遐迩的木垒鸣沙山，北侧是横卧中蒙边界的北塔山[39]。

　　《中国湖泊志》《新疆盐湖志》《中国盐湖志》诸书虽然提供了盐湖的精确地理坐标，但却没有提供可资参照的高精度地物。《中华人民共和国新疆维吾尔自治区地图集》（下文简称《新疆维吾尔自治区地图集》）所收《奇台县》图幅显示，奇台县东北北塔山南绘制有吉尔格勒森泉，该泉东约10华里处标有盐池地物[40]。需要指出的是，图幅中盐湖没有专名，只是泛称。笔者去该盐湖进行实地踏探，结合晚清民国地方志文献和口头访谈，获悉该坐标和地物参照附近的盐湖是北塔山盐湖。就微地貌而言，盐湖的北面、东面、西面是假木贼、木盐蓬砾漠，而南面则是平原盐生草甸和盐生植物覆盖茂密[41]。实地踏勘发现，正在开采原生盐的湖区内部，盐生植被也出现局部富集的情形。植被下面的土壤，是典型的灰棕色荒漠土[42]。该地理景观，完全不同于其他地区盐湖地表满是龟裂干盐壳，而无植被覆盖的情形。就开采历史来讲，地方志书和档案资料提供的时间段晚近，而口述中盐湖开发历史亦停留在"很久"这类模糊的时间线表达。从利

㊳　王苏民等编著《中国湖泊志》，北京：科学出版社，1998年，365页。

㊴　敬正书主编《中国河湖大典·西北诸河卷》，北京：中国水利水电出版社，2014，135页。

㊵　新疆维吾尔自治区地图集编纂委员会编著《中华人民共和国新疆维吾尔自治区地图集》，1966年，49—50页。

㊶　《新疆维吾尔自治区地图集》，21—22页。

㊷　《新疆维吾尔自治区地图集》，19—20页。

用频度来看，至今该盐湖仍是北塔山牧场（青河、富蕴、奇台三县春秋牧场、夏牧场）采盐的重要场所㊸。

道路情况而言，《中国盐湖志》指出湖区有便道经过："北塔山盐湖，又名北塔山盐池，位于奇台县北部北塔山南麓……湖盆西部有便道，交通不便。"㊹而笔者实地踏勘，盐湖西部有南北向的道路，而湖区内亦有东西向可行运盐卡车的道路。《新疆维吾尔自治区地图集》中提供了经过北塔山盐湖西部东北行的路线："吉尔格勒森泉，泉西十里之外就是盐池，吉尔格勒森泉东北行，至乌契巴斯套，出国境到敖伦布拉克。"㊺

就盐湖方位、矿床属性、开发利用频度及周边出国境的道路而言，北塔山盐湖极有可能便是庭州盐泉镇地望所在，是庭州入回鹘路上置军镇进行管理的地方。遗憾的是，目前为止，北塔山盐湖附近的古城址发掘尚未取得足够丰富的成果。

《元和志》中以特罗堡子为地物参照，关联了沙碛和好水草两个异质的地貌单元。"四面有碛"四字列于"特罗堡子，在蒲类县东北二百余里"之后，似乎强调堡子四周有沙碛；但"置堡子处"的地望，后文明确是在"有好水草"处。单纯按照字面顺序进行地貌和相对位置复原，可知堡子周围是沙碛，沙碛中有面积20多里的草场这一斑状景观，而戍堡置于草场左近。但"周回约二十里，有好水草"的文字并非定献，有"周回约二千里"的草场面积介绍。

清武英殿聚珍版所收《元和志》中，便提供了草场幅员广大，远非逼仄20华里的局促面积："特罗堡子在蒲类县东北二百余里，四面有碛，置堡子处，周回约二千里，有好水草，即往回鹘之东路。"㊻中华再造善本《元和郡县图志》（编号zhsy100254）影印清初钞本仿明本中，水草丰美之地的幅员同样为"周回二千里"㊼。倘若以前述版本介绍草场面积为是，则草场的体量惊人，相应的经济价值和牲畜承载量亦令人瞩目，因此需要对沙碛和草场的位置关系进行重新审视。

单纯依靠文字顺序进行地貌复原，沙碛和逼仄的好水草之地是嵌入式的"斑状"景观；如果是幅员广大的草场，则当邻近于沙碛，二者之间是界线分明的异质景观。如是，则可将特罗堡子及相关联的地物进行空间复原如下，沙碛和好水草之地分列于堡子左右，堡子设置在邻近水草这一侧。现代地貌调查及历史文献，提供了前述地貌组合复原的佐证。

前节盐泉镇地望位于北塔山左近的考证，为继续脉寻沙碛和水草丰美之地提供了扎实的参照。北塔山，在清朝文献中称之为"拜塔克"："拜塔克，地以山名，在哈布塔克西，青吉勒郭勒南岸。由拜塔克西南行三百里至奇台县界。"㊽左近于北塔

㊸　北塔山牧场畜牧科阿扎提访谈，45岁，哈萨克族。时间：2018年9月8日；采访者，王长命。地点，北塔山牧场营部。
㊹　郑喜玉等编著《中国盐湖志》，北京：科学出版社，2004年，194页。
㊺　新疆维吾尔自治区地图集编纂委员会编著《中华人民共和国新疆维吾尔自治区地图集》，49—50页。
㊻　李吉甫《元和郡县图志》，清武英殿本聚珍版丛书本，22页背。
㊼　李吉甫《元和郡县图志》，《中华再造善本·续编》编号zhsy100254，北京：国家图书馆出版社，2011年，156页。
㊽　钟兴麒等校注《西域图志校注》，乌鲁木齐：新疆人民出版社，2014年，238页。

山,且四围有沙碛者名曰哈布塔克山,《皇舆西域图志》"山一·镇西府"对此记载如下:"哈布塔克(塔克,回语谓山,后仿此)在必济鄂拉西北,四围皆沙碛。东南距镇西府城四百里。自此西北行,与天山北路之拜塔克相接,为准噶尔旧疆交界处。"[49]清人调查,哈布塔克具有疆域边界的作用,是准噶尔部与清的天然边界。而《西域图志》"疆域二·安西北路"记载 "哈布塔克"虽然四围有沙碛,但沙碛在某处与草原有接壤。该草原是水草丰美之地,草原北界为布拉干郭勒,即今布尔根河,其言:"哈布塔克,地以山名,在镇西府西北四百里。北六十里,即布拉干郭勒。(布拉干)河南山北之地,饶水草,宜畜牧。逾哈布塔克至青吉勒郭勒,旧为准噶尔东南界。"[50]

至此,以北塔山为参照地物,南有北塔山盐湖,东北方向是布拉干郭勒南的草原地带,东南方向是哈布塔克山及四周沙碛。与《元和志》提供蒲类东北入回鹘道上盐泉、沙碛、好水草的地理地貌信息,可以高度吻合。因此,可推断出特罗堡子所置之处,当在布尔干郭勒以南、北塔山以东、哈布塔克山以西的范围内找寻。更为重要的是,哈布塔克山和拜塔克山所在区域,是准噶尔部曾经的东南边疆。《西域图志》编纂者为了说明这一区域由边疆到行政辖境变化的过程,特意撰文如下:"谨按:我朝旧疆,与准噶尔分界处,在阿勒坦鄂拉南古尔毕达巴,至哈布塔克、拜塔克之间。爰举必济以下诸境,当镇西府北界者隶诸卷末,以表旧疆之所届云(小字出注:以上属镇西府北境外地)。"[51]

尽管从时间段来讲,《西域图志》关于边界位于哈布塔克和拜塔克之间的描述是清朝的,晚《元和志》近千年。但从边界划分和边疆控制的角度看,置戍堡于此的理念古今一致。特罗堡子是《元和志》提供入回鹘路庭州境内最后一站,说明该堡子位于唐回鹘边境左近,其控制的地物可能也属于跨边界的状态。

在盐泉镇、特罗堡子地望考订基础上,自庭州蒲类入回鹘道路线亦得以稽此勾勒。《新疆图志》引《奇台乡土志》所描绘奇台县城(古城)至哈布塔克的路径颇详,附有注文,故引如下:

> 县城东北至哈布塔克四百余里,与镇西厅属之羊圈湾及札哈沁接壤。其路自距城一百八十里之木垒河驿东北行八十里,至黑山头。又东北一百里,至闫泉。又八十里,红沙泉。又九十里,花儿刺。自花儿刺以下,皆镇西厅属地。又经戈壁八十里,至纸房。又折而西北,至高泉,亦名红柳沟。从此入山沟西行四十里,至条湖。又四十里,苇子峡。又西十里,头水。从此出山沟北行,经戈壁八十里,至龙脖子沟,即哈布塔克口。入沟行五十里,至羊圈湾[52]。

《新疆乡土志稿·奇台》提供了奇台县(古城)东北方向干道路程及节点村庄和地

⑭ 钟兴麒等校注《西域图志校注》,417页。
⑤ 钟兴麒等校注《西域图志校注》,238页。
⑤ 钟兴麒等校注《西域图志校注》,238页。
⑤ 王树枏等纂修、朱玉麒等整理《新疆图志》,1090页。

物的名称，兹引"本境干道东路"条文如下：

> 一自今治地孚远驿起，出北城门东北行三十里至西地（庄），又东北行十五里至东地（庄），又东北行四十里至汉沟（此地现设卡伦），又北行七十里至北芨芨湖，又北行九十里至老君庙（此处旧有煤窑），又北行六十里至拜达克山出本境。北界与科布多属札哈沁旗之南路相接[53]。

而《（光绪）新疆四道志》，同样记载了上引材料中的村庄，却只提供道里，未提供路径："牛王宫庄，城北一十里；红渠庄，城北一十五里；东地庄，在城北一百一十里；西地庄，在城北一百里。"[54]此处东地庄和西地庄，便是前引驿站中"出北门行三十里西地，又东北行十五里东地"出现的地名。村名相同，地望明确，距离县治的里程却有差异。理解此点，须了解光绪十五年徙县治于古城，移巡检于老奇台之事[55]。《东华录（光绪朝）》提供了具体的时间点："兹据兼理布政使兼按察使衔镇迪道恩纶详：据奇台县知县刘澄清报称：该县已于光绪十五年四月初十日率同典史移驻古城，巡检亦于四月十五日移驻奇台。转请奏咨前来。"[56]《新疆四道志》成书虽然是光绪末年，但所引材料乃是光绪十五年奇台县迁治之前的史料，故而村庄方里是以老奇台县治为参照进行记录。

《奇台乡土志》以老君庙煤窑为节点的直北入科布多路为出境干路，而对自北塔山东北出境之路未加关注。以煤窑作为必经节点，很大程度上反映的是煤炭产业兴起之后的路径选择，故不可径直等同于《元和志》所言蒲类东北入回鹘路。笔者稽考《新疆维吾尔自治区地图集》，发现有路从老奇台出发东北经盐池出境至蒙古的路线。兹复原如下，自老奇台出，东北行六十里（直线11.2千米）地方有一古城名为"二畦古城"，经唐代"社营古城"、雀仁乡、五棵树、芨芨湖、红沙泉、吉尔格勒森泉（泉东十里之外就是盐池），东北行至乌契巴斯套，出国境到敖伦布拉克（附图2）[57]。该路径上有唐城、有遗址、有盐湖，出北塔山入蒙古国境则北有草场，南有沙碛。除方里与《元和志》记载有出入外，地理地貌单元组合与文本提供的信息可相契合，是为庭州入回鹘路之蒲类县境内道路。

小　结

庭州镇堡守捉东西沿天山列布，又以驿路贯穿其间，西达弓月城，东连伊州，东北入回鹘，共同构成了镇戍守捉和驿路交通体系。唐王朝镇堡守捉体系的西半部分，当是在西突厥所建可汗浮图城、汗王子城、沙钵略城的基础上，逐步完善的。作为突

[53] 杨方炽《奇台县乡土志》，中国社会科学院中国边疆史地研究中心编《中国边疆史地资料丛刊·新疆乡土志稿》，北京：全国图书馆文献缩微复制中心，1990年，77页。
[54] 李德龙校注《新疆四道志校注》，北京：中央民族大学出版社，2010年，57页。
[55] 刘锦藻纂《清续文献通考》，杭州：浙江古籍出版社，1988年，5908页。
[56] 《东华续录（光绪朝）》，上海集成图书公司本，清宣统元年（1909），叶一六正。
[57] 二畦古城信息及地望信息补入路径，参考新疆维吾尔自治区文物局编著《新疆古城遗址》，390页。

厥王族驻守的沙钵与凭落城，同举并列于唐代地志文献与于阗文文书中，一方面表明较长的城市生命史，另一方面强调两城的等级、地位与重要性。凭落镇的地望，位于轮台县和俱六守捉之间，当为今米泉县大破城村古城。该镇附近凭落水，为永徽二年庭州刺史骆弘义上书所言大军驻顿之处，当为今乌鲁木齐河。至此可复原庭州以西至轮台县诸守捉次序如下：庭州西延城、沙钵、耶勒、俱六、冯洛、轮台县。诸镇堡守捉之间，又以驿路交通贯通连接。庭州与沙钵之间里数为60里，凭落至轮台县之间里数为百里，而沙钵和冯洛之间四守捉间城距都是80里。唐王朝以特定驿路里程为限，选取地势险要、水草丰茂、易守难攻之地选址建城，又在特定的距离上，布置烽燧。现代新疆古城调查表明，在前述道路系统和特定间隔里程上，都有古城遗址，计有吉木萨尔北破城子、庆阳湖乡双河村古城、滋泥泉镇北庄子古城、阜康市六运五队古城、米泉大破城子、乌拉泊古城。

　　作为庭州东部戍卫体系和道里体系的节点，蒲类县、蒲类镇的选址和建城亦遵循间距里数的规定性。《（北宋版）通典》提供的"（北庭府）东至伊吾郡界六百八十里"的幅员数据，与晚清民国时期旅人分段记录入新疆后越天山自木垒经老奇台县、奇台县（唐朝墩古城）至孚远县城驿路里数左近。以两组数字进行校核，知《新唐志》"又经蒲类，百六十里至北庭都护府"的记载中有脱漏，"百"字前须补"二"字。驿路里程正确复原，唐蒲类县、蒲类镇定位以得以明确，前者地望为清代老奇台县，后者地望为奇台县（唐朝墩古城）。

　　《元和志》记载入回纥路上两个节点地物是盐泉镇和特罗堡子，镇堡单位关联的是盐池、沙碛和水草丰美的草地三个迥异的地貌单元。尽管盐泉镇和特罗堡子有方里信息，但记载唯一，无从检核。三个地貌单元位置临近，且辨识度极高，可作为复原地望的基准参照。依据清人记载及时下高精度地图，可将盐泉镇位置比定北塔山盐湖，而特罗堡子可能位置是在布尔干郭勒（今布尔根河）以南、北塔山以东、哈布塔克山以西的范围内。除地貌吻合度高之外，哈布塔克、布尔干郭勒、北塔山一线，属于边界地带，一如特罗堡子所关联草场、沙碛位于唐回鹘边界处。至于水草丰美之地，幅员广大，远非逼仄20里。故中华点校本《元和志》文字当从武英殿本及中华再造善本"周回二千里"，表明"十"乃"千"字之形近而讹。

　　三个节点地理单元地望的勘定，为复原蒲类县东北入回纥路提供了可能。老奇台县至北塔山盐湖路径复原，尚须寻找考古遗址作为节点地物。老奇台县东北直线11.2千米处有二畦古城，为唐代遗址，经过唐代"社营古城"、雀仁乡、五棵树，经芨芨湖，东北行红沙泉、东北行至吉尔格勒森泉（泉东十里之外就是盐池），东北行至乌契巴斯套，出国境到敖伦布拉克。该路径上有唐城、有遗址，有盐湖，出北塔山入蒙古国境则北有草场，南有沙碛，可视作是庭州入回鹘路之蒲类县境内道路（附图2）。

　　致谢：本文写作过程中，得到合作导师罗新教授的提点与指正。文章完成之后，承蒙新疆大学人文学院吴轶群教授、复旦大学中国历史地理研究所17级博士生李昊林通阅并提供有价值意见，特此致谢。文中谬误之处，笔者自负。

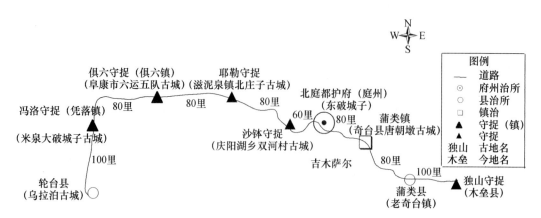

附图1　庭州凭落蒲类镇地望及镇守捉道里示意图

附图2　庭州东北入回鹘道示意图

Distance and Planimetric Features: Geographical Investigation on the Fortresses Xan bagrag, Pulei and the Salt Spring and Telo in the Prefecture of Tingzhou

Wang Changming

The article focuses on the defense system set up around the prefecture of Tingzhou along the Tianshan mountain, with nearly thirty fortresses standing along the post road from east to the west. The fortresses Isapara and Xan bagrak in the west part of this defense system were named from the Western Turkic titles, and they were probably set up when the Kagan Xutu was established. Other fortresses between Isapara and Xan bagrak were named according to the natural geographic features, and they were set up with a distance of eight *li* in the Tang Dynasty. This supposition can be supported by the archaeological discoveries of ancient cities with certain distance along the Tianshan mountain. The east part of the defense system of Tingzhou was built around Pulei county which connected with the fortresses Pulei and Dushan respectively in the west and east. Before identifying the Dungu ruins as the Pulei county, we should be more cautious and consider not only the related archaeological findings but also the spacing distance between towns, the post road and the frontier of Tingzhou. The geographical investigation on the fortresses Salt Spring and Telo should be made on the basis of the surface features like salt lakes, grasslands and deserts recorded in *Yuanhe Junxian Tuzhi* (元和郡县图志 *Monographs and Maps on the Commanderies and Counties of the Yuanhe Era (806-820AD)*). It can be identified that the fortress of Salt Spring might be around the Baytagh salt lake, while Telo was near the Bay tagh and Habtagh.

古代蒙古研究的新资料

——读《中国藏黑水城民族文字文献》

刘曙梅

黑水城，即西夏黑水镇监军司和元代亦集乃路遗址，在今内蒙古阿拉善盟额济纳旗境内。继科兹洛夫（Kozlov）和斯坦因（Stein）之后，内蒙古文物考古研究所与阿拉善盟文物考古站于1983年和1984年又两次对黑水城进行考古发掘，出土了大量汉文、蒙古文、藏文、回鹘文、波斯文等语言文字的文献。其中汉文文书主要见李逸友先生整理出版的《黑城出土文书（汉文文书卷）》[①]，其余非汉文文书则由内蒙古大学与日本早稻田大学合作研究，出版了专著《ハラホト出土モンゴル文書の研究》（《哈拉浩特出土蒙古文文书研究》）[②]。

2013年，塔拉、杜建录、高国祥主编，由中华书局和天津古籍出版社联合出版了《中国藏黑水城民族文字文献》（以下简称《民族文字文献》），公布了包括蒙古文、古藏文、阿拉伯文、回鹘文等305件文书的图片。据前言，该书所收文书主要是1983年和1984年发掘所获，少量是近20年来当地文物管理部门陆续采集到的残件。前言中还介绍了黑水城和黑水城文献的发掘情况、中国藏黑水城民族文字文献的种类与数量、国内外研究概况、历史文献学与版本学价值等。该书的出版无疑对研究元代社会经济和清代佛教文化提供了珍贵的新史料。

《民族文字文献》共收104件畏吾体蒙古文文书："回鹘式蒙古文"部分收录85件文书，不过，其中3件实际为汉文文书，分别是：

编号M1·041［84HFA205（正）］文书，李逸友《黑城出土文书》未收入；

编号M1·038［F9:W31（正）］文书，收入《黑城出土文书》（赋税类），112页；

编号M1·055［83HF13正］文书，《黑城出土文书》未收入。

这三件文书之所以收入，是因为它们的背面写有蒙古文，编者只要加以说明即可，不必另行编号和刊载图片。这3件汉文文书，不在本文考察范围之内，研究黑城出土汉文文书的学者则应留意。另外，该书第九部分的22件所谓"托忒蒙古文"文书，其实都属于畏吾体蒙古文，本文一并予以讨论。

在本文中，笔者主要把上述104件畏吾体蒙古文文书和《ハラホト出土モンゴル文

① 李逸友编著《黑城出土文书（汉文文书卷）》，北京：科学出版社，1991年。
② 吉田顺一、チメドドルジ（齐木德道尔吉）编《ハラホト出土モンゴル文書の研究》，东京：雄山阁，2008年。

書の研究》收入101件畏吾体蒙古文文文书进行对比，统计出两书所新收入和漏收的文书，并对《民族文字文献》新收入的文书作初步研究。本文使用的符号说明如下：/// 表示文本有破损；？表示笔者未能辨认的部分；［］表示文本破损之处的复原字样；… 表示不能辨认或者因受破损而文意不明。

一、新收入的文书

《民族文字文献》新收入畏吾体蒙古文文书共30件，其中契约文书3件，分例文书1件，宗教文书24件、不明性质文书2件。具体情况如下。

（一）契约文书

（1）编号M1·084［AE205ZHI44（M）3］文书：共12行，草书体③。文书内容为：某月十…日，某人把他的弟弟čeĵeng，以若干石五升大麦和若干升饱满的种子为代价雇佣给了某人，如果，该čeĵeng掉进水里或被狗咬……

原文转写及旁译

[1] ///sara arban`　　　　　　[2] ?///kölösün kümün　　　　[3] ///
　　……月十　　　　　　　　　……雇佣人……

[4] ///degü inu　　　　　　　[5] ///nigen　　　　　　　　[6] /// bas-a kölösün inu
　　弟弟他的　　　　　　　　　……一个　　　　　　　　　……还有，佣金他的

[7] ///taγar tabun šim arba　　[8] ///šim bedügün ür-e　　　[9] ///bolba. ene　čeĵeng
　　……石五升大麦　　　　　　……升饱满的种籽　　　　　成为。该 čeĵeng

[10] ///-tur olĵu usun　　　　　[11] ///unaĵu noqai qaĵaĵu　　[12] ///
　　……里得到水　　　　　　　……落，狗咬　　　　　　　……

注　释

第2行kölösün kümün：意为"雇佣人"，kümün没有写出元音ü的长牙。

第7行arba：现代正确的书写方式是arbai，又见编号F61:W9文书第6行；F79：W7文书第7行均写作arba（前引《ハラホト出土モンゴル文書の研究》，26、66页），这是民间书写契约时没有严格遵循蒙古文正字法的结果。

第8行bedügün：现代正确的书写形式是büdügün，此处为口语发音，意为"粗的"，作ür-e的形容词，指颗粒饱满的种子；ür-e没有写出元音ü的长牙。

第10—11行usun unaĵu noqai qaĵaĵu：意为"落水狗咬"。黑城出土契约文书中，如果雇佣人或被典卖者遇到意外的不幸，其承担者一般是佣人或其亲属。编号MON02的蒙古文是一件典卖人口的契约，主要内容是猪儿年八月初四日，撒班（Saban）将自己的亲弟弟阿卜都剌（Abdula）典卖给京保（Ging Bau）。该文书第7—10行写道：en-e abdula ali ber（该阿卜都剌无论）/ tengri ĵayaγabar ükübesü orγubasu（因天命而死亡或逃

③　先行研究见党宝海《黑城元代蒙古文、汉文文书拾零》，《西部蒙古论坛》2018年第4期，17—19页。

亡）/ qulaγai kibesü yaγubar ging bau qor（或行窃或因故加害于京保）/ kibesü bi saban-u deger-e（我撒班将一面承当）（前引《ハラホト出土モンゴル文書の研究》，48、49页）。又见编号为F277:W55汉文典卖人口的契约文书第3—4行：如有人天得重病车辗马踏落水/ 身死一面人主承当（前引《黑城出土文书》，189页），这表明当时元代亦集乃路地区这种契约书写形式较为普遍。

（2）编号M1·085［（M）4］文书：共9行，草书体。文书内容为：某年某月十一日，在斡忽诺惕（oqunut）这个人的见证下确立的关于一峰骆驼的契约文书。文书中出现 temegen（骆驼）、čau（钞）、čülejü（放逐）、aba（打猎）等字，因文书严重残缺，故不知它们的相互关系。第7—8行出现人名德勒格（delege），因文书前面部分残缺，故不知与该文书有何关系。

原文转写及旁译

[1] ///arban nigen///
　　……十一日……

[2] ///-tur nigen turin temegen olju
　　……得到一峰消瘦的骆驼

[3] ///temegen?///čü[len] ///
　　骆驼……放逐……

[4] ///čau?čülejübi emge aba///
　　……钞……放逐我……打猎……

[5] ?///bujarasu?gebe///
　　……

[6] ///-tur bütejü?///
　　……里归还……

[7] ///olju qoyar delege-tur ö<g>kü///
　　得到两个……给与德勒格……

[8] ene nišan bi delege
　　这手印我德勒格

[9] gereči bi oqunut
　　知见人我斡忽诺惕

注　释

第2行olju：没有书写L辅音的标示，根据文书前后内容，应为olju。

第6行bütejü：现代的正字法是bütügejü，此处为口语书写形式。又见编号F62:W19文书第7行作büdgejü；编号Y1：W119文书第7行作bütejü，第8行写作bütügejü（前引《ハラホト出土モンゴル文書の研究》，54、159页）。

第7行ö<g>kü：词中g辅音被遗漏，此处为口语书写形式，意为“给予”。又见编号F250：W3文书第10行写作ö<g>sügei（前引《ハラホト出土モンゴル文書の研究》，60页）。

（3）编号M1·080［83HT9反］和M1·081［83HT9正］文书：这是同一张纸上写有两件契约的文书，共28行，前面文书第3行eče yabuqu temür-tü（行用<枡>）；第5行büri taγar（每……石）等词语推测，应该是有关谷物方面的契约文书。另外，编号M1·081［83HT9正］文书上面并无文字，是纸张另一面的字渗透的结果。不应该另外编号。

（二）分例文书

编号M1·077［84·F116:W282/1454］文书：这件文书由8个残片组成。上面四片：

从左到右第一和第四无文字；第2片写有蒙古文qatun（妃子）；第3片写有"费"字。下面第2片写有"分例米面"，据以上可知，这是一件有关某位妃子某年的分例文书。李逸友《黑城出土文书》未收录。

（三）宗教文书

（1）编号M1·033［F277:W5反］文书：共8行，保存较完整。这是一件上图下文书写排版形式的不知名佛教典籍。黑城出土蒙古文文书中，这种排版形式的文书仅发现了4件④，整理者初步认定为道教典籍，而该文书图案中人物形象与这4件典籍相比明显不同，可能是佛教典籍，具有很高的学术价值。

在经文中间夹行空白处有汉文草体书写的典卖人口性质的契约文书，其背面则为"农牧类"的汉文文书⑤。蒙古文文书大致内容为：这些都是谁的气力，不是……的气力，而是在你国家里生活着他们的……

原文转写及旁译

[1] öber-ün öber-ün küčün büyü
是各自的气力

[2] kemen sedkin büi. ene maɣad
么道思考，这可能

[3] büged ken-ü küčin büi ügülen
若说谁之气力

[4] ///kemebe. ///enes-i bunasi? ügülebe
……说了。……bunasi?说了这些。

[5] ene kemebesü. ede/// -yin
这如果说，那些……的

[6] küčün-iyer boluɣsan busu büi.
非……的气力。

[7] ///e-ber bügesü činü ulus-tur
……而是你国家里

[8] ///amidurin büi teden-ü
……生活着他们的……

注　释

第3行köčin：即köčün，意为"力量""气力"。

第4行enes：词头的e写作AA；bunasi不知为何意，或许是人名。

第8行amidurin：现代的正确字法为amiduran，此处应为讹写。辅音"N"带识点。

（2）编号M1·054［83HF13反］文书：共9行，草书体。这是一件在汉文"书信类"文书（编号M1·055［83HF13正］）的背面书写的倡导信奉佛教的诗作。正面汉文文书写有："谨呈……至正六年"等文字，可知与该文书内容无关。由于文书残缺严重，很难确知其全部内容，第1—4行似乎在说佛教的好处，第5、6行则倡导学习佛经等内容。有意思的是其韵文部分：前四行首字母均以T、D辅音开头；后5行除了第8行残缺以外，其余均以祈使式后缀-y-a结尾。

④　前引《ハラホト出土モンゴル文書の研究》，编号HF125a、HF125b、HF125c、HF125d文书，126—132页。

⑤　前引《黑城出土文书》，编号F277:W5文书，189、102页。

原文转写及旁译

[1] tegüs bilig-tü burqan baγsi///
圆满智慧的世尊

[2] terigün torγan saγulai?///
首……

[3] delekei yirtinčü -tur///
世界里……

[4] terejaya ///mör-i nada?///
那个……把道……

[5] ///-ene yirtinčü-yi maγtan daγulay-a
……歌颂这个世界

[6] ///burqan-u ariγun nom-i ungsin suruy-a
……学习佛教之圣经

[7] ///daq-atus-a kürgey-e
……给予利益

[8] /// ügei -tur ///
无……

[9] ///IY-A///
……

注 释

第2行torγan saγulai：torγan意为丝绸，saγulai尚不清为何意，应该是佛教术语。

第4行mör-yi：意为"道"，佛教常用语，例如，阿尔寨石窟蒙古文榜题"迎请诸尊祈祷诗之第三首"第2行：mör-tur getülgegči（哈斯额尔敦等著，纳·巴图吉日嘎拉等译《阿尔寨石窟回鹘式蒙古文榜题研究》，沈阳：辽宁民族出版社，2010年，212页）。

（3）编号M1·284［无号025反］文书。

原文转写及旁译

[1] ///-ber ene metü setejü sedkigde///
这般被受思……

[2] ///[bara] mid ali büi.ene bilig barami[d] ///
……波罗蜜多。这般若波罗蜜多……

[3] ///[ü] gei boluγad. ülü///
成为无……。不

[4] ///[en] e bilig baramid bolumu-uu.
……成为般若波罗蜜多矣。

[5] ///-du onubasu.///
若……里坠落。

[6] ///gen ülü ami///
……不……

[7] ///-iyen ülü///
把……不……

[8] ///nügügede ül[ü] ///
另一个不……

[9] ///jüd///
……

注 释

第2行bilig baramid：bilig为梵文prajnā的音译，亦作"波若""钵罗若"等，意译为"智慧""智""慧""明"等。baramid：梵文prāmitā的音译，意为"到彼岸""度彼岸""度无极"等。全称"般若波罗蜜多"或"般若波罗蜜"，意译"智度""明度"（无极）等。谓通过智慧到达涅槃之彼岸（任继愈主编《宗教辞典·大般若波罗蜜多经》，上海：上海辞书出版社，1981年，880页）。

第4行ene：根据第2行的ene bilig barami［d］以及残存的元音e，复原为ene（这、这个）。

（4）编号M1·285［无号025正］文书。

原文转写及旁译

[1] ///-be. γadaγ-a-bar üneker d[aγanülü] ///
　　……以外真随不……

[2] ///teyin medekü-yi öngge be[y-e] ///
　　那般识色身……

[3] ///üneker daγan ülü///
　　真随不……

[4] ///tere medekü-yi sereküi///
　　他们识受……

[5] ///kiged.medekü///
　　……识……

[6] ///[üneker] daγan ülü///
　　……真随不……

[7] ///[γ] adaγ-a-bar///
　　……以外……

[8] ///dekü-yi mede[kü] ///
　　把……知……

[9] ///ügei///
　　无……

注　释

第2行öngge bey-e：直译为色身。"色"相当于物质的概念，但并非全指物质现象。第一：作为"五蕴"之一，称为"色蕴"中的眼、耳、鼻、舌、身等五根；第二：作为"六境"之一的"色境"，简称"色"，专指"眼"所识别的对象。（前引任继愈编《宗教辞典·色》，523页）。

（5）编号M1·286［无号026反］文书。

原文转写及旁译

[1] ///öngge bey-e-yi oγuγata bara[mid] ///
　　把色身圆满波罗蜜多……

[2] ///[te] günčilen-kü bilig baramid-tur///
　　如是般若波罗蜜多……

[3] ///ügüde kiged medekü-yi
　　……以及。知……

[4] ///gülei.öngge bey-e-yi
　　色身……

[5] ///bolbasu ///
　　……是……

注　释

第1行oγuγata：圆满、完全的意思、竟、根本。佛教术语，又见敦煌莫高窟出土蒙古文《入菩萨行论》残叶第3行：amitan oγuγata tonilbasu（如若众生完全解脱）（敖特根《敦煌莫高窟北区出土蒙古文文献研究》，北京：民族出版社，2010年，131页）。

（6）编号M1·287［无号026正］文书。

原文转写及旁译

[1] ///-ber busu bügetele teyin///
　　……以非如是……

[2] ///ilaǰu tegüs nögčigsen-e///
　　薄伽梵……

[3] ?bilig baramid///
　　般若波罗蜜多……

[4] sadv-a maqasung nar?///
　　诸摩诃菩萨……

[5] ///duran-iyan///
　　把欲想……

注　释

第2行：ilaǰu tegüs nögčigsen-e：指佛陀。汉语有"佛""世尊""薄伽梵"等译写形式与之对应。

第4行sadv-a maqasung nar：sadv-a为bodisadv-a的简称，来源于梵文bodhisattva，汉文译作"菩提萨捶""菩萨"等。maqasung：与bodisadv-a意义相同，maqasadv-a汉文译作"摩诃菩萨"（格·拉西色楞《明慧宝镜》，呼和浩特：内蒙古大学出版社，1998年，10页）。

（7）编号M1·288 ［无号027反］文书。

原文转写及旁译

[1] qabar-un quraɣad///　　　　　　[2] qoɣusun-ba///　　　　　　[3] ügei///
鼻子聚集……　　　　　　　　　　　空……　　　　　　　　　　　无……

注　释

第1行qabar：即qamar，意为"鼻子"。

（8）编号M1·289 ［无号027正］文书。

原文转写及旁译

[1] ///sedkisi　　　　[2] ///yabumu-uu　　　　[3] ///bolurun.　　　　[4] ///tegüs
思议　　　　　　　　……行矣。　　　　　　成为……　　　　　　圆满……

（9）编号M1·290 ［无号022反］文书：该文书内容出于《甘珠尔》卷三《大般若经一》［0749（3—1）］（蒙古文名：bilig-un činatu kürügsen ǰaɣun minɣɣan toɣ-a-tu）[6]，但是，因文书第5行kürülčekü-yi（触）之前的内容残缺，故无法精确确定该文书的位置。

原文转写及旁译

[1] [aɣulǰu] .sedkigdekü-yin[yosuɣar ɣadaɣatu]
……所思外空

[2] [qoɣusun] -i-bar sedkiged.qoɣusun[-iyar-bar]
以空矜思。

[3] [eremsin sedgimui] tere bilig baramid-iyar
修行般若波罗蜜多时。

[4] [yabuqui čaɣ-tur.qamuɣǰüil-yi] medegči-tür
一切知者……

[5] ///kürülčekü-yi
接触……

⑥　《蒙古文大藏经》编委会编《蒙古文大藏经》（影印对勘本），呼和浩特：内蒙古人民出版社，2007年。

（10）编号M1·291［无号022正］文书：该文书出于《甘珠尔》卷三《大般若经一》［0749（3－1）］第6页（上），8行。

原文转写及旁译

[1] [tere bilig baramid-iyar yabuqui čaγ-tur. qamuγ ǰüil] -i medegči[-dur durasiyaqui]
修行般若波罗蜜多时。无欲于一切知者

[2] [ügei] -e nidun-u quraγad kürül[čegsen-u siltaγan-iyar]
眼触之故

[3] [mederekü-yi qamuγ nom] -ud qoγusun kemenduran[-dur aγulǰu.sedkig]
一切法皆空，欲所思。

[4] -dekü-yin yosuγar qamu[γ nom-ud qoγusun-i-bar]
思所依，诸法皆空。

[5] sedkiged.[qoγusun-iyar-bar eremsin sedkimui.]
以空矜思。

（11）编号M1·292［无号023反］文书：该文书左边框内侧垂直方向印有蒙古文 ötüger，应复原为［d］ötüger（第四），其下蒙古文残缺，故不知是第四章或第四页。

原文转写及旁译

[d] ötüger///
第四……

[1] ///bolbasun ese///　　　　[2] ///nuγuud-dan tabina ese///　　　　[3] ///amitan ene degedü///
是否文明……　　　　　　　诸……是否……　　　　　　　众生这最胜……

[4] ///čidaquyu. iǰaγur　　　　[5] ///sonusuγsan
能……界……　　　　　　　闻

注　释

第2行tabina ese：ese意为是否……tabina尚不清楚为何意。

（12）编号M1·293［无号023正］文书：这是M1·292［无号023反］文书的正面，其左边框内侧垂直方向印有蒙古文de，上部残缺，根据其下汉字"子"，应复原为dede。

原文转写及旁译

[de] de　子
[1] ///-uγuy-a///　　　　[2] ///-mta-ber sayin.///　　　　[3] ///udqa-tu.sayin///
……　　　　　　　　　……以极妙　　　　　　　有……之意。极妙……

[4] ///rugsan.sayitur///　　　　[5] ///qamuγ nom///
……极妙……　　　　　　……诸法……

（13）编号M1·294［无号021反］文书：文书下部残缺，其左边框外垂直方向印有naiman minγγatu düriben ǰaγun（八千四百）等字，但不能确定是指页数还是章次。

原文转写及旁译

naiman minɣɣatu düriben ǰaɣun///
八千四百······

[1] bolbasuraɣsan-ača boluɣsan///
因成熟之······

[2] tere anu arban ǰüg-ün///
他们从十个方向······

[3] -yin orod qamuɣ-a-bar///
以诸宫殿······

[4] bolai.teyin atala///
成为······这般······

[5] büi bügesü bey-e///
是身体······

[6] mui-y-a tedeger///
那些······

[7] [büi] bügesü bey-e///
是身体······

[8] ügei bülei.///
无······

[9] köbegün-e///
儿子······

[10] ///

（14）编号M1·295［无号021正］文书：这是M1·295［无号021反］文书的正面，文书上部残缺。其左边框外垂直方向印有düriben ǰaɣun arban do···（四百一十···），根据其残存的do可推测为do［luɣan］，并与M1·295［无号021反］文书对照，可复原为naiman minɣɣatu düriben ǰaɣun arban doluɣan（八千四百一十七），应该是这件文书的页数或章次。

原文转写及旁译

düriben ǰaɣun arban do[luɣan]
四百一十七

[1] ///kemebesü yirtinčü-yin
······是世界的

[2] ///-yin oron bolai. iǰaɣur
是······的境。界

[3] ///[kö] begün-e eyin uqaɣdaqui.
儿子这般所明。

[4] ///yeke dalai-yin dotora
大海之内······

[5] ///anu doruna
······是东面······

[6] ///iregsen ügei.
未来。

[7] ///örune-eče bosu
非西面······

[8] ///ǰüg ǰübken
方向只有······

[9] ///door-a
下面······

[10] ///qamiɣa
哪里······

注 释

第5行doruna：现写作dorun-a，意为东、东面、东方等。

（15）编号M1·296［无号018反］文书：该文书出于《甘珠尔》卷六《大般若经二一》［0752（6—21）］，第335页（上），21行。

原文转写及旁译

[1] bolγaγči tere kemebesü.[bilig baramid luγ-a]

转……者非般若波罗蜜多

[2] ǰoqilduqu-yin ači ür-e busu bol[ai.ken ülü sedkigdeküi]

顺和之果实。谁把不所思空

[3] qoγusun-i yeke bolγaγči-ba.üčügügen bol[γaγči]

转大者，转微小者

[4] [tere kemebes] ü.bilig baramid luγa[ǰoqiduqu-yin]

非般若波罗蜜多

[5] [ači ür-e] busu bolai.ken but[a üei]

顺和之果实。谁把无物空

[6] [qoγusun-i yeke bolγaγči-b] a.

转大者。

（16）编号M1·297［无号018正］文书：《甘珠尔》卷六《大般若经二一》［0752（6-21）］，第334页（下），22行。

原文转写及旁译

[1] [bilig baramid luγ-a ǰo] qilduqu-yin ači ür-e

非般若波罗蜜多顺和之果实。

[2] [busu bolai.ken] ünemleküi qoγusun-i yeke bolγaγči

把胜义空转大者

[3] [-ba.ü] čügüken bolγaγči tere kemebesü. bilig baramid

转微小者。非般若波罗蜜多

[4] [luγ-a] ǰoqilduqu-yin ači ür-e [busu bolai. ken]

顺和之果实。谁

[5] [egüdüg] sen qoγusun-i yeke bol[γaγči-ba.üčügüken]

把有为空转大者

[6] [bolγaγči] tere kemebesü.[bilig baramid luγ-a ǰoqilduqu-yin ači ür-e busu bolai.]

转微小者。非般若波罗蜜多顺和之果实。

（17）编号M1·298［无号019反］文书：

原文转写及旁译

[1] ///bolai.　　　[2] ///nuγud bolai.　　　[3] ///küčün nügüd　　　[4] ///bolai　　　[5] ///neker

是……　　　　　是诸……　　　　　诸气力……　　　　　是……　　　　　……

（18）编号M1·299［无号019正］文书。

原文转写及旁译

[1] ökid///　　　　　　[2] tuγuluγsan///　　　　[3] üjeged durad///　　　[4] -yin külgeten///
女童……　　　　　　度过……　　　　　　　看……　　　　　　　……之乘物……

[5] anu.tegü///　　　　　[6] burqa[d] ?///　　　　[7] ///　　　　　　　　[8] ///
……是……　　　　　　诸佛　　　　　　　　　……　　　　　　　　　……

（19）编号M1·300［无号017反］文书：文书左边框内侧垂直方向印有蒙古文 dede qorin，其下汉文：子下二十，可能是该文书的章次。

原文转写及旁译

dede qorin 子下二十
子二十

[1] /// bolγaγsad-ba. olan　　　　　　　　　　　[2] ///san.
已成为……许多　　　　　　　　　　　　　　　……

（20）编号M1·301［无号017正］文书：文书左边框内侧垂直方向印有蒙古文 dötüger（第四），其下均缺损。

原文转写及旁译

dötüger qo///
第四……

[1] čuqaγboluγad///　　　　　　　　　　　　　[2] urida///
成为稀少的……　　　　　　　　　　　　　　前……

（21）编号M1·302［无号016反］文书：出于《甘珠尔》卷九《大般若经一四》［0755（9—14）］，第250页上。

原文转写及旁译

[1] [sobudi jüng bilig nü] güd-ün mün činar[anu sedgisi ügei]
诸通慧之真实，不可思议

[2] [tengsel ügei ülisi] ügei büged.[sača busu luγ-a]
无等，不可称量。不等与

[3] [sačaγu boyu.] tegün-ü tula jüng b[ilig nügüd-tur]
相等之因，诸通慧

[4] [sedkigdeküi] -be.tegsegdeküi-be čaγlaγdaqui-ba
所思，所相等，所无量。

（22）编号M1·303［无号016正］文书。

原文转写及旁译

[1] ///čaγlaγdaqui　　　　　　　　　　[2] ///[sedki] gdekü bolau.///

······所无量······　　　　　　　　　······所思矣······

[3] ///anu sedkiši[ügei] ///　　　　　　[4] ///lusi ügei büged. sača busu///

······不可思议······　　　　　　　　　······无······及。不平······

（23）编号M1·304［无号007反］文书。

原文转写及旁译

[1] ///[bari] lduγulqui[-dur]　　　　　　[2] ///[ül] ü ayu. busu-ber bilig baramid

相合时······　　　　　　　　　　　　不畏惧······般若波罗蜜多

[3] ///-tur kičiyen ülü ayu. qamuγ-yi medegči lüge-yi

······时谨慎不畏惧。与全知者······

[4] ///[e] güsgekü-yi sedkil-dür sedgiküi luγa ülü　　[5] ///aču. tedeger keregür-ün üge-yi

把开创者与心中所想不······　　　　　　　　······把那些斗争的言语······

[6] ///[barildu] γulqui-dur kičiyen ülü ayu///　　[7] ///-yi küseküi ülü bolumui.///

相合时谨慎不畏惧······不能没有······欲望······

[8] ///γulqu-yi sayisiyan ügüle///　　　　　[9] ///ülü amaraγlaqui

把······称赞说有······　　　　　　　　未被经受······

[10] ///ögüleküi///

······说来······

（24）编号M1·305［无号007正］文书。

原文转写及旁译

[1] -dur[kičiyen] ///　　　　　　　　[2] barilduγulqui-dur kičiyen

······时谨慎······　　　　　　　　　相合时谨慎······

[3] üge-yi barilduγulqui-dur kičiyen ülü　　[4] ayu.čerig-ün üge-yi barilduγulqui-d[ur] ///

把······的言语相合时谨慎不　　　　　畏惧。把士兵的言语相合时

[5] kičiyen ülü ayu. keregür-ün üge-yi barildu[γul]　[6] -qui-dur kičiyen ülü ayu.siltegen

谨慎不畏惧。把斗争的言语相合时　　　谨慎不畏惧。村寨

[7] ///kiged ulus irgen orqun.///　　　　[8] ///qaγan-u ordo qarsi///

及国家百姓。　　　　　　　　　　　皇帝的宫殿······

[9] ///[baril] duγulqui-dur ki[čiyen] ///　　[10] ///-un üge-yi///

相合时谨慎······　　　　　　　　　把······的言语

注　释

第7行orqun：尚不清楚其何意。

第6行：šiltegen：指村寨、碉堡。

（四）不明性质文书

（1）编号M1·078［84H·F21:W33/0750］文书：该文书由3个断简组成，其文字

模糊不清，故不能确定其文书性质。

（2）编号M1·082［83HF14:W5001反］文书：该文书只残存一个蒙古文：ögbe（已给）。其正面为编号M1·083［83HF14:W5001正］的汉文文书，草书体，共5行。根据该文书第2行："男子拜启"等词语看，或许是书信类的文书，第3至第5行是名单，但不知与ögbe有无关系。移录如下：①中钞参拾伍两；②男子拜启；③巴剌苦禾哈散脱堆；④朵策掌吉；⑤□□□。

二、漏收的文书

《民族文字文献》漏收回鹘式蒙古文文书共29件，其中契约文书11件、行政文书7件、不明性质文书11件。圆括号中的编号为吉田顺一等编《ハラホト出土モンゴル文書の研究》（以下简称《ハラホト》）的研究序号。

（一）契约文书

（1）编号F61:W9（001）文书：共38行，保存完整。文书内容：羊儿年正月初五日，斡失火亦立（Ousi Quyili）等三人因需粮食将自己的一块荒闲地以五年时限抵押给咩布唆儿竹（Mibü Solǰu）的契约文书。

（2）编号F61:W6（002）文书：共27行，契约结尾部分残缺。内容：猪儿年三月二十九日，申道尔吉（Šin Dorǰi）承包了搬运地租（谷物）得到相应的报酬，并约定如果在运送途中出错，则必须退还运费等。

（3）编号F209:W69（003）文书：共27行，保存完整。这是把两项内容写在同一张纸上，均为有关借贷小麦的契约文书。契约形成日期均为"猴儿年正月初五日"。债务人前后不一致，债权人为同一人。

（4）编号MON01（004）文书：共23行，文书上下残缺。内容：马儿年白帖木儿（Bai Temür）借贷小麦的契约文书。

（5）编号MON02（005）文书：共18行，保存完整。内容：猪儿年八月初四日，撒班（Saban）因需要绵羊，将自己的亲弟弟阿卜都剌（Abdula）典当给京保（Ging Bau）的文书。

（6）编号F79:W6（006）文书：共17行，前6行上部有残缺。内容：某年某月二十五日，索纳（Suna）以麻尔坦（Maltan）为同取代保人，从罗儿失某某（Lorši）处借贷谷物的文书。

（7）编号F62:W19（007）文书：共14行，契约结尾残缺。内容：Čonǰa等人以脱火赤（Toquči）为同取代保人借贷某物的契约文书。

（8）编号F135:W80（008）文书：共14行，文书前后两行残缺。内容：牛儿年二月二十八日，卜可肯（Bögken）向忽喇台（Qulatai）租借一峰四岁的雌性kičir骆驼的契约文书。

（9）编号F250:W3（009）文书：共13行，保存完整。内容：猴儿年正月初五日，张孛阔（jang Bükü）向斡儿丁（Ordin）以利息每月一斗为代价借贷五斗谷物的文书。

（10）编号F29:W1（010）文书：共11行，契约结尾部分残缺。内容：孛怯思（Bükes）因需要baɣsi（有识之人），将自己的五岁公驴，让桑拔都（Sang Batu）估价之后，给了某某人的契约文书。

（11）编号F17:W9（011）文书：共10行，契约结尾部分残缺。内容：牛儿年正月初五日，牙忽儿失灰（Yaqur Šiqui）以支付利息的方式，向古奴（Günü）借贷一石小麦和一石白米的契约文书。

（二）行政文书

（1）编号F209:W68（017）文书：共16行，第1行残缺。整理者认为，该文书是记载向驿站供骆驼，及其往返情况的文书。

（2）编号MON03（019）文书：共10行，文书上部和后两行残缺。一件关于向某人贡酒和汤羊的分例文书。

（3）编号84HF84（026）文书：共8行，1—6行上部残缺。整理者推测，这是一件追捕一个在逃犯罪嫌疑人的命令文书。

（4）编号MON04（027）文书：共8行，文书前后残缺。只能看到从战役、军役还归原地的命令，具体内容无法确知。

（5）编号HF197B（028）文书：共7行，文书上下均有残缺。这是一件关于某位哈屯（qatun）的分例文书。

（6）编号F116:W503（031）文书：共6行，文书上下残缺。这是一件某年四月至六月三个月的分例已经全部收领；要求得到七月至九月这三个月分例的行政文书。

（7）编号F214:W1（033）文书：共6行，文书1至4行上部残缺。这是一件关于石撒兰伯（Ši Sarambai）和孛来帖木儿（Bolai Temür）已经缴纳了小麦的行政文书。

（三）不明性质文书

（1）编号F41:W11（069）文书：共8行，后两行残缺。第1行为日期：牛儿年十二月二十；2至7行记载帖木儿（Temür）的一头黄色牝牛和一峰骟驼的特征。

（2）编号MON06（072）文书：共6行，文书上下残缺。整理者根据文书第1—2行：///-yi nada ögüle///köbegün ögüler-ün（这般与我说，儿郎曰）等内容，推测为类似于供词记录的案卷文书。但是，根据文书第4—6行：ɣal-tu qoruqai（萤火虫）、üsün-tur?（毛里）、gürü ügei（无石）等词语，又推测为故事或者佛典文书。

（3）编号F214:W28（074）文书：共6行，文书第1—3行下部、第6行内容残缺。这是一件倒喇沙（Daulaš-a）发给同知阿八哈（Abaɣ-a）官人的文书残片。

（4）编号F19:W72b（079）文书：共4行，严重残缺。文书第3行里只能辨认čau（钞）字。

（5）编号84H·F20:W55/0704文书（《ハラホト》图版编图1）：它最初应该是

一件蒙古文文书，文书中间空白处写有关于土地的汉文，因破损严重，尚不清两者之间内容上有无关系，汉文文书在李逸友先生《黑城出土文书》（汉文文书卷）中未收录。蒙古文共3行：1至2行模糊不清；第3行：［ya］？budaqui tula（由于行用……）。汉文共4行：①……每年纳……　②……只地地至屯田/回？……　③耕其地东至卜奥儿地……　④……卜奥［儿］……

需要注意的是，从该文书直至下文编号MON11的文书都是吉田顺一等编《ハラホト出土モンゴル文書の研究》收录图版，但由于严重残缺而未经研究的文书[⑦]。

（6）编号MON09文书（《ハラホト》图版编图3）：严重残缺，无法释读。

（7）编号MON10文书（《ハラホト》图版编图4）：严重残缺，只能零星辨认写有：metü（好像）、abub［a］（拿了）等字。

（8）编号F125:W2文书（《ハラホト》图版编图21）：共2行，严重残缺。①kemebe köbegünögüle///（……么道儿子说有……）②bolbasu toduna///（……是里面？……）。

（9）编号F193:W13文书（《ハラホト》图版编图22）：这是一件至正十三年（1353）亦集乃路总管府的征税勘合和仓票粘贴在一起的文书[⑧]，文末写有üjeben一蒙古文，其词根为üje（看），表示总管府已确认纳税手续的完结[⑨]。

（10）编号F197:W31文书（《ハラホト》图版编图23）：木刻本残件，文书左下角双边框内垂直方向写有汉文"三十四"，应表示页数或章次。有两个蒙古文：///?güdejü neite///（共……）。

（11）编号MON11文书（《ハラホト》图版编图29）：严重残缺，这件文书由两个断片组成，上面汉文，下面为蒙古文。因文书过于模糊，故无法辨认其何字，李逸友《黑城出土文书》未收录。

结　　语

本文主要对《中国藏黑水城民族文字文献》新刊布的畏吾体蒙古文文书作了释读，其中以契约文书和佛教文书居多，尽管全部为碎片，但在一定程度上丰富了古代蒙古文文书的内容，为我们研究元代社会、经济、文化等方面提供了新资料。被编者误认为托忒蒙古文的佛经并非托忒文，而是典型的蒙古文，从文书形式，特别是字体来看，应为清代的印本。

---

⑦　这些文书分别为：84H·F20:W55/0704（364页）、MON09（365页）、MON10（365页）、F125:W2（374页）、F197:W31（375页）、MON11（378页）。

⑧　前引李逸友《黑城出土文书（汉文文书卷）》，23页，图版184—185页。

⑨　松川節《批評·紹介D.Cerensodnom and M.Taube, *Die Mongolica der Berliner Turfansammlung*》，《東洋史研究》1995年第1期，112页。

New Documents for Ancient Mongolian Studies:
On *The Qara Qoto Documents in Ethnic Characters Kept in China*

Liu Shumei

The newly published Uighur Mongolian contracts and religious documents in the "*The Qara Qoto Documents in Ethnic Characters Kept in China*", although all are fragments, have greatly enriched the contents of the ancient Mongolian documents. It provides new sources for the studies on the social economy of the Yuan Dynasty and the Buddhist culture of the Qing Dynasty. The editors of this book argue that the printed Buddhist manuscripts are in Todo Mongolian. In fact, they are in classic Mongolian. From the form of the documents, especially the fonts, they should be the prints of the Qing Dynasty.

古蒙古语月名札记

特木勒

一

《元朝秘史》的佚名作者在最后一节说，此书于鼠儿年的忽阑撒剌，大蒙古兀鲁思在克鲁伦河畔曲雕阿阑大忽里勒台期间写毕云。"忽阑撒剌"之"忽"左上方有"中"字，表示"忽"读后元音qu；在"阑""剌"左上方各有一小"舌"字，表示这两个音节以舌音r开头。总之，这个词应转写为蒙古文quran sara。"忽阑撒剌"有旁译曰"七月"[①]。也就是说，13世纪蒙古人称太阴历七月为quran sara。或者说，忽阑撒剌对应孟秋之月，这是明初翰林院那些汉字音写者的认知。前近代蒙古人有自己独特的蒙古语月份名系统，具有浓厚的游牧社会的文化特征。何启龙称之为物候月名[②]。明初翰林院编写《华夷译语》，其中的"时令门"列出了蒙古语月份名，旁译则以太阴历汉语月份名一一对应。其中也有"忽阑撒剌"，与之对应的也是"七月"。亦邻真先生认为，《元朝秘史》汉字音写本的"完成时间亦在明初，形式也与《华夷译语》相近，其编译目的和性质当与《华夷译语》同"[③]。

《新编群书类要事林广记》收有《至元译语》，其题记说："《至元译语》，犹江南事物绮谈也，当今所尚，莫贵乎此。今分门析类，附于绮谈之后，以助时语云。"[④]《至元译语》的"时令门"列出了正月（忽必撒剌）、二月（胡打里玉宣真撒剌）、三月（兀年玉宣真撒剌）、四月（可撒剌）、五月（胡打儿撒剌）、六月（纳智儿撒剌）、七月（兀懒撒剌）、八月（补工撒剌）、九月（忽察答里必撒剌）、十月（怯敛都撒剌）、十一月（亦剃古撒剌）、十二月（库胡列儿撒剌）。这些记录很早就引起蒙古史学者极大的兴趣和关注。从1990年开始，《北京图书馆古籍珍本丛刊》陆续出版，第6册收录明初的《华夷译语》。令人惊喜的是，此书"时令门"所列蒙古语月份名将汉字音写、旁

---

① 乌兰校勘《元朝秘史》，北京：中华书局，2012年，401页。罗依果《元朝秘史》英文译注本指出此月（The month of the Roebuck）对应七月，在1228年8月2—31日之间，恰好是成吉思汗去世一年以后。参见Igor de Rachewiltz, *The Secret History of the Mongols: A Mongolian Epic Chronicle of the Thirteenth Century*, Leiden& Boston: Brill, 2006, p. 1039。

② 何启龙《十三到十六世纪蒙古历法的几个问题》，《元史及民族与边疆研究集刊》第24辑，上海：上海古籍出版社，2012年，110—140页。

③ 乌兰《〈元朝秘史〉版本源流考》，《民族研究》2012年第1期，62页。

④ 《新编群书类要事林广记》卷一〇，金程宇编《和刻本中国古逸书丛刊》第33—34册，南京：凤凰出版社，2012年，225页。

译和蒙古文齐备，从正月到腊月依次是qubi sara正月（忽必撒剌）、quǰir sara二月（豁者儿撒剌）、ögelǰin sara三月（兀格勒陈撒剌）、kökei sara四月（可可亦撒剌）、ularu sara五月（兀剌鲁撒剌）、uiru sara六月（兀亦鲁撒剌）、γuran sara七月（古阑撒剌）、buyu sara八月（不忽撒剌）、quča sara九月（忽察撒剌）、kelbtür sara十月（客勒卜秃儿撒剌）、idelkü sara十一月（亦得勒忽撒剌）、kökeler sara十二月（可可勒儿撒剌）⑤。两《译语》在二、三月和五、六月的蒙古语词略有差异，但是两者与太阴历月份的对应关系几乎没有歧异。

太阴历春正月是岁首之月，与忽必撒剌对应，学者们注意到《至元译语》和《华夷译语》在这一点上是完全一致的。1846年布里亚特学者道尔吉·班扎罗夫先生发表《正月——蒙古人春节》，提出蒙古历法以秋九月为岁首之说⑥。1956年，日本学者小林高四郎先生发表《关于蒙古人岁月名》，他从汉文史书中陆续发掘出《至元译语》《华夷译语》《八纮译史》等史料，在汉文史料发掘方面取得突破，同时对班扎罗夫的"秋九月岁首说"提出质疑和批评。他感到困惑或尚待解决的问题明白地摆到了读者面前⑦。1978年，亦邻真先生以笔名Aratnakarba在《内蒙古大学学报》发表蒙古文《古蒙古语月名》，文章以近乎"科普"的文体讨论前近代蒙古社会的月份名，文笔轻快而简洁，甚至连注释都省略了⑧。读者如果仔细比较阅读就可以发现，亦邻真先生以渊博的民族学和语文学知识解决了前人遗留或困惑的多个问题⑨。他对于小林先生批评班扎罗夫的意见并未提出异议，认为忽必撒剌是岁首之月，而忽必撒剌在蒙古语中在也被称为čaγan sara⑩。

---

⑤　《华夷译语》，《北京图书馆古籍珍本丛刊》第6册，北京：书目文献出版社，1990年，139页。

⑥　Dordzi Banzarov, *Sobranie Socinenii*, Moskva, 1955, str. 41-47, 48-101.

⑦　小林高四郎《モンゴル人の歳月について》，原刊《民族学研究》第21卷第1—2合刊，1956年；收录在《モンゴル史論考》，東京：雄山閣，1983年，169—193页。该文汉译《蒙古人的年月名称》，发表在《蒙古学资料与情报》1985年第3、4期合刊，49—54页。按，本译文诚然有助于汉文读者措意日本学者的相关研究，但译文本身有多处跳跃和省略，利用的时候仍应核对日语原文。

⑧　Aratnakarba, "Arban qoyar sara in erten ü Mongyol nereidül", *öbör mongyol un yeke suryayuli in erdem šinjilgen ü setkül*, 1978.1.（《古蒙古语月名》，《内蒙古大学学报》蒙文版，1978年第1期。）后收录在《亦邻真蒙古学文集》，呼和浩特：内蒙古人民出版社，2001年，62—69页；亦邻真《般若宝藏》，沈阳：辽宁民族出版社，2019年，上册，34—37页。

⑨　前人的讨论如〔俄〕Н. Л. 茹科夫斯卡娅撰、竺林译《蒙古历法研究》，《蒙古学资料与情报》1990年第2期，28—35页。关于蒙古月份名的研究，在小林高四郎先生之前的研究有李盖提、田清波和鲍培的相关研究。晚近的研究，需要注意的有前引何启龙《十三到十六世纪蒙古历法的几个问题》。

⑩　按，čaγan sara，其字面意思是"白月"，伦敦宣道会（London Missionary Society）的苏格兰裔传教士景雅各1870年9月至1871年5月居住在恰克图和喀尔喀蒙古北部，他在那里跟一个蒙古喇嘛渡过了同治十年的春节。1872年他在编辑部当时尚在福州的《教务杂志》发表文章《正月初一》，径自将čaγan sara英译为"White Month"，将大年初一英译为"The First of White Month"。参见James Gilmour, "The first of the White Month", *The Chinese Recorder and Missionary Journal*, vol.4 No.8.(January, 1872) 班扎罗夫《白月——蒙古人的春节》提出"秋九月岁首说"，认为蒙古人将岁首月即正月称为čaγan sara与蒙古九月制作凝乳有关，所以，čaγan sara意谓"凝乳之月"云。小林高四郎前揭文章对班扎罗夫的研究进行了质疑和扬弃。他征引张德辉《岭北纪行》之"比岁除日，辄移帐易地，以为贺正之所。日大晏所部于帐前。自王以下，皆衣纯白裘"句，支持白鸟库吉"元人尚白"之说。亦邻真先生似亦支持此一观点。克拉克1975年在印第安纳大学完成的博士论文《畏兀儿民事文书导论》指出，畏兀儿文书中出现的岁首之月aram ay之aram就是汉语"正月"之"正"。aram ay 就是"正月"，意谓"正确的月份"（correct month）。参见Larry V. Clark, *Introduction to Uyghur Civil Document of East Turkistan(13th-14th century)*,. PhD dissertation at Indiana University, 1975, p. 291.蒙古语čaγan sara之čaγan似对应正朔之"正"。至于，腊月之"腊"，克拉克解释为"休憩"（retirement），或许可以解释为"腊祭之期"，此处不赘。

2005年，蒙古国学者那·纳干宝出版专著《蒙古纪年法》（基里尔蒙古文），翌年在呼和浩特还出版了竖写蒙古文版⑪。此书重提蒙古以秋九月为岁首之说，且以此为圭臬，试图对《元朝秘史》《蒙古源流》《俺答汗传》等蒙古文史书中出现的月份进行重新解释，引起了学界很多人的关注。即使其结论不会造成颠覆性的效应，也有可能在非专业的读者群中造成迷惑和混乱。甚至有读者会怀疑《至元译语》和《华夷译语》蒙古语月份名和汉语月名的对应关系和学者有关蒙古史上很多事件的时间的结论。作者的尝试无疑是极具雄心的，无论这种尝试是否成功，都迫使我们重新审视并面对这样的一个问题：《至元译语》和《华夷译语》等书排列的蒙古语月份名与太阴历月份之间的对应关系能否成立？

二

元代的汉蒙对译语汇《至元译语》和明初成书的《华夷译语》记录蒙古语岁首之月均为"忽必撒剌"，旁译为"正月"，也就是说，忽必撒剌对应太阴历的正月，就是元朝官方文书所记岁首孟春之月（qabur un terigün sara）。所以说，忽必撒剌就是蒙古语的čaɣan sara，时间坐标非常清楚。汉蒙双语《大元敕赐追封西宁王忻都公神道碑》立石碑于至正二十二年（1362）十月。碑文说忻都公于"至顺二年（1331）正月庚寅卒，享年六十"云。此碑原文是汉文，撰写者是危素，由中书左丞也先不花（Esen Buqa）译成蒙古文，蒙古文第31行写为jišün qoyaduɣar on qubi sara in arban dörben-e ebedčin kürtejü job jiron nasun dur iyan tngri-yin jayaɣan dur güičegdebesü。需要注意的是，正月对应qubi sara⑫。对照汉蒙碑文可知，也先不花的历史和语文学素养极高。柯立夫先生说也先不花对大蒙古国早期历史以及忻都公家族的历史都了如指掌，在汉文碑文概略之处，也先不花所撰蒙古文碑文多次提供了准确的细节⑬。在这里引起我们注意的是，汉文碑文中的太阴历正月对应蒙古语的qubi sara。看来正月对应qubi sara（忽必撒剌）在博通语文与历史的也先不花而言应该是基本常识而已。2019年，亦邻真先生生前译释黑城出土蒙古文文书的手稿影印出版，他将元代亦集乃蒙古文契约文书中的qubi sara汉译为正月⑭。

---

⑪ Бэсүдэй Н.Нагаанбуу "Монголын он цаг тоолол" (XIII зууны эрдэм соёл) цуврал 1. Өнгөт хэвлэл, 2005 он. N. Nayanboo, *Mongɣolun On čaɣ toɣalal*, öbör mongɣolun aradun keblel ün qoriya, 2006 on.（那·纳干宝《蒙古纪年法》，呼和浩特：内蒙古人民出版社，2006年。）

⑫ Francis W. Cleaves, "The Sino-Mongolian Inscriptions of 1362", *Harvard Journal of Asiatic Studies*, vol.12 (1945).p. 65. 注释116—117页，拓片影印汉文plate XIII，蒙古文plateXX。顺带要提到一个问题，此碑树立于1362年，克拉克据此认为，qubi sara在"1362年蒙古文碑铭中首次使用"云（参见Larry Clark, "The month name *kögeler* in the Mongolian natural calender ", J. P. Laut M. & Ölmez eds., *Bahşi Ögdisi: Festchrift für Klaus Röhrborn anläßlich seine 60. Gebutstags.* Freiburg&Istanbul: Simurg, 1998, pp.45-46），现在看来过于武断了。吐鲁番和额济纳出土的蒙古文《授时历》残件证明，元代蒙古文历书称正月为qubi sara应是常见现象。参见何启龙《〈授时历〉具注历日原貌考》，《敦煌吐鲁番研究》第十三卷，上海：上海古籍出版社，2013年，272页。

⑬ Francis W. Cleaves, "The Sino-Mongolian Inscriptions of 1362", *Harvard Journal of Asiatic Studies*, vol.12(1945), p. 26.

⑭ 乌云毕力格等整理*Yeke Bilig ün Aratna Karba: Y.Irinčin Professor un Mongɣol iyar bičigsen erdem šinjilgen ü bürin jokiyal ba jarim ɣar bičimel ud.*（《亦邻真教授蒙古文学术论著全集及手迹选》三卷本），沈阳：辽宁民族出版社，2019年，中册，183、188页。

　　三月，《华夷译语》写为"兀格勒陈撒剌"。《玉芝堂谈荟》的译音用字完全相同[15]。三种书完全契合。《至元译语》则写为"兀年玉宣真撒剌"。亦邻真先生转写为蒙古文ünen ögeljin sara。如果忽略前面的修饰限定语"胡打里"和"兀年"，那么"玉宣（完/宽）真撒剌"《华夷译语》的"兀格勒陈撒剌"完全契合。万历十六年（戊子），三世达赖喇嘛在漠南蒙古喀喇沁地方圆寂，《蒙古源流》第七卷说三世达赖喇嘛在四十七岁时"uu quluγana jil un ögelčin sar-a in qorin jiryan edür-e"在喀喇沁名为jirmantai之地圆寂[16]。这里的uu quluγana jil是戊子年，无须多言。ögelčin sar-a in qorin jiryan edür-e，乌兰先生汉译为三月二十六日，且引据《三世达赖喇嘛传》也记载为三月二十六日。《三世达赖喇嘛传》的藏历三月二十六恰好对应太阴历三月二十六日。这个可以证明，产生于鄂尔多斯的《蒙古源流》记录的uu quluγana jil un ögelčin sar-a in qorin jiryan edür-e就是万历十六年，也就是戊子年三月二十六日[17]。胡日查说萨冈彻辰在撰写《蒙古源流》的时候仍然遵循蒙古统一的历法[18]。该书有关三世达赖喇嘛圆寂时间的记录证明，胡日查先生的这个论断是正确的。

　　万历九年（辛巳，1582）十二月，俺答汗去世。佚名蒙古文史书《俺答汗传》记录他去世的时间和地点说čaγan moγai jil dür Qatun u γool dur kögeler sara in arban yisün dür bars edür tür云，珠荣嘎先生将kögeler sara汉译为十二月，是在综合蒙古文和汉文史料基础上的汉译[19]。时间和地点都非常具体而清晰。《万历武功录》卷八《俺答列传下》记万历九年十二月，三娘子派遣使臣告讣于塞上，说俺答"以是月十九日卒"[20]，与蒙古文《俺答汗传》的年月日完全契合。《万历武功录》所记万历九年十二月是可以确定的，这与辛巳年之kögeler sara是完全契合的，时间坐标确定无疑。赛熙雅乐认为《俺答汗传》所记辛巳年的kögeler sara是西历1582年1月，或者说他接受了珠荣嘎先生的解释。蒙古国纳干宝先生说"无论如何也不可能是1582年1月"，他仍坚持蒙古以"秋九月岁首说"，认为如果辛巳年始于1581年秋，则kögeler sara应该是西历1582年9月。笔者认为，珠荣嘎先生的解释可以信赖的。至此，我们应可以

[15] 克拉克说《译史纪余》是"明代的汉蒙对照语汇"云，（参见前揭克拉克文第47页）似有不妥，陆次云《八纮译史》和《译史纪余》成书梓刻在清康熙年间（非如亦邻真先生所说乾隆年间）。但是正如亦邻真先生说，"陆次云在撰写《八纮译史》时从明代某一种史籍抄录了十二月名称的语汇"。笔者认为，如果仅就目前发现的文献而言，《八纮译史》卷四《北狄鞑靼》之蒙古语语汇可能抄自明代徐应秋《玉芝堂谈荟》。晚清文廷式《纯常子枝语》卷一三应该是抄录了康熙二十二年刊印的《八纮译史》。参见陆次云《八纮译史》卷四，《四库全书存目丛书》史部第256册影印辽宁省图书馆藏清康熙二十二年宛羽斋刻陆云士杂著本，济南：齐鲁书社，1996年；徐应秋《玉芝堂谈荟》卷二一，《影印文渊阁四库全书》第883册，台北：台湾商务印书馆，1990年，516页；文廷式《纯常子枝语》卷一三，《续修四库全书》第1165册，上海：上海古籍出版社，2002年，172页。
[16] 乌兰汉译注释《〈蒙古源流〉研究》，沈阳：辽宁民族出版社，2000年，438、458、701页。按，乌云毕力格《三世达赖喇嘛圆寂之地望》主题是jirmantai（《俺答汗传》记为jiyasutai，应该是"同地异名"）的地望，参作者著《五色四藩：多语文本中的内亚民族史地研究》，上海：上海古籍出版社，2016年，305—317页。
[17] 关于《三世达赖喇嘛传》藏文原文和藏历的查核，得到内蒙古社科院双宝老师的帮助，谨此致谢。
[18] 前揭胡日查论文第123页。
[19] 珠荣嘎汉译注释《阿勒坦汗传》，呼和浩特：内蒙古人民出版社，1990年，138、284页
[20] 瞿九思《万历武功录》，北京：中华书局据天津图书馆万历四十四年刻本影印，1962年，783页。

得出如下结论：《至元译语》和《华夷译语》所列蒙古语月名和汉语太阴历月名的对应关系似难轻易否定。

三

《元朝秘史》第81节还出现了另一种日期。孟夏月圆之日（ǰunu terigün sara in ulaɣan tergel edür）。这种季月名，也就是四季名分别组合首、中、末月以称太阴历十二月名的形式，也就是以春、夏、秋、冬四季名分别组合孟、仲、季（terigün、dumdadu、ečüs）以分别对应十二月，或可称为季月名。这是元代皇帝圣旨、皇后懿旨、诸王令旨和帝师法旨落款月份的标准格式。迄今已经发现的，从元世祖忽必烈到元顺帝至元二十八年的28件皇帝圣旨、令旨、懿旨、法旨，无一不是用这种季月名来在标注时间。元朝行政所遗留史料证明，季月名是标准格式。

无独有偶，远在西域的伊利汗国同样遵循这个规范。至元二十六年（1289）阿鲁浑汗致法国菲利普四世的信的末尾所署时间bičig manu üker ǰil ǰunu terigün sara in ǰiryuɣan qaɣučid da Köndelen-e büküi-dür bičibei，此句或可摹译为"令旨俺的牛儿年春正月二十六日宽迭连里有时分写来"。至元二十七年（1290）阿鲁浑汗致书罗马教皇尼古拉四世的蒙古文文书的末尾所署时间bičig manu bars ǰil ǰunu terigün sara in tabun sinede Oroms da büküi-dür bičibei，可摹译为"令旨俺的虎儿年孟夏月初五日Oroms里有时分写来"。大德九年（1305）完者都汗（1304—1316）致法国菲利普四世的信的末尾所署时间bičig manu doluɣan ǰaɣud dörben od-tur moɣai ǰil ǰunu terigün sara-yin naiman qaɣučid-ta Aliwan-a büküi-dür bičibei[21]，或可摹译为"令旨俺的七百四年蛇儿年孟夏月二十八日Aliwan里有时分写来"。也就是说伊利汗国与元朝处于同一个时间轴，在月份名称方面，其官方文书与元朝一样，都用春夏秋冬与孟仲季相结合的季月名。伊利汗国与元朝处于同一个时间轴，这应该是整个蒙古帝国的"大都时间"。伊利汗国对于蒙古的月份名也都是了解的。这一点也可以从《伊利汗国中国科技珍宝书》可以看出[22]。

2000年，位于荷兰莱顿和美国波士顿的布瑞尔出版社出版了阿拉伯字的六语字汇《国王字典》（或称the Rasûlid Hexaglot即"拉素里王朝六语词典"）[23]。这是14世纪阿拉伯语、波斯语、突厥、希腊亚美尼亚和蒙古等六种语文的分类词汇集，发现于也门的萨纳。根据Peter Golden和Thomas Allsen的研究，该书中的蒙古语词汇来自伊利汗国的蒙古人。特别是《国王字典》，相对集中记录了十二月中九个月的蒙古语称谓，这是令人惊喜的新发现，引起很多学者的关注。其中的蒙古语月份名诚然是吸引学者注意力的

㉑　Antoine Mostaert et Francis W. Cleaves, *Les lettres de 1289 et 1305 des ilkhan Arɣun et Öljeitü à Philippe le Bel*, Cambridge : Harvard University Press,1962, p. 18 & p. 56.

㉒　时光校注《〈伊利汗国中国科技珍宝书〉校注》，北京：北京大学出版社，2016年，23、91页。

㉓　*The King's Dictionary: the Rasúlid Hexaglot--Fourteenth Century Vocabularies in Arabic, Persian, Turkic, Greek, Armenian, and Mongol*, with introductory essays by Peter B. Golden and Thomas T. Allsen; edited with notes and commentary by Peter B. Golden. -Leiden&Boston: Brill, 2000.

磁石，但是笔者认为，时令部分的词汇中更值得注意的或许是蒙古语物候月名与季月名的对应关系。

波斯语文无疑是伊利汗国官方的重要语文（倘若不是最重要的语言），《国王字典》的波斯语词汇应该是反映了伊利汗国社会政治生活中的名物制度。令人诧异的是，《国王字典》所列波斯语月份名并非波斯语或者伊斯兰教固有的月份名，而是蒙古语—汉语季月名的波斯语译本。

正月，《国王字典》的蒙古语写为سره قوبي（qubi sara），波斯文写为اول بهار（avaal-i bahâr），译注者的解释是first month of Spring，意谓孟春或春正月。《至元译语》和《华夷译语》的正月都写为"忽必撒刺"，与《国王字典》完全吻合[24]。

二月，《国王字典》译注者拼写为قرا ا * اوجر（qara oujir），当然就是qara qujir，只是阿拉伯字母有遗漏，对应的波斯文是ماه ديم بهال（mâh-i duyyum-i bahâr），译注者释为"仲春"（second month of Spring）。《华夷译语》的"豁者儿撒刺"大体契合[25]。

三月，《国王字典》写为اوهلجين（öheljin）与《华夷译语》所记"兀格勒陈撒刺"完全相同。波斯文对应为ماه سيم از بهال（mâh-i siyum az bahâr），译注者释为"季春"（the third month of Spring）。

四月，《国王字典》写为سره ككوه（kököe sara）与之对应的波斯词为اول تبستان（avaal-i tâbistân），译注者释为first month of summer，与《华夷译语》可可亦撒刺相吻合[26]。

七月，《国王字典》写蒙古语为سره قران（quran sara），与之对应的波斯文为ماه اولبابيز（mâh-i avaal-i pâyîz），译注者释为first month of Autumn秋季第一个月，即孟秋。《元朝秘史》第282节写为"忽兰撒刺"，旁译为"七月"。七月就是孟秋，《华夷译语》所写"古阑撒刺"契合[27]。

八月，《国王字典》写为سره بغا（buga sara），波斯语对应为ماه دوم بابيز（mâh-i duvum-i pâyîz），译注者释为the second month of Autumn，意谓秋季第二个月，也就是

---

[24] 《玉芝堂谈荟》写为豁必撒刺，应该在抄《华夷译语》的时候改"忽"为"豁"了。《武备志》写为"忽必撒刺"。黑城蒙古文文书中至少出现十次。参见吉田顺一、チメドドルジ編「ハラホト出土モンゴル文書の研究」，東京：雄山閣，2008年，26页文书番号F61：W9、41页文书番号F209W69、59页文书番号F250：W3、64页文书番号F17：W9、80页文书番号F116：W204、88页文书番号F116：W595、91页文书番号F116：W572、97页文书番号HF197B、108页文书番号F116：W92、139页F9：W57。

[25] 《玉芝堂谈荟》也写为"豁者儿撒刺"，应该是抄自《华夷译语》。亦邻真先生指出，鄂尔多斯和布里亚特的蒙古语中仍有qujir sara的用法。根据胡日查的研究，鄂尔多斯确有qara qujir，但是其时间相当于太阴历十一月。黑城蒙古文文书中，qujir sara出现一次，译注者的解释也是"二月"。二月，《至元译语》很独异地写为"胡打里玉宣真撒刺"。"胡打里"，小林高四郎先生成功地解释了，是qudal（意谓假的，伪的），但是"玉宣真"令他困惑不解。亦邻真先生认为是音写gel/kel音节的"完"或"宽"之讹误，整体转写为蒙古文qudal ögeljin sara。

[26] 小林高四郎先生解释为"青色"（köke），亦邻真先生则写为蒙古文kököi sara，认为即kököge的异写，是布谷鸟之名，蒙古人因这个时节的鸟鸣而命名。

[27] 亦邻真先生写为γuran sara，何启龙认同亦邻真先生的解释，认为是γuran是灰公狍，与狩猎季节有关。指出布里亚特和土尔扈特的月名中都有沿用。曹纳木书的表格写为qulan sara，误。《玉芝堂谈荟》写为《至元译语》写为"兀兰撒刺"。

仲秋了。《华夷译语》写为"不忽撒剌"[28]。

九月，《国王字典》只写قوجا（quča），省略了sara。译注者给补充理解为quča sara。波斯文对应为ماه سيم پاييز（mâh-i siyum-i pâyîz），也就是秋季第三个月，即季秋。《华夷译语》写为"忽察撒剌"。《至元译语》写为"忽察答里必"[29]。

十月，《国王字典》写为كلتر سره（keltür sara），英译阙如，阿拉伯字拼写遗漏了阿拉伯字母b。اول زمستان（avaal-i zamistân），英译者的解释是the first（month）of winter，冬季的第一个月，也即孟冬。《至元译语》写为"怯敛都撒剌"。亦邻真先生写为蒙古文kelebtür。《华夷译语》之"客勒卜秃儿撒剌"蒙古文对应为kelbetür。《玉芝堂谈荟》写为"客勒卜秃儿撒剌"，照抄了《华夷译语》的汉字部分[30]。

在十月之后，《国王字典》列出كوير سره（köyer sara），波斯文相对应的是ماه دوم از زمستان（mâh-i duvum-i az zamistân），英译者的解释是the second month of winter即冬季的第二个月，也就是仲冬。这里克拉克前揭文章给了我们很重要启发，他注意到田清波神父所编《鄂尔多斯词典》称十一月为ixxe kölür，称十二月为baga kölür。我们认为كوير سره极可能是kölür的误写。这也证明了何启龙所说《国王字典》所记كوير سره（köyer sara）相当于十一、十二两个月之说总体上是正确的。

《国王字典》的蒙古语物候月名与《华夷译语》表现出更多的对称关系。汉字音写的《华夷译语》与《至元译语》将蒙古语物候月名与太阴历月名一一对列，而阿拉伯字音写的《国王字典》则将蒙古语月名与伊利汗国官方使用的月名一一对列。虽然期间出现一些缺漏，我们可以确定，至迟在元末明初蒙古人概念中，蒙古月份名与太阴历月份是吻合的，蒙古月份名与太阴历月一一对列的对应关系当时的常识。时间坐标是清晰而明确的。学者当然可以质疑常识，但是要有足够的依据。班扎罗夫提出"秋九月岁首说"是由于蒙古高原的某些地区的游牧集团保留了更古老的习俗，例如鄂尔多斯，其月名颇具独特性，亦邻真先生文章有提到，但是限于体裁，没有展开。1984年，胡日查发表专题论文《探掘鄂尔多斯月份名》，专题讨论了鄂尔多斯蒙古人以孟冬，即太阴历之十月即孟冬为岁首的古老的月历习俗[31]。但是这在蒙古高原各游牧集团中应属特例。至迟到忽必烈时代，蒙古高原大部分地区应该都已经趋同。即使在鄂尔多斯的各游牧集团中"小传统"也未必有普遍性。需要说明的是，个别游牧集团的"小传统"，可能延续

---

[28] 《玉芝堂谈荟》抄为"卜忽撒剌"，改不为卜。《八纮译史》或抄录了《玉芝堂谈荟》，写为"卜忽撒剌"。英译阙如。《至元译语》写为"补工撒剌"。亦邻真先生写为蒙古文buyu sara，指出布里亚特和土尔扈特的月名中都有沿用。

[29] 《至元译语》写为"忽察答里必撒剌"，小林先生解释了忽察（种公羊），"答里必"却令他困惑不解。亦邻真先生转写为quča talbiqu sara，说土尔扈特和布里亚特的月名中都转为quča sara，而quča之后的动词talbiqu则被省略了。现代内蒙古牧区已经极少称九月为quča sara了，但是传统游牧生活中仍然沿袭九月选放种公羊的节律习俗。小林先生的疑惑或可释然了。另外，前揭亦邻真先生译释黑城蒙古文契约的手稿中也出现了quča sara，汉译为九月。

[30] 乌·满都夫《蒙古译语词典》误读为"怯钦都儿撒剌"，进而转写为kekimdür，误。参见乌·满都夫整理校注《蒙古译语词典》，北京：民族出版社，1995年，142页。

[31] N. Qurča, "Ordos sar-a i uqučilaqu ni", öbör mongγol un neigem ün šinjilekü uqayan, 1984on 3 quγučaya. ［胡日查《探掘鄂尔多斯月名》，《内蒙古社会科学》（蒙古文版）1984年第3期，117—124页。］

到清末。《理藩院则例》卷五三"违禁"条禁止蒙古王公先后贺年，"如先后贺年者论罚"云，可能就是为了对应这种差异而做出的规定㉜。

<h1 style="text-align:center">四</h1>

太阴历的五月和六月，也就是仲夏和季夏两月，《华夷译语》写为"兀剌鲁撒剌"和"兀亦鲁撒剌"㉝，《至元译语》则写为"胡打儿撒剌"和"纳知儿撒剌"。关于"胡打儿撒剌"，亦邻真先生写蒙古文为qudar sara，认为qudar 就是qujǐr的古代写法。这里我们不免产生疑问：如果qudar 就是qujǐr，那么qujǐr究竟是指代二月还是五月？令人疑惑不解。关于六月"纳知儿撒剌"，亦邻真先生写为蒙古文najir sara，并指出达斡尔语中仍然呼夏季为najir，元代蒙古人将六月称为夏月，与当时所使用的《授时历》相吻合。《华夷译语》和《至元译语》在五月和六月两处出现分歧，显得很突兀，《国王字典》至此也突然显得无所适从，竟然改辙，将五月写为 جنو دمدادو（jun-u dumdadu意谓"仲夏月"），将六月写为 جنو هاجور（jun-u hujaur意谓"季夏月"）。这是元朝和伊利汗国官方使用的月份名，波斯语则分别对应为 ماه دوم تبستان（mâh-i duvum-i tâbistân，仲夏）和 ماه سیم تابستان（mâh-i siyum-i tâbistân，季夏），这应该不是巧合。何启龙称这种命名方式为季节月名？为什么《国王字典》至此突然发生变化？何启龙认为五六月"无关验证时节，判断闰月，是不重要的。因此变得不稳定，随时被弃置"。这种解释似不能令人满意，可能还有待进一步研究。

还有一个问题令人困惑不解，那就是闰月。现代内蒙古称为ilegü sara，意谓"余月"，也有地区称为öndör sara，意谓"高月"㉞。村上正二在他的《蒙古秘史：成吉

㉜　赵云田点校乾隆朝内府抄本《理藩院则例》，北京：中国藏学出版社，2006年，325页。按，这条史料是中国第一历史档案馆李保文先生提示而知，谨此致谢。

㉝　迄今所知记录蒙古月份名的明代和清代汉文章中，源头应该是《华夷译语》，而时间最晚的应该是文廷式《纯常子枝语》。我们几乎完全可以肯定，文廷式书中关于蒙古月名的记录全部抄自孙兰《柳庭舆地隅说》，凡是孙兰抄错之处，文廷式全部因袭，此其一。第二，在《纯常子枝语》和《华夷译语》之间有三种书，按其时间先后分别是《玉芝堂谈荟》《八纮译史》和《柳庭舆地隅说》。关于其间的关系，笔者认为后两种书可能都抄了《玉芝堂谈荟》，或者此三种都抄了《华夷译语》。流传的脉络大致如此，参见附表2。五月，《玉芝堂谈荟》抄为"兀剌鲁撒剌"，《柳庭舆地隅说》也写为"兀剌鲁撒剌"，都完全相同。《八纮译史》却错抄为"兀格鲁撒剌"。《玉芝堂谈荟》很有可能抄了《华夷译语》，只是省略了蒙古文部分，汉字音写和旁译完全相同。六月，《华夷译语》写为"兀亦鲁撒剌"，错抄为"兀赤鲁撒剌"的首作俑者很有可能是康熙三十二年（1693）成书的《柳庭舆地隅说》。参见《丛书集成续编》第80册所影印蛰园丛书本《柳庭舆地隅说三卷》，台北：新文丰出版公司。晚清文廷式著《纯常子枝语》则完全沿袭了孙柳庭的错误。至于康熙二十二年成书的《八纮译史》写为"兀亦鲁撒剌"，并未抄错。参见《四库全书存目丛书》史部第256册所收《八纮译史》，辽宁省图书馆藏清康熙二十二年宛羽斋刻陆云士杂著本。奇怪的是，小林高四郎先生所利用《八纮译史》，不知何种版本，他引用为"兀赤鲁撒剌"，亦邻真先生据此写为蒙古文učiru sara。"兀赤鲁"可能是田清波神父利用某种版本的《八纮译史》而引发的。

㉞　关于闰月的称呼ilegü sara和öndör sara，是李保文先生在微信群发起讨论而得知。关于ilegü sara在清代蒙古文书中的记录，还可以从《清内阁蒙古堂档》目录中获知更多信息。参见陈岚、彩虹译《〈清内阁蒙古堂档〉目录》，达力扎布编《中国边疆民族研究》第12辑，北京：中央民族大学出版社，2019年。

思汗物语》中提到一个ǰab sara[35]，或意谓"间月"？黑城出土蒙古文文书中出现至少两次šun sara的记录，šun应该是从畏兀儿转借的汉语借词。克拉克的博士论文《畏兀儿民事文书导论》指出，13—14世纪的畏兀儿文文书中出现šun ay，认为就是来自汉语"闰月"[36]。小林高四郎先生所引《八纮译史》的材料"闰月，綛蛮"，没有进一步解释或者说明[37]。然而查核《八纮译史》及其源头《玉芝堂谈荟》都写为"闰月，纽蛮撒剌"，非常清楚。再往前追溯其源头的话，《华夷译语》写为"纽蛮撒剌"，蒙古文则写为niɣumal sara。可以确定，"綛蛮"应该是"纽蛮"之误，蒙古文写为niɣumal ~ ni'umal sara，意谓"隐匿的月份"。

《元史》的本纪部分在1259年以后闰月40次，而《元典章》闰月发出圣旨或者诏书只有两次，其一是至元二十四年（1287）闰二月，《颁至元钞[诏]》。陈高华先生等据《世祖纪》卷一一和《桑哥传》认为，此诏书应该是在三月甲午，即三月初四日[38]。还有一件就是延祐四年（1317）《建储诏》。此诏书内容虽然在《诏令》和《圣政》不同类目先后出现十次，却是一件诏书。这样来看，这一《闰正月诏》可能是《元典章》唯一一件闰月发出的诏书。通检呼格吉勒图先生和蒙古国Tumurtoɣoo先生集录的文献汇编，元朝和伊利汗国统治者发出的八思巴字和回鹘字蒙古文圣旨、懿旨、令旨、国书末尾，都署以季月名，无一例外[39]。十二个月名几乎都有出现，唯独没有出现闰月。为什么那些圣旨令旨等文献中从来没有出现闰月？这个现象提醒我们重视"纽蛮撒剌"，蒙古文为niɣumal sara，意谓"隐匿的月份"。这是否意味着闰月被隐藏在了前面的月份中了呢？如果确实是"隐匿"了，为什么"隐匿"？是禁忌吗？这无疑是有待考证的问题。

附表1　《华夷译语》与《至元译语》《国王字典》等月份对照表

	华夷译语	元朝政府公文书	国王字典P	国王字典M	至元译语
正月	嚭必撒剌 qubi sara	qabur-un terigün sara	اول بهار avaal-i bahâr	قوبي سره qubi sara	忽必撒剌
二月	嚭者兒撒剌 quǰir sara	qabur-un dumdadu sara	ماه ديم بهال mâh-i duyyum-i bahâr	قرااوجر qara oujir	胡打里玉宣真撒剌
三月	兀格勒陈撒剌 ögelǰin sara	qabur-un ečüs sara	ماه سيم از بهال mâh-i siyum az bahâr	اوهلجين Öheljin	兀年玉宣真撒剌
四月	可可亦撒剌 köküyi sara	ǰunu terigün sara	اول تبستان avaal-i tâbistân	ككوه سره kököe sara	諽可撒剌

---

[35]　村上正二訳注《モンゴル秘史：チンギス・カン物語》，東京：平凡社，1970—1976年。

[36]　Larry V. Clark, *Introduction to Uyghur Civil Document of East Turkistan(13th-14th century)*,. PhD dissertation at Indiana University, 1975, p.286.

[37]　前引小林高四郎《モンゴル人の歳月について》。

[38]　陈高华等点校《元典章》第一册，北京：中华书局、天津：天津古籍出版社，2011年，12页。

[39]　呼格吉勒图、萨如拉《八思巴字蒙古语文献汇编》，呼和浩特：内蒙古教育出版社，2004年。*Mongolian monuments in 'Phags-pa script: introduction, transliteration, transcription and bibliography*. Taipei: Institute of Linguistics, Academia Sinica, 2010.

续表

	华夷译语	元朝政府公文书	国王字典P	国王字典M	至元译语
五月	兀剌鲁撒剌 ularu sara	ǰunu dumdadu sara	ماه دوم تبستان mâh-i duvum-i tâbistân	جنو دمدادو jun-u dumdadu	胡打儿撒剌
六月	兀亦鲁撒剌 uiru sara	ǰunu ečüs sara	ماه سيم تابستان mâh-i siyum-i tâbistân	جنو هاجور jun-u hujaur	纳知儿撒剌
七月	古阑撒剌 quran sara	namur-un terigün sara	ماه اولبايیز mâh-i avaal-i pâyîz	قران سره quran sara	兀阑撒剌
八月	不忽撒剌 buɣu sara	namur-un dumdadu sara	ماه دوم بايیز mâh-i duvum-i pâyîz	بغا سره buga sara	补工撒剌
九月	忽察撒剌 quča sara	namur-un ečüs sara	ماه سييم بايیز mâh-i siyum-i pâyîz	[قُوجا] سره quča [sara]	忽察答里必撒剌
十月	客勒卜秃儿撒剌 kelebtür sara	öböl-ün terigün sara	اول زمستان avaal-i zamistân	كلتر سره keltür sara	怯敛都撒剌
十一月	亦得勒忽撒剌 idelkü sara	öböl-ün dumdadu sara	ماه دوم زمستان mâh-i duvum-i az zamistân	كویار سره köyer sara	亦惕古撒剌
十二月	可可勒儿撒剌 kögeler sara	öböl-ün ečüs sara			库胡勒儿撒剌

附表2 《华夷译语》与《玉芝堂谈荟》等月份名流传对照表

	华夷译语	玉芝堂谈荟	八纮译史	柳庭舆地隅说	纯常子枝语
正月	豁必撒剌 qubi sara	豁必撒剌	豁必撒剌	豁必撒剌	豁必撒剌
二月	豁者儿撒剌 quǰir sara	豁者儿撒剌	豁者儿撒剌	豁者兒撒剌	豁者兒撒剌
三月	兀格勒陈撒剌 ögelǰin sara	兀格勒陈撒剌	兀格勒陈撒剌	兀格勒陈撒剌	兀格勒陈撒剌
四月	可可亦撒剌 köküyi sara	可可亦撒剌	可可亦撒剌	可可亦撒剌	可可亦撒剌
五月	兀剌鲁撒剌 ularu sara	兀剌鲁撒剌	兀格鲁撒剌	兀剌鲁撒剌	兀剌鲁撒剌
六月	兀亦鲁撒剌 uiru sara	兀亦鲁撒剌	兀亦鲁撒剌	兀赤鲁撒剌	兀赤鲁撒剌
七月	古阑撒剌 quran sara	古蘭撒剌	古阑撒剌	古蘭撒剌	古蘭撒剌
八月	不忽撒剌 bu γ u sara	卜忽撒剌	卜忽撒剌	卜忽撒剌	卜忽撒剌
九月	忽察撒剌 quča sara	忽察撒剌	忽察撒剌	勿察撒剌	勿察撒剌

续表

	华夷译语	玉芝堂谈荟	八纮译史	柳庭舆地隅说	纯常子枝语
十月	客勒卜秃兒撒剌 kelebtür sara	客勒不秃兒撒剌	客勒不秃兒撒剌	客勒不秃兒撒剌	客勒不秃兒撒剌
十一月	亦得勒忽撒剌 idelkü sara	亦得勒忽撒剌	亦得勒忽撒剌	亦得勒撒剌	亦得勒撒剌
十二月	可可勒兒撒剌 kögeler sara	可可勒兒撒剌	可可勒兒撒剌	可可勒兒撒剌	可可勒兒撒剌

　　致谢：2018年4月，笔者在日本仙台的东北学院大学访问期间，对照阅读小林高四郎和亦邻真先生关于蒙古月名的文章，开始萌生撰文之意。2019年6月，为准备南京大学元史研究室工作坊《中古阿拉伯文献与丝绸之路研究》的讲座，终于将关注已久的题目写成初稿。感谢工作坊主华涛老师的安排。感谢《国王字典》的译注者，是本论文提供基石。在为撰写论文而搜集资料的过程中，多次得到元史研究室博士生朝克的帮助。在波斯文录入方面，先后得到乌罕奇博士和魏曙光教授的技术支持。文献搜集阶段，得到内蒙古社科院的全荣、朝克满都拉、内蒙古大学的希都日古、内蒙古师范大学的谢咏梅、南京大学的买合木提江等史学同仁好友的帮助和支持。修改过程中，通过微信得到很多师友的帮助和支持。内蒙古社科院的双宝老师提醒我注意到了纳干宝老师的书。大阪大学的松井太教授帮助我扫描了克拉克的文章。感谢中国第一历史档案馆李保文先生，他提醒我注意胡日查和曹纳木的成果，并在多个名词的问题上进行争论和辩难，从中得到很多提示和启发。乌兰老师在审阅以后给予鼓励和支持，在此铭感不尽。为一篇拙文惊扰如此众多的师友，占用他们很多时间，回想起来心中不安也充满感激，在此谨志谢意。

Notes on the Months names in the Mongol Natural Calendar

Temur Temule

Mongolian natural calendar had its own month names system in history. Many scholars have worked on these names and published many researches. Banzarov presented a viewpoint in 1846 that Mongolian New Year (the first month) began in the ninth month of Lunar calendar, which was questioned and criticized by Kobayashi in 1957. But Naganbo supported Banzarov's view in 2005. This paper, on the basis of the newly-discovered sources in *The King's Dictionary* and Sino-Mongol glossaries found in China, discusses the close correspondence between the Mongolian system of month names and the Chinese one.

民国时期吐鲁番《三堡麦户地亩碑》考

张永兵

2015年5月，吐鲁番史志办专家储怀贞先生找到笔者，说前几天他陪同吐鲁番市委党史办一行前往三堡乡考察走访当地红色革命遗址时，偶尔在三堡乡英吐尔村一座清真寺内发现一块民国时期的石碑。听到此消息，笔者立刻驱车随同储先生赴三堡乡清真寺现场查看情况，并及时进行了测量、录文和拍照工作。经过近年的陆续研究，做出如下探研，以期对吐鲁番地区的乡村社会以及民国新疆历史的理解提供新的资料。

一

清真寺位于三堡新建乡政府西北约60米处，现名"迈德热寺"，即维吾尔语中阿拉伯语借词madrasa（或mädrisä）的汉语音译（"迈德热斯"，或译"麦德里斯"），意思是经文学院。因为兼有礼拜寺的功能，所以今天的汉译就将最后的发音变成了音意双译的"寺"字。该清真寺始建年代不详，占地面积五亩多，部分空地被现代穆斯林墓地所占，除现有的礼拜寺外，另建10处小型礼拜寺，由于时间太久早期建筑已坍塌，1985年在原址南面新建清真寺，土木结构，坐西向东，面积两百多平方米。院内绿树成荫，一口水井现仍在使用，清真寺院门开在南面。石碑矗立在清真寺后院东墙边（图版4）。该碑保存完好，共有碑和基座两部分组成，看不出有任何搬动的迹象，不知是否当初所立的原址。碑为吐鲁番本地产砂质岩石，正面打磨光滑，镶嵌在基座上，基座埋于土下，露出地面高30厘米，长122厘米，宽50厘米。碑高156厘米，宽92厘米，厚17厘米。石碑西南20米外，另有一处即将坍塌而被遗弃多年的旧清真寺，现存木构凉棚、围栏，该清真寺正门应开在东面，石碑所立的旁边（图1）。

石碑正面上阴刻，划分成上中下三个区域，上半部为弧状半圆形，高32厘米，顶部半圆中间阴刻一个"寿"，寿字两边各刻有一只蝙蝠，体现了汉文化中"福寿双全"的寓意（图2）。寿字下从右至左阴刻楷书"永垂不朽"四字，以上部分组成了类似碑额的空间。中间和下部两块间距相同，阴刻汉文和察合台文两种文字。石碑周边阴刻回环线条组成的几何图案纹饰。这种纹饰是吐鲁番清代至民国时期的碑刻广为流行的图案①。

---

① 《洋海吐峪沟水案碑》，见李肖、陈云华主编《鄯善文物志》，乌鲁木齐：新疆人民出版社，2008年，31页。清乾隆六十年《新立钟记》碑、《清张公德政碑》，见《吐鲁番市志》，乌鲁木齐：新疆人民出版社，2002年，945页。

图1　《三堡麦户地亩碑》所在

图2　《三堡麦户地亩碑》碑额部分

碑刻中间部分和下半部间距相同，高62厘米，阴刻汉文楷书竖26行，共计552字。其中有部分字迹不清无法释读（图3），现将该碑汉文录文标点如下。

图3　《三堡麦户地亩碑》汉文正文

1　四等嘉禾章署吐鲁番县知事杨　为

2　分别三堡公私麦户地　　亩，刊立石碑，以资遵守事。照得

3　三堡麦户地共五十三份三不楞，公私夹杂，纠葛最多。现

4　经呈请　　督帅，凡历经死卖与人民之三十份三不楞，

5　各发部照一张，作为管理私业之据，听其买卖自由。

6　其余二十三份，系属公产，仍准乡约等耕种，不给部

7　　照，不得私相出卖，各头目等亦不得多增一份。已奉

8　　督帅批准在案。兹将公私花名份数开列于下。

9　　　　计开　　　　公产项下：

10　　一乡约地二份半；一庄头地一份；一阿訇地一份；一甲长地半份；

11　　一托洪伯克地半份；一水利地一份；一毛拉小甲看渠地一份；一耶克地十五份半；

12　　　　　　　　以上共计公产地二十三份，每份六十亩。各头目人等不得暗自多增分厘。

13　　　　　　　　无论何人偷卖、偷买，并无部照，概不算数。

14　　私产项下：忙尼克地一份；买素提阿洪地一份；尼牙子阿吉地一份；

15　　木提拉地一份；阿西木阿吉地一份；南买提地一份；阿和买提地一份；

16　　阿迪力木巴耶地一份；那斯尔地一份；忙尼巴亥地一份；亦思拉引地一份；

17　　达力甫□地一份；巴地里地一份；木乎素托地一份；尕吉提地一份；

18　　玉素甫地一份；买乎尔地一份；色的牙思地一份；帕守里地三不楞；

19　　大公拜寺地一份；大公拜寺地一份；大公拜寺地一份；大公拜寺地一份；

20　　大公拜寺地一份；寺首地一份；寺首地一份；寺首地一份；寺首地一份；

21　　寺首地一份；大公拜寺首共地一份；念经地一份；

22　　　　以上共计私产三十份三不楞，每份六十亩，不得私自增分厘。

23　　总共公私麦户地□份□亩□□□□记碑定刻石记□□上。特刊此碑，

24　　□□□□□□□人民□□□□此示

25　　　　　　　　右仰通知

26　　民国十一年三月三十一日立于三堡礼拜寺保存

　　碑下部阴刻察合台文，察合台文是20世纪30年代以前维吾尔语的书面文字。经请察合台文的专家新疆维吾尔自治区古籍办公室主任艾尔肯·依明研究员试读，所刻内容与碑上汉文大致相同。

二

　　碑文中提到的"三堡"，即今三堡乡，位于吐鲁番市高昌区境东部。"三堡"的维吾尔语名称音译为"阿斯塔那"，是维吾尔语"首府"的意思，因高昌回鹘王国的都城离此不远而得名。清雍正十年（1732）十月，额敏和卓曾带领吐鲁番1万余人内迁瓜州，建有头堡、二堡、三堡、四堡、五堡等大庄，乾隆二十一年（1756）瓜州三堡的维吾尔民众返回吐鲁番，集中居住在阿斯塔那，故将阿斯塔那称为三堡。辖区东西宽10千米，南北长32千米。面积320平方千米。有7个村民委员会，1995年居住着维吾尔、汉、

回等民族12 879人。乡人民政府驻阿瓦提村②。

石碑现在所在的清真寺名为"迈德热寺"，不知是否就是当时的寺名。为此笔者走访原三堡乡中学老师、后任三堡乡乡长阿不都·热合曼老人，当年77岁了，据他说：父辈都生活在三堡乡，从他记事起清真寺就叫迈德热斯，小时候听老人说清真寺年代久远，它是火焰山地区最早的一座清真寺，寺门当时开在东边，占地面积7亩多地，除了礼拜寺之外，还是一所经文学校。是当时三堡乡所有清真寺中地位最高的。这一切都说明这里曾经是教授伊斯兰教义的场所，因此称为"迈德热斯"。

民国元年（1912）6月，新疆宣布共和，结束清朝在新疆的统治。民国二年1月，北京国民政府下令将府、州、厅一律改为县。二月，吐鲁番直隶厅改为吐鲁番县。吐鲁番县和鄯善县均隶属于镇迪道（是年镇迪道改为迪化道）③，张华龄首任县知事。民国四年，一度改用洪宪元年，其后又改为民国纪年。民国十七年，吐鲁番县知事改称县长④。碑文中首句"四等嘉禾章属吐鲁番县知事杨"，据《吐鲁番市志》1913—1949年吐鲁番县历任县长（知事）、副县长名表记载，县知事杨沅在位二年，民国十年三月至十二年七月⑤，碑文立于民国十一年，其"县知事杨"应即杨沅。碑中第四句"经呈请督帅"当指新疆都督杨增新（1864—1928）。

碑中内容主要是三堡麦户地亩五十三份三不楞（一份60亩，合计3180亩）（此处的三不楞似乎也是一个计量单位，不到一份），公田、私田纠葛不清，矛盾不断，为了消除隐患，吐鲁番县衙经请示新疆省最高长官都督杨增新，明确了公、私田的所有权以及买卖相关政策，即：私田三十份三不楞，政府可发执照，容许自由买卖；其余二十三份属公产，乡约、伯克等可以耕种，但政府不发执照，不容许私自买卖，无论何人偷买、偷卖无执照的耕地均无效。并明确了地契的户主，不论何人土地都不准增加分厘，特立此碑，望大家必须遵照执行。民国十一年三月三十一日立于三堡礼拜寺保存。

三

这块双语文字碑的发现，对于我们理解民国时期吐鲁番地区乡村社会结构和土地制度具有重要的意义。

从碑文记载的公产占有情况来看，乡约、阿訇、甲长、伯克、毛拉等都占有耕地，这是依靠当地民族宗教和地方的各头目管理地方而给予的补偿，也反映出民国初年吐鲁番地方社会基层管理的特点。南疆地区曾一度实行伯克制度，为世袭制。乾隆二十四年，清朝平定大小和卓叛乱后，对伯克制度加以改革，废除世袭，作为对南疆地区统治的基层行政制度，乡村的各种事务实际上都是由伯克负责。光绪十年（1884）新疆改

---

②　《吐鲁番市志》第一编《政区沿革》，92页。

③　田卫疆主编《吐鲁番史》，乌鲁木齐：新疆人民出版社，2004年，490页。

④　《吐鲁番市志》第二十四编《政权》，693页。

⑤　《吐鲁番市志》第二十四编《政权》，694页。

建行省，巡抚刘锦棠上奏废止伯克制度，只保留伯克的品级⑥。随着建省后州县制的建立，内地乡里的乡约制度也开始在新疆广泛推行，刘锦棠提议："通饬南路各厅州县，传集各该城关阿奇木等伯克，剀切开导，谕以在所必裁之故，准其各留原品顶戴，仍视城关事务繁简，分设乡约……其乡庄地远，骤难户晓，旧有之伯克暂仍不裁，遇有缺额，亦不另补，以期渐照城关，一律改设乡约。"⑦乡约取代伯克成为乡村事务的主要负责者。但是与内地乡约要承担乡里教化任务不同，新疆地区乡约的设置从一开始就具有以承办公务为主的职责特色⑧。民国初年杨增新统治新疆时期，依然保留了清代的乡约制度，同时乡约的权力和职能进一步扩大⑨。这一时期乡约在基层社会中有很高的社会地位，与官府联系密切，地方官对乡约依赖性也很强，官府的基层税收等重要工作都要仰仗乡约来顺利完成⑩。《三堡麦户地亩碑》的记载也清楚地反映出乡约的重要地位，首先是乡约排在占有公田的第一位，其次是乡约占有的面积是二份半，而其他如庄头、阿訇、甲长、托洪伯克、水利、毛拉小甲等人都只占有一份或半份，差距很大。同时我们也可以看到，除了乡约以外，其他人等既然也有资格占有公田，说明他们也在承担一些地方公务，比如"阿訇"是清真寺的负责人，是地方宗教的权威，"水利"应该就是与收取水利税有关，而毛拉小甲的职责则明确是"看渠"。乡约与阿訇、庄头、伯克、水利等人也就共同构成了三堡的基层管理体系。

另外，《三堡麦户地亩碑》的公田占有情况也反映出当时的土地制度状况。新疆建省以前，清朝会给伯克划拨养廉地，同时有"燕齐"（农奴）耕作，虽然规定有田亩数额，但伯克往往会私自突破限额。建省以后裁汰伯克，养廉地亩也被划归国有⑪。《三堡麦户地亩碑》中载有"托洪伯克地半份"，很可能是这位托洪伯克在乡里承担了一些差事，才获得了半份养廉地。清代新疆乡约制普遍推行后，乡约也跟此前的伯克一样获得了养廉地，但乡约对养廉地并无所有权，只是养廉地的地租归其所有。这是对新疆乡约承担更多乡里事务的一种补助手段，保证了乡约可以不必借税敛之机鱼肉乡里。民国时期乡约依然保有养廉地，但是养廉地被盗卖的现象却非常严重。1916年，民国政府曾派员赴新疆统计乡约养廉地情况，希望能将其归公卖出。杨增新对此极为反对，他在给财政部的覆文中提到：

> 设省之处，各属多有乡约养廉地，然数十年以来，在前清时即被各乡约私行出卖者不少，大约皆籍口于办公亏累，卖地以资弥补。今各属乡约养廉地虽有存者，其数已不及设省时之多……今既拟归公出卖，将令乡约枵腹从公，于情理既有不顺。若令乡约向民间另行摊费，则弊端百出，百姓被乡约之扰害将

⑥　苗普生《废除伯克制度与新疆建省》，《新疆社会科学》1987年第4期，84—94页。
⑦　刘锦棠《酌裁回官悬赏回目顶戴折》，王树枏等纂修、朱玉麒等整理《新疆图志（附索引）》卷一〇〇，上海：上海古籍出版社，2017年，1899—1900页。
⑧　段自成《清末民初新疆乡约的特点》，《清史研究》2004年第4期，74页。
⑨　包尔汉《新疆五十年》，北京：文史资料出版社，1984年，81页。
⑩　何荣《试论杨增新时期新疆乡约的特点》，《新疆大学学报》2008年第3期，68—69页。
⑪　苗普生《废除伯克制度与新疆建省》，93页。

必更甚于昔日，民何以堪⑫。

杨增新提到乡约的养廉地自清末时就开始被乡约私自卖出，实际数目已大有亏空。而他对乡约的权力膨胀也心里有数，认为"乡约虐民，如附骨之疽，牢不可拔"，"新疆乡约之坏为全国所无，往往与地方官联络一气，以鱼肉百姓"。乡约养廉地如果把控不严，势必造成乡约苛责百姓的情况。

《三堡麦户地亩碑》立碑的目的就是三堡的麦户地亩"公私夹杂，纠葛最多"，正是这种土地制度弊端的显现。我们可以想见，自清末以来获得养廉地的乡约、伯克等人利用乡里权势，不断将养廉地私自出卖，公田通过非法途径转化为了实际上的私田。长此以往，自然积弊颇多。而吐鲁番县知事杨沅在三堡立碑，就是要重新梳理公田和私田的关系，明确公、私田的地权，其中最主要的可能就是要遏制公田私卖的现象。碑文特别规定公田"仍准乡约等耕种，不给部照，不得私相出卖"，"无论何人偷卖、偷买，并无部照，概不算数"，即是如此。同时碑文也写明"各头目人等不得暗自多增分厘"，或许也说明还存在乡约、伯克等人趁机扩大养廉地面积的行为。至于私田，当然也是规定"不得私自增分厘"。这使我们看到了杨增新统治时期吐鲁番地方土地制度运行的实态。

四

《三堡麦户地亩碑》这一双语文字碑刻的形式，也体现了中原汉文化的西渐，以及汉文化在新疆落地生根形成地方化的特点。

中原王朝历代皆有"刻石纪法"的传统，即通过树碑立传的方式来申约明禁、定界纪契。尤其是民间流行将重要的契约或法律行为刻载于碑石以为凭证，体现出汉文化通过立碑对财产权益的主张和保护的意识和传统⑬。土地是民间社会最为看重的一种财产，从汉代的《大吉买山地记刻石》到明清碑刻，都有很多关于田土房屋买卖的刻石。例如从元代开始大量流行的寺院田产碑，就是把类似田亩契约的内容刻在石碑上，确定寺院占有土地的所有权⑭。因为刻石可以使所纪之法流传更为久远，这样即便纸质的土地契约意外丢失或损毁，土地所有者乃至是佃户都可以通过石碑来确认他们各自的权力。明清及至民国时期，有大量此类的寺院田产碑、信徒捐赠土地的香火田亩碑以及学田碑，等等。乡里百姓之间因为田产事宜而立的石碑也非常多，其中就有因田土、山林、冢地、房屋纠纷而立的讼案碑，记录纠纷经过和处理结果⑮，立石以后就可以长久

---

⑫ 杨增新《咨覆财政部伊、塔、阿各草原不能标卖乡约养廉地及官地、民房应查明遵办文》，作者著《补过斋文牍》第1册，哈尔滨：黑龙江教育出版社，2016年，67—68页。

⑬ 李雪梅《中国古代"刻石纪法"传统初探》，《法律文化研究》第六辑，北京：中国人民大学出版社，2011年，49页。

⑭ 翟国强《元代江南寺田的租佃关系》，《内蒙古大学学报》1989年第1期，22—30、21页。

⑮ 李雪梅《中国古代碑刻法律史料概述》，《中国古代法律文献研究》第三辑，北京：中国政法大学出版社，2007年，367页。

保持法律效力，如清嘉庆八年（1803）《静升村两户地亩判定碑记》⑯。此外还有规定渠水分配原则或浇溉地亩原则的碑刻，如民国二十二年刊刻的《涧渠新添应浇兴夫地亩公约》⑰等等。无论是契约田产碑、田亩讼案碑还是渠水乡约碑，都与土地有直接的关系，我们可以看到绝大多数碑文都是要明确列出土地位置或相关信息。这些碑刻无论从内容还是形式上，都与《三堡麦户地亩碑》的汉文部分非常相似。

可惜民国初年新疆土地制度及基层管理与内地稍有差异，我们很难在内地找到与《三堡麦户地亩碑》完全一致的碑刻。大致内地所见田亩碑，大多是由渠长、家主等各自商议定立，各村各户之间的土地关系大多也是清楚的，只需要两三户之间单独设立讼案碑或田产碑即可。而三堡因为有乡约养廉地等复杂的历史遗留问题情况，需要由官府出面来重新确定公私地权。故而虽然都是田产碑，《三堡麦户地亩碑》在立碑者和立碑事由上与内地常见的田产碑有所不同。不过即便如此，我们还是可以清楚地看到该碑汉文部分的书写格式是来自于内地的碑刻。试以清道光二十四年（1844）山西灵石所立《静升村王氏金派人丁地亩碑记》为例，据静升村《王氏族谱》记载碑文为：

> 金派户头人丁地亩畛域记
>
> 王氏支分五派，多历年所，各派有户头、人丁公积二项，盖前人急公奉上之意也，金派亦然。而从前事体姑勿追叙，自道光十七年，余始理其事，接得二项共地二十一亩，于二十一年将户头地五亩五分，带秋粮三斗八升五合归入祠堂，与木火水土四派合并一处，永为户头公食之资。至于人丁地一十五亩五分，以每年租课除出人丁银外，所剩赢余，子母生息。第恐年远日久，此疆尔界迷失无考，爰勒石以志不忘。《诗》曰：我疆我理，南东其亩。此之谓也。是为记。
>
> 十七世裔永裕谨识。
>
> 计开：
>
> 户头地界限：马头渠三甲水地五亩五分，二十一年归入祠堂。
>
> 人丁地界限：马头渠三甲水地二亩五分，小河口水地七亩，麻地口水地一亩，下河水地三段共五亩。
>
> 各地俱立石界，统计地一十五亩五分，共粮五斗五升八合八勺。
>
> 道光二十四年岁次甲辰秋七月谷旦阖派公立⑱。

此碑记载了静升村王氏金派名下公积田地的疆界以及处置方式。可以看到，碑文是先记述公积田的由来，再说近年来公积田的处置，即户头地归入祠堂、人丁地留下生息，然后再"计开"户头地与人丁地各自的界限。同样，《三堡麦户地亩碑》也是先叙述麦户地公私夹杂的情况，再讲出都督杨增新批准的最新处置办法，最后"计开"占有公、私田的人名与份数。二者在格式上是大致相仿的，可以说《三堡麦户地亩碑》是借鉴了晚清民国时期内地常见的田产碑的形式，再结合三堡当地的事由而刊立的。

---

⑯　景茂礼、刘秋根编《灵石碑刻全集》上，保定：河北大学出版社，2014年，744页。
⑰　汪学文主编《三晋石刻大全·临汾市洪洞县卷》，太原：三晋出版社，2009年，660页。
⑱　景茂礼、刘秋根编《灵石碑刻全集》下，1137页。

五

与此同时，《三堡麦户地亩碑》也具有新疆地方化的特色。

首先是此碑用汉文、察合台文两种文字写成。汉文部分在上，代表了官府的权威性，对于三堡乡的村民而言，汉文碑刻更多地体现了权威的特征而不是文字内容。下半段刻写了这份汉文官府文书的察合台文翻译件，是便于维吾尔族聚居的乡村民众理解，此碑才能真正起到"刻石纪法"的作用。对于吐鲁番当地社会来说，二者是缺一不可的。这种双语碑文的特点，应该是从清代管理新疆以来，就形成的在多民族地区刻石流传的传统。如光绪三十三年七月二十三日吐鲁番同知曾炳熿呈报的《刊刻田赋新章石碑情形事申镇迪道文》（图4），即提到：

> 为申报事。案，查接管卷内，光绪三十一年十一月，卑前署厅方丞鋆申报奉发停止田赋新章告示张贴晓谕，请自三十二年起照旧征收额粮并刊立石碑一案，方、钱两丞未及刊刻、卸事移交前来。卑职到任，遵即雇觅石工，采办碑料，刊刻汉回合璧文字，于七月二十日工竣，竖立大堂。凡在汉缠回民，靡不鼓舞欢欣，同声感颂，从此穷乡僻壤，共沐深仁，每年征收，务期恪遵成宪。除拓摹一纸，附呈钧览并通报外，所有停止田赋新章遵批刊石立碑、以垂久远缘由，理合具文申报宪台电鉴查考。为此，具申，伏乞照验施行，须至申者[19]。

其中提到根据镇迪道颁发废弃田赋新章、照旧征收额粮的政策施行，为了能够使得当地各族民众普遍知晓，而专门刊刻了"汉回合璧文字"的石碑。"回文"即当时流行的察

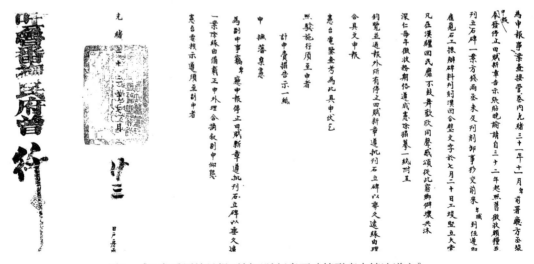

图4　《吐鲁番厅就呈报刊刻田赋新章石碑情形事申镇迪道文》

⑲　《吐鲁番厅就呈报刊刻田赋新章石碑情形事申镇迪道文》，中国边疆史地研究中心、新疆维吾尔自治区档案局合编《清代新疆档案选辑》，桂林：广西师范大学出版社，2012年，第21册，151—152页。

合璧文。这一石刻，虽然尚未发现，但通过这一档案的记载，可见为了起到广而告之的实际作用，在完成立碑之后，清代新疆地方政府还是郑重其事地要求下级行政单位需要附呈拓片并具文申报的。

即使如此，清代新疆地方伯克制度下官民隔阂、上情不能下达的情况也还是比比皆是，这是刘锦棠所以提出建省方案、裁撤伯克制度的一个重要原因，其言："缠回语言、文字，本与满、汉不同，遇有讼狱、征收各事件，官民隔阂不通，阿奇木伯克、通事人等得以从中舞弊。"[20]因此，在乡约制度下如何做到上情下达，即使建省以后，之前的"汉回合璧文字"的告谕方式显然得到了光大。《三堡麦户地亩碑》正可以看作是到了民国之后，仍然利用这种双语碑刻文字，让民众社会参与监督基层组织有效执行政府制度的方式。

其次是立碑地点，汉文的末行明确写道"民国十一年三月三十一日立于三堡礼拜寺保存"，维吾尔民众日常生活中以清真寺为其信仰依归，是一个非常重要的人员聚集、流动的场所。而《三堡麦户地亩碑》所在的这个清真寺"迈德热寺"还不是一个普通的寺院，除了普通的礼拜场所作用，它还具有经文学院的功能，与今吐鲁番市区葡萄乡木纳尔村的苏公塔具有同等重要的地位[21]。在这里立碑，一方面体现出官府对于三堡民众习俗的尊重，一方面也增加了碑文的申明约禁的效果。

综合来看，《三堡麦户地亩碑》沿袭了汉文化中"刻石纪法"的传统，尤其是顺应了明清至民国因田产而立碑的潮流，也符合常见的田产碑的行文样式。清代以来，内地的制度、文化被更多地引入新疆，除了前文提到的州县制、乡约制之外，这种"刻石纪法"也可以被认为是一种汉文化的西渐。其两种文字的书写方式以及立碑于清真寺的特点，也体现出了汉文化在新疆与地方习俗融会的特色。

结　　语

吐鲁番地区在清代、民国时期发现了多种双语碑文，如《清乾隆四十二年额敏和卓修塔碑》《洋海吐峪沟水案碑》等。《三堡麦户地碑》的发现，也增加了吐鲁番地区双语碑文的新资料，使我们对民国时期吐鲁番的基层社会结构和管理制度有了新的认识，更为吐鲁番近代土地管理政策及公私田地的耕种买卖研究增添了新的材料。

更为重要的是，这些存放在清真寺和维吾尔民众聚居地的石刻资料，虽然其阅读者多为察合台文的受众，但是汉文在碑刻中的存在及其在碑刻中高于察合台文的地位显现，却反映了对于政府权威的依赖，以及对于国族的认同。这样的意识，还可以从苏公塔清真寺悬挂着县知事杨沅的牌匾上得到体现。这一牌匾，今已无存，1928年黄文弼先生（1893—1966）参加中国西北科学考查团经过吐鲁番时，还专门记载到了，其言：

---

⑳ 刘锦棠《奏裁南路回疆阿奇木伯克片》，《新疆图志（附索引）》卷一七，402页。

㉑ 苏公塔作为经学院的功能考订，可以从苏公塔碑中的察合台文字中得到印证，参乌苏吉、卡里米安撰，徐维焱译《苏公塔碑——丝绸之路文化交融的标志》，朱玉麒主编《西域文史》第十二辑，北京：科学出版社，2018年，277—287页。

2月28日，是日住吐鲁番。……同夫役出旧城南门，观回民礼拜塔。开门入，先瞻礼拜寺……寺内有石碑一方，系清乾隆四十四年其受封始祖额敏和卓建立。……礼拜寺内有匾额一方，为民国十一年杨沅所立。额云"真一不二"。据看守人云，是处为杨大人修理者[22]。

杨沅正是《三堡麦户地亩碑》的撰写者。作为政府的代言人，杨沅题写的汉文匾额在宗教场所被顶戴，无疑更彰显了民众对于国家—政府的认同意识。

明确地把国民意识置于各个民族、宗教群体之上，中华民族关系形成"多元一体"的格局，正是通过这些在民间社会细节性的文物资料，得到了呈现。

2019年5月7日初稿

2020年2月9日改订

On the Stele of the Area of Wheat Field in Sanpu of Turpan in the Republican Period

Zhang Yongbing

In May 2015, we found a stele in a mosque named "madrasa" in Yingtuer (英吐尔) village of Sanpu (三堡), Turpan by accident. This stele was established by Yang Yuan (杨沅), the county magistrate of Turpan in the 11th year of Republic (1922). It's recorded in this stele that public and private wheat lands in Sanpu couldn't be distinguished clearly, thus causing many disputes. So the government of Turpan county stipulated trade policy and ownership of these public and private lands in order to eliminate potential danger and settle the disputes. The stele records the amount of land owned by some local managers such as Xiangyue (乡约), Akhond (阿訇), Jiazhang (甲长) and Burke (伯克), which is important for us to research the rural social structure and land system in Turpan in the Republican period. Meanwhile, this kind of bilingual stele reflects that the culture of Han ethnic was introduced into the Western Regions and was integrated gradually and localized in the society of Xinjiang.

---

[22] 黄文弼著、黄烈整理《黄文弼蒙新考察日记（1927—1930）》，北京：文物出版社，1990年，169页。

走进失去的家园

——罗布泊地区考察日记摘选

李吟屏

引　言

由于身处基层文物单位工作，受诸多因素的限制，无法突破地域、权限以及业务范围的制约，进行自己喜好的研究。从20世纪90年代起，我采用组织借调、友情帮工以及个人游历等形式，尤其提前退休后，以拍纪录片为主业，附带对自己感兴趣的各种历史、社会、人文、地理、古迹、民俗、环境等课题进行考察研究和拍摄记录，范围涵盖整个新疆乃至西藏阿里地区，其中以塔克拉玛干周缘地区尤其是和田地区和罗布泊地区为重点。考察中的经历和磨难不亚于百年来外国探险家在西域经历过的那些艰险的传奇故事。我曾在烈日下横穿塔克拉玛干寻找迷失于瀚海的古城，曾冒着漫天风雪在缺氧的新藏线上踏查唐蕃古道，在沙漠、在深山遭遇过断粮、缺水以及毛驴死亡和汽车抛锚的生死考验……

我从20世纪70年代起，按自己的爱好，幸运地干起了文物管理和保护工作。业务性质决定了我经常参加田野考察工作。为了积累资料，我养成了记录考察日记的习惯，几十年来我写下的考察日记不下十本，可能达上百万字。由于我青少年时代在地方党校专修过两年维吾尔语言文字，毕业后分配到地方政府机关从事过15年翻译工作，所以维吾尔语对于我来讲就和母语一样，这种便利条件使我在新疆的民间如鱼得水，调查中得心应手，没有弄不懂的问题和得不到的答案。因此我的考察从来就没有仅限于考古，大凡人们感兴趣的东西我都调查记录于日记，内容包罗万象，可以总称为社会学资料吧。

多年来我将考察中所得到的有学术价值的东西分别撰写成各种学科的学术论文，发表于各类学术刊物。但其中有些内容比较庞杂，又不专一，无法写成专题论文，例如关于罗布泊地区的考察内容就是这样的。其中有许多新的发现，考察证明罗布泊的有些情况和某些人误传、虚构和演绎的所谓历史并不一样。考虑到我的罗布泊地区考察范畴大多为任何人没有到达实地目睹考察过的，日记中所记内容都是珍贵的第一手田野调查资料，加之考察中所拍照片也具有资料价值，束之高阁有些可惜，应该刊布于世。因此我将有关罗布泊地区从1994年到2002年期间的6次考察日记整理出来，并配上相应的照片，在此发表，供有兴趣者参考研究。

需要说明的是，这些日记的一小部分曾以《惊醒古城千年梦》和《罗布人的神秘家园》为题，分别发表于《探险》杂志2000年第3期和2001年第1期。

一、1994年8月的考察

1994年8月11日　星期四

由库尔勒市出发，途中拍摄阿拉干一带的百余千米砖铺公路。

1994年8月12日　星期五

到36团拍米兰古堡。访问了二户罗布人，他们原居阿布达勒村，后迁至米兰。

第一个名叫热合曼·阿布都拉，自称97岁，妻子土拉汗，自称47岁。有10个儿孙。热合曼系米兰农场（即36团）退休工人，每月退休金157—160元。

第二个名叫库尔班阿洪（图1），自称106岁，我于1991年访问过他。他说别人推算他为108岁，于35—40岁时从阿布达勒村迁至米兰。妻子阿娜尔汗，60岁，系去年新娶。他们收养了一孙子，但基本不在身边。曾任乡长、连长，是中共党员，月薪260元。二位老人讲，他们的祖先从前居住在喀拉库顺湖畔，以鱼为主食，冬日食用的干鱼于夏天晒干或埋在干土中脱水。还食用蒲黄、芦苇根芽。也养马、牛、羊，牛变野，用猎枪射杀后食用。会用弩机发射箭镞，曾把此兵器置于芦苇丛中的小道上，使青海盗匪绊上弓弦，触发暗机，大败他们。百年前尚不信教，库尔班阿洪的父亲略学经文，成为第一代阿訇。现在他也不会做乃玛子，只是在周五、肉孜节、古尔邦节参加聚礼。

图1　在36团我和儿子（右）与106岁的罗布人库尔班两口子（左）合影留念

1994年8月13日　星期六

今日去若羌石城。

石城在若羌县城南偏东40千米的阿尔金山，沿若羌河南行（西岸）可达其地。石城在河北岸一峻峭山峰上，峰高约百米，形势非常险要。沿山脊弯曲上行（有前人挖的阶梯式坑窝），至峰巅即石城。此实为一军事堡垒，依新月形的山峰台地筑成。南边用块石砌筑的石墙尚能清晰地看到。高约2米，长约10米。台地东部较宽，有青砖筑成的建筑残迹，被前人盗挖成深坑（图2）。砖墙可辨，往下有地下建筑，但被流沙淹埋。砖很坚固，长45厘米，宽2.5厘米，厚5厘米。错缝平砌，砖层间为泥土。这个深坑长11.5厘米，宽8米。方向北偏西40°。从现状与周围形势看，可能是吐蕃占领西域期间的军事要塞。由要塞北望阿尔金山麓，茫茫戈壁尽收眼底，是观察敌情的极好场所。

要塞南坡原来为斜坡，系人工用石块铺垫成平面，工程较大。要塞大致形状如图所示（图2，右）。

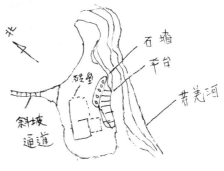

图2　左，在若羌县古代石头城堡遗址砖垒中考察　右，若羌石城要塞示意图

1994年8月14日　星期日

　　晨5时多（乌鲁木齐时间，以下同），未吃早点即启程拍摄阿布达勒（又译阿布旦）废村。在36团找到97岁的热合曼·阿布都拉后，由其带路北行33千米，始到阿不旦废村（图3）。此村为罗布泊地区最后废弃的村庄，废弃时间约在距今60多年前。村北紧临阿布旦河，河宽约10米，深七八米，早已干涸，村庄废弃的原因亦在于此。（20世纪）50年代曾来过二三次水，此后成为干河。村庄东西长约500米，南北宽约50米，南部有两处坟地，一座清真寺废墟。房屋用厚大的土坯筑成，筑法为一顺一竖，外涂草筋泥。房间多不大，每户数间相连，内有壁龛、壁炉，无窗户，可能用的是天窗。个别泥屋外有以厚实苇束为墙的小屋残迹。屋顶原有木椽和芦苇，均被后人抽去椽木，只剩叠压于屋墙内的芦苇（图4）。遗址内发现一馕坑残迹，口径约80厘米。在一屋内见一埋置于此的半个独木桶，热合曼老人说是泡盐的木桶，甚确。遗址内捡到近代青花瓷片、粉彩瓷片以及俄国彩瓷片。有一碎印花棉布片，上印花卉与星月纹饰，当为伊斯兰国家所产布匹。

图3　和时年97岁的罗布人热合曼·阿布都拉在阿布旦（阿布达勒）废村合影

　　阿布旦村的坟因地制宜。因沙土松软，不易成坑，故用木桩与苇笆作成土坑中的笆墙，中置死者，上铺木椽芦苇。

　　阿布旦村民60年前以畜牧渔猎为主，远至南边30千米外的米兰种田以自给。后因水

图4　阿布达勒废村。热合曼·阿布都拉就出生在这里

断，迁往四方。19世纪末、20世纪初，为斯坦因、斯文·赫定诸人科学考察的补给地之一，考察罗布泊地区所用民工多雇于此。阿布旦村东10—20千米处有另一更原始的罗布人村庄，房屋全用芦苇建筑，汽车无法到达。可能即《县志》的托克庄。

1994年8月15日　星期一

图5　在且末古城考察时在古建筑残墙前留影

由若羌赴且末。途中观看了瓦石峡遗址。下午到且末后，看了扎洪勒克古墓葬与且末古城。墓葬时代为西周，且末古城为汉—唐时代，两地均在一处，位于县城西南5千米，扎洪勒克乡绿洲边缘沙漠。墓地地处沙丘高地，有挖开的坟坑与芦苇。坟地之南沙漠中有雅丹土丘，个别地方可见土堡残墙，地面散布陶片（图5）。

（以下且末县至和田、喀什各地长达一月的考察日记全略）

二、1997年7月的考察

1997年7月3日　星期四　晴　多云

今日离且末赴若羌。晚宿36团。该团变化不大，建筑依旧。在阿尔金山下36团路牌处留影一张。

1997年7月4日　星期五　晴

仍住36团团部招待所，条件尚可，每床16元。下午访罗布人。

库尔班·库特勒克已去世。其弟卡斯木·库特勒克在若羌县粮食局，已退休，依明是县统战部退休干部。

罗布人在米兰的两首民歌（删去我记录的维吾尔文原文，只录出我的译文，以下所有民歌均同此）：

《种田歌》

太阳落在米杂森[①]，
不睡觉来到了杜延[②]，
太太们！
麦子已经种完，
面饼留在炉灶里面，
我们走向阿布旦。
太太们！

《哭丧歌》

你挖过的坎土曼留下了，
我的爱人！
你住过的房子留下了，
我的爱人！
你骑过的骏马留下了，
我的爱人！
让我和你一起去吧，
我的爱人！

注释：

① 歌中的"米杂森"，我请教了好几个罗布老人（包括记录者沙力阿洪），都不知何意。在后来的考察中，通过罗布泊驼夫牙生父子，才搞明白原来是"犄角下"（读音"蒙古孜阿斯腾"）。因元音弱化、合音及省音，"蒙古孜阿斯腾"变音为"米杂森"。因此第一句可译为"太阳落在犄角下边"。这一出人意料的歌词实在是太形象了！罗布荒原，茫茫无际，一片荒野和湖水，周围不见山脉，在罗布人的身边只有牛羊，太阳西落时，他们只能看到太阳落在犄角下。
② 米兰的另一名称。

罗布人由喀拉库顺分四支迁徙，一支到今尉犁县，一支到今若羌县，一支到和田，一支到米兰。迁到和田的是以小昆其康伯克为首的8个人。

以上民歌与内容为数十年前124岁的老人巴依尼亚孜口述，此人于1961年去世。沙力阿洪记录。

1997年7月6日　星期日　晴

再访热合曼·阿布都拉。

晚饭后遇到热合曼。它说：罗布人初居喀拉库顺，后因河水缩短而不断迁徙。村子先后为喀拉库顺——卡拉库耶克——夏坎来迪——阿孜买买提——库木克迪给克尔——阿牙克乌依（乌特开特干乌依）——粮子迪克乌依（从此开始用土坯筑屋）——阿布旦——米兰。

现在米兰农场民族连罗布老人只剩热合曼·阿布都拉与乌斯曼二人，热自称101岁，实际可能有90多岁。

1997年7月7日　星期一　晴

午后3时30分，由热合曼带路去喀拉库顺附近的阿牙克乌依废村。约行12千米，"沙漠王"两只轮胎被扎破，无法前行。八座车返回场部拉胎，天黑后换好胎，于11时返回36团场部住宿。拟于明日午后二进废村。

1997年7月8日　星期二　晴

上午车去若羌补胎。午后4时再进渔村。行15千米，在米兰河故河道尾间处遇风蚀土丘，"沙漠王"连爆三胎，遂于一胎内装毯褥硬行开回，折腾一夜，轮胎亦废！

1997年7月9日　星期三　晴

休息、补胎。

1997年7月10日　星期四　晴　多云转暴风

下午考察米兰古堡。在其东北又发现一方形土塔，高约6米，边宽约4米，似为烽燧建筑（图6）。古堡地理坐标：

北纬39°13′62″；

东经88°58′25″；

海拔928米；

距米兰农场场部6.5千米。

此行共6人，其中三人（包括热合曼向导）看完古城就向汽车返回。我与李天章、马三查看、拍摄古代沟渠后行。当我们返回时突起沙暴，沙尘铺天盖地，无法辨认停车处方向。我们只得摸索着向东北方向走，拟到佛塔附近再找汽车。但到此不见我们来时的脚印，向北寻汽车又不见踪影。马三与天章因为方向发生分歧，气得放下摄像机要独自寻路逃生。我坚持集体行动，谁也不能走散。略微稳定情绪后，打开罗盘测出来路在西方，遂西行找路自救。7时20分在朦胧的

图6　热合曼·阿布都拉在米兰古城东部的烽火台下

沙尘暴中果然找到便道，来时车辙尚可辨。我遂留在路边看摄像机等物，李、马二人沿车辙东行找车。7时47分，亮着车灯的汽车来到我身边，大家得救了！但车上的人又带来不好的消息：热合曼·阿布都拉老人走失。这事让我们大家心情沉重，万一出事，后果不堪设想。唯一的办法是先返回场部，看他是否回家，如未回家，得迅速求助36团派人寻找。车开到场部柏油路上，只见热合曼·阿布都拉一个人在路上缓缓而走。大家上前握手问候，皆大欢喜！原来老人见我们没有影踪，便自己摸回来了。我们低估了土生土长的罗布人！

1997年7月11日　星期五　阴　沙暴

　　今日返若羌县城。午后访库尔班之弟卡斯木（粮食局退休干部，63岁），由其带路到县城东沙依巴格公墓看库尔班的坟墓，见坟还没有筑起，只是入土而已。

1997年7月12日　星期六　阴

　　晨起赴库尔勒（图7），因经费已告急。

　　〔删去记录我乘班车回和（田）途中遭遇车祸受伤住院治疗等内容的日记〕

图7　1997年我们在从库尔勒向罗布泊进发途中，看到在塔里木河中还有罗布人使用传统的独木舟

三、1998年12月的考察

1998年12月15日　星期二　晴

　　由34团团部出发到帕平求力牧点28千米。牙生·沙吉提老人在阿布达勒放羊，遂赶到英苏之南的阿布达勒。帕平求力到阿布达勒有15千米。

　　牙生之妻名叫拉孜耶·牙生，长子斯马义，次子斯拉依力，三子奴日·买买提，四子吾布拉音，五子奴日·艾合买提江，长女哈瓦古丽，次女帕特古丽。热合曼·阿布都拉之女土尼沙汗系斯马义的妻子。

　　牙生说，有个叫阿布拉加拉力的牧民说在阿拉干的后面有一古城，见尸体甚多，甚至在夜里有人误将骨头当柴火烧。此人户口在铁干里克乡英苏牧业队，现住北山，由35团可达其地。

　　牙生现放牧200多只羊，其中私人羊只只有30多，均为山羊。有个人的骆驼6峰。他属铁干里克乡人，但在县城附近有房子。

　　据牙生说，阿布达勒（或译哈布达勒）意为乞丐，现在此村残址尚在，废于杨增新时代，居民为了种田迁到英苏。此村为芦苇筑成。

　　牙生之祖与热合曼相同，同为喀拉库顺人。

　　有斯拉木伯克其人，为（杨增新）将军时代英苏村首领，其坟在英苏废村旁。

废于将军时代的村落为：

（1）阿布达勒，与米兰的那个废村同名，有承袭关系。

（2）喀拉带依，有废址、坟墓，北距阿布达勒6千米。因瘟疫，居民逃往若羌、英苏、铁干里克、空其（今尉犁县），当时有阿塔吾拉乡约负责该地，其人死于瘟疫。

△喀拉米吉：水中积聚发黑的芦苇堆。当地一条河用此名。

△于得克：有两个。一为尉犁人，坟在恰热，据闻外国人捐款修了坟。一为英苏的于得克，是农民，死于1949年。看来，给探险家当过向导的是前者。

△（20世纪）50年代为了给兵团腾地，居民迁往尉犁县而废弃的村庄有4个：

（1）乌鲁克吾吉玛力。

（2）乌依忙库勒。

（3）巴西库卡拉。

（4）英苏（有200年历史）。

1956年在铁干里克地方组建兵团农场。

△牙生之妻拉孜耶的父亲为吐鲁番人，母亲为英苏人。父亲在（20世纪）30年代胡加·尼牙孜作乱时逃来英苏结婚。

△牙生的牧点帕平求力之意：帕平本为一个牧人的外号，意为矮子，求力意为戈壁，得名于帕平其人。

废村考察情况：

（1）先到喀拉带依，此村在阿布达勒南6千米、公路东侧。

村庄民居本为土坯筑成，并围以篱笆（竖立的芦苇）墙，但大多被（20世纪）50年代筑路者拆毁，并利用旧料另筑成新式土屋。现仍可见有壁炉、壁龛的残屋数间（图8）。原村庄面积无法测估，新建土屋聚落面积约100米×100米。村南高地上为罗布维吾尔人的公墓，坟墓多围以土坯筑成的矮墙，并做出花格式或锯齿形顶（图9）。坟上可见木杆，有些木杆上挂着兔皮、牛尾等。坟头多筑成枕头形。墓坑上盖以圆木，上铺土坯。清真寺的残迹已看不到。墓葬形制是伊斯兰式。牙生阿洪爷爷的坟墓即在这里。"喀拉带依"意为黑色的光秃地。

图8　罗布洼地上的喀拉带依废村残屋　　　　图9　喀拉带依废村伊斯兰公墓

（2）然后北返阿布达勒，此村背英苏河而筑，胡杨密布。民居基本不存，仅见残存的芦苇墙残迹和断柱，采集到罗布麻织物（图10）。因民居基本不存，无法测估原面积，现有残迹的地段约100米×50米。

在罗布泊地区至少有三个阿布达勒（即阿布旦），它实际是一个游移的地名，其居民迁往那里，那里就叫阿布达勒。

1998年12月16日　星期三　晴　有云

上午到帕平求力拍牙生之子吾布拉音出门为父送干粮，以及父子互换放羊的镜头。

下午拍英苏村。村西2千米有一墓群，主坟原为圆顶形，现已塌毁（图11），内葬从前此村的首领斯拉木伯克（清末民初人），旁为其

图10　罗布人牙生掀起一处废墟上的一段苇墙说这是另一个阿布达勒村的遗址

家族成员，内有其继承人、儿子艾买尔乡约之坟，艾买尔死于20世纪30年代。

英苏村民居全为土坯砌筑，全村面积约500米×500米。民居建筑墙厚，规模大，内有壁炉、壁龛（图12）。村南为英苏干河，村西为清真寺、学堂建筑。

图11　英苏村西穆斯林墓葬

图12　英苏废村残存民居之一

英苏村经纬度及海拔高度：

北纬40°24′07″；

东经87°56′44″；

海拔889米。

民国及清代官道沿英苏河走，官道从英苏村穿过。据牙生说，20世纪30年代首次有一辆汽车顺此道驶过，他们在夜晚见汽车灯照亮大地如同白昼，误以为妖魔，躲在沙丘上观看。

图13　罗布人牙生在英苏废村遗址指着一处废墟
说："我就出生在这里。"

英苏村西斯拉木伯克家族公墓旁，有芦苇民居残迹，采集到半片木碗残片和一个完整的儿童木质鞋楦。此地应为早期的英苏村，后迁其东2千米形成土坯砌筑的新村（图13）。

1998年12月17日　星期四　晴　多云

牙生阿洪带我们到北山（即兴地山），在35团生产点附近偶遇营盘古城。古城在此距生产点约4.5千米的地方。古城圆形，尚残存三分之二的城墙，经步测，直径260步（约170米），墙最高处可达4米，最宽处亦达4米。墙用胶泥块掺红柳枝干筑成，有些地段层层叠压红柳树干，泥层约厚20厘米，树干约厚10厘米，非常坚固（图14）。城内被洪水漫为平地，间有红柳沙丘。从34团团部到古城共计57.5千米。

古城北有四五个土坯建筑，可能是佛塔（图15），其西有墓葬区。

图14　营盘古城残墙之一段

图15　营盘古城东北佛塔遗址

午后访问阿布拉·加拉力，其人自报年龄105岁，其妻沙日汗，丈夫称其50岁，看来男方年龄偏高，女方年龄偏低（图16）。他们是铁干里克牧民，原在英苏放牧，水草甚丰，兵团建立团场后无水缺草，遂迁来营盘牧羊，已逾6年。

△营盘古城的经纬度及海拔高度：

北纬40°58′72″；

东经87°48′67″；

海拔8300米。

斯文·赫定的测算：北纬40°57′14″；

东经87°49′16″。

图16　住在兴地营盘孔雀河干河床旁的阿布
拉·加拉力（自称105岁）和妻子

1998年12月18日　星期五　晴

牙生阿洪带我们到罗布洼地二海子（维吾尔语名称依坎里克库勒，意为罗布麻湖）看独木舟。独木舟处在干涸的湖底，长约7米，宽约80厘米，中空，船头呈猪嘴状，中有穿孔，为拴绳拖船、系船的绳孔（图17）。二海子地面早已无水，地上有芦苇、红柳，间有沙枣树。高地上有凝固的泥浆，干死的胡杨，形同躺满尸骨的战场，令人感慨万千（图18）。

图17　发现于二海子（依坎里克）的旧独木舟。牙生阿洪坐在舟上回忆往事

34团团部至35团北山生产点共54千米，生产点至二海子64千米，今日共行118千米。方向34团至北山向北，其后向东。

二海子底部目前有人采集结晶盐使用，质量尚可（图19）。

图18　探险考察队员们在独木舟旁合影。左起：李天章、李西来、笔者、马三、牙生、小楚

图19　牙生搬起罗布洼地中的盐壳打算带回家使用

1998年12月19日　星期六　晴

拍牙生在林中的牧羊生活：夹兔子，背水，打柴，吃晚饭，睡觉，羊群晚归……

1998年12月20日　星期日　阴

拍牙生之妻热孜耶到若羌县铁干里克乡小学看望上学的儿子奴日·艾合买提。午后当地时间3时向且末县出发，当地时间8时到达且末县城，共行350千米。

四、1999年3—5月的考察

1999年3月25日　星期四

夜晚由和田乘班车出发，连夜奔向库尔勒，与天章会合后拟赴罗布泊。

1999年3月26日　星期五　晴

今日宿库尔勒，作准备。

1999年3月27日　星期六　晴

上午出发，下午到达34团，住下。

1999年3月28日　星期日　晴　午后有风

今晨由34团"利民旅社"出发去找牙生阿洪。在927里程碑处又折入荒漠，到了牙生家。牙生与儿子均去参加聚礼，其妻在家准备过年。中午牙生等大群人来到牙生家。我与其谈及准备骆驼事。席间众人谈到阿布达勒村有两个，大家也弄不清哪个的时代更早。本地维吾尔人再一次证明阿布达勒是"乞丐"之意，维吾尔语作"ﺍﺑﺪﺍﻝ"（Abdal），口语中也作"ﻏﺎﺑﺪﺍﻝ"（Ghabdal）。牙生儿子还告诉我，蒲昌城所在地维吾尔人叫"ﺩﻭﺭﺍﻝ"（Dural），此即汉语译音"都拉里"。

1999年3月29日　星期一　晴　薄云

今晨外出，拍蒲昌废城与3个（20世纪）50年废弃的村庄。先到蒲昌城，此城遗址位于34团5连，现名古城村，城内种有果树，城墙日渐塌毁，南墙已成土堆（图20）。此地维吾尔语名"ﺩﻭﺭﺍﻝ"。蒲昌城地理坐标和海拔高度：

北纬40°34′83″；

东经87°47′10″；

海拔840米。

（1）乌鲁克吾吉玛勒废村。

此废村十分分散，南北延续约2千米，北部见二处变为废墟的土坯堆，约为二家人。南部有四处集中的土坯破屋，断墙下有芦苇墙残迹。建筑内有壁炉、壁龛（图21）。采集到织毛布的打纬木板，形状为长方形，其刃部有线磨出的痕迹，一

图20　地处若羌县兵团二师34团5连的
清代蒲昌城西墙内侧之一景

处在上，一处在下，两端有挖出的手执孔（图22）。（20世纪）50年代居民迁入若羌、尉犁二县。原因是缺水。

乌鲁克吾吉玛勒废村的地理坐标和海拔高度：

北纬40°31′36″；

动经87°57′60″；

海拔820米。

此废村距牙生家（帕平求力）直线距离7.1千米。

图21　废弃于20世纪50年代的罗布人村庄乌鲁
克吾吉玛勒村南部一瞥

图22　发现于乌鲁克吾吉玛勒废村的
织布用具构件

（2）乌依忙库勒村。

该村东西长600米，南北宽约200米，土坯建筑，已倒塌。村南有公墓（图23）。南有乌依忙库勒河，早已干涸。此村废于1961年，原因是移民并村，居民多迁往今尉犁县。此地现属35团地盘，此村公墓约20米×10米。

乌依忙库勒村的地理坐标和海拔高度：

北纬40°34′26″；

东经87°52′69″；

海拔950米。

东南距牙生家直线距离10.4千米。

图23　废弃于1961年的乌依忙库勒村中的公墓

（3）巴西库卡拉村。

该村南北长约100米，东西宽约50米。村南有两处公墓。地处35团5连东2千米，10连南2千米。建筑为土坯，约有四五处，村庄不大（图24），废于（20世纪）50年代末。居民迁往若羌、尉犁。原因是为兵团腾地。

巴西库卡拉村的地理坐标和海拔高度：

北纬40°35′50″；

东经87°48′88″；

海拔973米。

东南距牙生家直线距离10.9千米。

图24　废弃于20世纪50年代的巴西库卡拉村遗址

图25　笔者在大西海子水库留影

1999年3月30日　星期二　晴　多云　有风

上午到大西海子水库（图25）。水库蓄水量1.8亿立方米，每年8月干涸。分一、二两库。一、二库水库面积104平方千米。一库库容4200万立方米，二库库容18600万立方米。二库蓄水量最大。一库建于1959年4月；二库一期工程完成于1960年10月，二期工程竣工于1972年。由农二师34、35团受益。水库利用原塔里木河道筑成，还囊括了通古斯巴洼地和阿拉木沙洼地。

二库（泄洪闸口）地理坐标和海拔高度：

北纬40°35′49″；

东经87°33′80″；

海拔853米。

删去1999年3月31日—4月7日主要内容为准备骆驼的日记。其中4月1日午后抽空再一次考察了营盘古墓，摘录其内容如后："墓地在砾石丘陵地上，其南为封固沙丘平原，北望库鲁克山〔当地人称为北山〕。其东0.5千米处为佛塔，其南1—2千米处为营盘古城。古墓多被挖掘，木板、木槽、木棍遍地皆是，人骨亦可见于墓坑内。见到红色褐袜和白毡护臂。棺木

图26　营盘古墓现状

有两种，一种为胡杨原木掏空的半圆形槽，一种为矩形木板棺，前者的时代应早。"（图26）

1999年4月8日　星期四　阴　大风

上午在大风中给骆驼绑驮子，拟风停后出发（图27）。下午2时许，探险队冒着沙暴由帕平求力上路（图28），东北行9.1千米，于6时宿营（图29）。1号营地地理坐标及海拔高度：

北纬40°30′66″；

东经88°00′22″；

海拔811米。

此地名"格带依能乌依"（格带依的屋子）。

图28 我们的驼队冒着沙尘暴在罗布
荒原西北部挺进

图27 罗布人后裔牙生阿洪在其家中演示
传统的火镰打火

图29 探险队在罗布荒原的又一个营地

1999年4月9日 星期五 阴转晴 午后有风

上午10时许出发,12时在于得克依古其(意为吃鸭子的人)地方小息,此地河床上有大量螺蛳壳,在此拍照2张。下午5时宿营。从昨日起,穿行于胡杨林。红柳及荆棘(维吾尔人说当地汉人叫铃铛刺,铁干里克即得名于此,铁干意为刺,全名意为长刺的地方)丛中。昨日所见胡杨多未枯死,今日所见胡杨多为枯木,红柳丛半数已死。沿途骆驼不断咬吃干枯的骆驼刺与红柳枝。今日基本向东而行,见无际红柳沙包,中间时露河汊,干硬的胶土地上有大量螺蛳壳,壳仍坚硬。看来此地断水是近几十年内事。早晨出发时遇一干河,驮夫称姚力瓦斯(老虎)河。今日营地名叫包孜来克达里雅,系喀拉米吉河的下游。包孜:指蒲黄成熟后散开的白花絮。包孜来克指有这种花絮的地方。2号营地地理坐标及海拔高度:

北纬40°34′40″;

东经88°11′04″;

海拔790米。

距1号营地直线距离18千米。

图30　笔者在阿斯库吾塔克营地留影

1999年4月10日　星期六　阴有风

　　上午10时40分由2号营地出发，下午7时到达3号营地——阿斯库吾塔克（意为挂物宿营地）。今日先经过胡杨林立的沙漠，又穿越寸草不长的沙海，再过古代湖床底，始到长满植被的阿斯库吾塔克（图30）。古代湖床底为胶泥质，因多年风蚀，已形成典型的雅丹地貌。湖床上偶见夹沙陶片、炼渣和磨刀石。可见曾有古人活动。此湖床应为早期罗布泊遗迹，干涸期在数千年以上。

　　今日步行者已力不胜任，驼队行动迟缓。

　　3号营地地理坐标及海拔高度：

　　北纬40°38′45″；

　　东经88°19′47″；

　　海拔806米。

　　距1号营地14.1千米，距牙生家40千米，距5号墓37千米。

1999年4月11日　星期日　时阴时晴　有风

　　今日在营地挖井饮骆驼。牙生儿子挖出他们以前埋在地下的小独木舟，用来盛水饮骆驼（图31）。在一片地下挖一米，即有水渗出。这里是牙生家的秋牧场，往年常来放羊，转场需费时4天，我们走了3天。登上沙丘一望，北山（即库木塔格山）隐约可见，东西横亘一线。实际汽车也能至此地。

　　牙生父子在附近捡来一些古代遗物，有玻璃片、铜铃、石刀、铜扣、铜片、黑陶片及石球等。周围胶土上可见炼渣。据牙生说，此为孔雀河的一条支流，流向东南方的阿拉干附近，又与另一支流汇合。孔雀河主流靠北山，其南有两条支流，我们落脚处为第二条支流。在河床上常见古代遗物。

图31　在阿斯库吾塔克挖井饮驼，盛水利用罗布人的遗物独木舟

1999年4月12日　星期一　晴　多云　有风

　　8时40分，6人分乘6峰骆驼轻装北行寻找罗布人的旧居。11时到达依坎里克库勒（意为罗布麻湖），行9.5千米。

此处有废弃的一处罗布人旧居（约为一家人），有苇墙残迹和散乱的木头。有遗物的范围约100米×100米。采集到铲形木勺一个、光绪通宝一枚及破渔网等物，据说（20世纪）50年代汉人曾在此打鱼住过。居民点地理坐标及海拔高度：

北纬40°41′49″；

东经88°24′92″；

海拔805米。

由此东北行0.5千米，又见一较完好的苇棚建筑，建筑面积约20米×20米，结构原始。其地理坐标及海拔高度：

北纬40°41′53″；

东经88°25′61″；

海拔820米。

距3号营地（大本营）10.2千米。

建筑格局为数间相连，用巨木叉作立柱，上置横梁，梁上架檩，其上铺芦苇，墙亦用芦苇竖起筑成（图32）。采集到光绪通宝（一枚）、兽角刀把、织布用具和陶片等。

由此向西南行1千米，又遇两处旧居，每处为一家人。两家相距约100米。在此遇破渔网与船桨。此地地理坐标及海拔高度：

北纬40°41′78″；

东经88°24′41″；

海拔88.3米。

下午4时20分回到3号营地。

图32　在依坎里克库勒的罗布人废村（编为2号）

图33　在3号废村发现罗布人遗弃的渔网，图为牙生父子二人在展示

1999年4月13日　星期二　晴　有风

上午10时40分，北行至拜希塔拉木，见一罗布人茅屋残址，从中挖出大渔网（图33）。在距残屋5米处采集到乾隆通宝钱。此地距3号营地2.8千米。地理坐标及海拔高度：

北纬40°39′79″；

东经88°20′40″；

海拔874米。

下午回营地，在帐篷读明人王岱舆《正教真诠》。

1999年4月14日　星期三　晴　有风

昨夜研究先向东南方向行一日考察。下午5时30分宿营。宿营地名依台克库勒（意为衣襟湖）。4号营地地理坐标及海拔高度：

北纬40°33′03″；

东经88°23′81″；

海拔784米。

今日共行11.7千米。

1999年4月15日　星期四　晴　有风

今日由4号营地出发西行拟回牙生家。上午10时20分出发，穿越风蚀土丘、沙漠，到达红柳、灌木丛生的封固沙丘地带。6时许选地宿营。此地为封固沙丘，有放牧痕迹，芦苇被吃空。5号营地为其蚊库勒地方的库木乌塔克（意为沙子宿营地）。其地理坐标及海拔高度：

北纬40°26′29″；

东经88°17′13″；

海拔737米。

今日共行15.5千米。距牙生家（帕平求力）还有32.6千米。

牙生唱的民歌：

> 太阳落在犄角的下面，
> 我们不睡觉来到了杜延。
> 只因我心中的那个心愿，
> 没有备你的马就称赞。
>
> 你的月亮眼睛真迷人，
> 护身符挂在你的脖间。
> 去年在阿布达勒，
> 是末日世界的人间。

1999年4月16日　星期五　晴

近几天红柳已发青开花，骆驼见了不要命地狠吃，对于干骆驼刺已不屑一顾了。昨日越过了严酷的沙漠，进入了干燥的绿洲地带。

牙生阿洪家给我们打的馕硬如木板，我们给的4公斤油明显被他们私吞了！两袋面粉也至少私吞了半袋，这种行为对他们来讲，不是什么道德品质的问题，而是一种生活方式。这使我想起被一些人误传发现楼兰古城的那个奥尔德克（又译于得克），20世纪30年代被斯文·赫定的搭档贝格曼雇佣时，利用代办买粮之机，不但偷面，而且报销高于原价两三倍的价钱，致使他和他的儿子从此再无人雇佣。外国考察者走了许久以后，他竟然冒充官府差役，赶着马车，打着洋人考察要给养的旗号，在罗布泊地区四处强征粮食、羊只，最终东窗事发，锒铛入狱。

　　这一路上，除牙生、天章及我以外，其余半数以上考察队员步行，脚底打泡，十分痛苦。这些队员将在罗布荒原西北部徒步行走100千米以上。

　　上午10时10分出发，下午6时10分宿营。6号营地名叫买提托乎地。地理坐标及海拔高度：

　　　　北纬40°25′77″；

　　　　东经88°05′56″；

　　　　海拔828米。

　　今日行16.3千米。距牙生家16.8千米。营地北即干涸的喀拉米吉河。

1999年4月17日　星期六　晴

　　今日10时10分出发西行，4时30分回到牙生家——帕平求力（图34）。晚宿34团利民旅社。拟休息数日。

图34　第一次探险结束时队员们在牙生家门前合影留念。前排左第一人为笔者，右第一人为李天章，
　　　中间两人为牙生和次子，后排右第一人为牙生长子，中间为马三，左露背者为小楚

1999年4月19日　星期一　晴

　　昨日休息一天。今日午后乘车赴其蚊库勒（意为苍蝇湖，实际无蝇多蚊）探路，拟以此地为基地考察周围地区。由34团出发沿公路行60千米，又向东北插入戈壁行11千米到达拉库勒克。此地为一牧点。地理坐标及海拔高度：

　　　　北纬40°22′67″；

　　　　东经88°18′51″；

海拔796米。

2时30分到达忙加瓦希（意为渔网头）牧点，牧羊人名叫买买提加夯。此地有水井，有100多只羊活动于此。地理坐标及海拔高度：

北纬40°24′50″；

东经88°21′56″；

海拔729米。

距牙生家39.3千米。

△忙加：指一种麻袋大小的挂网；瓦希：头或纲。

由忙加瓦希南行18千米，到218国道959里程碑处，由959里程碑到34团场部为59千米。共计77千米，约行3小时。

1999年4月23日　星期五　阴　沙暴

昨日午后2时半，送走牙生的两个儿子和驮着给养、装备的6峰骆驼，约定今天在忙加瓦希牧点与汽车汇合。今日午后探险队6人分乘两辆越野车先到帕平求力接牙生，再赴忙加瓦希。

初上路时，因在团部绿洲腹地，虽然沙尘弥漫，能见度尚在20—50米。后来越走风越大，风力达到8级以上。沙尘一阵白、一阵黑、一阵几乎变红，沙土犹如从天空倾倒而下，汽车只能打开车灯，用刮雨器不停地刮着挡风玻璃上的沙土，缓缓而行。牙生担心昨日出发的儿子，与我们坐车直赴驼队的必经之地喀拉带依附近的牧点找牧羊人打听儿子的下落，结果是驼队未经过此地。估计他们在途中避风，遂冒风返回34团场部过夜。

1999年4月24日　星期六　阴　有浮尘

午后3时再由34团场部出发前往忙加瓦希与驼队汇合。从218国道759里程碑处进入沙漠逶迤而行，途中误入一岔路，闯入一个叫拉库勒克的地方。因天已黑，不辨路途，遂让此地牧羊人同行引路至忙加瓦希。在此与牙生的两个儿子及驼队相遇，问及昨日大风情况，知他们当时停留于6号营地避风，今日下午才到此地。忙加瓦希遂为这次探险的1号营地。当晚，三菱车又送小楚开丰田车到公路，再返乌市。

（删去4月25日—26日途中无重要发现的日记）

1999年4月27日　星期二　阴转晴　多云

上午10时10分出发，东南行。1小时后遇到大片古文化带，此地距2号营地3.1千米。文化带范围约500米×500米，古代遗物散布在丘间低地上，多为陶片、陶纺轮、炼渣等，偶见人骨。驮夫捡到铜器残柄和中心穿孔的圆形铅球。

午后东行约20分钟，一座古城突然出现在我们面前！城墙大多风化，完好处上部铺红柳。墙基宽10米，顶宽4米，高约5米。方向350°。南墙长约250米（可见部分），东墙长210米。东墙仅余墙基，南墙局部保存完整。墙体用河泥垛筑，顶部铺有红柳枝，基部可见早期灰陶片被筑入墙基（图35）；北墙隐约可见；西墙位置为高大的沙丘，不见痕迹；南墙西部测至250米后不见。古城东墙内壁均用火烧过，其目的是使城墙坚固（图36，1）。据此我命名此城为"火烧城"。此城面积在罗布泊地区仅次于LA（即楼兰古城），是第一次发现。从城墙夹筑树枝的手法、方形形制以及周围所见遗物观察，应为汉代城址[①]。围绕古城周缘地区考察一周，下午6时回到古城西部的3号营地宿营。回营地途中见多处古代文

图35　1999年在罗布泊百年探险史上由我们首次发现的火烧城南墙结构细部

化遗迹和遗物。瑞典考古学家贝格曼所谓5号墓地应在这一带，但其方位不明。参见古城平面草图（图36，2；为防止遭人破坏，删去其经纬度）。

1　　　　　　　　　　　　　　　　2

图36　火烧城
1.火烧城东墙（用火烧加固过）之一部　2.火烧城平面图

注释：

① 敦煌阳关一带的汉长城，修筑者为抗击风蚀，多采用一层树枝一层泥土的手法构筑，火烧城南墙构筑手法与此相同。据我多年考察，一般西域本土人所筑城镇，多为圆形，汉地人所筑城池全为方形，此城亦不例外。古城周围所见遗物，没有晚于汉代的，加之不见后世有关此城的记载，故此城的下限不会晚于汉代。根据城池位于古代水系附近的地理情况分析，古城有可能是郦道元《水经注》中所载"注宾城"。《水经注》卷二载："刺史毛奕表行贰师将军，将酒泉、敦煌兵千人，至楼兰屯田。起白屋，招鄯善、焉耆、龟兹三国兵各千，横断注滨河……大田三年，积谷百万。"又载："河水又东径注滨城南。又东径楼兰城南而东注。"《水经注》的记载符合现在火烧城与楼兰城的地理形势与古河床走向。来自敦煌的汉军，必然会将汉地筑城手法用于西域。所谓"白屋"，是指不施彩色、露出本材的房屋或以白茅覆盖的房屋。这种房屋正是罗布泊地区自古至今的平民住房。可惜，城中的"白屋"早已荡然无存了。

1999年4月28日　　星期三 晴　多云　转阴

图37　考察队员们在火烧城东南角合影

前排左右为牙生父子，中坐者为笔者，后排左为马三，
右为李天章

上午我和天章带牙生父子等人再探古城周围文化带（图37）。5人中3人骑驼，2人步行，绕古城西北一带（昨日周游于西南一带）拍摄石磨盘（手推磨）、陶瓮等。驮夫及我们采集到铜钱（大泉五十及剪轮五铢各一）、铜戒指、磨刀石、石质及陶质纺轮、画眉石、玻璃珠、铜器残片、氧化铁器残块等。有些地方可见渠道遗迹，应是居民区，初步推断古城周缘有2.5千米纵深的农村居民区，整个遗址范围达6.5平方千米。所见遗物有陶片、铜器残块、铁器残块（最多为箭头）、船形磨谷器、磨刀石、玻璃珠等，其中陶纺轮最多。

1999年4月29日　　星期四 晴　多云　转阴

今日我觉得周围不会有大的发现，遂留营地休息、读书。天章等人与驮夫又去周边探察。下午6时小分队返回，告知走遍了古城四面，不见古迹，且城东南文化遗存贫乏。他们发现石油物探者的作业痕迹，说明物探者曾到过此地，但因古城墙大多风蚀不存，存者也极似沙丘（外行确实很难发现），故无人发现并予以破坏。

今日途中天章落驼，胸部似受伤。

（删去4月30日—5月9日回34团途中拍摄在罗布荒原挖甘草的汉人生活等情况的日记）

△备忘录：

据塔里木河流域管理局提供的资料表明，塔河流程已从（20世纪）60年代的1321千米缩短为现在的1001千米。就在这1001千米的塔河干流上，分布有8座水库，有各类大小引水（跑水）口138个，沿河众多的引水口引走的水除少部分用于农牧业灌溉外，大部分耗散在湖泊、沼泽、洼地中。绿色走廊的面积也由60年代的81万亩，减少到现在的20万亩。塔克拉玛干大沙漠和库姆塔格大沙漠在30年间向西推进了60千米，218国道铁干里克至若羌路段已有160处被风沙侵蚀，造成交通困难。

农二师塔里木垦区分布于塔河下游绿色走廊上段。经过几代军垦战士近40年与风沙与盐碱的顽强抗争，已建成拥有灌溉面积35万亩、总人口5万的5个现代化团场，成为保护塔河下游绿色走廊的一支重要力量，为遏制绿色走廊生态环境恶化和促进巴州的经济发展做出极大贡献。

摘自1996年8月9日《新疆军垦报》第1版《全国政协赴新疆环保考察团呼吁挽救绿色走廊刻不容缓》。

△铃铛刺——泡果白刺？

1999年5月10日　星期一　晴　多云

今日10时半由34团场部出发，先北行至北山，再折东行赴楼兰古城。傍晚7时半到达石油物探233队营房住宿。此营房已空，只有四川民工曾锋在这里看营房。此即为我们的1号营地。地理坐标及海拔高度：

北纬40°41′72″；

东经89°28′95″；

海拔812米。

今日共199千米，离楼兰古城尚有42千米。

沿途车多行北山南麓山前砾石戈壁，个别路段经半封固沙丘。山麓可见古代湖相沉积黏土层，黏土层被山洪冲刷成土丘或壕沟，这些被冲到戈壁上的黏土又形成胶土滩。向南望，远处尽是古湖床风蚀土丘。沿途见（20世纪）60—70年代为核试验而建的兵营四五处，哑弹堆一二处。营房早已废弃，从规模看，每处约可驻一营。

1999年5月11日　星期二　阴

中午12时由1号营地出发，经山麓戈壁到已毁的前进桥，进入植被带（约5千米），又行经雅丹土丘带，距古城5.9千米处见到烽火台。其地理坐标及海拔高度：

北纬40°32′78″；

东经89°52′76″；

海拔788米。

LA（楼兰古城）方向在此315°。

7时半到达古城北约1千米处，天已黑，遂宿营。营地北可望见佛塔或烽火台之类人工建筑一座。拟明日步行考察佛塔及古城。

营地周围为高一二米的雅丹土丘，间有红柳沙丘，红柳已干枯。土丘间可见粗砂，天亮后才知粗砂下是坚硬的胶土粒。

从1号营地（物探队营地）到今晚的营地58千米。从前进桥到此约30千米。

2号营地地理坐标及海拔高度：

北纬40°30′41″；

东经89°55′56″；

海拔755米。

1999年5月12日　星期三　晴　微风

晨8时我徒步先行向北看烽火台，行1.2千米，到烽火台附近才知此即闻名于世的楼兰古城（LA），烽火台即所谓楼兰"城标"——佛塔。于是拍照、考察。西来亦紧接着到达拍照。不久，天章赶来，见状立即返回营地拿摄像机，西来亦返回营地。我向城里佛塔之东去看一人工建筑，其后亦南行返回。因未照来时脚印走，在距佛塔500米处由东向南环绕而行，仍不见来时脚印，腹空口渴，两眼发花，感觉不妙，遂又向古城返回，近前见天章、马三已到，并带着一壶水和一个馕，才化险为夷。

古城中的烽火台人多以为佛塔，但形状不太像佛塔。三间房人多以为是官署，其面积甚小（每间两人仅可侧身而入），亦不像，应为储藏室甚至冷库（图38）①。三间房附近有芦苇墙建筑数处，可见巨大的木柱础、立柱，或为官署（图39）。城墙有少量残迹，外行人一般看不出。墙用胶泥块垛筑。

图38　笔者在楼兰三间房前留影，认定此建筑非　　　图39　楼兰古城中残存的古建筑之一，其巨大的
　　　　官署而为储藏库房　　　　　　　　　　　　　　　　木柱显示应为官署建筑

注释：

① 在西藏古格王都有一处八间相连的长条形石墙建筑，建筑格局与楼兰的这处建筑完全相同，研究者认为是库房。楼兰三间房，墙厚（原来的屋顶也应很厚）无窗，三间相连，狭窄阴暗，不适合人的起居，正适合储藏东西、尤其是食物。按新疆南部民俗，秋季收获的西瓜、甜瓜、其他水果以及冬季收集的冰块，用沙土、茅草埋藏或包裹入藏地窖或暗室，次年开春后食用，有的可吃到四五月份。同样，将牛、羊肉置入面粉中入藏暗室，可吃十天半月。三间房无疑是储藏室或冷库。

图40　从楼兰三间房后远眺佛塔

在城中佛塔（或烽火台）上测出的楼兰古城地理坐标及海拔高度：

北纬40°30′98″；

东经89°54′91″；

海拔787米。

佛塔至三间房之东笆墙屋200米，三间房口子方向南偏东30°（图40）。

在古城三间房墙下休息到3点钟，三人同时返回营地。行路用一小时，双膝甚疼，归营即倒地休息。

1999年5月13日　星期四　晴　大风

今日太阳未出之前，天章、马三又去拍楼兰日出镜头。我们于6时起床拆帐篷，因任务完成且风沙弥漫，决定喝点开水即早早出发。

8时上路。穿越雅丹地区费时5小时，汽车耗油每千米用量相当于柏油路的3—4倍。

一路除几处大坡用垫木、挖土的方法通过外，还算顺利。下午1时到达前进桥（废）。途中在碱泉小停，2时到达石油物探233队营地宿营。今天从楼兰古城一出发便刮起8级大风，一路风沙弥漫，仅靠石油物探者开出的便道逶迤而行，否则无希望走出风蚀土丘地带。回到233队，无法做晚饭，只吃馕喝纯净水，然后在大风中各找地方睡觉，我就寝于餐厅车，狂风一夜撞击门窗不止。

1999年5月14日　星期五　阴
　　上午9时半出发返回34团……

五、1999年12月至2000年1月的考察

1999年12月28日　星期二　晴
　　上午修车，下午（由且末）赶到36团。傍晚再访热合曼·阿布都拉。热身体尚好，自称103岁，冬季每天打柴，或扫树叶喂羊。

1999年12月29日　星期三　晴
　　今日访热合曼·阿布都拉。热称其外公尼雅孜巴克乡约系昆其康伯克的儿子，热刚学走路时外公死去，无印象。
　　热说：阿布达勒村民中也有风流事件。一旦被人发现，便将奸夫、奸妇双双脸涂锅黑，在村中游街，以示惩罚。
　　热说：他年轻的时候生活富裕，有马1匹，奶牛7头，牛4头，驴7头，羊29只，14间房子。困难时期，饿过肚子，在当大队长时连种子都吃了！

1999年12月30日　星期四　阴
　　李、马外出拍热合曼夫妇打柴，我与梅在家休息。

1999年12月31日　星期五　阴
　　李、马外出拍热合曼做乃玛子、串门、睡觉。我与梅读书。晚上看中央电视台转播的世界各地迎接2000年的壮观活动场面。

图41　出生于阿布达勒村的最后一个罗布人热合曼·阿布都拉于2000年1月1日以喂羊的劳动迎来了新世纪的曙光

2000年1月1日　星期六　晴
　　晨赴热合曼家拍喂羊，迎日出（图41）。
　　热合曼所见阿布达勒村乡约、保长：
　　①尼雅孜巴克乡约；②买买提尼牙孜乡约；③马木提乡约；④尼雅孜保长。此后

中华人民共和国成立。

热合曼第三个妻子布维汗早已改嫁，但又离异。有三女，大女阿尔祖古丽，二女热孜宛古丽，三女热娜古丽，四子艾买提。

今日拍热家喂羊、打馕。

2000年1月2日　星期日　晴

天章又去热合曼家拍片。我与梅在招待所。拍片内容为扫树叶。

2000年1月3日　星期一　晴　转阴

上午访问沙力阿洪。沙力1949年1月参加工作，当老师。中华人民共和国成立后又进焉耆师范学校学习3年。毕业后在若羌县政府当翻译。1965年建36团农场时并入团场。今已退休，月薪700多元。子女大多有工作。他称自己今年78岁，系罗布人的第6代，他的孙子是第7代。出生于米兰村，解放初划为中农成分。他对热合曼·阿布都拉的年龄表示怀疑，但他承认阿与其父为同一代人。

在若羌县城午餐后连夜赶到且末县城，住双桥招待所。

六、2002年3月的考察

2002年3月21日　星期四

21日午夜北京时间12时由乌市出发，拟赴罗布泊地区、且末，再转到和田考察。

这是经过两年多的停息后，又一次艰难的出发。车辆不够，经费不到位，前途未卜。

车（经多次修理的老巡洋舰）行至榆树沟北坡山区时，遇到堵车，耽搁时间一个多小时。原因是有两辆拉煤与拉棉花的车相撞，已挡道四五小时，上下行被阻车估计达500辆以上。我戏之曰：一黑一白相撞。

到库尔勒时天已大亮，见此市又有新的发展。

到尉犁县始知新筑的柏油路已通到34团，果然一路顺风，于午后到达34团，又住老彭的利民旅社。在此听司机们讲，新路修好后，车速加快，不断出现压死人的事故，今年已死数十人。又说农二师近年落后，在兵团排名倒数第一，许多老职工生活困难，有一月吃不上一次肉者。有的人已抛家出走。

2002年3月23日　星期六　阴

访牙生一家。

牙生仍在帕平求力放牧，两年前有羊200多只，现有300多只。因塔河向下游放水，他在河边开地种了一些甜瓜，去年收成颇佳。他的两个当养路工的儿子被下岗，现在也牧羊。女儿帕特古丽年届30岁，仍未出嫁。

中午启程行至阿拉干吃晚饭，然后向若羌行进。因改建道路，旧路坑洼起伏，极为难走。200千米走了15个小时，于24日凌晨到达若羌县城，遍寻旅店，楼兰宾馆因装修不接待客人，余处客满，只得把小车停在一小巷中，在车中小睡。因车狭窄，我未能入睡。天明后电瓶又坏，花370元换上了新电瓶后始空腹赴36团。

2002年3月24日　星期日　晴

上午到达36团团部，已近中午。饭后再访拉热合曼·阿布都拉。热合曼已年老迟钝，语言滞缓，腰腿疼痛（图42）。

与热合曼谈及塔河水未至喀拉库顺，只到库干。36团并未受益。他每月靠400元退休金生活，养有20多只羊和两头毛驴。县里每年给他补助200—300元。

谈及《最后的罗布人》一书，他一不知作者，二不知其内容。又拿出祖传的一个胡杨木桶，上有同心圆刻纹，颇有特点（图43）。

另有一自称90多岁的老人，跟踪而来，喋喋不休，夺主喧宾……

图42　罗布老人热合曼·阿布都拉展示他家传的　　　图43　热合曼·阿布都拉家传的雕花木盆
　　　　刮布刀和雕花木盆

2002年3月25日　星期一　晴

上午我睡觉。小罗修车。

午后访问另一个自称90多岁的老人。此人名苏来曼·斯马义，爷爷是和田人。

据苏来曼自述，他生在米兰村（即现今36团场部市场一带），经历了土改、互助组、合作社、人民公社以及兵团的组建。文盲，当过班长级干部。结发夫妻14岁时嫁给他，至今未离婚。现在夫妻靠退休金生活，每人月薪400多元。其妻今年72岁，生育过

12胎，活了5个子女（三女二男），二个女儿出嫁，一个女儿是拐子，未出嫁，出嫁的二个女儿中有一个已离婚远走尉犁。二个儿子中有一个未婚。

苏来曼说，只在民国时期出现过俄罗斯人挖古城的事，包括热合曼在内再未见到什么外国探险家。

从前的米兰村建筑是土木结构，如同现在的土屋，种地，放牧，吃粮食，有时打鱼食用。

苏来曼唱的罗布民歌（叙述民国年间在塔里木河铁门堡段截流引水的）：

> 李县长，李厂长[①]，
> 让人挖掘铁门堡；
> 李厂长自己当头头，
> 说要堵住这条河，
> 要让河水停住像石头。
>
> 说是四十五天的差役，
> 原来是骗人的谎言；
> 我的干粮都吃完，
> 只能讨吃人家的炒面。
>
> 乡约们手拿着罗盘，
> 买买提的手指向前。
> 抢下去的坎土曼挖不动，
> 不知这根把子怎么了，
> 砍挖下去直打颤。
>
> 两位先生合一起，
> 把这河流量一遍。
> 该发的工钱不发放，
> 宝贵的生命受磨难！

注释：

① 查历史资料，民国十八年（1929）至廿一年（1932）八月，若羌县长是李国柱，正是歌中的"李县长"。李厂长也可译李场长，不知是什么厂（或场）的长官。

奚国金《二百年来塔里木河下游水系变迁的探讨》（《干旱区地理》1985年第1期）："1931年夏水位最低时，铁干里克、若羌一带动用了400个民工，在铁门堡筑（坝？）二处，开挖了一条长200米、深3米的人工运河。但这些工程很快为下一次洪水冲垮。"

2002年3月26日 星期二 浮尘转晴

柳树吐绿，杏花绽放。

上午与天章去拍热合曼日常生活，返回休息。

下午与天章一同去再去热合曼家。热合曼谈到他共娶过4个老婆。说他现在的老婆土拉汗，丈夫死后在若羌为娼，嫁给他以后才改邪归正。土拉汗说，她原名托乎地汗，她小时候家里的织布工爱称她为土拉汗，所以现在仍叫此名。现在是第五次嫁人。

热合曼说，吐曼普（按即上文中的译名"铁门堡"）不是都拉里，而是阿布达勒河附近的一个地方，那儿有土坯筑的炮台。

他北边最远到过焉耆县，南边最远到过瓦石峡，东边到过靠近敦煌的火石燫子。民国时期他看到过俄罗斯人挖掘米兰古城，此外就是20世纪80年代新疆考古所伊迪力斯的考古活动。昆其康伯克是阿布达勒的头领，他只听说过，没有见过。喀拉库顺另有头头。

傍晚回来，买得热合曼的旧雕花木桶和刮布刀各一（图44），此乃罗布人遗物。

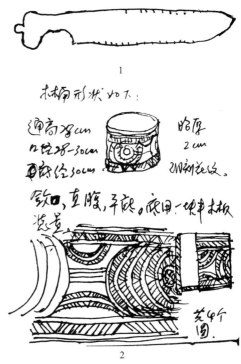

图44　罗布人遗物
1. 刮布刀，通长68厘米，宽9.5厘米，柄部手握处宽5厘米，宽2厘米，刃宽0.1厘米，尾部有一小纽。红柳木。2. 雕花木桶

2002年3月27日　星期三 晴多云　午后有风

上午造访沙力阿洪。至其家，见女婿在干活，其妻在睡觉。经交谈才知沙力阿洪已于前年4月去世，享年78岁。沙力记录罗布人传说的日记本，也不知下落。沙力妻子今年75岁，家属。她说沙力死于肺病，她也患有肺病。她和沙力都是阿布达勒村人的后代。她说热合曼明显拔高了自己的年龄，热合曼的实际年龄大约90多岁。又说热合曼等人改变了阿布达勒（乞丐）的含义，硬说成是阿布旦（好）。

下午与热合曼再去米兰古城（图45）。古城日见被人挖毁，不知保护者干了些什么。热合曼很少来古城，因为他知道遗址内并无什么宝物。他提到（20世纪）40年代有俄罗斯人乘坐汽车来此古城，雇了大量阿布达勒村的男子挖掘了遗址，但不知挖到了什么东西。此外再未见什么外国考察者。热合曼对古城所知甚少，只说古城是成吉思汗的，蒙古人抢劫罗布人时被罗布人用弓箭射退。后来古城及附近农田被洪水

图45　热合曼·阿布都拉在米兰古城城墙上徜徉。在我们离开他约4年后，他就去了另一个世界

冲毁。考察遗址，雅丹土丘多系风蚀形成，但地面也有淤泥和积水痕迹，故水蚀亦为土丘成因之一。从土丘观察，原地面比现在的地面高二三米以上，原始土层多不存，仅余沉重的石子、粗砂。砂石之间偶可见红、黑陶片、铜器残片以及氧化铁块等。总体印象是风蚀严重，遗物贫乏。

2002年3月28日　星期四　晴多云

晨由36团启程到若羌县城，约行100千米。在若羌县城修车，休息。拟明日赴且末。

Walking into the Lost Homeland: Excerpt of the Investigation Diary of Lop Nor

Li Yinping

In nearly a decade from 1994 to 2002, I managed to find time every year to go to Lop Nor, despite being busy doing researches or investigations at other places. I record and study its history, society, human culture, geography, relics, customs and environment of Lop Nor by making documentaries. I'm used to record my investigation even what I have seen and heard everything in diary, which includes a lot of new findings about geographic environment, cultural relics and folk customs etc. My investigation shows that the situation of Lop Nor is something different from the stories told by others, and my diary faithfully preserves many precious first-hand materials, especially the vicissitude and anecdotes of some ruins in the untraversed regions of Lop Nor.

《西域文史》第十四辑著译者单位及文章索引

（按著译者姓名首字汉语拼音排序）

《西域文史》简介与稿约

　　《西域文史》是由北京大学中国古代史研究中心与新疆师范大学西域文史研究中心合办的学术论集，由科学出版社出版，每年一辑。本论集立足西域，以增强和提高西域研究的综合水平为己任，发表具有原创性的学术研究论文、科学报告、书评和综述等。

　　《西域文史》以中国新疆与中亚等地区的文化和历史为主要研究对象，内容涵盖政治、经济、民族、法律、社会、宗教、美术、文学、语言、地理、考古等多个方面。欢迎中文稿件；如系其他文字稿件，请授予本论集中文首发的权利，由我们聘请专家翻译为中文发表。

　　《西域文史》的稿件欢迎各方面的自由投稿；也依托于研究中心不定期组织的敦煌吐鲁番学、丝绸之路、中亚史、中外文化交流、文物考古、历史地理文献等专题研讨会，约请专家、学者参与研究，组成专稿。

　　《西域文史》一经出版，将向作者寄赠样书2册与论文抽印本25册；中国大陆作者，酌付稿酬。

　　《西域文史》自第十一辑起，每年上半年出版。

　　来稿务必参照所附《稿件书写格式》、以纸版与电子版两种形式，并附作者简历与详细的通信地址、邮编、电子邮件或其他联系方式，赐寄至以下地址（收到即发回执）：

100871　北京市海淀区颐和园路5号
　　　　北京大学中国古代史研究中心
　　　　朱玉麒　收
　　　电话：010-62759314　传真：010-62765040
　　　电子信箱：serindia@263.net；zyq001@pku.edu.cn

《西域文史》编委会
2011年12月12日

Literature & History of the Western Regions
Notice to Contributors

Literature & History of the Western Regions is an academic journal devoted to researches on the ancient Western Regions, covering politics, economy, peoples, society, religion, arts, literature, languages, geography and archaeology.

The journal founded by the Center for Research on Ancient Chinese History of Peking University and the Center for Studies on the Western Regions of Xinjiang Normal University. It is published annually by the Press of Science, Beijing, aims to enhance and upgrade the academic level of the interdisciplinary research to encompass all scholarship on the ancient Western Regions, or closely related. The journal publishes original research papers, book reviews and review articles. Contributions in Chinese or other languages are welcomed. Manuscripts in other languages should not be published or under consideration for publication elsewhere in China. The editorial department will have it translated into Chinese by the experts specially invited once the paper is accepted.

The journal considers all relevant submissions, and also publishes papers presented to the forums or seminars initiated by the Center on Dunhuang-Tupanology, the Silk Road, the history of Central Asia, cultural exchanges between China and foreign countries, archaeology and cultural heritages, historical geographic documents.

Authors will be supplied free of charge with two copies of the relevant issue of the journal and twenty-five offprints of their contributions. Certain remuneration will be paid to the authors of China's Mainland.

The journal is published at the first half of each year start with the No. 11.

Please prepare your paper according to the format guidelines of the journal. Manuscripts should be submitted both in print and electronic versions, and your brief biographical sketch, full postal and e-mail address should also be attached.

For contributions and further information, please contact:

Dr. Zhu Yuqi
Center for Research on Ancient Chinese History
Peking University
Beijing 100871
P. R. China

Tel: 0086-10-6275-9314
Fax: 0086-10-6276-5040
E-mail: serindia@263.net;
zyq001@pku.edu.cn

附

稿件书写格式

一、《西域文史》将以简体中文字版发表（必须使用的繁体、异体、俗体字除外），以A4幅面打印。请使用WPS、Word等软件。来稿根据研究需要，字数不限。

二、一律使用新式标点符号，除破折号、省略号占两格外，其他标点均占一格。中文书刊与论文题目均用《》括示，此点尤请海外作者注意。

三、第一次提及帝王年号，须加公元纪年，公元前纪年加"前"字，如：乾隆二十一年（1756）、五凤二年（前56）；第一次提及外国人名，须附原名。中国年号和古籍卷、叶数，用中文数字表示，如开元十五年、《旧唐书》卷一四八《李吉甫传》、《新疆识略》卷五叶二三正；其他公历和期刊卷、期、号、页等均用阿拉伯数字。引用敦煌文书，用S.、P.、Ф.、Дx.、千字文、大谷等缩略语加阿拉伯数字形式。

四、注释号码用阿拉伯数字表示，作①、②、③……其位置标记在标点符号前（引号除外）的右上角。再次征引，用"同上，ＸＸ页""同注Ｘ，ＸＸ页"或"同注Ｘ，ＸＸ文，ＸＸ页"格式，不用合并注号方式。

五、注释一律采用页下脚注方式；除常见的《旧唐书》《新唐书》《册府元龟》《资治通鉴》等外，引用古籍，应标明著者、版本、卷数、页码；引用专书及新印古籍，应标明著者、章卷数、出版地、出版者及出版年代、页码；引用期刊论文，应标明期刊名、年代卷次、页码。如：

1. （清）和宁《回疆通志》，民国十四年（1925）沈瑞麟校印本，卷三叶一三背。

2. （唐）杜佑《通典》卷一六"选举"，王文锦等点校，北京：中华书局，1988年，389页。

3. 吴玉贵《突厥汗国与隋唐关系史研究》，北京：中国社会科学出版社，1998年，429页。

4. 王素《高昌戊己校尉的设置》，《新疆师范大学学报》2005年第3期，5—10页。

引用西文论著，依西文惯例，书刊名用斜体，论文加引号。如：

1. Helen Wang, *Money on the Silk Road: The evidence from Eastern Central Asia to* c. *AD 800*, London, The British Museum Press, 2004, p. 94.

2. E. G. Pulleyblank, "A Sogdian Colony in Inner Mongolia", *T'oung Pao*, 41, 1952, pp. 317-356.

以上引用，再次出注时，可以省略版本、出版者、出版年代、期刊名、年代卷次等项。

六、论文须附英文题目及简短的英文摘要。

（《西域文史》的创办宗旨特别受到《唐研究》学术理念的影响，格式也主要参照该刊第十卷"简介与稿约"而有所变通，特此说明）

袁复礼《新疆出土之"唐"经（未完稿）》首叶

图版2

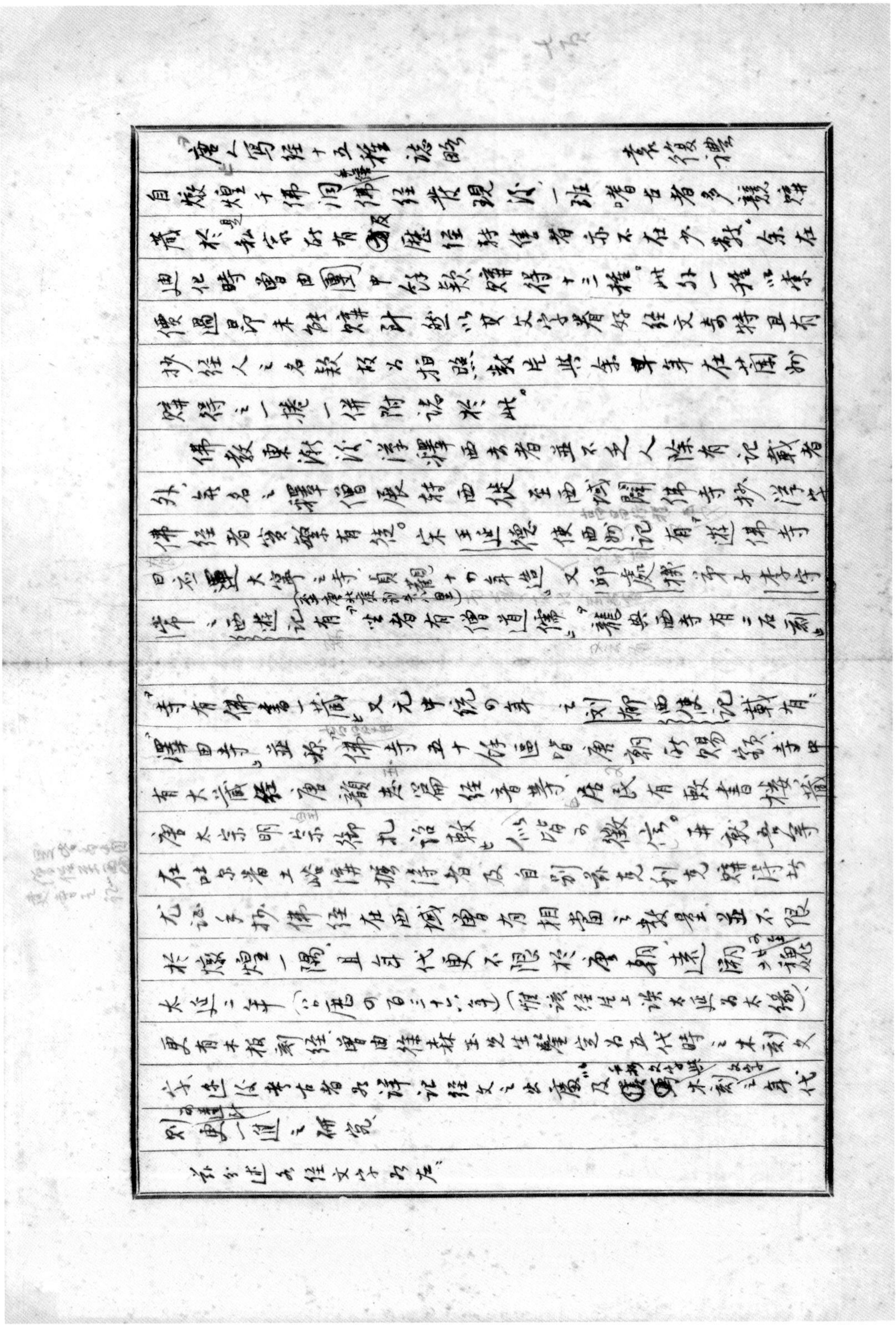
唐人写经十五种志略　袁复礼

袁复礼《“唐”人写经十五种志略》首叶

（图版1、2正文见《袁复礼新疆出土文书未刊稿研究》）

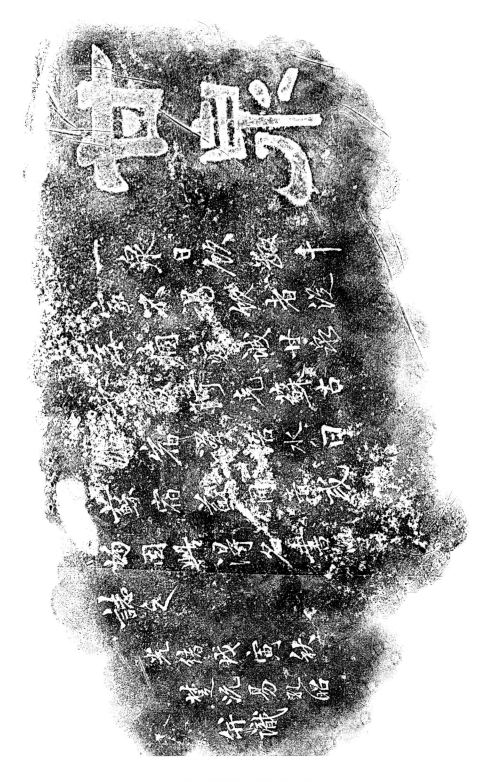

黄文弼所拓《甘泉志》

（图版3正文见《黄文弼拓藏〈甘泉志〉考论》）

《三堡麦户地亩碑》

（图版4正文见《民国时期吐鲁番〈三堡麦户地亩碑〉考》）